# 여러분의 합격을 응원

# 해커스공무원의 특별 혜택

# 단기 합격을 위한
# 해커스 커리큘럼

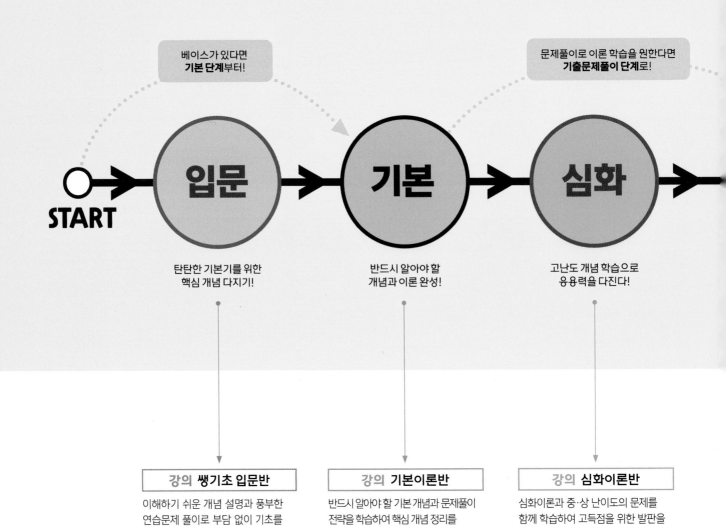

베이스가 있다면 **기본 단계부터!**

문제풀이로 이론 학습을 원한다면 **기출문제풀이 단계로!**

**START** → **입문** → **기본** → **심화** →

탄탄한 기본기를 위한
핵심 개념 다지기!

반드시 알아야 할
개념과 이론 완성!

고난도 개념 학습으로
응용력을 다진다!

**강의 쌩기초 입문반**

이해하기 쉬운 개념 설명과 풍부한
연습문제 풀이로 부담 없이 기초를
다질 수 있는 강의

**강의 기본이론반**

반드시 알아야 할 기본 개념과 문제풀이
전략을 학습하여 핵심 개념 정리를
완성하는 강의

**강의 심화이론반**

심화이론과 중·상 난이도의 문제를
함께 학습하여 고득점을 위한 발판을
마련하는 강의

단계별 교재 확인 및
수강신청은 여기서!
gosi.Hackers.com

* 커리큘럼은 과목별·선생님별로 상이할 수 있으며, 자세한 내용은 해커스공무원 사이트에서 확인하세요.

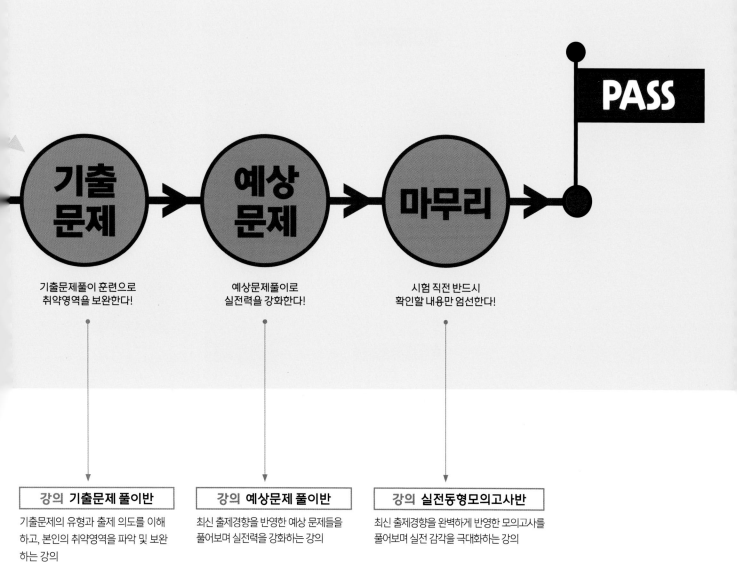

**기출 문제**

기출문제풀이 훈련으로
취약영역을 보완한다!

**예상 문제**

예상문제풀이로
실전력을 강화한다!

**마무리**

시험 직전 반드시
확인할 내용만 엄선한다!

PASS

**강의 기출문제 풀이반**

기출문제의 유형과 출제 의도를 이해
하고, 본인의 취약영역을 파악 및 보완
하는 강의

**강의 예상문제 풀이반**

최신 출제경향을 반영한 예상 문제들을
풀어보며 실전력을 강화하는 강의

**강의 실전동형모의고사반**

최신 출제경향을 완벽하게 반영한 모의고사를
풀어보며 실전 감각을 극대화하는 강의

**강의 봉투모의고사반**

시험 직전에 실제 시험과 동일한 형태의
모의고사를 풀어보며 실전력을 완성하는 강의

해커스 PSAT

# 길규범
# 상황판단
## 올인원

**1권 | 이해·해결·논리**

**ⅢⅢ 해커스**공무원

## 길규범

### 이력
· 고려대학교 행정학과 졸업
· 2009~2013년 5급공채 행시/입시 PSAT 합격
· (현) 해커스 7급공채 PSAT 상황판단 대표강사
· (현) 베리타스 법학원 5급공채 PSAT 상황판단 대표강사
· (현) 베리타스 법학원 PSAT 전국모의고사 검수 및 해설위원
· (현) 합격으로 가는길(길규범 PSAT 전문연구소) 대표
· (현) NCS 출제 및 검수위원
· (전) 법률저널 PSAT 전국모의고사 검수 및 해설위원
· (전) 공주대학교 취업교과목 출강 교수
· (전) 메가스터디 공취달 NCS 대표강사
· 2014~2018년 PSAT 상황판단 소수 그룹지도
· 연세대, 성균관대, 한양대, 경희대, 동국대 등 전국 다수 대학 특강 진행

### 저서
· 해커스 단기합격 7급 PSAT 기출문제집
· 해커스 단기합격 7급 PSAT 유형별 기출 200제 상황판단
· 해커스 단기합격 7급 PSAT 기본서 상황판단
· 해커스 7급 PSAT 입문서
· PSAT 민간경력자 기출백서
· PSAT 상황판단 전국모의고사 400제
· 길규범 PSAT 상황판단 봉투모의고사
· PSAT 엄선 전국모의고사
· 30개 공공기관 출제위원이 집필한 NCS
· 국민건강보험공단 NCS 직업기초능력평가 봉투모의고사

# 서문

## 고득점을 위한 올바른 방향과 정확한 방법!

PSAT을 강의하는 입장에서 어떻게 해야 수험생의 실력이 근본적으로 향상될 수 있을지, 그리고 그 실력향상이 어떻게 최종적으로 점수 상승으로 이어질 수 있을지를 항상 고민하면서 살고 있다.

솔직하게 말해 PSAT에서 수험생마다 출발선이 다름을 인정할 수밖에 없다. 그러나 PSAT을 잘할 수 있게 타고나지 않았더라도 노력을 통해 얼마든지 고득점을 받을 수 있다. 중요한 것은 타고나는 감각이 아니라 올바른 '방향'과 정확한 '방법'이다. 적지 않은 사람들이 PSAT을 공부해도 점수의 변화가 생기지 않는다고 하는 이유는 '잘못된 방향'으로 '옳지 않은 방법'을 통해 준비하고 있기 때문이다.

필자는 PSAT을 잘 하도록 태어난 사람이 아니었다. 그럼에도 성적이 오르고 고득점이 가능했던 이유는 기출문제를 심도 있게 분석함으로써 PSAT이 무엇인지 깨달았기 때문이다. 적성시험에서는 기출문제가 바이블이다. 그리고 이 책은 모든 PSAT 기출문제를 철저하게 분석함으로써 시행착오 없이 빠르게 고득점을 받고 싶어하는 수험생에게도, PSAT을 오랜 기간 준비했지만 잘못된 방향으로 준비함으로써 점수의 변화가 없던 수험생에게도 모두에게 도움이 될 것이다.

이 책에는 필자가 수험생 때부터 점수를 향상시키기 위해 치열하게 고민했던 결과물이 담겨있다. 2008년 8월부터 2023년 지금 시점에 이르기까지 만 15년 동안 PSAT을 공부하고, 가르치고, 문제를 출제하고, 검수하는 등 적성시험에서 할 수 있는 전방위적인 모든 역할을 하며 각 입장에서 깨달은 모든 노하우가 담겨있다. 문제를 정확하게 이해하기 위해, 문제를 빠르게 해결하기 위해 필요한 기초적인 내용부터 담았다. 여기에 더해 적성시험에서 출제되는 문제들을 계산, 규칙, 경우, 논리, 텍스트, 법조문의 6가지 세부 유형으로 구분하였다. 1권에서 이해 스킬, 해결 스킬, 논리 유형의 상세한 내용을 다루었고, 2권에서 계산, 규칙, 경우의 상세한 내용을 다루었으며, 3권에서 텍스트, 법조문 유형을 상세하게 다루었다.

또한 가능한 많은 문제를 수록하도록 노력하였다. 혹자는 너무 과한 것이 아닌가라고 반문할 수 있다. 실제로 더 잘 풀수 있는 문제를 더 고민하지 않고 넘어가는 수험생들을 부지기수로 보게 된다. 그런데 단순히 문제를 해결했다에 그치지 않아야 발전할 수 있다. 『해커스 PSAT 길규범 상황판단 올인원 1권 이해·해결·논리』에 수록된 풍부하고 다양한 문제를 풀어봄으로써 문제풀이의 가장 빠르고 정확한 길을 연습하는 노력을 통해 동일한 시험시간에 다른 수험생들보다 더 많은 문제를 해결할 수 있게 될 것이고, 결국 원하는 결과를 얻을 수 있게 될 것이다.

아무쪼록 이 책이 적성시험에서 고민이 많은 수험생들에게 많은 도움이 되길 바란다.

길규범

# 목차

## PART 01 이해

## PART 02 해결

# PART 03 논리

# 이 책의 활용법

## 01 유형별 집중학습으로 취약한 유형을 꼼꼼하게 보완한다.

· PSAT 상황판단 문제 풀이의 기본인 이해·해결·논리 유형을 집중학습하여, 취약한 유형을 기본부터 탄탄히 보완할 수 있습니다.

## 02 상황판단 필수 유형과 문제풀이 스킬을 숙지하여 효과적으로 학습한다.

· 문제 접근법에 따른 상황판단 필수 유형과 스킬을 숙지함으로써 PSAT 상황판단에 대한 이해를 높이고 이해·해결·논리 유형을 효과적으로 학습할 수 있습니다.
· 지문 이해, 선지 판단 스킬을 설명해주는 [길쌤's Check]를 확인하여 자신의 풀이법과 비교하고, 더 효과적인 문제풀이 스킬을 익힐 수 있습니다.

# 03 풍부한 기출문제로 문제풀이 능력을 향상시킨다.

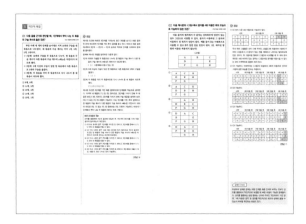

· 유형별로 분류된 7급, 5급, 민간경력자, 입법고시 PSAT 등 다양한 난이도의 역대 PSAT 기출문제를 풀어보면서 상황판단 이해·해결·논리 문제에 대한 이해를 높이고 문제풀이 실력을 기를 수 있습니다.

# 04 상세한 해설로 문제를 완벽하게 정리한다.

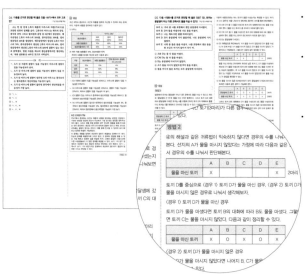

· 모든 선택지에 대한 해설이 제시되어 문제를 꼼꼼히 분석하고 정리할 수 있습니다.
· 기본적인 정석 풀이법 외에도 다양한 풀이법을 제시하여 문제를 보는 시각을 넓힐 수 있으며, 자신에게 맞는 문제 풀이법을 골라 학습할 수 있습니다.
· 문제를 좀 더 빠르게 풀 수 있는 [빠른 문제풀이 Tip]을 통해 문제 풀이 시간을 단축할 수 있습니다.

# 기간별 맞춤 학습 플랜

자신의 학습 기간에 맞는 학습 플랜을 선택하여 계획을 수립하고, 그 날에 해당하는 분량을 공부합니다.

## ■ 2주 완성 학습 플랜

PSAT 상황판단 준비 시간이 부족하여 단기간에 대비해야 하거나 상황판단 기본기가 탄탄하여 문제풀이 감각을 집중적으로 높이고 싶은 분에게 추천합니다.

| 진도 | | 날짜 | 학습 내용 |
|---|---|---|---|
| 1주 | 1일 | / | PART 1　정보처리 스킬 ~ Ⅲ. n-1개 처리 |
| | 2일 | / | PART 1　Ⅳ. 조건의 연결 ~ Ⅵ. 조건의 입체적 이해 |
| | 3일 | / | PART 2　선지 활용 ~ Ⅰ. 형태에 따른 활용 |
| | 4일 | / | PART 2　Ⅱ. 하나의 선지 활용 ~ Ⅲ. 복수의 선지 활용 |
| | 5일 | / | PART 2　Ⅳ. 발문의 특징 |
| | 6일 | / | PART 2　Ⅴ. 항목의 활용 ~ Ⅵ. 그 밖의 스킬 |
| 2주 | 7일 | / | PART 3　Ⅰ. 논리 기초 |
| | 8일 | / | PART 3　Ⅱ. 명제논리 |
| | 9일 | / | PART 3　Ⅲ. 정언명제 |
| | 10일 | / | PART 3　Ⅳ. 실전 문제풀이 Step 1 |
| | 11일 | / | PART 3　Ⅴ. 실전 문제풀이 Step 2 |
| | 12일 | / | PART 3　Ⅵ. 실전 문제풀이 Step 3 |

## ■ **4주 완성** 학습 플랜

상황판단 이해 · 해결 · 논리 유형의 기본기가 부족하여 유형별 문제풀이 스킬을 기본부터 꼼꼼하게 학습하고 싶은 분에게 추천합니다.

| 진도 | | 날짜 | 학습 내용 |
|---|---|---|---|
| 1주 | 1일 | / | PART 1  정보처리 스킬 ~ II. 강 · 약 조절 |
| | 2일 | / | PART 1  III. n-1개 처리 |
| | 3일 | / | PART 1  IV. 조건의 연결 |
| | 4일 | / | PART 1  V. 숨겨진 정보 파악 |
| | 5일 | / | PART 1  VI. 조건의 입체적 이해 |
| | 6일 | / | PART 1  복습 |
| 2주 | 7일 | / | PART 2  선지 활용 ~ I. 형태에 따른 활용 |
| | 8일 | / | PART 2  II. 하나의 선지 활용 |
| | 9일 | / | PART 2  III. 복수의 선지 활용 |
| | 10일 | / | PART 2  IV. 발문의 특징 |
| | 11일 | / | PART 2  V. 항목의 활용 |
| | 12일 | / | PART 2  VI. 그 밖의 스킬 |
| 2주 | 13일 | / | PART 2  복습 |
| | 14일 | / | PART 3  I. 논리 기초 |
| | 15일 | / | PART 3  II. 명제논리 |
| | 16일 | / | PART 3  III. 정언명제 |
| | 17일 | / | PART 3  IV. 실전 문제풀이 Step 1 |
| | 18일 | / | |
| 4주 | 19일 | / | PART 3  V. 실전 문제풀이 Step 2 |
| | 20일 | / | PART 3  VI. 실전 문제풀이 Step 3 |
| | 21일 | / | |
| | 22일 | / | PART 3  복습 |
| | 23일 | / | |
| | 24일 | / | 취약 유형 복습 |

# PSAT 상황판단 고득점 가이드

## ■ PSAT 알아보기

### 1. PSAT란?

PSAT(Public Service Aptitude Test, 공직적격성평가)는 공직과 관련된 상황에서 발생하는 여러 가지 문제에 신속히 대처할 수 있는 문제해결의 잠재력을 가진 사람을 선발하기 위해 도입된 시험입니다. 즉, 특정 과목에 대한 전문 지식 보유 수준을 평가하는 것이 아니라 공직자로서 지녀야 할 기본적인 자질과 능력 등을 종합적으로 평가하는 시험입니다. 이에 따라 PSAT는 이해력, 추론 및 분석능력, 문제해결능력 등을 평가하는 언어논리, 상황판단, 자료해석 세 가지 영역으로 구성됩니다.

### 2. 응시자격

PSAT는 인사혁신처에서 실시하는 7·5급 국가공무원 공개경쟁채용시험에 접수한 모두가 치르는 제1차시험으로, 7·5급 국가공무원 공개경쟁채용시험은 20세 이상의 연령이면서 국가공무원법 제33조에서 정한 결격사유에 저촉되지 않는 한, 누구나 학력 및 경력 제한 없이 시험에 응시할 수 있습니다.

※ 2024년부터 7·5급 국가공무원 공개경쟁채용시험의 응시연령이 '18세 이상'으로 조정됨(단, 교정 및 보호직렬은 '20세 이상'으로 유지)

### 3. 평가 영역 및 평가 내용

| 평가 영역 | 평가 내용 |
| --- | --- |
| 언어논리 | 글의 이해, 표현, 추론, 비판과 논리적 사고력 등 |
| 상황판단 | 제시문과 표의 이해 및 상황·조건의 적용, 판단과 의사결정을 통한 문제해결능력 등 |
| 자료해석 | 표, 그래프, 보고서 형태로 제시된 수치자료의 이해, 계산, 자료 간 연관성 분석, 정보 도출 능력 등 |

# ■ 시험장 Tip

## 1. 시험장 준비물

- 필수 준비물: 신분증(주민등록증, 운전면허증, 여권, 주민등록번호가 포함된 장애인등록증 등), 응시표, 컴퓨터용 사인펜
- 기타: 수정테이프(수정액 사용 불가), 손목시계, 무음 스톱워치, 클리어 파일, 풀이용 필기구(연필, 지우개) 등

## 2. 시험장 실전 전략

- PSAT 문제의 배점은 모두 같으므로 잘 풀리지 않는 문제를 오래 붙잡고 있기보다는 자신이 정확하게 풀 수 있는 문제를 먼저 풀어서 시간 관리를 합니다. 특히 영역별 문제풀이 시간이 구분되지 않는 7급 PSAT 언어논리&상황판단 영역은 한 문제를 풀이하는 데 너무 많은 시간을 쓰지 않도록 주의해야 합니다.
- 시험 종료 후에는 별도의 OCR 답안지 작성 시간이 주어지지 않으므로 시험 시간 내에 OCR 답안지 작성을 완료할 수 있도록 답안지 작성 시간을 고려하여 문제풀이 시간을 조절합니다.
- 시험 시간 중 화장실 사용은 지정된 시간(시험 시작 20분 이후 ~ 시험 종료 10분 전)에 1회에 한하여 사용할 수 있습니다.
  - 지정된 화장실만 사용 가능하고 사용 전·후 소지품 검사를 실시하며, 소지품 검사, 대기시간 등 화장실 사용과 관련된 모든 시간은 시험시간에 포함되므로 시험시간 관리에 유념해야 합니다.

# PSAT 상황판단 고득점 가이드

## ■ 상황판단 알아보기

상황판단은 제시문과 표를 이해하여 상황 및 조건에 적용하고, 판단과 의사결정을 통해 문제를 해결하는 능력을 평가하기 위한 영역입니다. 이에 따라 사전에 암기한 지식을 통해 해결하기보다는 종합적인 사고를 요하는 문제가 출제됩니다.

## 1. 출제 유형

상황판단은 문제풀이 스킬을 기준으로 크게 이해 스킬, 해결 스킬 유형으로 문제를 나눌 수 있고, 이를 세부 유형으로 구분하면 텍스트, 법조문, 계산, 규칙, 경우의 수, 논리 등 총 여섯 가지 유형으로 나뉩니다. 여섯 가지 유형 모두 제시된 글이나 조건 등을 이해하여 적용·판단하는 능력을 요구하므로 주어진 시간 내에 다양한 형태의 정보를 빠르고 정확하게 파악하는 능력이 필요합니다.

| 구분 | 세부유형 | 유형 설명 |
|---|---|---|
| 텍스트형 | · 발문 포인트형<br>· 일치부합형<br>· 응용형<br>· 1지문 2문항형<br>· 기타형 | 줄글 형태의 지문을 제시하고, 이를 토대로 필요한 정보를 올바르게 이해·추론할 수 있는지를 평가하는 유형 |
| 법조문형 | · 발문 포인트형<br>· 일치부합형<br>· 응용형<br>· 법계산형<br>· 규정형 | 법조문이나 법과 관련된 규정 및 줄글을 지문으로 제시하고 법조문을 정확히 이해할 수 있는지, 법·규정의 내용을 올바르게 응용할 수 있는지를 평가하는 유형 |
| 계산형 | · 정확한 계산형<br>· 상대적 계산형<br>· 조건 계산형 | 수치가 제시된 지문이나 조건을 제시하고 이를 토대로 특정 항목의 최종 결괏값을 도출할 수 있는지, 결괏값을 올바르게 비교할 수 있는지를 평가하는 유형 |
| 규칙형 | · 규칙 단순확인형<br>· 규칙 정오판단형<br>· 규칙 적용해결형 | 다양한 형태의 규칙을 제시하고, 규칙의 내용과 결과를 정확히 판단·적용할 수 있는지를 평가하는 유형 |
| 경우의 수 | · 경우 확정형<br>· 경우 파악형 | 여러 가지 경우의 수가 가능한 문제 상황을 제시하고, 이를 정확히 분석하여 문제를 해결할 수 있는지를 평가하는 유형 |
| 논리 | - | 짧은 길이의 지문 또는 명제(조건)를 제시하고, 제시된 명제(조건)의 참·거짓을 판단할 수 있는지, 명제(조건)의 관계를 고려하여 문제에서 요구하는 결과를 찾아낼 수 있는지를 평가하는 유형 |

## 2. 대비전략

① **상황판단의 문제 유형을 파악하고, 유형에 따른 풀이법을 학습해야 합니다.**

상황판단 영역은 다양한 유형으로 구분되어 있고, 유형에 따라 효과적인 풀이법이 있습니다. 그렇기 때문에 유형에 따른 풀이법을 정확히 파악하고 준비하는 것이 중요합니다. 이에 따라 기출문제를 반복적으로 풀면서 정확하게 유형을 분석하는 능력을 기르고, 본 교재에서 제시하고 있는 문제풀이 스킬을 적용하여 빠르고 정확하게 문제를 풀이하는 연습이 필요합니다.

② **문제풀이에 필요한 정보를 정확하게 파악하는 능력을 길러야 합니다.**

상황판단은 다양한 조건과 상황 등이 제시되므로 문제를 해결하기 위해 필요한 정보를 정확하게 파악하는 것이 중요합니다. 따라서 키워드를 중심으로 제시된 정보를 시각화·도표화하여 정리하거나, 관련 있는 조건끼리 그룹화하여 이해하는 연습이 필요합니다.

③ **문제풀이의 순서를 결정하는 판단력을 길러야 합니다.**

상황판단은 PSAT 세 영역 중 특히 시간이 부족한 경우가 많습니다. 한 문제를 풀이하는 데 너무 오랜 시간이 소요된다면 다른 문제를 놓칠 가능성이 높으므로 문제의 난도를 판별하여 풀 수 있는 문제부터 먼저 풀어야 합니다.

# PART 1
# 이해

# 정보처리 스킬

PSAT 상황판단 한 문제를 푼다고 가정해 보자. 한 문제를 오롯이 다 풀어내어 최종적으로 정답을 도출하기까지 우리는 먼저 문제를 이해하는 단계를 거쳐, 이해한 바를 토대로 문제를 해결하는 단계까지 마쳐야 한다. 누구나 PSAT 한 문제를 풀어내는 데 이처럼 2단계의 과정을 거치게 된다. 즉, '이해 단계'와 '해결 단계'를 통해 최종적으로 정답을 도출해 낼 수 있다. 따라서 문제를 해결하는 데 예를 들어 총 3분이 걸렸다고 가정해 본다면, 이 소요시간 3분은 문제를 이해하는 데 소요된 시간과 문제를 해결하는 데 소요된 시간으로 구분해 볼 수 있다.

문제를 빠르고 정확하게 풀기 위해서는 당연한 말이지만 문제를 정확하게 이해하여야 한다. 하지만 PSAT 성적이 좋지 못한 수험생을 보면 이 당연한 것이 지켜지지 않는 경우가 많다. PSAT은 주어진 시간이 부족한 경우가 대부분이기 때문에, 시간에 쫓기는 수험생의 입장에서 생각보다 문제를 대충 이해하고 풀기 시작하는 경우를 많이 보게 된다.

꼭 기억해 두자. '문제의 정확한 이해'라는 첫 단추를 잘 끼워야 그 이후 '문제의 해결 과정'이 수월해진다.


## 발문을 정확하게 읽자

문제를 정확하게 이해하는 것은 발문을 정확하게 읽는 것에서 출발한다. 발문이란 문제 번호 다음으로 우리가 확인하게 되는 것으로 다음에 해당하는 부분이다.

> 문 1. 다음 글을 근거로 판단할 때 옳지 않은 것은?

발문을 정확하게 읽지 않아서 문제를 틀렸던 경험은 누구나 해봤을 것이다. 특히 '옳은', '옳지 않은'의 실수를 하는 경우가 매우 흔하다. 예를 들어 옳지 않은 것을 정답으로 골라야 하는데, 옳은 것을 정답으로 골라서 문제를 틀리는 것이다. 그 외에도 발문에서 묻는 것만 해결하면 되는 문제에서 정답을 구하는 데 필요한 그 이상의 해결을 하는 경우도 많이 보게 된다. 모두 발문을 제대로 읽지 않아서 생기는 문제들이다. 발문을 정확하게 읽어야 한다. 그래야 가장 효율적으로 정확하게 문제를 해결할 수 있다.


## 조건을 잘 처리하자

필자도 수험생 시절 처음부터 안정적인 고득점이 가능했던 것은 아니었다. 상황판단에는 크게 '텍스트 유형, 법조문 유형, 계산 유형, 규칙 유형, 경우의 수 유형'의 각기 이질적인 다섯 가지 유형의 문제가 출제되고, 보다 세부적으로 분류하면 '논리 유형'도 간헐적으로 출제된다. 게다가 한 유형 내에서도 워낙 다양한 세부 유형의 문제가 출제되기 때문에 전체 문제 중 어떤 세부 유형의 문제가 출제되었는가에 따라서 약한 유형의 문제가 많이 출제되는 때에는 점수가 떨어지는 경우도 있었다.

그러다가 수험생 때 점수를 상승시킬 수 있었던 1차적인 비결은 누구나 다 신경을 쓰는 빠른 해결이 아니라 그 전 단계, 즉 이해 단계가 중요하다는 것을 깨달았던 것이다. 이후 안정적인 고득점이 가능하게 되었던 시점은 바로 문제의 이해 단계부터 하나하나 신경을 쓰기 시작할 때부터였다. 문제를 빠르고 정확하게 이해할 수 있게 되자 점수의 도약이 있었고 안정적으로 고득점을 받았다. 이를 토대로 다양한 세부 유형의 빠른 해결 스킬까지 연습해 가면서 초고득점도 가능해졌다.

즉, 문제의 '해결 단계'에만 신경 쓰는 것이 아니라 문제의 '이해 단계'에 신경을 썼을 때, 실력이 크게 향상됨을 느꼈고, 어떠한 문제가 출제되더라도 점수가 떨어지지 않을 것 같다는 자신감을 가지게 되었다. 문제를 정확하게 이해한다면 문제를 잘 풀 수 있는 준비가 그만큼 더 착실하게 된 것이라고 볼 수 있고, 그에 따라 당연히 점수의 변화도 생기게 된다.

수험생 때 '이해 단계'에서 신경을 써서 연습하고 체화했던 부분은 크게 여섯 가지이다.

1  시각화
2  강·약 조절
3  n-1개 처리
4  조건의 연결
5  숨겨진 정보 파악
6  조건의 입체적 이해

이 여섯 가지 정보처리(조건처리) 스킬은 모든 PSAT 문제에서 적절하게 활용되어야 한다. 물론 선천적으로 타고난 또는 후천적으로 길러진 일부 PSAT형 인간의 경우 이러한 과정이 불필요할 수도 있다. 그러나 지금까지 강의하면서 만나본 대부분의 수험생에게는 이해 단계에서부터 신경써서 문제를 정확하게 이해하는 것이 꼭 필요한 과정이었다. 이 스킬이 자연스럽게 체화되면 체화될수록 속도와 정확도를 모두 잡을 수 있다.

# Ⅰ. 시각화

시험장에서 문제에 주어진 정보를 기억에 의존해서 해결하기에는 모든 정보를 정확하게 기억해야 한다는 부담도 생기고, 기억이 변형될 위험성도 존재한다. 특히 시험불안 상태이면서 긴장도가 높은 실제 시험 현장에서는 실수를 할 가능성이 더욱 높아질 수밖에 없다. 따라서 기억에만 의존해서 문제를 해결하는 것보다는 기억을 보조해 줄 수 있는 수단을 활용하는 것이 좋다. 이때 도움이 되는 것이 '시각화' 스킬이다.

## 1 기호의 활용

### 01 다음 글을 근거로 판단할 때, <보기>에서 옳은 것만을 모두 고르면?

13년 민경채 인책형 3번

건축은 자연으로부터 인간을 보호하기 위한 인위적인 시설인 지붕을 만들기 위한 구축술(構築術)에서 시작되었다고 할 수 있다. 우리가 중력의 법칙이 작용하는 곳에 살고 있는 이상 지붕은 모든 건축에서 고려해야 할 필수적인 요소이다. 건축은 바닥과 벽 그리고 지붕의 세 요소로 이루어진다. 하지만 인류 최초의 건축 바닥은 지면이었고 별도의 벽은 없었다. 뾰형이나 삼각형 단면 구조에 의해 이루어지는 지붕이 벽의 기능을 하였을 뿐이다.

그러나 지붕만 있는 건축으로는 넓은 공간을 만들 수 없다. 천장도 낮아서 공간의 효율성이 떨어지고 불편했다. 따라서 공간에 대한 욕구가 커지고 건축술이 발달하면서 건축은 점차 수직으로 선 구조체가 지붕을 받치는 구조로 발전하였다. 그로 인해 지붕의 처마는 지면에서 떨어질 수 있게 되었고, 수직의 벽도 출현하게 되었다. 수직 벽체의 출현은 건축의 발달 과정에서 획기적인 전환이었다. 이후 수직 벽체는 건축구조에서 가장 중요한 부분의 하나가 되었고, 그것을 만드는 재료와 방법에 따라서 다양한 구조와 형태의 건축이 출현하였다.

흙을 사용하여 수직 벽체를 만드는 건축 방식에는 항토(夯土)건축과 토담, 전축(塼築) 등의 방식이 있다. 항토건축은 거푸집을 대고 흙 또는 흙에 강회(생석회)와 짚여물 등을 섞은 것을 넣고 다져 벽을 만든 것이다. 토담 방식은 햇볕에 말려 만든 흙벽돌을 쌓아올려 벽을 만든 것이다. 그리고 전축은 흙벽돌을 고온의 불에 구워 만든 전돌을 이용해 벽을 만든 것이다.

항토건축은 기단이나 담장, 혹은 성벽을 만드는 구조로 사용되었을 뿐 대형 건축물의 구조방식으로는 사용되지 않았고, 토담 방식으로 건물을 지은 예는 많지 않다. 한편 전축은 전탑, 담장, 굴뚝 등에 많이 활용되었고 조선 후기에는 화성(華城)의 건설에 이용되었다. 여름철에 비가 많고 겨울이 유난히 추운 곳에서는 수분의 침투와 동파를 막기 위해서 높은 온도에서 구워낸 전돌을 사용해야 했는데, 경제적인 부담이 커서 대량생산을 할 수 없었다.

〈보 기〉

ㄱ. 수직 벽체를 만들게 됨에 따라서 지붕만 있는 건축물보다는 더 넓은 공간의 건축물을 지을 수 있게 되었다.

ㄴ. 항토건축 방식은 대형 건축물의 수직 벽체로 활용되었을 뿐 성벽에는 사용되지 않았다.

ㄷ. 토담 방식은 흙을 다져 전체 벽을 만든 것으로 당시 대부분의 건축물에 활용되었다.

ㄹ. 화성의 건설에 이용된 전축은 높은 온도에서 구워낸 전돌을 사용한 것이다.

① ㄱ, ㄴ
② ㄱ, ㄹ
③ ㄴ, ㄷ
④ ㄱ, ㄷ, ㄹ
⑤ ㄴ, ㄷ, ㄹ

## 📝 해설

지문을 보면 첫 번째, 두 번째 문단까지는 별 어려움 없이 수월하게 읽히다가 세 번째 문단부터 흙을 사용하여 수직 벽체를 만드는 여러 건축방식이 소개되어 있다. 이를 빠르게 읽고 암기할 수 없다면 시각적 처리를 했을 때 보다 빠른 문제 해결이 가능하다. 따라서 세 번째 문단부터 항토건축에는 ○, 토담에는 □, 전축에는 △와 같은 시각적 표시를 해두는 것이 좋다.

> 흙을 사용하여 수직 벽체를 만드는 건축 방식에는 ⟨항토(夯土)건축⟩과 [토담], 전축(塼築) 등의 방식이 있다. ⟨항토건축⟩은 거푸집을 대고 흙 또는 흙에 강회(생석회)와 짚여물 등을 섞은 것을 넣고 다져 벽을 만든 것이다. [토담] 방식은 햇볕에 말려 만든 흙벽돌을 쌓아올려 벽을 만든 것이다. 그리고 전축은 흙벽돌을 고온의 불에 구워 만든 전돌을 이용해 벽을 만든 것이다.
>
> ⟨항토건축⟩은 기단이나 담장, 혹은 성벽을 만드는 구조로 사용되었을 뿐 대형 건축물의 구조방식으로는 사용되지 않았고, [토담] 방식으로 건물을 지은 예는 많지 않았다. 한편 전축은 전탑, 담장, 굴뚝 등에 많이 활용되었고 조선 후기에는 화성(華城)의 건설에 이용되었다. 여름철에 비가 많고 겨울이 유난히 추운 곳에서는 수분의 침투와 동파를 막기 위해서 높은 온도에서 구워낸 전돌을 사용해야 했는데, 경제적인 부담이 커서 대량생산을 할 수 없었다.

시각적 표시한 바를 토대로 정오판단을 빠르고 정확하게 할 수 있어야 한다.

ㄱ. (○) 두 번째 문단에서 지붕만 있는 건축으로는 넓은 공간을 만들 수 없고, 천장도 낮아서 공간의 효율성이 떨어지고 불편했기에 공간에 대한 욕구가 커지고 건축술이 발달하면서 건축은 점차 수직으로 선 구조체가 지붕을 받치는 구조로 발전했음을 알 수 있다. 따라서 수직 벽체를 만들게 됨에 따라 지붕만 있는 건축물보다는 더 넓은 공간의 건축물을 지을 수 있게 되었음을 알 수 있다.

ㄴ. (X) 마지막 문단에서 항토건축은 기단이나 담장, 혹은 성벽을 만드는 구조로 사용되었을 뿐 대형 건축물의 구조방식으로는 사용되지 않았다고 했으므로 항토건축 방식은 대형 건축물의 수직 벽체가 아닌 성벽에 사용되었음을 알 수있다.

ㄷ. (X) 세 번째 문단에서 토담 방식은 흙을 다져 전체 벽을 만든 것이 아니라 햇볕에 말려 만든 흙벽돌을 쌓아올려 벽을 만든 것이라고 했고, 마지막 문단에서 토담 방식으로 건물을 지은 예는 많지 않았다고 했으므로 당시 대부분의 건축물에 활용되지는 않았음을 알 수 있다.

ㄹ. (○) 마지막 문단에서 높은 온도에서 구워낸 전돌을 사용하는 전축은 전탑, 담장, 굴뚝 등에 많이 활용되었고 조선 후기에는 화성의 건설에 이용되었다고 했으므로 화성의 건설에 이용된 전축은 높은 온도에서 구워낸 전돌을 사용한 것임을 알 수 있다.

[정답] ②

---

> **길쌤's Check**
>
> 문제에 주어진 내용을 정리할 때, 도형 또는 알파벳으로 정보를 구분해 두면 보다 정확한 이해가 가능하고 혼동을 방지할 수 있다.
>
> 시각화의 도구로는 다양한 것을 활용가능하다. 도형(○, △, □, ☆, ▽), 알파벳 대문자(A, B, C, …), 알파벳 소문자(a, b, c, …), 아라비아 숫자(1, 2, 3, …), 로마 숫자(Ⅰ, Ⅱ, Ⅲ, Ⅳ, …) 등이 그것이다.

## 02 다음 글을 근거로 판단할 때 옳은 것은? 16년 민경채 5책형 14번

아파트를 분양받을 경우 전용면적, 공용면적, 공급면적, 계약면적, 서비스면적이라는 용어를 자주 접하게 된다.

전용면적은 아파트의 방이나 거실, 주방, 화장실 등을 모두 포함한 면적으로, 개별 세대 현관문 안쪽의 전용 생활공간을 말한다. 다만 발코니 면적은 전용면적에서 제외된다.

공용면적은 주거공용면적과 기타공용면적으로 나뉜다. 주거공용면적은 세대가 거주를 위하여 공유하는 면적으로 세대가 속한 건물의 공용계단, 공용복도 등의 면적을 더한 것을 말한다. 기타공용면적은 주거공용면적을 제외한 지하층, 관리사무소, 노인정 등의 면적을 더한 것이다.

공급면적은 통상적으로 분양에 사용되는 용어로 전용면적과 주거공용면적을 더한 것이다. 계약면적은 공급면적과 기타공용면적을 더한 것이다. 서비스면적은 발코니 같은 공간의 면적으로 전용면적과 공용면적에서 제외된다.

① 발코니 면적은 계약면적에 포함된다.
② 관리사무소 면적은 공급면적에 포함된다.
③ 계약면적은 전용면적, 주거공용면적, 기타공용면적을 더한 것이다.
④ 공용계단과 공용복도의 면적은 공급면적에 포함되지 않는다.
⑤ 개별 세대 내 거실과 주방의 면적은 주거공용면적에 포함된다.

### 📝 해설

지문의 내용을 정리해 보면 다음과 같다.

| Ⓐ 전용면적 | | • 아파트의 방이나 거실, 주방, 화장실 등을 모두 포함한 면적<br>• 개별 세대 현관문 안쪽의 전용 생활공간<br>• 발코니 면적은 전용면적에서 제외 |
| --- | --- | --- |
| Ⓓ 공용면적 | Ⓑ 주거공용면적 | • 세대가 거주를 위하여 공유하는 면적<br>• 세대가 속한 건물의 공용계단, 공용복도 등의 면적을 더한 것 |
| | Ⓒ 기타공용면적 | • 주거공용면적을 제외한 지하층, 관리사무소, 노인정 등의 면적을 더한 것 |
| Ⓔ 공급면적 | | Ⓐ 전용면적 + Ⓑ 주거공용면적 |
| 계약면적 | | Ⓔ 공급면적 + Ⓒ 기타공용면적 |
| 서비스면적 | | • 발코니 같은 공간의 면적<br>• Ⓐ 전용면적과 Ⓓ 공용면적에서 제외됨 |

① (X) 계약면적 = Ⓔ 공급면적 + Ⓒ 기타공용면적
　　　　 = Ⓐ 전용면적 + Ⓑ 주거공용면적 + Ⓒ 기타공용면적이고,
발코니 면적은 Ⓐ 전용면적에서 제외되므로 계약면적에 포함될 수 없다. 발코니 면적은 '서비스면적'에 포함된다.

② (X) 관리사무소 면적은 Ⓒ 기타공용면적에 포함된다. Ⓔ 공급면적 = Ⓐ 전용면적 + Ⓑ 주거공용면적이고, 공급면적이 Ⓑ 주거공용면적만을 포함할 뿐 Ⓒ 기타공용면적을 포함하지 않으므로, 관리사무소 면적은 공급면적에 포함되지 않는다.

③ (O) Ⓔ 공급면적 = Ⓐ 전용면적 + Ⓑ 주거공용면적이므로
　　 계약면적 = Ⓔ 공급면적 + Ⓒ 기타공용면적
　　　　　 = Ⓐ 전용면적 + Ⓑ 주거공용면적 + Ⓒ 기타공용면적이다.

④ (X) 공용계단과 공용복도의 면적은 Ⓑ 주거공용면적에 포함된다. Ⓔ 공급면적 = Ⓐ 전용면적 + Ⓑ 주거공용면적이므로, 공용계단과 공용복도의 면적은 공급면적에 포함된다.

⑤ (X) 개별 세대 내 거실과 주방의 면적은 Ⓐ 전용면적에 포함된다. Ⓔ 공급면적 = Ⓐ 전용면적 + Ⓑ 주거공용면적에서 알 수 있듯이, Ⓐ 전용면적과 Ⓑ 주거공용면적은 다른 개념이므로 개별 세대 내 거실과 주방의 면적은 주거공용면적에 포함되지 않는다.

[정답] ③

### 길쌤's Check

이 문제 역시도 다양한 '○○면적' 간의 포함관계를 공식처럼 시각화하여 처리하면, 문제를 보다 빠르고 정확하게 해결할 수 있다.

**03** 다음 글을 근거로 판단할 때, <사례>에서 발생한 슬기의 손익은?

13년 외교관 인책형 13번

○ 甲은행이 A가격(원/달러)에 달러를 사고 싶다는 의사표시를 하고, 乙은행이 B가격(원/달러)에 달러를 팔고 싶다고 의사표시를 하면, 중개인은 달러 고시 가격을 A/B로 고시한다.
○ 만약 달러를 즉시 사거나 팔려면 그것을 팔거나 사려는 측이 제시하는 가격을 받아들일 수밖에 없다.
○ 환전수수료 등의 금융거래비용은 없다.

〈사 례〉

○ 현재 달러 고시 가격은 1204.00/1204.10이다. 슬기는 달러를 당장 사고 싶었고, 100달러를 바로 샀다.
○ 1시간 후 달러 고시 가격은 1205.10/1205.20으로 움직였다. 슬기는 달러를 당장 팔고 싶었고, 즉시 100달러를 팔았다.

① 100원 이익
② 120원 이익
③ 200원 이익
④ 100원 손실
⑤ 200원 손실

---

**해설**

지문의 내용을 정리해 보면 다음과 같다.

1) 고시된 고시 가격 : A/B=A가격에 사고 싶은 가격/B가격에 팔고 싶은 가격

2) 달러를 즉시 사려면 그것을 팔려는 측이 제시하는 가격을, 달러를 즉시 팔려면 그것을 사려는 측이 제시하는 가격을 받아들일 수밖에 없다.

정리한 정보를 〈사례〉에 적용해서 슬기의 손익을 계산하면 된다. 슬기의 손익을 계산하기 위해서 슬기의 입장에서 내용을 정리해 보면 다음과 같다.

• 현재 달러 고시 가격은 1204.00/1204.10이다.
• 슬기는 달러를 당장 사고 싶었기 때문에 팔려는 측이 제시하는 가격인 1204.10에 100달러를 바로 샀다.
• 1시간 후 달러 고시 가격은 1205.10/1205.20으로 움직였다.
• 슬기는 달러를 당장 팔고 싶었기 때문에, 사려는 측이 제시하는 가격인 1205.10에 즉시 100달러를 팔았다.

정리하면 100달러를 1204.10에 사서 1205.10에 팔았기 때문에 판 가격이 1 높다. 따라서 +1×100달러=총 100원의 이익을 얻었다.

[정답] ①

**길쌤's Check**

100달러를 사고 이후에 100달러를 팔았기 때문에, 동일한 금액을 사고 판 것이므로 차이값으로 계산하는 것이 빠르다. 계산할 때 사고 파는 입장이 서로 헷갈리지 않도록 시각화를 한 후 입장을 혼동하지 않도록 주의해서 해결해야 한다.

**04** 다음 글의 A주장에 근거하여 예측한 행동과 B주장에 근거하여 예측한 행동이 일치된 결과를 가져올 가능성이 가장 높은 상황은?

06년 5급(견습) 인책형 14번

> A: 인간의 이타적 행동을 이해하기 위해서는 이타적 행동이 나타나는 상황적 특성을 먼저 파악해야 한다. 대체로 사람들은 혼자 있을 경우에는 이타적 행동을 보일 가능성이 높고, 다른 사람들과 함께 있을 경우에는 이타적 행동을 보이지 않을 가능성이 높다.
>
> B: 이타적 행동은 다른 사람의 행동과 관계가 있다. 개인은 피해자에게 도움을 주어야 할지 여부를 판단할 때 타인의 행동으로부터 단서를 얻으려 한다. 타인이 도와주면 자신도 도와줄 가능성이 크고, 타인이 도와주지 않으면 자신도 도와주지 않을 가능성이 크다.

① 자동차 충돌 사고는 처음 보는데…. 목격자가 나밖에 없는데 어쩌지?

② 버스에 있는 모든 사람들이 불쌍한 소녀를 도와주려고 돈을 주네. 소녀가 내 앞에 오면 어떻게 하지?

③ 한적한 시골 밤길을 혼자 걷는 것도 무서운데 여자가 도와달라고 소리치네. 어떻게 하지?

④ 한 사람이 여러 명한테 일방적으로 맞고 있는데 내 주변의 구경꾼들은 다들 가만히 있네. 아는 사람도 없고 어쩌지?

⑤ 저 노숙자한테 돈을 줘야 하나? 고마움도 모르고 계속 술만 마시면서 게으른 생활만 하는데…. 그대로 두자니 딱하기도 하고 어쩌지?

---

📝 **해설**

주어진 내용을 정리해 보면 다음과 같다.

| 구분 | | 이타적 행동 | |
|---|---|---|---|
| | | 보임 | 보이지 않음 |
| A | 상황적 특성 | 혼자 있을 경우 | 다른 사람들과 함께 있을 경우 |
| B | 다른 사람의 행동 | 타인이 도와주면 | 타인이 도와주지 않으면 |

A주장에 근거하여 예측한 행동과 B주장에 근거하여 예측한 행동이, 그 행동이 이타적 행동을 보이든 보이지 않든 일치된 동일한 결과를 가져와야 한다. 또한 각 선지별로 등장한 상황에서 혼자 있는지 여부와 다른 사람의 행동을 파악해야 한다.

① (X) 혼자 있는 상황이므로 A는 이타적 행동을 보일 것이라고 예측할 것이고, 목격자가 나밖에 없으므로 타인이 도와줄 수 있는 상황은 아니다. 따라서 B는 이타적 행동을 보이지 않을 것이라고 예측할 것이다.

② (X) 버스에 다른 사람들과 함께 있는 상황이므로 A는 이타적 행동을 보이지 않을 것이라고 예측할 것이고, 버스에 있는 모든 사람들이 불쌍한 소녀를 위해 돈을 주며 돕고 있으므로 B는 이타적 행동을 보일 것이라고 예측할 것이다.

③ (X) 밤길을 혼자 걷고 있는 상황이므로 A는 이타적 행동을 보일 것이라고 예측할 것이고, 여자는 도와달라고 소리치고 있기는 하지만 타인이 도와줄 수 있는 상황은 아니므로 B는 이타적 행동을 보이지 않을 것이라고 예측할 것이다.

④ (O) 주변의 구경꾼과 함께 있는 경우이므로 A는 이타적 행동을 보이지 않을 것이라고 예측할 것이고, 주위에 있는 사람들이 다 구경만 하며 가만히 있을 뿐 돕고 있는 상황은 아니므로 B 역시도 이타적 행동을 보이지 않을 것이라고 예측할 것이다.

⑤ (X) 혼자 있는 상황인지 여부가 불분명하고, 타인이 도움을 주는지 여부도 명확하게 판단하기는 어렵다.

[정답] ④

---

길쌤's Check

이 문제 역시도 어떠한 경우에 인간이 어떠한 행동을 보이는지를 시각화하면 보다 빠르고 정확하게 문제를 해결할 수 있다.

## 01 다음 제시문을 통하여 알 수 있는 내용으로 가장 적절한 것은?

06년 5급 출제형 21번

지방자치단체의 혁신역량은 지방자치단체의 행정역량과 시민사회역량 간의 관계를 기준으로 해서 4가지로 유형화될 수 있다. A유형은 행정역량은 높으나 시민사회역량은 낮은 유형이다. 여기서는 위로부터의 강제나 명령에 의한 정책결정과 집행은 잘 이루어지나 아래로부터의 정책형성과정이나 정치참여는 원활하게 이루어지지 않는다. B유형은 A유형과는 반대되는 경우로서 지방자치단체의 행정역량은 낮으나 시민사회역량은 높은 유형이다. 이러한 지방자치단체는 공동체 전체의 집합적 목적을 추구하기보다는 사회세력의 이익을 정책에 그대로 반영하는 수동적 행위자로 활동한다. C유형은 행정역량과 시민사회역량이 모두 미약하여 시민사회가 소수의 이익집단에 장악되어 있기 때문에 경쟁하는 자발적 집단을 형성하지 못한다. 또 지방자치단체는 정책을 시민사회에 전달할 수 있는 공식채널을 가지고 있지 못하다. D유형은 행정역량과 시민사회역량이 모두 높아서 지방자치단체가 지역주민들과 제도화된 협력관계를 통해 정책을 집행하게 된다.

① D유형 하에서는 공동체 전체의 목적을 추구하기 어렵다.
② B유형과 D유형 하에서는 아래로부터의 정책형성과정이나 정치참여가 어렵다.
③ C유형 하에서는 지방자치단체가 지역유지들과 사적인 교환관계를 형성할 수 있다.
④ A유형 하에서는 지방자치단체와 시민사회가 개별적 네트워크를 통하여 정책을 집행하게 된다.
⑤ B유형 하에서는 지방자치단체의 네트워크가 활성화되어 있어 지역주민의 반대에도 불구하고 정책을 과감하게 밀어붙일 수 있다.

### 📝 해설

지문에서 지방자치단체의 '행정역량'과 '시민사회역량'의 두 가지 기준에 따라 각기 높고 낮고의 분류를 통해 총 네 가지 유형으로 구분하고 있다. 따라서 각 유형별로 특징, 각 유형 간의 공통과 차이 등을 정확하게 인식해야 한다. 정보를 처리할 때 도표화 등의 방법을 통해 시각적으로 이해한다면 보다 빠르고 정확한 이해가 가능하다.

지문의 내용을 표로 정리해보면 다음과 같다.

| 구분 | 행정역량 | 시민사회역량 |
|------|---------|-------------|
| A유형 | 높다 | 낮다 |
| B유형 | 낮다 | 높다 |
| C유형 | 낮다 | 낮다 |
| D유형 | 높다 | 높다 |

또는 지방자치단체의 행정역량과 시민사회역량 간의 관계를 기준으로 해

서 지방자치단체의 혁신역량을 4가지로 유형화하는 경우 2×2 매트릭스로 정보를 정리할 수 있다.

| 구분 | | 시민사회역량 | |
|------|------|------|------|
| | | 높다 | 낮다 |
| 지방자치단체의 행정역량 | 높다 | D유형 | A유형 |
| | 낮다 | B유형 | C유형 |

이때 정책과정에서 '행정역량'이 위로부터의 정책결정과 집행이라면, '시민사회역량'은 아래로부터의 정책형성과정이나 정치참여를 의미한다.

① (X) D유형은 지방자치단체의 행정역량과 시민사회역량이 모두 높은 유형이다. 이 경우 지방자치단체가 지역주민들과 제도화된 협력관계를 통해 정책을 집행하게 된다고 하므로, 지방자치단체와 시민사회, 지역주민을 모두 포함한 지역사회 전체의 공통 목적을 추구하는 정책을 집행하게 될 것이라고 해석할 수 있다. 또한 D유형이 B유형의 경우처럼 지방자치단체가 수동적 행위자로 활동하여 공동체 전체의 집합적 목적을 추구하기 어렵다고 생각하는 것은 적절하지 않다.

② (X) B유형과 D유형은 지방자치단체의 행정역량에는 차이가 있으나, 공통적으로 시민사회역량이 높은 유형이다. '아래로부터의 정책형성과정이나 정치참여'의 해석에서 세 번째 문장을 보면 '위로부터'가 지방자치단체로부터 시민사회, '아래로부터'가 시민사회로부터 지방자치단체로라는 것을 알아낼 수 있다. 시민사회의 역량이 낮은 A유형의 경우 아래로부터의 정책형성과정이나 정치참여가 원활하게 이루어지지 않지만, 시민사회역량이 높은 B유형과 D유형이 아래로부터의 정책형성과정이나 정치참여가 어렵다고 생각하는 것은 적절하지 않다.

③ (O) C유형은 행정역량과 시민사회역량이 모두 미약하여 시민사회가 소수의 이익집단에 장악되어 있기 때문에 경쟁하는 자발적 집단을 형성하지 못하고, 지방자치단체는 정책을 시민사회에 전달할 수 있는 공식채널을 가지고 있지 못하다고 설명하고 있다. 여섯 번째 문장의 소수의 이익집단이 지역사회의 지역유지들이라고 하자. 그리고 일곱 번째 문장에서처럼 지방자치단체가 정책을 시민사회에 전달할 수 있는 공식채널을 가지고 있지 못하므로 사적인 채널, 즉 사적인 교환관계를 형성한다고 생각해 볼 수 있다. 그렇다면 소수의 이익집단에 장악되어 있는 상황에서 C유형 하에서는 지방자치단체가 지역유지들과 사적인 교환관계를 형성할 수 있다.

④ (X) 행정역량은 높으나 시민사회역량은 낮은 A유형 하에서는 위로부터의 강제나 명령에 의한 정책결정과 집행은 잘 이루어지나 아래로부터의 정책형성과정이나 정치참여는 원활하게 이루어지지 않는다. 지방자치단체와 시민사회가 개별적 네트워크를 통하여 정책을 집행하는 것은 정책집행의 권한이 분산된 것으로 아래로부터의 정책형성과정이나 정치참여는 원활하게 이루어지지 않는 A유형과 부합하지 않는다.

⑤ (X) 지방자치단체의 행정역량은 낮으나 시민사회역량은 높은 B유형 하에서는 지방자치단체의 행정역량이 낮아 지방자치단체의 네트워크가 활성화되어 있다고 보기 힘들다. 이러한 지방자치단체는 공동체 전체의 집합적 목적을 추구하기보다는 사회세력의 이익을 정책에 그대로 반영하는 수동적 행위자로 활동한다. 시민사회역량이 높기 때문에 지역주민의 반대에도 불구하고 정책을 과감하게 밀어붙이기는 어려울 것이다. 지역주민의 반대에도 불구하고 정책을 과감하게 밀어붙일 수 있는 것은 행정역량이 높고 시민사회역량이 낮은 A유형과 같이 위로부터의 강제나 명령에 의한 정책결정과 집행이 잘 이루어지는 경우이다.

[정답] ③

## 02 다음 글에 부합하지 않는 것은?

역량기대격차는 계층별로 스스로 중요하다고 생각하는 역량과 타 계층이 당해 계층에게 요구하는 역량과의 차이를 의미한다. 계층 상호간의 역량기대격차는 각 계층의 역량을 진단·평가하는데 있어서 중요한 요소이다. 중앙부처 관료를 정책관리계층(중앙부처 4급 과장급 이상), 정책실무계층(중앙부처 5급 사무관), 실무집행계층(중앙부처 6급 주무관 이하) 등의 3계층으로 구분할 때, 이들 계층 상호간의 역량기대격차는 다음과 같다.

우선 정책관리계층은 자신에게 가장 필요한 역량으로 전략적 사고와 전문가 의식을 매우 중요하게 생각한다. 하지만 정책실무계층은 정책관리계층에게 가장 필요한 역량으로 합리적 의사결정능력을 들고 있으며, 실무집행계층은 조정통합능력을 들고 있다.

정책실무계층은 문제해결 능력과 전문가 의식을 자신에게 가장 필요한 역량으로 인식하고 있다. 그렇지만 정책관리계층은 조직헌신도를, 실무집행계층은 문제인식·이해 능력을 정책실무계층에게 필요한 역량으로 본다.

실무집행계층은 정보수집처리 능력과 세밀한 일처리 능력을 자신에게 가장 필요한 역량으로 생각한다. 그러나 정책관리계층은 실무집행계층에게 창의성을, 정책실무계층은 고객지향성을 기대하는 것으로 나타난다.

① "우리 과장님은 의사결정을 할 때 이성적 판단을 하기보다는 기존의 관행을 따르는 경향이 있습니다." (중앙부처 A 사무관)

② "이번에 새로 온 우리 부처의 ○○○사무관은 어려운 이야기는 많이 합니다만, 제가 보기에는 사안의 본질을 잘 파악하지 못하는 것 같습니다." (중앙부처 B 주무관)

③ "우리 부처의 8급 공무원이 민원인의 입장에서 일을 처리한다면 행정서비스의 만족도를 더 높일 수 있을 것 같습니다." (중앙부처 C 사무관)

④ "사실 관리자에게 중요한 것은 정치적 능력입니다. 일을 추진하다가 발생하는 부서 간의 갈등이나 오해 같은 것을 풀어주는 일이 그 분들의 업무죠." (중앙부처 D 주무관)

⑤ "요즘 들어온 7, 9급 공무원들은 6시만 되면 퇴근을 하려고 하더군요. 조직을 위해 희생하고자 하는 마음이 없어 매우 안타깝습니다." (중앙부처 E 과장)

### 📝 해설

지문의 문단 순서대로 문단 ⅰ), ⅱ), ⅲ), ⅳ)라 하자.

문단 ⅰ)에서 지문의 주제가 역량기대격차라는 것과 중앙부처 관료를 3계층으로 구분한다는 것을 파악한다. 그리고 문단 ⅱ를 빠르게 읽다 보면 하나의 계층이 스스로 생각하는 역량과 다른 계층이 해당 계층에 기대하는 역량이 차이가 있음을 설명하고 있다는 것을 알 수 있다. 문단 ⅱ)~ⅳ)의 내용을 한 번 빠르게 읽으면서 모두 기억하고 선지를 접근하기보다는, 선지의 내용이 어떤 문단에 해당되는지 지문을 다시 검토하겠다는 생각으로 접근한다. 이때 여러 방법으로 주어진 정보를 시각적 처리할 수 있다.

지문의 내용을 표로 정리해보면 다음과 같다. 문제풀이에 사용된 부분은 음영처리하였다.

| 이 \ 에게 | 문단 ⅱ) 정책관리계층 | 문단 ⅲ) 정책실무계층 | 문단 ⅳ) 실무집행계층 |
|---|---|---|---|
| 정책관리 계층 | 전략적 사고 전문가 의식 | 조직헌신도 | 창의성 |
| 정책실무 계층 | 합리적 의사결정능력 | 문제해결 능력 전문가 의식 | 고객지향성 |
| 실무집행 계층 | 조정통합능력 | 문제인식· 이해 능력 | 정보수집처리 능력 세밀한 일처리 능력 |

문제에서는 특정계층이 해당 계층 스스로에 대해서 진술하고 있는 것이 없기 때문에 다음과 같이 그림으로 나타낼 수도 있다.

문단 ⅱ)~ⅳ)는 특정 계층을 중심으로 해당 특정 계층이 스스로 중요하다고 생각하는 역량과 다른 계층이 해당 특정 계층에게 중요하다고 생각하는 역량을 서술하고 있다. 선지에서 진술의 대상이 되는 계층에 따라 확인하여야 할 문단이 정해지므로 1) 진술의 대상자를 파악하여 문단을 확인하고, 2) 진술자의 계층을 파악하여, 3) 해당 문단에서 필요하다고 생각하는 역량을 확인한다.

① (O) 1) 진술의 대상이 된 관료는 "우리 과장님"으로 문단 ⅰ)의 정책관리계층에 해당한다. 정책관리계층에 대한 역량기대격차는 문단 ⅱ)에서 서술하고 있다.
  2) 진술자는 중앙부처 A 사무관으로 정책실무계층에 해당한다.
  3) 문단 ⅱ)에서는 정책실무계층은 정책관리계층에게 가장 필요한 역량으로 합리적 의사결정능력을 들고 있다고 한다. A의 진술은 "우리 과장님은 의사결정을 할 때 이성적 판단을 하기보다는 기존의 관행을 따르는 경향이 있습니다."라고 하여 정책실무계층인 A는 정책관리계층인 과장에게 가장 필요한 역량으로 합리적 의사결정능력이 필요한데 그렇지 못하는 경향이 있다고 진술하고 있다. 여기서 각 선지의 진술과 지문이 부합하는지 판단기준은 진술자가 진술 대상자에게 기대하고 있는 역량이 지문과 일치하는지 여부이다. 진술 대상자인 과장이 해당 역량을 잘 발휘하는지 그렇지 못하는지는 지문과 부합 여부에 대한 판단의 대상이 아니다. 이하 나머지 선지들은 보다 간단히 살펴보도록 한다.

② (O) 1) 진술의 대상 "○○○사무관"은 정책실무계층 → 문단 ⅲ)
  2) 진술자 중앙부처 B 주무관은 실무집행계층
  3) 진술자는 문제인식·이해 능력에 대해서 언급하고 있는가.
    "… 사안의 본질을 잘 파악하지 못하는 것 같습니다." → 문제인식·이해 능력이라고 해석된다.

③ (O) 1) 진술의 대상 "8급 공무원"은 실무집행계층 → 문단 ⅳ)

　　2) 진술자 중앙부처 C 사무관은 정책실무계층

　　3) 진술자는 고객 지향성에 대해서 언급하고 있는가.

　　　"… 민원인의 입장에서 일을 처리한다면 … "→ 고객 지향성이라고 해석된다.

④ (O) 1) 진술의 대상 "관리자"는 정책관리계층 → 문단 ⅱ)

　　2) 진술자 중앙부처 D 주무관은 실무집행계층

　　3) 진술자는 조정통합능력에 대해서 언급하고 있는가.

　　　"… 정치적 능력 … 일을 추진하다가 발생하는 부서 간의 갈등이나 오해 같은 것을 풀어주는 일 …"→ 조정통합능력이라고 해석된다.

⑤ (X) 1) 진술의 대상 "7, 9급 공무원"은 실무집행계층 → 문단 ⅳ)

　　2) 진술자 중앙부처 E 과장은 정책관리계층

　　3) 진술자는 창의성에 대해서 언급하고 있는가.

　　　"… 조직을 위해 희생하고자 하는 마음 … " → 정책관리계층이 정책실무계층에게 필요하다고 생각하는 역량인 조직헌신도라고 해석된다.

[정답] ⑤

---

**길쌤's Check**

지문의 내용을 표 또는 그림으로 정리하는 것도 연습해보자. 다만 이런 방식의 정보처리가 가능하다는 연습으로 하는 것일 뿐. 시험장에서 이런 식으로 정보를 정리한다면 많은 시간이 소요될 것이다. 따라서 보다 빠르고 효율적인 정보 처리방법을 익혀야 하며, 이러한 방법을 활용하여 머릿속에 그림을 그려볼 수 있다면 보다 체계적으로 정보를 이해하는 데 도움이 될 것이다.

**03** 다음 글을 근거로 판단할 때 옳은 것은? 18년 민경채 가책형 1번

정책의 쟁점 관리는 정책 쟁점에 대한 부정적 인식을 최소화하여 정책의 결정 및 집행에 우호적인 환경을 조성하기 위한 행위를 말한다. 이는 정책 쟁점이 미디어 의제로 전환된 후부터 진행된다.

정책의 쟁점 관리에서는 쟁점에 대한 지식수준과 관여도에 따라 공중(公衆)의 유형을 구분하여 공중의 특성에 맞는 전략적 대응방안을 제시한다. 어떤 쟁점에 대해 지식수준과 관여도가 모두 낮은 공중은 '비활동 공중'이라고 한다. 그러나 쟁점에 대한 지식수준이 낮더라도 쟁점에 노출되어 쟁점에 대한 관여도가 높아지게 되면 이들은 '환기 공중'으로 변화한다. 이러한 환기 공중이 쟁점에 대한 지식수준까지 높아지면 지식수준과 관여도가 모두 높은 '활동 공중'으로 변하게 된다. 쟁점에 대한 지식수준이 높지만 관여도가 높지 않은 공중은 '인지 공중'이라고 한다.

인지 공중은 사회의 다양한 쟁점에 관한 지식을 가지고 있지만 적극적으로 활동하지 않아 이른바 행동하지 않는 지식인이라고도 불리는데, 이들의 관여도를 높여 활동 공중으로 이끄는 것은 매우 어렵다. 이 때문에 이들이 정책 쟁점에 긍정적 태도를 가지게 하는 것만으로도 전략적 성공이라고 볼 수 있다. 반면 환기 공중은 지식수준은 낮지만 쟁점 관여도가 높은 편이어서 문제해결에 필요한 지식을 얻게 된다면 활동 공중으로 변화한다. 따라서 이들에게는 쟁점에 대한 미디어 노출을 증가시키거나 다른 사람과 쟁점에 대해 토론하게 함으로써 지식수준을 높이는 전략을 취할 필요가 있다. 한편 활동 공중은 쟁점에 대한 지식수준과 관여도가 모두 높기 때문에 조직화될 개연성이 크고, 자신의 목적을 이루기 위해 시간과 노력을 아낌없이 투자할 자세가 되어 있다. 정책의 쟁점 관리를 제대로 하려면 이들이 정책을 우호적으로 판단할 수 있도록 하는 다양한 전략을 마련하여야 한다.

① 정책의 쟁점 관리는 정책 쟁점이 미디어 의제로 전환되기 전에 이루어진다.

② 어떤 쟁점에 대한 지식수준이 높지만 관여도가 낮은 공중을 비활동 공중이라고 한다.

③ 비활동 공중이 어떤 쟁점에 노출되면서 관여도가 높아지면 환기 공중으로 변한다.

④ 공중은 한 유형에서 다른 유형으로 변화할 수 없기 때문에 정책의 쟁점 관리를 할 필요가 없다.

⑤ 인지 공중의 경우, 쟁점에 대한 미디어 노출을 증가시키고 다른 사람과 쟁점에 대해 토론하게 만든다면 활동 공중으로 쉽게 변한다.

---

### 해설

지식수준과 관여도라는 두 가지 기준에 따라 공중의 유형이 구분되며, 특정 공중이 어떠한 요건이 갖추어지면 다른 공중의 형태로 변화하기도 한다. 글을 읽을 때 이를 혼동하지 않도록 잘 정리해야 문제를 빠르고 정확하게 풀이할 수 있다. 주어진 내용을 표로 정리한다면 다음과 같다.

| 구분 | | 관여도 | |
|---|---|---|---|
| | | 낮음 | 높음 |
| 지식수준 | 낮음 | 비활동 공중 | 환기 공중 |
| | 높음 | 인지 공중 | 활동 공중 |

① (X) 첫 번째 문단에서 정책의 쟁점 관리는 정책 쟁점이 미디어 의제로 전환된 후부터 진행됨을 알 수 있다.

② (X) 두 번째 문단에서 어떤 쟁점에 대한 지식수준이 높지만 관여도가 낮은 공중은 '인지 공중'이며, 어떤 쟁점에 대해 지식수준과 관여도가 모두 낮은 공중은 '비활동 공중'이라고 했으므로 비활동 공중은 지식수준이 높지 않고 낮아야 함을 알 수 있다.

③ (O) 두 번째 문단에서 어떤 쟁점에 대해 지식수준과 관여도가 모두 낮은 공중은 '비활동 공중'이라고 하고, 쟁점에 대한 지식수준이 낮더라도 쟁점에 노출되어 쟁점에 대한 관여도가 높아지게 되면 이들은 '환기 공중'으로 변화함을 알 수 있다.

④ (X) 두 번째 문단에 따르면 비활동 공중은 쟁점에 대한 지식수준이 낮더라도 쟁점에 노출되어 쟁점에 대한 관여도가 높아지게 되면 '환기 공중'으로 변화하고, 마지막 문단에 따르면 환기 공중은 지식수준은 낮지만 쟁점 관여도가 높은 편이어서 문제해결에 필요한 지식을 얻게 된다면 활동 공중으로 변화한다. 따라서 공중은 한 유형에서 다른 유형으로 변화할 수 있음을 알 수 있다.

⑤ (X) 마지막 문단에서 인지 공중은 사회의 다양한 쟁점에 관한 지식을 가지고 있지만 적극적으로 활동하지 않아 이른바 행동하지 않는 지식인이라고도 불린다고 했고, 이들의 관여도를 높여 활동 공중으로 이끄는 것은 매우 어렵다고 했으므로 인지 공중은 활동 공중으로 쉽게 변하지 않음을 알 수 있다. 마지막 문단에 따르면 쟁점에 대한 미디어 노출을 증가시키거나 다른 사람과 쟁점에 대해 토론하게 함으로써 지식수준을 높이는 전략을 취함으로써 활동 공중으로 쉽게 변하는 것은 '인지 공중'이 아니라 '환기 공중'이다.

[정답] ③

**04** 다음 글을 근거로 판단할 때, 2019년의 무역의존도가 높은 순서대로 세 국가(A~C)를 나열한 것은?    20년 민경채 가책형 7번

> A, B, C 세 국가는 서로 간에만 무역을 하고 있다. 2019년 세 국가의 수출액은 다음과 같다.
>
> ○ A의 B와 C에 대한 수출액은 각각 200억 달러와 100억 달러였다.
>
> ○ B의 A와 C에 대한 수출액은 각각 150억 달러와 100억 달러였다.
>
> ○ C의 A와 B에 대한 수출액은 각각 150억 달러와 50억 달러였다.
>
> A, B, C의 2019년 국내총생산은 각각 1,000억 달러, 3,000억 달러, 2,000억 달러였고, 각 국가의 무역의존도는 다음과 같이 계산한다.
>
> $$무역의존도 = \frac{총\ 수출액 + 총\ 수입액}{국내총생산}$$

① A, B, C
② A, C, B
③ B, A, C
④ B, C, A
⑤ C, A, B

**해설**

표로 처리하지 않고 해결하는 것이 가능한 경우도 있겠지만, 문제에서 주어진 상황이 정확하게 파악되지 않는 경우에는 표를 사용하여 처리하는 것이 정확할 수 있다. 제시된 정보를 표로 정리해 보면 다음과 같다.

(단위: 억 달러)

| 수출국 \ 수입국 | A | B | C | 총 수출액 |
|---|---|---|---|---|
| A |  | 200 | 100 | 300 |
| B | 150 |  | 100 | 250 |
| C | 150 | 50 |  | 200 |
| 총 수입액 | 300 | 250 | 200 | 750 |

A, B, C의 2019년 국내총생산은 각각 1,000억 달러, 3,000억 달러, 2,000억 달러이므로, 위에서 정리한 내용과 결합하여 각 국가의 무역의존도를 계산해 보면 다음과 같다.

(단위: 억 달러)

| 구분 | 총 수출액 (ㄱ) | 총 수입액 (ㄴ) | 국내총생산 (ㄷ) | 무역의존도 =(ㄱ+ㄴ) / ㄷ |
|---|---|---|---|---|
| A | 300 | 300 | 1,000 | $\frac{3}{5} = 0.6$ |
| B | 250 | 250 | 3,000 | $\frac{1}{6} \fallingdotseq 0.17$ |
| C | 200 | 200 | 2,000 | $\frac{1}{5} = 0.2$ |

따라서 2019년의 무역의존도가 높은 순서대로 세 국가(A~C)를 나열한 것은 '② A, C, B'이다.

[정답] ②

## 01 다음 규정에 근거할 때, 옳은 것을 <보기>에서 모두 고르면?

12년 5급 인책형 28번

제00조(공공기관의 구분) ① 기획재정부장관은 공공기관을 공기업·준정부기관과 기타공공기관으로 구분하여 지정한다. 직원 정원이 50인 이상인 공공기관은 공기업 또는 준정부기관으로, 그 외에는 기타공공기관으로 지정한다.
② 기획재정부장관은 제1항의 규정에 따라 공기업과 준정부기관을 지정하는 경우 자체수입액이 총수입액의 2분의 1 이상인 기관은 공기업으로, 그 외에는 준정부기관으로 지정한다.
③ 기획재정부장관은 제1항 및 제2항의 규정에 따른 공기업을 다음 각 호의 구분에 따라 세분하여 지정한다.
　1. 시장형 공기업: 자산규모가 2조 원 이상이고, 총 수입액 중 자체수입액이 100분의 85 이상인 공기업
　2. 준시장형 공기업: 시장형 공기업이 아닌 공기업

〈공공기관 현황〉

| 공공기관 | 직원 정원 | 자산규모 | 자체수입비율 |
|---|---|---|---|
| A | 80명 | 3조 원 | 85 % |
| B | 40명 | 1.5조 원 | 60 % |
| C | 60명 | 1조 원 | 45 % |
| D | 55명 | 2.5조 원 | 40 % |

※ 자체수입비율: 총 수입액 대비 자체수입액 비율

〈보　기〉
ㄱ. 기관 A는 시장형 공기업이다.
ㄴ. 기관 B는 준시장형 공기업이다.
ㄷ. 기관 C는 기타공공기관이다.
ㄹ. 기관 D는 준정부기관이다.

① ㄱ, ㄴ
② ㄱ, ㄹ
③ ㄴ, ㄷ
④ ㄱ, ㄷ, ㄹ
⑤ ㄴ, ㄷ, ㄹ

## 해설

지문에 주어진 공공기관의 구분 기준을 정리해 보면 다음과 같다. 물론 다음과 같이 직접 하나하나 적어가면서 해결하는 것은 시간이 오래 걸린다. 따라서 옮겨 적지 말고, 인쇄된 시험지에 수형도를 그려가면서 정보처리하는 것을 추천한다.

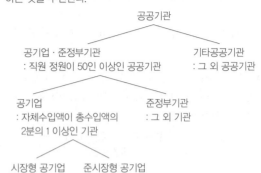

ㄱ. (O) 기관 A는 주어진 구분 기준에 따를 때
　1) 직원 정원이 80명으로 공기업 또는 준정부기관에 해당하고,
　2) 자체수입비율이 85%이므로 자체수입액이 총수입액의 2분의 1 이상인 기관이어서 공기업에 해당하고,
　3) 자산규모가 3조 원으로 2조 원 이상이고 총 수입액 중 자체수입액이 100분의 85 이상이므로 시장형 공기업이다.
같은 방식으로 나머지 기관도 살펴보면 다음과 같다.

| 공공기관 | 직원 정원 | 자산규모 | 자체수입비율 | 구분 |
|---|---|---|---|---|
| A | 80명 | 3조 원 | 85% | 시장형 공기업 |
| B | 40명 | 1.5조 원 | 60% | 기타공공기관 |
| C | 60명 | 1조 원 | 45% | 준정부기관 |
| D | 55명 | 2.5조 원 | 40% | 준정부기관 |

ㄴ. (X) 기관 B는 준시장형 공기업이 아니라 기타공공기관이다.
ㄷ. (X) 기관 C는 기타공공기관이 아니라 준정부기관이다.
ㄹ. (O) 기관 D는 준정부기관이다.

[정답] ②

## 4 그래프의 활용

자료해석을 공부하다보면 다양한 그래프들을 보게 된다.
상황판단에서 주어진 정보를 정리하는 데도 자료해석의 다양한 그래프를 활용 가능하다.

### 01 다음 글과 <상황>을 읽고 추론한 것으로 항상 옳은 것을 <보기>에서 모두 고르면?

10년 5급 선책형 32번, 11년 민경채(실험) 14번

> 어떤 단체의 회원들은 단체의 결정에 대하여 각기 다른 선호를 보인다. 단체에 매월 납부하는 회비의 액수를 정하는 문제에 대해서도 마찬가지이다. 단체의 목적 달성에는 동의하나 재정이 넉넉하지 않은 사람은 될 수 있으면 적은 회비를 부담하려 한다(소극적 회원). 반면, 목적 달성에 동의하고 재정 또한 넉넉한 사람은 오히려 회비가 너무 적으면 안 된다고 생각한다(적극적 회원).
>
> 따라서 단체가 회비의 액수를 결정할 때에는 각 회원이 선호하는 액수를 알아야 한다. 회원들은 저마다 선호하는 회비의 범위가 있다. 만약 단체가 그 범위 내에서 회비를 결정한다면 회비를 내고 단체에 남아 있겠지만, 회비가 그 범위를 벗어난다면 단체의 결정에 불만을 품고 단체를 탈퇴할 것이다. 왜냐하면 소극적 회원은 과중한 회비 부담을 감수하려 들지 않을 것이고, 적극적 회원은 회비가 너무 적어 단체의 목적 달성이 불가능하다고 볼 것이기 때문이다.

<상 황>

5명(A~E)의 회원으로 새롭게 결성된 이 단체는 10만 원에서 70만 원 사이의 일정 금액을 월 회비로 정하려고 한다. 각 회원이 선호하는 회비의 범위는 다음과 같다.

| 회원 | 범위 |
|------|------|
| A | 10만 원 이상 ~ 20만 원 미만 |
| B | 10만 원 이상 ~ 25만 원 미만 |
| C | 25만 원 이상 ~ 40만 원 미만 |
| D | 30만 원 이상 ~ 50만 원 미만 |
| E | 30만 원 이상 ~ 70만 원 미만 |

<보 기>

ㄱ. C가 원하는 범위에서 회비가 정해지면, 최소 2인이 단체를 탈퇴할 것이다.
ㄴ. D가 원하는 범위에서 회비가 정해지면, 최소 3인이 단체를 탈퇴할 것이다.
ㄷ. 회비가 일단 정해지면, 최소 2명 이상은 이 단체를 탈퇴할 것이다.
ㄹ. 회비를 20만 원으로 결정하는 경우와 30만 원으로 결정하는 경우 탈퇴할 회원 수는 같다.

① ㄱ, ㄴ
② ㄱ, ㄷ
③ ㄴ, ㄷ
④ ㄴ, ㄹ
⑤ ㄷ, ㄹ

### 📑 해설

회비의 범위를 그래프로 나타내보면 다음과 같다. 물론 실제 시험에서는 아래 그래프보다 약식으로 간단히 그려야 할 것이다.

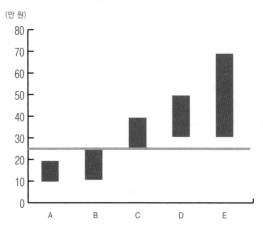

ㄱ. (O) C가 원하는 회비의 범위는 25만 원 이상 40만 원 미만이다. 이 범위에서 회비가 결정되면 회비의 범위가 겹치지 않는 A, B는 탈퇴할 것이다. 만약 회비의 범위가 25만 원 이상 30만 원 미만이라면 가장 많은 회원이 탈퇴하게 되고 A, B, D, E가 탈퇴한다. 따라서 적어도 A, B는 탈퇴할 것이므로 최소 2인이 단체를 탈퇴할 것이다.

ㄴ. (X) D가 원하는 회비의 범위는 30만 원 이상 50만 원 미만이다. 이 범위에서 회비가 결정되면 적어도 회비의 범위가 겹치지 않는 A, B는 탈퇴할 것이다. 회비의 범위가 40만 원 이상 50만 원 미만으로 정해지는 경우 C도 탈퇴할 것이다. 따라서 최소 2인이 단체를 탈퇴할 것이다.

ㄷ. (O) 최소 2명 이상이 이 단체를 탈퇴한다는 것을 반박하려면 1명이 탈퇴하는 상황이나 아무도 탈퇴하지 않는 상황을 보이면 된다. 즉, 반대로 생각하면 회비의 범위에서 4명 이상 겹쳐서 4명 이상이 탈퇴하지 않고 남아있어야 한다. 그런데 주어진 조건 상 4명 이상이 겹치는 회비의 범위는 없다. 회비가 30만 원 이상 40만 원 미만으로 정해져 A, B가 탈퇴하는 것이 가장 적은 회원이 탈퇴하는 경우이고, 따라서 회비가 일단 정해지면, 최소 2명 이상은 이 단체를 탈퇴한다.

ㄹ. (X) 회비를 20만 원으로 결정하는 경우 A, C, D, E 4명이 탈퇴하고, 30만 원으로 결정하는 경우 A, B 2명이 탈퇴한다. 따라서 탈퇴할 회원 수가 같지 않다.

[정답] ②

**다음 글에 부합하는 것은?**

> 녹색성장에서 중요시되고 있는 것은 신재생에너지 분야이다. 유망 산업으로 주목받고 있는 신재생에너지 분야는 국가의 성장동력으로 집중 육성될 필요가 있다. 우리 정부가 2030년까지 전체 에너지 중 신재생에너지의 비율을 11%로 확대하려는 것은 탄소배출량 감축과 성장동력 육성이라는 두 마리 토끼를 잡기 위한 전략이다. 우리나라에서 신재생에너지란 수소, 연료전지, 석탄 가스화 복합발전 등의 신에너지와 태양열, 태양광, 풍력, 바이오, 수력, 지열, 폐기물 등의 재생가능에너지를 통칭해 부르는 용어이다. 2007년을 기준으로 신재생에너지의 구성비를 살펴보면 폐기물이 77%, 수력이 14%, 바이오가 6.6%, 풍력이 1.4%, 기타가 1%이었으며, 이들 신재생에너지가 전체 에너지에서 차지하는 비율은 2.4%에 불과했다.
>
> 따라서 정부는 '에너지 및 자원 사업 특별회계'와 '전력 기금'으로 신재생에너지 기술개발 지원사업을 확대할 필요가 있다. 특히 산업파급효과가 큰 태양광, 연료전지, 풍력분야에 대한 국산화 지원과 더불어 예산 대비 보급효과가 큰 바이오 연료, 폐기물 연료 분야에 대한 지원을 강화하기 위한 정책도 개발되어야 한다. 이러한 지원정책과 함께 정부는 신재생에너지의 공급을 위한 다양한 규제정책도 도입해야 할 것이다.

① 환경보전을 위해 경제성장을 제한하고 삶의 질을 높여야 한다.
② 신에너지가 전체 에너지에서 차지하는 비율은 재생가능에너지보다 크다.
③ 2007년을 기준으로 폐기물을 이용한 에너지가 전체 에너지에서 차지하는 비율은 매우 낮다.
④ 정부는 녹색성장을 위해 규제정책을 포기하고 시장친화정책을 도입해야 한다.
⑤ 산업파급효과가 큰 에너지 분야보다 예산 대비 보급효과가 큰 에너지 분야에 대한 지원이 시급하다.

## 해설

① (X) 첫 번째 문단에서 우리 정부가 2030년까지 전체 에너지 중 신재생에너지의 비율을 11%로 확대하려는 것은 '탄소배출량 감축'과 '성장동력 육성'이라는 두 마리 토끼를 잡기 위한 전략이라고 했으므로 환경보전을 위해 경제성장을 제한하자는 것은 아님을 알 수 있다.

② (X) 첫 번째 문단에서 신재생에너지의 종류와 신재생에너지의 구성비를 제시하고 있고, 이 내용을 표로 정리하면 다음과 같다.

| 신재생<br>에너지 | 신에너지 | 수소, 연료전지, 석탄 가스화 복합발전 등 |
| --- | --- | --- |
| | 재생가능에너지 | 태양열, 태양광, 풍력, 바이오, 수력,<br>지열, 폐기물 등 |

| 신재생에너지<br>구성비(%) | 폐기물 | 수력 | 바이오 | 풍력 | 계 |
| --- | --- | --- | --- | --- | --- |
| | 77 | 14 | 6.6 | 1.4 | 99 |

즉, 전체 에너지에서 차지하는 비율을 정확히 구하지 않더라도 기타 1%가 신에너지인지 재생가능에너지인지와 무관하게 전체 에너지에서 차지하는 비율은 재생가능에너지가 신에너지보다 훨씬 크다.

③ (O) 첫 번째 문단에서 2007년 기준으로 신재생에너지의 구성비 중 폐기물의 비율은 77%이나, 신재생에너지가 전체 에너지에서 차지하는 비율은 2.4%에 불과하다고 했으므로 폐기물을 이용한 에너지가 전체 에너지에서 차지하는 비율은 매우 낮음을 알 수 있다.

④ (X) 마지막 문단에서 정부는 지원정책과 함께 신재생에너지의 공급을 위한 다양한 규제정책도 도입해야 한다고 했으므로 정부가 녹색성장을 위해 규제정책을 포기하는 것은 아님을 알 수 있다.

⑤ (X) 마지막 문단에서 특히 산업파급효과가 큰 태양광, 연료전지, 풍력분야에 대한 국산화 지원과 더불어 예산 대비 보급효과가 큰 바이오 연료, 폐기물 연료 분야에 대한 지원을 강화하기 위한 정책도 개발되어야 한다고 했으므로 '산업파급효과가 큰 에너지 분야'와 '예산 대비 보급효과가 큰 에너지 분야' 중 어느 분야가 지원이 시급한지를 따지는 것이 아니라 더불어 지원을 강화해야 함을 알 수 있다.

[정답] ③

---

**길쌤's Check**

이 문제의 경우 지문에 주어진 신재생에너지의 구성비를 원그래프나 막대그래프 등으로 정리해 볼 수 있다.

**01** 다음 글과 <상황>을 근거로 판단할 때, 甲이 둘째 딸에게 물려주려는 땅의 크기는?

16년 민경채 5책형 18번

> 한 도형이 다른 도형과 접할 때, 안쪽에서 접하는 것을 내접, 바깥쪽에서 접하는 것을 외접이라고 한다. 이를테면 한 개의 원이 다각형의 모든 변에 접할 때, 그 다각형은 원에 외접한다고 하며 원은 다각형에 내접한다고 한다. 한편 원이 한 다각형의 각 꼭짓점을 모두 지날 때 그 원은 다각형에 외접한다고 하며, 다각형은 원에 내접한다고 한다. 정다각형은 반드시 내접원과 외접원을 가지게 된다.

〈상 황〉

> 甲은 죽기 전 자신이 가진 가로와 세로가 각각 100m인 정사각형의 땅을 다음과 같이 나누어 주겠다는 유서를 작성하였다.
>
> "내 전 재산인 정사각형의 땅에 내접하는 원을 그리고, 다시 그 원에 내접하는 정사각형을 그린다. 그 내접하는 정사각형에 해당하는 땅을 첫째 딸에게 주고, 나머지 부분은 둘째 딸에게 물려준다."

① 4,000m²
② 5,000m²
③ 6,000m²
④ 7,000m²
⑤ 8,000m²

📝 **해설**

문제 해결을 위해 지문에서 내접과 외접의 개념을 정확하게 이해해야 한다. 제시된 조건에 따라 도형을 그린 뒤, 마름모의 넓이를 구하는 공식을 활용하여 해결해야 하는 문제이다. 마름모의 넓이를 구하는 공식은 다음과 같다.

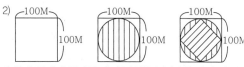
마름모 넓이=(한 대각선의 길이)×(다른 대각선의 길이) ÷ 2

〈상황〉에서 계산에 필요한 정보를 정리해 보면 다음과 같다.

1) 가로와 세로가 각각 100m인 정사각형의 땅이 있다.
2) 정사각형의 땅에 내접하는 원을 그리고, 다시 그 원에 내접하는 정사각형을 그린다.
3) 그 내접하는 정사각형에 해당하는 땅을 첫째 딸에게 물려준다.
4) 나머지 부분은 둘째 딸에게 물려준다.

〈상황〉에서 파악한 정보에 따라 계산을 해보면 다음과 같다.

1) 땅 전체 면적=100m×100m=10,000m²
2)

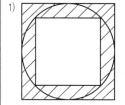 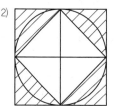

3) 첫째 딸에게 물려줄 땅의 면적은 정사각형 안의 마름모의 넓이를 구하면 된다. 마름모의 면적을 구하는 공식이 '(한 대각선의 길이)×(다른 대각선의 길이)÷2'이므로 첫째 딸에게 물려줄 땅의 면적=(100m × 100m)÷2=5,000m²이다.
4) 둘째 딸에게 물려줄 땅의 면적은 땅의 전체면적에서 첫째 딸에게 주려는 면적을 제외한 나머지이므로, 10,000−5,000=5,000m²이다.

따라서 甲이 둘째 딸에게 물려주려는 땅의 크기는 5,000m²이다.

**빠른 문제풀이 Tip**

원 안에 마름모를 어떻게 그리는가에 따라 풀이과정과 소요시간이 현저하게 차이날 수 있다.

1)처럼 그리면 마름모꼴의 넓이를 구하는 공식이 필요하겠지만, 2)처럼 그린다면 사각형을 4등분하는 ＋를 기준으로 보면 4등분된 각 사분면이 마름모꼴로 양분됨을 알 수 있다. 따라서 정확한 면적으로 구하지 않더라도 둘째 딸에게 물려주려는 땅의 크기는 전체 땅의 크기의 절반이다.

[정답] ②

# Ⅱ. 강·약 조절

주어진 모든 조건을 전부 다 정확하게 기억하는 것은 누구에게다 쉽지 않다. 따라서 조건을 기억할 때 강·약 조절을 하는 것이 필요하다. 해결과정에서 문제가 될 수 있는 부분을 강하게 기억해 둠으로써 실수를 방지하면서 보다 빠르고 정확한 문제 해결이 가능해질 것이다.

## 01 A, B 두 후보만 출마한 선거에서 B가 당선되었다. 이 선거 직전 실시된 여론조사 결과는 다음 제시문과 같다. 이 상황에 대한 추론 중 적절하지 않은 것은?

09년 5급 극책형 12번

(1) 여론조사 결과 A의 지지율이 B의 지지율보다 높은 것으로 나타났다.

(2) 여론조사 결과를 응답자의 연령대별로 분석하면, A는 20 대와 30대에서, 그리고 B는 40대와 50대에서 각각 상대 후보보다 높은 지지율을 보이는 것으로 나타났다. 60대 이상의 경우 두 후보의 지지율 차이는 없는 것으로 나타났다.

(3) 여론조사 결과를 응답자의 성별로 분석하면, 두 후보에 대한 남성의 지지율의 차이가 크지 않은 반면, 여성의 경우 B의 지지율이 크게 높은 것으로 나타났다.

(4) 여론조사 결과를 응답자의 연령과 성별에 따라 분석하면, 30대 이하와 60대 이상에서는 남녀 모두에서 A와 B의 지지율의 차이가 크지 않았다. 그러나 40대와 50대 여성의 경우 B의 지지율이 A의 지지율보다 현저하게 높은 것으로 나타났다.

※ 여론조사시 유권자의 지지성향이 선거에 그대로 반영된다.
※ 연령대별 유권자 수는 동일하다.

① 여성의 투표율이 남성의 투표율보다 상대적으로 높았을 것이다.

② 20대와 30대의 투표율이 다른 연령층에 비해 상대적으로 낮았을 것이다.

③ 40대와 50대의 투표율이 다른 연령층에 비해 상대적으로 높았을 것이다.

④ 40대와 50대 여성의 투표율이 다른 연령층 여성에 비해 상대적으로 낮았을 것이다.

⑤ 특정 성별이나 연령층의 투표율이 다른 성별이나 연령층의 투표율에 비해 높았을 것이다.

## 해설

여론조사 결과를 각각 결과 (1)~(4)라고 하자. 각주에서는 유권자의 지지성향이 선거에 그대로 반영된다고 하였고, 결과 (1)에서는 전체 유권자에 대해서 A의 지지율이 B의 지지율보다 높은 것으로 나타났다. 그러나 발문에서는 B가 당선되었다고 했으므로 전체 유권자의 투표율이 고르게 나온 것이 아니라 특정 유권자층의 투표율이 상대적으로 높아 결과 (1)의 전체 유권자 지지율과는 다른 결과가 나온 것으로 이해한다. 이상의 이해를 바탕으로 선지를 판단해본다.

결과 (1)~(4)의 내용을 표로 정리해 보면 다음과 같다.

| | 20대 | 30대 | 40대 | 50대 | 60대 이상 | 전체 |
|---|---|---|---|---|---|---|
| 남성 | – | – | | | – | – |
| 여성 | – | – | (4)B | (4)B | – | (3)B |
| 전체 | (2)A | (2)A | (2)B | (2)B | – | (1)A |

위 표는 해당 연령, 성별에서 높은 지지율을 보이는 후보만 표시한 것이며 지지율의 차이가 없거나 크지 않은 경우 '–'로, 지문에 언급이 없는 경우는 빈칸으로 표시하였다. 그리고 특정 후보가 높은 지지율을 보이는 경우에는 근거가 되는 결과를 표시하였다.

선지에서는 B가 당선된 결과에 부합하게 B 지지율이 높은 유권자층의 투표율이 상대적으로 높거나 A 지지율이 높은 유권자층의 투표율이 상대적으로 낮은 경우인지를 묻고 있다.

① (O) 결과 (3)에 의하면 여성의 경우 B의 지지율이 크게 높은 것으로 나타났으므로, B가 당선되었다면 여성의 투표율이 남성의 투표율보다 상대적으로 높았을 것으로 추론할 수 있다.

② (O) 결과 (2)에 의하면 20대와 30대에서는 A가 B보다 높은 지지율을 보이는 것으로 나타났으므로, B가 당선되었다면 20대와 30대의 투표율이 다른 연령층에 비해 상대적으로 낮았을 것으로 추론할 수 있다.

③ (O) 결과 (2)에 의하면 40대와 50대에서는 B가 A보다 높은 지지율을 보이는 것으로 나타났으므로, B가 당선되었다면 40대와 50대의 투표율이 다른 연령층에 비해 상대적으로 높았을 것으로 추론할 수 있다.

④ (X) 결과 (4)에 의하면 40대와 50대 여성은 B의 지지율이 높은 것으로 나타났다. 해당 유권자층의 투표율이 낮았다면 전체 지지율이 높았던 A대신 B가 당선된 결과를 설명하기에는 부적절한 추론이다.

⑤ (O) 각주, 결과 (1), 발문의 B의 당선을 고려해보면 특정 성별이나 연령층의 투표율이 다른 성별이나 연령층의 투표율에 비해 높았을 것으로 추론할 수 있다.

[정답] ④

**02** 다음 글은 문화상품권 뒷면에 기재된 이용 안내이다. 2012년 2월 1일 현재, A가 가지고 있는 문화상품권을 사용하고자 할 때 옳은 것은? 12년 5급 인책형 20번

○ 본 상품권은 문화상품권 오프라인 가맹점 및 온라인 가맹점에서 사용하실 수 있습니다.
○ 본 상품권은 현금교환이 불가합니다. 단, 권면금액의 80% 이상을 사용하신 경우 그 잔액을 돌려받으실 수 있습니다. 이는 오프라인 가맹점과 온라인 가맹점에서 동일하게 적용됩니다.
○ 상품권의 도난, 분실 등에 대하여 회사는 책임지지 않으며, 상품권이 훼손되어 식별 불가능할 경우 사용하실 수 없습니다.
○ 앞면 금액란의 은박으로 가려진 부분을 긁으면 노출되는 PIN번호를 입력하여 온라인 가맹점에서 사용 가능합니다.
○ PIN번호가 노출되면 오프라인 가맹점에서 사용할 수 없습니다.
○ 본 상품권의 유효기간은 발행일로부터 5년입니다.

〈A가 가지고 있는 문화상품권〉

| 금액 | 발행일 | 현재 PIN번호 노출 여부 |
|---|---|---|
| 10,000원 | 2007년 3월 1일 | 노출 안 됨 |
| 10,000원 | 2009년 5월 10일 | 노출됨 |
| 5,000원 | 2006년 9월 20일 | 노출 안 됨 |
| 5,000원 | 2010년 12월 15일 | 노출됨 |
| 5,000원 | 2011년 9월 10일 | 노출 안 됨 |

① 오프라인 가맹점인 서점에서 10,000원이 적힌 문화상품권을 사용하여 9,000원짜리 책을 사면 1,000원은 돌려받지 못한다.
② 현재 갖고 있는 문화상품권만으로는 오프라인 가맹점에서 최대 20,000원밖에 사용하지 못한다.
③ 현재 갖고 있는 문화상품권만으로는 온라인 가맹점에서 최대 15,000원밖에 사용하지 못한다.
④ 현재 갖고 있는 문화상품권 가운데 2015년 12월 16일에 온라인 가맹점에서 사용할 수 있는 상품권은 없다.
⑤ 현재 갖고 있는 문화상품권 2매로 온라인 가맹점에서 가격이 15,500원인 공연티켓을 사면 잔액을 돌려받지 못한다.

## 해설

제시된 규칙을 〈A가 가지고 있는 문화상품권〉에 적용해 보면 다음과 같다.

| 구분 | 금액 | 발행일 (상품권의 유효기간은 발행일로부터 5년) | 현재 PIN번호 노출 여부 (PIN번호가 노출되면 오프라인 가맹점에서 사용할 수 없음) |
|---|---|---|---|
| ⓐ | 10,000원 | 2007년 3월 1일 | 노출 안 됨 |
| ⓑ | 10,000원 | 2009년 5월 10일 | 노출됨 (오프라인 가맹점 사용 불가) |
| ⓒ | 5,000원 | 2006년 9월 20일 (사용 불가) | 사용 불가 |
| ⓓ | 5,000원 | 2010년 12월 15일 | 노출됨 (오프라인 가맹점 사용 불가) |
| ⓔ | 5,000원 | 2011년 9월 10일 | 노출 안 됨 |

① (X) 권면금액인 10,000원의 80% 이상을 사용하였으므로 잔액을 돌려받을 수 있다.

② (X) 오프라인 가맹점에서 사용할 수 있는 것은 문화상품권 ⓐ, ⓔ이다. 따라서 최대 15,000원까지 사용 가능하다.

③ (X) 온라인 가맹점에서는 PIN번호 노출 여부가 문제되지 않는다. 따라서 문화상품권 ⓐ, ⓑ, ⓓ, ⓔ를 사용할 수 있으므로 최대 30,000원까지 사용 가능하다.

④ (X) 문화상품권 ⓐ～ⓓ는 유효기간이 지나서 사용할 수 없지만 문화상품권 ⓔ는 사용 가능하다.

⑤ (O) 현재 갖고 있는 문화상품권 2매로 온라인 가맹점에서 가격이 15,500원인 공연티켓을 사려면 권면금액이 10,000원인 상품권 2매로 구입을 해야 한다. 제시된 규칙에 따르면 상품권은 현금교환이 불가하지만 권면금액의 80% 이상을 사용한 경우에는 그 잔액을 돌려받을 수 있고, 이는 오프라인 가맹점과 온라인 가맹점에서 동일하게 적용된다. 이에 따라 권면금액의 합계액인 20,000원을 기준으로 15,500원인 공연티켓은 권면금액의 80% 미만이므로 그 잔액을 돌려받을 수 없다.

[정답] ⑤

### 길쌤's Check

예제 01~02의 조건의 강약처리가 잘 되었는지 확인해 보자. 예제 01의 경우 두 후보 간 지지율의 차이가 나는 부분 위주로 정보를 처리하면 문제를 보다 간결하게 해결할 수 있다. 예제 02에서는 PIN번호의 노출 여부는 오프라인 가맹점에서 사용할 때만 제약이 생기므로 그 부분에 초점을 맞춰 조건을 처리했어야 한다.

연습단계의 문제이므로 문제의 난도가 높지 않지만, 조건의 강약 처리를 정확하게 하면 보다 난도 있는 문제를 훨씬 수월하게 해결할 수 있다.

# Ⅲ. n-1개 처리

문제를 해결함에 있어 정보나 조건을 한 개 줄이는 것은, 즉 n개가 아닌 n-1를 처리하는 것은 문제를 이해하는 데에도 문제를 해결하는 데에도 모두 중요하다. 예를 들어 두 개의 정보를 기억해야 할 때 하나의 정보만 기억해도 충분하게 만든다든가, 총 네 개의 해결을 요구하는 문제에서 세 개의 해결만으로 정답을 도출할 수 있다면 그만큼 문제를 쉽고 빠르게 해결할 수 있을 것이다. 따라서 n개의 정보처리를 요구할 때 n-1개의 정보처리를 하고, n개의 해결을 요구할 때 n-1개의 해결만으로 문제를 해결하는 것이 매우 유리하다.

## 01 다음 <조건>에 따를 때, 발생할 수 없는 상황을 <보기>에서 모두 고르면?

13년 외교관 인책형 33번

─── 〈 조 건 〉───

1. 양동, 남헌, 보란, 예슬 네 사람은 시급한 현안 문제를 해결하기 위하여 결성된 태스크포스팀의 팀원이다. 이들은 임무를 수행하기 위해 서로 다른 지역에 파견된 상태이다.
2. 네 사람은 오직 스마트폰의 MOFA톡 애플리케이션만을 이용하여 메시지를 전송한다.
3. MOFA톡은 오로지 1대1 메시지 전송만이 가능하다.
4. 상호 '친구'로 등록한 경우 두 사람은 서로 메시지를 전송할 수 있다.
5. 만약 한 사람(A)이 상대방(B)을 '친구' 목록에서 삭제한 경우, 그 사람(A)은 상대방(B)에게 자신의 메시지를 전송할 수 없다. 그러나 상대방(B)에게는 여전히 그 사람(A)이 '친구'로 등록되어 있다면, 상대방(B)은 자신의 메시지를 그 사람(A)에게 전송할 수 있다.
6. 네 사람의 MOFA톡 '친구' 관계는 다음과 같다.
   (1) 양동은 남헌, 보란, 예슬 모두를 MOFA톡 '친구'로 등록하였다.
   (2) 남헌은 양동, 보란, 예슬 모두를 MOFA톡 '친구'로 등록하였다.
   (3) 보란은 양동, 예슬을 MOFA톡 '친구'로 등록했지만 남헌을 '친구' 목록에서 삭제하였다.
   (4) 예슬은 남헌을 MOFA톡 '친구'로 등록했지만 양동, 보란을 '친구' 목록에서 삭제하였다.

─── 〈 보 기 〉───

ㄱ. 새로운 정보를 알게 된 예슬은 곧바로 남헌에게 메시지를 전송하였고, 이 메시지를 받은 남헌이 보란에게 메시지를 전송하였으며, 보란은 최종적으로 양동에게 이 메시지를 전송했다.
ㄴ. 남헌은 특정 사항에 대한 조사를 요구하는 메시지를 양동에게 전송했다. 양동은 이를 위임하는 메시지를 예슬에게 전송했고, 3일 뒤 예슬은 양동에게 조사결과 메시지를 전송했다.
ㄷ. 보란은 현재 진척 상황을 묻는 메시지를 예슬에게 전송했고, 5분 뒤 상황이 매우 어렵다는 내용의 메시지를 예슬로부터 전송받았다.
ㄹ. 예슬은 업무관련 문의 메시지를 남헌에게 전송했고, 남헌은 잘 모르겠다며 보란에게 문의 메시지를 전송했다. 보란은 답변을 정리하여 예슬에게 메시지를 전송했다.

ㅁ. 예슬은 남헌이 주어진 직무를 제대로 수행하지 못한다며 비난하는 메시지를 남헌에게 전송하였다. 이에 화가 난 남헌은 하소연하는 메시지를 보란에게 전송했다.

① ㄱ, ㄴ       ② ㄴ, ㄷ       ③ ㄷ, ㄹ
④ ㄱ, ㄹ, ㅁ       ⑤ ㄴ, ㄷ, ㅁ

### 📝 해설

먼저 메시지를 전송할 수 없는 경우와 전송할 수 있는 경우를 정리하면 다음과 같다.

1) 메시지를 전송할 수 없는 경우
   만약 한 사람(A)이 상대방(B)을 '친구' 목록에서 삭제한 경우, 그 사람(A)은 상대방(B)에게 자신의 메시지를 전송할 수 없다.

2) 메시지를 전송할 수 있는 경우
   ① 상호 '친구'로 등록한 경우 두 사람은 서로 메시지를 전송할 수 있다.
   ② 만약 한 사람(A)이 상대방(B)을 '친구' 목록에서 삭제했지만, 상대방(B)에게는 여전히 그 사람(A)이 '친구'로 등록되어 있다면, 상대방(B)은 자신의 메시지를 그 사람(A)에게 전송할 수 있다.

여섯 번째 〈조건〉에서 문제 해결에 필요한 '친구' 관계만 정리하면 다음과 같다.

1) 보란은 남헌을 '친구' 목록에서 삭제하였다.
2) 예슬은 양동, 보란을 '친구' 목록에서 삭제하였다.

ㄱ. (O) 예슬이 남헌에게, 남헌이 보란에게, 보란이 양동에게 모두 메시지 전송이 가능하다.
ㄴ. (X) 남헌이 양동에게, 양동이 예슬에게 메시지를 전송하는 것은 가능하지만, 예슬이가 양동에게 조사 결과 메시지를 보내는 것은 불가능하다.
ㄷ. (X) 보란이 예슬에게 메시지를 전송하는 것은 가능하지만, 예슬이가 보란에게 상황이 매우 어렵다는 메시지를 보내는 것은 불가능하다.
ㄹ. (O) 예슬이 남헌에게, 남헌이 보란에게, 보란이 예슬에게 모두 메시지 전송이 가능하다.
ㅁ. (O) 예슬이 남헌에게, 남헌이 보란에게 모두 메시지 전송이 가능하다.

[정답] ②

> 📌 **길쌤's Check**
>
> 앞서 Ⅰ. 시각화에서 살펴봤듯이 이 문제 역시도 표 또는 화살표 등을 활용한 그림으로 정보를 정리하는 것이 가능하다. 하지만 전술한 바와 같이 표로 정보를 정리하는 것이 항상 효율적인 방법인 것은 아니기 때문에 정확하면서도 보다 빠른 해결이 가능한 방법을 연습해 두어야 한다.

**02** 다음 글과 <표>를 근거로 판단할 때, <보기>에서 세 사람 사이의 관계가 '모호'한 것만을 모두 고르면? 18년 5급 나책형 35번

○ 임의의 두 사람 사이의 관계는 '동갑'과 '위아래' 두 가지 경우로 나뉜다.
 - 두 사람이 태어난 연도가 같은 경우 초등학교 입학년도에 상관없이 '동갑' 관계가 된다.
 - 두 사람이 태어난 연도가 다른 경우 '위아래' 관계가 된다. 이때 생년이 더 빠른 사람이 '윗사람', 더 늦은 사람이 '아랫사람'이 된다.
 - 두 사람이 태어난 연도가 다르더라도 초등학교 입학년도가 같고 생년월일의 차이가 1년 미만이라면 '동갑' 관계가 된다.
○ 두 사람 사이의 관계를 바탕으로 임의의 세 사람(A~C) 사이의 관계는 '명확'과 '모호' 두 가지 경우로 나뉜다.
 - A와 B, A와 C가 '동갑' 관계이고 B와 C 또한 '동갑' 관계인 경우 세 사람 사이의 관계는 '명확'하다.
 - A와 B가 '동갑' 관계이고 A가 C의 '윗사람', B가 C의 '윗사람'인 경우 세 사람 사이의 관계는 '명확'하다.
 - A와 B, A와 C가 '동갑' 관계이고 B와 C가 '위아래' 관계인 경우 세 사람 사이의 관계는 '모호'하다.

<표>

| 이름 | 생년월일 | 초등학교 입학년도 |
|------|----------|------------------|
| 甲 | 1992. 4. 11. | 1998 |
| 乙 | 1991. 10. 3. | 1998 |
| 丙 | 1991. 3. 1. | 1998 |
| 丁 | 1992. 2. 14. | 1998 |
| 戊 | 1993. 1. 7. | 1999 |

<보 기>

ㄱ. 甲, 乙, 丙
ㄴ. 甲, 乙, 丁
ㄷ. 甲, 丙, 丁
ㄹ. 乙, 丁, 戊

① ㄱ, ㄴ
② ㄱ, ㄷ
③ ㄴ, ㄹ
④ ㄱ, ㄷ, ㄹ
⑤ ㄴ, ㄷ, ㄹ

## 📝 해설

문제에서 주어진 조건을 정리하면 다음과 같다.

1. 동갑 – 위아래 관계
 1) 동갑 관계인 경우
  ① 두 사람이 태어난 연도가 같은 경우 초등학교 입학년도에 상관없이 '동갑' 관계가 된다.
   → 甲과 丁, 乙과 丙
  ② 두 사람이 태어난 연도가 다르더라도 초등학교 입학년도가 같고 생년월일의 차이가 1년 미만이라면 '동갑' 관계가 된다.
   → 甲과 乙, 乙과 丁, 丙과 丁
 2) 위아래 관계인 경우
  두 사람이 태어난 연도가 다른 경우 '위아래' 관계가 된다. 이때 생년이 더 빠른 사람이 '윗사람', 더 늦은 사람이 '아랫사람'이 된다.
   → 나머지 경우 (동갑 관계가 아니면 위아래 관계가 된다.)
2. 명확 – 모호 관계
 1) 명확 관계인 경우
  ① A와 B, A와 C가 '동갑' 관계이고 B와 C 또한 '동갑' 관계인 경우 세 사람 사이의 관계는 '명확'하다.
  ② A와 B가 '동갑' 관계이고 A가 C의 '윗사람', B가 C의 '윗사람'인 경우 세 사람 사이의 관계는 '명확'하다.
 2) 모호 관계인 경우
  A와 B, A와 C가 '동갑' 관계이고 B와 C가 '위아래' 관계인 경우 세 사람 사이의 관계는 '모호'하다.

ㄱ. (O) 甲과 乙, 乙과 丙은 '동갑' 관계이고, 甲과 丙이 '위아래' 관계이다. 따라서 세 사람 사이의 관계는 2)에 해당하고 '모호'하다.

ㄴ. (X) 세 사람 모두 서로 '동갑' 관계이므로, 세 사람 사이의 관계는 '명확'하다.

ㄷ. (O) 甲과 丁, 丙과 丁이 '동갑' 관계이고, 甲과 丙이 '위아래' 관계이므로 세 사람 사이의 관계는 '모호'하다.

ㄹ. (X) 乙과 丁이 '동갑' 관계이고, 乙과 戊, 丁과 戊가 '위아래' 관계이므로 세 사람 사이의 관계는 '명확'하다.

### 빠른 문제풀이 Tip

세 사람 사이의 관계가 '모호'하기 위해서는 세 사람 간의 관계가 2개의 '동갑', 한 개의 '위아래'이어야 한다. 이때 동갑 관계가 되려면 두 사람이 태어난 연도가 같거나 태어난 연도가 다르면 초등학교 입학년도가 같아야 한다. 그런데 戊는 태어난 연도도 유일하게 1993년이고, 초등학교 입학년도도 유일하게 1999년이다. 따라서 戊는 나머지 네 명 甲~丁 모두와 '위아래' 관계이다. 따라서 세 명 중 한 명으로 戊가 포함되면 '위아래' 관계가 2번 이상 발생한다. 즉, 戊가 포함되면 모호의 관계가 될 수 없다. 따라서 보기 ㄹ은 제외할 수 있고, 보기 ㄹ이 포함된 선지 ③, ④, ⑤를 제외할 수 있다. 따라서 보기 ㄱ 또는 ㄴ 중 하나만 정확하게 판단한다면 정답을 구할 수 있다.

[정답] ②

**03** 현재 A역 부근에 거주하는 주민들은 B역 부근의 산업단지까지 지하철로 출근한다. 최근 A역과 다른 역을 잇는 셔틀버스 신설안이 제시되었다. 다음 <조건>과 <대안>에 근거할 때, A역에서 B역까지 출근 소요시간이 짧은 경우부터 순서대로 나열한 것은?

12년 5급 인책형 19번

<조 건>

○ 지하철 노선도는 아래와 같다.

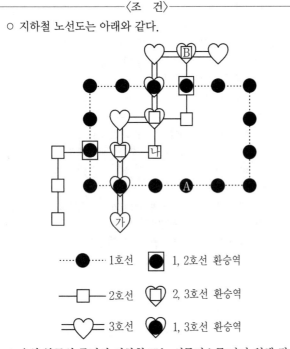

| ●┈┈┈1호선 | ● 1, 2호선 환승역 |
|---|---|
| ▭ 2호선 | ♡ 2, 3호선 환승역 |
| ♥ 3호선 | ♥ 1, 3호선 환승역 |

○ A역 부근의 주민이 지하철 또는 셔틀버스를 타기 위해 집에서 A역까지 이동하는 시간은 고려하지 않는다.
○ 지하철이나 셔틀버스는 대기시간 없이 바로 탈 수 있다.
○ 역과 역 사이의 운행 소요시간은 1호선 6분, 2호선 4분, 3호선 2분이다(정차시간은 고려하지 않음).
○ 셔틀버스에서 지하철로 환승할 때나 지하철 노선 간 환승 시에는 3분이 소요된다.

<대 안>

○ 대안 1: A역에서 가역으로 가는 셔틀버스를 신설하며, 이때 셔틀버스를 타고 이동하는 시간은 5분이다.
○ 대안 2: A역에서 나역으로 가는 셔틀버스를 신설하며, 이때 셔틀버스를 타고 이동하는 시간은 8분이다.

① 대안 1, 대안 2, 현재 상태
② 대안 2, 대안 1, 현재 상태
③ 대안 1 = 대안 2, 현재 상태
④ 대안 1, 대안 2 = 현재 상태
⑤ 대안 2, 대안 1 = 현재 상태

📑 **해설**

현재 상태, 대안 1, 대안 2에 따를 때 각각 A역에서 B역까지 최단시간으로 가는 경로가 잘 그려져야 한다. 소요시간을 구할 때는 상대적 계산 스킬을 사용하면 보다 빠른 해결이 가능하다. 현재 상태, 대안 1, 대안 2에 따라 출근 소요시간을 구하면 다음과 같다.

• 현재 상태: 최단 소요시간은 1호선을 타고 왼쪽으로 두 개 역을 이동한 후 (6분×2개 역=12분), 3호선으로 환승하고(3분), 3호선을 타고 6개 역을 이동해서(2분×6개 역=12분) B역에 도착하는 것이다. 따라서 총 소요시간은 12분+3분+12분=27분이다.

• 대안 1: 최단 소요시간은 셔틀버스를 타고 가역으로 이동한 후(5분), 3호선으로 환승하고(3분), 이후 3호선을 타고 7개 역을 이동해서 B역에 도착(2분×7개 역=14분)하는 것이다. 따라서 총 소요시간은 5분+3분+14분=22분이다.

• 대안 2: 최단 소요시간은 셔틀버스를 타고 나역으로 이동한 후(8분) 2호선으로 환승(3분)하여 위쪽으로 1개역을 이동하고(4분), 3호선으로 환승한 후(3분) 3호선을 타고 3개 역을 이동(2분×3개 역=6분)하는 것이다. 따라서 총 소요시간은 8분+3분+4분+3분+6분=24분이다.

따라서 A역에서 B역까지 출근 소요시간이 짧은 경우부터 순서대로 나열하면 대안 1, 대안 2, 현재 상태 순이다.

[정답] ①

---

길쌤's Check

살펴본 예제 01~03에서 조건의 n-1개 처리가 잘 되었는지 확인해 보자. 예제 01의 경우 '메시지를 전송할 수 있다.'와 '메시지를 전송할 수 없다.'의 조건 중 하나만 처리하고, '친구로 등록하였다.'와 '친구 목록에서 삭제하였다.' 중 문제 해결에 필요한 한 종류의 조건만 처리할 때 보다 빠른 해결이 가능하다.

예제 02의 경우 동갑과 위아래, 명확과 모호 중 하나의 조건으로 처리할 때 역시 보다 빠른 해결이 가능하다.

예제 03의 경우 조건 중에 고려해야 하는 시간의 종류가 있고 고려하지 않아도 되는 시간의 종류가 있다. 이 역시도 고려해야 하는 시간만 따져볼 때 보다 빠른 해결이 가능하다.

기억하고 처리해야 하는 조건을 하나씩 줄이는 것은 처리해야 하는 정보량을 줄여줌으로써 보다 빠른 해결이 가능하도록 해 준다.

# Ⅳ. 조건의 연결

다음 조건을 시각적으로 처리해 보자.

A이면 B이다. B이면 C이다.

자신이 처리한 것과 다음을 비교해 보자.

1) A → B, B → C          2) A → B → C

상황판단에서 빠른 해결을 위해서는 문제에서 주어진 조건은 최대한 연결하는 것이 바람직하다. 2)처럼 연결했을 때는 A → C라는 숨겨진 조건이 바로 보이게 된다. 물론 1)에서도 단계를 거쳐 찾을 수 있기는 하지만, 2)처럼 바로 보이지는 않는다.

## 1 확인 시 연결

**01** 다음 <지도>와 <조건>에 근거할 때, 옳은 것은?

12년 5급 인책형 11번

〈지 도〉

안나푸르나 베이스캠프 (4,130 m)
마차푸체르 베이스캠프 (3,700 m)
데우랄리 (3,230 m)
히말라야 (2,920 m)
도반 (2,600 m)
뱀부 (2,400 m)
시누와 (2,360 m)
촘롱 (2,170 m)
콤롱 (2,050 m)
간드룩 (1,940 m)
김체 (1,638 m)
사울리바자르 (1,220 m)
나야풀 (1,050 m)

북
서 4 동
남

※ 괄호 안의 수치는 해발고도를 나타낸다.

─〈조건 1〉─

〈구간별 트래킹 소요시간(h: 시간)〉

○ 올라가는 경우
  – 나야풀 → 사울리바자르: 3h
  – 사울리바자르 → 김체: 2h
  – 김체 → 간드룩: 2h
  – 간드룩 → 콤롱: 2h
  – 콤롱 → 촘롱: 3h
  – 촘롱 → 시누와: 2h
  – 시누와 → 뱀부: 1h
  – 뱀부 → 도반: 3h
  – 도반 → 히말라야: 2h
  – 히말라야 → 데우랄리: 2h
  – 데우랄리 → 마차푸체르 베이스캠프: 2h
  – 마차푸체르 베이스캠프 → 안나푸르나 베이스캠프: 2h
○ 내려오는 경우, 구간별 트래킹 소요시간은 50% 단축된다.

─〈조건 2〉─

○ 트래킹은 도보로만 이루어지며, 트래킹 코스는 나야풀에서 시작하여 안나푸르나 베이스캠프에 도달한 다음 나야풀로 돌아오는 것이다.
○ 하루에 가능한 트래킹의 최대시간은 6시간이며, 모든 트래킹 일정을 최대한 빨리 완료해야 한다.
○ 하루 트래킹이 끝나면 반드시 숙박을 해야 하고, 숙박은 지도에 표시가 된 지역에서만 가능하다.
○ 해발 2,500m 이상에서는 고산병의 위험 때문에 당일 수면고도를 전날 수면고도에 비해 600m 이상 높일 수 없다.

※ 수면고도는 취침하는 지역의 해발고도를 의미한다.

① 1일차에는 간드룩에서 숙박을 한다.
② 반드시 마차푸체르 베이스캠프에서 숙박을 해야 한다.
③ 5일차에는 안나푸르나 베이스캠프에서 숙박 가능하다.
④ 하루 6시간을 걷는 경우는 총 이틀이다.
⑤ 트래킹은 8일차에 완료된다.

## 📝 해설

**[ 기본 조건 ]**

1) 트래킹은 도보로만 이루어지며, 트래킹 코스는 나야풀에서 시작하여 안 나푸르나 베이스캠프에 도달한 다음 나야풀로 돌아오는 것이다.

2) 하루에 가능한 트래킹의 최대시간은 6시간이며, 모든 트래킹 일정을 최 대한 빨리 완료해야 한다.

3) 하루 트래킹이 끝나면 반드시 숙박을 해야 하고, 숙박은 지도에 표시가 된 지역에서만 가능하다.

**[ 추가 조건 ]**

1) 높이가 높아지는 경우

해발 2,500m 이상에서는 고산병의 위험 때문에 당일 수면고도를 전날 수면고도에 비해 600m 이상 높일 수 없다. 특히 수면고도의 개념을 정 확히 이해하여야 한다.

2) 높이가 낮아지는 경우

내려오는 경우, 구간별 트래킹 소요시간은 50% 단축된다.

이 문제에서 문제해결에 필요한 조건은 크게 세 종류이다. 1) 기본적으로 하루 최대 6시간씩 트래킹을 해서 정해진 코스를 최대한 빨리 다 돌아야 하며, 매일 6시간씩을 꽉 채워 트래킹할 수 없도록 정해진 지점에서만 멈 추게 했다. 여기에 추가 조건이 2가지가 있길, 2) 올라갈 때는 수면고도의 제약을 추가하고, 3) 내려올 때는 소요시간이 50% 단축되는 조건을 추가 한 것이다. 이때 대부분의 수험생들이 트래킹 소요시간을 〈지도〉 그림에 옮기고 풀이를 시작한다. 하지만 아래와 같이 조건을 연결해서 이해한다 면, 굳이 불필요한 작업을 할 필요가 없어진다. 즉, 조건을 연결할 때 좌측 이 아닌 우측으로 이해하는 것이 좋다.

| | |
|---|---|
| – 나야풀 → 사울리바자르: 3h<br>– 사울리바자르 → 김체: 2h<br>– 김체 → 간드룩: 2h | – 나야풀 → 사울리바자르: 3h<br>↓<br>김체: 2h<br>↓<br>간드룩: 2h |

정리한 바를 토대로 문제를 해결해 보면 다음과 같다.

| | 숙박(도착)지 | 소요시간 |
|---|---|---|
| 1일차 | 김체 | 5시간 |
| 2일차 | 콤롱 | 4시간 |
| 3일차 | 뱀부 | 6시간 |
| 4일차 | 히말라야 | 5시간 |
| 5일차 | 데우랄리<br>(∵수면고도 제한) | 2시간 |
| 6일차 | 데우랄리 | 6시간 |
| 7일차 | 촘롱 | 5시간 |
| 8일차 | 나야풀 | 6시간 |

① (X) 1일차에는 간드룩이 아닌 김체에서 숙박을 한다. 간드룩까지 가려 면 소요시간이 7시간이라 6시간을 초과하게 된다.

② (X) 위 표를 보면 마차푸체르 베이스캠프에서 숙박을 하지 않는다.

③ (X) 안나푸르나 베이스캠프까지는 수면고도의 제한 때문에 5일차에 올 라갈 수 없다. 5일차에는 최대 데우랄리까지 올라가서 숙박한다.

④ (X) 위에 표에서는 3일차, 6일차, 8일차 총 3일이므로 이틀이라고 단정 적으로 말할 수 없다. 경우에 따라서 하루 6시간을 걷는 경우가 총 4일 이 될 수도 있다.

⑤ (O) 위 표를 보면 트래킹은 8일차에 완료된다.

[정답] ⑤

**길쌤's Check**

살펴본 문제는 10% 초반의 매우 낮은 정답률을 보이는 문제이다. 이 유가 뭘까? 가장 큰 이유는 수험생들이 정보를 연결해야 한다는 것 을 인식하지 못한다는 점이다. 이 문제는 조건을 얼마나 명확하게 이 해하고 효율적으로 처리할 수 있는지가 관건인 문제이다. 문제에 주 어진 조건을 이해하기 어렵다면 문제를 입체적으로 살펴보자. 문제를 구성하는 조건은 크게 몇 종류인가? 스스로 먼저 생각해보자.

**01** 다음과 같은 상황에서 7명(가은, 나영, 다솜, 라라, 마음, 바다, 사랑) 중 성적이 결코 3등이 될 수 없는 사람으로만 모은 것은?

06년 5급(견습) 인책형 30번

1) 나영과 다솜의 점수는 가은의 점수보다 낮다.
2) 나영의 점수는 마음의 점수보다 높다.
3) 바다와 사랑의 점수는 다솜의 점수보다 낮다.
4) 라라와 바다의 점수는 마음의 점수보다 낮다.
5) 바다는 가장 낮은 점수를 받지는 않았다.

① 나영, 라라
② 다솜, 마음
③ 라라, 바다
④ 마음, 사랑
⑤ 바다, 사랑

### 해설

순서·순위를 비교해야 하는 문제이므로 순서·순위와 관련된 조건을 시각적으로 정리하여 정확히 파악하여야 한다. 이때 주어진 정보를 부등호나 수직선으로 나타내거나 수형도로 정리하면 보다 직관적으로 정보를 파악할 수 있다.

가은, 나영, 다솜, 라라, 마음, 바다, 사랑을 간단히 '가~사'로 나타내어 수형도 형식으로 모든 정보를 연결하여 정리하면 다음과 같다.

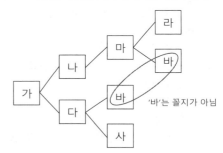

'라'의 점수보다 '가', '나', '마'의 점수가 반드시 더 높으므로 '라'는 결코 3등이 될 수 없다. 마찬가지로 '바'의 점수보다 '가', '나', '마'가 더 높으므로 '바' 역시 결코 3등이 될 수 없다. '가'는 '나'~'사' 모두보다 점수가 높으므로 1등으로 등수가 확정되며, 결코 3등이 될 수 없다. 3등이 절대 될 수 없는 사람은 '가, 라, 바'인데, 이들 중 선지에서 성적이 결코 3등이 될 수 없는 사람으로만 모은 것은 '라라, 바다'이다.

1) 나영과 다솜의 점수는 가은의 점수보다 낮다.
2) 나영의 점수는 마음의 점수보다 높다.
3) 바다와 사랑의 점수는 다솜의 점수보다 낮다.
4) 라라와 바다의 점수는 마음의 점수보다 낮다.
5) 바다는 가장 낮은 점수를 받지는 않았다.

위와 같은 조건이 주어져 있을 때,

| 1) 가은 > 나영, 다솜 | 라 |
| 2) 나영 > 마음 | 마 / 바 |
| 3) 다솜 > 바다, 사랑 | 나 |
| 4) 마음 > 라라, 바다 | 가 / 다 / 바 '바'는 꼴지 아님 |
| 5) 바다는 꼴지 아님 | 사 |

좌측이 아닌 우측처럼 주어진 조건을 모두 연결해서 이해하는 것이 필요하다.

[정답] ③

**02** 아래 Ⓐ부터 Ⓘ까지의 자리에 1부터 9까지의 서로 다른 정수를 넣으려고 한다. 다음의 조건에 맞게 수를 배정할 때 잘못된 내용을 <보기>에서 모두 고르면? 14년 입법 가책형 17번

| | | |
|---|---|---|
| Ⓐ | Ⓑ | Ⓒ |
| Ⓓ | Ⓔ | Ⓕ |
| Ⓖ | Ⓗ | Ⓘ |

조건 1) 모서리인 Ⓐ, Ⓒ, Ⓖ, Ⓘ와 중앙의 Ⓔ 자리에는 홀수가 들어간다.
　　 2) Ⓐ와 Ⓔ를 더한 값은 Ⓖ보다 작다.
　　 3) Ⓐ와 Ⓒ를 더한 값은 Ⓖ와 Ⓘ를 더한 값과 같다.
　　 4) Ⓖ는 Ⓘ보다 작은 수이다.
　　 5) Ⓒ는 Ⓘ보다 큰 수이다.
　　 6) Ⓑ와 Ⓗ를 더한 값은 Ⓓ와 Ⓕ를 더한 값과 같다.
　　 7) Ⓑ는 Ⓐ, Ⓒ보다 작은 수이고 Ⓓ는 Ⓐ, Ⓖ보다 큰 수이다.

<보 기>

ㄱ. Ⓒ와 Ⓔ와 Ⓖ를 더한 값은 Ⓐ와 Ⓔ와 Ⓘ를 더한 값보다 크다.

ㄴ. Ⓐ와 Ⓓ와 Ⓖ를 더한 값은 Ⓒ와 Ⓕ와 Ⓘ를 더한 값보다 크다.

ㄷ. Ⓐ와 Ⓑ와 Ⓒ를 더한 값은 Ⓖ와 Ⓗ와 Ⓘ를 더한 값보다 크다.

ㄹ. Ⓑ와 Ⓔ와 Ⓗ를 곱한 값은 Ⓓ와 Ⓔ와 Ⓕ를 곱한 값보다 작다.

① ㄱ, ㄴ
② ㄱ, ㄹ
③ ㄴ, ㄷ
④ ㄴ, ㄹ
⑤ ㄷ, ㄹ

**해설**

이 문제에 주어진 모든 조건은 연결해서 처리해야 한다. 이때 홀수, 짝수를 잘 구분하여 해결하는 것이 필요한데, 문제를 해결하는 중간중간 해당 알파벳이 홀수인지 짝수인지 구분하는 것이 어렵다면, 미리 홀수에만 시각적 처리를 해두는 것도 좋다.

조건 1)을 통해 Ⓐ, Ⓒ, Ⓖ, Ⓘ, Ⓔ는 홀수임을 알 수 있다.

조건 1)과 2)~5)를 모두 연결하여 처리하면,

Ⓐ+Ⓔ<Ⓖ<Ⓘ<Ⓒ

Ⓐ+Ⓒ=Ⓖ+Ⓘ이고, 따라서 Ⓐ=3, Ⓒ=9, Ⓔ=1, Ⓖ=5, Ⓘ=7이 된다.

조건 1)과 6)~7)을 처리하면

Ⓑ, Ⓓ, Ⓕ, Ⓗ는 모두 짝수이면서, Ⓑ+Ⓗ=Ⓓ+Ⓕ이다. Ⓑ는 Ⓐ=3, Ⓒ=9보다 작은 수이므로 Ⓑ=2가 되고, Ⓓ는 Ⓐ=3, Ⓖ=5보다 큰 수이므로 Ⓓ=6이 된다. 정리하면 Ⓑ=2, Ⓓ=6, Ⓕ=4, Ⓗ=8이 된다.

ㄱ. (O) Ⓒ9+Ⓔ1+Ⓖ5=15>Ⓐ3+Ⓔ1+Ⓘ7=11

ㄴ. (X) Ⓐ3+Ⓓ6+Ⓖ5=14<Ⓒ9+Ⓕ4+Ⓘ7=20

ㄷ. (X) Ⓐ3+Ⓑ2+Ⓒ9=14<Ⓖ5+Ⓗ8+Ⓘ7=20

ㄹ. (O) Ⓑ2×Ⓔ1×Ⓗ8=16<Ⓓ6×Ⓔ1×Ⓕ4=24

[정답] ③

# V. 숨겨진 정보 파악

문제를 해결할 때 주어진 조건을 표면적으로 드러나 있는 대로 곧이곧대로 이해해서 해결하는 것이 아니라 반대쪽으로 사고해 보는 등 숨겨진 정보를 찾아내서 해결하면 훨씬 빠른 문제 해결이 가능해진다.

**01** 어느 부처의 시설과에 A, B, C, D, E, F의 총 6명의 직원이 있다. 이들 가운데 반드시 4명의 직원으로만 팀을 구성하여 부처 회의에 참석해 달라는 요청이 있었다. 만일 E가 불가피한 사정으로 그 회의에 참석할 수 없게 된 상황에서 아래의 조건을 모두 충족시켜야만 한다면 몇 개의 팀이 구성될 수 있는가?

06년 5급 출책형 9번

> 조건 1: A 또는 B는 반드시 참석해야 한다. 하지만 A, B가 함께 참석할 수 없다.
> 조건 2: D 또는 E는 반드시 참석해야 한다. 하지만 D, E가 함께 참석할 수 없다.
> 조건 3: 만일 C가 참석하지 않게 된다면 D도 참석할 수 없다.
> 조건 4: 만일 B가 참석하지 않게 된다면 F도 참석할 수 없다.

① 0개
② 1개
③ 2개
④ 3개
⑤ 4개

## 📝 해설

### 방법 1

발문의 내용을 정리해보면, A∼F 총 6명의 직원 중 4명으로 팀을 구성하여 부처 회의에 참석한다. 그리고 E는 회의에 참석할 수 없는 상황이라고 한다. E가 회의에 참석할 수 없는 상황에서 조건 2부터 각 직원의 참석 여부를 판단해본다.

조건 2에 따르면 D와 E 둘 중 한 명만 반드시 참석해야 한다. E가 회의에 참석할 수 없는 상황이라면 D는 반드시 참석한다. 다음과 같이 정리할 수 있다.

| A | B | C | D | E | F |
|---|---|---|---|---|---|
|   |   |   | O | X |   |

조건 3의 대우명제는 'D가 참석하면 C도 참석한다.'이다. 따라서 C도 참석한다.

| A | B | C | D | E | F |
|---|---|---|---|---|---|
|   |   | O | O | X |   |

조건 1에 따르면 A가 참석하는 경우, B가 참석하는 경우로 나눠서 생각해 볼 수 있다.

〈경우 1〉 A가 참석하는 경우는 B가 참석하지 않고, B가 참석하지 않는다면 조건 4에 따라 F도 참석할 수 없다. 다음과 같이 정리할 수 있다.

| A | B | C | D | E | F |
|---|---|---|---|---|---|
| O | X | O | O | X | X |

4명으로 팀을 구성하여야 하여야 하는데 3명밖에 참석할 수 없으므로 A가 참석하는 상황에서는 팀을 구성할 수 없다.

〈경우 2〉 B가 참석하는 경우는 A가 참석하지 않는다. 4명으로 팀을 구성하여야 하므로 F를 참석시켜 다음과 같이 팀을 구성할 수 있다.

| A | B | C | D | E | F |
|---|---|---|---|---|---|
| X | O | O | O | X | O |

위와 같은 1개의 팀만 구성할 수 있다. 정답은 ②이다.

### 방법 2

논리퀴즈처럼 접근하는 것도 가능한 문제이다. 발문의 내용을 정리해보면 A∼F 총 6명의 직원 중 4명으로 팀을 구성하여 부처 회의에 참석한다. 그리고 '∼E'이다. 조건 1부터 각각 ⅰ)∼ⅳ)라고 하면 다음과 같이 기호화할 수 있다.

> ⅰ) A∨̲B
> ⅱ) D∨̲E
> ⅲ) ∼C → ∼D
> ⅳ) ∼B → ∼F

'∼E'이므로 ⅱ)에 따라 'D'임을 추론할 수 있다(선언소거). 'D'이면 ⅲ)에 따라 'C'임을 추론할 수 있다(후건부정). 그리고 조건 1에 따르면 A가 참석하는 경우, B가 참석하는 경우로 나눠서 생각해볼 수 있다. 이후는 전술한 풀이과정과 동일하다.

### 방법 3

참석하는 직원이 아니라 반대로 참석하지 않는 직원이 누구인가로 접근해보면 보다 빠른 문제 해결이 가능하다. 시설과에 총 6명의 직원이 있는데 이들 가운데 반드시 4명의 직원으로만 팀을 구성하라는 것은 반대로 생각해보면 2명의 직원을 빼는 것이다. 이때 E가 불가피한 사정으로 그 회의에 참석할 수 없게 된 상황이므로 A, B, C, D, F 중 한 명의 직원만 빼면 4명의 직원으로 팀이 구성되는 것이다.

[정답] ②

**02** 첨단도시육성사업의 시범도시로 A, B, C시가 후보로 고려되었다. 시범도시는 1개 도시만 선정될 수 있다. 시범도시 선정에 세 가지 조건(조건 1, 조건 2, 조건 3)이 적용되었는데, 이 중 조건 3은 알려지지 않았다. 최종적으로 A시만 선정될 수 있는 조건 3으로 적절한 것은? 06년 5급 출책형 10번

> (조건 1) A시가 탈락하면 B시가 선정된다.
> (조건 2) B시가 선정되면 C시는 탈락한다.

① A시나 B시 중 하나가 선정된다.
② A시나 C시 중 하나가 선정된다.
③ B시나 C시 중 하나가 탈락된다.
④ C시가 탈락되면 A시도 탈락된다.
⑤ A시가 탈락되면 C시도 탈락된다.

## 📝 해설

조건 1, 2를 기호화해보면 (조건 1) $\sim$A → B → $\sim$C이다. 앞서 배운 것처럼 조건의 연결을 했어야 한다. 그리고 반대쪽 숨겨진 정보를 찾아내기 위해 대우명제를 취하면 (조건 2) C → $\sim$B → A이다. 발문의 '시범도시는 1개 도시만 선정될 수 있다'는 것도 함께 고려되어야 하므로 이를 (조건 3)이라 하자. 이상의 조건들과 선지를 조합해 최종적으로 A시만 선정될 수 있는지 확인해본다.

① (X) 선지 ①을 기호화하면 A∨B이다. (조건 3)과 조합하면 $\sim$C이고 A → $\sim$B, B → $\sim$A임을 알 수 있다. 이 경우 B시만 시범도시로 최종적으로 선정되더라도 모든 조건을 충족한다.

② (O) 선지 ②를 기호화하면 A∨C이다. (조건 3)과 조합하면 $\sim$B이고 A → $\sim$C, C → $\sim$A임을 알 수 있다. (조건 2) 중 $\sim$B → A에 따라 A시만 시범도시로 최종적으로 선정된다.

③ (X) 선지 ③을 기호화하면 $\sim$B∨$\sim$C이다. $\sim$B인 경우 (조건 2) 중 $\sim$B → A에 따라 A시가 시범도시로 선정되고 (조건 3)에 따라 $\sim$C이므로 A시만 시범도시로 선정된다. 그러나 B시만 시범도시로 최종적으로 선정되더라도 모든 조건을 충족한다.

④ (X) 선지 ④를 기호화하면 $\sim$C → $\sim$A이다. 이 경우도 B시만 시범도시로 최종적으로 선정되더라도 모든 조건을 충족한다. 또는 선지 ④의 대우명제 A → C를 생각해보면 A시가 시범도시로 선정되면 C시도 시범도시로 선정되어야 하므로 A시가 시범도시로 선정되는 경우 (조건 3)을 충족시키지 못한다.

⑤ (X) 선지 ⑤를 기호화하면 $\sim$A → $\sim$C이다. 선지 ⑤의 대우명제 C → A를 생각해보면 (조건 2)와 같다. 따라서 전혀 새로운 조건이 아니다. 발문과 조건 1, 2를 고려하면 A시만 시범도시로 선정될 수도 있지만, B시만 시범도시로 최종적으로 선정되더라도 모든 조건을 충족한다.

[정답] ②

## 🖋 길쌤's Check

예제 01과 예제 02를 연달아 풀고 리뷰하면서 무엇이 보였는가? 예제 02는 예제 01과 동일한 출제장치가 활용되어 있다. 이처럼 기출문제에서 활용되는 출제장치, 함정, 접근법, 해결 스킬을 발견하고 체화하는 것이 기출분석의 방법이다.

**03** 다음 그림과 같이 각 층에 1인 1실의 방이 4개 있는 3층 호텔에 A~I 총 9명이 투숙해 있다. 주어진 <조건>하에서 반드시 옳은 것은?

08년 5급 창책형 14번

| | 301호 | 302호 | 303호 | 304호 | |
|---|---|---|---|---|---|
| 좌 | 201호 | 202호 | 203호 | 204호 | 우 |
| | 101호 | 102호 | 103호 | 104호 | |

─〈조 건〉─

○ 각 층에는 3명씩 투숙해 있다.
○ A의 바로 위에는 C가 투숙해 있으며, A의 바로 오른쪽 방에는 아무도 투숙해 있지 않다.
○ B의 바로 위의 방에는 아무도 투숙해 있지 않다.
○ C의 바로 왼쪽에 있는 방에는 아무도 투숙해 있지 않으며, C는 D와 같은 층에 인접해 있다.
○ D는 E의 바로 아래의 방에 투숙해 있다.
○ E, F, G는 같은 층에 투숙해 있다.
○ G의 옆방에는 아무도 투숙해 있지 않다.
○ I는 H보다 위층에 투숙해 있다.

① B는 101호에 투숙해 있다.
② D는 204호에 투숙해 있다.
③ F는 304호에 투숙해 있다.
④ G는 301호에 투숙해 있다.
⑤ A, C, F는 같은 열에 투숙해 있다.

---

**📝 해설**

주어진 조건에 따라 블록을 연결해서 덩어리를 키워야 한다. 주어진 <조건>을 연결하면 다음과 같은 덩어리(블록)가 완성된다. 이때 조건 중 숨겨진 정보를 찾아내면 보다 빠른 해결이 가능하다.

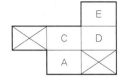 

위의 블록을 문제의 호텔 모양에 집어넣어 보면 다음과 같이 두 가지의 경우가 가능하다.

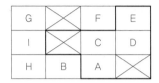

또는

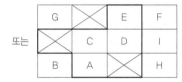

따라서 반드시 옳은 것은 '④ G는 301호에 투숙해 있다.'이다.

[정답] ④

**04** 다음을 근거로 판단할 때 옳은 것을 <보기>에서 모두 고르면? 11년 5급 선책형 33번

A는 한 달 전에 L회사 제품의 마우스와 자판(키보드)을 포함한 컴퓨터 일체를 샀다. L회사의 마우스는 태국의 공장, 중국의 공장 그리고 필리핀의 공장 등 3곳에서 생산된다. 태국공장은 L회사 마우스의 20%를, 중국공장은 30%를, 필리핀공장은 50%를 생산한다. 태국공장에서 생산된 L회사 마우스의 70%, 중국공장에서 생산된 L회사 마우스의 60%, 필리핀공장에서 생산된 L회사 마우스의 50%에 결함이 있는 것으로 밝혀졌다. 한편 자판은 하나의 생산공장에서만 생산되는데, '제품 결함률'은 40%인 것으로 나타났다.

〈보 기〉

ㄱ. A가 산 자판에 결함이 있을 가능성이 마우스에 결함이 있을 가능성보다 낮다.

ㄴ. A가 산 마우스에 결함이 없을 가능성이 결함이 있을 가능성보다 높다.

ㄷ. A가 산 마우스에 결함이 있다면 A의 마우스는 중국보다는 필리핀에서 생산되었을 가능성이 높다.

ㄹ. A가 산 마우스에 결함이 없다면 중국에서 생산되었을 가능성이 가장 높다.

① ㄱ, ㄴ

② ㄱ, ㄷ

③ ㄴ, ㄹ

④ ㄱ, ㄷ, ㄹ

⑤ ㄴ, ㄷ, ㄹ

## 해설

조건 파악도 중요하고, 조건부 확률을 정확히 계산할 수 있어야 하는 문제이다. 지문의 내용을 정리하면 다음과 같다.

1) 마우스

| 구분 | 마우스 생산 | | |
|---|---|---|---|
| 생산비율(A) | 태국 (20%) | 중국 (30%) | 필리핀 (50%) |
| 제품 결함률(B) | 70% | 60% | 50% |
| 정상비율(100%−B) | 30% | 40% | 50% |

2) 자판: 제품 결함률은 40%, 정상비율은 60%

주어진 내용을 토대로 계산해 보면 다음과 같다.

| 구분 | 생산비율(A) | 제품 결함률(B) | 전체 생산대비 결함률 (C)=(A)×(B) |
|---|---|---|---|
| 태국 | 20% | 70% | 14% |
| 중국 | 30% | 60% | 18% |
| 필리핀 | 50% | 50% | 25% |
| — | 100% | — | 57% |

ㄱ. (O) 자판에 결함이 있을 가능성은 40%이고, 마우스에 결함이 있을 가능성은 57%이다.

ㄴ. (X) 마우스에 결함이 없을 가능성은 43%이고, 결함이 있을 가능성이 57%이다. 따라서 결함이 있을 가능성이 더 높다.

ㄷ. (O) 결함이 있는 마우스가 중국에서 생산되었을 가능성은 18%이고, 필리핀에서 생산되었을 가능성은 25%이다.

ㄹ. (X) 마우스에 결함이 없다면 태국에서 생산되었을 가능성이 6%, 중국에서 생산되었을 가능성이 12%, 필리핀에서 생산되었을 가능성이 25%이다. 따라서 필리핀에서 생산되었을 가능성이 가장 높다.

**빠른 문제풀이 Tip**

PSAT에서 출제되는 조건부 확률의 내용을 정리하는 방법은 다양하다. 다양한 방법을 연습해 보면서 자신에게 가장 잘 맞는 방법을 찾아두는 것이 좋다. 그리고 확률 유형 문제의 경우 반대쪽 확률을 함께 인식하는 것이 중요하다. 생산된 마우스의 60%에 결함이 있다고 하면, 반대로 40%에는 결함이 없다는 것이다. 이를 함께 인식할 수 있어야 보다 빠르고 정확한 해결이 가능해진다.

이 문제는 확률을 정확히 계산하지 않아도 해결되는 문제이기도 하다. 단순히 문제를 해결했다에 그치지 말고, 그 문제의 정답을 찾을 수 있는 가장 빠르고 정확한 길을 연습해 두자. 그래야 동일한 시험시간에 다른 수험생들보다 더 많은 문제를 해결할 수 있다. 보기 ㄱ의 경우 정확하게 계산하지 않고 평균의 범위로 판단하는 것이 빠르다. 보기 ㄴ 역시도 보기 ㄱ과 마찬가지로 정확하게 계산하지 않더라도 평균의 범위만 가지고 판단할 수 있다.

[정답] ②

**05** 다음 <대화>를 근거로 판단할 때 옳은 것은? (단, 토끼는 옹달샘이 아닌 다른 곳에서도 물을 마실 수 있다) 22년 5급 나책형 33번

> 토끼 A: 우리 중 나를 포함해서 셋만 옹달샘에 다녀왔어.
> 토끼 B: D가 물을 마셨다면 나도 물을 마셨어.
> 토끼 C: 나는 계속 D만 졸졸 따라다녔어.
> 토끼 D: B가 옹달샘에 가지 않았다면, 나도 옹달샘에 가지 않았어.
> 토끼 E: 너희 중 둘은 물을 마셨지. 나를 포함해서 셋은 물을 한 모금도 마시지 않아서 목이 타.

① A와 D는 둘 다 물을 마셨다.
② C와 D는 둘 다 물을 마셨다.
③ E는 옹달샘에 다녀가지 않았다.
④ A가 물을 마시지 않았으면 B가 물을 마셨다.
⑤ 물을 마시지 않은 토끼는 모두 옹달샘에 다녀갔다.

### 해설

**방법 1**

발문에서 토끼는 옹달샘이 아닌 다른 곳에서도 물을 마실 수 있다고 하므로 '옹달샘에 간 것'과 '물을 마신 것'은 별개이다. 그리고 토끼 A의 대화에서 옹달샘에 다녀온 토끼는 A를 포함해 3마리, 토끼 E의 대화에서 물을 마신 토끼는 E를 제외하고 2마리인 것을 알 수 있다. 다음과 같이 표로 정리할 수 있다.

| | A | B | C | D | E | |
|---|---|---|---|---|---|---|
| 옹달샘에 간 토끼 | O | | | | | 3마리 |
| 물을 마신 토끼 | | | | | X | 2마리 |

토끼 B, C가 토끼 D에 대해서 진술하고 있으므로 토끼 D를 중심으로 경우의 수를 나눠본다. 토끼 D가 옹달샘에 갔는지 여부 또는 물을 마셨는지 여부로 판단해본다. 옹달샘에 갔는지 여부로 먼저 경우의 수를 나눠보면 다음과 같다.

〈경우 1〉 토끼 D가 옹달샘에 간 경우

토끼 D가 옹달샘에 갔다면 토끼 D의 대화의 대우명제 'D가 옹달샘에 갔다면 B도 옹달샘에 갔다.'에 따라 B도 옹달샘에 갔다. 그리고 토끼 C의 대화에 따라 C도 옹달샘에 갔다. 다음과 같이 정리할 수 있다.

| 경우 1 | A | B | C | D | E | |
|---|---|---|---|---|---|---|
| 옹달샘에 간 토끼 | O | O | O | O | X | 3마리 |
| 물을 마신 토끼 | | | | | X | 2마리 |

옹달샘에 간 토끼가 총 4마리가 되므로 모순이 발생한다. 즉, 토끼 D는 옹달샘에 가지 않았다.

〈경우 2〉 토끼 D가 옹달샘에 가지 않은 경우

토끼 D가 옹달샘에 가지 않았다면 C도 옹달샘에 가지 않았다. 그렇다면 나머지 A, B, E가 옹달샘에 간 것이다. 다음과 같이 정리할 수 있다.

| 경우 2 | A | B | C | D | E | |
|---|---|---|---|---|---|---|
| 옹달샘에 간 토끼 | O | O | X | X | O | 3마리 |
| 물을 마신 토끼 | | | | | X | 2마리 |

지문의 내용만으로는 어느 토끼가 물을 마셨는지는 확정할 수 없다. 여기서 다시 경우의 수를 나눠서 더 판단해도 좋지만, 선지를 통해 판단해본다.

① (X) A와 D가 둘 다 물을 마셨다면 토끼 B의 대화에 따라 B도 물을 마셨어야 한다. 물을 마신 토끼가 총 3마리가 되므로 옳지 않다.

② (X) C와 D가 둘 다 물을 마셨다면 토끼 B의 대화에 따라 B도 물을 마셨어야 한다. 물을 마신 토끼가 총 3마리가 되므로 옳지 않다.

③ (X) E는 옹달샘에 다녀갔다.

④ (O) 귀류법으로 확인해보자. 'A가 물을 마시지 않았으면 B가 물을 마셨다.'의 전체 부정 'A가 물을 마시지 않았고 B가 물을 마시지 않았다.'가 참이라고 가정해보자. 그렇다면 다음과 같이 정리할 수 있다.

| | A | B | C | D | E | |
|---|---|---|---|---|---|---|
| 물을 마신 토끼 | X | X | | | X | 2마리 |

물을 마신 토끼는 2마리여야 하므로 남은 토끼 C, D가 물을 마셨어야 하는데 D가 물을 마셨다면 토끼 B의 대화에 따라 B도 물을 마셔야 하는 모순이 발생한다. 즉 'A가 물을 마시지 않았고 B가 물을 마시지 않았다.'는 가정은 거짓이므로 'A가 물을 마시지 않았으면 B가 물을 마셨다.'가 참임을 확인할 수 있다.

⑤ (X) 물을 마시지 않은 토끼(3마리)가 모두 옹달샘에 다녀갔다(3마리)고 하려면 다음과 같은 경우가 가능해야 한다.

| | A | B | C | D | E | |
|---|---|---|---|---|---|---|
| 옹달샘에 간 토끼 | O | O | X | X | O | 3마리 |
| 물을 마신 토끼 | X | X | O | O | X | 2마리 |

그러나 토끼 B의 대화에서 D가 물을 마셨다면 B도 물을 마셨으므로 위와 같은 경우는 가능하지 않다. 물을 마시지 않은 토끼(3마리)와 옹달샘에 다녀간 토끼(3마리)가 다른 경우라면 모두 선지 ⑤의 반례가 될 수 있다.

**방법 2**

④의 해설과 같은 귀류법이 익숙하지 않다면 경우의 수를 나눠서 판단해본다. 선지의 A가 물을 마시지 않았다는 가정에 따라 다음과 같은 상황에서 경우의 수를 나눠서 판단해본다.

| | A | B | C | D | E | |
|---|---|---|---|---|---|---|
| 물을 마신 토끼 | X | | | | X | 2마리 |

토끼 D를 중심으로 〈경우 1〉 토끼 D가 물을 마신 경우, 〈경우 2〉 토끼 D가 물을 마시지 않은 경우로 나눠서 생각해보자.

〈경우 1〉 토끼 D가 물을 마신 경우

토끼 D가 물을 마셨다면 토끼 B의 대화에 따라 B도 물을 마셨다. 그렇다면 토끼 C는 물을 마시지 않았다. 다음과 같이 정리할 수 있다.

| | A | B | C | D | E | |
|---|---|---|---|---|---|---|
| 물을 마신 토끼 | X | O | X | O | X | 2마리 |

〈경우 2〉 토끼 D가 물을 마시지 않은 경우

토끼 D가 물을 마시지 않았다면 나머지 B, C가 물을 마신 것이다. 다음과 같이 정리할 수 있다.

| | A | B | C | D | E | |
|---|---|---|---|---|---|---|
| 물을 마신 토끼 | X | O | O | X | X | 2마리 |

〈경우 1〉과 〈경우 2〉 어느 경우에도 B는 물을 마셨으므로 A가 물을 마시지 않으면 B가 물을 마셨다는 것을 확인할 수 있다.

[정답] ④

# Ⅵ. 조건의 입체적 이해

조건을 단순 나열로만 평면적으로 이해하면 문제 해결이 어렵다. 따라서 서로 관련된 조건끼리 grouping해 두거나, 중요하다고 생각하는 조건을 한 번 더 체크해 보거나, 문제를 해결해야 하는 데 반영해야 할 조건의 개수가 몇 개인지 세보는 등 조건을 입체적으로 이해하려는 노력을 해보아야 한다.

**01** 다음 조건에서 2010년 5월 중에 스킨과 로션을 1병씩 살 때, 총 비용이 가장 적게 드는 경우는?(다만 2010년 5월 1일 현재 스킨과 로션은 남아있으며, 다 썼다는 말이 없으면 그 화장품은 남아있다고 가정한다) 10년 5급 선책형 37번

○ 화장품 정가는 스킨 1만 원, 로션 2만 원이다.
○ 화장품 가게에서는 매달 15일에 전 품목 20% 할인 행사를 한다.
○ 화장품 가게에서는 달과 날짜가 같은 날(1월 1일, 2월 2일 등)에 A사 카드를 사용하면 정가의 10%를 할인해 준다.
○ 총 비용이란 화장품 구매 가격과 체감 비용(화장품을 다 써서 느끼는 불편)을 합한 것이다.
○ 체감 비용은 스킨과 로션 모두 하루에 500원씩이다.
○ 체감 비용을 계산할 때, 화장품을 다 쓴 당일은 포함하고 구매한 날은 포함하지 않는다.
○ 화장품을 다 쓴 당일에 구매하면 체감 비용은 없으며, 화장품이 남은 상태에서 새 제품을 구입할 때도 체감 비용은 없다.

① 3일에 스킨만 다 써서, 5일에 A사 카드로 스킨과 로션을 살 경우
② 13일에 로션만 다 써서 당일 로션을 사고, 15일에 스킨을 살 경우
③ 10일에 스킨과 로션을 다 써서 15일에 스킨과 로션을 같이 살 경우
④ 3일에 스킨만 다 써서 당일 스킨을 사고, 13일에 로션을 다 써서, 15일에 로션만 살 경우
⑤ 3일에 스킨을 다 써서 5일에 B사 카드로 스킨을 사고, 14일에 로션을 다 써서 이튿날 로션을 살 경우

## 📝 해설

문제를 해결하기 위해 구해야 하는 총 비용은 네 번째 동그라미에서 알려준다.

총 비용 = 화장품 구매 가격 + 체감 비용
= 화장품 정가 − 화장품 할인비용 + 체감 비용

첫 번째 ~ 세 번째 동그라미는 다양한 할인을 포함한 화장품 구매 가격을 구하는 것과 관련된 조건이고, 다섯 번째 ~ 일곱 번째 동그라미는 체감 비용을 구하는 것과 관련한 조건으로 grouping해 볼 수 있다.

| 화장품 구매가격 | 체감 비용 |
|---|---|
| − 스킨 1만 원, 로션 2만 원 스킨과 로션을 1병씩 구매<br>− 매달 15일 전품목 20% 할인<br>− 5월 5일에 A사 카드를 사용 시 10% 할인 | − 체감 비용은 화장품을 다 써서 느끼는 불편으로, 스킨과 로션 모두 하루에 500원씩이다.<br>− 체감 비용을 계산할 때, 화장품을 다 쓴 당일은 포함하고 구매한 날은 포함하지 않는다.<br>− 화장품을 다 쓴 당일에 구매하면 체감 비용은 없으며, 화장품이 남은 상태에서 새 제품을 구입할 때도 체감 비용은 없다. |

먼저 주어진 조건을 각 선지에 적용해 보면 다음과 같다.

| | 할인 | | 체감 비용 | |
|---|---|---|---|---|
| ① | 스킨, 로션 3만 원 | 10% 할인 | 스킨 | 2일 발생 |
| ② | 스킨 1만 원 | 20% 할인 | 발생하지 않음 | |
| ③ | 스킨, 로션 3만 원 | 20% 할인 | 스킨, 로션 | 5일 발생 |
| ④ | 로션 2만 원 | 20% 할인 | 로션 | 2일 발생 |
| ⑤ | 로션 2만 원 | 20% 할인 | 스킨<br>로션 | 2일 발생<br>1일 발생 |

정리한 바에 따라 실제 계산을 해보면 다음과 같다.

총 비용 = 화장품 구매가격 + 체감 비용
= 정가 3만원 − 할인 + 체감 비용

이때 모든 선지에서 스킨과 로션을 1병씩 사므로 화장품 구매가격 중 정가는 3만 원이다. 정가 3만 원은 모든 선지에 공통이므로, 계산공식 중 '− 할인 + 체감비용' 부분만 계산하여 비교한다.

| | 할인 | 체감 비용 | |
|---|---|---|---|
| ① | −3,000원 | +1,000원 | −2,000원 |
| ② | −2,000원 | 0원 | −2,000원 |
| ③ | −6,000원 | +5,000원 | −1,000원 |
| ④ | −4,000원 | +1,000원 | −3,000원 |
| ⑤ | −4,000원 | +1,500원 | −2,500원 |

따라서 총 비용이 가장 적게 드는 경우는 27,000원의 비용이 드는 '3일에 스킨만 다 써서 당일 스킨을 사고, 13일에 로션을 다 써서, 15일에 로션만 살 경우'이다.

[정답] ④

**02** 다음 글과 <자료>를 근거로 판단할 때, 甲이 여행을 다녀온 시기로 가능한 것은?

16년 5급 4책형 31번

○ 甲은 선박으로 '포항 → 울릉도 → 독도 → 울릉도 → 포항' 순으로 여행을 다녀왔다.
○ '포항 → 울릉도' 선박은 매일 오전 10시, '울릉도 → 포항' 선박은 매일 오후 3시에 출발하며, 편도 운항에 3시간이 소요된다.
○ 울릉도에서 출발해 독도를 돌아보는 선박은 매주 화요일과 목요일 오전 8시에 출발하여 당일 오전 11시에 돌아온다.
○ 최대 파고가 3m 이상인 날은 모든 노선의 선박이 운항되지 않는다.
○ 甲은 매주 금요일에 술을 마시는데, 술을 마신 다음날은 멀미가 심해 선박을 탈 수 없다.
○ 이번 여행 중 甲은 울릉도에서 호박엿 만들기 체험을 했는데, 호박엿 만들기 체험은 매주 월·금요일 오후 6시에만 할 수 있다.

〈자료〉

⧆: 최대 파고(단위: m)

| 일 | 월 | 화 | 수 | 목 | 금 | 토 |
|---|---|---|---|---|---|---|
| 16 ⧆1.0 | 17 ⧆1.4 | 18 ⧆3.2 | 19 ⧆2.7 | 20 ⧆2.8 | 21 ⧆3.7 | 22 ⧆2.0 |
| 23 ⧆0.7 | 24 ⧆3.3 | 25 ⧆2.8 | 26 ⧆2.7 | 27 ⧆0.5 | 28 ⧆3.7 | 29 ⧆3.3 |

① 16일(일)~19일(수)
② 19일(수)~22일(토)
③ 20일(목)~23일(일)
④ 23일(일)~26일(수)
⑤ 25일(화)~28일(금)

## 📝 해설

문제에서 두 번째 동그라미와 세 번째 동그라미에서 선박 운항 스케줄에 대해서 설명하고 있다. 이를 연결해서 파악해 보면 다음과 같다.

| 포항 | → | 울릉도 | → | 독도 | → | 울릉도 | → | 포항 |
|---|---|---|---|---|---|---|---|---|
| 10시~13시 | | | | 화, 목 8시 ~ 11시 | | | | 15시~18시 |

이를 통해 포항에서 출발하여 울릉도에 도착한 당일에는 울릉도에서 출발해 독도를 돌아보는 선박을 탈 수 없다는 것을 알 수 있다. 이는 관련된 선박 운항 스케줄을 알려주는 두 개의 조건을 함께 보는 '입체적 이해'를 통해 '조건의 연결'을 할 수 있었고, 그 결과 '숨겨진 정보'를 찾아낼 수 있었기에 가능한 것이었다. 즉, 관련된 정보를 의식적으로 연결해서 함께 확인했기 때문에 숨겨진 정보까지 찾아낼 수 있는 것이다. 운행시간에 더하여 다음의 추가적인 조건을 고려해 문제를 해결해야 한다.

1) 최대 파고가 3m 이상인 날은 모든 노선의 선박이 운항되지 않는다.
2) 甲은 멀미 때문에 매주 토요일은 선박을 탈 수 없다.
3) 매주 월·금요일 오후 6시에 하는 호박엿 만들기 체험을 했다.

조건을 반영해서 정리해 보면 아래와 같다.

| | 호박엿 18시 | 독도 8시~11시 | | | 독도 8시~11시 | 호박엿 18시 | |
|---|---|---|---|---|---|---|---|
| 일 | 월 | 화 | 수 | 목 | 금 | 토 | |
| 16 ⧆1.0 | 17 ⧆1.4 | 18 ⧆3.2 ✕ | 19 ⧆2.7 | 20 ⧆2.8 | 21 ⧆3.7 ✕ | 22 ⧆2.0 ✕ | |
| 23 ⧆0.7 | 24 ⧆3.3 ✕ | 25 ⧆2.8 ✕ | 26 ⧆2.7 | 27 ⧆0.5 | 28 ⧆3.7 ✕ | 29 ⧆3.3 ✕ | |

① (X) 16일(일)~19일(수): 18일(화)의 최대 파고가 3m 이상이어서 모든 노선의 선박이 운행되지 않으므로 일정 중에 독도에 다녀올 수 없다.

② (X) 19일(수)~22일(토): 22일(토)에는 멀미 때문에 선박을 탈 수 없으므로 22일(토)에 포항으로 돌아올 수 없다.

③ (X) 20일(목)~23일(일): 독도를 돌아볼 수 있는 화, 목요일 중 일정에 포함된 날짜는 20일(목)뿐인데, 20일(목)에 독도에 다녀오는 것이 선박 운행시간 상 불가능하다.

④ (O) 23일(일)~26일(수): 모든 일정이 가능하다.

⑤ (X) 25일(화)~28일(금): 28일(금)의 최대 파고가 3m 이상이어서 모든 노선의 선박이 운행되지 않으므로, 28일(금)에 포항으로 돌아올 수 없다. 또한 설사 28일(금)에 선박의 운행이 가능하다 하더라도 호박엿을 만드는 일정이 불가능하다.

[정답] ④

# PART **2**
# 해결

# 선지 활용

먼저 다음의 예제 문제를 풀어보자.

---

**다음 숫자 배열 (가)~(다)의 공통적인 특성만을 <보기>에서 모두 고르면?**  14년 민경채 A책형 10번

(가) 2, 3, 6, 7, 8
(나) 1, 4, 5, 6, 9
(다) 6, 5, 8, 3, 9

───────────〈 보 기 〉───────────

ㄱ. 홀수 다음에 홀수가 연이어 오지 않는다.
ㄴ. 짝수 다음에 짝수가 연이어 오지 않는다.
ㄷ. 동일한 숫자는 반복하여 사용되지 않는다.
ㄹ. 어떤 숫자 바로 다음에는 그 숫자의 배수가 오지 않는다.

① ㄱ, ㄴ
② ㄴ, ㄷ
③ ㄴ, ㄹ
④ ㄷ, ㄹ
⑤ ㄱ, ㄷ, ㄹ

---

[정답] ②
<보기>를 검증하는 식으로 해결하면 정답을 쉽게 파악할 수 있다.
ㄱ. (다) 6, 5, 8, 3, 9 → 홀수인 3 다음에 홀수인 9가 연이어 온다.
ㄴ. (가)~(다) → 모두 짝수 다음에 짝수가 연이어 오지 않는다.
ㄷ. (가)~(다) → 모두 동일한 숫자 반복하여 사용되지 않는다.
ㄹ. (가) 2, 3, 6, 7, 8 → 3 다음에 3의 배수인 6이 온다.
　(다) 6, 5, 8, 3, 9 → 3 다음에 3의 배수인 9가 온다.

이 문제를 해결하기 위해 숫자 배열 (가)~(다)의 공통적인 특성을 스스로 발견하려고 했다면 시간이 더 오래 걸렸을 것이다. 이 문제를 가장 빠르게 해결하는 방법은 보기 ㄱ~ㄹ이 숫자 배열 (가)~(다)의 공통적인 특성이 될 수 있는지 정오판단을 하는 것이다. 문제를 해결하는 동일한 결과를 얻기까지 그 과정은 여러 가지일 수 있고 해결과정의 난이도, 소요시간 등도 천차만별일 수 있다. 한정된 시간에 더 많은 문제를 풀어내기 위해서는 각 문제를 가장 효율적인 방법으로 해결해야 함을 명심하자.

PSAT만의 특징은 매우 많지만 그중에서 두 가지만 꼽으라면 '시간이 매우 부족한 시험'이라는 것과 그럼에도 '객관식 시험'이기 때문에 점수를 잘 받을 수 있는 스킬이 여러 가지가 있다는 것이다. 그 여러 가지 스킬 중 가장 중요한 것이 해결 과정에서의 '선지 활용'이다. 학창시절에 싫어했던 과목을 하나 떠올려보자. 그 과목의 중간고사에서는 객관식 문제와 주관식 문제가 혼합되어 출제되었을 것이다. 주관식은 모르면 답을 쓸 수 없지만, 객관식은 모르더라도 맞힐 수 있다. PSAT 시험도 마찬가지이다. 객관식 시험의 성질을 잘 활용한다면 가진 실력만으로 받을 수 있는 점수보다 더 높은 점수를 받을 수 있다.

PSAT을 준비하지 않고도 합격하는 경우가 종종 있다. 첫 번째 경우는 PSAT을 잘하도록 타고난 경우이다. 키가 크게 태어났다면 키가 작은 사람보다는 농구를 하는 데 유리한 것과 비슷하다. 두 번째 경우는 성장과정에서 PSAT을 잘할 수 있도록 교육받은 수험생의 경우이다. 이 두 가지가 흔히들 말하는 'PSAT형 인간'이 합격하는 경우인데, 하지만 지금까지 경험해 본 결과 그런 경우는 많지 않고 오히려 드물다. 세 번째 경우는 찍은 문제가 우연히 많이 맞아서 운이 좋아서 합격하는 경우이다. 이 세 번째 경우가 객관식 시험의 특징이 잘 드러나는 경우이다. 문제를 전혀 몰라도 우리는 다섯 개의 선지 중에 $1/5 = 20\%$의 확률로 찍을 수 있다. 만약 이때 한 개의 선지를 제외하고 찍을 수 있다면 $1/4 = 25\%$의 확률로 찍을 수 있고, 두 개의 선지를 제외하고 찍을 수 있다면 $1/3 \fallingdotseq 33\%$로 확률은 증가하며, 세 개의 선지를 제외하고 둘 중에 하나의 선지 중에서 찍을 수 있다면 확률은 무려 $1/2 = 50\%$의 확률로 증가하게 된다.

모든 문제를 스스로의 힘으로 완벽히 해결할 수 있는 능력이 갖춰지지 않은 경우에는 객관식 시험의 성질 상 선지를 얼마나 잘 활용해서 문제를 해결할 수 있는지가 매우 중요하다. 앞서 살펴본 예제 문제에서도 스스로 공통적인 특성을 찾아내어 답을 고르는 것이 아니라, 보기로 주어진 내용이 숫자 배열 (가)~(다)의 공통적인 특성일 수 있는지를 검증·확인하는 방식으로 해결을 했어야 보다 빠른 해결이 가능해진다.

이번 장에서는 선지를 활용할 수 있는 다양한 방법을 연습해 보려고 한다.

선지의 종류에는 일반형, 보기형, 선택형이 있다. 먼저 '일반형'은 가장 일반적인 선지의 형태로 '선지 번호 + 정오를 판단해야 하는 문장'의 형식을 갖는다. '보기형'은 〈보기〉 박스가 제시되며 선지는 보기 조합의 형식을 갖는다. '선택형'은 정답을 선지 중에서 그대로 선택만 하면 되는 문제이다. '일반형'과 '보기형'은 조합의 여부에서 차이날 뿐 문장의 형식이라는 공통점을 갖는다. 반면 '선택형'은 문장의 형식이 아니라, 답이 도출되면 그와 동일하게 생긴 정답을 선택하면 된다.

## 1 일반형

**01 다음 글을 근거로 판단할 때 옳은 것은?** 19년 5급 가책형 12번

전문가 6명(A~F)의 〈회의 참여 가능 시간〉과 〈회의 장소 선호도〉를 반영하여, 〈조건〉을 충족하는 회의를 월~금요일 중 개최하려 한다.

〈회의 참여 가능 시간〉

| 요일 전문가 | 월 | 화 | 수 | 목 | 금 |
|---|---|---|---|---|---|
| A | 13:00~16:20 | 15:00~17:30 | 13:00~16:20 | 15:00~17:30 | 16:00~18:30 |
| B | 13:00~16:10 | – | 13:00~16:10 | – | 16:00~18:30 |
| C | 16:00~19:20 | 14:00~16:20 | – | 14:00~16:20 | 16:00~19:20 |
| D | 17:00~19:30 | – | 17:00~19:30 | – | 17:00~19:30 |
| E | – | 15:00~17:10 | – | 15:00~17:10 | – |
| F | 16:00~19:20 | – | 16:00~19:20 | – | 16:00~19:20 |

※ –: 참여 불가

〈회의 장소 선호도〉

(단위: 점)

| 전문가 장소 | A | B | C | D | E | F |
|---|---|---|---|---|---|---|
| 가 | 5 | 4 | 5 | 6 | 7 | 5 |
| 나 | 6 | 6 | 8 | 6 | 8 | 8 |
| 다 | 7 | 8 | 5 | 6 | 3 | 4 |

― 〈조 건〉 ―

○ 전문가 A~F 중 3명 이상이 참여할 수 있어야 회의 개최가 가능하다.
○ 회의는 1시간 동안 진행되며, 회의 참여자는 회의 시작부터 종료까지 자리를 지켜야 한다.
○ 회의 시간이 정해지면, 해당 일정에 참여 가능한 전문가들의 선호도를 합산하여 가장 높은 점수가 나온 곳을 회의 장소로 정한다.

① 월요일에는 회의를 개최할 수 없다.
② 금요일 16시에 회의를 개최할 경우 회의 장소는 '가'이다.
③ 금요일 18시에 회의를 개최할 경우 회의 장소는 '다'이다.
④ A가 반드시 참여해야 할 경우 목요일 16시에 회의를 개최할 수 있다.
⑤ C, D를 포함하여 4명 이상이 참여해야 할 경우 금요일 17시에 회의를 개최할 수 있다.

## 해설

회의 시간을 먼저 정한 후, 해당 시간에 참여 가능한 전문가들의 선호도를 합산하여 회의 장소를 골라야 한다. 5개의 선지 중 쉬운 것 위주로 해결하면 보다 빠르게 정답을 찾아낼 수 있다. 주어진 〈조건〉을 정리해 보면 다음과 같다.

1) 1시간 동안 진행되는 회의에 전문가 A~F 중 3명 이상이 회의 시간 전체에 참여할 수 있어야 회의 개최가 가능하다. 이에 따라 회의를 개최할 수 있는 요일 및 시간대를 확인해보면 다음과 같다.

| 요일<br>구분 | 월 | 화 | 수 | 목 | 금 |
|---|---|---|---|---|---|
| 가능<br>시간대 | 17:00~<br>19:20 | 15:00~<br>16:20 | 불가능 | 15:00~<br>16:20 | 16:00~<br>19:20 |
| 참가 가능<br>전문가 | C, D, F<br>3명 | A, C, E<br>3명 | 없음 | A, C, E<br>3명 | C, D, F ~<br>A, B, C, D, F<br>3명~5명 |

2) 회의 시간이 정해지면, 해당 일정에 참여 가능한 전문가들의 선호도를 합산하여 가장 높은 점수가 나온 곳을 회의 장소로 정한다.

| 구분 | | 가 | 나 | 다 | 회의 장소 |
|---|---|---|---|---|---|
| 월 | C, D, F (3명) | 16점 | 22점 | 15점 | |
| 화 | A, C, E (3명) | 17점 | 22점 | 15점 | |
| 목 | | | | | '나'로 결정 |
| 금 | C, D, F (3명) | 16점 | 22점 | 15점 | |
| | A, B, C, F (4명) | 19점 | 28점 | 24점 | |
| | A, B, C, D, F (5명) | 25점 | 34점 | 30점 | |

이때, 모든 전문가의 회의 장소 선호도에서 '나'가 '가'를 압살하므로, 즉 '나'가 '가'보다 선호도가 더 높거나 같으므로, '가'가 회의 장소로 결정되는 일은 없다.

① (X) 월요일 17시부터 18시 20분 사이에 한 시간 동안 전문가 C, D, F가 참여하는 회의를 개최할 수 있다.

② (X) 금요일 16시에 회의를 개최할 경우 참여할 수 있는 전문가는 A, B, C, F이다. 이들의 각 장소에 대한 선호도 총합은 다음과 같다.

| | A | B | C | D | E | F | 총합 |
|---|---|---|---|---|---|---|---|
| 가 | 5 | 4 | 5 | 6 | 7 | 5 | 19 |
| 나 | 6 | 6 | 8 | 6 | 8 | 8 | 28 |
| 다 | 7 | 8 | 5 | 6 | 3 | 4 | 24 |

따라서 회의 장소는 '나'로 결정된다.

③ (X) 금요일 18시에 회의를 개최할 경우 참여할 수 있는 전문가는 C, D, F이다. 이들의 각 장소에 대한 선호도 총합은 다음과 같다.

| | A | B | C | D | E | F | 총합 |
|---|---|---|---|---|---|---|---|
| 가 | 5 | 4 | 5 | 6 | 7 | 5 | 16 |
| 나 | 6 | 6 | 8 | 6 | 8 | 8 | 22 |
| 다 | 7 | 8 | 5 | 6 | 3 | 4 | 15 |

따라서 회의 장소는 '나'로 결정된다.

④ (X) 목요일 16시에 회의를 개최할 경우 참여할 수 있는 전문가는 A, E 두 명뿐이다. 이 경우 전문가 3명 이상이 참여할 수 없으므로 회의를 개최할 수 없다.

⑤ (O) 금요일 17시에 회의를 개최할 경우, 참여할 수 있는 전문가는 A, B, C, D, F이므로, C, D를 포함하여 4명 이상이 참여할 수 있다.

[정답] ⑤

---

**길쌤's Check**

일반형 선지에서는 어떤 선지부터 확인하는가가 중요하다. 예를 들어 선지 ③을 봤는데, 선지 ③이 정답이면 시간을 절약하고 다음 문제로 넘어갈 수 있다. 이 문제의 경우 회의시간을 정한 후, 선호도의 합산 점수에 따라 회의 장소를 정한다. 선지 중에서는 회의 가능여부를 묻는 선지 ①, ④, ⑤와 회의 장소를 묻는 선지 ②, ③으로 구분된다. 따라서 먼저 해결이 가능한 회의 시간을 묻는 선지 ①, ④, ⑤부터 해결해야 하고, 특히 그 중에서도 선지 ④, ⑤를 먼저 해결해야 하는 문제이다.

## 02 다음 글과 <대화>를 근거로 판단할 때 옳지 않은 것은?

21년 5급 가책형 15번

○ A부서의 소속 직원(甲~戊)은 법령집, 백서, 판례집, 민원 사례집을 각각 1권씩 보유하고 있었다.
○ A부서는 소속 직원에게 다음의 기준에 따라 새로 발행된 도서(법령집 3권, 백서 3권, 판례집 1권, 민원 사례집 2권)를 나누어 주었다.
　– 법령집: 보유하고 있던 법령집의 발행연도가 빠른 사람부터 1권씩 나누어 주었다.
　– 백서: 근속연수가 짧은 사람부터 1권씩 나누어 주었다.
　– 판례집: 보유하고 있던 판례집의 발행연도가 가장 빠른 사람에게 주었다.
　– 민원 사례집: 민원업무가 많은 사람부터 1권씩 나누어 주었다.

※ 甲~戊는 근속연수, 민원업무량에 차이가 있고, 보유하고 있던 법령집, 판례집은 모두 발행연도가 다르다.

――――――――〈대　　화〉――――――――
甲: 나는 책을 1권만 받았어.
乙: 나는 4권의 책을 모두 받았어.
丙: 나는 법령집은 받았지만 판례집은 받지 못했어.
丁: 나는 책을 1권도 받지 못했어.
戊: 나는 丙이 받은 책은 모두 받았고, 丙이 받지 못한 책은 받지 못했어.

① 법령집을 받은 사람은 백서도 받았다.
② 甲은 丙보다 민원업무가 많다.
③ 甲은 戊보다 많은 도서를 받았다.
④ 丁은 乙보다 근속연수가 길다.
⑤ 乙이 보유하고 있던 법령집은 甲이 보유하고 있던 법령집보다 발행연도가 빠르다.

### 📝 해설

**방법 1**

- 조건 1) 법령집: 보유하고 있던 법령집의 발행연도가 빠른 사람부터 1권씩 나누어 주었다.
- 조건 2) 백서: 근속연수가 짧은 사람부터 1권씩 나누어 주었다.
- 조건 3) 판례집: 보유하고 있던 판례집의 발행연도가 가장 빠른 사람에게 주었다.
- 조건 4) 민원 사례집: 민원업무가 많은 사람부터 1권씩 나누어 주었다.

甲~戊에게 법령집 3권, 백서 3권, 판례집 1권, 민원 사례집 2권을 나누어 주므로 총 9권을 나누어 준다. 〈대화〉를 단순히 반영해서 표를 그려보면 다음과 같다.

| 구분 | 법령집 | 백서 | 판례집 | 민원 사례집 | – |
|---|---|---|---|---|---|
| 甲 | | | | | 1 |
| 乙 | O | O | O | O | 4 |
| 丙 | O | | X | | |
| 丁 | X | X | X | X | 0 |
| 戊(=丙) | O | | X | | |
| – | 3 | 3 | 1 | 2 | 9 |

법령집을 받은 3명과 판례집을 받은 1명은 확정되었고, 백서를 받은 2명, 민원사례집을 받은 1명을 추가로 더 확인하여야 한다. 戊의 발언에 따라, 백서는 丙과 戊가 같이 받아야 하고, 민원 사례집은 甲이 받아야 한다. 이를 최종적으로 반영하여 표를 채워보면 다음과 같다.

| 구분 | 법령집 | 백서 | 판례집 | 민원 사례집 | – |
|---|---|---|---|---|---|
| 甲 | X | X | X | O | 1 |
| 乙 | O | O | O | O | 4 |
| 丙 | O | O | X | X | 2 |
| 丁 | X | X | X | X | 0 |
| 戊(=丙) | O | O | X | X | 2 |
| – | 3 | 3 | 1 | 2 | 9 |

① (X) 법령집을 받은 사람 乙, 丙, 戊는 모두 백서도 받았다.
② (X) 민원 사례집은 甲과 乙이 받았다. 따라서 조건 4)를 반영해 보면, 민원 사례집을 받은 甲은 받지 않은 丙보다 민원업무가 많다.
③ (O) 甲은 1권을 받아서 2권을 받은 戊보다 많은 도서를 받지 않았다.
④ (X) 백서는 乙, 丙, 戊가 받았다. 조건 2)에 따를 때, 백서를 받지 못한 丁은 乙보다 근속연수가 길다.
⑤ (X) 법령집은 乙, 丙, 戊가 받았다. 조건 1)에 따를 때, 법령집을 받은 乙이 보유하고 있던 법령집은 법령집을 받지 못한 甲이 보유하고 있던 법령집보다 발행연도가 빠르다.

**방법 2**

〈대화〉 중에서 확정적인 정보는 甲이 책을 1권만 받았고, 乙은 4권의 책을 모두 받았고, 丁은 책을 1권도 받지 못했다는 점이다. 선지 ③은 '甲은 戊보다 많은 도서를 받았다.'인데, 甲이 戊보다 많은 도서를 받았다면 戊는 책을 1권도 받지 못해야 한다. 그런데 戊의 발언은 '나는 丙이 받은 책은 모두 받았고, 丙이 받지 못한 책은 받지 못했어.'이다. 丙의 발언은 '나는 법령집은 받았지만 판례집은 받지 못했어.'이므로 丙은 최소 1권은 받은 셈이고, 戊도 최소 1권은 받은 셈이 된다.

[정답] ③

### 🔖 길쌤's Check

일반형의 문제를 푸는 방법은 여러 가지가 있다. 먼저 정해진 순서대로 선지를 검토하는 방법이 있다. ⑤-④-③-②-① 순서로 선지를 검토하거나 반대로 ①-②-③-④-⑤ 순서로 선지를 검토하는 경우도 있다. 혹은 ③-④-⑤-①-②나 ③-④-②-⑤-①처럼 순서를 변형해서 선지를 검토하는 경우도 있다. 이는 문제를 푸는 스킬이 많지 않은 수험생들이 많이 쓰는 방법이다.

준비가 덜 된 수험생의 경우 쉬운 선지부터 해결하는 경우도 있다. 반대로 준비가 어느 정도 된 수험생이라면 설사 그 선지가 더 어려운 선지라 하더라도 정답이 될 가능성이 높은 선지부터 해결하는 수험생도 있다.

이러한 여러 가지 방법 중 어느 방법이 가장 좋다고 확정하기는 어렵다. 수험생의 준비 정도, 개인적인 성향 등에 따라 잘 맞는 방법이 다르다. 따라서 시험을 준비하는 과정에서 본인에게 잘 맞는 방법을 잘 찾아두는 것이 필요하다.

**01** '홀로섬'에 사는 석봉이는 매일 삼치, 꽁치, 고등어 중 한 가지 생선을 먹는다. 다음 1월 달력과 〈조건〉에 근거할 때, 〈보기〉에서 옳은 것을 모두 고르면?

13년 5급 인 14번

| 1 월 | | | | | | |
|---|---|---|---|---|---|---|
| 일 | 월 | 화 | 수 | 목 | 금 | 토 |
| | | | 1 | 2 | 3 | 4 |
| 5 | 6 | 7 | 8 | 9 | 10 | 11 |
| 12 | 13 | 14 | 15 | 16 | 17 | 18 |
| 19 | 20 | 21 | 22 | 23 | 24 | 25 |
| 26 | 27 | 28 | 29 | 30 | 31 | |

─〈조 건〉─

○ 같은 생선을 연속해서 이틀 이상 먹을 수 없다.
○ 매주 화요일은 삼치를 먹을 수 없다.
○ 1월 17일은 꽁치를 먹어야 한다.
○ 석봉이는 하루에 1마리의 생선만 먹는다.

─〈보 기〉─

ㄱ. 석봉이가 1월 한 달 동안 먹을 수 있는 꽁치는 최대 15마리이다.
ㄴ. 석봉이가 1월 한 달 동안 먹을 수 있는 삼치는 최대 14마리이다.
ㄷ. 석봉이가 1월 한 달 동안 먹을 수 있는 고등어는 최대 14마리이다.
ㄹ. 석봉이가 1월 6일에 꽁치를 먹어야 한다는 조건을 포함하면, 석봉이는 1월 한 달 동안 삼치, 꽁치, 고등어를 1마리 이상씩 먹는다.

① ㄱ, ㄴ
② ㄱ, ㄷ
③ ㄴ, ㄷ
④ ㄴ, ㄹ
⑤ ㄷ, ㄹ

## 📝 해설

ㄱ. (X) 1월은 31일까지 있어 홀수날이 더 많고, 현재 주어진 고정조건도 17일인 홀수날에 꽁치를 먹는 것이므로 격일로 홀수날마다 꽁치를 먹으면 최대 16마리의 꽁치를 먹을 수 있다.

ㄴ. (O) 석봉이가 한 달 동안 먹을 수 있는 삼치의 최대 마리 수는
1) 주(週) 단위로 따지는 경우
일주일마다 삼치를 최대 세 번씩 먹을 수 있고, 마지막 29일에 시작하는 주에만 최대 두 번 먹을 수 있다.
(3번씩×4주)+2번=14번
2) 월(月) 단위로 따지는 경우

| 일 | 월 | 화 | 수 | 목 | 금 | 토 |
|---|---|---|---|---|---|---|
| | | | 1 | 2 | 3 | 4 |
| 5 | 6 | 7 | 8 | 9 | 10 | 11 |
| 12 | 13 | 14 | 15 | 16 | 17(꽁치) | 18 |
| 19 | 20 | 21 | 22 | 23 | 24 | 25 |
| 26 | 27 | 28 | 29 | 30 | 31 | |

음영처리된 칸은 확정적으로 삼치를 먹고, 3일 또는 4일, 10일 또는 11일, 24일 또는 25일 중 한 번씩 삼치를 먹는다면 최대 14마리를 먹을 수 있다.

ㄷ. (X) 석봉이가 한 달 동안 먹을 수 있는 고등어의 최대 마리 수는
1) 짝수날마다 먹는다면: 1부터 31까지 짝수날 15번
2) 홀수날마다 먹는다면: 1부터 31까지 짝수날 16번 중 반드시 꽁치를 먹어야 하는 17일을 뺀 나머지 15번
따라서 석봉이가 한 달 동안 먹을 수 있는 고등어는 최대 15마리이다.

ㄹ. (O) ㄹ의 진술을 반박하려면 삼치, 꽁치, 고등어 중에 '1마리 이상을 먹지 않는 생선=1마리 미만을 먹는 생선=0마리를 먹는 생선=먹지 않는 생선'이 있어야 한다. 같은 생선을 연속해서 이틀 이상 먹을 수 없으므로 삼치, 꽁치, 고등어 중에 적어도 두 종류는 먹어야 하고, 홀수일에 A생선, 짝수일에 B생선을 먹을 수 있다면 1월 한 달 동안 두 종류의 생선만을 먹음으로써 ㄹ의 진술을 반박할 수 있다. 하지만 조건에 따르면 꽁치를 6일(짝수일)과 17일(홀수일)에 먹어야 하므로 반박은 불가능하다.
다음과 같이 달력에 체크해 가면서 확인해 보는 것도 좋다. 문제에 주어진 조건에 따를 때 6일과 17일에는 반드시 꽁치를 먹어야 한다.

| 일 | 월 | 화 | 수 | 목 | 금 | 토 |
|---|---|---|---|---|---|---|
| | | | 1 | 2 | 3 | 4 |
| 5 | 6(꽁치) | 7 | 8 | 9 | 10 | 11 |
| 12 | 13 | 14 | 15 | 16 | 17(꽁치) | 18 |
| 19 | 20 | 21 | 22 | 23 | 24 | 25 |
| 26 | 27 | 28 | 29 | 30 | 31 | |

화요일에는 삼치를 먹을 수 없고, 같은 생선을 연속해서 이틀 이상 먹을 수 없으므로 7일, 화요일에는 고등어를 먹어야 한다. 그렇다면 '홀수날(꽁치)−짝수날(고등어)'의 조합으로 1월 한 달 동안 먹을 수 있다면 한 달 동안 두 종류의 생선만 먹을 수 있다. 하지만 17일에 꽁치를 먹는다는 고정정보와 반드시 충돌하므로, 1월 한 달 동안 세 종류의 생선을 모두 먹게 된다.

[정답] ④

**02** 다음 <규칙>에 근거할 때, <보기>에서 옳은 것을 모두 고르면?

13년 5급 인책형 15번

─────〈규　칙〉─────

○ 9장의 카드에는 1부터 9까지의 숫자 중 각각 다른 하나의 숫자가 적혀 있다.
○ 9장의 카드 중 4장을 동시에 사용하여 네 자리 수를 만든다.
○ 천의 자리에 있는 숫자와 백의 자리에 있는 숫자를 곱한 값이 십의 자리 숫자와 일의 자리 숫자가 된다. 예를 들어 '7856'은 가능하지만 '7865'는 불가능하다.

─────〈보　기〉─────

ㄱ. 만들 수 있는 가장 큰 수에서 가장 작은 수를 뺀 값이 7158이다.
ㄴ. 천의 자리가 5이거나 일의 자리가 5인 네 자리 수는 만들 수 없다.
ㄷ. 천의 자리에 9를 넣을 때 만들 수 있는 네 자리 수의 개수는 천의 자리에 다른 어떤 수를 넣을 때보다 많다.
ㄹ. 숫자 1이 적힌 카드가 한 장 추가되어도 만들 수 있는 네 자리 수의 총 개수에는 변화가 없다.
ㅁ. 숫자 9가 적힌 카드가 한 장 추가되어도 만들 수 있는 네 자리 수의 총 개수에는 변화가 없다.

① ㄱ, ㄴ, ㄷ
② ㄱ, ㄴ, ㄹ
③ ㄱ, ㄷ, ㅁ
④ ㄱ, ㄹ, ㅁ
⑤ ㄴ, ㄷ, ㅁ

📝 **해설**

제시된 〈규칙〉을 정리해 보면 다음과 같다.

1) 1부터 9까지의 숫자카드가 한 장씩 있고, 0은 숫자카드가 없다.
2) 네 자리 수를 만들 때 9장의 카드 중 4장을 동시에 사용하므로 숫자는 중복이 불가능하고 각기 다른 숫자이어야 한다.
3) '천'의 자리 숫자와 '백'의 자리 숫자는 결정할 수 있고, 그 계산결과에 따라 '십'의 자리 숫자와 '일'의 자리 숫자가 결정된다.

　□ × □ ＝ □ □
　천　백　십 일의 자리 숫자

ㄱ. (O) 만들 수 있는 가장 큰 수는 9872, 가장 작은 수는 2714이므로 만들 수 있는 가장 큰 수에서 가장 작은 수를 뺀 값은 9872 − 2714 = 7158이다. 만들 수 있는 가장 작은 수가 '2714'인 이유는, 먼저 숫자를 작게 만들려면 천의 자리 숫자가 작아야 한다.

1) 네 자리 숫자이어야 하고 0 카드도 없으므로 천의 자리에 '0'이 들어갈 수 없다.
2) 천의 자리에 '1'이 들어가면 1의 배수는 한 자리 숫자이므로 '십'의 자리 숫자가 '0'이 되므로 만들 수 없다.
3) 천의 자리에 '2'가 들어갔을 때 만들 수 있는 가장 작은 숫자가 2 × 7 = 140이다.

ㄴ. (O) 천의 자리가 5이면, 5의 배수 특성상 일의 자리는 반드시 5 또는 0이 되는데, 5는 숫자 중복이고, 0은 숫자카드가 없다. 따라서 천의 자리에 5가 들어갈 수 없다. 일의 자리가 5가 되려면 '5×홀수'일 때만 가능한데, 이는 천의 자리 또는 백의 자리 중 한 자리에는 반드시 5가 필요하다는 의미이다. 따라서 5가 숫자 중복이므로 불가능하다.

┌─────────────────────────┐
│ **5의 배수의 특징** │
│ 5×홀수 = 끝자리 5 │
│ 5×짝수 = 끝자리 0 │
└─────────────────────────┘

┌─────────────────────────┐
│ **또 다른 길** │
│ 일의 자리가 5, 즉 계산 결과의 끝자리가 홀수가 되려면 '홀수×홀수' │
│ 여야 한다. 이때 천의 자리에 들어갈 홀수로 1, 3, 5, 7, 9 가 가능하다 │
│ 고 하면, 끝자리가 5가 되기 위해서 백의 자리에는 어떤 숫자가 들어 │
│ 갈지 생각해 볼 수도 있다. │
└─────────────────────────┘

ㄷ. (X) 천의 자리에 9를 넣을 때 만들 수 있는 네 자리 수는 다음의 총 6개이다.

┌────────────────────────────────────────────┐
│ 9218, 9327, 9436, 9654, 9763, 9872 │
└────────────────────────────────────────────┘

한편, 천의 자리에 7을 넣을 때 만들 수 있는 네 자리 수 역시 다음의 총 6개이다.

┌────────────────────────────────────────────┐
│ 7214, 7321, 7428, 7642, 7856, 7963 │
└────────────────────────────────────────────┘

따라서 두 경우가 6개로 같으므로, 천의 자리에 9를 넣을 때 만들 수 있는 네 자리 수의 개수가 천의 자리에 다른 어떤 수를 넣을 때보다 많다고 할 수 없다.

**천의 자리가 고정일 때 만들 수 있는 네 자리 수의 최대 개수**

천의 자리가 고정일 때 각 자리마다 숫자의 중복이 가능했다면, 백의 자리에 들어갈 수 있는 숫자는 9개일 것이다. 하지만, 백의 자리에는

1) 보기 ㄱ에서 알 수 있듯이 숫자 1이 들어갈 수 없고
2) 보기 ㄴ에서 알 수 있듯이 숫자 5가 들어갈 수 없고
3) 두 번째 동그라미 조건에 따를 때 천의 자리 숫자가 중복될 수 없다.

따라서 천의 자리가 고정일 때 만들 수 있는 네 자리 수의 최대 개수는 (곱셈의 결과가 천의 자리 숫자와 백의 자리 숫자와 중복되지 않을 때) 9-3=6개이다.

**천의 자리가 홀수일 때 만들 수 있는 네 자리 수의 최대 개수**

최대 6개까지 가능

**천의 자리가 짝수일 때 만들 수 있는 네 자리 수의 최대 개수**

짝수에는 짝수가 곱해지든 홀수가 곱해지든 곱셈의 결과는 무조건 짝수이다. 즉, 천의 자리에 짝수인 2, 4, 6, 8 중 하나가 들어가면 일의 자리에도 2, 4, 6, 8이 들어가게 된다. 예를 들어 '8×6=48'이므로 네 자리 숫자 간 중복이 생길 가능성이 더 높다. 천의 자리가 짝수일 때 네 자리 숫자는 천의 자리가 8일 때 최대 5개까지 가능하다. 이를 실제로 따져보면 다음과 같다.

| | | | |
|---|---|---|---|
| ~~2102~~ | ~~4104~~ | ~~6106~~ | ~~8108~~ |
| ~~22~~ | ~~4208~~ | 6212 | 8216 |
| ~~2306~~ | 4312 | 6318 | 8324 |
| ~~2408~~ | ~~44~~ | ~~6424~~ | 8432 |
| ~~2510~~ | ~~4520~~ | ~~6530~~ | ~~8540~~ |
| ~~2612~~ | ~~4624~~ | ~~66~~ | ~~8648~~ |
| 2714 | 4728 | 6742 | 8756 |
| 2816 | 4832 | ~~6848~~ | ~~88~~ |
| 2918 | 4936 | 6954 | 8972 |
| (3개) | (4개) | (4개) | (5개) |

ㄹ. (O) ㄱ에서 봤듯이 천의 자리 또는 백의 자리에는 숫자 1을 쓸 수 없고, 숫자 1은 곱셈의 결과인 십의 자리와 일의 자리에만 쓰일 수 있다. 그런데 현재 숫자 1이 적인 카드는 1장 있으므로, 네 자리 수 숫자 중 숫자 1이 쓰이지 않거나 한 번 쓰이는 경우는 현재 상태에서도 표현 가능하다. 즉, 숫자 1이 적힌 카드가 한 장 추가되어 만들 수 있는 네 자리의 수의 총 개수에 변화가 생긴다면 숫자 카드 1이 두 번 필요한 경우, 즉 곱셈의 결과가 '11'이 나오는 경우일 것이다.

그런데 11은 소수이고, 두 자연수의 곱으로 110이 나오는 경우는 없다. 따라서 숫자 1이 적힌 카드가 한 장 추가되어도 만들 수 있는 네 자리 수의 총 개수에는 변화가 없다.

ㅁ. (X) ㄹ과 마찬가지의 사고 과정을 통해 숫자 9가 두 번 쓰이는 경우를 찾아보면 된다. 이전에 9981은 숫자 9가 두 번 중복이라 불가능했지만, 숫자 9가 적힌 카드가 한 장 추가된다면 이 네 자리의 숫자를 추가로 표현할 수 있게 된다. 따라서 만들 수 있는 네 자리 수의 총 개수가 증가한다.

[정답] ②

**길쌤's Check**

보기 구성은 예제 01처럼 ① 보기 4개+선지에 보기 2개씩, ② 보기 4개+선지에 보기 2개 또는 3개씩, ③ 예제 02처럼 보기 5개+선지에 보기 3개씩인 경우가 대부분이다. 그중 ②의 경우가 가장 일반적이다.

이러한 보기형 문제의 경우에 적절하게 선지플레이를 한다면 검토해야 할 보기의 개수를 최소화하면서 적은 개수의 보기 확인만으로 문제를 해결할 수 있다.

## 01 다음 <조건>을 근거로 판단할 때 ○○영화관에서 이번 주에 상영 가능한 영화들만을 고르면?

18년 입법 가책형 35번

〈조 건〉

대학로의 ○○영화관에서는 이번 주에 다음의 8개 영화 중에서 6편에 대한 상영을 결정하려고 한다. 각 영화별 상영 등급과 제작 국가는 다음과 같다.

| 영화 | A | B | C | D | E | F | G | H |
|------|---|---|---|---|---|---|---|---|
| 등급 | 18세 이상 관람가 | 12세 이상 관람가 | 전체 관람가 | 18세 이상 관람가 | 12세 이상 관람가 | 18세 이상 관람가 | 20세 이상 관람가 | 전체 관람가 |
| 제작 | 국내 | 해외 | 국내 | 국내 | 국내 | 해외 | 국내 | 국내 |

6층 건물의 ○○영화관에는 각 층마다 1개의 상영관이 있으며, 각 상영관은 같은 영화를 상영하지 않는다. 또한 상영관마다 객석 규모도 다르다. 이러한 상황에서 영화 상영에는 다음 규칙들이 적용된다.

(가) 동시에 2편을 초과해서 '18세 이상 관람가' 등급 영화를 상영할 수 없다.

(나) 2개의 중간 규모 상영관에는 1편의 '전체 관람가' 등급 영화와 1편의 '12세 이상 관람가' 등급 영화가 상영된다.

(다) 동시에 1편을 초과해서 해외에서 제작된 영화를 상영할 수 없다.

(라) 반드시 '20세 이상 관람가' 등급 영화 1편이 상영되어야 한다.

① A, B, C, D, E, H
② A, B, E, F, G, H
③ A, C, D, F, G, H
④ A, C, E, F, G, H
⑤ A, D, E, F, G, H

## 📝 해설

1) 반드시 G가 상영되어야 하고(라).

2) B와 F가 동시에 상영될 수 없으며(다).

3) A, D, F가 동시에 상영될 수 없다(가).

4) C, H 중에 최소 1개, B, E 중에 최소 1개가 상영되어야 한다(나).

〈경우 1〉 B가 상영되는 경우

많은 조건이 겹치는 B가 상영되는 것을 먼저 가정한다. 반드시 G는 상영되며(라), B가 상영되므로 F는 상영될 수 없다(다). 여기까지 2편의 상영이 결정되었고, 4편의 상영여부를 더 결정하여야 하는데, 남은 A, C, D, E, H 중에 4개가 상영되는 경우는 총 다섯 가지 경우의 수가 가능하다.

(A, B, C, D, E, G), (A, B, C, D, G, H), (A, B, C, E, G, H), (A, B, D, E, G, H), (B, C, D, E, G, H)

〈경우 2〉 F가 상영되는 경우

반드시 G는 상영되며(라), F가 상영되므로 B는 상영될 수 없다(다). B가 상영되지 않으므로 E는 반드시 상영된다(나). 여기까지 3편의 상영이 결정되었고, 남은 A, C, D, H 중 3편이 추가로 더 상영되면 되는데, (가)에 위배되는 A, D가 모두 상영되는 경우를 제외하면 두 가지 경우의 수가 가능하다.

(A, C, E, F, G, H), (C, D, E, F, G, H)

〈경우 3〉 B와 F가 모두 상영되지 않는 경우

마지막으로 B, F가 모두 상영되지 않는 경우 6편을 상영하기 위해서는 나머지가 모두 상영되어야 하고 조건에 위배되지 않으므로 한 가지 경우가 가능하다.

(A, C, D, E, G, H)

[정답] ④

**02** 다음 글을 근거로 판단할 때, 2017년 3월 인사 파견에서 선발될 직원만을 모두 고르면? 17년 5급 가책형 36번

○ △△도청에서는 소속 공무원들의 역량 강화를 위해 정례적으로 인사 파견을 실시하고 있다.
○ 인사 파견은 지원자 중 3명을 선발하여 1년간 이루어지고 파견 기간은 변경되지 않는다.
○ 선발 조건은 다음과 같다.
 - 과장을 선발하는 경우 동일 부서에 근무하는 직원을 1명 이상 함께 선발한다.
 - 동일 부서에 근무하는 2명 이상의 팀장을 선발할 수 없다.
 - 과학기술과 직원을 1명 이상 선발한다.
 - 근무 평정이 70점 이상인 직원만을 선발한다.
 - 어학 능력이 '하'인 직원을 선발한다면 어학 능력이 '상'인 직원도 선발한다.
 - 직전 인사 파견 기간이 종료된 이후 2년 이상 경과하지 않은 직원을 선발할 수 없다.
○ 2017년 3월 인사 파견의 지원자 현황은 다음과 같다.

| 직원 | 직위 | 근무 부서 | 근무 평정 | 어학 능력 | 직전 인사 파견 시작 시점 |
|------|------|-----------|-----------|-----------|--------------------------|
| A | 과장 | 과학기술과 | 65 | 중 | 2013년 1월 |
| B | 과장 | 자치행정과 | 75 | 하 | 2014년 1월 |
| C | 팀장 | 과학기술과 | 90 | 중 | 2014년 7월 |
| D | 팀장 | 문화정책과 | 70 | 상 | 2013년 7월 |
| E | 팀장 | 문화정책과 | 75 | 중 | 2014년 1월 |
| F | - | 과학기술과 | 75 | 중 | 2014년 1월 |
| G | - | 자치행정과 | 80 | 하 | 2013년 7월 |

① A, D, F
② B, D, G
③ B, E, F
④ C, D, G
⑤ D, F, G

## 해설

선지를 활용하여 선발조건을 적용해 보면 다음과 같다.

1) 과장을 선발하는 경우 동일 부서에 근무하는 직원을 1명 이상 함께 선발한다.
 → A과장을 선발하는 경우 C와 F 중 1명 이상을 함께 선발한다.
 → B과장을 선발하는 경우 G를 함께 선발해야 한다.
 → 선지 ③ 제외

2) 동일 부서에 근무하는 2명 이상의 팀장을 선발할 수 없다.
 → D와 G를 함께 선발할 수 없다.

3) 과학기술과 직원을 1명 이상 선발한다.
 → A, C, F 중 1명 이상 선발한다.
 → 선지 ② 제외

4) 근무 평정이 70점 이상인 직원만을 선발한다.
 → 근무 평정이 65점인 A는 선발할 수 없다.
 → 선지 ① 제외

5) 어학 능력이 '하'인 직원을 선발한다면 어학 능력이 '상'인 직원도 선발한다.
 → B 또는 G를 선발한다면 D도 선발해야 한다.

6) 직전 인사 파견 기간이 종료된 이후 2년 이상 경과하지 않은 직원을 선발할 수 없다.
 → 2017년 3월 기준으로 직전 인사 파견 기간이 종료된 이후 2년 이상 경과하지 않은 직원을 선발할 수 없으므로, 2015년 3월 이전에 직전 인사 파견이 종료되었어야 한다. 이때 두 번째 동그라미 '인사 파견은 지원자 중 3명을 선발하여 1년간 이루어지고 파견 기간은 변경되지 않는다.'를 놓치지 않도록 주의해야 한다. C는 직전 인사 파견 종료 시점이 2015년 7월이기 때문에 선발될 수 없다.
 → 선지 ④ 제외

[정답] ⑤

**03** 다음 글과 <상황>을 근거로 판단할 때, 출장을 함께 갈 수 있는 직원들의 조합으로 가능한 것은?

19년 5급 가책형 31번

A은행 B지점에서는 3월 11일 회계감사 관련 서류 제출을 위해 본점으로 출장을 가야 한다. 08시 정각 출발이 확정되어 있으며, 출발 후 B지점에 복귀하기까지 총 8시간이 소요된다. 단, 비가 오는 경우 1시간이 추가로 소요된다.
○ 출장인원 중 한 명이 직접 운전하여야 하며, '운전면허 1종 보통' 소지자만 운전할 수 있다.
○ 출장시간에 사내 업무가 겹치는 경우에는 출장을 갈 수 없다.
○ 출장인원 중 부상자가 포함되어 있는 경우, 서류 박스 운반 지연으로 인해 30분이 추가로 소요된다.
○ 차장은 책임자로서 출장인원에 적어도 한 명 포함되어야 한다.
○ 주어진 조건 외에는 고려하지 않는다.

〈상 황〉

○ 3월 11일은 하루 종일 비가 온다.
○ 3월 11일 당직 근무는 17시 10분에 시작한다.

| 직원 | 직급 | 운전면허 | 건강상태 | 출장 당일 사내 업무 |
|---|---|---|---|---|
| 甲 | 차장 | 1종 보통 | 부상 | 없음 |
| 乙 | 차장 | 2종 보통 | 건강 | 17시 15분 계약업체 면담 |
| 丙 | 과장 | 없음 | 건강 | 17시 35분 고객 상담 |
| 丁 | 과장 | 1종 보통 | 건강 | 당직 근무 |
| 戊 | 대리 | 2종 보통 | 건강 | 없음 |

① 甲, 乙, 丙
② 甲, 丙, 丁
③ 乙, 丙, 戊
④ 乙, 丁, 戊
⑤ 丙, 丁, 戊

---

📝 **해설**

선지를 활용하여 출장을 함께 갈 수 있는 직원들의 조합을 찾아보면 다음과 같다.

1) 08시 정각 출발이 확정되어 있으며, 출발 후 B지점에 복귀하기까지 총 8시간이 소요된다. 단, 비가 오는 경우 1시간이 추가로 소요되어 17시에 종료된다.
→ 3월 11일은 하루 종일 비가 오므로, 총 9시간이 소요된다.

2) 출장인원 중 한 명이 직접 운전하여야 하며, '운전면허 1종 보통' 소지자만 운전할 수 있다.
→ 甲과 丁 중 한명은 반드시 포함되어야 한다.
→ 선지 ③ 제외

3) 출장시간에 사내 업무가 겹치는 경우에는 출장을 갈 수 없다.

4) 출장인원 중 부상자가 포함되어 있는 경우, 서류 박스 운반 지연으로 인해 30분이 추가로 소요된다.
→ 甲이 출장을 가면 30분 추가되어 17시 30분에 종료된다.
→ 甲은 乙 또는 丁과 함께 출장을 갈 수 없다.
→ 선지 ①, ② 제외

5) 차장은 책임자로서 출장인원에 적어도 한 명 포함되어야 한다.
→ 甲 또는 乙이 포함되어야 한다.
→ 선지 ⑤ 제외

[정답] ④

---

길쌤's Check

이상에서 살펴본 문제는 보기 ㄱ, ㄴ, …의 형태는 아니지만, 특히 예제 03은 발문에서 '출장을 함께 갈 수 있는 직원들의 조합으로 가능한 것은?'이라고 묻고 있다. 선지의 형태는 다음과 같다.
① 甲, 乙, 丙
② 甲, 丙, 丁
③ 乙, 丙, 戊
④ 乙, 丁, 戊
⑤ 丙, 丁, 戊

다섯 개의 선지 중에서 출장을 함께 갈 수 없는 직원들로 조합된 네 개의 선지가 있고, 출장을 함께 갈 수 없는 직원들로만 구성된 한 개의 선지가 있다는 점에서 선지를 구성하는 원리는 보기형의 방법과 동일하다. 이 경우에도 보기형을 해결하는 방식과 마찬가지로 선지를 활용하며 선지플레이를 하여 문제를 해결하면 보다 빠르고 정확한 문제 해결이 가능하다.

**01** 다음 글과 <사무용품 배분방법>을 근거로 판단할 때, 11월 1일 현재 甲기관의 직원 수는? 20년 7급(모의) 10번

> 甲기관은 사무용품 절약을 위해 <사무용품 배분방법>으로 한 달 동안 사용할 네 종류(A, B, C, D)의 사무용품을 매월 1일에 배분한다. 이에 따라 11월 1일에 네 종류의 사무용품을 모든 직원에게 배분하였다. 甲기관이 배분한 사무용품의 개수는 총 1,050개였다.

―――――――〈사무용품 배분방법〉―――――――

ㅇ A는 1인당 1개씩 배분한다.
ㅇ B는 2인당 1개씩 배분한다.
ㅇ C는 4인당 1개씩 배분한다.
ㅇ D는 8인당 1개씩 배분한다.

① 320명
② 400명
③ 480명
④ 560명
⑤ 640명

## 📝 해설

**방법 1**

직원 수를 $x$로 두면, A는 1인당 1개씩 배분하므로 총 $x$개, B는 2인당 1개씩 배분하므로 $(x/2)$개, C는 4인당 1개씩 배분하므로 $(x/4)$개, D는 8인당 1개씩 배분하므로 $(x/8)$개가 배분된다. 그리고 甲기관이 배분한 사무용품의 개수는 총 1,050개였다. 이를 식으로 나타내면 다음과 같다.

$x+(x/2)+(x/4)+(x/8)=1{,}050$
$\rightarrow (8x+4x+2x+x)/8=1{,}050$
$\rightarrow x=560$

따라서 11월 1일 현재 甲기관의 직원 수는 560명이다.

**방법 2**

A는 1인당 1개씩 배분되고, B는 2인당 1개씩 배분되고, C는 4인당 1개씩 배분되며, D는 8인당 1개씩 배분된다. 1인, 2인, 4인, 8인의 최소공배수가 8인이므로, 8인 단위로 묶어서 생각해 보면 편하다. 8인 기준으로 1인당 1개씩 배분되는 A는 8개, 2인당 1개씩 배분되는 B는 4개, 4인당 1개씩 배분되는 C는 2개, 8인당 1개씩 배분되는 D는 1개가 배분된다. 따라서 8인 기준으로 총 8+4+2+1=15개의 사무용품이 배분되는 셈이다. 이 정보를 활용해서 비례관계로 나타내면 8인:15개이다. 그런데 배분된 사무용품의 개수가 총 1,050개이다.

| 8인 | 15개 |
| --- | --- |
| | ↓ ×70 |
| ? | 1,050개 |

따라서 8인에도 똑같이 ×70배의 배율조정을 해주면, 현재 甲기업의 직원 수는 560명이다. 찾아낸 결과인 560명을 선지에서 선택하면 선지 ④이다.

[정답] ④

**02** 다음 <정렬 방법>을 근거로 판단할 때, <정렬 대상>에서 두 번째로 위치를 교환해야 하는 두 수로 옳은 것은?

15년 민경채 인책형 21번

─────────── 〈정렬 방법〉 ───────────

아래는 정렬되지 않은 여러 개의 서로 다른 수를 작은 것에서 큰 것 순으로 정렬하는 방법이다.

(1) 가로로 나열된 수 중 가장 오른쪽의 수를 피벗(pivot)이라 하며, 나열된 수에서 제외시킨다.

　　⑩ 나열된 수가 5, 3, 7, 1, 2, 6, 4라고 할 때, 4가 피벗이고 남은 수는 5, 3, 7, 1, 2, 6이다.

(2) 피벗보다 큰 수 중 가장 왼쪽의 수를 찾는다.

　　⑩ 5, 3, 7, 1, 2, 6에서는 5이다.

(3) 피벗보다 작은 수 중 가장 오른쪽의 수를 찾는다.

　　⑩ 5, 3, 7, 1, 2, 6에서는 2이다.

(4) (2)와 (3)에서 찾은 두 수의 위치를 교환한다.

　　⑩ 5와 2를 교환하여(첫 번째 위치 교환) 2, 3, 7, 1, 5, 6이 된다.

(5) 피벗보다 작은 모든 수가 피벗보다 큰 모든 수보다 왼쪽에 위치할 때까지 (2)~(4)의 과정을 반복한다.

　　⑩ 2, 3, 7, 1, 5, 6에서 7은 피벗 4보다 큰 수 중 가장 왼쪽의 수이며, 1은 피벗 4보다 작은 수 중 가장 오른쪽의 수이다. 이 두 수를 교환하면(두 번째 위치 교환) 2, 3, 1, 7, 5, 6이 되어, 피벗 4보다 작은 모든 수는 피벗 4보다 큰 모든 수보다 왼쪽에 있다.

　　　　　　　　　　⋮

　　　　　　　(후략)

─────────── 〈정렬 대상〉 ───────────

15, 22, 13, 27, 12, 10, 25, 20

① 15와 10
② 20과 13
③ 22와 10
④ 25와 20
⑤ 27과 12

---

**해설**

단계별 과정을 표로 정리하면 다음과 같다.

| 〈정렬대상〉 15, 22, 13, 27, 12, 10, 25, 20 | |
| --- | --- |
| 정렬 방법 | 결과 |
| (1) 가로로 나열된 수 중 가장 오른쪽의 수를 피벗(pivot)이라 하며, 나열된 수에서 제외시킨다. | 피벗: 20<br>15, 22, 13, 27, 12, 10, 25, 20 |
| (2) 피벗보다 큰 수 중 가장 왼쪽의 수를 찾는다. | 22 |
| (3) 피벗보다 작은 수 중 가장 오른쪽의 수를 찾는다. | 10 |
| (4) (2)와 (3)에서 찾은 두 수의 위치를 교환한다. | 15, 10, 13, 27, 12, 22, 25, 20 |
| (5) 피벗보다 작은 모든 수가 피벗보다 큰 모든 수보다 왼쪽에 위치할 때까지 (2)~(4)의 과정을 반복한다. | |
| (2) 피벗보다 큰 수 중 가장 왼쪽의 수를 찾는다. | 27 |
| (3) 피벗보다 작은 수 중 가장 오른쪽의 수를 찾는다. | 12 |
| (4) (2)와 (3)에서 찾은 두 수의 위치를 교환한다. | 15, 10, 13, 12, 27, 22, 25, 20 |

따라서 〈정렬 대상〉에서 두 번째로 위치를 교환해야 하는 두 수는 27과 12이다. 찾아낸 결과인 27과 12를 선지 중에서 선택하면 선지 ⑤이다.

[정답] ⑤

**03** 다음 글을 근거로 판단할 때, A~G에게 기내식을 제공하는 순서로 옳은 것은? 13년 외교관 인책형 31번

○ 기내식 종류별 제공 순서

1. 어린이식사를 가장 먼저 제공한다.
   ※ 어린이식사는 미리 주문한 사람에 한하여 제공하며, 어린이와 동승한 자의 식사도 함께 제공한다.
2. 특별식을 두 번째로 제공한다.
   ※ 특별식에는 채식, 저칼로리식, 저탄수화물식, 저염식이 있으며, 미리 주문한 사람에 한하여 제공한다.
3. 일반식을 마지막으로 제공한다. 순서는 다음과 같다. 기체의 가장 앞쪽과 가장 뒤쪽부터 중간쪽 방향으로 제공한다. 단, 같은 열에서는 창가에서 내측 방향으로 제공한다.

○ 탑승자 정보

A: 어린이와 동승했으며 어린이식사를 미리 주문하였다.
B: 특별식을 주문하지 않았으며, 동승한 친구는 자신이 먹을 채식을 미리 주문하였다.
C: 혼자 탑승하였으며 특별식을 주문하지 않았다.
D: 어린이와 동승하였으나 어린이식사를 주문하지 않았다.
E: 혼자 탑승하였으며 저칼로리식을 미리 주문하였다.
F: 성인인 친구와 동승하였으며 특별식을 주문하지 않았다.
G: 혼자 탑승하였으며 특별식을 주문하지 않았다.

○ 탑승자의 좌석 배치도

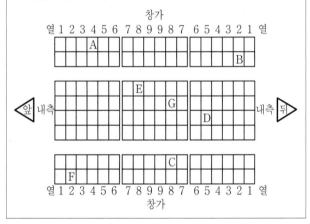

① A－B－E－F－D－C－G
② A－E－B－F－D－G－C
③ A－E－F－B－D－C－G
④ B－F－A－D－G－C－E
⑤ B－F－A－D－E－G－C

**04** 다음은 회전과 전진만이 가능한 로봇이 미로에서 목적지까지 길을 찾아가도록 구성한 <주행 알고리즘>이다. 미로는 4단위×4단위의 정방형 단위구역(cell) 16개로 구성되며 미로 중앙부에는 1단위구역 크기의 도착지점이 있다. 도착지점에 이르기 전 로봇은 각 단위구역과 단위구역 사이를 이동할 때 벽의 유무를 탐지하여 벽이 없음이 감지되는 방향으로 주행한다. 로봇은 아래 <주행 알고리즘>에서 주명령을 수행하고, 이에 따라 주행할 수 없을 때에만 보조명령을 따른다. <예시>에서 로봇이 A → B → C → B → A로 이동한다고 가정할 때, A에서 C로의 이동은 주명령에 의한 것이고 C에서 A로의 이동은 보조명령에 의한 것이다. 다음 중 출발지점을 출발한 로봇의 이동경로를 바르게 나타낸 것은?

08년 5급 창책형 17번

───────────〈주행 알고리즘〉───────────

○ 주명령: 현재 단위구역(cell)에서 로봇은 왼쪽, 앞쪽, 오른쪽 순으로 벽의 유무를 탐지하여 벽이 없음이 감지되는 방향의 단위구역을 과거에 주행한 기록이 없다면 해당 방향으로 한 단위구역만큼 주행한다.

○ 보조명령: 현재 단위구역에서 로봇이 왼쪽, 앞쪽, 오른쪽, 뒤쪽 순으로 벽의 유무를 탐지하여 벽이 없음이 감지되는 방향의 단위구역에 벽이 없음이 감지되는 방향과 반대 방향의 주행기록이 있을 경우에만, 로봇은 그 방향으로 한 단위구역만큼 주행한다.

───────────〈예　시〉───────────

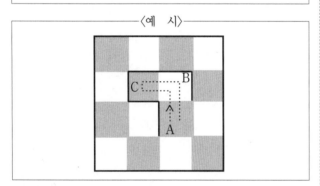

①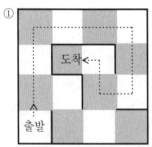

②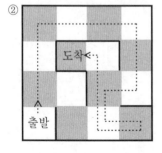

③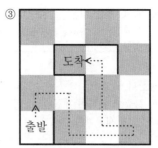

④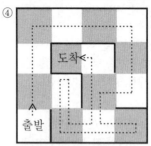

⑤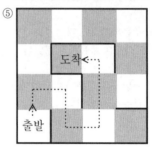

## 📝 해설

발문의 내용과 〈예시〉를 통해 〈주행 알고리즘〉을 이해한다. 보조명령은 주명령을 수행할 수 없을 때만 수행한다. 주명령과 보조명령은 과거 주행기록 유무, 보조명령은 뒤쪽까지 벽의 유무를 탐지한다는 점에서 차이가 있다. 그리고 〈예시〉를 통해 이해해보면 로봇의 주행방향을 기준으로 왼쪽, 앞쪽 등 방향을 판단한다.

출발지점부터 〈주행 알고리즘〉을 정확히 적용해 도착지점에 가는 이동경로를 확인해보면 된다. 이하부터는 주명령은 '주', 보조명령은 '보조'라고 표시하며 왼쪽, 앞쪽, 오른쪽, 뒤쪽을 각각 L, F, R, B라고 표시한다. 예를 들어 왼쪽에 벽이 없고 왼쪽에 과거 주행한 기록이 없어 주명령에 따라 주행하였다면 '주L'과 같이 표시한다.

1) 〈그림 1〉에서 화살표의 끝 지점으로 표시된 구역까지 '주F'에 따라 주행한다. 선지 ③, ⑤는 제거된다. 이하부터 그림에서 주명령에 따라 주행한 경우는 점선 화살표로, 보조명령에 따라 주행한 경우는 실선 화살표로 표시한다.

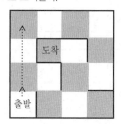

2) 〈그림 1〉의 화살표 끝 지점에서는 왼쪽, 앞쪽에 벽이 있고 오른쪽에는 벽이 없다. 따라서 화살표의 끝 지점으로 표시된 구역까지 '주R'에 따라 주행한다.

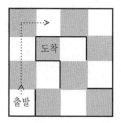

3) 〈그림 2〉의 화살표 끝 지점부터 각 구역을 '주F', '주F', '주R', '주F', '주R', '주L', '주L'에 따라 주행한다. 선지 ①은 제거된다.

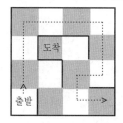

4) 〈그림 3〉의 화살표 끝 지점에서는 왼쪽, 앞쪽, 오른쪽 모두 벽이 있으므로 주명령에 따라 주행할 수 없다. 따라서 보조명령에 따라 뒤쪽에 벽이 없음이 감지되고, 뒤쪽 방향의 단위구역에 벽이 없음이 감지되는 방향과 반대 방향. 즉 〈그림 3〉의 화살표 끝 지점으로 온 주행기록이 있으므로 '보조B'에 따라 주행한다.

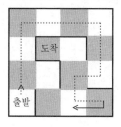

5) 이후 '주F', '주R'에 따라 화살표 끝 지점까지 이동한다. 선지 ②가 제거되고 정답은 ④임을 알 수 있다. 화살표의 끝 지점에서는 왼쪽에 벽이 없으나 과거의 주행기록이 있고, 앞쪽, 오른쪽은 벽이 있으므로 보조명령에 따라 주행하게 된다.

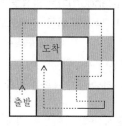

6) 정답은 확인했지만, 나머지 이동경로도 확인해보면 〈그림 5〉의 화살표 끝 지점부터 '보조B', '보조L', '보조', '주F', '주L'에 따라 주행한다.

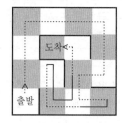

이 문제는 문제를 해결하는 과정에서 중간중간 선지를 적절하게 활용하면 보다 빠른 해결이 가능하다.

[정답] ④

**05** 차량탑승자 K는 <그림>과 같이 지점 '가'에서 '나'까지 점선을 따라 이동하며 휴대전화로 통화 중이다. CDMA 방식의 휴대전화는 이동 중에 기지국과 통신을 하며 다음 기지국으로 이동 시 통화가 원활히 이루어지도록 핸드오프(Handoff)라는 과정을 거친다. 아래 <조건> 하에서 지점 '가'에서 '나'까지 이동 시 핸드오프는 어떤 식으로 이루어지는가? 06년 5급 출책형 40번

───〈핸드오프의 종류〉───

ㅇ 핸드오프 1 (H1): 기지국 내 섹터 간 이동시 통화를 원활하게 유지시키기 위한 방식
ㅇ 핸드오프 2 (H2): 기지국 간 이동시 통화에 아무런 지장이 없도록 해주는 방식
ㅇ 핸드오프 3 (H3): 이동하려는 기지국 통화영역에 이미 동일한 주파수가 이용되고 있는 경우 극히 짧은 시간 동안 통화를 끊고 다른 주파수를 이용하는 방식

───〈조 건〉───

ㅇ K씨는 지점 '가'에서 주파수 F1을 사용하고 있다.
ㅇ 다른 휴대폰 사용자가 기지국 B의 섹터 a에서 주파수 F1을 사용 중이다.
ㅇ 동일 기지국 내에서는 동시에 같은 주파수를 사용할 수 없다.
ㅇ 각 기지국은 주파수 F1, F2, F3을 사용할 수 있다.
ㅇ 각 기지국에는 3개의 안테나가 있어 아래 그림처럼 3개의 섹터(a, b, c)를 120°씩 통신을 담당하고 있고, 원은 각 기지국의 서비스 범위를 의미한다.

〈그림〉 차량 탑승자 K의 이동경로

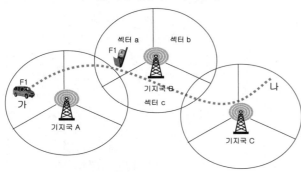

① H1 → H3 → H1 → H3 → H1
② H2 → H3 → H2 → H3 → H2
③ H1 → H3 → H1 → H2 → H1
④ H2 → H3 → H1 → H2 → H1
⑤ H1 → H2 → H1 → H2 → H1

---

📝 **해설**

각 핸드오프별로 핵심점인 내용을 정리해서 기억해야 한다. 주어진 핸드오프의 종류를 정리하면 다음과 같다.

| 핸드오프 1 (H1) | 기지국 내 섹터 간 이동 시 통화를 원활하게 유지시키기 위한 방식 |
| --- | --- |
| 핸드오프 2 (H2) | 기지국 간 이동시 통화에 아무런 지장이 없도록 해주는 방식 |
| 핸드오프 3 (H3) | 이동하려는 기지국 통화영역에 이미 동일한 주파수가 이용되고 있는 경우 극히 짧은 시간 동안 통화를 끊고 다른 주파수를 이용하는 방식 |

지점 '가'에서 '나'까지 이동하면서 총 5번의 이동을 하게 된다.

| 구분 | 상황 | 적용하는 핸드오프 종류 |
| --- | --- | --- |
| 첫 번째 이동 | 기지국 A 내 섹터 간 이동 | H1 |
| 두 번째 이동 | 기지국 A에서 기지국 B로 이동하되, 다른 휴대폰 사용자가 기지국 B의 섹터 a에서 주파수 F1을 사용 중 | H3 |
| 세 번째 이동 | 기지국 B 내 섹터 간 이동 | H1 |
| 네 번째 이동 | 기지국 B에서 기지국 C로 이동 | H2 |
| 다섯 번째 이동 | 기지국 C 내 섹터 간 이동 | H1 |

따라서 정답은 '③ H1 → H3 → H1 → H2 → H1'이다.

[정답] ③

**06** 다음 글을 근거로 판단할 때, 재생된 곡의 순서로 옳은 것은?

17년 민경채 나책형 24번

○ 찬우는 A, B, C, D 4개의 곡으로 구성된 앨범을 감상하고 있다. A는 1분 10초, B는 1분 20초, C는 1분 00초, D는 2분 10초간 재생되며, 각각의 곡 첫 30초는 전주 부분이다.
○ 재생순서는 처음에 설정하여 이후 변경되지 않으며, 찬우는 자신의 선호에 따라 곡당 1회씩 포함하여 설정하였다.
○ 한 곡의 재생이 끝나면 시차 없이 다음 곡이 자동적으로 재생된다.
○ 마지막 곡 재생이 끝나고 나면 첫 곡부터 다시 재생된다.
○ 모든 곡은 처음부터 끝까지 건너뛰지 않고 재생된다.
○ 찬우는 13시 20분 00초부터 첫 곡을 듣기 시작했다.
○ 13시 23분 00초에 C가 재생되고 있었다.
○ A를 듣고 있던 어느 한 시점부터 3분 00초가 되는 때에는 C가 재생되고 있었다.
○ 13시 45분 00초에 어떤 곡의 전주 부분이 재생되고 있었다.

① A – B – C – D
② B – A – C – D
③ C – A – D – B
④ D – C – A – B
⑤ D – C – B – A

### 📝 해설

실질적으로 주기를 따지는 데 필요한 조건만을 정리하면 다음과 같다.

1) 찬우는 A, B, C, D 4개의 곡을 감상하고 있다.
2) A는 1분 10초, B는 1분 20초, C는 1분 00초, D는 2분 10초간 재생된다.
3) 각각의 곡 첫 30초는 전주 부분이다.
4) 재생순서는 처음에 설정하여 이후 변경되지 않고, 곡 당 1회씩 감상한다.
5) 찬우는 13시 20분 00초부터 첫 곡을 듣기 시작했다.
6) 13시 23분 00초에 C가 재생되고 있었다.
7) A를 듣고 있던 어느 한 시점부터 3분 00초가 되는 때에는 C가 재생되고 있었다.
8) 13시 45분 00초에 어떤 곡의 전주 부분이 재생되고 있었다.

조건에 따를 때 A는 1분 10초, B는 1분 20초, C는 1분 00초, D는 2분 10초간 재생되므로 총 5분 40초의 패턴(=주기)이 반복된다.

#### 방법 1

조건 5), 6)에 따를 때 곡을 듣기 시작한 후 3분이 지난 시점에 C가 재생되고 있어야 한다. 각 곡의 길이를 짧은 것부터 정렬해 보면, C가 1분 00초, A가 1분 10초, B가 1분 20초, D가 2분 10초이다. 따라서 C가 재생되기 전

에 한 곡 또는 두 곡이 재생되었음을 알 수 있다. 이 조건에 따를 때 가능한 경우는 다음 네 가지이다.

• 한 곡이 재생된 경우
  1 D(2분 10초) – C(1분 00초) – A(1분 10초) – B(1분 20초)
  2 D(2분 10초) – C(1분 00초) – B(1분 20초) – A(1분 10초)
• 두 곡이 재생된 경우
  3 A(1분 10초) – B(1분 20초) – C(1분 00초) – D(2분 10초)
  4 B(1분 20초) – A(1분 10초) – C(1분 00초) – D(2분 10초)

이 중 1, 4는 A가 재생되는 어느 한 시점부터 3분이 지난 시점에는 D가 재생 중이므로 조건 7)을 충족시키지 못한다. 2, 3은 A가 재생되는 어느 한 시점부터 3분이 지난 시점에 C가 재생 중일 수 있다. 남은 2, 3 중 조건 8)을 충족시킬 수 있는 것은 2뿐이다. 4곡이 각 1회씩 재생되는 데 소요되는 시간은 5분 40초이다. 25째 되는 상황은 5분 40초가 4번 반복되고 2분 20초가 지난 시점이다. 2 또는 3의 순서로 재생될 때 2분 20초에 어떤 상황인지 보면, 3은 B의 1분 10초째가 재생되고 있으므로 전주 부분이 재생되지 않는다. 따라서 재생된 곡의 순서로 옳은 것은 'D – C – B – A'이다.

#### 방법 2

찬우가 첫 곡을 듣기 시작한 시각은 13시 20분 00초이고, 주어진 선지 중 옳지 못한 선지를 지울 수 있는 조건은 총 세 개가 있다.

• 제약조건 1) 13시 23분 00초에 C가 재생되고 있었다.
• 제약조건 2) A를 듣고 있던 어느 한 시점부터 3분 00초가 되는 때에는 C가 재생되고 있었다.
• 제약조건 3) 13시 45분 00초에 어떤 곡의 전주 부분이 재생되고 있었다.

제약 조건 1)에 따를 때 첫 곡을 듣기 시작한 시점부터 3분 뒤에 C가 재생되고 있어야 한다. 그리고 제약 조건 3)에 따를 때 첫 곡을 듣기 시작한 시점부터 25분 뒤인 13시 45분 00초에 어떤 곡의 전주 부분이 재생되고 있어야 한다. 첫 곡을 듣기 시작한 시점부터 25분 뒤는 '5분 40초×4번 반복+2분 20초'이다. 즉 2분 20초에 어떤 곡의 전주 부분이 재생되고 있어야 한다. 이 두 조건을 충족하는지 각 선지를 검토해 보면 다음과 같다.

| 구분 | 재생순서 | 3분 뒤 재생곡 | 2분 20초 뒤 재생 부분 |
| --- | --- | --- | --- |
| ① | A–B–C–D | C곡 | B곡, 70초(전주 X) |
| ② | B–A–C–D | C곡 | A곡, 60초(전주 X) |
| ③ | C–A–D–B | D곡 | D곡, 10초(전주 O) |
| ④ | D–C–A–B | C곡 | C곡, 10초(전주 O) |
| ⑤ | D–C–B–A | C곡 | C곡, 10초(전주 O) |

이에 따를 때, 3분 뒤 재생곡이 C곡이 아닌 선지 ③이 제외되고, 2분 20초 뒤 재생 부분이 재생되지 않는 선지 ①, ②가 지워지고 선지 ④, ⑤만 남게 된다.

제약조건 2)에 따를 때, A를 듣고 있던 어느 한 시점부터 3분 00초가 되는 때에는 C가 재생되고 있어야 하는데 'A–C' 또는 'C–A'처럼 C와 A가 연달아 재생된다면 이 조건을 충족할 수 없다. 또는 '④ D–C–A–B' 순이라면 A곡 재생이 끝난 다음부터 C곡이 재생되기까지는 B곡과 D곡이 재생되어야 하므로 3분 30초가 소요된다. A를 듣고 있던 어느 한 시점부터 3분 00초가 되는 때에 C가 재생될 가능성은 없다. 따라서 정답은 ⑤이다.

⑤의 경우 1분 10초짜리인 A곡 재생이 끝난 이후 D가 2분 10초간 재생되고 C가 1분 00초 동안 재생되므로 A를 듣고 있던 어느 한 시점부터 3분 00초가 되는 때에는 C가 재생되는 경우가 있다.

직접 재생된 곡의 순서를 찾아내는 것(방법 1)보다는 선지를 활용해서 푸는 것(방법 2)이 바람직하다.

[정답] ⑤

**07** 다음 글과 <표>를 근거로 판단할 때, 백설공주의 친구 7명 (A~G) 중 왕자의 부하는 누구인가?

17 민경채 나책형 22번

○ A~G 중 2명은 왕자의 부하이다.
○ B~F는 모두 20대이다.
○ A~G 중 가장 나이가 많은 사람은 왕자의 부하가 아니다.
○ A~G 중 여자보다 남자가 많다.
○ 왕자의 두 부하는 성별이 서로 다르고, 국적은 동일하다.

〈표〉

| 친구 | 나이 | 성별 | 국적 |
|------|------|------|------|
| A | 37살 | ? | 한국 |
| B | 28살 | ? | 한국 |
| C | 22살 | 여자 | 중국 |
| D | ? | 여자 | 일본 |
| E | ? | ? | 중국 |
| F | ? | ? | 한국 |
| G | 38살 | 여자 | 중국 |

① A, B
② B, F
③ C, E
④ D, F
⑤ E, G

## 해설

두 번째 조건을 통해 B~F는 모두 20대임을, 네 번째 조건을 통해 A, B, E, F는 남자임을 알 수 있다. 세 번째 조건에 따라 나이가 가장 많은 G, 다섯 번째 조건에 따라 국적이 홀로 일본인 D는 왕자의 부하가 될 수 없다. 이때 D와 G를 제외하면 여자는 C뿐이고, 다섯 번째 조건에서 두 부하의 성별이 다르다고 했으므로 부하 한 명은 C로 고정이 된다. 이에 따라 C와 성별은 다르지만 국적은 동일한 E가 나머지 한 명의 부하임을 알 수 있다.

[정답] ③

## 08 다음 글을 근거로 판단할 때, 甲이 구매하려는 두 상품의 무게로 옳은 것은?

21년 7급 나책형 8번

> ○○마트에서는 쌀 상품 A~D를 판매하고 있다. 상품 무게는 A가 가장 무겁고, B, C, D 순서대로 무게가 가볍다. 무게 측정을 위해 서로 다른 두 상품을 저울에 올린 결과, 각각 35kg, 39kg, 44kg, 45kg, 50kg, 54kg으로 측정되었다. 甲은 가장 무거운 상품과 가장 가벼운 상품을 제외하고 두 상품을 구매하기로 하였다.

※ 상품 무게(kg)의 값은 정수이다.

① 19kg, 25kg

② 19kg, 26kg

③ 20kg, 24kg

④ 21kg, 25kg

⑤ 22kg, 26kg

## 해설

선택지를 활용해서 풀어보면, 상품의 무게가 무거운 것부터 가벼운 순으로 A, B, C, D 순이고, 甲은 가장 무거운 상품과 가장 가벼운 상품을 제외하고 두 상품을 구매하기로 하였기 때문에 그중에서 B, C를 구매한다. 그리고 그 결과는 선택지 중에 있다. A, B, C, D 중 두 상품을 선택해서 함께 저울에 올린 결과는 각각 35kg, 39kg, 44kg, 45kg, 50kg, 54kg이므로 甲이 구매한 B, C를 함께 저울에 올린 결과도 이 중에 있어야 한다.

① 19kg+25kg=44kg으로 결과 중에 있다.

② 19kg+26kg=45kg으로 결과 중에 있다.

③ 20kg+24kg=44kg으로 결과 중에 있다.

④ 21kg+25kg=46kg으로 결과 중에 없다.

⑤ 22kg+26kg=48kg으로 결과 중에 없다.

따라서 선지 ④, ⑤가 제거된다.

A, B, C, D 중 두 상품을 선택해서 함께 저울에 올린 결과는 각각 35kg, 39kg, 44kg, 45kg, 50kg, 54kg인데 이 중 54kg이 가장 무거우므로 이는 상품 중에서 가장 무거운 두 개를 함께 저울에 올린 결과여야 한다. 반대로 결과 중 35kg이 가장 가벼우므로 이는 상품 중에서 가장 가벼운 두 개를 함께 저울에 올린 결과여야 한다. 따라서 A+B의 결과가 54가 되도록 A를 구하고, C+D의 결과가 35가 되도록 D를 구해보면 다음과 같다.

| 구분 | A+B=54 | | C+D=35 | |
|---|---|---|---|---|
| | A | B | C | D |
| ① | 29 | 25 | 19 | 16 |
| ② | 28 | 26 | 19 | 16 |
| ③ | 30 | 24 | 20 | 15 |

이 네 상품의 무게를 통해 그중 두 상품을 선택해서 함께 저울에 올린 결과가 각각 35kg, 39kg, 44kg, 45kg, 50kg, 54kg일 수 있는지 확인하면 선지 ①, ②가 제거된다. 따라서 甲이 구매하려는 두 상품의 무게는 20kg, 24kg이다.

[정답] ③

**09** 다음 글을 근거로 판단할 때, 올바른 우편번호의 첫자리와 끝자리 숫자의 합은?

20년 7급(모의) 13번

다섯 자리 자연수로 된 우편번호가 있다. 甲과 乙은 실수로 '올바른 우편번호'에 숫자 2를 하나 추가하여 여섯 자리로 표기하였다. 甲은 올바른 우편번호의 끝자리 뒤에 2를 추가하였고, 乙은 올바른 우편번호의 첫 자리 앞에 2를 추가하였다. 그 결과 甲이 잘못 표기한 우편번호 여섯 자리 수는 乙이 잘못 표기한 우편번호 여섯 자리 수의 3배가 되었다.

올바른 우편번호와 甲과 乙이 잘못 표기한 우편번호는 아래와 같다.

○ 올바른 우편번호: □□□□□
○ 甲이 잘못 표기한 우편번호: □□□□□②
○ 乙이 잘못 표기한 우편번호: ②□□□□□

① 11
② 12
③ 13
④ 14
⑤ 15

---

### 해설

다섯 자리 자연수로 된 올바른 우편번호가 ABCDE라고 하면, 甲은 올바른 우편번호의 끝자리 뒤에 2를 추가하였으므로 'ABCDE2'라고 실수한 셈이고, 乙은 올바른 우편번호의 첫 자리 앞에 2를 추가하였으므로 '2ABCDE'라고 실수한 셈이다. 그 결과 甲이 잘못 표기한 우편번호 여섯 자리 수 'ABCDE2'는 乙이 잘못 표기한 우편번호 여섯 자리 수 '2ABCDE'의 3배가 되었다.

| | 2 | A | B | C | D | E |
|---|---|---|---|---|---|---|
| × | | | | | | 3 |
| | A | B | C | D | 4 | 2 |

• E 자리의 확인
E×3을 한 결과의 끝자리가 2가 나와야 한다. 3의 배수 중 끝자리가 2인 수는 3×4=120므로 E는 4가 된다.

| | 2 | A | B | C | D(+1) | 4 |
|---|---|---|---|---|---|---|
| × | | | | | | 3 |
| | A | B | C | D | 4 | 2 |

• D 자리의 확인
D×3+1을 한 결과의 끝자리가 4가 나와야 하므로 D는 1이 된다.

| | 2 | A | B | C | 1 | 4 |
|---|---|---|---|---|---|---|
| × | | | | | | 3 |
| | A | B | C | 1 | 4 | 2 |

• C 자리의 확인
C×3을 한 결과의 끝자리가 1이 나와야 하므로 C는 7이 된다.

| | 2 | A | B(+2) | 7 | 1 | 4 |
|---|---|---|---|---|---|---|
| × | | | | | | 3 |
| | A | B | 7 | 1 | 4 | 2 |

• B 자리의 확인
B×3+2를 한 결과의 끝자리가 7이 나와야 하고, B×3을 한 결과의 끝자리는 5가 나와야 한다. 따라서 B는 5가 된다.

| | 2 | A(+1) | 5 | 7 | 1 | 4 |
|---|---|---|---|---|---|---|
| × | | | | | | 3 |
| | A | 5 | 7 | 1 | 4 | 2 |

• A 자리의 확인
A×3+1을 한 결과의 끝자리가 5가 나와야 한다. 따라서 A×3을 한 결과의 끝자리는 4가 나와야 하고 A는 8이 된다.

| | 2(+2) | 8 | 5 | 7 | 1 | 4 |
|---|---|---|---|---|---|---|
| × | | | | | | 3 |
| | 8 | 5 | 7 | 1 | 4 | 2 |

2×3+2=8이 되므로 찾아낸 올바른 우편번호 '85714'가 정확하다는 것을 확인할 수 있다. 따라서 올바른 우편번호의 첫 자리 숫자 '8'과 끝자리 숫자 '4'의 합은 12이다.

[정답] ②

## 10 다음 글을 근거로 판단할 때, B구역 청소를 하는 요일은?

19년 민경채 나책형 7번

甲레스토랑은 매주 1회 휴업일(수요일)을 제외하고 매일 영업한다. 甲레스토랑의 청소시간은 영업일 저녁 9시부터 10시까지이다. 이 시간에 A구역, B구역, C구역 중 하나를 청소한다. 청소의 효율성을 위하여 청소를 한 구역은 바로 다음 영업일에는 하지 않는다. 각 구역은 매주 다음과 같이 청소한다.
○ A구역 청소는 일주일에 1회 한다.
○ B구역 청소는 일주일에 2회 하되, B구역 청소를 한 후 영업일과 휴업일을 가리지 않고 이틀간은 B구역 청소를 하지 않는다.
○ C구역 청소는 일주일에 3회 하되, 그중 1회는 일요일에 한다.

① 월요일과 목요일
② 월요일과 금요일
③ 월요일과 토요일
④ 화요일과 금요일
⑤ 화요일과 토요일

### 📑 해설

甲레스토랑은 매주 1회 휴업일(수요일)을 제외하고 매일 영업한다고 했으므로 다음 주의 상황까지도 고려한다. 일주일 7일 중 휴업일인 수요일을 제외한 6일 동안 A구역 청소는 일주일에 1회, B구역 청소는 일주일에 2회, C구역 청소는 일주일에 3회를 하여 총 6회의 청소를 한다. 이때 청소를 하는 요일을 정할 때, 반영해야 하는 조건은 다음과 같다.

ⓐ 청소를 한 구역은 바로 다음 영업일에는 하지 않는다.
ⓑ B구역 청소를 한 후 영업일과 휴업일을 가리지 않고 이틀간은 B구역 청소를 하지 않는다.

ⓒ C구역 청소 3회 중 1회는 일요일에 한다.

조건 ⓒ에 따르면 일요일에는 C구역 청소가 확정되고, 나머지 월, 화, 목, 금, 토요일에 A구역 1회, B구역 2회, C구역 2회의 청소 요일을 정해야 한다.

| 일 | 월 | 화 | 수 | 목 | 금 | 토 |
|---|---|---|---|---|---|---|
| C |  |  | ✕ |  |  |  |

조건에 따라 직접 각 구역의 청소 요일을 확인해서 해결하는 것과 선지를 활용해서 해결하는 것이 가능하다.

**방법 1** 직접 해결

조건 ⓐ에 의해서 C구역은 일, 화, 금요일에 청소를 해야 한다. 이때 조건 ⓑ에 의해서 B구역은 월, 목요일에 청소하는 것이 확정된다.

| 일 | 월 | 화 | 수 | 목 | 금 | 토 |
|---|---|---|---|---|---|---|
| C | B | C | ✕ | B | C |  |

이에 따라 남은 토요일에 A구역을 청소한다.

| 일 | 월 | 화 | 수 | 목 | 금 | 토 |
|---|---|---|---|---|---|---|
| C | B | C | ✕ | B | C | A |

따라서 B구역 청소를 하는 요일은 월요일과 목요일이다.

**방법 2** 선지 활용

① B구역: 월요일과 목요일
B구역을 월, 목요일에 청소를 하면 아래와 같다.

| 일 | 월 | 화 | 수 | 목 | 금 | 토 |
|---|---|---|---|---|---|---|
| C | B |  | ✕ | B |  |  |

조건 ⓐ에 의해서 토요일에는 C구역 청소를 할 수 없으므로 화, 금요일에 C구역 청소를 하고, 남은 토요일에 A구역 청소를 하게 되면 조건에 위배되지 않게 청소 요일을 정할 수 있다.

② B구역: 월요일과 금요일

| 일 | 월 | 화 | 수 | 목 | 금 | 토 |
|---|---|---|---|---|---|---|
| C | B |  | ✕ |  | B |  |

일요일에 이미 C구역 청소를 했기 때문에 조건 ⓐ에 의해서 토요일은 C구역 청소를 할 수 없으므로 두 번의 청소를 화요일과 목요일에 해야 한다. 그러나 조건 ⓐ에 위배된다.

③ B구역: 월요일과 토요일

| 일 | 월 | 화 | 수 | 목 | 금 | 토 |
|---|---|---|---|---|---|---|
| C | B |  | ✕ |  |  | B |

B구역을 월요일과 토요일에 청소한다는 것은 조건 ⓑ에 위배된다.

④ B구역: 화요일과 금요일

| 일 | 월 | 화 | 수 | 목 | 금 | 토 |
|---|---|---|---|---|---|---|
| C |  | B | ✕ |  | B |  |

일요일에 이미 C구역 청소를 했기 때문에 조건 ⓐ에 의해서 월요일과 토요일은 C구역 청소를 할 수 없다. 이에 따라 청소는 두 번 남았으나 청소를 할 수 있는 요일은 목요일 한 번뿐이므로 조건에 위배된다.

⑤ B구역: 화요일과 토요일

| 일 | 월 | 화 | 수 | 목 | 금 | 토 |
|---|---|---|---|---|---|---|
| C |  | B | ✕ |  |  | B |

일요일에 이미 C구역 청소를 했기 때문에 조건 ⓐ에 의해서 월요일은 C구역 청소를 할 수 없으므로 두 번의 청소를 목요일과 금요일에 해야 한다. 그러나 조건 ⓐ에 위배된다.

[정답] ①

**11** 다음 글을 근거로 판단할 때, 김과장이 단식을 시작한 첫 주 월요일부터 일요일까지 한 끼만 먹은 요일(끼니때)은?

14년 5급 A책형 17번

> 김과장은 건강상의 이유로 간헐적 단식을 시작하기로 했다. 김과장이 선택한 간헐적 단식 방법은 [i]월요일부터 일요일까지 일주일 중에 2일을 선택하여 아침 혹은 저녁 한 끼 식사만 하는 것이다. 단, [ii]단식을 하는 날 전후로 각각 최소 2일간은 정상적으로 세 끼 식사를 하고, 업무상의 식사 약속을 고려하여 [iii]단식일과 방법을 유동적으로 결정하기로 했다. 또한 [iv]단식을 하는 날 이외에는 항상 세 끼 식사를 한다.
> 간헐적 단식 2주째인 김과장은 그동안 단식을 했던 날짜를 기록해두기 위해 아래와 같이 최근 식사와 관련된 기억을 떠올렸다.
> ○ [v]2주차 월요일에는 단식을 했다.
> ○ [vi]지난주에 먹은 아침식사 횟수와 저녁식사 횟수가 같다.
> ○ [vii]지난주 월요일, 수요일, 금요일에는 조찬회의에 참석하여 아침식사를 했다.
> ○ [viii]지난주 목요일에는 업무약속이 있어서 점심식사를 했다.

① 월요일(저녁), 목요일(저녁)
② 화요일(아침), 금요일(아침)
③ 화요일(아침), 금요일(저녁)
④ 화요일(저녁), 금요일(아침)
⑤ 화요일(저녁), 토요일(아침)

### 📝 해설

발문에서는 김과장이 첫 주에 먹은 사항에 대해서 묻고 있고 조건 vi)~viii)의 '지난주'는 단식을 시작한 첫 주를 말한다. 주어진 조건 i)~viii)에 유의해가면서 첫 주의 상황을 정리해본다.

조건 v)에서 2주차 월요일에는 단식을 했다고 하고, 조건 ii)에서 단식을 하는 날 전후로 각각 최소 2일간은 정상적으로 세 끼 식사를 하였다고 하였으므로 첫 주 토요일, 일요일은 정상적으로 식사를 한 날이 된다(ⓐ). 아래와 같이 표로 나타낼 수 있다.

| 첫 주 | 월 | 화 | 수 | 목 | 금 | 토 | 일 | 계 |
|---|---|---|---|---|---|---|---|---|
| 아침 | | | | | | ○ | ○ | |
| 점심 | | | | | | ○ | ○ | |
| 저녁 | | | | | | ○ | ○ | |
| 비교 | | | | | | 정상 | 정상 | |

간헐적 단식 이전에 정상적으로 식사를 하고 있었다고 해도 조건 ii)에 의하면 단식을 하는 날 전후로 각각 최소 2일간은 정상적으로 세 끼 식사를 하므로 첫 주 월~금요일 중 단식을 한 날은 최대 2회이다. 여기에 조건 vi)에 따르면 아침식사 횟수와 저녁식사 횟수가 같다고 하고 조건 i)에 의하면 단식은 아침 혹은 저녁 식사만 하는 것이므로 첫 주에 2회 단식을 하였고 하루는 아침 식사만, 또 다른 하루는 저녁 식사만 했다는 것을 알 수 있다(ⓑ). 여기에 조건 vii), viii)의 내용을 반영하면 다음과 같다.

| 첫 주 | 월 | 화 | 수 | 목 | 금 | 토 | 일 | 계 |
|---|---|---|---|---|---|---|---|---|
| 아침 | ○ | | ○ | | ○ | ○ | ○ | 6회 |
| 점심 | | | | ○ | | ○ | ○ | 5회 |
| 저녁 | | | | | | ○ | ○ | 6회 |
| 비교 | | | | | | 정상 | 정상 | |

조건 i)에서 단식은 아침 혹은 저녁 한 끼 식사만 하는 것이므로 조건 viii)과 같이 점심식사를 한 목요일은 단식을 하지 않은 날이다. 월, 수, 금요일은 모두 아침을 먹었다면 저녁 식사만 한 날은 화요일이다(ⓒ).

| 첫 주 | 월 | 화 | 수 | 목 | 금 | 토 | 일 | 계 |
|---|---|---|---|---|---|---|---|---|
| 아침 | ○ | × | ○ | | ○ | ○ | ○ | 6회 |
| 점심 | | × | | ○ | | ○ | ○ | 5회 |
| 저녁 | | ○ | | | | ○ | ○ | 6회 |
| 비교 | | 단식 | | 정상 | | 정상 | 정상 | |

조건 ii)에 의하면 단식하는 날 전후로 각각 최소 2일간은 정상적으로 세 끼 식사를 한다고 하므로 월, 수요일은 정상적인 식사를 한 날이다. 따라서 아침 식사만 한 날은 금요일이다.

| 첫 주 | 월 | 화 | 수 | 목 | 금 | 토 | 일 | 계 |
|---|---|---|---|---|---|---|---|---|
| 아침 | ○ | × | ○ | | ○ | ○ | ○ | 6회 |
| 점심 | ○ | × | ○ | | × | ○ | ○ | 5회 |
| 저녁 | ○ | ○ | ○ | | × | ○ | ○ | 6회 |
| 비교 | 정상 | 단식 | 정상 | 정상 | 단식 | 정상 | 정상 | |

따라서 김과장이 단식을 시작한 첫 주 월요일부터 일요일까지 한 끼만 먹은 요일(끼니때)은 화요일(저녁), 금요일(아침)이다.

해설의 ⓐ 부분에서 토요일에 아침만 먹었다고 하고 있으므로 선지 ⑤는 제거 가능하다. 해설의 ⓑ 부분에서 선지 ①은 모두 저녁, 선지 ②는 모두 아침에 단식하고 있다고 하고 있으므로 제거 가능하다. 마지막으로 해설의 ⓒ 부분에서 저녁 식사만 한 날은 화요일이므로 선지 ③도 제거 가능하다. 표를 끝까지 완성할 필요 없이 정답을 찾을 수 있다.

[정답] ④

### 🏷 길쌤's Check

이상에서 살펴본 문제는 모두 직접 해결한 후 그와 동일한 결과를 선지에서 정답으로 고르는 것이 아니라, 해결의 처음부터 이 선지가 정답이 될 수 있는지를 확인하는 식으로 해결할 때 더 빠르고 정확한 해결이 가능하다. 우리가 보는 시험은 객관식 시험이고 배점이 동일하다는 점을 잊지 말자!

선지를 잘 활용해서 문제를 푸는 것이 중요하고 어려운 문제는 잘 넘겨가면서 푸는 것이 필요하다.

# Ⅱ. 하나의 선지 활용

선지 하나하나를 활용하여 문제를 해결하는 방법을 연습해 보자. 먼저 자신의 방식대로 다음의 예제를 해결해 보자. 자신의 방식과 교재를 통해 새로 배울 스킬을 사용한 방식을 비교해 보고, 새로운 스킬을 적용했을 때 기존의 방식보다 문제 해결시간이 빨라진다는 것을 알아야 스킬을 체화하려고 노력하게 된다.

## 1 선지 제거

**01** 교육과학기술부, 행정안전부, 보건복지가족부, 농림수산식품부, 외교통상부 및 국방부에 대한 국정감사 순서를 정할 때 아래 <조건>을 충족하여야 한다. 다음 중 국정감사 순서로 옳은 것은?

10년 입법 가책형 37번

〈 조 건 〉
○ 행정안전부에 대한 감사는 농림수산식품부 또는 외교통상부 중 어느 한 부서에 대한 감사보다 먼저 시작되어야 한다.
○ 국방부에 대한 감사는 보건복지가족부나 농림수산식품부에 대한 감사보다 늦게 시작될 수는 있으나, 외교통상부에 대한 감사보다 나중에 시작될 수 없다.
○ 교육과학기술부에 대한 감사는 아무리 늦어도 보건복지가족부 또는 농림수산식품부 중 적어도 어느 한 부서에 대한 감사보다는 먼저 시작되어야 한다.

① 보건복지가족 – 행정안전 – 국방 – 외교통상 – 농림수산식품 – 교육과학기술
② 외교통상 – 보건복지가족 – 행정안전 – 교육과학기술 – 국방 – 농림수산식품
③ 농림수산식품 – 교육과학기술 – 행정안전 – 외교통상 – 국방 – 보건복지가족
④ 행정안전 – 보건복지가족 – 교육과학기술 – 국방 – 외교통상 – 농림수산식품
⑤ 교육과학기술 – 보건복지가족 – 외교통상 – 행정안전 – 농림수산식품 – 국방

### 📝 해설

이 문제를 가장 빠르고 정확하게 풀 수 있는 방법은 선지를 활용하는 것이다. 직접 해결을 통해 정답을 찾아내는 것은 느린 방법이다.

**방법 1**

'행정안전부에 대한 감사는 농림수산식품부 또는 외교통상부 중 어느 한 부서에 대한 감사보다 먼저 시작되어야 한다.'는 첫 번째 조건에서 행정안전부에 대한 감사가 농림수산식품부와 외교통상부 두 부서에 대한 감사보다 늦게 시작될 수 없다는 제약조건을 찾아낼 수 있다. 이 조건에 위배되는 선지가 없으므로 넘어간다.

〈조건〉의 첫 번째 동그라미부터 각각 1)~3)이라고 한다. 각 조건에 선지가 부합하는지 판단해본다. 이하에서는 각 부서를 간단하게 '교육', '행정', '보건', '농림', '국방'이라고 한다.

1)에 따르면 '농림', '외교' 두 부서 모두 '행정'보다 국정감사가 먼저 시작되는 선지를 제거할 수 있다. 그러나 이에 해당하는 선지는 없다. 2)에 따르면 '국방'에 대한 국정감사가 '외교'보다 먼저 시작되어야 한다. 선지 ②, ③, ⑤는 제거된다. 3)에 따르면 '보건', '농림' 두 부서 모두 '교육'보다 국정감사가 먼저 시작되는 선지를 제거할 수 있다. 선지 ①은 제거된다. 정답은 ④이다.

2)에서 '늦게 시작될 수는 있으나'라는 표현은 될 수도 있지만 반드시 그렇다는 것은 아니다. 단정적인 표현이 아니므로 선지를 가리는 판단기준이 되기는 어렵다.

**방법 2**

지문의 〈조건〉을 다음과 같이 정리할 수도 있다.

1) (행정<농림) 또는 (행정<외교)
2) 국방<외교
3) (교육<보건) 또는 (교육<농림)

이렇게 정리한 상황에서 조건이 더 주어진다면 각 부서 간의 국정감사 순서를 확정할 수도 있다. 또는 국정감사 순서의 일부를 물어본다면 위와 같이 정리한 상황에서 판단하여야 한다. 그러나 주어진 조건만으로 부서 간의 전반적인 순서가 확정되지 않는 상황에서 전체 6개 부서의 국정감사 순서를 물어보았으므로 선지를 이용해 정답만 가려낸 것이다.

'국방부에 대한 감사는 보건복지가족부나 농림수산식품부에 대한 감사보다 늦게 시작될 수는 있으나, 외교통상부에 대한 감사보다 나중에 시작될 수 없다.'는 두 번째 조건에서 국방부에 대한 감사가 외교통상부에 대한 감사보다 나중에 시작될 수 없으므로, 나중에 시작된 선지인 선지 ②, ③, ⑤ 세 개를 제거할 수 있다.

마지막 조건인 '교육과학기술부에 대한 감사는 아무리 늦어도 보건복지가족부 또는 농림수산식품부 중 적어도 어느 한 부서에 대한 감사보다는 먼저 시작되어야 한다.'는 조건에서 첫 번째 조건과 마찬가지 방법으로 교육과학기술부에 대한 감사가 보건복지가족부와 농림수산식품부 두 부서의 감사보다 늦게 시작된 선지 ①을 제거하고 나면 선지 ④를 답으로 골라낼 수 있다.

[정답] ④

### 길쌤's Check

정답인 한 개의 선지와 달리 나머지 네 개의 선지가 오답인 이유는 문제에서 주어진 조건을 충족하지 못하기 때문이다. 주어진 조건을 모두 따랐을 때 조건을 모두 충족하여 도출되는 결과가 한 개의 정답이 되는 것이다. 앞서 선택형에서 풀어본 문제 대부분이 이 스킬을 활용했어야 하는 문제이다. 직접 해결하는 것이 아니라 조건에 위배되는 선지를 제거하는 식으로 문제를 해결하는 것이 가능하다.

**01** 다음 글을 근거로 판단할 때, 우수부서 수와 기념품 구입 개수를 옳게 짝지은 것은? 20년 5급 나책형 27번

> A기관은 탁월한 업무 성과로 포상금 5,000만 원을 지급받았다. 〈포상금 사용기준〉은 다음과 같다.
>
> 〈포상금 사용기준〉
> ○ 포상금의 40% 이상은 반드시 각 부서에 현금으로 배분한다.
>   – 전체 15개 부서를 우수부서와 보통부서 두 그룹으로 나누어 우수부서에 150만 원, 보통부서에 100만 원을 현금으로 배분한다.
>   – 우수부서는 최소한으로 선정한다.
> ○ 포상금 중 2,900만 원은 직원 복지 시설을 확충하는 데 사용한다.
> ○ 직원 복지 시설을 확충하고 부서별로 현금을 배분한 후 남은 금액을 모두 사용하여 개당 1만 원의 기념품을 구입한다.

| | 우수부서 수 | 기념품 구입 개수 |
|---|---|---|
| ① | 9개 | 100개 |
| ② | 19개 | 150개 |
| ③ | 10개 | 100개 |
| ④ | 10개 | 150개 |
| ⑤ | 11개 | 50개 |

### 📑 해설

이 문제는 일반적으로 선지를 활용하는 방법을 사용했을 때 가장 간단하고 빠른 해결이 가능하다. 즉, 빠른 해결을 위해 선지를 적절하게 활용할 수 있어야 한다. 주어진 조건에 따를 때 기념품 구입에 사용할 수 있는 포상금이 최대 100만 원이므로 기념품 구입 개수가 100개를 넘을 수는 없다. 따라서 선지 ②, ④는 정답으로 불가능하다. 우수부서 수 혼자 11개인 선지 ⑤가 답이 될 가능성이 낮으므로 선지 ⑤도 제외하고 나면 대략 1/2=50%의 확률로 찍는 것도 가능하다.

**방법 1** 방정식의 활용

부서에 배분되는 현금은 최소 2,000만 원에서 최대 2,100만 원이 됨을 알 수 있다. 이때 우수부서의 수는 최소가 되어야 한다. 전체 15개 부서가 우수부터 또는 보통부서로 구분되므로, 우수부서의 수를 $x$라 하면 보통부서의 수는 $(15-x)$가 된다. 이를 종합해서 공식을 세워 보면 다음과 같다.

2,000만 원(=5,000만 원×40%) ≤ (150만 원×$x$)+100만 원×$(15-x)$ ≤ 2,100만 원

이를 충족하는 $x$의 범위는 10 ≤ $x$ ≤ 12이고, 우수부서의 수는 최솟값인 10개, 보통부서의 수는 나머지 5개가 된다. 부서에 배분되는 현금은 150×10+100×5=2,000만 원이다. 따라서 남은 100만 원을 모두 사용하여 개당 1만 원의 기념품을 구입하면 100개를 구입 가능하고, 정답은 ③이다.

**방법 2** 150만 원 ↔ 100만 원의 대체

전체 15개 부서가 전부 우수부서라면 각 부서에 현금처럼 배분되는 금액은 150만 원×15개=2,250만 원이고, 이후 우수부서 수가 하나 줄고(-150

만 원), 대신 보통부서 수가 하나 늘어날 때마다(+100만 원) 총 지급금액은 −50만 원이 된다.

전체 15개 부서 중 150만 원을 지급해야 하는 우수부서 수를 최소한으로 선정하는 경우 부서에 배분되는 금액이 최소로 줄어들 것이므로, 우수부서 수가 적고 보통부서 수가 많아야 포상금의 40% 이상인 2,000만 원에 맞춰질 것이다. 따라서 (15개, 2,250만 원)에서 우수부서 수가 5개 줄어서 10개여야 −250만 원이 되고 부서에 배분되는 금액은 최소 기준인 2,000만 원에 맞춰질 것이다.

| | 우수부서 수 + 보통부서 수 =15개 | | | | | | |
|---|---|---|---|---|---|---|---|
| 우수부서 수 (150만 원) | 15개 | 14개 | 13개 | ⋯ | 2개 | 1개 | 0개 |
| 보통부서 수 (100만 원) | 0개 | 1개 | 2개 | ⋯ | 13개 | 14개 | 15개 |
| 배분 금액 (만 원) | 2,250 | 2,200 | 2,150 | ⋯ | 1,600 | 1,550 | 1,500 |

반대로 전체 15개 부서 모두 100만 원을 지급하는 보통부서일 때를 가정하여 1,500만 원에서 시작한 후 보통부서 수가 하나 줄 때마다(−100만 원), 우수부서 수가 하나 늘어난다고(+150만 원) 보는 것도 가능하다. 그렇다면 우수부서 수가 하나 늘어날 때마다 +50만 원이 되고, 포상금의 40% 이상(=2,000만 원에) 맞추기 위해서는 1,500만 원에서 +500만원이 되어야 하고, 우수부서는 +10개(=+50×10개)가 된다.

**방법 3** 선지의 활용

복지시설 확충에 2,900만 원을 사용하는 것은 고정이므로, 남은 2,100만 원의 포상금을 어떻게 사용할지를 결정해야 한다. 선지를 활용하여 검토하되, 우수부서 수는 최소가 되어야 하므로, 9개로 가장 작은 값인 선지 ① 또는 ②가 될 수 있는지부터 검토하는 것이 바람직하다.

1) 선지 ①, ② 검토: 우수부서 수가 9개 일 때(=보통부서 수는 6개)
  현금 배분을 계산해 보면 (150×9)+(100×6)=1,950만 원이다.
  이는 포상금의 40% 이상은 반드시 각 부서에 현금으로 배분한다는 조건에 위배되므로, 불가능하다.

2) 선지 ③, ④ 검토: 우수부서 수가 10개일 때(=보통부서 수는 5개)
  (1) 현금 배분을 계산해 보면 (150×10)+(100×5)=2,000만 원이다.
  (2) 남은 100만 원으로 개당 1만원의 기념품을 구입하므로 총 100개의 기념품을 구입할 수 있다.

**방법 4** 방법 2+방법 4+비율 처리

전체 15개 부서 중 우수부서 수를 최소로 하면, 보통부서의 수가 최대가 되고, 각 부서에 현금처럼 배분되는 금액은 앞에서 살펴본 바와 같이 최소가 된다.

만약 선지 ①, ②를 검토한다고 하면, 우수부서 수가 9개라고 했으므로 보통부서 수는 6개가 된다. 이때 배분되는 금액이 2,000만 원이 되는지를 확인하면 된다.

(9개×150만 원)+(6개×100만 원)=2,000만 원

여기에 비율 처리를 하면 계산이 쉬워진다. 전부 다 100으로 나누었다고 생각해 보자. 그렇다면 (9×1.5)+(6×1)=20이 되는지 검토하면 된다. 그런데 (9×1.5)+(6×1)=19.50이므로 선지 ①, ②는 답이 될 수 없다.

이후 선지 ③, ④의 우수부서 10개를 대입해서 위와 같이 따져보면 20이 정확히 맞고, 이때 기념품 구입개수는 100개가 되므로 정답은 ③이다.

[정답] ③

**02** 다음 글을 근거로 판단할 때, '친구 단위'로 입장한 사람의 수와 '가족 단위'로 입장한 사람의 수를 옳게 짝지은 것은?

21년 5급 가책형 26번

A놀이공원은 2명의 친구 단위 또는 4명의 가족 단위로만 입장이 가능하다. 발권기계는 2명의 친구 단위 또는 4명의 가족 단위당 1장의 표를 발권한다. 놀이공원의 입장객은 총 158명이며, 모두 50장의 표가 발권되었다.

| | '친구 단위'로 입장한 사람의 수 | '가족 단위'로 입장한 사람의 수 |
|---|---|---|
| ① | 30 | 128 |
| ② | 34 | 124 |
| ③ | 38 | 120 |
| ④ | 42 | 116 |
| ⑤ | 46 | 112 |

## 해설

조건을 정리해 보면 A놀이공원은

| 2명의 친구 단위 또는 4명의 가족 단위 | 로만 입장이 가능하다. |
|---|---|
| | 당 1장의 표를 발권한다. |

놀이공원의 입장객은 총 158명이며, 모두 50장의 표가 발권되었다.

이 문제 역시도 앞서 살펴본 예제 01과 동일하게 방정식을 활용한 정석적 풀이, 2명 ↔ 4명의 대체 등의 여러 방법으로 해결 가능하다. 그중 선지를 활용한 방법으로 빠른 해결을 연습해 보자.

1장의 표로 2명의 친구 단위가 입장하므로 예를 들어 30명이 친구 단위로 입장했다면 발권된 표는 총 15장이 된다. 1장의 표로 4명의 가족 단위가 입장하므로 128명이 가족 단위로 입장했다면 발권된 표는 32장이 된다. 주어진 선지에 따를 때 발권된 표 장수를 구해보면 다음과 같다.

| | 친구 단위로 입장한 사람의 수 | 표 수 | 친구 단위로 입장한 사람의 수 | 표 수 | 총 표수 |
|---|---|---|---|---|---|
| ① | 30 | 15 | 128 | 32 | 47 |
| ② | 34 | 17 | 124 | 31 | 48 |
| ③ | 38 | 19 | 120 | 30 | 49 |
| ④ | 42 | 21 | 116 | 29 | 50 |
| ⑤ | 46 | 23 | 112 | 28 | 51 |

따라서 총 표수가 50장이 되는 ④가 정답이 된다.

[정답] ④

**03** 다음 <상황>을 근거로 판단할 때, 준석이가 가장 많은 식물을 재배할 수 있는 온도와 상품가치의 총합이 가장 큰 온도는? (단, 주어진 조건 외에 다른 조건은 고려하지 않는다)

17년 민경채 나책형 08번

─── ⟨상 황⟩ ───

○ 준석이는 같은 온실에서 5가지 식물(A~E)을 하나씩 동시에 재배하고자 한다.
○ A~E의 재배가능 온도와 각각의 상품가치는 다음과 같다.

| 식물 종류 | 재배가능 온도(℃) | 상품가치(원) |
|---|---|---|
| A | 0 이상 20 이하 | 10,000 |
| B | 5 이상 15 이하 | 25,000 |
| C | 25 이상 55 이하 | 50,000 |
| D | 15 이상 30 이하 | 15,000 |
| E | 15 이상 25 이하 | 35,000 |

○ 준석이는 온도만 조절할 수 있으며, 식물의 상품가치를 결정하는 유일한 것은 온도이다.
○ 온실의 온도는 0℃를 기준으로 5℃ 간격으로 조절할 수 있고, 한 번 설정하면 변경할 수 없다.

| | 가장 많은 식물을 재배할 수 있는 온도 | '가족 단위'로 입장한 사람의 수 |
|---|---|---|
| ① | 15℃ | 15℃ |
| ② | 15℃ | 20℃ |
| ③ | 15℃ | 25℃ |
| ④ | 20℃ | 20℃ |
| ⑤ | 20℃ | 25℃ |

## 04 다음 〈상황〉을 근거로 판단할 때, 짜장면 1그릇의 가격은?

17 민경채 나책형 21번

─〈상 황〉─

o A중식당의 각 테이블별 주문 내역과 그 총액은 아래 〈표〉와 같다.

o 각 테이블에서는 음식을 주문 내역별로 1그릇씩 주문하였다.

〈표〉

| 테이블 | 주문 내역 | 총액(원) |
|---|---|---|
| 1 | 짜장면, 탕수육 | 17,000 |
| 2 | 짬뽕, 깐풍기 | 20,000 |
| 3 | 짜장면, 볶음밥 | 14,000 |
| 4 | 짬뽕, 탕수육 | 18,000 |
| 5 | 볶음밥, 깐풍기 | 21,000 |

① 4,000원

② 5,000원

③ 6,000원

④ 7,000원

⑤ 8,000원

## 📝 해설

각 테이블별 주문 내역과 그에 따른 총액이 주어져 있다. 이를 토대로 짜장면 1그릇의 가격을 찾아내야 한다. 짜장면 1그릇의 가격을 구하는 방법이 여러 가지가 있다. 자신에게 맞는 가장 빠르고 정확한 방법을 연습해 두도록 하자.

**방법 1** 공식 도출

계산을 간단하게 하기 위해 각 음식의 첫 글자만 쓰고, 천 원 단위까지만 유효자리로 나타내보면 다음과 같다.

$$짜+탕=17 \cdots 식Ⓐ$$
$$짬+깐=20 \cdots 식Ⓑ$$
$$짜+볶=14 \cdots 식Ⓒ$$
$$짬+탕=18 \cdots 식Ⓓ$$
$$볶+깐=21 \cdots 식Ⓔ$$

이때 5개의 테이블에서 총 10개의 음식이 주문되었는데, 5개의 음식이 모두 두 번씩 주문되었음을 알 수 있다. 따라서 식을 모두 더하면 다음과 같다.

$$2(짜+탕+짬+깐+볶)=90$$
$$짜+탕+짬+깐+볶=45$$

구해야 하는 것은 짜장면 1그릇의 가격이다.

┌─────────────────────────────┐
| 짜 + 탕 + 짬 + 깐 + 볶 = 45 |
|     식Ⓓ=18       식Ⓔ=21    |
└─────────────────────────────┘

따라서 짜장면의 가격은 45−(18+21)=6이다.

**방법 2** 식 간 비교

공통인 음식을 바탕으로 차이값을 보는 방법이다.

식Ⓐ와 식Ⓓ는 '탕'이 공통이므로 '짜+1=짬'임을 알 수 있다.
식Ⓑ와 식Ⓒ는 '깐'이 공통이므로 '짬+1=볶'임을 알 수 있다.

이를 종합하면 '짜+2=볶'이다. 이를 식Ⓒ에 대입하면 짜장면의 가격은 6,000원이다.

**방법 3** 선지 대입

짜장면이 6이라고 하면 짜+탕=17 ⋯ 식Ⓐ에서 '탕'은 11,
'탕'이 11이라고 하면 짬+탕=18 ⋯ 식Ⓓ에서 '짬'은 7,
'짬'이 7이라고 하면 짬+깐=20 ⋯ 식Ⓑ에서 '깐'은 13,
'깐'이 13이라고 하면 볶+깐=21 ⋯ 식Ⓔ에서 '볶'이 8이다.

'짜'가 6임을 가정했을 때 '볶'은 8이 되는데 이 경우 짜+볶=14 ⋯ 식Ⓒ도 충족한다. 따라서 짜장면의 가격은 6,000원이다.

[정답] ③

─ **길쌤's Check** ─

이상에서 살펴본 네 문제 모두 선지를 활용하여 빠르게 정답을 구할 수 있다는 공통점이 있다. 직접 해결하여 정답을 찾아낸 후 선지 중에 고르는 것보다 선지를 대입해서 정답이 될 수 있는지를 확인하는 식으로 해결한다면 빠른 해결이 가능하다.

**01** A, B, C, D 정책을 실시하려고 한다. 다음 <조건>을 근거로 비용대비 효과가 가장 큰 정책실시 순서를 바르게 나열한 것은?

11년 민경채(실험) 발책형 18번

―――〈조건 1〉―――

A, B, C, D 네 가지 개별 정책의 비용과 효과의 크기는 동일하다. 다만, 〈조건2〉에 따라 달라질 수 있다.

―――〈조건 2〉―――

○ A정책을 B정책 뒤에 실시하면 A정책의 효과가 절반으로 줄어든다.
○ D정책을 A정책 전에 실시하면 D정책의 효과는 0이 된다.
○ A정책과 B정책을 바로 이어서 실시하면 A정책과 B정책의 비용이 두 배가 된다.
○ A정책과 C정책을 서로 인접하여 실시하면 A정책과 C정책의 효과가 절반으로 줄어든다.
○ A정책과 D정책은 다른 정책 하나를 사이에 두고 실시하면 A정책과 D정책의 효과는 두 배가 된다.

① A − B − C − D
② A − C − D − B
③ B − C − D − A
④ C − A − D − B
⑤ D − B − C − A

📝 **해설**

〈조건 1〉에 따르면 A, B, C, D 네 가지 정책의 비용과 효과의 크기는 동일하다. 문제풀이의 편의상 임의의 숫자를 가정하는 것이 좋다. 각 정책의 비용과 효과를 100이라고 가정한다. 각 선지가 〈조건 2〉에 해당하는 것이 있는지 판단해본다. 〈조건 2〉의 첫 번째 동그라미부터 각각 ⅰ)~ⅴ)라고 한다.

비용의 총합은 600, 효과의 총합은 400이다. 비용대비 효과는 2/30이다.

비용의 총합은 400, 효과의 총합은 450이다. 비용대비 효과는 9/80이다.

비용의 총합은 400, 효과의 총합은 250이다. 비용대비 효과는 5/80이다.

비용의 총합은 400, 효과의 총합은 300이다. 비용대비 효과는 3/40이다.

비용의 총합은 400, 효과의 총합은 175이다. 비용대비 효과는 7/160이다.

비용대비 효과가 가장 큰 정책실시 순서는 ② A − C − D − B이다.

[정답] ②

## 02 다음 글을 근거로 판단할 때, 사용자 아이디 KDHong의 패스워드로 가장 안전한 것은?

15년 민경채 인책형 20번

○ 패스워드를 구성하는 문자의 종류는 4가지로, 알파벳 대문자, 알파벳 소문자, 특수문자, 숫자이다.
○ 세 가지 종류 이상의 문자로 구성된 경우, 8자 이상의 패스워드는 10점, 7자 이하의 패스워드는 8점을 부여한다.
○ 두 가지 종류 이하의 문자로 구성된 경우, 10자 이상의 패스워드는 10점, 9자 이하의 패스워드는 8점을 부여한다.
○ 동일한 문자가 연속되어 나타나는 패스워드는 2점을 감점한다.
○ 아래 〈키보드〉 가로열 상에서 인접한 키에 있는 문자가 연속되어 나타나는 패스워드는 2점을 감점한다.

예 ^6과 &7은 인접한 키로, 6과 7뿐만 아니라 ^와 7도 인접한 키에 있는 문자이다.

○ 사용자 아이디 전체가 그대로 포함된 패스워드는 3점을 감점한다.
○ 점수가 높을수록 더 안전한 패스워드이다.

※ 특수문자는 !, @, #, $, %, ^, &, *, (, ) 뿐이라고 가정한다.

─────〈키보드〉─────

| 가로열1 | !1 @2 #3 $4 %5 ^6 &7 *8 (9 )0 |
| 가로열2 | Qq Ww Ee Rr Tt Yy Uu Ii Oo Pp |
| 가로열3 | Aa Ss Dd Ff Gg Hh Jj Kk Ll |
| 가로열4 | Zz Xx Cc Vv Bb Nn Mm |

① 10H&20Mzw
② KDHong!
③ asjpeblove
④ SeCuRiTy*
⑤ 1249dhqtgml

## 해설

점수 부여와 관련한 조건, 감점과 관련한 조건을 정확히만 이해하고 선지에 적용한다면 해결 가능한 문제이다. 이때 부여점수가 가장 높고 감점이 가장 적다면, 가장 높은 점수일 수밖에 없다. 패스워드의 점수와 관련한 내용을 정리하면 다음과 같다.

| 구분 | | | 점수 |
|---|---|---|---|
| 점수 부여 | 세 가지 종류 이상의 문자로 구성된 경우 | 8자 이상의 패스워드 | 10점 |
| | | 7자 이하의 패스워드 | 8점 |
| | 두 가지 종류 이하의 문자로 구성된 경우 | 10자 이상의 패스워드 | 10점 |
| | | 9자 이하의 패스워드 | 8점 |
| 점수 감점 | 동일한 문자가 연속되어 나타나는 패스워드 | | 2점 |
| | 〈키보드〉 가로열 상에서 인접한 키에 있는 문자가 연속되어 나타나는 패스워드 | | |
| | 사용자 아이디 전체가 그대로 포함된 패스워드 | | 3점 |

① 4종류의 문자를 모두 사용하여 구성되었고 글자 수가 10자이므로 10점을 부여한다. 감점사유는 없으므로 최종 점수는 10점이 된다.

② 3종류의 문자로 구성되었고 글자 수는 7자이므로 8점을 부여한다. 사용자 아이디 전체가 그대로 포함되었으므로 3점을 감점해서 최종점수는 5점이 된다.

③ 1종류의 문자로 구성되었고 글자 수는 10자이므로 10점을 부여한다. 그러나 키보드 상 a와 s가 인접해 있으므로 2점을 감점해서 8점이 된다.

④ 3종류의 문자로 구성되었고 글자 수는 9자이므로 10점을 부여한다. 그러나 키보드 상 T와 y가 인접해 있으므로 2점을 감점해서 8점이 된다.

⑤ 2종류의 문자로 구성되었고 글자 수는 11자이므로 10점을 부여한다. 그러나 키보드 상 1과 2가 인접해 있으므로 2점을 감점해서 8점이 된다.

| | 문자 종류 | 글자 수 | 점수 부여 | 점수 감점 | 최종 점수 |
|---|---|---|---|---|---|
| ① | 4 | 10 | 10 | 없음 | 10 |
| ② | 3 | 7 | 8 | −3 (∵ 사용자 아이디 포함) | 5 |
| ③ | 1 | 10 | 10 | −2 (∵ 키보드 상 a와 s가 인접) | 8 |
| ④ | 3 | 9 | 10 | −2 (∵ 키보드 상 T와 y가 인접) | 8 |
| ⑤ | 2 | 11 | 10 | −2 (∵ 키보드 상 1과 2가 인접) | 8 |

### 빠른 문제풀이 Tip

• 점수 부여 시 문자 종류 수에 상관없이 10자 이상이면 항상 10점을 받는다. 따라서 선지 ③, ⑤는 문자 종류 수에 상관없이 10점을 부여할 수 있다. 나머지 ①, ②, ④의 경우 세 가지 종류 이상의 문자로 구성되어 있으므로 8자 이상인지 세면 된다.
• 점수 비교 시 선지 ①의 경우 부여 점수가 10점으로 최대인데 감점은 없다. 따라서 최종점수가 가장 높을 것임을 예상할 수 있다.

[정답] ①

**03** 다음 <보기>와 같이 하나의 주사위를 던져 나온 수에 따라 꽃 위를 이동한다. 주사위를 7번 던진 결과 최종 도착지의 숫자가 가장 큰 것은?

10년 5급 선책형 18번

─────〈 보 기 〉─────

○ 출발은 0에서 시작
  앞으로 이동시 0 → 1 → 2 순
  뒤로 이동시 0 → 9 → 8 순
○ 주사위 숫자별 이동방법

  ⚀, ⚂: 뒤로 2칸 이동

  ⚃: 뒤로 1칸 이동

  ⚁: 앞으로 1칸 이동

  ⚄, ⚅: 앞으로 2칸 이동

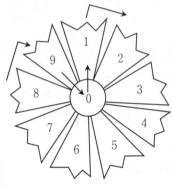

※ 그림의 화살표는 앞으로 이동하는 경우의 예이다.

① ⚀ − ⚄ − ⚃ − ⚃ − ⚂ − ⚀ − ⚅
② ⚂ − ⚁ − ⚀ − ⚀ − ⚂ − ⚃ − ⚃
③ ⚃ − ⚁ − ⚂ − ⚃ − ⚄ − ⚄ − ⚄
④ ⚄ − ⚃ − ⚄ − ⚃ − ⚁ − ⚁ − ⚅
⑤ ⚅ − ⚃ − ⚁ − ⚀ − ⚁ − ⚂ − ⚄

---

📝 **해설**

규칙에 따른 이동을 해야 하는 문제에서는 상쇄를 이용하면 보다 빠른 해결이 가능하다. 뒤로 2칸 이동 (⚀, ⚂)은 앞으로 2칸 이동 (⚄, ⚅)과 상쇄 가능하고, 뒤로 1칸 이동(⚃)은 앞으로 1칸 이동(⚁)과 상쇄 가능하다. 이에 따라 차이가 3인 숫자들 (1, 4), (2, 5), (3, 6) 또는 합이 7인 숫자들 (1, 6), (2, 5), (3, 4)는 서로 상쇄되어 제자리에 그대로 있게 된다. 선지에서 상쇄할 수 있는 숫자를 최대한 상쇄시키고 남은 주사위 숫자만큼만 이동시키면 빠른 해결이 가능하다.

이를 적용해 보면 다음과 같다.

① ⚀ − ⚄ − ⚃ − ⚂ − ⚀ − ⚀ − ⚅
  1 남음 → −2 이동 → 최종 도착지의 숫자 8

② ⚂ − ⚁ − ⚀ − ⚀ − ⚂ − ⚃ − ⚃
  1, 1, 2 남음 → −3 이동 → 최종 도착지의 숫자 7

③ ⚃ − ⚁ − ⚂ − ⚃ − ⚄ − ⚄ − ⚄
  6 남음 → +2 이동 → 최종 도착지의 숫자 2

④ ⚄ − ⚃ − ⚄ − ⚃ − ⚁ − ⚁ − ⚅
  4, 2, 6 남음 → +5 이동 → 최종 도착지의 숫자 5

⑤ ⚅ − ⚃ − ⚁ − ⚀ − ⚁ − ⚂ − ⚄
  5 남음 → −1 이동 → 최종 도착지의 숫자 9

따라서 주사위를 7번 던진 결과 최종 도착지의 숫자가 가장 큰 것은 선지 ⑤이다.

[정답] ⑤

---

🖊️**길쌤's Check**

문제 중에는 지금까지 살펴본 바와 같이 아예 선지로밖에 풀 수 없는 문제도 존재한다. 이상에서 살펴본 문제들은 직접 해결할 수 없고 선지로밖에 풀 수 없는 문제이다. 이처럼 PSAT 기출문제 중에서는 주어진 선지 중에서 정답을 골라내야 하는 문제도 존재한다.

# Ⅲ. 복수의 선지 활용

선지를 활용하는 방법 중에는 지금까지 연습해 본 것처럼 단순히 조건에 위배되는 선지를 제거한다거나 선지를 대입하여 답이 되는지를 확인하거나 선지 중에서 문제에서 요구하는 것을 찾아내는 것 외에도 보다 폭넓게 선지를 활용할 수 있는 다양한 방법이 있다.

## 1 항목 간 연계

**01** 다음 글을 근거로 판단할 때, 예약할 펜션과 워크숍 비용을 옳게 짝지은 것은?    20년 7급(모의) 11번

> 甲은 팀 워크숍을 추진하기 위해 펜션을 예약하려 한다. 팀원은 총 8명으로 한 대의 렌터카로 모두 같이 이동하여 워크숍에 참석한다. 워크숍 기간은 1박 2일이며, 甲은 워크숍 비용을 최소화하고자 한다.
> ○ 워크숍 비용은 아래와 같다.
>
>      워크숍 비용 = 왕복 교통비 + 숙박요금
>
> ○ 교통비는 렌터카 비용을 의미하며, 렌터카 비용은 거리 10km당 1,500원이다.
> ○ 甲은 다음 펜션 중 한 곳을 1박 예약한다.
>
> | 구분 | A 펜션 | B 펜션 | C 펜션 |
> |---|---|---|---|
> | 펜션까지 거리(km) | 100 | 150 | 200 |
> | 1박당 숙박요금(원) | 100,000 | 150,000 | 120,000 |
> | 숙박기준인원(인) | 4 | 6 | 8 |
>
> ○ 숙박인원이 숙박기준인원을 초과할 경우, A~C 펜션 모두 초과 인원 1인당 1박 기준 10,000원씩 요금이 추가된다.

| | 예약할 펜션 | 워크숍 비용 |
|---|---|---|
| ① | A | 155,000원 |
| ② | A | 170,000원 |
| ③ | B | 215,000원 |
| ④ | C | 150,000원 |
| ⑤ | C | 180,000원 |

### 1) 왕복 교통비
- 교통비는 렌터카 비용
- 렌터카 비용은 거리 10km당 1,500원

| 구분 | A 펜션 | B 펜션 | C 펜션 |
|---|---|---|---|
| 펜션까지 거리(km) | 100 | 150 | 200 |
| 왕복 교통비(원) | 30,000[1] | 45,000 | 60,000 |

1)을 구하는 방식은 다음과 같다.

$$100 \times \frac{1,500}{10} \times 2 \ (\because \text{왕복}) = 30,000원$$

### 2) 숙박요금
- 숙박인원이 숙박기준인원을 초과할 경우, A~C 펜션 모두 초과 인원 1인당 1박 기준 10,000원씩 요금이 추가된다.
- 팀원이 총 8명이므로, 추가된 요금까지 반영하면 다음과 같다.

| 구분 | A 펜션 | B 펜션 | C 펜션 |
|---|---|---|---|
| 1박당 숙박요금(원) | 100,000 | 150,000 | 120,000 |
| 숙박기준인원(인) | 4 | 6 | 8 |
| 숙박요금(원) | 140,000 | 170,000 | 120,000 |

### 3) 워크숍 비용

| 구분 | A 펜션 | B 펜션 | C 펜션 |
|---|---|---|---|
| 왕복교통비(원) | 30,000 | 45,000 | 60,000 |
| 숙박요금(원) | 140,000 | 170,000 | 120,000 |
| 워크숍 비용(원) | 170,000 | 215,000 | 180,000 |

따라서 워크숍 비용이 17만 원으로 최소인 A 펜션을 예약할 것이고, 정답은 ②이다.

[정답] ②

### 📝 해설

정확한 문제 해결을 위해서 먼저 계산에 필요한 조건을 정확하게 파악해야 한다.

- 팀원은 총 8명
- 한 대의 렌터카로 모두 같이 이동
- 워크숍 기간은 1박 2일
- 워크숍 비용을 최소화
- 워크숍 비용 = 왕복 교통비 + 숙박요금

### 길쌤's Check

선지를 활용하면 보다 빠른 해결이 가능하다. 먼저 각 펜션별 워크숍 비용은 한 가지 값만 가능하다. 즉, 예약할 펜션이 A라면 그 때의 워크숍 비용이 선지 ①의 155,000원이거나 선지 ②의 170,000원 중 하나만 가능하다. 예약할 펜션이 C인 경우도 마찬가지이다. 선지 ④의 150,000원이거나 선지 ⑤의 180,000원이거나 둘 중 하나만 가능하다. 이를 적절하게 잘 활용하면 보다 빠르게 정답을 구해낼 수 있다.

**02** 다음 글을 근거로 판단할 때, A팀이 최종적으로 선택하게 될 이동수단의 종류와 그 비용으로 옳게 짝지은 것은?

17년 5급 가책형 10번

> 4명으로 구성된 A팀은 해외출장을 계획하고 있다. A팀은 출장지에서의 이동수단 한 가지를 결정하려 한다. 이때 A팀은 경제성, 용이성, 안전성의 총 3가지 요소를 고려하여 최종점수가 가장 높은 이동수단을 선택한다.
>
> ○ 각 고려요소의 평가결과 '상' 등급을 받으면 3점을, '중' 등급을 받으면 2점을, '하' 등급을 받으면 1점을 부여한다. 단, 안전성을 중시하여 안전성 점수는 2배로 계산한다. (예: 안전성 '하' 등급 2점)
> ○ 경제성은 각 이동수단별 최소비용이 적은 것부터 상, 중, 하로 평가한다.
> ○ 각 고려요소의 평가점수를 합하여 최종점수를 구한다.
>
> 〈이동수단별 평가표〉
>
> | 이동수단 | 경제성 | 용이성 | 안전성 |
> |---|---|---|---|
> | 렌터카 | ? | 상 | 하 |
> | 택시 | ? | 중 | 중 |
> | 대중교통 | ? | 하 | 중 |
>
> 〈이동수단별 비용계산식〉
>
> | 이동수단 | 비용계산식 |
> |---|---|
> | 렌터카 | (렌트비 + 유류비) × 이용 일수<br>- 렌트비 = \$50/1일(4인승 차량)<br>- 유류비 = \$10/1일(4인승 차량) |
> | 택시 | 거리 당 가격(\$1/1마일) × 이동거리(마일)<br>- 최대 4명까지 탑승가능 |
> | 대중교통 | 대중교통패스 3일권(\$40/1인) × 인원수 |
>
> 〈해외출장 일정〉
>
> | 출장 일정 | 이동거리(마일) |
> |---|---|
> | 11월 1일 | 100 |
> | 11월 2일 | 50 |
> | 11월 3일 | 50 |

|   | 이동수단 | 비용 |
|---|---|---|
| ① | 렌터카 | \$180 |
| ② | 택시 | \$200 |
| ③ | 택시 | \$400 |
| ④ | 대중교통 | \$140 |
| ⑤ | 대중교통 | \$160 |

---

### 해설

계산에 필요한 조건을 정리해 보면, 4명으로 구성된 A팀은 해외출장을 계획하고 있다.

| 출장 일정 | 이동거리(마일) |
|---|---|
| 11월 1일 | 100 |
| 11월 2일 | 50 |
| 11월 3일 | 50 |

위의 표에서 알 수 있듯이 출장 일정은 총 3일이고, 총 이동거리는 200마일이다.

'경제성' 요소에 점수를 부여하기 위해, 주어진 조건에 따라 각 이동수단별 최소비용을 구해보면 다음과 같다.

| 이동수단 | 비용계산식 |
|---|---|
| 렌터카 | (렌트비+유류비)×이용 일수<br>• 렌트비=\$50/1일(4인승 차량)<br>• 유류비=\$10/1일(4인승 차량)<br>=(50+10)×3일=\$180 |
| 택시 | 거리 당 가격(\$1/1마일)×이동거리(마일)<br>최대 4명까지 탑승가능<br>=1×200=\$200 |
| 대중교통 | 대중교통패스 3일권(\$40/1인)×인원수<br>=40×4명=\$160 |

이동수단별 평가표에 점수를 부여하여 계산하면 다음과 같다.

| 이동수단 | 경제성 | 용이성 | 안전성 | 최종점수 |
|---|---|---|---|---|
| 렌터카 | 중 2 | 상 3 | 하 2 | 7 |
| 택시 | 하 1 | 중 2 | 중 4 | 7 |
| 대중교통 | 상 3 | 하 1 | 중 4 | 8 |

따라서 A팀이 최종적으로 선택하게 될 이동수단은 대중교통이고 그 비용은 \$160이다.

[정답] ⑤

---

**길쌤's Check**

이 문제 역시도 앞서 살펴본 예제 01과 마찬가지로 예를 들어 '이동수단'이 택시인 경우, 〈이동수단별 비용계산식〉에 따를 때 그 비용은 \$200이 되고, \$400가 될 수 없다. 선지에 주어진 '이동수단'과 '비용'은 서로 관련되어 있으므로, 선지를 활용하면 보다 빠른 해결이 가능하다.

**03** 다음 <면접방식>으로 면접을 진행할 때, 심층면접을 할 수 있는 최대 인원수와 마지막 심층면접자의 기본면접 종료 시각을 옳게 짝지은 것은?

13년 5급 인책형 31번

─〈면접방식〉─

○ 면접은 기본면접과 심층면접으로 구분된다. 기본면접실과 심층면접실은 각 1개이고, 면접대상자는 1명씩 입실한다.
○ 기본면접과 심층면접은 모두 개별면접의 방식을 취한다. 기본면접은 심층면접의 진행 상황에 관계없이 10분 단위로 계속되고, 심층면접은 기본면접의 진행 상황에 관계없이 15분 단위로 계속된다.
○ 기본면접을 마친 면접대상자는 순서대로 심층면접에 들어간다.
○ 첫 번째 기본면접은 오전 9시 정각에 실시되고, 첫 번째 심층면접은 첫 번째 기본면접이 종료된 시각에 시작된다.
○ 기본면접과 심층면접 모두 낮 12시부터 오후 1시까지 점심 및 휴식 시간을 가진다.
○ 각각의 면접 도중에 점심 및 휴식 시간을 가질 수 없고, 1인을 위한 기본면접 시간이나 심층면접 시간이 확보되지 않으면 새로운 면접을 시작하지 않는다.
○ 기본면접과 심층면접 모두 오후 1시에 오후 면접 일정을 시작하고, 기본면접의 일정과 관련 없이 심층면접은 오후 5시 정각에는 종료되어야 한다.

※ 면접대상자의 이동 및 교체 시간 등 다른 조건은 고려하지 않는다.

| | 인원수 | 종료 시각 |
|---|---|---|
| ① | 27명 | 오후 2시 30분 |
| ② | 27명 | 오후 2시 40분 |
| ③ | 28명 | 오후 2시 30분 |
| ④ | 28명 | 오후 2시 40분 |
| ⑤ | 28명 | 오후 2시 40분 |

**📑 해설**

첫 번째 조건부터 순서대로, 조건 i), ii), iii), iv), v), vi), vii)이라고 하자. 조건의 grouping 스킬을 활용해보면, 조건 i), ii), iii), vi)은 면접방식을 이해하기 위한 내용이고, 조건 iv), v), vii)은 면접방식 중 시간에 관한 정보이다. 따라서 조건 i), ii), iii), vi)을 통해 면접방식을 이해하고, 조건 iv), v), vii)은 시간에 관한 정보에 맞춰 면접이 진행되는 상황을 생각해본다.

우선 조건 iv)에 따라 첫 번째 기본면접과 첫 번째 심층 면접이 시작되는 상황을 가정해본다. 조건 ii)에 의하면 기본면접은 심층면접의 진행 상황에 관계없이 10분 단위로 계속되고, 심층면접은 기본면접의 진행 상황에 관계없이 15분 단위로 계속되므로 오전 9시 정각을 시작시간으로 하여 다음과 같이 진행된다.

| 정각 5분 10분 15분 20분 25분 30분 35분 40분 45분 50분 55분 60분 | | | | | | |
|---|---|---|---|---|---|---|
| 기본면접 | 첫 번째 | 두 번째 | 세 번째 | 네 번째 | 다섯 번째 | 여섯 번째 |
| 심층면접 | | 첫 번째 | | 두 번째 | | 세 번째 |

즉, 첫 번째 심층면접은 9시 10분에 시작되며 15분 단위로 계속된다. 조건 vi)에 따를 때 1인을 위한 심층면접 시간이 확보되지 않으면 새로운 면접을 시작하지 않으므로 오전의 심층면접은 11번째 면접대상자가 심층면접을 마친 11시 55분에 종료하게 된다. 아래의 그림부터는 심층면접만 나타내었으며 첫 번째 면접대상자를 숫자 1로 표시하는 것과 같이 간단히 나타내었다.

| 정각 | 5분 | 10분 | 15분 | 20분 | 25분 | 30분 | 35분 | 40분 | 45분 | 50분 | 55분 | 60분 |
|---|---|---|---|---|---|---|---|---|---|---|---|---|
| 9시 | | | 1 | | | 2 | | | 3 | | | 4 |
| 10시 | 4 | | | 5 | | | 6 | | | 7 | | 8 |
| 11시 | 8 | | | 9 | | | 10 | | | 11 | | |

그리고 조건 vii)에 따라 오후의 심층면접은 12번째 면접대상자부터 오후 1시 정각에 시작하는데 총 4시간 동안 한 사람당 15분씩 총 16명의 심층면접이 진행된다. 즉, 심층면접을 할 수 있는 최대 인원수는 오전 11명, 오후 16명 합계 27명이다.

기본면접은 오전 9시 정각에 시작되어 시간당 6명씩 진행되므로 오전 9시 정각부터 12시 정각까지 3시간 동안 18명 진행한다. 점심시간 이후 오후 1시 정각부터 나머지 9명의 기본면접을 진행하면 마지막 심층면접자의 기본면접은 오후 1시 정각으로부터 90분이 지난 2시 30분에 종료하게 된다 (①). 기본면접은 시간당 6명, 심층면접은 시간당 4명인데 심층면접이 9시 10분에 시작하므로 오전에 11명밖에 하지 못한다는 것만 실수하지 않으면 특별히 어려울 것이 없다.

[정답] ①

**길쌤's Check**

이 문제가 선지 간의 연계를 봤을 때 가장 큰 효과를 볼 수 있는 문제이다. 선지에서 묻고 있는 것이 '심층면접을 할 수 있는 최대 인원수'와 '마지막 심층면접자의 기본면접 종료 시각'인데 '심층면접을 할 수 있는 최대 인원수'='마지막 심층면접자'가 된다. 예를 들어 심층면접을 할 수 있는 최대 인원수가 10명이라면 '마지막 심층면접자'는 10번째 심층면접자가 되는 것이고, 10번째 면접자의 기본면접 종료 시각을 구하는 것은 생각보다 어렵지 않다. 따라서 선지 간 연계를 확인한다면 선지를 두 개로 추릴 수 있게 된다.

이상의 문제들은 선지에 두 개의 항목이 등장하는데 두 항목이 서로 연계되어 있다. 예제 01은 '예약할 펜션의 워크숍 비용'이고, 예제 02는 '이동수단의 비용'이고, 예제 03은 '인원수의 기본면접 종료시각'이다. 즉, 두 개의 항목이 각각 A와 B라면 아래와 같이 'A의 B'라는 형식으로 주어진다.

| | 이동수단(A) | 비용(B) |
|---|---|---|
| ① | 렌터카 | $180 |

그리고 대부분의 문제에서 A항목에는 두 가지 또는 세 가지 종류만 제시된다. 예를 들어 예제 01에는 예약할 펜션의 종류가 'A, B, C' 세 가지이고, 예제 02에는 이동수단이 '렌터카, 택시, 대중교통' 세 가지이고, 예제 03에는 인원 수가 '27명 또는 28명' 두 가지이다. 그리고 그와 관련된 비용 등을 나머지 다른 항목에서 묻고 있다. 이 경우 두 항목 간의 연계를 확인하면 선지 중 답이 될 수 없는 일부 선지를 제거하거나 반대로 답이 될 수 있는 일부 선지를 추려낼 수 있다. 이때에도 n-1개 해결을 활용하면 더 빠르게 문제를 해결할 수 있다.

**01** 새로운 도로건설 계획에 따라 A, B, C의 세 가지 노선이 제시되었다. 각 노선의 총 길이는 터널구간 길이와 교량구간 길이 그리고 일반구간 길이로 구성된다. 건설비용은 터널구간, 교량구간, 일반구간 각각 1km당 1,000억 원, 200억 원, 100억 원이 소요된다. 다음 표는 각 노선의 구성과 예상되는 연간 환경손실비용을 보여 주고 있다. 도로 완공 후 연간 평균 자동차 통행량은 2백만 대로 추산되며, 자동차 운행에 따른 사회적 손실비용은 차량 한 대가 10km를 운행할 경우 1,000원이라고 할 때, 다음 중 옳지 않은 것은?

08년 5급 창책형 14번

| 노선 | 터널구간 길이 | 교량구간 길이 | 총 길이 | 환경손실비용 |
|---|---|---|---|---|
| A | 1.2km | 0.5km | 10km | 15억 원/년 |
| B | 0 | 0 | 20km | 5억 원/년 |
| C | 0.8km | 1.5km | 15km | 10억 원/년 |

① 사회적 손실비용은 B노선이 제일 많다.

② 건설비용만을 고려할 경우 B노선이 최적노선이다.

③ B노선이 제일 길지만 건설비와 환경손실비용은 제일 적다.

④ 환경손실비용과 사회적 손실비용을 합한 손실비용은 C노선이 제일 많다.

⑤ 건설비와 환경손실비용, 사회적 손실비용을 모두 고려할 경우 도로가 15년 동안 유지된다면 A노선과 B노선이 치르는 비용의 차이는 20억 원이다.

### 해설

계산에 필요한 조건을 정리하면 다음과 같다.

- 각 노선의 총 길이는 터널구간 길이와 교량구간 길이 그리고 일반구간 길이로 구성된다.
- 건설비용은 터널구간, 교량구간, 일반구간 각각 1km당 1,000억 원, 200억 원, 100억 원이 소요된다. − 자동차 운행에 따른 사회적 손실비용은 차량 한 대가 10km를 운행할 경우 1,000원이다.
- 도로 완공 후 연간 평균 자동차 통행량은 2백만 대로 추산된다.

주어진 조건에 따라 각 비용을 계산해 보면 다음과 같다.

1) 건설비용

| 노선 | 터널구간 길이 | 교량구간 길이 | 일반구간 길이 | 총 길이 |
|---|---|---|---|---|
| A | 1.2km | 0.5km | 8.3km | 10km |
| B | 0 | 0 | 20km | 20km |
| C | 0.8km | 1.5km | 12.7km | 15km |

| | 건설비 | | | |
|---|---|---|---|---|
| 1km당 | 1,000억 원 | 200억 원 | 100억 원 | 총 건설비 |
| A | 1,200억 원 | 100억 원 | 830억 원 | 2,130억 원 |
| B | 0원 | 0원 | 2,000억 원 | 2,000억 원 |
| C | 800억 원 | 300억 원 | 1,270억 원 | 2,370억 원 |

2) 사회적 손실비용

도로 완공 후 연간 평균 자동차 통행량은 2백만 대로 추산
차량 한 대가 10km를 운행할 경우 연간 사회적 손실비용 1,000원
차량 2백만 대가 10km 운행할 경우 연간 사회적 손실비용 20억 원
따라서 A노선의 사회적 손실비용은 연간 20억 원이고, B노선은 A노선의 2배인 연간 40억 원, C노선은 A노선의 1.5배인 연간 30억 원이다.

각 노선별 비용을 정리해 보면 다음과 같다.

| 노선 | 건설비용 | 환경손실비용 | 사회적 손실비용 |
|---|---|---|---|
| A | 2,130억 원 | 15억 원/년 | 20억 원/년 |
| B | 2,000억 원 | 5억 원/년 | 40억 원/년 |
| C | 2,370억 원 | 10억 원/년 | 30억 원/년 |

① (O) 사회적 손실비용은 B노선이 1년에 20억 원으로 제일 많다.

② (O) 건설비용만을 고려할 경우 B노선이 2,000억 원으로 건설비가 가장 적기 때문에 최적노선이다.

③ (O) B노선이 총길이 20km로 제일 길지만 건설비와 환경손실비용은 제일 적다.

④ (X) 환경손실비용과 사회적 손실비용을 합한 손실비용은 40억 원의 C노선보다 45억 원의 B노선이 더 많다.

⑤ (O) 도로를 15년 동안 유지 시 A노선과 B노선의 모든 비용을 비교해 보면,

| 노선 | 건설비용 | 연간 환경손실비용 + 사회적 손실비용 |
|---|---|---|
| A | 2,130억 원 | 35억 원/년 |
| B | 2,000억 원 | 45억 원/년 |
| − | A노선이 +130억 원 | B노선이 연간 +10억 원이므로 15년 유지 시 B노선이 +150억 원 |

따라서 건설비와 환경손실비용, 사회적 손실비용을 모두 고려할 경우 도로가 15년 동안 유지된다면, A노선과 B노선이 치르는 비용의 차이는 20억 원이다.

### 빠른 문제풀이 Tip

이 문제에 등장하는 비용은 '건설비용', '환경손실비용', '사회적 손실비용' 세 가지인데, 고정비용과 가변비용의 두 가지 종류로 구분할 수 있다면 보다 빠르고 정확한 해결이 가능하다. 각 비용을 계산할 때 난도 차이가 심한 것이 특징이다.

또한 선지 간 내용 상으로 동일한 부분을 찾는다면 보다 빠른 정오판단이 가능하다. 문제에서 환경손실비용은 직접 값을 주었기 때문에 계산하지 않고 확인만 하면 된다. 그렇다면 선지 ②와 ③을 다시 잘 들여다 보자.

② 건설비용만을 고려할 경우 B노선이 최적노선이다.
③ B노선이 제일 길지만 건설비와 환경손실비용은 제일 적다.

두 선지는 건설비용에 대해서 동일한 내용을 주장하고 있다. 따라서 내용이 동일한 두 선지는 정답이 될 수 없다.

[정답] ④

## 02 다음 글을 근거로 판단할 때 옳지 않은 것은?

19년 5급 가책형 16번

A구와 B구로 이루어진 신도시 甲시에는 어린이집과 복지회관이 없다. 이에 甲시는 60억 원의 건축 예산을 사용하여 아래 〈건축비와 만족도〉와 〈조건〉 하에서 시민 만족도가 가장 높도록 어린이집과 복지회관을 신축하려고 한다.

〈건축비와 만족도〉

| 지역 | 시설 종류 | 건축비(억 원) | 만족도 |
|---|---|---|---|
| A구 | 어린이집 | 20 | 35 |
|  | 복지회관 | 15 | 30 |
| B구 | 어린이집 | 15 | 40 |
|  | 복지회관 | 20 | 50 |

〈조건〉

1) 예산 범위 내에서 시설을 신축한다.
2) 시민 만족도는 각 시설에 대한 만족도의 합으로 계산한다.
3) 각 구에는 최소 1개의 시설을 신축해야 한다.
4) 하나의 구에 동일 종류의 시설을 3개 이상 신축할 수 없다.
5) 하나의 구에 동일 종류의 시설을 2개 신축할 경우, 그 시설 중 한 시설에 대한 만족도는 20% 하락한다.

① 예산은 모두 사용될 것이다.
② A구에는 어린이집이 신축될 것이다.
③ B구에는 2개의 시설이 신축될 것이다.
④ 甲시에 신축되는 시설의 수는 4개일 것이다.
⑤ 〈조건〉 5)가 없더라도 신축되는 시설의 수는 달라지지 않을 것이다.

### 📑 해설

문제 해결에 필요한 조건을 정리하면 다음과 같다.
• 60억 원의 건축 예산 범위 내에서 시설을 신축한다.
• 시민 만족도가 가장 높도록 어린이집과 복지회관을 신축하려고 한다.
• 시민 만족도는 각 시설에 대한 만족도의 합으로 계산한다.
• 각 구에는 최소 1개의 시설을 신축해야 하되, 하나의 구에 동일 종류의 시설을 2개까지 신축할 수 있다. 단, 하나의 구에 동일 종류의 시설을 2개 신축할 경우, 그 시설 중 한 시설에 대한 만족도는 20% 하락한다.

**방법 1** 경우의 수 따지기

| 총 |  | A구 |  | B구 |  | 총 |
|---|---|---|---|---|---|---|
|  |  | 어린이집 (20억 원, 35) | 복지회관 (15억 원, 30) | 어린이집 (15억 원, 40) | 복지회관 (20억 원, 50) |  |
| a) | 건축비 | – | 2개 | 2개 | – | 60억 원 |
|  | 만족도 | – | 30, 24 | 40, 32 | – | 126 |
| b) | 건축비 | 2개 | – | – | 1개 | 60억 원 |
|  | 만족도 | 35, 28 | – | – | 50 | 113 |
| c) | 건축비 | 1개 | – | – | 2개 | 60억 원 |
|  | 만족도 | 35 | – | – | 50, 40 | 125 |
| d) | 건축비 | 1개 | 1개 | – | 1개 | 55억 원 |
|  | 만족도 | 35 | 30 | – | 40 | 105 |
| e) | 건축비 | 1개 | – | 1개 | 1개 | 55억 원 |
|  | 만족도 | 35 | – | 40 | 50 | 125 |
| f) | 건축비 | 1개 | 1개 | 1개 | – | 50억 원 |
|  | 만족도 | 35 | 30 | 40 | – | 105 |
| g) | 건축비 | – | 1개 | 1개 | 1개 | 50억 원 |
|  | 만족도 | – | 30 | 40 | 50 | 120 |

a)의 경우가 만족도가 가장 크다.

**방법 2** 가성비 따지기

| 지역 | 시설 종류 | 건축비(억 원) | 만족도 | 가성비 |
|---|---|---|---|---|
| A구 | 어린이집 | 20 | 35 | 1.75 |
|  | 복지회관 | 15 | 30 | 2 |
| B구 | 어린이집 | 15 | 40 | 2.66 |
|  | 복지회관 | 20 | 50 | 2.5 |

각 구에는 최소 1개의 시설을 신축해야 하므로 가성비를 기준으로 판단할 때, A구에서는 복지회관을, B구에서는 어린이집을 신축하는 것이 좋다. 남은 30억 원의 예산으로 시민 만족도의 총합을 가장 높이는 방법은 A구에서는 복지회관을, B구에서는 어린이집을 하나씩 더 신축하는 것이다. 따라서 최종적으로 A구에서는 복지회관을 2개, B구에서는 어린이집을 2개 신축하는 것이 시민 만족도의 총합을 가장 높일 수 있다.

해결된 바를 토대로 각 선지별 정오판단을 해보면 다음과 같다.

① (O) A구에서는 15억 원의 복지회관을 2개, B구에서 15억 원의 어린이집을 2개 신축하므로 60억 원의 예산은 모두 사용될 것이다.

② (X) 위에서 살펴봤듯이 시민 만족도의 총합을 가장 높게 만들기 위해서는 A구에서는 어린이집을 신축하지 않고, 복지회관만 2개 신축한다.

③ (O) B구에서는 어린이집 2개의 시설이 신축된다.

④ (O) 甲시에 신축되는 시설의 수는 총 4개이다.

⑤ (O) 〈조건〉 5)가 없다면, 방법 1에서 구해놓은 것을 활용했을 때, 두 번째 시설에서 하락한 만족도를 더해서 시민 만족도의 총합을 구하면 된다. 예를 들어 경우 a)에서는 〈조건〉 5)를 고려하여 계산한 시민 만족도의 총합이 126인데, 이때 두 번째로 신축된 복지회관에서 −6, 두 번째로 신축된 어린이집에서 −8의 만족도가 하락한 것이므로 +14를 해주면 시민 만족도의 총합은 140이 된다. 방법 1에서 경우 a)에서 동일한 시설을 2개 신축한 경우가 가장 많으므로, a)를 제외한 다른 경우에서는 a)보다 만족도의 상승폭이 적을 것이다. 따라서 〈조건〉 5)가 없더라도 신축되는 시설의 수는 달라지지 않을 것이다.

### 빠른 문제풀이 **Tip**

이 문제의 경우 하나하나 경우를 따져보고 계산하는 것보다는 가성비의 사고를 할 수 있다면 문제의 빠른 해결이 가능하다. 옳지 않은 것을 골라야 하는 문제이므로 옳은 선지 4개와 옳지 않은 선지 1개가 있고, 선지 간의 모순(충돌)을 살펴보면 정답이 될 선지를 추릴 수 있다. 이 문제에서 선지 ②, ④를 같이 고려해 보자.

　　② A구에는 어린이집이 신축될 것이다.
　　④ 甲시에 신축되는 시설의 수는 4개일 것이다.

문제에서 주어진 예산이 60억 원이고 각 시설별 건축비는 15억 원 또는 20억 원인데, 만약에 건축비가 20억 원인 A구의 어린이집을 신축하였다면, 甲시에 신축되는 시설의 수는 4개일 수 없다. 즉, 선지 ②와 ④의 내용이 충돌하는 것이다. 따라서 옳지 않은 선지는 둘 중 하나일 수밖에 없다.

[정답] ②

**03** 다음 제시문을 읽고 잘못 추론한 것은? 09년 5급 극책형 13번

어느 지방자치단체는 관내의 유흥업소에 대한 단속정도를 놓고 고심 중에 있다. 유흥업소에 대한 단속을 강화할 경우 유흥업소의 수를 줄이는 효과는 있으나, 지역 내 고용이 줄어들어 궁극적으로는 지역경제가 위축될 가능성이 크기 때문이다. 단속을 약화할 경우에는 그 반대의 현상이 발생한다.

이때, 단속을 강화할 경우 관내 유흥업소의 수가 감소할 가능성이 60%, 현 상태를 유지할 가능성이 30%, 증가할 가능성이 10%라고 한다. 반면에 단속을 약화할 경우 유흥업소의 감소가능성이 10%, 현 상태 유지 가능성이 30%, 증가가능성이 60%이다.

다음으로, 유흥업소가 감소할 경우에 고용 감소 가능성이 60%, 현 상태 유지 가능성이 30%, 증가 가능성이 10%이다. 유흥업소가 현 상태를 유지할 경우 고용 감소 가능성이 30%, 현 상태 유지 가능성이 40%, 증가 가능성이 30%이다. 유흥업소가 증가할 경우 고용 감소 가능성은 10%, 현 상태 유지 가능성은 30%, 증가 가능성은 60%이다.

위의 내용을 표로 나타내면 다음과 같다.

| | | |
|---|---|---|
| 단속강화 | 유흥업소 감소(60%) | 고용감소(60%) |
| | | 고용유지(30%) |
| | | 고용증가(10%) |
| | 유흥업소 유지(30%) | 고용감소(30%) |
| | | 고용유지(40%) |
| | | 고용증가(30%) |
| | 유흥업소 증가(10%) | 고용감소(10%) |
| | | 고용유지(30%) |
| | | 고용증가(60%) |
| 단속약화 | 유흥업소 감소(10%) | 고용감소(60%) |
| | | 고용유지(30%) |
| | | 고용증가(10%) |
| | 유흥업소 유지(30%) | 고용감소(30%) |
| | | 고용유지(40%) |
| | | 고용증가(30%) |
| | 유흥업소 증가(60%) | 고용감소(10%) |
| | | 고용유지(30%) |
| | | 고용증가(60%) |

한편, 고용이 현재보다 증가할 경우 나타나는 경제적 효과는 10억 원, 현재 상태를 유지할 경우에는 3억 원, 감소할 경우에는 −1억 원이라고 한다.

① 유흥업소에 대한 단속을 강화할 경우, 고용증가로 기대할 수 있는 경제적 이익은 2.1억 원이다.

② 유흥업소에 대한 단속을 약화할 경우, 고용감소로 기대할 수 있는 경제적 이익은 −0.21억 원이다.

③ 유흥업소에 대한 단속을 현재보다 약화할 경우, 고용이 현 상태를 유지하여 기대할 수 있는 경제적 이익은 0.99억 원이다.

④ 유흥업소에 대한 단속을 강화하는 경우와 약화하는 경우, 고용증가로 인해 기대할 수 있는 경제적 이익의 차이는 2.5억 원이다.

⑤ 유흥업소에 대한 단속을 강화하는 경우와 약화하는 경우, 고용감소로 인해 기대할 수 있는 경제적 이익의 차이는 0.2억 원이다.

세 문단에 걸쳐 줄글로 설명한 내용이 모두 표로 정리되어 있다. 따라서 표로 조건을 이해하는 것이 바람직하다. 표에서 단속강화 또는 약화에 따른 유흥업소의 감소/유지/증가, 그리고 그에 따른 고용감소/유지/증가의 확률이 정리되어 있다. 그리고 그에 따른 경제적 효과는 다음과 같다.

| 고용이 현재보다 증가할 경우 | 10억 원 |
|---|---|
| 현재 상태를 유지할 경우 | 3억 원 |
| 고용이 현재보다 감소할 경우 | −1억 원 |

먼저 단속을 강화하는 경우 표에서 상하 방향 가운데를 기준으로 상단 부분을 보면 되고, 단속을 약화하는 경우 상하 방향 가운데를 기준으로 하단 부분을 보면 된다. 유흥업소가 감소/유지/증가할 경우 고용이 감소/유지/증가할지를 따져야 하는 조건부 확률이 주어진 문제이다. 따라서 조건부 확률의 구조를 정확히 이해할 수 있어야 한다. 연습해 보자면 예를 들어 유흥업소에 대한 단속을 강화하는 경우, 고용감소의 확률은 다음과 같다.

| | | 고용감소(60%) |
|---|---|---|
| 단속강화 | 유흥업소 감소(60%) | 고용유지(30%) |
| | | 고용증가(10%) |
| | | 고용감소(30%) |
| | 유흥업소 유지(30%) | 고용유지(40%) |
| | | 고용증가(30%) |
| | | 고용감소(10%) |
| | 유흥업소 증가(10%) | 고용유지(30%) |
| | | 고용증가(60%) |
| | | 고용감소(60%) |
| 단속약화 | 유흥업소 감소(10%) | 고용유지(30%) |
| | | 고용증가(10%) |
| | | 고용감소(30%) |
| | 유흥업소 유지(30%) | 고용유지(40%) |
| | | 고용증가(30%) |
| | | 고용감소(10%) |
| | 유흥업소 증가(60%) | 고용유지(30%) |
| | | 고용증가(60%) |

(60%×60%)+(30%×30%)+(10%×10%)=36%+9%+1%=46%이다.

유흥업소에 대한 단속을 강화하는 경우, 고용감소로 기대할 수 있는 경제적 이익을 구하는 방법은 다음과 같다.

고용감소 시 경제적 효과×단속 강화 시 고용감소 확률
= −1억 원×46%= −0.46억 원

주어진 정보를 토대로 계산을 해보면 다음과 같다.

| | 고용감소 확률값의 총합 | 46% |
|---|---|---|
| 단속강화 | 고용유지 확률값의 총합 | 33% |
| | 고용증가 확률값의 총합 | 21% |
| | 고용감소 확률값의 총합 | 21% |
| 단속약화 | 고용유지 확률값의 총합 | 33% |
| | 고용증가 확률값의 총합 | 46% |

이를 토대로 선지의 정오판단을 해보면 다음과 같다.

① (O) 10억×21%=2.1억 원이다.

② (O) −1억×21%=−0.21억 원이다.

③ (O) 3억×33%=0.99억 원이다.

④ (O) 단속 강화 시, 10억×21%=2.1억 원이고, 단속 약화 시, 10억×46% =4.6억 원이다. 따라서 차이는 2.5억 원이다.

⑤ (X) 단속 강화 시, −1억×46%=− 0.46억 원이고, 단속 약화 시, −1억× 21%=− 0.21억 원이다. 따라서 차이는 0.25억 원이다.

---

**빠른 문제풀이 Tip**

이 문제에서도 선지의 대구를 확인해 보자.

① 유흥업소에 대한 단속을 강화할 경우, 고용증가로 기대할 수 있는 경제적 이익은 2.1억 원이다.

② 유흥업소에 대한 단속을 약화할 경우, 고용감소로 기대할 수 있는 경제적 이익은 −0.21억 원이다.

③ 유흥업소에 대한 단속을 현재보다 약화할 경우, 고용이 현 상태를 유지하여 기대할 수 있는 경제적 이익은 0.99억 원이다.

④ 유흥업소에 대한 단속을 강화하는 경우와 약화하는 경우, 고용증가로 인해 기대할 수 있는 경제적 이익의 차이는 2.5억 원이다.

⑤ 유흥업소에 대한 단속을 강화하는 경우와 약화하는 경우, 고용감소로 인해 기대할 수 있는 경제적 이익의 차이는 0.2억 원이다.

선지 ①과 ②가 대구 형식이고, 선지 ④와 ⑤가 또 대구 형식이다. 여기에 더해 표에서 확률 수치 상의 상하대칭 구조를 발견하면 정확한 계산 없이도 빠른 해결이 가능한 문제이다. 이처럼 확률 문제를 빠르게 해결하는 방법은 확률 수치 상에서의 장치와 선지에서의 장치를 찾아 해결하는 것이다. 보다 빠른 해결을 위해서는 선지에서의 힌트를 활용할 수 있어야 한다.

계산하는 과정에서 (n−1)개 해결을 한다면 보다 빠르게 계산 결과를 구할 수 있다. 그리고 기출분석을 철저하게 하다보면 세 가지 기준을 활용하는 기출문제는 많지 않다. 따라서 보다 간단하게 표를 이해하는 것도 가능한 문제이다.

[정답] ⑤

**04** 다음 <연주 규칙>에 근거할 때 옳지 않은 것은?

13년 5급 인책형 19번

─────〈연주 규칙〉─────

1~2구간의 흰 건반 10개만을 사용하여 '비행기'와 '학교종' 두 곡을 연주한다. 왼손과 오른손을 나란히 놓고, 엄지, 검지, 중지, 약지, 새끼 다섯 종류의 손가락을 사용한다. 손가락 번호와 일치하는 건반 한 개만 칠 수 있으며, 각 노래에 사용되는 음은 아래와 같다.

○ 비행기: 한 구간 내의 '도, 레, 미' 음만 사용
○ 학교종: 한 구간 내의 '도, 레, 미, 솔, 라' 음만 사용

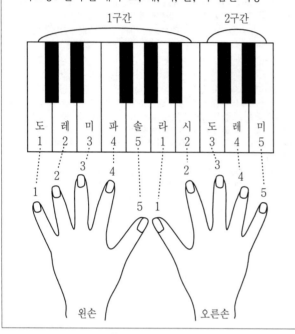

① '비행기'는 어느 구간에서 연주하든 같은 종류의 손가락을 사용한다.
② '비행기'는 어느 구간에서 연주하든 같은 번호의 손가락을 사용한다.
③ '학교종'을 연주할 때는 검지 손가락을 사용하지 않는다.
④ '비행기'는 한 손만으로도 연주할 수 있다.
⑤ '학교종'은 한 손만으로 연주할 수 없다.

📝 **해설**

주어진 <연주 규칙>을 통해 각 노래의 차이를 인식해 보면 다음과 같다.

| 비행기 | 학교종 |
|---|---|
| 한 구간 내의 '도, 레, 미' 음만 사용 | 한 구간 내의 '도, 레, 미, 솔, 라' 음만 사용 |
| 한 손만 사용하여 연주 가능 | 두 손을 사용해야 연주 가능 |
| 1, 2구간 모두 연주 가능 | 1구간에서만 연주 가능 |
| 1, 2구간 모두 중지, 약지, 새끼손가락만 사용 | 왼손은 엄지, 중지, 약지, 새끼손가락 사용. 오른손은 엄지손가락만 사용 |
| 1구간에서는 왼손 1, 2, 3번 손가락 사용 | 왼손은 1, 2, 3, 4번 손가락 사용. 오른손은 1번 손가락만 사용 |
| 2구간에서는 오른손 3, 4, 5번 손가락 사용 | |

① (O) 1, 2구간 모두 중지, 약지, 새끼손가락만 사용하므로 어느 구간에서 연주하든 같은 종류의 손가락을 사용한다.
② (X) '비행기'는 1구간에서는 1, 2, 3번 손가락을 사용하고, 2구간에서는 3, 4, 5번 손가락을 사용한다. 따라서 어느 구간에서 연주하는지에 따라 연주하는 손가락의 번호가 달라진다.
③ (O) '학교종'은 한 구간 내의 '도, 레, 미, 솔, 라' 음만 사용하므로 1구간에서만 연주가 가능하다. 1구간에서 왼손 검지 손가락은 '파'를 연주하고, 오른손 검지손가락은 '시'를 연주하는데, '학교종'에는 '파'와 '시' 음은 없다. 따라서 '학교종'을 연주할 때는 검지를 사용하지 않는다.
④ (O) '비행기'는 1구간에서 연주할 때는 왼손만으로 연주할 수 있고, 2구간에서 연주할 때는 오른손만으로도 연주할 수 있다.
⑤ (O) '학교종'은 1구간에서만 연주가 가능하며, 왼손의 1, 2, 3, 5번 손가락과 오른손의 1번 손가락을 함께 사용해야 한다. 따라서 한 손만으로 연주할 수 없다.

┌─────────────────────────────┐
**빠른 문제풀이 Tip**

이 문제의 경우 선지에서의 '대구' 형식을 활용하면 정답이 되는 선지를 빠르게 찾아낼 수 있다. 선지 ①, ②를 같이 고려해 보자.
① '비행기'는 어느 구간에서 연주하든 같은 종류의 손가락을 사용한다.
② '비행기'는 어느 구간에서 연주하든 같은 번호의 손가락을 사용한다.
두 선지는 형식상 대구이다. 두 선지에서 다른 부분은 '종류'와 '번호'뿐이다. 따라서 주어진 조건에서 손가락의 종류와 번호가 동일하다면 둘 다 맞는 선지가 되겠지만, 만약 손가락의 종류와 번호가 다르다면 둘 중 하나의 선지가 틀린 것이 된다. 그런데 그림에서 보면 왼손과 오른손의 엄지손가락이 종류는 동일한데 번호는 '1'과 '5'로 다르다. 따라서 두 선지 중 하나의 선지가 틀린 것이다.
└─────────────────────────────┘

[정답] ②

┌──〔길쌤's Check〕──────────────┐

이상에서 살펴본 네 문제는 여러 선지들 간의 관계를 볼 수 있다면 보다 빠른 문제 해결이 가능한 문제이다. 복수의 선지에서 동일한 내용을 포함하고 있거나 반대로 충돌하는 모순인 내용을 담고 있거나, 또는 선지 간 형식상 대구를 보이고 있어 이를 토대로 문제를 해결하면 보다 빠른 해결이 가능한 문제이다.

복수의 선지에서 동일한 내용을 포함하고 있는 경우 이들은 같은 정오 판단의 결과를 갖게 된다. 반대로 복수의 선지에서 충돌하는 모순인 내용을 담고 있다면 둘 중 한쪽은 맞고 반대쪽은 틀리게 된다. 선지 간 형식상 대구를 보인다면 마찬가지로 둘 다 맞거나 한쪽만 맞는 경우가 생긴다. 또는 대구의 형식을 처리하다 보면 동일한 사고과정 또는 동일한 해결과정으로 정답이 도출되는 경우가 많다. 이와 같이 복수의 여러 선지들 간의 관계를 볼 수 있게 되면 더 강력한 무기가 될 수 있다.

└─────────────────────────────┘

# Ⅳ. 발문의 특징

선지를 활용할 수 있는 문제는 발문에서부터 힌트를 얻을 수 있는 경우가 많다. 먼저 자신의 방법대로 다음의 예제들을 풀어보자.

## 1 '가능한 것은?'의 발문

**01** 다음 <상황>에 근거하여 <점수표>의 빈칸을 채울 때, 민경과 혜명의 최종점수가 될 수 있는 것은? 13년 5급 인책형 28번

─────〈상 황〉─────

민경과 혜명은 0점, 3점, 5점이 그려진 과녁에 화살을 쏘아 과녁 맞히기를 하고 있다. 둘은 각각 10개의 화살을 쐈는데, 0점을 맞힌 화살의 개수만 <점수표>에 기록을 했다. 최종점수는 각 화살이 맞힌 점수의 합으로 한다. 둘이 쏜 화살 중 과녁 밖으로 날아간 화살은 하나도 없다. 이때 민경과 혜명이 5점을 맞힌 화살의 개수는 동일하다.

〈점수표〉

| 점수 | 민경의 화살 수 | 혜명의 화살 수 |
|------|------|------|
| 0점 | 3 | 2 |
| 3점 | | |
| 5점 | | |

| | 민경의 최종점수 | 혜명의 최종점수 |
|---|---|---|
| ① | 25 | 29 |
| ② | 26 | 29 |
| ③ | 27 | 30 |
| ④ | 28 | 31 |
| ⑤ | 29 | 31 |

### 📝 해설

계산에 필요한 조건을 정리하면 다음과 같다.

- 민경과 혜명은 각각 10개의 화살을 쐈고, 둘이 쏜 화살 중 과녁 밖으로 날아간 화살은 하나도 없다.
- 최종점수는 각 화살이 맞힌 점수의 합으로 한다.
- 0점을 맞힌 화살의 개수는 민경이 3개이고, 혜명이 2개이다.
- 민경과 혜명이 5점을 맞힌 화살의 개수는 동일하다.

민경과 혜명이 5점을 맞힌 화살의 개수를 $x$라고 하고, 이를 <점수표>에 반영해 보면 다음과 같다.

| 점수 | 민경의 화살 수 | 혜명의 화살 수 |
|------|------|------|
| 0점 | 3 | 2 |
| 3점 | $7-x$ | $8-x$ |
| 5점 | $x$ | $x$ |

민경의 점수는 $3(7-x)+5x=21+2x$이므로 홀수＋짝수＝홀수이고, 혜명의 점수는 $3(8-x)+5x=24+2x$이므로 짝수＋짝수＝짝수이다. 또한 민경과 혜명의 점수 차이는 혜명이 3점 더 높다. 따라서 민경과 혜명의 최종점수가 될 수 있는 것은 민경이 27점, 혜명이 30점이다.

[정답] ③

## 02 甲의 견해에 근거할 때 정치적으로 가장 불안정할 것으로 예상되는 정치체제의 유형은?

08년 5급 창책형 6번

민주주의 정치체제 분류는 선거제도와 정부의 권력구조(의원내각제 혹은 대통령제)를 결합시키는 방식에 따라 크게 A, B, C, D, E 다섯 가지 유형으로 나눌 수 있다. A형은 의원들이 비례대표제에 의해 선출되는 의원내각제의 형태다. 비례대표제는 총 득표수에 비례해서 의석수를 배분하는 방식이다. B형은 단순다수대표제 방식으로 의원들을 선출하는 의원내각제의 형태다. 단순다수대표제는 지역구에서 1인의 의원을 선출하는 방식이다. C형은 의회 의원들을 단순다수대표 선거제도에 의해 선출하는 대통령제 형태다. D형의 경우 의원들은 비례대표제 방식을 통해 선출하며 권력구조는 대통령제를 선택하고 있는 형태다. 마지막으로 E형은 일종의 혼합형으로 권력구조에서는 상당한 권한을 가진 선출직 대통령과 의회에 기반을 갖는 수상이 동시에 존재하는 형태다. 의회 의원은 단순다수대표제에 의해 선출된다.

한편 甲은 "한 국가의 정당체제는 선거제도에 의해 영향을 받는다. 민주주의 국가들에 대한 비교 연구 결과에 의하면 비례대표제를 의회 선거제도로 운용하고 있는 국가들의 정당체제는 대정당과 더불어 군소정당이 존립하는 다당제 형태가 일반적이다. 전국을 다수의 지역구로 나누고 그 지역구별로 1인을 선출하는 단순다수대표제의 경우 군소정당 후보자들에게 불리하며, 따라서 두 개의 지배적인 정당이 출현하는 양당제의 형태가 자리 잡게 된다. 또한 정치적 안정 여부는 정당체제가 어떤 권력구조와 결합하는가에 따라 결정된다. 의원내각제는 양당제와 다당제 모두와 조화되어 정치적 안정을 도모할 수 있는 반면 혼합형과 대통령제의 경우 정당체제가 양당제일 경우에만 정치적으로 안정되는 현상을 보인다."고 주장하였다.

① A형
② B형
③ C형
④ D형
⑤ E형

### 해설

甲의 견해에 따를 때 비례대표제는 다당제 형태가, 단순다수대표제는 양당제의 형태가 일반적이다. 정치적 안정 여부는 정당체제가 어떤 권력구조와 결합하는가에 따라 결정되는데, 의원내각제는 양당제와 다당제 모두와 조화되어 정치적 안정을 도모할 수 있는 반면 혼합형과 대통령제의 경우 정당체제가 양당제일 경우에만 정치적으로 안정되는 현상을 보인다는 것을 알 수 있다. 정치적 안정 여부에 따라 정치체제를 표로 정리하면 다음과 같다.

| 구분 | 정치적 안정 여부 | | |
| --- | --- | --- | --- |
| | 의원내각제 | 혼합형 | 대통령제 |
| 비례대표제·다당제 | O | X | X |
| 단순다수대표제·양당제 | O | O | O |

따라서 D형의 경우 의원들을 비례대표제 방식을 통해 선출하며 권력구조는 대통령제를 선택하고 있는 형태이므로 정치적으로 불안정할 것으로 예상된다.

[정답] ④

**03** 다음 <규칙>과 <결과>에 근거하여 판단할 때, 甲과 乙 중 승리한 사람과 甲이 사냥한 동물의 종류 및 수량으로 가능한 조합은?

13년 민경채 인책형 9번

─────────〈규  칙〉─────────

○ 이동한 거리, 채집한 과일, 사냥한 동물 각각에 점수를 부여하여 합계 점수가 높은 사람이 승리하는 게임이다.
○ 게임시간은 1시간이며, 주어진 시간 동안 이동을 하면서 과일을 채집하거나 사냥을 한다.
○ 이동거리 1미터 당 1점을 부여한다.
○ 사과는 1개 당 5점, 복숭아는 1개 당 10점을 부여한다.
○ 토끼는 1마리 당 30점, 여우는 1마리 당 50점, 사슴은 1마리 당 100점을 부여한다.

─────────〈결  과〉─────────

○ 甲의 합계 점수는 1,590점이다. 甲은 과일을 채집하지 않고 사냥에만 집중하였으며, 총 1,400미터를 이동하는 동안 모두 4마리의 동물을 잡았다.
○ 乙은 총 1,250미터를 이동했으며, 사과 2개와 복숭아 5개를 채집하였다. 또한 여우를 1마리 잡고 사슴을 2마리 잡았다.

| | 승리한 사람 | 甲이 사냥한 동물의 종류 및 수량 |
|---|---|---|
| ① | 甲 | 토끼 3마리와 사슴 1마리 |
| ② | 甲 | 토끼 2마리와 여우 2마리 |
| ③ | 乙 | 토끼 3마리와 여우 1마리 |
| ④ | 乙 | 토끼 2마리와 여우 2마리 |
| ⑤ | 乙 | 토끼 1마리와 사슴 3마리 |

### 해설

먼저 합계 점수를 비교하여 승리한 사람을 확인한다. 甲의 합계 점수는 1,590점이고, 乙의 합계 점수는 다음을 통해 계산한다.

| 이동 점수 | 1미터당 1점 | 총 1,250미터 이동 | 1,250점 |
|---|---|---|---|
| 과일점수 | 사과 1개당 5점 | 2개 채집 | 10점 |
| | 복숭아 1개당 10점 | 5개 채집 | 50점 |
| 동물점수 | 토끼 1마리당 30점 | | |
| | 여우 1마리당 50점 | 1마리 사냥 | 50점 |
| | 사슴 1마리당 100점 | 2마리 사냥 | 200점 |
| 합계 | | | 1,560점 |

甲이 사냥한 동물의 종류 및 수량을 확인해 보면, 甲의 합계 점수 1,590점 중 과일 점수는 없고, 이동 점수는 1,400점이므로 동물 점수가 190점이어야 한다. 즉, 토끼 1마리당 30점, 여우 1마리당 50점, 사슴 1마리당 100점 중 4마리를 사냥하여 190점을 얻어야 한다. 이때 여우 2마리당 50점, 사슴 1마리당 100점에 주목한다. 50점과 100점은 모두 50점의 배수로 이 두 점수를 통해서는 50점, 100점, 150점, 200점 등 50점의 배수의 점수만 가능하다. 따라서 190점의 결과가 나오기 위해서는 30점, 50점, 100점 중 4번을 활용하되, 190점이 되는 조합 (50점+140점), (100점+90점), (150점+40점) 중 하나여야 한다. 이 중 가능한 것은 100점(사슴 1마리)+90점(토끼 3마리)인 경우이다. 따라서 승리한 사람은 甲이고, 甲이 사냥한 동물의 종류 및 수량은 토끼 3마리와 사슴 1마리이다.

[정답] ①

**04** 다음 글을 근거로 판단할 때, 숫자코드가 될 수 있는 것은?

20년 민경채 가책형 9번

> 숫자코드를 만드는 규칙은 다음과 같다.
> ○ 그림과 같이 작은 정사각형 4개로 이루어진 큰 정사각형이 있고, 작은 정사각형의 꼭짓점마다 1~9의 번호가 지정되어 있다.
>
>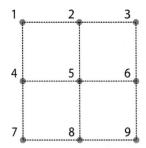
>
> ○ 펜을 이용해서 9개의 점 중 임의의 하나의 점에서 시작하여(이하 시작점이라 한다) 다른 점으로 직선을 그어나간다.
> ○ 다른 점에 도달하면 펜을 종이 위에서 떼지 않고 또 다른 점으로 계속해서 직선을 그어 나간다. 단, 한번 그은 직선 위에 또 다른 직선을 겹쳐서 그을 수 없다.
> ○ 시작점을 포함하여 4개 이상의 점에 도달한 후 펜을 종이 위에서 뗄 수 있다. 단, 시작점과 동일한 점에서는 뗄 수 없다.
> ○ 펜을 종이에서 뗀 후, 그어진 직선이 지나는 점의 번호를 순서대로 모두 나열한 것이 숫자코드가 된다. 예를 들어 1번 점에서 시작하여 6번, 5번, 8번 순으로 직선을 그었다면 숫자코드는 1658이다.

① 596
② 15953
③ 53695
④ 642987
⑤ 9874126

---

### 해설

① (X) 596은 3개의 점에 도달한 후 펜을 종이에 뗀 것이므로 시작점을 포함하여 4개 이상의 점에 도달한 후 펜을 종이 위에서 뗄 수 있다는 네 번째 규칙에 위배된다.

② (X) 15953은 5번 점에서 9번 점으로 선을 그은 후 다시 9번 점에서 5번 점으로 선을 그은 것이므로 한 번 그은 직선 위에 또 다른 직선을 겹쳐서 그을 수 없다는 세 번째 규칙의 단서규칙에 위배된다.

③ (X) 53695는 5번 점에서 시작하여 5번 점에서 펜을 종이 위에서 뗀 것이므로 시작점과 동일한 점에서는 뗄 수 없다는 네 번째 규칙의 단서규칙에 위배된다.

④ (X) 642987은 6번 점에서 시작하여 4번 점으로 그어 나갈 때 반드시 5번 점을 지나게 되므로 펜을 종이에서 뗀 후, 그어진 직선이 지나는 점의 번호를 순서대로 모두 나열한 것이 숫자코드가 된다는 다섯 번째 규칙에 위배된다.

⑤ (O) 9874126순으로 직선을 그려보면 다음과 같다.

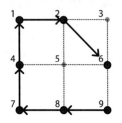

문제에 제시된 조건을 모두 충족하므로 9874126은 숫자코드가 될 수 있다.

[정답] ⑤

**05** 다음 <조건>과 <전투능력을 가진 생존자 현황>을 근거로 판단할 때, 생존자들이 탈출할 수 있는 경우는? (단, 다른 조건은 고려하지 않는다) 16년 5급 4책형 17번

─〈조 건〉─

○ 좀비 바이러스에 의해 甲국에 거주하던 많은 사람들이 좀비가 되었다. 건물에 갇힌 생존자들은 동, 서, 남, 북 4개의 통로를 이용해 5명씩 팀을 이루어 탈출을 시도한다. 탈출은 통로를 통해서만 가능하며, 한 쪽 통로를 선택하면 되돌아올 수 없다.

○ 동쪽 통로에 11마리, 서쪽 통로에 7마리, 남쪽 통로에 11마리, 북쪽 통로에 9마리의 좀비들이 있다. 선택한 통로의 좀비를 모두 제거해야만 탈출할 수 있다.

○ 남쪽 통로의 경우, 통로 끝이 막혀 탈출할 수 없지만 팀에 폭파전문가가 있다면 다이너마이트를 사용하여 막힌 통로를 뚫고 탈출할 수 있다.

○ '전투'란 생존자가 좀비를 제거하는 것을 의미하며 선택한 통로에서 일시에 이루어진다.

○ '전투능력'은 정상인 건강상태에서 해당 생존자가 전투에서 제거하는 좀비의 수를 의미하며, 질병이나 부상상태인 사람은 그 능력이 50% 줄어든다.

○ 전투력 강화제는 건강상태가 정상인 생존자들 중 1명에게만 사용할 수 있으며, 전투능력을 50% 향상시킨다. 사용 가능한 대상은 의사 혹은 의사의 팀 내 구성원이다.

○ 생존자의 직업은 다양하며, 아이(들)와 노인(들)은 전투능력과 보유품목이 없고 건강상태는 정상이다.

〈전투능력을 가진 생존자 현황〉

| 직업 | 인원 | 전투능력 | 건강상태 | 보유품목 |
|---|---|---|---|---|
| 경찰 | 1명 | 6 | 질병 | - |
| 사냥꾼 | 1명 | 4 | 정상 | - |
| 의사 | 1명 | 2 | 정상 | 전투력 강화제 1개 |
| 무사 | 1명 | 8 | 정상 | - |
| 폭파전문가 | 1명 | 4 | 부상 | 다이너마이트 |

| | 탈출 통로 | 팀 구성 인원 |
|---|---|---|
| ① | 동쪽 통로 | 폭파전문가 – 무사 – 노인(3) |
| ② | 서쪽 통로 | 사냥꾼 – 경찰 – 아이(2) – 노인 |
| ③ | 남쪽 통로 | 사냥꾼 – 폭파전문가 – 아이 – 노인(2) |
| ④ | 남쪽 통로 | 폭파전문가 – 사냥꾼 – 의사 – 아이(2) |
| ⑤ | 북쪽 통로 | 경찰 – 의사 – 아이(2) – 노인 |

**📝 해설**

문제 해결에 필요한 정보를 각 생존자에 적용해 보면 다음과 같다.

| 직업 | 전투능력 | 보유품목 |
|---|---|---|
| 경찰 | 6 3 (∵ 질병) | - |
| 사냥꾼 | 4 | |
| 의사 | 2 | 전투력 강화제 1개<br>– 건강상태가 정상인 생존자들 중 1명에게만 사용 가능<br>– 사용 시 전투능력 50% 향상 |
| 무사 | 8 | - |
| 폭파전문가 | 4 2 (∵ 부상) | 다이너마이트 |

이를 선지에 대입해서 검토해 보면 다음과 같다. 팀 구성 인원 중에는 아이(들)과 노인(들)을 제외하고 실질적으로 전투능력이 있는 구성원만 고려하면 된다.

| | 탈출 통로 | 좀비 수 | 팀 구성 인원 |
|---|---|---|---|
| ① | 동쪽 통로 | 11 | 폭파전문가(2) – 무사(8) = 10 |
| ② | 서쪽 통로 | 7 | 사냥꾼(4) – 경찰(3) = 7 |
| ③ | 남쪽 통로<br>(폭파전문가 필요) | 11 | 사냥꾼(4) – 폭파전문가(2) = 6 |
| ④ | 남쪽 통로<br>(폭파전문가 필요) | 11 | 폭파전문가(2) – 사냥꾼(4 → 6) – 의사(2) = 10<br>※ 의사가 사냥꾼 전투력 50% 향상 |
| ⑤ | 북쪽 통로 | 9 | 경찰(3) – 의사(2) = 5 |

[정답] ②

## 06 다음 글을 근거로 판단할 때, 색칠된 사물함에 들어 있는 돈의 총액으로 가능한 것은?

17년 5급 가책형 18번

○ 아래와 같이 생긴 25개의 사물함 각각에는 200원이 들어 있거나 300원이 들어 있거나 돈이 아예 들어있지 않다.
○ 그림의 우측과 아래에 쓰인 숫자는 그 줄의 사물함에 든 돈의 액수를 모두 합한 금액이다. 예를 들어, 1번, 2번, 3번, 4번, 5번 사물함에 든 돈의 액수를 모두 합하면 900원이다.
○ 11번 사물함에는 200원이 들어 있고, 25번 사물함에는 300원이 들어 있으며, 전체 사물함 중 200원이 든 사물함은 4개뿐이다.

| 1 | 2 | 3 | 4 | 5 | 900 |
|---|---|---|---|---|---|
| 6 | 7 | 8 | 9 | 10 | 700 |
| 11 | 12 | 13 | 14 | 15 | 500 |
| 16 | 17 | 18 | 19 | 20 | 300 |
| 21 | 22 | 23 | 24 | 25 | 500 |
| 500 | 400 | 900 | 600 | 500 | |

① 600원
② 900원
③ 1,000원
④ 1,200원
⑤ 1,400원

### 해설

전체 2,900원이 들어 있고 200원이 든 사물함은 4개이므로 300원이 들어 있는 사물함은 7개이다. 지문의 내용과 함께 그림에 정리하면 다음과 같다.

| 1 | 2 | 3 | 4 | 5 | 900 |
|---|---|---|---|---|---|
| 6 | 7 | 8 | 9 | 10 | 700 |
| 11 O X | 12 | 13 | 14 | 15 | 500 |
| 16 | 17 | 18 | 19 | 20 | 300 |
| 21 | 22 | 23 | 24 | 25 X O | 500 |
| 500 | 400 | 900 | 600 | 500 | 2,900 |

사물함 번호 아래 왼쪽 O, X는 200원이 들어 있는지 여부, 오른쪽은 300원이 들어 있는지 여부를 나타낸다. 여기서 사물함을 한 칸씩 파악해 나간다. 예를 들어 16~20번 사물함 줄은 해당 사물함에 든 돈의 액수의 합이 300원이므로 해당 사물함들에는 200원이 들어 있을 수 없다. 이를 표시하면 다음과 같다.

| 1 | 2 | 3 | 4 | 5 | 900 |
|---|---|---|---|---|---|
| 6 | 7 | 8 | 9 | 10 | 700 |
| 11 O X | 12 | 13 | 14 | 15 | 500 |
| 16 X | 17 X | 18 X | 19 X | 20 X | 300 |
| 21 | 22 | 23 | 24 | 25 X O | 500 |
| 500 | 400 | 900 | 600 | 500 | 2,900 |

그리고 또 다른 예를 들면 5번으로 시작하는 세로 사물함 줄은 해당 사물함에 든 돈의 액수의 합이 500원이고 25번에 이미 300원이 들어 있으므로 해당 줄 나머지 사물함에는 300원이 들어 있을 수 없다. 이를 표시하면 다음과 같다.

| 1 | 2 | 3 | 4 | 5 X | 900 |
|---|---|---|---|---|---|
| 6 | 7 | 8 | 9 | 10 X | 700 |
| 11 O X | 12 | 13 | 14 | 15 X | 500 |
| 16 X | 17 X | 18 X | 19 X | 20 X X | 300 |
| 21 | 22 | 23 | 24 | 25 X O | 500 |
| 500 | 400 | 900 | 600 | 500 | 2,900 |

세 번째, 다섯 번째 가로줄, 첫 번째, 두 번째 세로줄은 각 줄의 금액 합계만 고려한다면 다음과 같이 채울 수 있다.

| 1 X | 2 X | 3 | 4 | 5 X | 900 |
|---|---|---|---|---|---|
| 6 X | 7 X | 8 | 9 | 10 X | 700 |
| 11 O X | 12 X X | 13 X | 14 X | 15 X | 500 |
| 16 X | 17 X X | 18 X | 19 X | 20 X X | 300 |
| 21 X X | 22 X | 23 X | 24 X | 25 X O | 500 |
| 500 | 400 | 900 | 600 | 500 | 2,900 |

여기에서 두 번째 가로줄에는 두 칸에 200원이 들어 가야 하므로 첫 번째 가로줄에는 세 칸에 300원이 들어 있음을 알 수 있다.

| 1 X | 2 X X X | 3 X | 4 X | 5 X | 900 |
|---|---|---|---|---|---|
| 6 X | 7 X | 8 | 9 | 10 X | 700 |
| 11 O X | 12 X X | 13 X | 14 X | 15 X | 500 |
| 16 X | 17 X X | 18 X | 19 X | 20 X X | 300 |
| 21 X X | 22 X | 23 X | 24 X | 25 X O | 500 |
| 500 | 400 | 900 | 600 | 500 | 2,900 |

이상에서 두 번째 세로줄에는 7번과 22번 사물함에 각각 200원이 들어가 있음을 알 수 있다. 그리고 23번, 24번은 돈이 들어 있지 않음도 알 수 있다.

| 1 X | 2 X X | 3 X | 4 | 5 X | 900 |
|---|---|---|---|---|---|
| 6 X | 7 O X | 8 | 9 | 10 X | 700 |
| 11 O X | 12 X X | 13 X | 14 X | 15 X | 500 |
| 16 X | 17 X X | 18 X | 19 X | 20 X X | 300 |
| 21 X X | 22 O X | 23 X X | 24 X X | 25 X O | 500 |
| 500 | 400 | 900 | 600 | 500 | 2,900 |

200원이 들어갈 수 있는 사물은 두 번째 가로줄에 있으므로 나머지 모든 칸에 200원이 들어갈 수 없다. 그리고 첫 번째 가로줄, 첫 번째 세로줄이 완성된다. 10번, 15번 칸까지 채워보면 아래와 같다.

| 1 X O | 2 X X | 3 X O | 4 X O | 5 X X | 900 |
|---|---|---|---|---|---|
| 6 X X | 7 O X | 8 | 9 | 10 O X | 700 |
| 11 O X | 12 X X | 13 X | 14 X | 15 X X | 500 |
| 16 X X | 17 X X | 18 X | 19 X | 20 X X | 300 |
| 21 X X | 22 O X | 23 X X | 24 X X | 25 X O | 500 |
| 500 | 400 | 900 | 600 | 500 | 2,900 |

확정되지 않는 8, 9, 13, 14, 18, 19 부분만 따로 떼어 생각해보면, 8, 13, 18, 즉 왼쪽 세로줄은 합계 600원, 오른쪽 세로줄은 300원, 첫 번째, 두 번째, 세 번째 가로줄은 각각 300원이 들어 있어야 한다. 이를 그림으로 나타내면 다음과 같다.

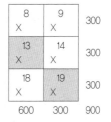

| 8 X | 9 X | 300 |
|---|---|---|
| 13 X | 14 X | 300 |
| 18 X | 19 X | 300 |
| 600 | 300 | 900 |

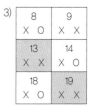

각 가로줄, 세로줄에 들어갈 금액을 고려할 때 가능한 경우의 수는 다음의 3가지이다.

1)
| 8 X O | 9 X X |
|---|---|
| 13 X O | 14 X X |
| 18 X X | 19 X O |

2)
| 8 X X | 9 X O |
|---|---|
| 13 X O | 14 X X |
| 18 X O | 19 X X |

3)
| 8 X O | 9 X X |
|---|---|
| 13 X X | 14 X O |
| 18 X O | 19 X X |

이상에서 색칠된 사물함 전체에 들어 있는 돈의 총액으로 가능한 것은 800원, 1,100원, 1,400원 세 가지이다. 선지 중 가능한 것은 ⑤이다.

[정답] ⑤

**07** 다음 <조건>과 <2월 날씨>를 근거로 판단할 때, 2월 8일과 16일의 실제 날씨로 가능한 것을 옳게 짝지은 것은?

17년 5급 가책형 15번

―〈조 건〉―

○ 날씨 예측 점수는 매일 다음과 같이 부여한다.

| 실제 \ 예측 | 맑음 | 흐림 | 눈·비 |
|---|---|---|---|
| 맑음 | 10점 | 6점 | 0점 |
| 흐림 | 4점 | 10점 | 6점 |
| 눈·비 | 0점 | 2점 | 10점 |

○ 한 주의 주중(월~금) 날씨 예측 점수의 평균은 매주 5점 이상이다.

○ 2월 1일부터 19일까지 요일별 날씨 예측 점수의 평균은 다음과 같다.

| 요일 | 월 | 화 | 수 | 목 | 금 |
|---|---|---|---|---|---|
| 날씨 예측 점수 평균 | 7점 이하 | 5점 이상 | 7점 이하 | 5점 이상 | 7점 이하 |

〈2월 날씨〉

| | 월 | 화 | 수 | 목 | 금 | 토 | 일 |
|---|---|---|---|---|---|---|---|
| 날짜 | | | 1 | 2 | 3 | 4 | 5 |
| 예측 | | | 맑음 | 흐림 | 맑음 | 눈·비 | 흐림 |
| 실제 | | | 맑음 | 맑음 | 흐림 | 흐림 | 맑음 |
| 날짜 | 6 | 7 | 8 | 9 | 10 | 11 | 12 |
| 예측 | 맑음 | 흐림 | 맑음 | 맑음 | 맑음 | 흐림 | 흐림 |
| 실제 | 흐림 | 흐림 | ? | 맑음 | 흐림 | 눈·비 | 흐림 |
| 날짜 | 13 | 14 | 15 | 16 | 17 | 18 | 19 |
| 예측 | 눈·비 | 눈·비 | 맑음 | 눈·비 | 눈·비 | 흐림 | 흐림 |
| 실제 | 맑음 | 맑음 | 맑음 | ? | 눈·비 | 흐림 | 눈·비 |

※ 위 달력의 같은 줄을 한 주로 한다.

| | 2월 8일 | 2월 16일 |
|---|---|---|
| ① | 맑음 | 흐림 |
| ② | 맑음 | 눈·비 |
| ③ | 눈·비 | 흐림 |
| ④ | 눈·비 | 맑음 |
| ⑤ | 흐림 | 흐림 |

**📝 해설**

발문에서 '가능한 것을 옳게 짝지은 것'을 고르라고 하였으므로, 실제로는 정답 외에 다른 가능한 경우가 존재할 수 있더라도 주어진 선지 중에 가능한 것끼리 옳게 짝지어진 것을 골라내야 하는 문제이다.

| | 월 | 화 | 수 | | 목 | | 금 | | 주중 평균 |
|---|---|---|---|---|---|---|---|---|---|
| | | | 7점 이하 | | 5점 이상 | | | | 5점 이상 |
| 날짜 | | | 1 | | 2 | | 3 | | |
| 예측 | | | 맑음 | 10 | 흐림 | 6 | 맑음 | 4 | |
| 실제 | | | 맑음 | | 맑음 | | 흐림 | | |
| 날짜 | 6 | 7 | 8 | | 9 | | 10 | | |
| 예측 | 맑음 | 흐림 | 맑음 | ⓐ | 맑음 | 10 | 맑음 | 4 | 28+ⓐ / 5 |
| 실제 | 흐림 | 흐림 | ? | | 맑음 | | 흐림 | | |
| 날짜 | 13 | 14 | 15 | | 16 | | 17 | | |
| 예측 | 눈·비 | 눈·비 | 맑음 | 10 | 눈·비 | ⓑ | 눈·비 | 10 | 20+ⓑ / 5 |
| 실제 | 맑음 | 맑음 | 맑음 | | ? | | 눈·비 | | |
| | | | 20+ⓐ / 3 | | 16+ⓑ / 3 | | | | |

(화요일 예측 평균: 맑음 4, 흐림 10 / 월요일 예측 평균: 맑음 4, 눈·비 0 / 화요일 눈·비 0)

ⓐ에는 10, 4, 0이 가능한데, $\frac{28+ⓐ}{5} \geq 5$에서는 아무 값이나 들어가도 조건을 충족한다. $\frac{20+ⓐ}{3} \leq 7$에서는 ⓐ에 '0'이 들어갈 때만 조건을 충족한다. 따라서 8일의 실제 날씨는 '눈·비'여야 한다.

ⓑ에는 0, 6, 10이 가능한데, $\frac{20+ⓑ}{5} \geq 5$에서는 6 또는 10이 들어가면 조건을 충족하여 16일의 실제 날씨는 '흐림' 또는 '눈·비'여야 한다.

$\frac{16+ⓑ}{3} \geq 5$에서는 아무 값이나 들어가도 조건을 충족한다.

따라서 8일 '눈·비'–16일 '흐림' 또는 8일 '눈·비'–16일 '눈·비'면 주어진 조건을 충족하고, 그중에 선지에 제시된 것은 ③ 8일 '눈·비'–16일 '흐림'이다.

[정답] ③

**08** 다음 <조건>과 <표>를 근거로 판단할 때, 화령이가 만들 수 있는 도시락으로 옳은 것은?

17년 5급 가책형 31번

〈조 건〉

○ 화령이는 아래 〈표〉의 3종류(탄수화물, 단백질, 채소)를 모두 넣어서 도시락을 만들려고 한다.
○ 열량은 500kcal 이하, 재료비는 3,000원 이하로 한다. (단, 양념은 집에 있는 것을 사용하여 추가 재료비가 들지 않는다)
○ 도시락 반찬은 다음의 재료를 사용하여 만든다.
  - 두부구이: 두부 100g, 올리브유 10ml, 간장 10ml
  - 닭불고기: 닭가슴살 100g, 양파 1개, 올리브유 10ml, 고추장 15g, 설탕 5g
  - 돼지불고기: 돼지고기 100g, 양파 1개, 올리브유 10ml, 간장 15ml, 설탕 10g
○ 도시락 반찬의 열량은 재료 열량의 합이다.

〈표〉

| 종류 | 품목 | 양 | 가격(원) | 열량(kcal) |
|---|---|---|---|---|
| 탄수화물 | 현미밥 | 100g | 600 | 150 |
| | 통밀빵 | 100g | 850 | 100 |
| | 고구마 | 1개 | 500 | 128 |
| 단백질 | 돼지고기 | 100g | 800 | 223 |
| | 닭가슴살 | 100g | 1,500 | 109 |
| | 두부 | 100g | 1,600 | 100 |
| | 우유 | 100ml | 450 | 50 |
| 채소 | 어린잎 | 100g | 2,000 | 25 |
| | 상추 | 100g | 700 | 11 |
| | 토마토 | 1개 | 700 | 14 |
| | 양파 | 1개 | 500 | 20 |
| 양념 | 올리브유 | 10ml | – | 80 |
| | 고추장 | 15g | – | 30 |
| | 간장 | 30ml | – | 15 |
| | 설탕 | 5g | – | 20 |

① 현미밥 200g, 닭불고기
② 돼지불고기, 상추 100g
③ 현미밥 300g, 두부구이
④ 통밀빵 100g, 돼지불고기
⑤ 고구마 2개, 우유 200ml, 토마토 2개

## 해설

문제를 해결할 수 있는 제약조건으로 3가지가 제시되어 있다.

1) 3종류(탄수화물, 단백질, 채소)를 모두 넣어야 한다.
2) 열량은 500kcal 이하로 한다.
3) 재료비는 3,000원 이하로 한다.

이를 각 선지에 적용하여 도시락을 만들 수 있는지를 검토해 보면 다음과 같다.

| | 3종류 | 열량 | 재료비 |
|---|---|---|---|
| ① | | 300+259=559kcal (X) | 1,200+2,000=3,200원 (X) |
| ② | 탄수화물 X | 370.5+11=381.5kcal | 1,300+700=2,000원 |
| ③ | 채소 X | 450+185=635kcal (X) | 1,800+1,600=3,400원 (X) |
| ④ | | 100+370.5=470.5kcal | 850+1,300=2,150원 |
| ⑤ | | 256+100+28=384kcal | 1,000+900+1,400=3,300원 (X) |

따라서 만들 수 있는 도시락은 ④ 통밀빵 100g, 돼지불고기이다.

[정답] ④

**09** 다음 <조건>과 <정보>를 근거로 판단할 때, 곶감의 위치와 착한 호랑이, 나쁜 호랑이의 조합으로 가능한 것은?

14년 5급 A책형 35번

─── 〈조 건〉 ───

○ 착한 호랑이는 2마리이고, 나쁜 호랑이는 3마리로 총 5마리의 호랑이(甲~戊)가 있다.
○ 착한 호랑이는 참말만 하고, 나쁜 호랑이는 거짓말만 한다.
○ 곶감은 꿀단지, 아궁이, 소쿠리 중 한 곳에만 있다.

─── 〈정 보〉 ───

甲: 곶감은 아궁이에 있지.
乙: 여기서 나만 곶감의 위치를 알아.
丙: 甲은 나쁜 호랑이야.
丁: 나는 곶감이 어디 있는지 알지.
戊: 곶감은 꿀단지에 있어.

| | 곶감의 위치 | 착한 호랑이 | 나쁜 호랑이 |
|---|---|---|---|
| ① | 꿀단지 | 戊 | 丙 |
| ② | 소쿠리 | 丁 | 乙 |
| ③ | 소쿠리 | 乙 | 丙 |
| ④ | 아궁이 | 丙 | 戊 |
| ⑤ | 아궁이 | 甲 | 丁 |

📝 **해설**

**방법 1**

이러한 문제는 상호 모순되는 진술로부터 특정 진술을 참 또는 거짓이라고 가정하고 시작하여야 한다. 甲의 진술이 참이면 甲은 착한 호랑이이므로 丙의 진술은 거짓이 되고, 丙의 진술이 참이면 甲의 진술은 거짓으로 甲은 나쁜 호랑이가 된다. 또 만약 甲의 진술이 참이면 곶감은 아궁이에 있으므로 戊의 진술은 거짓이 되고 戊는 나쁜 호랑이이다. 戊의 진술이 참이라면 甲의 진술은 거짓이 되는 것도 마찬가지이다. 그러나 甲, 戊 모두 거짓일 가능성이 존재하므로 甲, 戊의 관계로부터는 시작하지 않는 것이 좋다.

1) 甲의 진술이 참인 경우

| 甲 | **착한 호랑이** | ⓐ 가정 |
|---|---|---|
| 乙 | 나쁜 호랑이 | ⓒ 甲도 곶감의 위치를 알고 있음. 거짓 |
| 丙 | 나쁜 호랑이 | ⓑ 거짓 |
| 丁 | 착한 호랑이 | ⓓ 착한 호랑이는 2마리여야 함. |
| 戊 | 나쁜 호랑이 | ⓒ 1)에 따라 곶감은 아궁이에 있음. 거짓 |

여기서 ⓐ~ⓓ는 생각하는 순서를 나타낸다. 甲의 진술이 참인 경우 곶감은 아궁이에 있지만, 선지 ④는 丙이 나쁜 호랑이라서, ⑤는 丁이 착한 호랑이라서 정답이 될 수 없다.

丙의 진술이 참인 경우는 다시 경우의 수가 나뉜다.

2-1) 丙의 진술이 참인 경우, 乙의 진술이 참인 경우

| 甲 | 나쁜 호랑이 | ⓑ 거짓 |
|---|---|---|
| 乙 | **착한 호랑이** | ⓒ 가정 |
| 丙 | **착한 호랑이** | ⓐ 가정 |
| 丁 | 나쁜 호랑이 | ⓓ 乙만 곶감의 위치를 알고 있음. 거짓 |
| 戊 | 나쁜 호랑이 | ⓒ 乙만 곶감의 위치를 알고 있음. 거짓 |

이 경우는 甲, 戊 모두 나쁜 호랑이이므로 곶감은 소쿠리에 있다. 그러나 선지 ②는 丁이 나쁜 호랑이라서, ③은 丙이 착한 호랑이라서 정답이 될 수 없다.

2-2) 丙의 진술이 참인 경우, 丁의 진술이 참인 경우

| 甲 | 나쁜 호랑이 | ⓑ 거짓 |
|---|---|---|
| 乙 | 나쁜 호랑이 | ⓓ 丁도 곶감의 위치를 알고 있음. 거짓 |
| 丙 | **착한 호랑이** | ⓐ 가정 |
| 丁 | **착한 호랑이** | ⓒ 가정 |
| 戊 | 나쁜 호랑이 | ⓓ 나쁜 호랑이는 3마리여야 함 |

甲, 戊 모두 나쁜 호랑이이므로 곶감은 소쿠리에 있다. 선지 ②는 정답이 될 수 있다. 선지 ③은 乙이 나쁜 호랑이고, 丙이 착한 호랑이라서 정답이 될 수 없다. 나머지 상황도 확인해보자.

2-3) 丙의 진술이 참인 경우, 乙, 丁의 진술이 모두 거짓인 경우

| 甲 | 나쁜 호랑이 | ⓑ 거짓 |
|---|---|---|
| 乙 | **나쁜 호랑이** | ⓒ 가정 |
| 丙 | **착한 호랑이** | ⓐ 가정 |
| 丁 | **나쁜 호랑이** | ⓒ 가정 |
| 戊 | 착한 호랑이 | ⓓ 착한 호랑이는 2마리여야 함 |

이 경우 戊의 진술에 의해 곶감은 꿀단지에 있다. 그러나 선지 ①은 丙이 착한 호랑이라서 정답이 될 수 없다.

**방법 2**

곶감의 위치를 기준으로 가정한다.

3) 곶감이 꿀단지에 있는 경우

| 甲 | 나쁜 호랑이 | ⓐ 거짓 |
|---|---|---|
| 乙 | 나쁜 호랑이 | ⓑ 戊도 곶감의 위치를 알고 있음. 거짓 |
| 丙 | 착한 호랑이 | ⓑ 참 |
| 丁 | 나쁜 호랑이 | ⓒ 나쁜 호랑이는 3마리여야 함 |
| 戊 | 착한 호랑이 | ⓐ 참 |

4) 곶감이 아궁이에 있는 경우

| 甲 | 착한 호랑이 | ⓐ 참 |
|---|---|---|
| 乙 | 나쁜 호랑이 | ⓑ 甲도 곶감의 위치를 알고 있음. 거짓 |
| 丙 | 나쁜 호랑이 | ⓑ 거짓 |
| 丁 | 착한 호랑이 | ⓒ 착한 호랑이는 2마리여야 함 |
| 戊 | 나쁜 호랑이 | ⓐ 거짓 |

5) 곶감이 소쿠리에 있는 경우

| 甲 | 나쁜 호랑이 | ⓐ 거짓 |
|---|---|---|
| 乙 | ? | ⓒ |
| 丙 | 착한 호랑이 | ⓑ 참 |
| 丁 | ? | ⓒ |
| 戊 | 나쁜 호랑이 | ⓐ 거짓 |

3)의 경우 결국 다시 경우의 수가 갈린다.

**방법 3**

선지의 상황을 가정하고 선지별로 검토하는 것도 가능하다. 예를 들어 선지 ①의 경우가 맞는지 검토해보면 3)의 경우와 같이 생각할 수 있는데 선지 ①이 틀렸다고 판단할 수 있다. 이러한 방식은 선지별로 각각 판단하는 것이지만 결국 해설의 내용과 큰 차이는 없다.

[정답] ②

**10** 가로 3,000mm, 세로 3,400mm인 직사각형 방에 가구를 배치하려고 한다. 다음 중 가능한 가구 배치는? 11년 5급 선책형 38번

○ i)방문을 여닫는데 1,000mm의 간격이 필요함
○ ii)서랍장의 서랍(●로 표시하며 가로면 전체에 위치)을 열려면 400mm의 간격이 필요(침대, 테이블, 화장대는 서랍 없음)하며 반드시 여닫을 수 있어야 함
○ iii)붙박이 장롱 문을 열려면 앞면 전체에 550mm의 간격이 필요하며 반드시 여닫을 수 있어야 함
○ 가구들은 쌓을 수 없음
○ iv)각각의 가구는 방에 넣을 수 있는 것으로 가정함
　– 침대 (가로)1,500mm×(세로)2,110mm
　– 테이블 (가로)450mm×(세로)450mm
　– 서랍장 (가로)1,100mm×(세로)500mm
　– 화장대 (가로)1,000mm×(세로)300mm
　– 붙박이 장롱은 벽 한 면 전체를 남김없이 차지함. 깊이 650mm

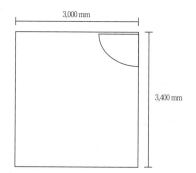

① 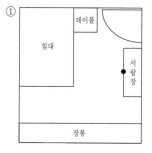　②

③ 　④

⑤

## 📝 해설

선지별 가구 배치가 주어진 조건에 부합하는지 확인해본다. 다른 가구의 위치는 유동적이지만 방문 1,000mm와 관련된 조건은 고정정보이므로 다음과 같이 위쪽 벽과 오른쪽 벽은 방문을 여닫는 데 필요한 1,000mm의 간격을 제외하고 생각해도 좋다.

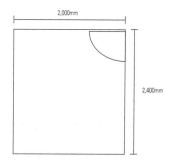

각 선지에서 위쪽 벽부터 시계방향 순서대로 생각해보자. 이하 계산에서 mm 단위는 생략하였다.

① (○) 위쪽 벽: 침대(가로) 1,500+테이블(가로) 450=1,950 ≤ 2,000
　오른쪽 벽: 서랍장(가로) 1,100+장롱 깊이 650+장롱 앞 간격 550
　　　　　　 =2,300 ≤ 2,400
　아래쪽 벽: 장롱
　왼쪽 벽: 침대(세로) 2,110+장롱 깊이 650+장롱 앞 간격 550
　　　　　　 =3,310 ≤ 3,400

② (✕) 위쪽 벽: 장롱 깊이 650+장롱 앞 간격 550+서랍장(가로) 1,100
　　　　　　 =2,300 ≥ 2,000
　오른쪽 벽: 침대(세로) 2,110 ≤ 2,400
　아래쪽 벽: 침대(가로) 1,500+테이블 450+장롱 깊이 650
　　　　　　 +장롱 앞 간격 550=3,150 ≥ 3,000
　왼쪽 벽: 장롱

③ (✕) 위쪽 벽: 서랍장(가로) 1,100+화장대(가로) 1,000=2,100 ≥ 2,000
　오른쪽 벽: 장롱 깊이 650+장롱 앞 간격 550=1,200 ≤ 2,400
　아래쪽 벽: 장롱
　왼쪽 벽: 서랍장(세로) 500+서랍장 앞 간격 400+침대(가로) 1,500
　　　　　　 +장롱 깊이 650+장롱 앞 간격 550=3,600 ≥ 3,400

④ (✕) 위쪽 벽: 침대(가로) 1,500 ≤ 2,000
　오른쪽 벽: 화장대(가로) 1,000+장롱 깊이 650+장롱 앞 간격 550
　　　　　　 =2,200 ≤ 2,400
　아래쪽 벽: 장롱
　왼쪽 벽: 침대(세로) 2,110+서랍장(가로) 1,100+장롱 깊이 650
　　　　　　 +장롱 앞 간격 550=4,410 ≥ 3,400

⑤ (✕) 위쪽 벽: 장롱 깊이 650+장롱 앞 간격 550+화장대(가로) 1,000
　　　　　　 =2,200 ≥ 2,000
　오른쪽 벽: 서랍장(가로) 1,100+침대(가로) 1,500=2,600 ≥ 2,400
　아래쪽 벽: 침대(세로) 2,110+장롱 깊이 650+장롱 앞 간격 550
　　　　　　 =3,310 ≥ 3,000
　왼쪽 벽: 장롱

각 선지별로 음영 처리한 한쪽 벽만 찾는다면 다른 선지로 넘어간다. 선지 ④에서는 그림에서 왼쪽 벽에 장롱 앞 간격이 아예 없도록 그려져 있다. 시간이 부족한 경우에는 이러한 선지는 틀렸다고 가정하고 다른 선지를 우선적으로 판단한다.

[정답] ①

**11** 가영, 나리, 다솜, 라임, 마야, 바울, 사랑 7명은 구슬치기를 하기 위해 모였다. 다음 <조건>에 따라 각각의 사람이 구슬을 가지고 있을 때 다음의 질문에 답하시오.

08년 5급 창책형 39번

─────〈조 건〉─────
○ 다솜이 가지고 있는 구슬의 수는 마야, 바울, 사랑이 가지고 있는 구슬의 합보다 많다.
○ 마야와 바울이 가지고 있는 구슬의 합은 사랑이 가지고 있는 구슬의 수와 같다.
○ 바울이 가지고 있는 구슬의 수는 가영과 라임이 가지고 있는 구슬의 합보다 많다.
○ 나리는 가영보다 구슬을 적게 가지고 있다.
○ 가영과 라임이 가지고 있는 구슬의 수는 같다.

위의 <조건> 하에서 라임이 나리로부터 구슬 한 개를 얻었다고 가정하자. 또한 바울이 가지고 있는 구슬의 수는 가영, 라임, 마야 3명이 가지고 있는 구슬의 합보다 더 많다고 가정하자. 만일 7명이 가지고 있는 구슬의 수가 모두 다르다고 할 때, 다음 중 구슬을 많이 가지고 있는 사람 순서대로 적어 놓은 것으로 가능한 배열은?

① 다솜, 사랑, 바울, 마야, 가영, 라임, 나리
② 사랑, 다솜, 바울, 라임, 마야, 가영, 나리
③ 다솜, 사랑, 마야, 바울, 라임, 가영, 나리
④ 다솜, 사랑, 바울, 라임, 가영, 나리, 마야
⑤ 사랑, 다솜, 바울, 마야, 나리, 라임, 가영

---

📝 **해설**

<조건>의 첫 번째 동그라미부터 각각 ⅰ)~ⅴ)라고 한다. 각각의 사람은 이름의 첫 글자로만 나타내고 가지고 있는 구슬의 수를 부등호로 비교해 다음과 같이 나타낼 수 있다.

ⅰ) 다>마+바+사
ⅱ) 사=마+바
ⅲ) 바>가+라
ⅳ) 가>나
ⅴ) 가=라

ⅳ)에 따르면 '가'는 '나'보다 더 많은 구슬을 가지고 있는데 ⅴ)에 따르면 '가'와 '라'가 가지고 있는 구슬의 수가 같으므로 '라>나'임을 알 수 있다. 이상과 같은 방법으로 주어진 내용을 다음과 같이 정리할 수 있다.

┌─────────────────────┐
│           가         │
│ 다>사>바> ‖ >나       │
│           라         │
└─────────────────────┘

'마'가 가지고 있는 구슬의 수는 '다'보다는 작지만 다른 사람이 가지고 있는 구슬의 수와 비교할 수 없는 상황이다.

발문에서 추가적으로 주어진 조건을 순서대로 각각 ⅵ)~ⅷ)이라고 하면 다음과 같이 나타낼 수 있다.

ⅵ) 라+1, 나 − 1
ⅶ) 바>가+라+마
ⅷ) 7명이 가지고 있는 구슬의 수는 모두 다르다.

ⅵ)에 따라서 '라>가>나'임을 알 수 있고, ⅶ)에 따라서 '바>마'임을 알 수 있다. ⅰ)~ⅷ)을 다음과 같이 정리할 수 있다.

┌─────────────────────┐
│   다>사>바>라>가>나    │
│        바>마         │
└─────────────────────┘

선지를 적극적으로 활용하여 문제를 해결한다. 배열의 일부만으로 선지의 정오판단이 가능하다.

① (X) ⅵ)에 따르면 '라>가'이다.
② (X) ⅰ)에 따르면 '다>사'이다.
③ (X) ⅶ)에 따르면 '바>마'이다.
④ (O) 선지와 같은 배열은 가능하다.
⑤ (X) ⅰ)에 따르면 '다>사'이다.

정리한 내용에 따르면 주어진 선지 외에 다음과 같은 배열도 가능하다.
– 다솜, 사랑, 바울, 마야, 라임, 가영, 나리
– 다솜, 사랑, 바울, 라임, 마야, 가영, 나리
– 다솜, 사랑, 바울, 라임, 가영, 마야, 나리

[정답] ④

**12** 甲사무관은 최근에 사무실을 옮겼는데, 1번부터 82번까지 연이어 번호가 붙은 82개의 사물함 중 어느 것이 그의 것인지 몰랐다. 다른 정보가 없는 상태에서 甲은 그 사물함 번호를 아는 乙 사무관에게 다음 <질문>을 이용하여 자신의 사물함 번호를 정확히 알아내었다. 이때 사물함 번호를 정확히 알아냈던 질문의 조합이 될 수 있는 것은?

10년 5급 선책형 30번

─────────〈질 문〉─────────
ㄱ. 내 사물함 번호가 41번보다 낮은 번호인가?
ㄴ. 내 사물함 번호가 4의 배수인가?
ㄷ. 내 사물함 번호가 정수의 제곱근을 갖는 숫자인가?
ㄹ. 내 사물함 번호가 홀수인가?

① ㄱ, ㄴ
② ㄱ, ㄷ
③ ㄱ, ㄴ, ㄷ
④ ㄱ, ㄴ, ㄹ
⑤ ㄴ, ㄷ, ㄹ

### 해설

甲의 질문은 모두 예 또는 아니오로 대답할 수 있는 질문이고, 몇 개의 질문을 했는지는 알 수 없다. 질문에 대한 乙의 대답에 따라 자신의 사물함일 수 있는 사물들을 우선 확인해보면 다음과 같다.

ㄱ. 예: 1, 2, 3, … 40 ⇒ 40개
　　아니오: 41, 42, 43, … 82 ⇒ 42개

ㄴ. 예: 4, 8, 12 … 80 ⇒ 20개
　　아니오: 41, 42, 43, … 82 ⇒ 62개

ㄷ. 예: 1, 4, 9, … 81 ⇒ 9개
　　아니오: 2, 3, 5, … 82 ⇒ 71개

ㄹ. 예: 1, 3, 5 … 81 ⇒ 41개
　　아니오: 2, 4, 6, … 82 ⇒ 41개

실제 문제 풀이에서는 위와 같이 직접 모든 숫자를 확인해야 하는 것은 아니다. 그러나 甲은 자신의 사물함 번호를 정확히 알아내었다고 하였으므로 질문 ㄱ, ㄹ과 같이 대답 결과와 상관없이 전체 사물함 중 절반 가량을 소거할 수 있는 질문만으로는 3~4번의 질문 안에 자신의 사물함 번호를 정확히 알아내기 어렵다고 예상해야 한다. 최소한 ㄴ, ㄷ과 같은 질문 중 하나에 乙이 '예'라고 답해서 번호를 정확히 알아낸 것이라고 생각된다. 이와 같이 경우의 수가 적은 경우부터 생각해보자.

경우의 수가 적은 질문 ㄷ에 '예'라고 답한 경우부터 생각해보면 {1, 4, 9, … 81} 총 9개의 사물함으로 좁혀졌다. 이 상황에서 다른 질문으로 사물함을 하나만 남길 수 있는지 생각해본다. 마찬가지로 경우의 수가 적었던 질문 ㄴ도 '예'라고 답한 경우라고 생각해보면 사물함은 {4, 16, 36, 64} 총 4개의 사물함으로 좁혀진다. 여기에서 만약 질문 ㄱ에 '아니오'라고 답했다면 甲의 사물함으로 가능한 사물은 64번만 남게 된다. 즉 질문 ㄱ, ㄴ, ㄷ으로 甲은 자신의 사물함 번호를 정확히 알아낼 수 있다. 생각하기 편하게 대답 결과 가장 경우의 수가 작은 질문부터 생각해보았지만, 질문의 순서는 중요하지 않다.

또 다른 예를 들어보면 질문 ㄷ에 '예'라고 답하여 {1, 4, 9, … 81} 총 9개의 사물함으로 좁혀진 경우에서 질문 ㄹ에 '아니오'라고 답한 경우 {4, 16, 36, 64} 총 4개의 사물함으로 좁혀진다. 위의 상황과 같이 여기에서 질문 ㄱ에 '아니오'라고 답했다면 역시 甲의 사물함으로 가능한 사물은 64번만 남게 된다.

[정답] ③

### 길쌤's Check

실제 문제 풀이에서는 위와 같은 연역적 방법으로 문제를 접근하기에는 위험성이 크다. 가장 경우의 수가 적은 질문 ㄷ에 '예'라고 답한 경우부터 시작해도 나머지 질문에 대한 대답 결과에 대해 여전히 많은 경우의 수가 남는다. 일정 정도 선지를 이용해야 하는데 선지 ①, ③을 비교해보면 선지 ①의 질문 ㄱ, ㄴ으로 甲이 사물을 정확히 알아낼 수 있었다면 선지 ③의 질문 ㄱ, ㄴ, ㄷ으로는 당연히 알아낼 수 있다. 선지 ②, ③의 관계도 마찬가지로 선지 ①, ②는 제외하고 생각할 수 있다.

**13** 다음 글을 근거로 판단할 때, <보기>에서 철수가 구매한 과일바구니를 확실히 맞힐 수 있는 사람만을 모두 고르면?

19년 5급 가책형 13번

○ 철수는 아래 과일바구니(A~E) 중 하나를 구매하였다.
○ 甲, 乙, 丙, 丁은 각자 철수에게 두 가지 질문을 하여 대답을 듣고 철수가 구매한 과일바구니를 맞히려 한다.
○ 모든 사람은 〈과일바구니 종류〉와 〈과일의 무게 및 색깔〉을 정확히 알고 있으며, 철수는 거짓말을 하지 않는다.

〈과일바구니 종류〉

| 종류 | 바구니 색깔 | 바구니 구성 |
|------|------------|-------------|
| A | 빨강 | 사과 1개, 참외 2개, 메론 1개 |
| B | 노랑 | 사과 1개, 참외 1개, 귤 2개, 오렌지 1개 |
| C | 초록 | 사과 2개, 참외 2개, 귤 1개 |
| D | 주황 | 참외 1개, 귤 2개 |
| E | 보라 | 사과 1개, 참외 1개, 귤 1개, 오렌지 1개 |

〈과일의 무게 및 색깔〉

| 구분 | 사과 | 참외 | 메론 | 귤 | 오렌지 |
|------|------|------|------|-----|--------|
| 무게 | 200g | 300g | 1,000g | 100g | 150g |
| 색깔 | 빨강 | 노랑 | 초록 | 주황 | 주황 |

〈보　기〉

甲: 바구니에 들어 있는 과일이 모두 몇 개니? 바구니에 들어 있는 과일의 무게를 모두 합치면 1kg 이상이니?
乙: 바구니의 색깔과 같은 색깔의 과일이 포함되어 있니? 바구니에 들어 있는 과일이 모두 몇 개니?
丙: 바구니에 들어 있는 과일이 모두 몇 개니? 바구니에 들어 있는 과일의 종류가 모두 다르니?
丁: 바구니에 들어 있는 과일의 종류가 모두 다르니? 바구니에 들어 있는 과일의 무게를 모두 합치면 1kg 이상이니?

① 甲, 乙
② 甲, 丁
③ 乙, 丙
④ 甲, 乙, 丁
⑤ 乙, 丙, 丁

---

📝 **해설**

〈보기〉에서 각 질문들이 중복됨을 알 수 있다. 질문들을 다음과 같이 정리해본다.

ⅰ) 바구니에 들어 있는 과일이 모두 몇 개니?
ⅱ) 바구니에 들어 있는 과일의 무게를 모두 합치면 1kg 이상이니?
ⅲ) 바구니의 색깔과 같은 색깔의 과일이 포함되어 있니?
ⅳ) 바구니에 들어 있는 과일의 종류가 모두 다르니?

그리고 ⅰ)에 대한 답변은 3, 4, 5 중 하나이고 ⅱ)~ⅳ)에 대한 답변은 '예' 또는 '아니오'이다. 대답 결과에 따라 철수가 구매한 과일바구니를 나눠보면 다음과 같다.

| | 3 | 4 | 5 |
|----|---|---|---|
| ⅰ) | D | A, E | B, C |

| | 예 | 아니오 |
|-----|------|--------|
| ⅱ) | A, C | B, D, E |
| ⅲ) | A, B, D | C, E |
| ⅳ) | E | A, B, C, D |

각 질문에 따라서 철수가 대답할 수 있는 경우의 수가 나뉘는데 발문에서 과일바구니를 확실히 맞힐 수 있는 사람을 고르라고 하였으므로 철수의 대답에 대해 모든 경우의 수를 고려하여야 한다. 각자의 질문에 따른 경우의 수를 다음과 같이 정리할 수 있다.

甲.

| ⅱ) \ ⅰ) | 3 | 4 | 5 |
|-----------|---|---|---|
| 예 | | A | C |
| 아니오 | D | E | B |

철수가 어떻게 대답하든지, 대답하는 모든 경우에 대해 과일바구니를 특정할 수 있다.

乙.

| ⅲ) \ ⅰ) | 3 | 4 | 5 |
|-----------|---|---|---|
| 예 | D | A | B |
| 아니오 | | E | C |

철수가 어떻게 대답하든지, 대답하는 모든 경우에 대해 과일바구니를 특정할 수 있다.

丙.

| ⅳ) \ ⅰ) | 3 | 4 | 5 |
|-----------|---|---|---|
| 예 | | E | |
| 아니오 | D | A | B, C |

철수가 ⅰ) '5개', ⅳ) '아니오'라고 대답한다면 과일바구니 B, C 중 어떤 과일바구니인지 특정할 수 없다.

丁.

| ⅴ) \ ⅱ) | 예 | 아니오 |
|-----------|------|--------|
| 예 | | E |
| 아니오 | A, C | B, D |

철수가 ⅱ) '예', ⅳ) '아니오'라고 대답하는 경우에는 과일바구니 A, C 중 어떤 과일바구니인지 특정할 수 없고, ⅱ) '아니오', ⅳ) '아니오'라고 대답하는 경우에는 과일바구니 B, D 중 어떤 과일바구니인지 특정할 수 없다.

[정답] ①

길쌤's Check

p.43 PART 1 이해에서 살펴본 예제 03 문제를 다시 보자.

**03** 다음 그림과 같이 각 층에 1인 1실의 방이 4개 있는 3층 호텔에 A~I 총 9명이 투숙해 있다. 주어진 〈조건〉하에서 반드시 옳은 것은?

08년 5급 창책형 14번

| | | | | |
|---|---|---|---|---|
| 좌 | 301호 | 302호 | 303호 | 304호 |
| | 201호 | 202호 | 203호 | 204호 | 우 |
| | 101호 | 102호 | 103호 | 104호 |

〈조 건〉

○ 각 층에는 3명씩 투숙해 있다.
○ A의 바로 위에는 C가 투숙해 있으며, A의 바로 오른쪽 방에는 아무도 투숙해 있지 않다.
○ B의 바로 위의 방에는 아무도 투숙해 있지 않다.
○ C의 바로 왼쪽에 있는 방에는 아무도 투숙해 있지 않으며, C는 D와 같은 층에 인접해 있다.
○ D는 E의 바로 아래의 방에 투숙해 있다.
○ E, F, G는 같은 층에 투숙해 있다.
○ G의 옆방에는 아무도 투숙해 있지 않다.
○ I는 H보다 위층에 투숙해 있다.

만약 이 문제의 발문이 '주어진 〈조건〉 하에서 반드시 옳은 것은?'이 아니라 '주어진 〈조건〉에 따를 때 가능한 것은?'의 발문이었다면 선지는 어떻게 주어졌을까? 가능한 한 개의 선지와 불가능한 선지 네 개가 주어졌을 것이다. 그리고 그 가능한 한 개의 선지로 다음과 같은 정답인 케이스가 그대로 주어졌을 것이다.

| G | ✕ | F | E |
|---|---|---|---|
| I | ✕ | C | D |
| H | B | A | ✕ |

또는

| G | | E | F |
|---|---|---|---|
| ✕ | | C | D | I |
| B | A | ✕ | H |

그리고 나머지 네 개의 선지가 정답이 될 수 없는 이유는 주어진 조건에 위배되기 때문일 것이다. 따라서 '가능한 것은?'의 발문인 경우에는 선지를 활용해서 푸는 것이 좋다.

**01** 다음 글을 근거로 판단할 때, A에게 전달할 책의 제목과 A의 연구실 번호를 옳게 짝지은 것은? 21년 민경채 나책형 5번

> ○ 5명의 연구원(A~E)에게 책 1권씩을 전달해야 하고, 책 제목은 모두 다르다.
> ○ 5명은 모두 각자의 연구실에 있고, 연구실 번호는 311호 부터 315호까지이다.
> ○ C는 315호, D는 312호, E는 311호에 있다.
> ○ B에게 「연구개발」, D에게 「공공정책」을 전달해야 한다.
> ○ 「전환이론」은 311호에, 「사회혁신」은 314호에, 「복지실천」은 315호에 전달해야 한다.

| | 책 제목 | 연구실 번호 |
|---|---|---|
| ① | 「전환이론」 | 311호 |
| ② | 「공공정책」 | 312호 |
| ③ | 「연구개발」 | 313호 |
| ④ | 「사회혁신」 | 314호 |
| ⑤ | 「복지실천」 | 315호 |

## 해설

발문을 보면 A에게 전달할 책의 제목과 A의 연구실 번호를 옳게 짝지어야 한다. 다섯 개의 조건 중 처음 두 개의 조건을 정확히 이해해야 한다.

- 5명의 연구원(A~E)에게 책 1권씩을 전달해야 하고
  → 연구원 A~E와 책을 1:1로 매칭해야 한다.
- 책 제목은 모두 다르다. 5명은 모두 각자의 연구실에 있고
  → 책과 연구원, 연구실은 서로 중복되지 않는다.
- 연구실 번호는 311호부터 315호까지이다.
  → 각 연구원 A~E는 연구실 311호~315호에 각각 매칭된다.

문제 해결의 실마리를 찾기 위해 고정 정보를 찾는다. 세 번째 조건을 적용하면 다음과 같다.

| 연구원 | A | B | C | D | E |
|---|---|---|---|---|---|
| 연구실 번호 | | | 315호 | 312호 | 311호 |

네 번째 조건을 적용하면 다음과 같다.

| 연구원 | A | B | C | D | E |
|---|---|---|---|---|---|
| 연구실 번호 | | | 315호 | 312호 | 311호 |
| 책 제목 | | 연구개발 | | 공공정책 | |

다섯 번째 조건을 적용하면 다음과 같다.

| 연구원 | A | B | C | D | E |
|---|---|---|---|---|---|
| 연구실 번호 | | | 315호 | 312호 | 311호 |
| 책 제목 | | 연구개발 | 복지실천 | 공공정책 | 전환이론 |

「사회혁신」은 314호에 전달해야 하는데, 가능한 연구원은 A뿐이다. 이에 따라 A −314호 − 「사회혁신」이 확정되고, 나머지 B의 연구실이 313호로 확정된다.

[정답] ④

**02** 다음 글과 <자기소개>를 근거로 판단할 때, 대학생, 성별, 학과, 가면을 모두 옳게 짝지은 것은?　　19년 5급 가책형 33번

> 대학생 5명(A~E)이 모여 주말에 가면파티를 하기로 했다.
> ○ 남학생이 3명이고 여학생이 2명이다.
> ○ 5명은 각각 행정학과, 경제학과, 식품영양학과, 정치외교학과, 전자공학과 재학생이다.
> ○ 5명은 각각 늑대인간, 유령, 처녀귀신, 좀비, 드라큘라 가면을 쓸 것이다.
> ○ ⁱ⁾본인의 성별, 학과, 가면에 대해 한 명은 모두 거짓만을 말하고 있고 나머지는 모두 진실만을 말하고 있다.

〈자기소개〉

A: 식품영양학과와 경제학과에 다니지 않는 남학생인데 드라큘라 가면을 안 쓸 거야.
B: 행정학과에 다니는 남학생인데 늑대인간 가면을 쓸 거야.
C: 식품영양학과에 다니는 남학생인데 처녀귀신 가면을 쓸 거야.
D: 정치외교학과에 다니는 여학생인데 좀비 가면을 쓸 거야.
E: 전자공학과에 다니는 남학생인데 드라큘라 가면을 쓸 거야.

| | 대학생 | 성별 | 학과 | 가면 |
|---|---|---|---|---|
| ① | A | 여 | 행정학과 | 늑대인간 |
| ② | B | 여 | 경제학과 | 유령 |
| ③ | C | 남 | 식품영양학과 | 좀비 |
| ④ | D | 여 | 정치외교학과 | 드라큘라 |
| ⑤ | E | 남 | 전자공학과 | 처녀귀신 |

### 해설

남학생은 3명, 여학생은 2명인데 조건 ⁱ)을 생각해 보자. 〈자기소개〉를 살펴보면 남학생 4명, 여학생 1명이기 때문에 D가 거짓이라면 남학생이 5명이 되어 모순이 발생한다. 따라서 D는 반드시 진실을 말해야 한다. D는 반드시 진실만을 말하고 있으므로 다음과 같이 정리할 수 있다.

| 구분 | 성별 | 학과 | 가면 |
|---|---|---|---|
| A | | | |
| B | | | |
| C | | | |
| D | 여 | 정치외교학과 | 좀비 |
| E | | | |

조건 ⁱ)을 고려하면 A, B, C, E 중 한 명을 참 또는 거짓이라고 가정하고 모순이 발생하는 사례를 찾아야 한다. 즉, 성별, 학과, 가면 중 동시에 참 또는 동시에 거짓일 수 없는 자기소개를 한 대학생을 짝지어 골라야 하는데 가장 모순이 발생하기 쉬운 대학생을 선택한다. A와 C가 공통으로 식품영양학과에 대해 언급하고 있고, A와 E가 동시에 드라큘라 가면에 대해 언급하고 있다. 그러나 A가 식품영양학과와 경제학과를 동시에 언급하고 있으므로 A와 E의 가면에 대한 자기소개에 초점을 맞춰 모순을 판단해본다.

우선 A가 거짓만을 말하고 있다고 가정하면 A는 드라큘라 가면을 써야 하는데 A가 거짓만을 말하고 있다면 E는 진실만을 말하고 있는 것이므로 E도 드라큘라 가면을 쓰는 모순이 생긴다. 따라서 A는 진실을 말한다. 같은 논리로 E가 거짓만을 말하고 있다고 가정하면 아무도 드라큘라 가면을 쓰지 않게 되므로 E는 진실을 말한다. 이상의 내용을 정리하면 아래와 같다.

| 구분 | 성별 | 학과 | 가면 |
|---|---|---|---|
| A | 남 | | |
| B | | | |
| C | | | |
| D | 여 | 정치외교학과 | 좀비 |
| E | 남 | 전자공학과 | 드라큘라 |

5개의 학과 중 A는 식품영양학과와 경제학과에 다니지 않고 D는 정치외교학과, E는 전자공학과이기 때문에 A는 행정학과가 된다. 따라서 거짓을 말하고 있는 사람은 B가 된다.

| 구분 | 성별 | 학과 | 가면 |
|---|---|---|---|
| A | 남 | 행정학과 | 늑대인간 |
| B | 여 | 경제학과 | 유령 |
| C | 남 | 식품영양학과 | 처녀귀신 |
| D | 여 | 정치외교학과 | 좀비 |
| E | 남 | 전자공학과 | 드라큘라 |

위의 표와 선지를 비교하면 답은 ②이다.

---

**빠른 문제풀이 Tip**

〈자기소개〉에 제시된 정보는 모두 진실이거나 모두 거짓이다. 옳게 짝지어진 선지는 〈자기소개〉와 모두 일치하거나 모두 불일치해야 한다. 아래는 〈자기소개〉를 선지와 비교하기 위하여 같은 양식으로 바꾸고 선지에 자기소개와 일치하는 부분을 음영으로 표시한 것이다.

〈자기소개〉

| 대학생 | 성별 | 학과 | 가면 |
|---|---|---|---|
| A | 남 | ~식품영양학과 ~경제학과 | ~드라큘라 |
| B | 남 | 행정학과 | 늑대인간 |
| C | 남 | 식품영양학과 | 처녀귀신 |
| D | 여 | 정치외교학과 | 좀비 |
| E | 남 | 전자공학과 | 드라큘 |

| | 대학생 | 성별 | 학과 | 가면 |
|---|---|---|---|---|
| ① | A | 여 | 행정학과 | 늑대인간 |
| ② | B | 여 | 경제학과 | 유령 |
| ③ | C | 남 | 식품영양학과 | 좀비 |
| ④ | D | 여 | 정치외교학과 | 드라큘라 |
| ⑤ | E | 남 | 전자공학과 | 처녀귀신 |

이를 만족하는 선지는 ②뿐이다.

[정답] ②

**03** 다음 글과 <진술 내용>을 근거로 판단할 때, 첫 번째 사건의 가해차량 번호와 두 번째 사건의 목격자를 옳게 짝지은 것은?

20년 5급 나책형 14번

○ 어제 두 건의 교통사고가 발생하였다.
○ 첫 번째 사건의 가해차량 번호는 다음 셋 중 하나이다.
　　　　99★2703, 81★3325, 32★8624
○ 어제 사건에 대해 진술한 목격자는 甲, 乙, 丙 세 명이다. 이 중 ⁱ⁾두 명의 진술은 첫 번째 사건의 가해차량 번호에 대한 것이고 나머지 한 명의 진술은 두 번째 사건의 가해차량 번호에 대한 것이다.
○ ⁱⁱ⁾첫 번째 사건의 가해차량 번호는 두 번째 사건의 목격자 진술에 부합하지 않는다.
○ 편의상 차량 번호에서 ★ 앞의 두 자리 수는 A, ★ 뒤의 네 자리 수는 B라고 한다.

〈진술 내용〉

○ 甲: A를 구성하는 두 숫자의 곱은 B를 구성하는 네 숫자의 곱보다 작다.
○ 乙: B를 구성하는 네 숫자의 합은 A를 구성하는 두 숫자의 합보다 크다.
○ 丙: B는 A의 50배 이하이다.

| | 첫 번째 사건의 가해차량 번호 | 두 번째 사건의 목격자 |
|---|---|---|
| ① | 99★2703 | 甲 |
| ② | 99★2703 | 乙 |
| ③ | 81★3325 | 乙 |
| ④ | 81★3325 | 丙 |
| ⑤ | 32★8624 | 丙 |

## 해설

- 조건 ⅰ) 두 명의 진술은 첫 번째 사건의 가해차량 번호에 대한 것이고 나머지 한 명의 진술은 두 번째 사건의 가해차량 번호에 대한 것이다.
- 조건 ⅱ) 첫 번째 사건의 가해차량 번호는 두 번째 사건의 목격자 진술에 부합하지 않는다.

조건 ⅰ), ⅱ)를 조합해보면, 목격자 甲, 乙, 丙의 진술을 첫 번째 사건의 가해차량 번호에 대한 것이라고 가정할 때, 두 명의 진술은 참이고 한 명의 진술은 거짓이다. 이때 거짓인 진술에 해당하는 목격자가 두 번째 사건의 목격자이다. 따라서 첫 번째 사건의 가해차량에 대한 진술은 甲~丙 중 두 명은 진실이고 한 명은 거짓이다.

각각의 차량번호가 甲~丙의 진술에 부합하는지 살펴본다. 이하의 설명 중 'A: ', 'B: ' 뒤의 수식은 각 진술 중 A 또는 B에 해당하는 내용의 연산에 관한 식을 의미한다.

1) 99★27003에서 A는 99, B는 27003이다.
　　甲의 진술: 부합하지 않음
　　　　A: $9 \times 9 = 81$, B: $2 \times 7 \times 0 \times 3 = 0 \rightarrow 81 > 0$
　　乙의 진술: 부합하지 않음
　　　　A: $9 + 9 = 18$, B: $2 + 7 + 0 + 3 = 12 \rightarrow 18 > 12$
　　丙의 진술: 부합
　　　　A: $99 \times 50 = 4950$, B: $2703 \rightarrow 4950 > 2703$

2) 81★3325에서 A는 81, B는 33250다.
　　甲의 진술: 부합
　　　　A: $8 \times 1 = 8$, B: $3 \times 3 \times 2 \times 5 = 90 \rightarrow 8 < 90$
　　乙의 진술: 부합
　　　　A: $8 + 1 = 9$, B: $3 + 3 + 2 + 5 = 13 \rightarrow 9 < 13$
　　丙의 진술: 부합
　　　　A: $81 \times 50 = 4050$, B: $3325 \rightarrow 4050 > 3325$

3) 32★8624에서 A는 32, B는 86240다.
　　甲의 진술: 부합
　　　　A: $3 \times 2 = 6$, B: $8 \times 6 \times 2 \times 4 = 384 \rightarrow 6 < 384$
　　乙의 진술: 부합
　　　　A: $3 + 2 = 5$, B: $8 + 6 + 2 + 4 = 20 \rightarrow 5 < 20$
　　丙의 진술: 부합하지 않음
　　　　A: $32 \times 50 = 1600$, B: $8624 \rightarrow 1600 < 8624$

위의 내용을 표로 정리하면 다음과 같다.

| | 甲 | 乙 | 丙 |
|---|---|---|---|
| 99★2703 | X | X | O |
| 81★3325 | O | O | O |
| 32★8624 | O | O | X |

주어진 차량번호 세 개 중 32★8624만이 甲, 乙, 丙 진술 중 두 개는 진실이고 한 개는 거짓이다. 따라서 첫 번째 가해차량 번호는 32★86240이고 두 번째 사건의 목격자는 丙이다.

[정답] ⑤

**04** 다음 글을 근거로 판단할 때, 다음 주 수요일과 목요일의 청소당번을 옳게 짝지은 것은?

22년 5급 나책형 14번

> A~D는 다음 주 월요일부터 금요일까지 하루에 한 명씩 청소당번을 정하려고 한다. 청소당번을 정하는 규칙은 다음과 같다.
>
> ○ A~D는 최소 한 번씩 청소당번을 한다.
> ○ 시험 전날에는 청소당번을 하지 않는다.
> ○ 발표 수업이 있는 날에는 청소당번을 하지 않는다.
> ○ 한 사람이 이틀 연속으로는 청소당번을 하지 않는다.
>
> 다음은 청소당번을 정한 후 A~D가 나눈 대화이다.
> A: 나만 두 번이나 청소당번을 하잖아. 월요일부터 청소당번이라니!
> B: 미안. 내가 월요일에 발표 수업이 있어서 그날 너밖에 할 사람이 없었어.
> C: 나는 다음 주에 시험이 이틀 있는데, 발표 수업이 매번 시험 보는 날과 겹쳐서 청소할 수 있는 요일이 하루밖에 없었어.
> D: 그래도 금요일에 청소하고 가야 하는 나보다는 나을걸.

| | 수요일 | 목요일 |
|---|---|---|
| ① | A | B |
| ② | A | C |
| ③ | B | A |
| ④ | C | A |
| ⑤ | C | B |

---

**📝 해설**

- A~D 4명이 월~금 5일 동안 하루에 한 명씩 청소당번을 정하려고 하므로, 한 명은 두 번 청소당번을 해야 한다.
- A~D는 최소 한 번씩 청소당번을 한다.

**[ 제약조건 ]**

- 시험 전날, 발표 수업이 있는 날에는 청소당번을 하지 않는다.
- 한 사람이 이틀 연속으로는 청소당번을 하지 않는다.

---

**1) A 두 번 중 한 번, D 확정**

대화를 통해 알 수 있는 확정적인 것은 A가 월요일, D가 금요일에 청소당번을 한다는 것이다. A만 두 번 청소당번을 하므로 A는 한 번의 청소당번을 더 해야 한다. 따라서 화, 수, 목의 청소당번은 A, B, C가 한 번씩 하게 된다. 네 번째 동그라미에 따라 한 사람이 이틀 연속으로는 청소당번을 하지 않으므로, A는 수요일 또는 목요일에 청소당번을 하게 된다.

| 월 | 화 | 수 | 목 | 금 |
|---|---|---|---|---|
| A | | | | D |

**2) C 확정**

C의 발언을 보면 '발표 수업=시험 보는 날'이 두 번인데, 해당일과 그 전날도 청소당번을 하지 않는다. 그 결과 청소당번을 할 수 있는 날이 하루밖에 없어야 하고, 해당 요일의 청소당번이 된다.

| 월 | 화 | 수 | 목 | 금 |
|---|---|---|---|---|
| | | | | |

위 상태에서  을 2번 배치해서 청소당번이 가능한 요일이 하나로 확정되어야 한다.

| | 월 | 화 | 수 | 목 | 금 |
|---|---|---|---|---|---|
| 경우 1 | ✕ | 발표수업 시험 | 발표수업 시험 | ✕ | ✕ |
| 경우 2 | ✕ | 발표수업 시험 | ✕ | 발표수업 시험 | ✕ |
| 경우 3 | ✕ | 발표수업 시험 | ✕ | ✕ | 발표수업 시험 |
| 경우 4 | ✕ | ✕ | 발표수업 시험 | 발표수업 시험 | ✕ |
| 경우 5 | ✕ | ✕ | 발표수업 시험 | ✕ | 발표수업 시험 |
| 경우 6 | ✕ | ✕ | ✕ | 발표수업 시험 | 발표수업 시험 |

청소당번이 가능한 요일이 하나만 남는 경우는 경우 2, 3, 5이다. 그런데 경우 2는 금요일만, 경우 5는 월요일만 가능하므로, 앞에서 A가 월요일, D가 금요일에 청소당번을 한다는 조건과 충돌한다. 따라서 경우 3이어야 하고 C는 수요일에 청소당번을 한다.

| 월 | 화 | 수 | 목 | 금 |
|---|---|---|---|---|
| A | | C | | D |

**3) 나머지의 확정**

A는 수요일 또는 목요일에 청소당번이 가능했는데, C가 수요일로 확정되었으므로, A는 목요일에 청소당번을 한다. 나머지 B가 화요일에 청소당번을 한다.

[정답] ④

---

**🗨 길쌤's Check**

청소당번을 확정하는 방법은 위 방법 외에도 여러 방법이 있다. 여러 방법으로 연습해 볼 수 있는 문제이다.

발문에 '옳게 짝지은 것은?'이 주어진 경우에는 무조건은 아니지만 선지를 활용해서 문제를 해결할 수 있는 가능성이 높다. 조건을 모두 충족하도록 옳게 짝지어진 하나의 선지가 정답인 것이고, 나머지 오답인 선지 네 개는 조건에 위배되어 제거되는 경우가 많다.

# V. 항목의 활용

앞서 **III.** 선지 활용의 '항목 간 연계'에서도 선지의 항목을 활용하는 방법에 대해서 언급한 적이 있다. 항목을 활용하는 또 다른 방법을 보다 심층적으로 연습해 보자.

## 1 항목 간 연결

**01** 중소기업청은 우수 중소기업 지원자금을 5,000억 원 한도 내에서 아래와 같은 <지침>에 따라 A, B, C, D 기업에 배분하고자 한다. 각 기업별 지원 금액은?
06년 5급 출책형 13번

―――――〈지 침〉―――――

가. 평가지표별 점수 부여: 평가지표별로 1위 기업에게는 4점, 2위는 3점, 3위는 2점, 4위는 1점을 부여한다. 다만, 부채비율이 낮을수록 순위가 높으며, 나머지 지표는 클수록 순위가 높다.

나. 기업 평가순위 부여: 획득한 점수의 합이 큰 기업 순으로 평가순위(1위~4위)를 부여한다.

다. 지원한도:
(1) 평가 순위 1위 기업에는 2000억 원, 2위는 1500억 원, 3위는 1000억 원, 4위는 500억 원까지 지원할 수 있다.
(2) 각 기업에 대한 지원한도는 순자산의 2/3로 제한된다. 다만, 평가순위가 3위와 4위인 기업 중 부채비율이 400% 이상인 기업에게는 순자산의 1/2만큼만 지원할 수 있다.

라. 지원요구금액이 지원한도보다 적은 경우에는 지원요구금액 만큼만 배정한다.

**〈표〉 평가지표와 각 기업의 순자산 및 지원요구금액**

| 구분 | | A | B | C | D |
|---|---|---|---|---|---|
| 평가지표 | 경상이익률(%) | 5 | 2 | 1.5 | 3 |
| | 영업이익률(%) | 5 | 1 | 2 | 1.5 |
| | 부채비율(%) | 500 | 350 | 450 | 300 |
| | 매출액증가율(%) | 8 | 10 | 9 | 11 |
| 순자산(억 원) | | 2,100 | 600 | 900 | 3,000 |
| 지원요구금액(억 원) | | 2,000 | 500 | 1,000 | 1,800 |

|  | A 기업 | B 기업 | C 기업 | D 기업 |
|---|---|---|---|---|
| ① | 1,400 | 400 | 450 | 1,800 |
| ② | 1,050 | 500 | 1,000 | 1,800 |
| ③ | 1,400 | 400 | 500 | 2,000 |
| ④ | 1,050 | 500 | 450 | 2,000 |
| ⑤ | 1,400 | 500 | 450 | 1,800 |

## 해설

문제에서 요구하는 풀이 단계는 다음과 같다.

평가지표별 순위 확인 → 순위에 따른 점수 부여 → 점수의 합이 큰 기업 순으로 평가순위 부여 → 평가순위에 따른 지원금액 확인 → 지원한도 등 예외조건 검토

| 구분 | | A | | | B | | | C | | | D | | |
|---|---|---|---|---|---|---|---|---|---|---|---|---|---|
| | | | 순위 | 점수 | | 순위 | 점수 | | 순위 | 점수 | | 순위 | 점수 |
| 평가지표 | 경상이익률(%) | 5 | 1 | 4 | 2 | 3 | 2 | 1.5 | 4 | 1 | 3 | 2 | 3 |
| | 영업이익률(%) | 5 | 1 | 4 | 1 | 4 | 1 | 2 | 2 | 3 | 1.5 | 3 | 2 |
| | 부채비율(%) | 500 | 4 | 1 | 350 | 2 | 3 | 450 | 3 | 2 | 300 | 1 | 4 |
| | 매출액증가율(%) | 8 | 4 | 1 | 10 | 2 | 3 | 9 | 3 | 2 | 11 | 1 | 4 |
| 합 | | | | 10 | | | 9 | | | 8 | | | 13 |

점수의 합을 보면 D(13점)−A(10점)−B(9점)−C(8점) 순이다.

- 다. 지원한도
(1) 평가 순위 1위 기업 D에는 2,000억 원, 2위 A는 1,500억 원, 3위 B는 1,000억 원, 4위 C는 500억 원까지 지원할 수 있다.

(2) 각 기업에 대한 지원한도는 순자산의 2/3로 제한된다.

| 구분 | A | B | C | D |
|---|---|---|---|---|
| 순자산(억 원) | 2,100 | 600 | 900 | 3,000 |
| 지원한도는 순자산의 2/3 | 1,400 | 400 | 600 | 2,000 |

다만, 평가순위가 3위인 B와 4위인 C기업 중 부채 비율이 400% 이상인 기업에게는 순자산의 1/2만큼만 지원할 수 있다. B는 부채비율이 350%이지만, C는 부채비율이 450%이므로 이 조건의 적용을 받는다.
→ C에게는 순자산 900억 원의 1/2인 450억 원까지만 지원할 수 있다.

- 라. 지원요구금액이 지원한도보다 적은 경우에는 지원요구 금액만큼만 배정한다.

| 구분 | A | B | C | D |
|---|---|---|---|---|
| 순자산(억 원) | 2100 | 600 | 900 | 3,000 |
| 지원한도(억 원) | 1,400 | 400 | 450 | 2,000 |
| 지원요구금액(억 원) | 2,000 | 500 | 1,000 | 1,800 |

→ D는 2,000억 원까지 지원가능하지만 지원요구금액인 1,800억 원이 지원한도인 2,000억 원보다 적은 경우이므로 지원요구 금액 만큼인 1,800억 원만큼만 배정한다.

따라서 A기업은 1,400억 원, B기업은 400억 원, C기업은 450억 원, D기업은 1,800억 원이다.

[정답] ①

## 02 다음 <표>의 내용 일부가 훼손되었다. 다음 중 (가), (나), (다), (라)에 들어갈 수 있는 수치는? (단, 인건비와 재료비 이외의 투입요소는 없다)

09년 5급 극책형 29번

### <표> 사업평가 자료

| 구분 | 목표량 | 인건비 | 재료비 | 산출량 | 효과성 순위 | 효율성 순위 |
|---|---|---|---|---|---|---|
| A | (가) | 200 | 50 | 500 | 3 | 2 |
| B | 1,000 | (나) | 200 | 1,500 | 2 | 1 |
| C | 1,500 | 1,200 | (다) | 3,000 | 1 | 3 |
| D | 1,000 | 300 | 500 | (라) | 4 | 4 |

※ 효율성=산출 / 투입
※ 효과성=산출 / 목표

| | (가) | (나) | (다) | (라) |
|---|---|---|---|---|
| ① | 300 | 500 | 800 | 800 |
| ② | 500 | 800 | 300 | 800 |
| ③ | 800 | 500 | 300 | 300 |
| ④ | 500 | 300 | 800 | 800 |
| ⑤ | 800 | 800 | 300 | 500 |

## 해설

발문과 선지의 형태를 통해 빠른 해결이 가능한 방법을 찾아낼 수 있어야 하는 문제이다. 문제 해결을 위해 구분별 효과성, 효율성을 정리하면 다음과 같다.

| 구분 | 산출 / 목표 | 효과성 순위 | 산출 / 투입 | 효율성 순위 |
|---|---|---|---|---|
| A | $\dfrac{500}{(가)}$ | 3 | $\dfrac{500}{200+50}$ | 2 |
| B | $\dfrac{1,500}{1,000}$ | 2 | $\dfrac{1,500}{(나)+200}$ | 1 |
| C | $\dfrac{3,000}{1,500}$ | 1 | $\dfrac{3,000}{1,200+(다)}$ | 3 |
| D | $\dfrac{(라)}{1,000}$ | 4 | $\dfrac{(라)}{300+500}$ | 4 |

실제 문제 풀이에서는 전부 구체적으로 다 정리할 필요는 없고 효과성 순위, 효율성 순위에서 비교가 필요한 부분만 정리해가면서 판단한다.

### 방법 1

1) (가) 값 확정하기: 효과성 순위 3위 (효과성 순위 2위 또는 4위 중 2위와 비교)

$$\frac{500}{(가)} < 1.5 \rightarrow 333.3 < (가)$$

A의 효과성 순위는 3위이므로 2위인 B의 효과성보다 작아야 한다. B의 효과성은 1.5이므로 A의 효과성은 1.5보다 작아야 하고 (가)는 약 333보다 커야 한다. 선지 ①은 제거된다.

2) (나) 값 확정하기: 효율성 순위 1위 (효율성 순위 2위와 비교)

$$\frac{1,500}{(나)+200} > 2 \rightarrow 550 > (나)$$

B의 효율성 순위는 1위이다. 따라서 B의 효율성은 2위인 A의 효율성보다 커야 한다. A의 효율성은 2이므로 B의 효율성은 2보다 커야 하고 (나)는 550보다 작아야 한다. 선지 ②, ⑤는 제거된다.

3) (다) 값 확정하기: 효율성 순위 3위 (효율성 순위 2위 또는 4위 중 2위와 비교)

$$\frac{3,000}{1,200+(다)} < 2 \rightarrow 300 < (다)$$

C의 효율성 순위는 3위이다. 따라서 C의 효율성은 2위인 A의 효율성보다 작아야 한다. A의 효율성은 2이므로 C의 효율성은 2보다 작아야 하고 (다)는 300보다 커야 한다. 선지 ③은 제거된다.

### 방법 2

위와 같은 비교 · 정리가 헷갈린다면 각 선지를 대입해서 조건을 충족하는지 확인하는 방식으로 해결 가능하다. 그러나 일일이 다 대입하는 것은 시간이 많이 소요될 수 있으므로 가능하면 필요한 부분을 비교해서 판단하는 연습을 하도록 한다.

[정답] ④

**03** 다음 <상황>과 <대화>를 근거로 판단할 때, 丁의 성적으로 가능한 것은?

14년 5급 A책형 36번

─────────〈상 황〉─────────

○ 가영, 나리, 다해, 라라, 마철은 올해 활약이 뛰어났던 4명의 투수(甲~丁) 중에서 최우수 투수를 선정하였다.

○ 가영, 나리, 다해, 라라, 마철은 투수 중에서 1명씩 선택하여 투표하였고, '丁'만 2명의 선택을 받아서 최우수 투수로 선정되었다.

○ 甲~丁의 올해 시즌 성적은 아래와 같다.

| 항목\선수 | 평균 자책점 | 승리한 경기 수 | 패배한 경기 수 | 탈삼진 수 | 완투한 경기 수 |
|---|---|---|---|---|---|
| 甲 | 1.70 | 15 | 10 | 205 | 10 |
| 乙 | 1.95 | 21 | 8 | 150 | 5 |
| 丙 | 2.20 | 15 | 8 | 170 | 13 |
| 丁 | 2.10 | ? | ? | ? | ? |

─────────〈대 화〉─────────

○ 가영: 평균 자책점이 가장 낮은 선수를 뽑았어.
○ 나리: 승리한 경기 수가 가장 많은 선수를 뽑았어.
○ 다해: 완투한 경기 수가 가장 많은 선수를 뽑았어.
○ 라라: 탈삼진 수가 가장 많은 선수를 뽑았어.
○ 마철: 승률이 가장 높은 선수를 뽑았어.

※ 승률 = $\dfrac{\text{승리한 경기 수}}{\text{승리한 경기 수 + 패배한 경기 수}}$

| | 승리한 경기 수 | 패배한 경기 수 | 탈삼진 수 | 완투한 경기 수 |
|---|---|---|---|---|
| ① | 23 | 3 | 210 | 14 |
| ② | 20 | 10 | 220 | 12 |
| ③ | 20 | 5 | 210 | 10 |
| ④ | 20 | 5 | 200 | 8 |
| ⑤ | 23 | 3 | 210 | 6 |

**📝 해설**

가영~마철 5명이 4명의 투수 중 1명씩 선택하여 투표하였고, '丁'만 2명의 선택을 받아서 최우수 투수로 선택되어야 하므로, 나머지 세 표는 甲~丙이 각각 한 표씩만을 획득했음을 알 수 있다. 5명이 투표한 1인을 선정하는 기준 및 그 결과는 다음과 같다.

| 구분 | 선정기준 | 선정결과 |
|---|---|---|
| 가영 | 평균 자책점이 가장 낮은 선수 | 甲 |
| 나리 | 승리한 경기 수가 가장 많은 선수 | 乙 or 丁 |
| 다해 | 완투한 경기 수가 가장 많은 선수 | 丙 or 丁 |
| 라라 | 탈삼진 수가 가장 많은 선수 | 甲 or 丁 |
| 마철 | 승률이 가장 높은 선수 | 乙 or 丁 |

〈상황〉에서 주어진 대로 '丁'만 2명의 선택을 받고, 나머지 세 표는 甲~丙이 한 표씩 받도록 하려면 고려해야 할 조건은 다음과 같다.

1) '가영'이 선정한 선수는 확정적으로 甲이다.
2) 甲~丙은 모두 한 표씩만을 획득해야 하므로, '라라'가 선정한 선수는 甲일 수 없고 丁이어야 한다.
3) 丙도 한 표는 획득해야 하는데 丙에 투표 가능한 사람은 '다해'밖에 없다. 따라서 '다해'가 선정한 선수는 丙이다.
4) 남은 사람은 '나리'와 '마철'인데 둘 다 모두 '乙 or 丁'에게 투표하는 것이 가능하다. 따라서 두 명이 서로 엇갈리게 乙과 丁을 한 명씩 뽑으면 주어진 조건을 모두 충족하게 된다.

| 구분 | 선정기준 | 선정결과 |
|---|---|---|
| 가영 | 평균 자책점이 가장 낮은 선수 | 甲 |
| 나리 | 승리한 경기 수가 가장 많은 선수 | 乙 or 丁 |
| 다해 | 완투한 경기 수가 가장 많은 선수 | 丙 |
| 라라 | 탈삼진 수가 가장 많은 선수 | 丁 |
| 마철 | 승률이 가장 높은 선수 | 乙 or 丁 |

| 항목\선수 | 평균 자책점 | 승리한 경기 수 | 패배한 경기 수 | 탈삼진 수 | 완투한 경기 수 |
|---|---|---|---|---|---|
| 甲 | 1.70 | 15 | 10 | 205 | 10 |
| 乙 | 1.95 | 21 | 8 | 150 | 5 |
| 丙 | 2.20 | 15 | 8 | 170 | 13 |
| 丁 | 2.10 | ? | ? | ? | ? |

위에서 결정된 대로 투표하려면 먼저, 위 표에서 음영처리한 부분이 가장 큰 값이어야 한다. 따라서 주어진 선지에서 丁의 탈삼진 수는 205개보다 많아야 하고(④ 제외), 완투한 경기 수는 13경기보다 작아야 한다(① 제외). 나머지 선지인 ②, ③, ⑤를 가지고, 乙과 丁이 각각 하나씩 승리한 경기 수가 가장 많고, 승률이 가장 높도록 만들어야 한다.

| | 승리한 경기 수 | 패배한 경기 수 | 탈삼진 수 | 완투한 경기 수 |
|---|---|---|---|---|
| 乙 | 21 | 8 | | |
| | 승률: $\dfrac{21}{21+8} ≒ 72.41$ | | | |
| ② | 20 | 10 | 220 | 12 |
| | 승리한 경기 수: 乙이 더 많다. | | | |
| | 丁의 승률: $\dfrac{20}{20+10} = \dfrac{2}{3} ≒ 66.67$ → 乙이 더 높다. | | | |
| ③ | 20 | 5 | 210 | 10 |
| | 승리한 경기 수: 乙이 더 많다. | | | |
| | 丁의 승률: $\dfrac{20}{20+5} = \dfrac{20}{25} = \dfrac{4}{5} = 0.8$ → 丁이 더 높다. | | | |
| ⑤ | 23 | 3 | 210 | 6 |
| | 승리한 경기 수: 丁이 더 많다. | | | |
| | 丁의 승률: $\dfrac{23}{23+3} ≒ 88.46$ → 丁이 더 높다. | | | |

乙과 丁이 각각 한 명씩의 선택을 받으려면 선지 ③만 가능하다.

**빠른 문제풀이 Tip**

이 문제는 주어진 선지를 적절하게 활용해서 답을 구해야 하고, 승률을 비교할 때는 적절한 공식 변형 혹은 수구조 파악을 통해서 빠르게 구할 수 있어야 한다. 승률은 주어진 공식대로가 아니라 $\dfrac{\text{승리한 경기 수}}{\text{패배한 경기 수}}$로 계산하고 비교했을 경우에 보다 쉽게 해결 가능하다.

[정답] ③

**04** A, B, C, D 4개의 밭이 나란히 있다. 첫 해에 A에는 장미, B에는 진달래, C에는 튤립을 심었고, D에는 아무 것도 심지 않았다. 그리고 2년차에는 C에 아무 것도 심지 않기로 하였다. 이 경우 다음 <조건>에 따를 때 3년차에 가능한 것은?

09년 5급 극책형 14번

─────〈조 건〉─────
○ 한 밭에는 한 가지 꽃만 심는다.
○ 심을 수 있는 꽃은 장미, 튤립, 진달래, 백합, 나팔꽃이다.
○ 한 가지 꽃을 두 군데 이상 심으면 안 된다.
○ 장미와 튤립을 인접해서 심으면 안 된다.
○ 전 해에 장미를 심었던 밭에는 아무 것도 심지 않거나 진달래를 심고, 진달래를 심었던 밭에는 아무 것도 심지 않거나 장미를 심어야 한다. (단, 아무 것도 심지 않았던 밭에는 그 전 해에 장미를 심었으면 진달래를, 진달래를 심었으면 장미를 심어야 한다)
○ 매년 한 군데 밭에만 아무 것도 심지 않아야 한다.
○ 각각의 밭은 4년에 한 번만 아무 것도 심지 않아야 한다.
○ 전 해에 심지 않은 꽃 중 적어도 한 가지는 심어야 한다.
○ 튤립은 2년에 1번씩 심어야 한다.

| | A | B | C | D |
|---|---|---|---|---|
| ① | 장미 | 진달래 | 튤립 | 심지 않음 |
| ② | 심지 않음 | 진달래 | 나팔꽃 | 백합 |
| ③ | 장미 | 심지 않음 | 나팔꽃 | 튤립 |
| ④ | 심지 않음 | 진달래 | 백합 | 나팔꽃 |
| ⑤ | 장미 | 진달래 | 심지 않음 | 튤립 |

## 📝 해설

정답을 구하는 데 중요한 정보를 정리해 보면 다음과 같다.

1) 전 해에 장미를 심었던 밭에는 아무 것도 심지 않거나 진달래를 심고, 진달래를 심었던 밭에는 아무 것도 심지 않거나 장미를 심어야 한다.
2) 각각의 밭은 4년에 한 번만 아무 것도 심지 않아야 한다.
3) 전 해에 심지 않은 꽃 중 적어도 한 가지는 심어야 한다.
4) 튤립은 2년에 1번씩 심어야 한다.

발문에 주어진 정보를 시각화하면 다음과 같다.

| 구분 | A | B | C | D |
|---|---|---|---|---|
| 첫 해 | 장미 | 진달래 | 튤립 | 심지 않음 |
| 2년차 | | | 심지 않음 | |

2년차에 심을 꽃을 확정해 보면,

- 1)에서 전 해에 장미를 심었던 밭에는 아무 것도 심지 않거나 진달래를 심어야 하는데, 매년 한 군데 밭에만 아무 것도 심지 않아야 하고 C에 아무것도 심지 않았으니 2년차의 A에는 진달래를 심는다.
- 1)에서 전 해에 진달래를 심었던 밭에는 아무 것도 심지 않거나 장미를 심어야 하는데, C에 아무것도 심지 않았으니 2년차의 C에는 장미를 심는다.
- 3)에서 전 해에 심지 않은 꽃 중 적어도 한 가지는 심어야 하므로 D에는 백합 또는 나팔꽃을 심어야 한다.

이를 반영해서 시각화하면 다음과 같다.

| 구분 | A | B | C | D |
|---|---|---|---|---|
| 첫 해 | 장미 | 진달래 | 튤립 | 심지 않음 |
| 2년차 | 진달래 | 장미 | 심지 않음 | 백합/나팔꽃 |

지금까지 구해놓은 것을 토대로 3년차에 심을 꽃을 확인해 보면 다음과 같다.

- A, B에는 조건 1)이 적용된다.
- 조건 4)에 의해서 C 또는 D에 튤립을 반드시 심어야 한다.
- 조건 3)도 적용해야 하는데, 2년차에 심은 꽃이 확정되지 않아 적용이 어렵다.

이를 정리하면 다음과 같다.

| 구분 | A | B | C | D |
|---|---|---|---|---|
| 첫 해 | 장미 | 진달래 | 튤립 | 심지 않음 |
| 2년차 | 진달래 | 장미 | 심지 않음 | 백합/나팔꽃 |
| 3년차 | 심지 않음 or 장미 | 심지 않음 or 진달래 | 튤립/ 조건 3)에 따른 꽃 | |

이 조건을 충족하는 선지는 ③이다.

[정답] ③

**05** 김가영(女), 이나울(男), 최규리(女), 박혁준(男)은 고등학교 동창으로 1년에 한 번씩 모여 선물을 교환한다. 올해는 서로 동물 인형을 선물하기로 했다. 선물교환이 끝난 후 누군가가 자신이 받은 인형 안에 프러포즈 반지가 들어있는 것을 발견하였다. 다음을 근거로 판단할 때, 프러포즈 반지를 선물한 사람과 받은 사람은 각각 누구인가? (단, 이때 옆으로 나란히 앉은 사람과 마주보고 앉은 사람은 모두 접하여 있다고 본다. 예를 들면 좌석 1은 좌석 2, 좌석 4와 접하여 있는 것으로 본다) 12년 5급 인책형 35번

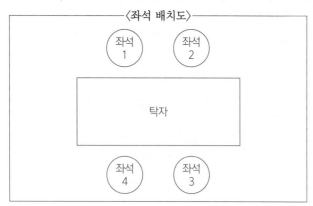

─────〈좌석 배치도〉─────

좌석 1  좌석 2

탁자

좌석 4  좌석 3

─────〈교환한 인형〉─────
토끼 인형, 강아지 인형, 고양이 인형, 호랑이 인형
(프러포즈 반지는 강아지 인형에만 들어있다)

─────〈상 황〉─────
○ 토끼 인형을 준비한 사람과 고양이 인형을 준비한 사람은 마주보고 앉아있다.
○ 이나울은 토끼 인형을 준비하지 않았으며, 강아지 인형을 준비한 사람과 접하여 앉아있다.
○ 프러포즈 반지를 선물한 사람과 받은 사람은 옆으로 나란히 앉지 않았다.
○ 최규리는 토끼 인형을 준비하지 않았으며, 김가영은 고양이 인형을 준비하였다.
○ 같은 성별의 사람들은 접하여 있지 않으며, 프러포즈 반지는 이성에게 선물하였다.

| | 프러포즈 반지를 선물한 사람 | 프러포즈 반지를 받은 사람 |
|---|---|---|
| ① | 이나울 | 김가영 |
| ② | 박혁준 | 김가영 |
| ③ | 최규리 | 이나울 |
| ④ | 최규리 | 박혁준 |
| ⑤ | 박혁준 | 최규리 |

## 해설

1) 토끼 인형을 준비한 사람과 고양이 인형을 준비한 사람은 마주보고 앉아있다.
2) 이나울은 토끼 인형을 준비하지 않았으며, 강아지 인형을 준비한 사람과 접하여 앉아있다.
3) 프러포즈 반지를 선물한 사람과 받은 사람은 옆으로 나란히 앉지 않았다.
4) 최규리는 토끼 인형을 준비하지 않았으며, 김가영은 고양이 인형을 준비하였다.
5) 같은 성별의 사람들은 접하여 있지 않으며, 프러포즈 반지는 이성에게 선물하였다.

조건 3)과 조건 5)를 결합해 보면, 프러포즈 반지는 마주보고 있는 사람들끼리 주고받았음을 알 수 있다. 조건 1)을 통해 강아지 인형과 호랑이 인형을 준비한 사람들끼리 프러포즈 반지를 주고 받았음을 알 수 있다. 조건 2)를 반영해 보면 다음과 같다.

| 토끼인형 | 강아지 인형 | 고양이 인형 | 호랑이 인형 |
|---|---|---|---|
| | | | |
| 이나울 × | 이나울 × | | |

조건 4)를 반영해 보면 다음과 같다.

| 토끼인형 | 강아지 인형 | 고양이 인형 | 호랑이 인형 |
|---|---|---|---|
| | | 김가영 | |
| 이나울 ×<br>최규리× | 이나울 × | | |

나머지를 확정해 보면, 다음과 같다.

| 토끼인형 | 강아지 인형 | 고양이 인형 | 호랑이 인형 |
|---|---|---|---|
| 박혁준 | 최규리 | 김가영 | 이나울 |
| 이나울 ×<br>최규리× | 이나울 × | | |

따라서 프러포즈 반지를 선물한 사람은 강아지 인형을 준비한 최규리이고, 받은 사람은 호랑이 인형을 준비한 이나울이다.

[정답] ③

**06** 다음 <상황>에 근거할 때, 약사 甲이 4명의 환자에게 조제한 약을 옳게 짝지은 것은? <small>13년 5급 인책형 33번</small>

〈상 황〉

　오늘 아침 甲의 약국에 희경, 은정, 소미, 정선 4명의 손님이 방문하였다. 甲은 이들로부터 처방전을 받아 A~D 네 봉지의 약을 조제하였는데, 약을 조제한 후 처방전을 분실하여 누구의 약인지 알지 못한다. 다만 甲은 다음과 같은 몇 개의 정보만 기억하고 있다.

○ 오늘 아침 방문한 환자들의 병명은 몸살, 배탈, 치통, 피부병이었다.
○ 은정의 처방전은 B에 해당하는 것이었고, 그녀는 몸살이나 배탈 환자가 아니었다.
○ A는 배탈 환자에 사용되는 약이 아니다.
○ D는 연고를 포함하고 있는데, 이 연고는 피부병에만 사용된다.
○ 희경은 임산부이고, A와 D에는 임산부가 먹어서는 안 되는 약품이 사용되었다.
○ 소미는 몸살 환자가 아니었다.

|  | A | B | C | D |
|---|---|---|---|---|
| ① | 정선 | 은정 | 희경 | 소미 |
| ② | 정선 | 은정 | 소미 | 희경 |
| ③ | 소미 | 은정 | 희경 | 정선 |
| ④ | 희경 | 은정 | 소미 | 정선 |
| ⑤ | 희경 | 은정 | 정선 | 소미 |

## 해설

**방법 1** 직접 해결

은정의 처방전은 B에 해당하는 것이었고, 그녀는 몸살이나 배탈 환자가 아니었다.

| A | B | C | D |
|---|---|---|---|
|  | 은정 |  |  |
|  | 몸살, 배탈 X |  |  |

A는 배탈 환자에 사용되는 약이 아니다.

| A | B | C | D |
|---|---|---|---|
|  | 은정 |  |  |
| 배탈 X | 몸살, 배탈 X |  |  |

D는 연고를 포함하고 있는데, 이 연고는 피부병에만 사용된다.

| A | B | C | D |
|---|---|---|---|
|  | 은정 |  |  |
| 배탈 X | 몸살, 배탈 X |  | 피부병 |

D는 피부병, B는 치통, A는 몸살, C는 배탈로 확정된다.

| A | B | C | D |
|---|---|---|---|
|  | 은정 |  |  |
| 몸살 | 치통 | 배탈 | 피부병 |

희경은 임산부이고, A와 D에는 임산부가 먹어서는 안 되는 약품이 사용되었다.

| A | B | C | D |
|---|---|---|---|
| 희경 X | 은정 |  | 희경 X |
| 몸살 | 치통 | 배탈 | 피부병 |

소미는 몸살 환자가 아니었다.

| A | B | C | D |
|---|---|---|---|
| 희경 X<br>소미 X | 은정 |  | 희경 X |
| 몸살 | 치통 | 배탈 | 피부병 |

따라서 A는 정선, D는 소미, C는 희경으로 확정된다. 최종 결과는 다음과 같다.

| A | B | C | D |
|---|---|---|---|
| 정선 | 은정 | 희경 | 소미 |
| 몸살 | 치통 | 배탈 | 피부병 |

따라서 정답은 ①이다.

**방법 2** 선지 활용

1) 은정의 처방전은 B에 해당하는 것이었고, 그녀는 몸살이나 배탈 환자가 아니었다.
2) A는 배탈 환자에 사용되는 약이 아니다.
3) D는 연고를 포함하고 있는데, 이 연고는 피부병에만 사용된다.
4) 희경은 임산부이고, A와 D에는 임산부가 먹어서는 안 되는 약품이 사용되었다.
5) 소미는 몸살 환자가 아니었다.

선지를 활용해서 해결해 보면, 4)를 통해 선지 ②, ④, ⑤가 소거된다.

| | A | B | C | D |
|---|---|---|---|---|
| ① | 정선 | 은정 | 희경 | 소미 |
| ② | 정선 | 은정 | 소미 | 희경 |
| ③ | 소미 | 은정 | 희경 | 정선 |
| ④ | 희경 | 은정 | 소미 | 정선 |
| ⑤ | 희경 | 은정 | 정선 | 소미 |

소거 후 B는 은정, C는 희경으로 확정되고, A와 D만 확정하면 된다.

| | A | B | C | D |
|---|---|---|---|---|
| ① | 정선 | 은정 | 희경 | 소미 |
| ③ | 소미 | 은정 | 희경 | 정선 |

A와 D에서 정선 또는 소미를 확정할 수 있는 조건은 5)이다. 따라서 A~D의 병명을 빠르게 확정해야 한다.

3)을 통해 D가 피부병, 1)을 통해 B가 치통, 2)를 통해 A가 몸살로 확정된다.

따라서 5)에 의해서 소미는 A일 수 없으므로 정답은 ①이다.

[정답] ①

## 01 다음 글과 <조건>을 근거로 판단할 때, 2순위와 4순위가 옳게 짝지어진 것은?

13년 민경채 인책형 8번

심야에 오토바이 폭주족들이 굉음을 내고 도로를 질주하여 주민들이 잠을 잘 수가 없다는 민원이 경찰청에 끊임없이 제기되고 있다. 경찰청은 이 문제를 해결하기 위해 대책을 논의하였다. 그 결과 안전그물 설치, 전담반 편성, CCTV 설치, 처벌 강화, 시민자율방범의 5가지 대안을 마련하였고, 그 대안별 우선순위를 알고자 한다.

〈조 건〉

| 평가<br>기준 \ 대안 | (ㄱ)<br>안전그물<br>설치 | (ㄴ)<br>전담반<br>편성 | (ㄷ)<br>CCTV<br>설치 | (ㄹ)<br>처벌<br>강화 | (ㅁ)<br>시민<br>자율방범 |
|---|---|---|---|---|---|
| 효과성 | 8 | 5 | 5 | 9 | 4 |
| 기술적<br>실현가능성 | 7 | 2 | 1 | 6 | 3 |
| 경제적<br>실현가능성 | 6 | 1 | 3 | 8 | 1 |
| 행정적<br>실현가능성 | 6 | 6 | 5 | 5 | 5 |
| 법적 실현<br>가능성 | 6 | 5 | 5 | 5 | 5 |

○ 우선순위는 각 대안별 평가기준 점수의 합계가 높은 순으로 정한다.

○ 합계점수가 같은 경우에는 법적 실현가능성 점수가 높은 대안이 우선순위가 높고, 법적 실현가능성 점수도 같은 경우에는 효과성 점수, 효과성 점수도 같은 경우에는 행정적 실현가능성 점수, 행정적 실현가능성 점수도 같은 경우에는 기술적 실현가능성 점수가 높은 대안 순으로 우선순위를 정한다.

| | 2순위 | 4순위 |
|---|---|---|
| ① | ㄱ | ㄴ |
| ② | ㄴ | ㄹ |
| ③ | ㄹ | ㄴ |
| ④ | ㄹ | ㄷ |
| ⑤ | ㄹ | ㅁ |

## 🗐 해설

(ㄱ)~(ㅁ)까지 항목별 점수 중 공통적으로 8점을 제외할 수 있으므로 이를 제외하여 정리하면 다음과 같다.

| 평가기준 \ 대안 | (ㄱ)<br>안전그물<br>설치 | (ㄴ)<br>전담반<br>편성 | (ㄷ)<br>CCTV<br>설치 | (ㄹ)<br>처벌 강화 | (ㅁ)<br>시민<br>자율방범 |
|---|---|---|---|---|---|
| 효과성 | 8 | 5 | 5 | 9 | 4 |
| 기술적<br>실현가능성 | 7 | 2 | 1 | 6 | 3 |
| 경제적<br>실현가능성 | 6 | 1 | 3 | 8 | 1 |
| 행정적<br>실현가능성 | 6 | 6 | 5 | 5 | 5 |
| 법적<br>실현가능성 | 6 | 5 | 5 | 5 | 5 |
| 합계점수 | 25 | 11 | 11 | 25 | 10 |

공통점수를 제외하고 합계점수가 25점으로 (ㄱ) 안전그물 설치와 (ㄹ) 처벌 강화가 동일하므로 '동점 시 처리 조건'을 확인한다. 합계점수가 같은 경우 법적 실현가능성 점수가 높은 대안이 우선순위가 높으므로 법적 실현가능성 점수가 6점인 (ㄱ) 안전그물 설치가 1순위, 법적 실현가능성 점수가 5점인 (ㄹ) 처벌 강화가 2순위임을 알 수 있다. 또한 (ㄴ) 전담반 편성과 (ㄷ) CCTV 설치의 합계점수가 11점으로 동일하므로 '동점 시 처리 조건'을 확인하면 법적 실현가능성 점수가 5점으로 동일하고, 효과성 점수가 5점으로 동일하다. 이때 행정적 실현가능성 점수는 (ㄴ) 전담반 편성의 행정적 실현가능성 점수가 6점으로 (ㄷ) CCTV 설치의 5점보다 높으므로 (ㄴ) 전담반 편성이 3순위, (ㄷ) CCTV 설치가 4순위임을 알 수 있다.

따라서 2순위는 (ㄹ) 처벌 강화, 4순위는 (ㄷ) CCTV 설치이다.

[정답] ④

**02** A시 소재 회사에 근무하는 갑은 B시에서 오후 3시에 개최되는 회의에 참석하고자 한다. <표 1>과 <표 2>의 조건이 주어졌을 때, 오전 11시에 회사에서 출발하여 회의시간에 늦지 않게 도착하기 위한 방법 중 최저운임으로 갈 수 있는 방법과 최단시간에 도착할 수 있는 방법은?

07년 5급 재책형 8번

〈표 1〉 교통수단별 소요시간과 운임(도시 내)

| A시 | | 교통수단 | 소요시간(분) | 운임(원) | B시 | | 교통수단 | 소요시간(분) | 운임(원) |
|---|---|---|---|---|---|---|---|---|---|
| 출발지 | 도착지 | | | | 출발지 | 도착지 | | | |
| 회사 | 공항 | a | 40 | 1,500 | 공항 | 회의장 | a | 35 | 1,500 |
| | | b | 30 | 6,000 | | | b | 25 | 5,000 |
| | | c | 30 | 1,500 | | | c | 35 | 2,000 |
| | 고속버스터미널 | a | 25 | 1,000 | 고속버스터미널 | | a | 50 | 2,000 |
| | | b | 15 | 3,000 | | | b | 30 | 6,000 |
| | | c | 20 | 1,000 | | | c | 30 | 1,500 |
| | 역 | a | 30 | 1,000 | 역 | | a | 30 | 1,000 |
| | | b | 20 | 4,000 | | | b | 20 | 4,000 |
| | | c | 15 | 1,000 | | | c | 35 | 2,000 |

〈표 2〉 교통수단별 소요시간과 운임(도시 간)

| 구간 | 교통수단 | 소요시간(분) | 운임(원) | 비고 |
|---|---|---|---|---|
| A시 → B시 | 비행기 | 90 | 60,000 | 탑승수속시간 35분 추가 소요 |
| | 고속버스 | 210 | 40,000 | |
| | 기차 | 140 | 50,000 | |

| | 최저운임 도착방법 | 최단시간 도착방법 |
|---|---|---|
| ① | c → 기차 → a | c → 기차 → b |
| ② | a → 고속버스 → c | c → 기차 → b |
| ③ | a → 비행기 → c | b → 비행기 → c |
| ④ | a → 기차 → a | c → 비행기 → b |
| ⑤ | c → 고속버스 → c | b → 비행기 → b |

📝 **해설**

갑이 오전 11시에 회사에서 출발하여 오후 3시에 개최되는 회의에 늦지 않게 도착하기 위한 방법 중 최저운임으로 갈 수 있는 방법과 최단시간에 도착할 수 있는 방법을 찾아내야 한다. 먼저 각 교통수단별로 11시에 출발해서 3시까지 도착할 수 있는지, 즉 4시간(=240분) 사이에 도착할 수 있는지를 확인해야 한다.

| 교통수단 | 소요시간 | A시 내 이동 소요시간 | A시 내 이동 소요시간 | 총 소요시간 |
|---|---|---|---|---|
| 비행기 | 90 | 30~40분 | 25~35분 | 최소 145분 |
| 고속버스 | 210 | 15~25분 | 30~50분 | 최소 255분 |
| 기차 | 140 | 15~30분 | 20~35분 | 최소 175분 |

따라서 고속버스로 이동하는 방법은 제외되고, 비행기와 기차로 이동하는 방법만 고려하면 된다. 즉, 선지 ②, ⑤는 제외되고 선지 ①, ③, ④가 남는다.

1) 최저운임 도착방법
• 비행기를 이용하는 경우
  A시 내에서 이동하는 교통 수단 중에서는 a 또는 c가, B시 내에서 이동하는 교통 수단 중에서는 a가 가장 저렴하고 그때 총 운임은 a 또는 c (1,500원) → 비행기(60,000원) → a(1,500원)=63,000원이다.
• 기차를 이용하는 경우
  A시 내에서 이동하는 교통 수단 중에서는 a 또는 c가, B시 내에서 이동하는 교통 수단 중에서는 a가 가장 저렴하고 그때 총 운임은 a 또는 c (1,000원) → 기차(50,000원) → a(1,000원)=52,000원이다.

2) 최단시간 도착방법
비행기를 이용하는 경우에 비고란에 주어진 탑승수속시간 35분 추가 소요를 놓치지 않도록 주의한다. 비행기를 이용하는 경우 비행기의 소요시간 90분에 탑승수속시간 35분을 더해 125분으로 계산한다.
• 비행기를 이용하는 경우
  A시 내에서 이동하는 교통수단 중에서는 b 또는 c가, B시 내에서 이동하는 교통수단 중에서는 b가 가장 소요시간이 짧고, 그때 총 소요시간은 b 또는 c (30분) → 비행기(125분) → b (25분)=180분이다.
• 기차를 이용하는 경우
  A시 내에서 이동하는 교통 수단 중에서는 c가, B시 내에서 이동하는 교통수단 중에서는 b가 가장 소요시간이 짧고, 그때 총 소요시간은 c(15분) → 기차(140분) → b(20분)=175분이다.

따라서 정답은 ①이다.

[정답] ①

**03** 다음 규정과 서울에서 대전으로 출장을 다녀온 <甲의 지출내역>에 근거하였을 때, 甲이 정산 받는 여비의 총액은?

11년 민경채 인책형 23번

제00조(여비의 종류) 여비는 운임·숙박비·식비·일비 등으로 구분한다.
  1. 운임: 여행 목적지로 이동하기 위해 교통수단을 이용함에 있어 소요되는 비용을 충당하기 위한 여비
  2. 숙박비: 여행 중 숙박에 소요되는 비용을 충당하기 위한 여비
  3. 식비: 여행 중 식사에 소요되는 비용을 충당하기 위한 여비
  4. 일비: 여행 중 출장지에서 소요되는 교통비 등 각종 비용을 충당하기 위한 여비
제00조(운임의 지급) ① 운임은 철도운임·선박운임·항공운임으로 구분한다.
② 국내 철도운임은 [별표 1]에 따라 지급한다.
제00조(일비·숙박비·식비의 지급) ① 국내 여행자의 일비·숙박비·식비는 [별표 1]에 따라 지급한다.
② 일비는 여행일수에 따라 지급한다.
③ 숙박비는 숙박하는 밤의 수에 따라 지급한다. 다만, 출장기간이 2일 이상인 경우에 지급액은 출장기간 전체의 총액한도 내 실비로 계산한다.
④ 식비는 여행일수에 따라 지급한다.

[별표 1] 국내 여비 지급표

(단위: 원)

| 철도운임 | 선박운임 | 항공운임 | 일비 (1일당) | 숙박비 (1박당) | 식비 (1일당) |
|---|---|---|---|---|---|
| 실비 (일반실) | 실비 (2등급) | 실비 | 20,000 | 실비 (상한액: 40,000) | 20,000 |

〈甲의 지출내역〉

(단위: 원)

| 항목 | 1일차 | 2일차 | 3일차 |
|---|---|---|---|
| KTX 운임(일반실) | 20,000 | | 20,000 |
| 대전 시내 버스요금 | 5,000 | 10,000 | 2,000 |
| 대전 시내 택시요금 | | | 10,000 |
| 식비 | 10,000 | 30,000 | 10,000 |
| 숙박비 | 45,000 | 30,000 | |

① 182,000원
② 187,000원
③ 192,000원
④ 230,000원
⑤ 235,000원

## 해설

법조문에 따라 운임과 일비를 정리하면 다음과 같다.

| 운임 | 여행 목적지로 이동하기 위해 교통수단을 이용함에 있어 소요되는 비용을 충당하기 위한 여비 |
|---|---|
| 일비 | 여행 중 출장지에서 소요되는 교통비 등 각종 비용을 충당하기 위한 여비 |

이에 따라 대전 시내 버스요금 및 택시요금은 운임이 아니라 일비에 해당한다. 이때 여비의 종류에 따른 〈甲의 지출내역〉을 정리하면 다음과 같다.

| 여비의 구분 | 항목 | 1일차 | 2일차 | 3일차 |
|---|---|---|---|---|
| 운임 (철도운임) | KTX 운임(일반실) | 20,000 | | 20,000 |
| 일비 | 대전 시내 버스요금 | 5,000 | 10,000 | 2,000 |
| | 대전 시내 택시요금 | | | 10,000 |
| 식비 | 식비 | 10,000 | 30,000 | 10,000 |
| 숙박비 | 숙박비 | 45,000 | 30,000 | |

- 운임: 40,000원
  철도운임은 실비로 지급되고, 1일차와 3일차에 KTX 비용을 2회 지출했으므로 甲은 일반실 기준 실비운임으로 20,000×2=40,000원을 지급받는다.

- 일비: 60,000원
  일비는 여행일수에 따라 지급되고, 1일당 20,000원이 지급되므로 3일 동안 출장을 간 甲은 일비로 20,000×3=60,000원을 지급받는다.

- 숙박비: 75,000원
  甲의 출장기간이 2박 3일로 출장기간이 2일 이상인 경우이므로 지급액은 출장기간 전체의 총액한도 내 실비로 계산한다. 1박당 상한액이 40,000원이고 2박을 했으므로 40,000원×2=80,000원을 총액으로 하여 총액한도 내 실비만큼 지급받을 수 있다. 甲이 지출한 숙박비는 40,000+35,000=75,000원으로 80,000원 이내이므로 甲은 숙박비로 75,000원을 지급받는다.

- 식비: 60,000원
  甲은 3일 동안 출장을 다녀왔으므로 1일당 20,000원씩 20,000×3=60,000원을 식비로 지급받는다.

따라서 甲이 정산받는 여비의 총액은 40,000+60,000+75,000+60,000=235,000원이다.

[정답] ⑤

**04** 다음은 ○○사의 <여비규정>과 <국외여비정액표>이다. 이 회사의 A 이사가 아래 여행일정에 따라 국외출장을 가는 경우, 총일비, 총숙박비, 총식비는 각각 얼마인가? (다만 국가 간 이동은 모두 항공편으로 한다) 10년 5급 선책형 9번

〈여비규정〉

제00조(여비의 종류) 여비는 운임·일비·숙박비·식비·이전비·가족여비 및 준비금 등으로 구분한다.

제00조(여행일수의 계산) 여행일수는 여행에 실제로 소요되는 일수에 의한다. 국외여행의 경우에는 국내 출발일은 목적지를, 국내 도착일은 출발지를 여행하는 것으로 본다.

제00조(여비의 구분계산) ① 여비 각 항목은 구분하여 계산한다.

② 같은 날에 여비액을 달리하여야 할 경우에는 많은 액을 기준으로 지급한다. 다만 숙박비는 숙박지를 기준으로 한다.

제00조(일비·숙박비·식비의 지급) ① 국외여행자의 경우는 〈국외여비정액표〉에서 정하는 바에 따라 지급한다.

② 일비는 여행일수에 따라 지급한다.

③ 숙박비는 숙박하는 밤의 수에 따라 지급한다. 다만 항공편 이동 중에는 따로 숙박비를 지급하지 아니한다.

④ 식비는 여행일수에 따라 이를 지급한다. 다만 항공편 이동 중 당일의 식사 기준시간이 모두 포함되어 있는 경우는 식비를 제공하지 않는다.

⑤ 식사 시간은 현지 시각 08시(조식), 12시(중식), 18시(석식)를 기준으로 한다.

〈국외여비정액표〉

(단위: 달러)

| 구분 | 국가등급 | 일비 | 숙박비 | 식비 (1일 기준) |
|---|---|---|---|---|
| 이사 | 다 | 80 | 233 | 102 |
| | 라 | 70 | 164 | 85 |

〈A 이사의 여행일정〉

1일째: (06:00) 출국
2일째: (07:00) 갑국(다 등급지역) 도착
　　　(18:00) 만찬
3일째: (09:00) 회의
　　　(15:00) 갑국 출국
　　　(17:00) 을국(라 등급지역) 도착
4일째: (09:00) 회의
　　　(18:00) 만찬
5일째: (22:00) 을국 출국
6일째: (20:00) 귀국

※ 시각은 현지 기준이고, 날짜변경선의 영향은 없는 것으로 가정한다.

| | 총일비(달러) | 총숙박비(달러) | 총식비(달러) |
|---|---|---|---|
| ① | 440 | 561 | 374 |
| ② | 440 | 725 | 561 |
| ③ | 450 | 561 | 374 |
| ④ | 450 | 561 | 561 |
| ⑤ | 450 | 725 | 561 |

**해설**

일정에 따라 총일비, 총숙박비, 총식비를 정리하면 다음과 같다.

| 구분 | | 1일째 | 2일째 | 3일째 | 4일째 | 5일째 | 6일째 | 총 |
|---|---|---|---|---|---|---|---|---|
| 총일비 | 국가등급 | | 다 | | 라 | | | 450 |
| | 비용 | 80 | 80 | 80 | 70 | 70 | 70 | |
| 총숙박비 | 국가등급 | | 다 | 라 | | | | 561 |
| | 비용 | – | 263 | 164 | 164 | – | – | |
| 총식비 | 국가등급 | | 다 | | 라 | | | 374 |
| | 비용 | – | 102 | 102 | 85 | 85 | – | |

따라서 총일비는 450달러, 총숙박비는 561달러, 총식비는 374달러이다.

[정답] ③

**길쌤's Check**

이상에서 살펴본 문제들은 선지 위에 항목이 서로 분리되어 해결되는 경우이다.

| | 2순위 | 4순위 |
|---|---|---|
| ① | ㄱ | ㄴ |

| | 총일비(달러) | 총숙박비(달러) | 총식비(달러) |
|---|---|---|---|
| ① | 440 | 561 | 374 |

예를 들어 예제 01에서 2순위를 먼저 해결하지 않아도 4순위의 해결이 가능하다. 마찬가지로 예제 04에서 굳이 총일비, 총숙박비, 총식비 순으로 해결하지 않아도, 총식비부터 해결하는 것이 가능하다. 이러한 문제의 경우에 오른쪽에 있는 항목부터 해결할 때 정답을 보다 빠르게 찾아낼 수 있는 문제가 많다.

# VI. 그 밖의 스킬

## 1 검증

**01** 다음 글을 근거로 판단할 때, 신장 180cm, 체중 85kg인 甲의 비만 정도를 옳게 짝지은 것은?

14년 민경채 A책형 21번

> 과다한 영양소 섭취와 적은 체내 에너지 소비로 인한 에너지 대사의 불균형으로 지방이 체내에 지나치게 축적되어 체중이 과다해지는 것을 비만이라 한다.
>
> 비만 정도를 측정하는 방법은 Broca 보정식과 체질량 지수를 이용하는 것이 대표적이다. Broca 보정식은 신장과 체중을 이용하여 비만 정도를 측정하는 간단한 방법이다. 이 방법에 의하면 신장(cm)에서 100을 뺀 수치에 0.9를 곱한 수치가 '표준체중(kg)'이며, 표준체중의 110% 이상 120% 미만의 체중을 '체중과잉', 120% 이상의 체중을 '비만'이라고 한다.
>
> 한편 체질량 지수는 체중(kg)을 '신장(m)'의 제곱으로 나눈 값을 의미한다. 체질량 지수에 따른 비만 정도는 다음 〈표〉와 같다.
>
> 〈표〉
>
> | 체질량 지수 | 비만 정도 |
> |---|---|
> | 18.5 미만 | 저체중 |
> | 18.5 이상~23.0 미만 | 정상 |
> | 23.0 이상~25.0 미만 | 과체중 |
> | 25.0 이상~30.0 미만 | 경도비만 |
> | 30.0 이상~35.0 미만 | 중등도비만 |
> | 35.0 이상 | 고도비만 |

|  | Broca 보정식 | 체질량 지수 |
|---|---|---|
| ① | 체중과잉 | 경도비만 |
| ② | 표준체중 | 정상 |
| ③ | 비만 | 과체중 |
| ④ | 체중과잉 | 정상 |
| ⑤ | 비만 | 경도비만 |

## 해설

지문에 제시된 Broca 보정식과 체질량 지수를 구하는 공식을 정리하면 다음과 같다.

| Broca 보정식 | 표준체중(kg)=(신장(cm)−100)×0.9<br>• 체중과잉: 표준체중의 110% 이상 120% 미만의 체중<br>• 비만: 표준체중의 120% 이상의 체중 |
|---|---|
| 체질량 지수 | 체질량 지수 $= \dfrac{\text{체중(kg)}}{(\text{신장(m)})^2}$ |

이에 따라 신장 180cm, 체중 85kg인 甲의 비만 정도를 측정해 보면 다음과 같다.

• Broca 보정식

표준체중(kg)=(180−100)×0.9=72kg이고, 甲의 체중은 85kg으로 표준체중보다 13kg이 더 나간다. 13kg은 72kg의 10~20%에 있는 값이므로 〈표〉에 따라 '체중과잉'에 해당한다.

• 체질량 지수

$85/(1.8)^2 ≒ 26.2$이므로 〈표〉에 따라 '경도비만'에 해당한다.

따라서 甲은 Broca 보정식에 따를 때 '체중과잉', 체질량 지수에 따를 때 '경도비만'에 해당한다.

[정답] ①

**01** 다음 글을 근거로 판단할 때, 甲금속회사가 생산한 제품 A, B를 모두 판매하여 얻을 수 있는 최대 금액은? 17년 5급 가책형 32번

○ 甲금속회사는 특수구리합금 제품 A와 B를 생산 및 판매한다.
○ 특수구리합금 제품 A, B는 10kg 단위로만 생산된다.
○ 제품 A의 1kg당 가격은 300원이고, 제품 B의 1kg당 가격은 200원이다.
○ 甲금속회사는 보유하고 있던 구리 710kg, 철 15kg, 주석 33kg, 아연 155kg, 망간 30kg 중 일부를 활용하여 아래 표의 질량 배합 비율에 따라 제품 A를 300kg 생산한 상태이다. (단, 개별 금속의 추가구입은 불가능하다)
○ 합금 제품별 질량 배합 비율은 아래와 같으며 배합 비율을 만족하는 경우에만 제품이 될 수 있다.

(단위: %)

| 구분 | 구리 | 철 | 주석 | 아연 | 망간 |
|---|---|---|---|---|---|
| A | 60 | 5 | 0 | 25 | 10 |
| B | 80 | 0 | 5 | 15 | 0 |

※ 배합된 개별 금속 질량의 합은 생산된 합금 제품의 질량과 같다.

① 195,000원
② 196,000원
③ 197,000원
④ 198,000원
⑤ 199,000원

### 해설

문제 해결에 필요한 조건을 정리하면 다음과 같다.

• 특수구리합금 제품 A, B는 10kg 단위로만 생산
• 제품 A의 1kg당 가격은 300원이고, 제품 B의 1kg당 가격은 200원
• 甲금속회사는 구리 710kg, 철 15kg, 주석 33kg, 아연 155kg, 망간 30kg을 보유
• 표의 질량 배합 비율에 따라 제품 A를 300kg 생산한 상태
• 개별 금속의 추가구입은 불가능
• 합금 제품별 질량 배합 비율은 표와 같으며 배합 비율을 만족하는 경우에만 제품이 될 수 있음
• 배합된 개별 금속 질량의 합은 생산된 합금 제품의 질량과 동일

주어진 조건에 따라 제품 A를 300kg 생산한 후, 각 개별 금속의 보유량을 확인해 보면 다음과 같다.

| 구분 | 구리 | 철 | 주석 | 아연 | 망간 |
|---|---|---|---|---|---|
| 보유량 | 710 | 15 | 33 | 155 | 30 |
| 제품 A 300kg 생산 시 사용량 | 180 | 15 | 0 | 75 | 30 |
| 잔여 보유량 | 530 | 0 | 33 | 80 | 0 |

철과 망간의 잔여 보유량이 0kg이기 때문에 제품 A는 더이상 생산이 불가능하고, 제품 B의 추가 생산만이 가능하다.

| 구분 | 구리 | 철 | 주석 | 아연 | 망간 |
|---|---|---|---|---|---|
| 잔여 보유량(㉠) | 530 | 0 | 33 | 80 | 0 |
| 제품 B 100kg 생산 시 사용량(㉡) | 80 | 0 | 5 | 15 | 0 |
| ㉠ / ㉡ | 6,625 | 0 | 6.6 | 5.333 | 0 |
| 제품 B 생산 가능량 |  |  |  | 530kg |  |

이때 제품 B의 생산에 필요한 구리, 주석, 아연 중 아연의 '㉠/㉡=잔여보유량/제품 B 100kg 생산 시 사용량'의 값이 가장 작으므로, 아연의 배율에 맞추어 제품 B를 생산하게 되고, 제품 B는 530kg까지 생산가능하다.

따라서 제품 A, B를 모두 판매하여 얻을 수 있는 최대 금액은 다음과 같다.

| 구분 | 생산량 | 1kg당 가격 | 판매 금액 |
|---|---|---|---|
| 제품 A | 300kg | 300원 | 90,000원 |
| 제품 B | 530kg | 200원 | 106,000원 |

따라서 90,000원＋106,000원='② 196,000원'이다.

**빠른 문제풀이 Tip**

• 특수구리합금 제품 A, B는 10kg 단위로만 생산되고, 제품 A의 1kg당 가격은 300원, 제품 B의 1kg당 가격은 200원이다. 따라서 제품 A는 최소 3,000원 단위로 판매되고, 제품 B는 최소 2,000원 단위로 판매된다.
• 제품 B는 최소 2,000원 단위로 생산되므로, 홀수, 짝수 성질을 이용하면 선지를 추릴 수 있다.
• 선지를 활용하면 보다 빠른 해결이 가능하고, 발문에서 요구하는 것이 제품 A, B를 모두 판매하여 얻을 수 있는 최대 금액이므로 남은 선지 중 더 큰 값이 가능한지를 검증해 본다.
• 계산을 할 때는 비례관계 계산법 또는 분수계산법을 사용하면 보다 빠른 해결이 가능하다.
• 고정, 가변을 구분하는 것도 문제의 빠른 해결에 도움을 준다.

[정답] ②

**길쌤's Check**

가장 먼저 연습할 스킬은 직접 스스로 해결을 하는 것이 아니라 둘 중 하나의 선지를 검증하는 것이다. 쉬운 예를 들어 실강 수강생이 165명에서 198명으로 증가했다는 자료가 주어져 있고 다음과 같은 선지의 정오를 판단해야 한다고 가정해보자.

① 실강 수강생은 20% 증가하였다. ( O, X )

이를 어떻게 해결하였는가? 165명에서 198명으로 증가했을 때, 증가율이 몇 %인지 직접 해결하진 않았는지 되돌아보자. 우리가 보는 시험은 객관식 시험이다. 따라서 20%가 증가한 것이 맞는지 검증하는 식으로 해결했어야 한다. 강의를 하면서 지켜본 대부분의 수험생이 검증하지 않고 직접 해결하는 습관을 가지고 있었다. 주어진 내용을 검증할 때 더 빠른 해결이 가능하다는 점을 꼭 기억하자.

**02** 다음 글을 읽고 4천 평방미터의 밭에 지렁이 5만 마리가 살고 있다고 가정할 때, 다윈의 관찰대로라면 지렁이 한 마리가 1년에 만들어 내는 거름의 양은? (단, 지렁이 한 마리가 만들어 내는 거름의 양은 동일하다)
16년 5급 4책형 40번

> 다윈은 1881년에 『지렁이의 활동과 분변토의 형성』이라는 글을 발표하였다. 그는 지렁이가 분변토(똥)로 내보내는 거름의 양을 설명하면서, 4천 평방미터의 밭에 지렁이 5만 마리가 살 수 있고 이들이 1년에 18톤의 거름을 만들어 낸다고 하였다.
>
> 다윈이 무엇보다 주목한 것은 토양의 성질을 바꾸는 지렁이의 능력이었다. 다윈은 "지렁이들이 주로 하는 일은 흙의 거친 입자를 체질하듯 걸러내어 더 부드럽게 하고, 식물의 작은 입자들을 흙과 섞으며, 창자 분비물로 흙을 흠뻑 적셔버리는 것이다"라고 하였다. 지렁이는 토양을 소화하여 분변토를 만드는데, 그 과정에서 유기물질을 완전히 분해한다. 즉, 지렁이는 토양의 화학적 상태를 변화시켜 토양의 비옥도와 생산성을 향상시키는 중요한 역할을 담당하는 것이다.
>
> 당대의 사람들은 다윈의 주장이 과장됐다고 생각했다. 그때까지만 해도 지렁이는 주로 식물의 뿌리를 훼손하고, 잔디를 똥으로 더럽히는 하찮은 동물로 여겨졌다. 당대 사람들이 생각한 지렁이의 이로운 점은 흙에 구멍을 뚫어 배수작용을 도와주는 정도였다. 지렁이가 생명이 자라는 데 도움이 되는 방향으로 흙을 바꾸는 일을 한다고 생각한 다윈과는 달리, 대부분의 사람들은 지렁이가 그런 중요한 역할을 하기에는 너무 작고 연약하다고 인식했다.
>
> 다윈은 자신을 비난하는 사람들에 대해 "사람들은 계속해서 반복되는 원인이 일으키는 결과를 제대로 평가하지 못하며, 그것은 흔히 과학의 발전을 막는다"라고 하였다. 비록 다윈의 주장은 당시 사람들의 주목을 끌지 못했지만 오늘날 지렁이를 연구하는 과학자들에게 다윈의 연구는 일종의 시금석(試金石)이자 숙고의 대상이 되었다. 지난 100여 년 동안 지렁이를 연구해 온 현대 과학자들은 지렁이가 폐기물 및 음식물 쓰레기 처리, 농업생산량 증대, 미용산업 발전에도 핵심적인 역할을 할 수 있음을 밝혀냈다.

① 27g

② 36g

③ 180g

④ 270g

⑤ 360g

**📑 해설**

발문에 따라 거름의 양을 계산할 수 있는 내용을 관련된 지문에서 찾는다. 첫 번째 단락에 따르면 다윈은 4천 평방미터의 밭에 지렁이 5만 마리가 살 수 있고 이들이 1년에 18톤의 거름을 만들어 낸다고 하였다. 이를 정리하면 다음과 같다.

- 천 평방미터의 밭: 지렁이 5만 마리=1년에 18톤의 거름
- 문제에서는 4천 평방미터의 밭에 지렁이 5만 마리가 살고 있다고 가정할 때, 다윈의 관찰대로라면 지렁이 한 마리가 1년에 만들어 내는 거름의 양을 묻고 있고, 지렁이 한 마리가 만들어 내는 거름의 양은 동일하다고 했으므로, 1년 18톤의 거름을 5만 마리로 균등하게 나눈 값을 계산한다. 18톤=18,000,000g이므로 18,000,000 ÷ 50,000=360g/1마리이다.

따라서 다윈의 관찰대로라면 지렁이 한 마리가 1년에 만들어 내는 거름의 양은 360g이다.

[정답] ⑤

**길쌤's Check**

예제 01은 둘 중 더 쉬운 Broca 보정식을 해결하고 나면 두 개의 선지가 남는다. 예제 02는 홀짝 성질을 적용하고 나면 역시 두 개의 선지가 남는다. 예제 03은 끝자리를 검토하고 나면 역시 두 개의 선지가 남는다.

이와 같은 경우, 둘 중 하나의 선지를 확인하고 나면 정답을 도출해 낼 수 있다. 앞서 이해 스킬을 설명할 때 'n−1개 처리'에서도 간단하게 언급하였다. 예를 들어 선지 ①과 ③이 남았다고 가정해 보자. 이 경우 선지 ①을 해결해 본 후 정답이 된다면 ①을 정답으로 택하면 되는 것이고, ①이 옳지 못하다면 나머지 선지인 ③을 정답으로 택하면 된다. 정보처리를 할 때도 n−1개를 하면 좋고, 문제 해결을 할 때도 이처럼 n−1개 해결을 할 때 보다 빠른 해결이 가능해진다.

**01** 부서 체육대회를 준비하는 김 사무관은 서로 비슷한 실력을 가진 네 개의 농구팀을 만들려고 한다. 김 사무관은 [i)]20명을 초급 실력인 1점에서부터 선수급 실력인 5점까지 평가했다. [ii)]5점의 실력을 가진 사람은 두 명, 4점의 실력을 가진 사람은 세 명, 그리고 3점, 2점, 1점의 실력을 가진 사람은 각각 다섯 명이었다. 김 사무관은 [iii)]한 팀에 동일한 실력을 가진 사람들이 최대 1쌍까지만 포함되도록 하며, [iv)]총점으로 볼 때는 같은 점수를 지닌 네 팀을 만들었다. 특히 [v)]두 팀은 구성원의 개별점수가 완전히 똑같았다. 김 사무관이 만들어 낸 농구팀의 특성으로 잘못된 것은?

06년 5급 출책형 11번

① 어떤 팀은 2점 선수가 두 명이다.
② 어떤 팀은 3점 선수를 한 명도 가지지 않는다.
③ 모든 팀들은 적어도 한 명의 1점 선수를 가진다.
④ 어떤 팀은 5점 선수 한 명과 4점 선수 한 명씩을 가진다.
⑤ 팀 내에 같은 실력을 가진 선수들이 있는 경우는 세 팀이다.

## 해설

20명으로 4개의 농구팀을 만들려고 하므로 한 팀당 5명이다. 조건 ii)에 따라 20명의 총점수를 생각해보면 $5 \times 2 + 4 \times 3 + 3 \times 5 + 2 \times 5 + 1 \times 5 = 52$점이고 조건 iv)에 따르면 한 팀의 총점수는 13점이어야 한다. 이와 같은 이해를 바탕으로 각 농구팀을 보다 구체화해본다.

편의상 4개의 팀을 A~D팀이라고 하고 선수들을 점수로 부른다. 그리고 우선 2명밖에 없는 5점을 어떤 팀에 포함시킬 것인지 생각해본다. 만약 5점 2명이 한 팀에 포함된다면 한 팀의 총점수가 13점인 상황에서 나머지 3명은 모두 1점으로 채워져야 한다. (5, 5, 1, 1, 1)과 같은 상황이다. 그러나 이는 조건 iii)에 위배된다. 이는 4점의 경우에도 마찬가지이다. 4점 2명이 한 팀에 포함되면 (4, 4, 3, 1, 1) 또는 (4, 4, 2, 2, 1)과 같은 상황은 조건 iii)에 위배된다. 따라서 5점끼리 또는 4점끼리 같은 팀이 될 수 없다. 이상 정리한 내용을 표로 나타내어보면 다음과 같다.

| 팀 | 선수별 점수 | | | | | 합계 |
|---|---|---|---|---|---|---|
| A | 5 | 4 | | | | 13 |
| B | 5 | | | | | 13 |
| C | 4 | | | | | 13 |
| D | 4 | | | | | 13 |

팀 A에는 총점수가 13점이 되게 5명을 만드는 방법은 (5, 4, 2, 1, 1)밖에 없다. 그리고 남은 선수까지 정리해보면 아래와 같다.

| 팀 | 선수별 점수 | | | | | 합계 |
|---|---|---|---|---|---|---|
| A | 5 | 4 | 2 | 1 | 1 | 13 |
| B | 5 | | | | | 13 |
| C | 4 | | | | | 13 |
| D | 4 | | | | | 13 |
| 남은 선수 | 3점 선수: 5명, 2점 선수: 4명, 1점 선수: 3명 | | | | | |

남은 3점 5명은 B팀, C팀, D팀에 나누어져 포함되는데 조건 iii)에 따라 각 팀에 2명, 2명, 1명과 같이 나누어져야 하고, 조건 v)에 따라 개별점수가 완전히 똑같은 두 팀은 C팀, D팀이어야 하므로 C팀, D팀에 2명씩 포함되는 것을 알 수 있다. 정리하면 다음과 같다.

| 팀 | 선수별 점수 | | | | | 합계 |
|---|---|---|---|---|---|---|
| A | 5 | 4 | 2 | 1 | 1 | 13 |
| B | 5 | 3 | | | | 13 |
| C | 4 | 3 | 3 | | | 13 |
| D | 4 | 3 | 3 | | | 13 |
| 남은 선수 | 2점 선수: 4명, 1점 선수: 3명 | | | | | |

여기서부터는 2점을 먼저 생각해도 되고 1점을 먼저 생각해도 된다.

1) 2점을 먼저 생각하는 경우 4명이므로 조건 iii)에 따라 C팀, D팀에 2명씩 포함되는 경우를 생각해볼 수 있다. 그러나 이 경우 팀의 총점수가 14점이 되므로 2명씩 포함될 수 없고 B팀에 2명 C팀, D팀에 각 1명씩 포함되어야 함을 알 수 있다.

2) 1점을 먼저 생각해보면 3명이므로 조건 iii)에 따라 모두 B팀에 포함될 수 없고 조건 v)에 따라 B팀, C팀, D팀에 각 1명씩 포함되어야 한다. 이상을 정리하면 다음과 같다.

| 팀 | 선수별 점수 | | | | | | 합계 |
|---|---|---|---|---|---|---|---|
| A | 5 | 4 | 2 | 1 | 1 | | 13 |
| B | 5 | 3 | 2 | 2 | 1 | | 13 |
| C | 4 | 3 | 3 | 2 | 1 | | 13 |
| D | 4 | 3 | 3 | 2 | 1 | | 13 |

① (O) B팀은 2점 선수가 두 명이다.

② (O) A팀은 3점 선수를 한 명도 가지지 않는다.

③ (O) A~D팀 모두 적어도 한 명의 1점 선수를 가진다.

④ (O) A팀은 5점 선수 한 명과 4점 선수 한 명씩을 가진다.

⑤ (X) A팀은 1점, B팀은 2점, C팀, D팀은 3점 선수와 같이 팀 내에 같은 실력을 가진 선수들이 있는 경우는 네 팀이다.

### 빠른 문제풀이 Tip

- 선지 ⑤의 경우 반대로 생각해보면 팀 내에 모두 다른 실력을 가진 선수만 있는 경우 팀의 총점수는 5+4+3+2+1=15점이다. 팀의 총점수가 13점이어야 하므로 이러한 상황이 성립할 수 없음을 바로 알 수 있다. 즉 4팀 모두 같은 실력을 가진 선수가 존재한다는 것을 알 수 있다.

- 한 팀의 총점수가 13점이라는 것을 파악하지 못하면 거의 문제 풀이를 시작할 수 없다. 항상 문제에서 주어진 조건들을 조합하여 숨겨진 정보를 찾아내거나 소위 말하는 큰 그림을 파악하여야 한다. 그리고 5점 선수를 먼저 생각한 이유는 5점이 선수가 가장 적기 때문에 경우의 수가 적게 나올 것이라서 확정짓기 편하기 때문이다.

[정답] ⑤

### 길쌤's Check

이 예제는 선지별 주장 강도와 주장의 양을 신경쓸 수 있다면 보다 빠른 문제해결이 가능하다. 다음의 예문을 두 문장씩 비교해 보자.

> 길규범 강의를 들으면 합격한다.
> 길규범 강의를 들으면 반드시 합격한다.
>
> 길규범 강의를 들으면 합격한다.
> 길규범 강의를 들은 수강생은 100% 합격한다.

문장에 '반드시' 등이 포함되면 주장의 강도가 높아진다. 또한 문장에 '100%, 항상, 언제나, 어떠한 경우에도' 등이 포함되면 주장의 양이 많아진다. 반대로 '길규범 강의를 들으면 합격하는 경우가 있다.' 또는 '길규범 강의를 들은 수강생은 대체로 합격한다' 등의 문장은 주장의 강도나 양을 줄이는 표현을 포함하고 있다.

주장의 강도가 세지고 주장의 양이 많아지면 해당 문장이 옳을 가능성보다는 옳지 않을 가능성이 높아진다. 반대로 주장의 강도를 낮추고 주장의 양을 줄이면 해당 문장은 옳을 가능성이 높아진다. 문제 해결에서 이를 적절하게 이용한다면 보다 빠르게 정답을 도출해 낼 수 있다.

앞서 연습한 예제에 적용해보자.

> 규칙문제는 PSAT 상황판단, NCS 문제해결능력, LEET 추리논증, GSAT에 출제되고 있다.
>
> 길규범 스킬은 어떤 시험에서는 통한다.
> 길규범 스킬은 모든 시험에서 통한다.
> 길규범 스킬은 그중 세 개 시험에서 통한다.

이 중 주장의 양이 많은 진술과 주장의 양이 적은 진술이 구분되는가? '어떤'보다 '모든'이 포함된 경우 주장의 양이 많아진다. 주장의 강도와 양을 신경쓸 수 있다면 문제를 빠르게 해결할 수 있는 좋은 무기가 될 수 있다.

## [01~02] 다음을 읽고 물음에 답하시오.

07년 5급 재책형 13~14번

─〈상 황〉─

〈사업별 기간 및 소요예산〉

A사업: 총 사업기간은 2년으로, 첫 해에는 1조 원, 둘째 해에는 4조 원의 예산이 필요하다.

B사업: 총 사업기간은 3년으로, 첫 해에는 15조 원, 둘째 해에는 18조 원, 셋째 해에는 21조 원의 예산이 소요된다.

C사업: 총 사업기간은 1년으로, 총 소요예산은 15조 원이다.

D사업: 총 사업기간은 2년으로, 첫 해에는 15조 원, 둘째 해에는 8조 원의 예산이 필요하다.

E사업: 총 사업기간은 3년으로, 첫 해에는 6조 원, 둘째 해에는 12조 원, 셋째 해에는 24조 원의 예산이 소요된다.

〈연도별 가용예산〉

올해를 포함한 향후 5년간 위의 5개 사업에 투자할 수 있는 예산이 아래와 같다.

(단위: 조 원)

| 1차년도<br>(올해) | 2차년도 | 3차년도 | 4차년도 | 5차년도 |
|---|---|---|---|---|
| 20 | 24 | 28.8 | 34.5 | 41.5 |

〈조 건〉

(1) 모든 사업은 한번 시작하면 완결될 때까지 중단할 수 없다.

(2) 5개 사업에 투자할 수 있는 예산은 당해 사업년도에 남아도 상관없다.

(3) 각 사업년도의 예산은 이월될 수 없다.

(4) 모든 사업을 향후 5년 이내에 반드시 완결한다.

**01** 위의 상황을 모두 만족하는 사업계획에 대한 설명으로 옳은 것은?

① B사업을 세 번째 해에 시작하고 C사업을 최종년도에 시행한다.

② A사업과 D사업을 첫 해에 동시에 시작한다.

③ 첫 해에는 E사업만 시작한다.

④ 첫 해에 E사업과 A사업을 같이 시작한다.

⑤ D사업을 첫 해에 시작한다.

**02** 위의 상황을 만족시키면서 B사업을 반드시 첫 해에 시작해야 하고, 위 사업들의 추진을 위해 향후 5년 중 한 해에만 6조 원의 추경예산의 확보가 가능하다면, 어느 해에 추경예산을 확보해야 하는가?

① 1차년도

② 2차년도

③ 3차년도

④ 4차년도

⑤ 5차년도

## 📝 해설

**01**

〈사업별 기간 및 소요예산〉의 내용을 다음과 같이 정리해본다.

A사업:

| 1 | 4 |
|---|---|

B사업:

| 15 | 18 | 21 |
|----|----|----|

C사업:

| 15 |
|----|

D사업:

| 15 | 18 |
|----|----|

E사업:

| 6 | 12 | 24 |
|---|----|----|

이처럼 각 사업별 필요한 예산을 블록과 같이 생각하고 〈연도별 가용예산〉과 〈조건〉에 따라 배치하는 개념으로 문제를 접근한다. 〈조건〉 (1), (4)에 따르면 총 사업기간이 3년인 B사업과 E사업은 늦어도 3차년도에 사업을 시작해야 하므로 배치할 수 있는 제약이 많다. 따라서 두 사업을 우선 고려해서 배치해본다. 예를 들면 다음과 같다.

| 구분 | 1차년도 | 2차년도 | 3차년도 | 4차년도 | 5차년도 |
|------|---------|---------|---------|---------|---------|
| 가용예산 | 20 | 24 | 28.8 | 34.5 | 41.5 |
| B | | | 15 | 18 | 21 |
| E | | | 6 | 12 | 24 |

B, E 두 사업 모두 3차년도에 시작한다면 위와 같이 배치할 수 있다. 그러나 이렇게 배치하는 경우 5차년도에서 가용예산 범위를 벗어난다. 두 사업 모두 2차년도에 시작하는 것은 3차년도와 4차년도가, 1차년도에 시작하는 것은 1~3차년도 모두 가용예산 범위를 벗어나므로 두 사업을 같은 해에 시작해서는 안 된다. B사업을 1년 먼저 시작하는 경우, E사업을 1년 먼저 시작하는 경우 등과 같이 다른 경우를 모두 생각해보면 다음과 같은 두 가지 경우가 가능하다.

〈경우 1〉 B사업을 2차년도에 시작하며 E사업보다 1년 먼저 시작하는 경우

| 구분 | 1차년도 | 2차년도 | 3차년도 | 4차년도 | 5차년도 |
|------|---------|---------|---------|---------|---------|
| 가용예산 | 20 | 24 | 28.8 | 34.5 | 41.5 |
| B | | 15 | 18 | 21 | |
| E | | | 6 | 12 | 24 |

〈경우 2〉 B사업을 1차년도에 시작하며 E사업보다 2년 먼저 시작하는 경우

| 구분 | 1차년도 | 2차년도 | 3차년도 | 4차년도 | 5차년도 |
|------|---------|---------|---------|---------|---------|
| 가용예산 | 20 | 24 | 28.8 | 34.5 | 41.5 |
| B | 15 | 18 | 21 | | |
| E | | | 6 | 12 | 24 |

그 다음으로 제약이 많은 D사업을 고려해보면 2)의 경우에는 D사업을 배치한 다음 C사업을 배치할 수 없음을 확인할 수 있다. 따라서 1)의 경우이며 〈상황〉의 모든 내용을 만족시키는 최종 배치는 다음과 같다.

| 구분 | 1차년도 | 2차년도 | 3차년도 | 4차년도 | 5차년도 |
|------|---------|---------|---------|---------|---------|
| 가용예산 | 20 | 24 | 28.8 | 34.5 | 41.5 |
| A | | 1 | 4 | | |
| B | | 15 | 18 | 21 | |
| C | | | | | 15 |
| D | 15 | 8 | | | |
| E | | | 6 | 12 | 24 |

실제 문제 풀이에서는 이처럼 정확한 배치를 찾은 다음 선지를 판단하기보다는 주어진 선지대로 배치해서 주어진 〈상황〉의 내용을 만족하는지 판단한다. 이하에서는 정확한 배치를 찾지 못한 경우라고 가정하고 선지를 판단해본다.

① (X) B사업을 세 번째 해에 시작하는 경우는 다음과 같다.

〈경우 1〉 E사업을 첫 번째 해에 시작하는 경우

| 구분 | 1차년도 | 2차년도 | 3차년도 | 4차년도 | 5차년도 |
|------|---------|---------|---------|---------|---------|
| B | | | 15 | 18 | 21 |
| E | 6 | 12 | 24 | | |

3차년도에 가용예산 범위를 벗어난다.

〈경우 2〉 E사업을 두 번째 해에 시작하는 경우

| 구분 | 1차년도 | 2차년도 | 3차년도 | 4차년도 | 5차년도 |
|------|---------|---------|---------|---------|---------|
| B | | | 15 | 18 | 21 |
| E | | 6 | 12 | 24 | |

4차년도에 가용예산 범위를 벗어난다.

② (X) A사업과 D사업을 첫 해에 동시에 시작하면 첫 해에 다른 사업을 시작할 수는 없다. 다음과 같이 정리할 수 있다.

| 구분 | 1차년도 | 2차년도 | 3차년도 | 4차년도 | 5차년도 |
|------|---------|---------|---------|---------|---------|
| 가용예산 | 4 | 12 | 28.8 | 34.5 | 41.5 |

그렇다면 B, E사업 모두 3차년도에 시작해야 하는데 이 경우 5차년도에 가용예산 범위를 벗어난다.

③ (X) 첫 해에 E사업만 시작하면 다음과 같이 정리할 수 있다.

| 구분 | 1차년도 | 2차년도 | 3차년도 | 4차년도 | 5차년도 |
|------|---------|---------|---------|---------|---------|
| 가용예산 | – | 12 | 4.8 | 34.5 | 41.5 |

B사업을 어느 해에 시작하더라도 3차년도 가용예산 범위를 벗어난다.

④ (X) ③에서 살펴본 바와 같이 첫 해에 E사업을 시작해서는 안 된다.

⑤ (O) D사업을 첫 해에 시작하는 것으로 배치해놓고 최종 배치를 찾아본다. 어느 것도 확정되지 않은 상황에서 최종 배치를 찾는 것보다 D사업을 첫 해에 시작하는 것으로 확정하고 배치하는 것이 훨씬 쉽다.

[정답] ⑤

02

B사업을 반드시 첫 해에 시작하는 것을 반영하면 나머지 가용예산은 다음과 같다.

| 구분 | 1차년도 | 2차년도 | 3차년도 | 4차년도 | 5차년도 |
|---|---|---|---|---|---|
| 가용예산 | 5 | 6 | 7.8 | 34.5 | 41.5 |

이 중 한 해만 6조 원의 추경예산의 확보가 가능하다고 한다.

〈경우 1〉 E사업을 1차년도에 시작하는 경우

| 구분 | 1차년도 | 2차년도 | 3차년도 | 4차년도 | 5차년도 |
|---|---|---|---|---|---|
| 가용예산 | 5 | 6 | 7.8 | 34.5 | 41.5 |
| E | 6 | 12 | 24 | | |

1~3차년도 모두 가용예산 범위를 벗어난다. 한 해만 6조 원의 추경예산을 확보하는 것으로는 〈상황〉에 주어진 조건을 만족시킬 수 없다.

〈경우 2〉 E사업을 2차년도에 시작하는 경우

| 구분 | 1차년도 | 2차년도 | 3차년도 | 4차년도 | 5차년도 |
|---|---|---|---|---|---|
| 가용예산 | 5 | 6 | 7.8 | 34.5 | 41.5 |
| E | | 6 | 12 | 24 | |

E사업을 2차년도에 시작하는 경우에는 3차년도에 추경예산을 확보해야 한다. 해당 내용을 반영하여 정리해보면 다음과 같다.

| 구분 | 1차년도 | 2차년도 | 3차년도 | 4차년도 | 5차년도 |
|---|---|---|---|---|---|
| 가용예산 | 5 | 0 | 1.8 | 10.5 | 41.5 |

이 경우는 D사업을 시행할 수 없다.

〈경우 3〉 E사업을 2차년도에 시작하는 경우

정리해보면 다음과 같다.

| 구분 | 1차년도 | 2차년도 | 3차년도 | 4차년도 | 5차년도 |
|---|---|---|---|---|---|
| 가용예산 | 5 | 6 | 1.8 | 22.5 | 17.5 |

따라서 C사업과 D사업을 다음과 같이 배치할 수 있다.

| 구분 | 1차년도 | 2차년도 | 3차년도 | 4차년도 | 5차년도 |
|---|---|---|---|---|---|
| 가용예산 | 5 | 6 | 1.8 | 22.5 | 17.5 |
| C | | | | | 15 |
| D | | | | 15 | 8 |

위와 같이 배치할 경우 A사업은 1차년도 또는 3차년도에 시작한다. 5차년도에 6조 원의 추경예산을 확보하면 〈상황〉의 조건들을 모두 충족할 수 있다.

[정답] ⑤

**03** 원형테이블에 번호 순서대로 앉아 있는 다섯 명의 여자 1, 2, 3, 4, 5 사이에 다섯 명의 남자 A, B, C, D, E가 한 명씩 앉아야 한다. 다음 <조건>을 따르면서 자리를 배치할 때 적절하지 않은 것은?

07년 5급 재책형 3번

───〈 조 건 〉───

○ A는 짝수번호의 여자 옆에 앉아야 하고 5의 옆에는 앉을 수 없다.
○ B는 짝수번호의 여자 옆에 앉을 수 없다.
○ C가 3 옆에 앉으면 D는 1 옆에 앉는다.
○ E는 3 옆에 앉을 수 없다.

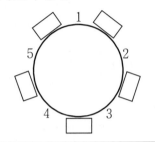

① A는 1과 2 사이에 앉을 수 없다.
② D는 4와 5 사이에 앉을 수 없다.
③ C가 2와 3 사이에 앉으면 A는 반드시 3과 4 사이에 앉는다.
④ E가 1과 2 사이에 앉으면 C는 반드시 4와 5 사이에 앉는다.
⑤ E가 4와 5 사이에 앉으면 A는 반드시 2와 3 사이에 앉는다.

## 📑 해설

① (O) A가 1과 2 사이에 앉는다면, C는 4와 5 사이에 앉아야만 하고, 그러면 E가 앉을 수 있는 자리가 없다.

② (O) D가 4와 5 사이에 앉는다면, C는 1과 2 사이에 앉아야만 하고 그럼 E가 앉을 수 있는 자리가 없다.

③ (O) C가 2와 3 사이에 앉으면, D는 1과 2 사이에 앉아야만 하고, A는 반드시 3과 4 사이에 앉게 된다.

④ (O) E가 1과 2 사이에 앉으면, C는 반드시 4와 5 사이에 앉을 수밖에 없다.

⑤ (X) E가 4와 5 사이에 앉더라도 A가 3과 4 사이에 앉는 것도 가능하다. 따라서 반드시 2와 3 사이에 앉아야 하는 것은 아니다.

[정답] ⑤

**04** A, B, C, D 네 팀이 참여하여 체육대회를 하고 있다. 다음 <순위 결정 기준>과 각 팀의 현재까지 <득점 현황>에 근거하여 판단할 때, 항상 옳은 추론을 <보기>에서 모두 고르면?

11년 민경채 인책형 24번

―――――〈순위 결정 기준〉―――――

○ 각 종목의 1위에게는 4점, 2위에게는 3점, 3위에게는 2점, 4위에게는 1점을 준다.
○ 각 종목에서 획득한 점수를 합산한 총점이 높은 순으로 종합 순위를 결정한다.
○ 총점에서 동점이 나올 경우에는 1위를 한 종목이 많은 팀이 높은 순위를 차지한다.
 - 만약 1위 종목의 수가 같은 경우에는 2위 종목이 많은 팀이 높은 순위를 차지한다.
 - 만약 1위 종목의 수가 같고, 2위 종목의 수도 같은 경우에는 공동 순위로 결정한다.

〈득점 현황〉

| 종목명＼팀명 | A | B | C | D |
|---|---|---|---|---|
| 가 | 4 | 3 | 2 | 1 |
| 나 | 2 | 1 | 3 | 4 |
| 다 | 3 | 1 | 2 | 4 |
| 라 | 2 | 4 | 1 | 3 |
| 마 | ? | ? | ? | ? |
| 합계 | ? | ? | ? | ? |

※ 종목별 순위는 반드시 결정되고, 동순위는 나오지 않는다.

―――――〈보 기〉―――――

ㄱ. A팀이 종목 마에서 1위를 한다면 종합 순위 1위가 확정된다.
ㄴ. B팀이 종목 마에서 C팀에게 순위에서 뒤지면 종합 순위에서도 C팀에게 뒤지게 된다.
ㄷ. C팀은 종목 마의 결과와 관계없이 종합 순위에서 최하위가 확정되었다.
ㄹ. D팀이 종목 마에서 2위를 한다면 종합 순위 1위가 확정된다.

① ㄱ
② ㄹ
③ ㄱ, ㄴ
④ ㄴ, ㄷ
⑤ ㄷ, ㄹ

## 📝 해설

문제에서 주어진 것은 〈득점 현황〉이다. 그리고 각 보기에서 추가로 주어지는 조건은 각 팀의 순위에 관련된 정보이다. 따라서 보기의 각 팀의 순위를 득점으로 환산한 뒤에 〈득점 현황〉과 결합해서 경우를 따져 보아야 한다. 혹은 반대로 문제에서 주어진 〈득점 현황〉을 4점이 아닌 4위로 보는, 즉 순위로 보는 실수를 하지 않도록 조심하자.

현재까지의 〈득점 현황〉을 정리해 보면 아래와 같다.

| 종목명＼팀명 | A | B | C | D |
|---|---|---|---|---|
| 가 | 4 | 3 | 2 | 1 |
| 나 | 2 | 1 | 3 | 4 |
| 다 | 3 | 1 | 2 | 4 |
| 라 | 2 | 4 | 1 | 3 |
| 가~라 합계 | 11 | 9 | 8 | 12 |
| 마 | ? | ? | ? | ? |
| 합계 | ? | ? | ? | ? |

ㄱ. (X) ㄹ에서 살펴본 상황과 동일하다. A팀이 종목 마에서 1위를 한다면 총점 15점이 되고, 이때 종합순위가 1위로 확정되는지 보려면, B~D팀 중에서 총점이 가장 높은 D팀이 마 종목에서 2위를 하는 상황을 따져 보아야 한다. 그 이후 상황은 앞서 보기 ㄹ에서 살펴본 것과 동일하다. 즉, D팀이 종합 순위 1위가 되므로, A팀이 종목 마에서 1위를 하더라도 종합 순위 1위가 확정되는 것은 아니다. 종합 순위 1위는 A팀일 수도 있고 D팀일 수도 있다.

ㄴ. (X) 종목 가~라에서 획득한 점수는 A팀이 11점, B팀이 9점, C팀이 8점, D팀이 12점이다. 보기 ㄴ의 진술은 B팀이 종목 마에서 C팀에게 순위에서 뒤지면 종합 순위에서도 C팀에게 뒤지게 된다는 것이므로 이를 반박할 수 있는지 확인해 보아야 한다. 종목 마에서 B팀이 C팀 바로 다음 순위가 될 경우(예. C팀이 2위면 B팀이 3위), B팀은 C팀에 비해 1점의 점수를 덜 받게 될 것이다. 이 경우 B팀과 C팀의 득점 합계는 같아지게 된다. B팀은 나, 다 종목에서 1위를 해서 두 번의 1위를 했고, C팀은 라 종목에서 1위를 해서 한 번의 1위를 했다. 이때, 마 종목에서 C팀이 1위를 하지 못한 상황을 가정한다면, 1위 종목의 수가 더 많은 B팀이 C팀보다 종합 순위에서 앞서게 된다. 따라서 반례가 찾아지므로 ㄴ의 진술은 틀리다.

ㄷ. (X) C팀은 종목 마의 결과와 관계없이 종합 순위에서 최하위가 확정되었다고 단정적으로 진술하고 있으므로, 반례를 찾아 보아야 한다. 종목 마에서 C팀이 1위를 하고 B팀이 4위를 한다면 C팀의 최종 득점 합계는 12점이 되고, B팀은 10점이 된다. 따라서 총점에서 C팀이 B팀을 앞서는 상황이 있을 수 있으므로 C팀이 종합순위가 항상 최하위로 확정되는 것은 아니다.

ㄹ. (O) D팀이 종목 마에서 2위를 한다면 D팀의 총점은 15점이 된다. 이때 종합 순위 1위가 확정되는지를 살펴 보아야 한다. D팀과 1위를 놓고 경합할 수 있는 팀은 총점이 11점으로 D팀 다음으로 높은 A팀이다. 만약 A팀이 종목 마에서 1위를 한다면, A팀의 총점도 D팀과 마찬가지로 15점이 된다. 이 경우 총점이 동점인 팀이 생겼을 때 처리 규칙에 따라, '총점 → 1위를 한 종목 수 → 2위를 한 종목 수'를 확인해야 한다. A팀과 D팀은 1위를 한 종목은 각각 2개씩으로 같고, 2위를 한 종목은 A팀이 1개, D팀이 2개이므로, 결국 D팀이 종합 순위 1위가 된다. 따라서 A팀이 종목 마에서 1위를 하면 종합 순위 1위로 확정된다.

[정답] ②

## 05 다음 글을 근거로 판단할 때, <보기>에서 옳은 것만을 모두 고르면?

19년 5급 가책형 14번

○ 甲과 乙은 민원을 담당하는 직원으로 각자 한 번에 하나의 민원만 접수한다.
○ 민원은 'X민원'과 'Y민원' 중 하나이고, 민원을 접수한 직원은 'X민원' 접수 시 기분이 좋아져 감정도가 10 상승하지만 'Y민원' 접수 시 기분이 나빠져 감정도가 20 하락한다.
○ 甲과 乙은 오늘 09:00부터 18:00까지 근무했다.
○ 09:00에 甲과 乙의 감정도는 100이다.
○ 매시 정각 甲과 乙의 감정도는 5씩 상승한다. (단, 09:00, 13:00, 18:00 제외)
○ 13:00에는 甲과 乙의 감정도가 100으로 초기화된다.
○ 18:00가 되었을 때, 감정도가 50 미만인 직원에게는 1일의 월차를 부여한다.
○ 甲과 乙이 오늘 접수한 각각의 민원은 아래 <민원 등록 대장>에 모두 기록됐다.

### <민원 등록 대장>

| 접수 시각 | 접수한 직원 | 민원 종류 |
|---|---|---|
| 09:30 | 甲 | Y민원 |
| 10:00 | 乙 | X민원 |
| 11:40 | 甲 | Y민원 |
| 13:20 | 乙 | Y민원 |
| 14:10 | 甲 | Y민원 |
| 14:20 | 乙 | Y민원 |
| 15:10 | 甲 | ㉠ |
| 16:10 | 乙 | Y민원 |
| 16:50 | 乙 | ㉡ |
| 17:00 | 甲 | X민원 |
| 17:40 | 乙 | X민원 |

### <보 기>

ㄱ. ㉠, ㉡에 상관없이 18:00에 甲의 감정도는 乙의 감정도보다 높다.
ㄴ. ㉡이 'Y민원'이라면, 乙은 1일의 월차를 부여받는다.
ㄷ. 12:30에 乙의 감정도는 125이다.

① ㄱ
② ㄴ
③ ㄱ, ㄷ
④ ㄴ, ㄷ
⑤ ㄱ, ㄴ, ㄷ

### 📝 해설

첫 번째 동그라미부터 각각 ⅰ)~ⅷ)이라고 한다. 지문의 조건들에 따라 甲과 乙의 감정도를 확인해본다.

감정도의 변화를 표로 정리해보면 다음과 같다.

| 시각 | 甲의 감정도 | 乙의 감정도 | |
|---|---|---|---|
| 09:00 | 100 | 100 | ⅳ) |
| 09:30 | 80 | 100 | ⅱ) 甲 Y민원 |
| 10:00 | 85 | 105 | ⅴ) 정각 |
| | | 115 | ⅱ) 乙 X민원 |
| 11:00 | 90 | 120 | ⅴ) 정각 |
| 11:40 | 70 | 120 | ⅱ) 甲 Y민원 |
| 12:00 | 75 | 125 | ⅴ) 정각 |
| 13:00 | 100 | 100 | ⅵ) 초기화 |
| 13:20 | 100 | 80 | ⅱ) 乙 Y민원 |
| 14:00 | 105 | 85 | ⅴ) 정각 |
| 14:10 | 85 | 85 | ⅱ) 甲 Y민원 |
| 14:20 | 85 | 65 | ⅱ) 乙 Y민원 |
| 15:00 | 90 | 70 | ⅴ) 정각 |
| 15:10 | 90(+10 또는 −20) | 70 | ⅱ) 甲 ㉠ |
| 16:00 | 95(+10 또는 −20) | 75 | ⅴ) 정각 |
| 16:10 | 95(+10 또는 −20) | 55 | ⅱ) 乙 Y민원 |
| 16:50 | 95(+10 또는 −20) | 55(+10 또는 −20) | ⅱ) 乙 ㉡ |
| 17:00 | 100(+10 또는 −20) | 60(+10 또는 −20) | ⅴ) 정각 |
| | 110(+10 또는 −20) | | ⅱ) 甲 X민원 |
| 17:40 | 110(+10 또는 −20) | 70(+10 또는 −20) | ⅱ) 乙 X민원 |

ㄱ. (O) 18:00에 甲의 감정도는 최소 90이고 乙의 감정도는 최대 80이다. ㉠, ㉡에 상관없이 甲의 감정도는 乙의 감정도보다 높다.

ㄴ. (X) ㉡이 Y민원이라면 13시 이후 민원에 의한 감정도 변화는 −70이고, 정각마다 누적된 감정도 상승은 +20이다. 따라서 초기 감정도 100에서 −50이면, 최종적으로 18:00에 乙의 감정도는 정확히 50이다. ⅶ)에 따르면 18:00에 감정도가 50 미만인 직원에게는 1일의 월차를 부여하게 되는데 을의 감정도는 50으로 50 미만이 아니다. 乙은 1일의 월차를 부여받지 않는다.

ㄷ. (O) 12:30까지 호감도의 변화를 보면, 민원에 의한 감정도 변화 +10, 정각에 누적된 감정도 상승은 +15이므로 초기 감정도 100에서 +25이어서, 최종적으로 乙의 감정도는 125이다.

### 빠른 문제풀이 Tip

ㄱ. 甲의 감정도를 乙의 감정도보다 높지 않게 만들어서 반례를 찾아보아야 하는 보기이다. 이를 위해 甲의 감정도는 최소로, 乙의 감정도는 최대로 만들어 보아야 한다. 따라서 비어있는 ㉠은 Y로, ㉡은 X로 가정해야 한다.
13:00에 甲과 乙의 감정도는 100으로 초기화되었으므로, 13:00 이후로 甲과 乙 사이에 감정도 차이가 발생하는 부분만 보면 된다.

| | | | 甲 감정도(100) | 乙 감정도(100) |
|---|---|---|---|---|
| 13:20 | 乙 | Y민원 | | −20 |
| 14:10 | 甲 | Y민원 | −20 | |
| 14:20 | 乙 | Y민원 | | −20 |
| 15:10 | 甲 | ㉠ Y | −20 | |
| 16:10 | 乙 | Y민원 | | −20 |
| 16:50 | 乙 | ㉡ X | | +10 |
| 17:00 | 甲 | X민원 | +10 | |
| 17:40 | 乙 | X민원 | | +10 |
| | | | −30 | −40 |

반례를 찾으려고 노력했지만 −30의 甲의 감정도가 −40의 乙의 감정도보다 높다. 반례 찾기에 실패했기 때문에 보기 ㄱ은 옳다.

[정답] ③

**06** 다음 글을 근거로 판단할 때, <보기>에서 옳은 것만을 모두 고르면? 21년 5급 가책형 14번

> 甲: 안녕? 나는 지난 주말 중 하루에 당일치기로 서울 여행을 다녀왔는데, 서울에는 눈이 예쁘게 내려서 너무 좋았어. 너희는 지난 주말에 어디 있었니?
> 乙: 나는 서울과 강릉을 하루에 모두 다녀왔는데, 두 곳 다 눈이 예쁘게 내리더라.
> 丙: 나는 부산과 강릉에 하루씩 있었는데 하늘에서 눈을 보지도 못했어.
> 丁: 나도 광주에 하루 있었는데, 해만 쨍쨍하고 눈은 안 왔어. 그날 뉴스를 보니까 부산에도 광주처럼 눈은 커녕 해가 쨍쨍하다고 했더라고.
> 甲: 응? 내가 서울에 있던 날 뉴스를 봤는데, 광주에도 눈이 내리고 있다고 했어.

※ 지난 주말(토요일과 일요일) 각 도시에 눈이 내린 날은 하루 종일 눈이 내렸고, 눈이 내리지 않은 날은 하루 종일 눈이 내리지 않았다.

―――〈보 기〉―――
ㄱ. 광주에는 지난 주말 중 하루만 눈이 내렸다.
ㄴ. 지난 주말 중 하루만 서울에 눈이 내렸다면 부산에도 지난 주말 중 하루만 눈이 내렸다.
ㄷ. 지난 주말 중 하루만 부산에 눈이 내렸다면 甲과 乙이 서울에 있었던 날은 다른 날이다.
ㄹ. 지난 주말 중 하루만 서울에 눈이 내렸다면 丙이 부산에 있었던 날과 丁이 광주에 있었던 날은 다른 날이다.

① ㄱ, ㄴ
② ㄱ, ㄷ
③ ㄴ, ㄹ
④ ㄱ, ㄷ, ㄹ
⑤ ㄴ, ㄷ, ㄹ

## 📝 해설

다음의 표를 채워가는 과정이다. 눈이 온 날을 O로, 눈이 오지 않은 날을 X로 표시한다.

| | 토 | 일 |
|---|---|---|
| 서울 | | |
| 강릉 | | |
| 부산 | | |
| 광주 | | |

甲: 안녕? 나는 지난 주말 중 하루에 당일치기로 서울 여행을 다녀왔는데, 서울에는 눈이 예쁘게 내려서 너무 좋았어. 너희는 지난 주말에 어디 있었니?
→ 서울에 최소 하루는 눈이 내렸다.

乙: 나는 서울과 강릉을 하루에 모두 다녀왔는데, 두 곳 다 눈이 예쁘게 내리더라.
→ 토요일과 일요일 중 서울과 강릉 둘 다 눈이 온 날이 있었다.

| 서울 | O |
|---|---|
| 강릉 | O |

丙: 나는 부산과 강릉에 하루씩 있었는데 하늘에서 눈을 보지도 못했어.
→ 강릉과 부산에는 대각선으로 X가 있는 경우가 있다.

| | 토 | 일 |
|---|---|---|
| 강릉 | X | |
| 부산 | | X |

또는

| | 토 | 일 |
|---|---|---|
| 강릉 | | X |
| 부산 | X | |

→ 乙의 발언과 함께 고려하면, 강릉은 O, X가 하나씩 있어야 한다. 즉, 하루는 눈이 오고 하루는 눈이 오지 않았다.

丁: 나도 광주에 하루 있었는데, 해만 쨍쨍하고 눈은 안 왔어. 그날 뉴스를 보니까 부산에도 광주처럼 눈은 커녕 해가 쨍쨍하다고 했더라고.
→ 부산과 광주에 두 곳 다 눈이 오지 않은 날이 있다.

| 부산 | X |
|---|---|
| 광주 | X |

甲: 응? 내가 서울에 있던 날 뉴스를 봤는데, 광주에도 눈이 내리고 있다고 했어.
→ 서울과 광주에 두 곳 다 눈이 오는 날이 있다.

| 서울 | O |
|---|---|
| 강릉 | |
| 부산 | |
| 광주 | O |

丁의 발언과 함께 고려하면, 광주는 O, X가 하나씩 있어야 한다. 즉, 하루는 눈이 오고 하루는 눈이 오지 않았다.

ㄱ. (O) 丁과 마지막 甲의 발언을 함께 고려하면 광주에는 지난 주말 중
하루만 눈이 내렸다.

ㄴ. (X) 지난 주말 중 하루만 서울에 눈이 내렸다면, 토요일에 눈이 내린
것으로 가정해 보자. 그렇다면 일요일에 서울에는 눈이 내리지 않은
것이고, 乙과 甲의 두 번째 발언에서 다음과 같이 표가 채워진다.

|  | 토 | 일 |
|---|---|---|
| 서울 | O | X |
| 강릉 | O |  |
| 부산 |  |  |
| 광주 | O |  |

丙의 발언을 반영해 보면 다음과 같다.

|  | 토 | 일 |
|---|---|---|
| 서울 | O | X |
| 강릉 | O | X |
| 부산 | X |  |
| 광주 | O |  |

丁의 발언을 반영해 보면 다음과 같다.

|  | 토 | 일 |
|---|---|---|
| 서울 | O | X |
| 강릉 | O | X |
| 부산 | X | X |
| 광주 | O | X |

따라서 부산에는 지난 주말 이틀 다 눈이 내리지 않았다.

ㄷ. (O) 지난 주말 중 하루만 부산에 눈이 내렸다면, 토요일에 눈이 내린
것으로 가정해 보자. 그렇다면 일요일에 부산에는 눈이 내리지 않은
것이고, 부산에 X가 하나이므로 丙과 丁의 발언을 통해 다음과 같이
표를 채울 수 있다.

|  | 토 | 일 |
|---|---|---|
| 서울 |  |  |
| 강릉 | O |  |
| 부산 | X | X |
| 광주 |  | X |

이 경우 乙의 발언을 통해 만들어둔 블록이 들어갈 수 있는 요일은 일
요일이고 乙이 서울에 있었던 날은 일요일이다. 마지막 甲의 발언을
통해 만들어둔 블록이 들어갈 수 있는 요일은 토요일이고, 甲이 서울
에 있었던 날은 토요일이다. 따라서 지난 주말 중 하루만 부산에 눈이
내렸다면 甲과 乙이 서울에 있었던 날은 각기 다른 날이다.

ㄹ. (O) ㄴ에서 살펴본 것과 같은 상황이다.

|  | 토 | 일 |
|---|---|---|
| 서울 | O | X |
| 강릉 | O | X |
| 부산 | X | X |
| 광주 | O | X |

丙의 발언에서 보면 丙이 부산에 있었던 날은 토요일이다. 丁의 발언
에서 보면 丁이 광주에 있었던 날은 일요일이다. 따라서 지난 주말 중
하루만 서울에 눈이 내렸다면 丙이 부산에 있었던 날은 토요일이고,
丁이 광주에 있었던 날은 일요일로 다른 날이다.

**빠른 문제풀이 Tip**
- 토요일과 일요일을 확정하는 문제는 아니다. 하나의 경우를 구해서 대
칭하면 해결되기 때문에 토요일 또는 일요일을 확정하기 위해서 노력
하지 않아야 보다 빠른 해결이 가능하다.
- 보기에서 공통적인 특성을 발견할 수 있다면 모든 경우를 따져보지
않고도 문제 해결이 가능한 문제이다. 미리 모든 경우를 정리하고 들
어가는 경우는, 모든 경우를 구해야 하는 것이 불필요한 경우

[정답] ④

**길쌤's Check**

이상에서 연습한 문제들은 문제 해결과정에서 선지에서 주어진 가정
을 활용하여 풀 수 있는 문제들이었다. 문제의 실마리를 찾기 어려울
때, 선지의 가정을 실마리로 활용할 수 있다. 선지에 포함되어 있는
가정에서 주어진 상황을 토대로 시작해보면 보다 수월하게 문제를
해결하는 것이 가능해진다.

**01** 다음 글을 근거로 판단할 때, 1단계에서 甲이 나눈 두 묶음의 구슬 개수로 옳은 것은?

16년 민경채 5책형 21번

> 甲은 아래 세 개의 단계를 순서대로 거쳐 16개의 구슬을 네 묶음으로 나누었다. 네 묶음의 구슬 개수는 각각 1개, 5개, 5개, 5개이다.
> ○ 1단계: 16개의 구슬을 두 묶음으로 나누어, 한 묶음의 구슬 개수가 다른 묶음의 구슬 개수의 n배(n은 자연수)가 되도록 했다.
> ○ 2단계: 5개 이상의 구슬이 있던 한 묶음에서 다른 묶음으로 5개의 구슬을 옮겼다.
> ○ 3단계: 두 묶음을 각각 두 묶음씩으로 다시 나누어 총 네 묶음이 되도록 했다.

① 8개, 8개
② 11개, 5개
③ 12개, 4개
④ 14개, 2개
⑤ 15개, 1개

### 해설

제시된 조건에 따르면 3단계를 거치는데, 중간 과정을 숨기고 최종 결과만 먼저 제시하여 1단계를 거친 후의 결과를 묻고 있다. 따라서 최종 결과에서부터 3단계 → 2단계 → 1단계 순으로 역으로 단계를 고려하여 문제를 풀이한다.

문제에 제시된 과정을 정리하면 다음과 같다.

1단계: 16개의 구슬을 두 묶음으로 나누어, 한 묶음의 구슬 개수가 다른 묶음의 구슬 개수의 n배(n은 자연수)가 되도록 했다.
　　　( ), ( ) (문제에서 묻고 있는 것)

2단계: 5개 이상의 구슬이 있던 한 묶음에서 다른 묶음으로 5개의 구슬을 옮겼다.
　　　( ), ( )

3단계: 두 묶음을 각각 두 묶음씩으로 다시 나누어 총 네 묶음이 되도록 했다.
　　　( 1 ), ( 5 ), ( 5 ), ( 5 )

제시된 조건은 3단계를 거친 최종 결과이므로 단계별로 역순으로 생각한다. 마지막 네 묶음이 (1), (5), (5), (5)이므로, 3단계를 거치기 전에 두 묶음은 반드시 (6), (10)이다. 2단계를 거치기 전에 구슬 묶음을 생각해 보면, (15), (1) 또는 (11), (5) 조합이 가능하다. 이는 1단계를 거친 후의 결과이고, 한 묶음의 구슬 개수가 다른 묶음의 구슬 개수의 n배(n은 자연수)가 되어야 하므로 (15), (1) 또는 (11), (5) 중에서는 (15), (1)만이 가능하다. 따라서 1단계에서 甲이 나눈 두 묶음의 개수는 15개, 1개이다.

> **빠른 문제풀이 Tip**
> 선지를 활용하여 1단계 결과에 대입한 후, 2단계와 3단계를 거쳐 최종 결과와 일치하는지 확인한다.
> ① (X) 8개, 8개의 경우 2단계를 거치면 (3, 13)이고, 3단계를 통해서 (1, 5, 5, 5)의 네 묶음을 만들 수 없다.
> ② (X) 11개, 5개의 경우 서로 배수 관계에 있지 않으므로 1단계 결과의 조건인 한 묶음의 구슬 개수가 다른 묶음의 구슬 개수의 n배(n은 자연수)가 되도록 한다는 조건에 위배된다.
> ③ (X) 12개, 4개의 경우 2단계를 거치면 (7, 9)이고, 3단계를 통해서 (1, 5, 5, 5)의 네 묶음을 만들 수 없다.
> ④ (X) 14개, 2개의 경우 2단계를 거치면 (7, 9)이고, 3단계를 통해서 (1, 5, 5, 5)의 네 묶음을 만들 수 없다.
> ⑤ (O) 15개, 1개의 경우 2단계를 거치면 (6, 10)이고, 3단계에서 6을 (1, 5)로, 10을 (5, 5)로 나누는 것이 가능하다.

[정답] ⑤

**02** 다음 제시문의 <그림>에서 문자를 4회 이동한 후의 모습으로 가능하지 않은 것은?

09년 5급 극책형 40번

> 다음 문자의 배치에서 각 문자는 상하좌우에 빈칸이 있는 경우 그곳으로 이동할 수 있다. 문자가 이동하면 그 문자의 이동하기 전 위치가 빈칸이 된다. 예를 들어 B는 아래쪽으로 이동할 수 있고 B가 있던 칸은 빈칸이 된다. (단, 대각선 방향의 이동은 허용되지 않는다)
>
> 〈그림〉
>
> | A | B | C |
> |---|---|---|
> | D |   | E |
> | F | G | H |

① 

| A | C | B |
|---|---|---|
| D | E | H |
| F | G |   |

② 

| A | C | E |
|---|---|---|
| D | B | H |
| F | G |   |

③ 

|   | A | B |
|---|---|---|
| D | E | C |
| F | G | H |

④ 

| D | A | C |
|---|---|---|
| B |   | E |
| F | G | H |

⑤ 

| D | A | C |
|---|---|---|
| F | B | E |
|   | G | H |

---

### 해설

① (X) 선지 ①은 4회 이동으로 가능하지 않다.

| 시작 | | | 1회 이동 후 | | | 2회 이동 후 | | |
|---|---|---|---|---|---|---|---|---|
| A | C | B | A | C | B | A | C | B |
| D | E | H | D | E | → | D |   | E |
| F | G | ↓ | F | G | H | F | G | H |

우선 위의 그림들은 선지 ①에 주어진 그림을 2회 이동하여 지문에 주어진 〈그림〉과 C, B 문자가 있는 칸을 제외하고 나머지는 일치하도록 만든 것이다. 위 그림처럼 원래의 〈그림〉과 비교했을 때 두 개의 문자 위치만 서로 바뀌어 있는 경우는 〈그림〉처럼 문자를 이동시킬 수 없다는 것이 수학적으로 증명이 되어 있다.

② (O) 가능하다. 이하부터는 〈그림〉의 모습에서 4회의 이동으로 선지의 그림과 같은 모습을 만드는 과정이다.

| 시작 | | | 1회 이동 후 | | | 2회 이동 후 | | | 3회 이동 후 | | | 4회 이동 후 | | |
|---|---|---|---|---|---|---|---|---|---|---|---|---|---|---|
| A | B | C | A | ← | C | A | C | ↑ | A | C | E | A | C | E |
| D | ↓ | E | D | B | E | D | B | E | D | B | ↑ | D | B | H |
| F | G | H | F | G | H | F | G | H | F | G | H | F | G |   |

③ (O) 가능하다.

| 시작 | | | 1회 이동 후 | | | 2회 이동 후 | | | 3회 이동 후 | | | 4회 이동 후 | | |
|---|---|---|---|---|---|---|---|---|---|---|---|---|---|---|
| A | B | C | A | B | C | A | B | → | A | → | B |   | A | B |
| D | ← | E | D | E | ↓ | D | E | C | D | E | C | D | E | C |
| F | G | H | F | G | H | F | G | H | F | G | H | F | G | H |

④ (O) 가능하다.

| 시작 | | | 1회 이동 후 | | | 2회 이동 후 | | | 3회 이동 후 | | | 4회 이동 후 | | |
|---|---|---|---|---|---|---|---|---|---|---|---|---|---|---|
| A | B | C | A | → | C | ↑ | A | C | D | A | C | D | A | C |
| D | ↓ | E | D | B | E | D | B | E | ← | B | E | B |   | E |
| F | G | H | F | G | H | F | G | H | F | G | H | F | G | H |

⑤ (O) 가능하다.

| 시작 | | | 1회 이동 후 | | | 2회 이동 후 | | | 3회 이동 후 | | | 4회 이동 후 | | |
|---|---|---|---|---|---|---|---|---|---|---|---|---|---|---|
| A | B | C | A | → | C | ↑ | A | C | D | A | C | D | A | C |
| D | ↓ | E | D | B | E | D | B | E | ↑ | B | E | F | B | E |
| F | G | H | F | G | H | F | G | H | F | G | H |   | G | H |

[정답] ①

---

길쌤's Check

이상에서 살펴본 문제는 처음 단계를 최종 단계로 바꾸는 것보다 선지를 활용해서 역진적으로 해결할 때 빠른 해결이 가능한 문제들이다. 선지를 활용하는 방법 중에는 선지에 주어진 '3단계까지 거친 결과', '4회 이동한 결과' 등 결과를 역진적으로 최초의 상태로 돌릴 수 있는지 여부를 확인하는 방법도 있다.

**01** 아파트 경비원 A, B 중 A는 청력이 좋지 않아 특정 날씨 조건에 따라 '삼'과 '천'을 바꾸어 알아듣는다. 예를 들면 '301호'를 '천백일호'라고, '1101호'를 '삼백일호'라고 알아듣는다. 또한 이 아파트 ○○○호 주인이 경비원에게 맡겨진 자신의 물건을 가져다 줄 것을 부탁할 때는 항상 다음과 같은 방식으로 통화한다.

─────────〈통화내용〉─────────

○○○호 주인: 여기 ○○○호 주인인데요, 관리실에 맡겨져 있는 △△(주인과 호수가 표시되어 있지 않음)를 저희 집에 갖다 주시면 고맙겠습니다.

경비원: 알겠습니다.

**11월 1일에서 11월 7일까지의 〈상황〉이 다음과 같다고 할 때, 경비원 A, B가 7일간 301호와 1101호에 전달한 내용물은?**

12년 5급 인책형 14번

─────────〈상　황〉─────────

○ 근무 일정 및 날씨

| 일자/날씨 | 11월 1일 종일 맑음 | 11월 2일 종일 비 | 11월 3일 종일 맑음 | 11월 4일 종일 맑음 | 11월 5일 종일 맑음 | 11월 6일 종일 흐림 | 11월 7일 종일 비 |
|---|---|---|---|---|---|---|---|
| 근무자 | A | B | A | B | A | B | A |
| 발신자 | 1101호 주인 | 1101호 주인 | – | – | 301호 주인 | 301호 주인 | – |
| 요청 사항 | 천 묶음 전달 | 삼 묶음 전달 | – | – | 천백원 봉투 전달 | 삼백원 봉투 전달 | – |

○ A와 B는 1일씩 근무하고 밤 12시 정각에 교대한다.

○ 이 경비실에는 상기 기간 동안 천 2묶음, 삼 2묶음, 천백원 봉투 2개, 삼백원 봉투 2개가 맡겨져 있다.

○ 청력상태
　－ A: 날씨가 맑지 않으면 위와 같이 '삼'과 '천'을 바꾸어 알아듣는다.
　－ B: 날씨에 아무런 영향을 받지 않고, 정상적으로 알아듣는다.

○ 특이 사항: B가 11월 2일에 전화받은 내용을 미처 실행에 옮기지 못하여 B가 A에게 교대하기 10분 전에 "삼 묶음을 1101호에 내일 전달해 주세요."라고 말하였고, A는 알아들었다고 했다.

|  | 301호 | 1101호 |
|---|---|---|
| ① | 천 묶음, 삼백원 봉투, 천백원 봉투 | 천 묶음 |
| ② | 삼 묶음, 천 묶음 | 삼백원 봉투, 천백원 봉투 |
| ③ | 천 묶음, 삼백원 봉투 | 천 묶음, 삼백원 봉투 |
| ④ | 삼백원 봉투, 천백원 봉투 | 천 묶음, 삼백원 봉투 |
| ⑤ | 천 묶음 | 삼 묶음, 삼백원 봉투, 천백원 봉투 |

📝 **해설**

A는 날씨가 맑지 않으면 '삼'과 '천'을 바꾸어 알아듣는다. 11월 2일의 날씨는 종일 비이고, 따라서 B가 11월 2일에 전화 받은 내용을 미처 실행에 옮기지 못하여 B가 A에게 교대하기 10분 전에 "삼 묶음을 1101에 내일 전달해 주세요."라고 말한 내용을 A는 '삼'과 '천'을 바꾸어 알아듣게 된다.

┌─────────────────────────────────────┐
"삼 묶음을 1101호(천백일호)에 내일 전달해 주세요."
↓
"천 묶음을 301호(삼백일호)에 내일 전달해 주세요."
└─────────────────────────────────────┘

11월 2일을 제외한 나머지 1일, 5일, 6일은 요청사항대로 전달된다.

| 일자/날씨 | 11월 1일 종일 맑음 | 11월 2일 종일 비 | 11월 3일 종일 맑음 | 11월 4일 종일 맑음 | 11월 5일 종일 맑음 | 11월 6일 종일 흐림 | 11월 7일 종일 비 |
|---|---|---|---|---|---|---|---|
| 근무자 | A | B | A | B | A | B | A |
| 발신자 | 1101호 주인 | 1101호 주인 → 301호 주인 | – | – | 301호 주인 | 301호 주인 | – |
| 요청 사항 | 천 묶음 전달 | 삼 묶음 전달 → 천 묶음 전달 | – | – | 천백원 봉투 전달 | 삼백원 봉투 전달 | – |

따라서 11월 1일에서 11월 7일까지 7일간 301호와 1101호에 전달한 내용물은 301호가 '천 묶음, 삼백원 봉투, 천백원 봉투'이고, 1101호가 '천 묶음'이다.

[정답] ①

┌──────────────────────────────────────┐
**길쌤's Check**

선지를 보면, '301호'와 '1101호'의 항목이 제시되어 있다.

|  | 301호 | 1101호 |
|---|---|---|
| ① | 천 묶음, 삼백원 봉부, 천백원 봉투 | 천 묶음 |
| ② | 삼 묶음, 천 묶음 | 삼백원 봉투, 천백원 봉투 |
| ③ | 천 묶음, 삼백원 봉투 | 천 묶음, 삼 묶음 |
| ④ | 삼백원 봉투, 천백원 봉투 | 천 묶음, 삼백원 봉투 |
| ⑤ | 천 묶음 | 삼 묶음, 삼백원 봉투, 천백원 봉투 |

두 항목은 서로 분리되어 해결되므로, 우측의 '1101호'의 항목을 보면 1101호에 전달해야 하는 물품을 각 선지마다 개수와 종류의 기준으로 구분할 수 있다.

|  | 1101호 | 개수 | 종류 |
|---|---|---|---|
| ① | 천 묶음 | 1개 | 천묶음 |
| ② | 삼백원 봉투, 천백원 봉투 | 2개 | 삼백원 봉투, 천백원 봉투 |
| ③ | 천 묶음, 삼 묶음 | 2개 | 천 묶음, 삼 묶음 |
| ④ | 천 묶음, 삼백원 봉투 | 2개 | 천 묶음, 삼백원 봉투 |
| ⑤ | 삼 묶음, 삼백원 봉투, 천백원 봉투 | 3개 | 삼 묶음, 삼백원 봉투, 천백원 봉투 |

'개수'와 '종류'를 확인해야할 때는 큰 틀에서 확인되는 '개수'부터 확인하는 것이 먼저이다. 선지의 정보를 파악할 때 '개수'와 '종류'의 인식이 가능해진다면 훌륭한 무기가 될 수 있다.
└──────────────────────────────────────┘

**01** 다음 글을 근거로 판단할 때, 甲이 구매해야 할 재료와 그 양으로 옳은 것은?

19년 5급 가책형 8번

甲은 아내, 아들과 함께 짬뽕을 만들어 먹기로 했다. 짬뽕요리에 필요한 재료를 사기 위해 근처 전통시장에 들른 甲은 아래 〈조건〉을 만족하도록 재료를 모두 구매한다. 다만 <sup>i)</sup>짬뽕요리에 필요한 각 재료의 절반 이상이 냉장고에 있으면 그 재료는 구매하지 않는다.

〈조건〉
○ <sup>ii)</sup>甲과 아내는 각각 성인 1인분, 아들은 성인 0.5인분을 먹는다.
○ 매운 음식을 잘 먹지 못하는 아내를 고려하여 <sup>iii)</sup>'고추'라는 단어가 들어간 재료는 모두 절반만 넣는다.
○ <sup>iv)</sup>아들은 성인 1인분의 새우를 먹는다.

─────〈냉장고에 있는 재료〉─────
면 200g, 오징어 240g, 돼지고기 100g, 양파 100g, 청양고추 15g, 고추기름 100ml, 대파 10cm, 간장 80ml, 마늘 5g

─────〈짬뽕요리 재료(성인 1인분 기준)〉─────
면 200g, 해삼 40g, 소라 30g, 오징어 60g, 돼지고기 90g, 새우 40g, 양파 60g, 양송이버섯 50g, 죽순 40g, 고추기름 20ml, 건고추 8g, 청양고추 10g, 대파 10cm, 마늘 10g, 청주 15ml

① 면 200g
② 양파 50g
③ 새우 100g
④ 건고추 7g
⑤ 돼지고기 125g

## 해설

문제 해결에 필요한 조건을 정리하면 다음과 같다.

조건 ii) 짬뽕요리 재료는 2.5인분이 필요하다.

조건 iii) '고추'라는 단어가 들어간 재료는 2.5인분÷2만큼 필요하다.

조건 iv) 새우는 3인분이 필요하다.

조건 i) 짬뽕요리에 필요한 각 재료의 절반 이상이 냉장고에 있으면 그 재료는 구매하지 않으므로 필요한 재료의 양을 구해놓고 냉장고에 있는 재료의 양과 비교해야 한다.

① (X) 성인 1인분 기준으로 필요한 면은 200g이므로 면은 200×2.5 =500g이 필요하다(조건 ii). 냉장고에 있는 면의 양은 200g으로 면 300g을 구매해야 한다.

② (X) 성인 1인분 기준으로 필요한 양파는 60g이므로 양파는 60×2.5 =150g이 필요하다(조건 ii). 냉장고에 있는 양파의 양은 100g으로 필요한 양파 150g의 절반(75g) 이상이 냉장고에 있어 양파는 구매하지 않는다(조건 i).

③ (X) 성인 1인분 기준으로 필요한 새우는 40g이고 아들은 1인분의 새우를 먹기 때문에(조건 iv) 새우는 40×3=120g이 필요하다. 냉장고에는 새우가 없으므로 새우 120g을 구매해야 한다.

④ (X) 성인 1인분 기준으로 필요한 건고추는 8g이고 '고추'라는 단어가 들어간 재료는 절반만 필요하기 때문에 건고추는 8×2.5÷2=10g이 필요하다(조건 iii). 냉장고에는 건고추가 없으므로 건고추 10g을 구매해야 한다.

⑤ (O) 성인 1인분 기준으로 필요한 돼지고기는 90g이므로 면은 90×2.5 =225g이 필요하다(조건 ii). 냉장고에 있는 돼지고기의 양은 100g으로 돼지고기 125g을 구매해야 한다.

[정답] ⑤

> **길쌤's Check**
>
> 냉장고에 있는 재료, 짬뽕요리 재료 등 재료의 종류가 많지만, 선지에 주어져 있는 5가지 재료들만 고려하면 된다. 다른 재료들에 시선을 빼앗겨 시간을 낭비하지 않도록 필요없는 재료들을 지워놓는 등의 방법으로 시각화하는 것도 고려해볼 만하다.
>
> ─────〈냉장고에 있는 재료〉─────
> 면 200g, 오징어 240g, 돼지고기 100g, 양파 100g, 청양고추 15g, 고추기름 100ml, 대파 10cm, 간장 80ml, 마늘 5g
>
> ─────〈짬뽕요리 재료(성인 1인분 기준)〉─────
> 면 200g, 해삼 40g, 소라 30g, 오징어 60g, 돼지고기 90g, 새우 40g, 양파 60g, 양송이버섯 50g, 죽순 40g, 고추기름 20ml, 건고추 8g, 청양고추 10g, 대파 10cm, 마늘 10g, 청주 15ml
>
> 주로 실수를 유발하는 것은 '고추'라는 단어가 들어간 재료(조건 iii)와 새우(조건 iv)이기 때문에 먼저 점검하면 실수를 줄일 수 있다.

**02** 다음 글을 근거로 판단할 때, A시가 '창의 테마파크'에서 운영할 프로그램은?

16년 5급 4책형 38번

A시는 학생들의 창의력을 증진시키기 위해 '창의 테마파크'를 운영하고자 한다. 이를 위해 다음과 같은 프로그램을 후보로 정했다.

| 분야 | 프로그램명 | 전문가 점수 | 학생 점수 |
|------|-----------|-----------|----------|
| 미술 | 내 손으로 만드는 동물 | 26 | 32 |
| 인문 | 세상을 바꾼 생각들 | 31 | 18 |
| 무용 | 스스로 창작 | 37 | 25 |
| 인문 | 역사랑 놀자 | 36 | 28 |
| 음악 | 연주하는 교실 | 34 | 34 |
| 연극 | 연출노트 | 32 | 30 |
| 미술 | 창의 예술학교 | 40 | 25 |
| 진로 | 항공체험 캠프 | 30 | 35 |

○ 전문가와 학생은 후보로 선정된 프로그램을 각각 40점 만점제로 우선 평가하였다.
○ 전문가 점수와 학생 점수의 반영 비율을 3:2로 적용하여 합산한 후, 하나밖에 없는 분야에 속한 프로그램에는 취득점수의 30%를 가산점으로 부여한다.
○ A시는 가장 높은 점수를 받은 프로그램을 최종 선정하여 운영한다.

① 연주하는 교실
② 항공체험 캠프
③ 스스로 창작
④ 연출노트
⑤ 창의 예술학교

## 📝 해설

분야의 개수가 많지만, 선지에 제시된 것만 파악한다.

| | 분야 | 프로그램명 | 3:2 | | 합산점수 |
|---|------|-----------|-----------|----------|---------|
| | | | 전문가 점수 | 학생 점수 | |
| | 미술 | 내 손으로 만드는 동물 | 26 | 32 | |
| | 인문 | 세상을 바꾼 생각들 | 31 | 18 | |
| ③ | 무용 | 스스로 창작 | 37  111 | 25  50 | 161 |
| | 인문 | 역사랑 놀자 | 36 | 28 | |
| ① | 음악 | 연주하는 교실 | 34  102 | 34  68 | 170 |
| ④ | 연극 | 연출노트 | 32  96 | 30  60 | 156 |
| ⑤ | 미술 | 창의 예술학교 | 40  120 | 25  50 | 170 |
| ② | 진로 | 항공체험 캠프 | 30  90 | 35  70 | 160 |

전문가 점수와 학생 점수의 반영 비율을 3:2로 적용하여 합산하면 '연주하는 교실'과 '창의예술학교'의 합산점수가 170점으로 동일한데, 하나밖에 없는 분야에 속한 프로그램인 '연주하는 교실'에 취득점수의 30%를 가산점으로 부여하면 최종점수 222.3점으로 최종 선정하여 운영된다.

**빠른 문제풀이 Tip**
• 표로 제시된 프로그램명이 선지의 개수인 5개보다 많으므로 전부 다 계산할 것이 아니라 묻는 것만 확인해야 한다.
• 전문가 점수와 학생 점수의 반영 비율을 3:2를 보다 간단한 비로 줄여서 계산하는 것도 가능하다.
• 가산점이 부여되는 분야와 가산점이 부여되지 않는 분야로 구분하여 그룹 간 비교를 하는 것도 가능하다.
• 차이값으로 계산하는 것도 보다 빠른 해결이 가능하다.
• 점수 계산 스킬인 감점으로 점수를 부여한 후 계산하는 것도 보다 빠른 해결이 가능하다.

[정답] ①

**길쌤's Check**

문제 중에 등장한 조건의 종류 또는 개수가 많다면, 전부 다 확인할 것이 아니라 선지를 활용해서 문제에서 묻는 것만 확인할 때 시간을 효율적으로 활용할 수 있다. 조건이 아무리 많더라도 문제에서 물을 수 있는 개수는 선지 ①번부터 선지 ⑤번까지, 보기형은 보통 보기 ㄱ부터 보기 ㄹ까지, 많아도 보기 ㅁ까지여서 최대 5개까지 물을 수 있기 때문이다.

따라서 문제에 주어진 전부를 다 확인할 것이 아니라 선지를 활용해서 문제에서 묻는 것만 확인할 때 시간을 효율적으로 활용할 수 있다.

해커스공무원
gosi.Hackers.com

# PART **3**
# 논리

# I. 논리 기초

## 1 현실과 논리

논리 퀴즈의 세계에서는 '옳다'라고 하면 100% 옳다는 것을 의미한다. 논리 퀴즈의 세계와 대조적으로 현실 세계에서는 항상 옳은 사실을 찾아보기는 어렵다. 예를 들어 뉴턴의 운동 법칙과 같은 과학 법칙도 항상 옳은 것은 아니다. 뉴턴의 운동 법칙으로도 수성의 근일점 이동과 같은 현상을 설명해내지 못하였는데, 나중에 상대성이론에 의해 설명이 가능한 것으로 확인되었다. 이처럼 어떠한 과학적 지식도 불변의 진리가 아니고 반증 가능성(Falsifiability)을 가지고 있어야 한다. 그러나 항상 옳은 사실이 아니더라도 그러한 주장이나 지식이 쓸모없다는 것은 아니다. 예를 들어 화재가 발생하면 물로 불을 끈다. 그러나 기름에 불이 붙었을 때는 물을 부어서는 안 된다. 즉 불이 나면 항상 물로 불을 끄는 것은 아니다. 그렇다고 해서 불이 나면 물로 불을 끈다는 지식이 쓸모없는 것은 아니고 많은 상황에서 여전히 유용한 지식이다. 다만 옳지 않은 상황이 많아질수록 지식의 유용성이 낮아진다. 어떠한 주장에 대해서도 마찬가지로 어떠한 주장이 반박당했다고 해서 완전히 틀린 주장이 된다기보다는 해당 주장은 약화된다.

현실 세계와 다르게 논리 퀴즈의 세계에서는 어떠한 진술이 옳다는 것은 항상 옳다는 것을 의미한다. 단 하나의 예외라도 있다면 그 진술은 옳지 않다. 명제를 진술이라고도 표현하는데 어떠한 명제가 참이라면 항상 참이라는 것이고 하나의 예외, 즉 반례가 있다면 그 명제는 거짓이다. 이러한 논리 퀴즈의 세계에서 적용되는 기본적인 규칙을 알아보자.

> **동일률**
>
> 논리 퀴즈의 세계에서는 어떠한 문제에서 명제가 참이라고 주어졌다면 그 명제는 100% 참이고 의심할 필요가 없다. 형식논리학의 기본 법칙으로 동일률(同一律, The Principle of Identity)이라고 한다. 동일률이란 확정적으로 규정된 대상에 대해서는 일련의 사고 과정에서 동일성을 가져야 한다는 것이다. 낯설고 어려운 용어처럼 느껴질 수도 있지만, 용어 자체가 중요한 것은 아니다. 문제에서 참이라고 주어진 명제는 해당 문제에서 참이라고 받아들이면 된다는 의미로 이해하는 것으로 충분하다.
>
> 일련의 사고 과정이란 간단히 생각해서 우리가 접하게 될 하나의 논리 퀴즈 문제 풀이 과정이라고 생각해도 좋다. 이 책에서는 여러 명제가 주어질 때 그 명제들이 일련의 사고 과정이라면 해설에서 [＿＿＿＿＿]와 같이 하나의 박스로 처리해 놓을 것이다.

> **배중률**
>
> 논리 퀴즈의 세계에서는 명제를 간단히 문장 또는 기호로 나타낸다. 명제가 '옳다'면 '참'이라고 하고 때로는 간단히 true의 알파벳 앞 글자를 따 'T'라고 나타낸다. 그리고 명제가 '옳지 않다', '거짓이다'라고 하면 해당 문장 또는 기호를 '거짓'이라고 하고 때로는 간단히 false의 알파벳 앞 글자를 따 'F'라고 나타낸다. 이처럼 명제를 참 또는 거짓 중 하나로만 판단하게 되는데 이를 이진 논리(binary logic)라고 한다. 문장 또는 기호를 참 또는 거짓 중 하나로만 판단하게 되면서 참·거짓이 아닌 다른 판단은 있을 수 없다는 것을 배중률(排中律, The Principle of Excluded Middle)이라고 한다.

이외에도 형식논리학의 기본 법칙으로 모순율, 충족이유율 등이 있다. 모순율(矛盾律, The Principle of Contradiction)은 중요한 개념인 '모순', '부정'의 개념을 엄밀하게 다루지 않은 상태에서 알아보기보다는 이후에 자연스럽게 연습을 통해 의미를 알게 될 것이므로 우선 넘어가도록 한다.

정리하면 논리 퀴즈의 세계에서는 현실의 세계에서처럼 주어진 내용 이외에 사고를 확장시켜 생각할 필요는 없다, 주어진 내용을 더 엄밀하고 한정적으로 이해하여 의도하는 결과를 도출해 내는 과정이라고 생각할 수 있다. 문제의 내용을 엄밀하고 한정적으로 이해한다면, 논리 퀴즈를 더 빠르고 체계적으로 정확히 풀어낼 수 있게 된다.

연역과 귀납은 보편적인 법칙을 이끌어 내는 추론 방식이다. 연역논리, 연역논증, 귀납법, 귀납추론 등으로 불리기도 한다. 논리 퀴즈 문제는 아니지만 논리 관련 시험문제의 일부 지문에는 논리에 관한 내용을 잘 설명하고 있는 경우가 많은데 PSAT 지문에서는 연역과 귀납에 대해 아래와 같이 언급하고 있다.

> 연역논증은 전제를 통해 결론이 참이라는 사실을 100 % 보장하려는 논증인데, 이 가운데 결론의 참을 100% 보장하는 논증을 '타당한 논증'이라 한다. 반면 귀납논증은 전제를 통해 결론을 개연적으로 뒷받침하려는 논증이다. 귀납논증 중에는 뒷받침하는 정도가 강한 것도 있고 약한 것도 있다.
>
> 20년 7급(모의) 20번

연역논증은 '참'인 문장 또는 기호로부터 '참'인 결론을 도출해내는 것이다. 이러현 연역논증의 특성을 진리 보존적(truth preserving)이라고도 한다. 즉 타당한 연역논증이라면 전체가 참일 때 결론도 반드시 참이며, 전체가 참인데 결론이 참이 아니라면 해당 논증에 오류가 있다고 한다. 논리 퀴즈에서는 주로 연역논증을 통해 주어진 전제들로부터 결론을 도출해 내야 한다.

귀납논증은 현실의 과학에서 여러 관찰 사례들로부터 보편적인 법칙을 발견하는 데 유용하게 사용된다. 예를 들어 멘델은 완두콩을 재배하면서 일정한 형질(꽃의 색깔 등)이 다음 세대에 일정한 비율로 발현되는 것을 관찰하였고 이를 바탕으로 유전 법칙을 정립하였다. 자신이 관찰한 사례로부터 일반적으로 적용되는 법칙을 발견한 것이다. 관찰한 사례를 보편적인 법칙으로 정립하는 것을 '일반화'라고 하고, 보다 많은 사례가 이러한 법칙에 부합한다면 '해당 법칙의 신뢰도는 높아진다' 또는 '해당 법칙은 강화된다'라고 한다.

그러나 귀납논증을 설명함에 있어서 신뢰도, 개연성과 같은 용어를 사용하는 이유는 귀납논증을 통해 발견한 법칙이 100% 타당하다는 보장이 없기 때문이다. 예를 들어 검은색 까마귀를 여러 마리 관찰하고 '까마귀는 검다'라는 법칙을 이끌어 냈다고 하자. 검은색 까마귀를 더 많이 발견할수록 해당 법칙은 강화된다. 그러나 100% 옳다고 확신할 수 없는 이유는 단 한 마리의 다른 색 까마귀가 발견된다면 '까마귀는 검다'라는 법칙은 깨지기 때문이다. 여기서 '다른 색 까마귀'는 '까마귀는 검다'라는 명제가 거짓임을 확인할 수 있는 반례이다. 논리 퀴즈의 세계에서는 단 한 마리의 다른 색 까마귀라도 존재한다면 '까마귀는 검다'라는 문장은 '거짓'이 된다.

논리 퀴즈의 세계에서는 이상의 연역논증을 통해 참 또는 거짓인 결론을 도출해 내거나, 귀납논증의 내용 중 법칙(까마귀는 검다)에 대한 반례(다른 색 까마귀의 존재)를 통해 거짓인 결론을 도출해 내어야 한다.

이제부터 본격적으로 명제에 대해서 살펴보자. 명제란 참·거짓을 판별할 수 있는 문장 또는 기호이다. 논리 퀴즈에서는 이러한 명제의 참 또는 거짓을 판별하는 것을 목표로 한다.

명제는 문장으로 주어져 있는 경우가 있고, 기호로 주어져 있는 경우도 있다. 예를 들어 수학식은 기호로 구성되어 있고 참·거짓을 판별할 수 있으므로 명제라고 할 수 있다. 그리고 문장도 참·거짓을 판별할 수 있으면 명제라고 할 수 있다. 거꾸로 명제라고 하려면 참·거짓을 판별할 수 있는 문장이어야 한다. 문장을 분류하면 평서문, 감탄문, 명령문 등이 있을 수 있으나 참·거짓을 판별할 수 있는 것은 평서문뿐이다. 즉, 감탄문, 명령문 등의 문장은 명제라고 할 수 없고 평서문만 명제라고 할 수 있다. 논리 퀴즈에서는 명제가 문장 또는 기호로 주어져 있으므로 주어진 문장을 기호로 변환하는 것을 기호화라고 하고, 우리는 기호화를 통해 논리 퀴즈를 해결하고자 하는 것이다.

평서문은 대표적으로 다음과 같은 기본 형식을 가지고 있다.

무엇은 무엇이다.

아무 의미 없어 보이는 문장 같아 보이겠지만 가장 기본적인 문장 형태이다. 위 문장에서 앞의 '무엇'과 뒤의 '무엇'이 다르다는 것을 명확히 하기 위해 다음과 같이 생각해보자.

무엇(P)은 무엇(Q)이다.

앞의 P에 해당하는 것을 주어라고 하고, 뒤의 Q에 해당하는 것을 술어라고 한다. 앞서 예를 들었던 '까마귀는 검다.'라는 문장을 다시 예로 들어보면 '까마귀'가 주어, '검다.'가 술어에 해당한다. 이를 기호화하면 다음과 같다.

P → Q

문장을 기호화하는 형식논리학은 영어 등을 사용하는 유럽권에서 정립된 것이므로 잠시 영어로 생각해보자. 위의 기호화는 'P is Q'를 순서대로 놓고 동사를 화살표로 치환한 것에 불과하다. 그러나 우리나라 말로는 조사가 포함되어 있고, 다른 수식어가 있는 경우 동사가 문장의 가장 뒤에 위치하게 되는 어순 상의 차이점 등으로 인해 아직 기호화에 익숙하지 않은 경우 헷갈릴 수도 있다.

주어 부분에는 명사형의 표현이 들어가게 되고, 술어 부분에는 (우리나라 말로) 동사, 형용사 등의 표현이 들어가게 되는데, 만약 한 문제 안에서(일련의 사고 과정에서) 서술의 순서가 다른 명제가 있더라도 각 부분의 동일성은 유지되어야 한다. 예를 들어 '까마귀는 검다.'와 같은 명제가 주어진 논리 퀴즈에서 '검은 것은 까마귀이다.'와 같은 명제도 주어졌다고 하자. 이를 기호화한다면 Q → P로 기호화할 수 있다. P → Q에서 술어 부분이었던 '검다'라는 표현이, Q → P에서 주어 부분으로 와 '검은 것'이라는 명사형의 표현으로 바뀌었지만 Q 자체의 의미는 바뀌지 않고 동일성을 유지한다. 아래에서는 명제의 개념에 대해 몇 가지를 정리해본다.

## 1. 참·거짓을 판별할 수 있어야 한다.

명제는 참 · 거짓을 판별할 수 있어야 하므로 추상적 표현이나 판단 기준이 모호하면 안 된다. 아래의 예를 보자.

┌─────────────────────────────────────────────
ⅰ) 김○○은 아름답다.
ⅱ) 김○○은 키가 크다.
└─────────────────────────────────────────────

ⅰ)의 술어 부분에 '아름답다'라는 내용은 추상적 표현으로 그 자체로 참인지 거짓인지 판별할 수 없다. 그리고 ⅱ)의 술어 부분에 '키가 크다'는 표현은 판단 기준이 명확하게 주어져 있지 않다. 따라서 ⅰ), ⅱ) 모두 명제라고 할 수 없다. 그러나 다음과 같은 예를 보자.

┌─────────────────────────────────────────────
ⅲ) 김○○은 키가 170cm 이상이다.
└─────────────────────────────────────────────

---

1) 양을 지시하는 표현을 양화사(quantifier)라고 한다.

iii)은 ii)와 마찬가지로 키에 대해서 서술하고 있더라도 판단 기준이 명확하게 주어져 있으므로 참인지 거짓인지 판별할 수 있다. 따라서 iii)은 명제이다.

## 2. 참·거짓을 판별할 수 '있는' 문장 또는 기호이다.

명제란 참·거짓을 판별할 수 '있는' 문장 또는 기호라고 하였다. 고등학교 수학 '명제와 조건'이라는 단원에서는 명제와 비교하여 '조건'을 미지수를 포함하여 미지수에 따라 참·거짓이 결정되는 문장 또는 기호라고 정의한다. 예를 들어 $x+1=2$라는 방정식은 조건이다. 미지수 $x$가 1이면 해당 방정식은 참, 다른 값이면 거짓이 된다. 이러한 수학식도 참·거짓을 판별할 수 있는 기호이고 명제의 개념에 부합한다고 할 수 있다.[2]

이때 명제는 참·거짓을 판별'한' 문장 또는 기호라는 뜻은 아니다. 미지수 $x$의 값에 따라 참이 될 수도, 거짓이 될 수도 있는 상황이지만 아직 참인지 거짓인지 모를 뿐이다. 미지수 $x$가 1이라면 참, 다른 값이라면 거짓이 되겠지만 $x$가 무엇인지 모르는 상황에서는 아직 해당 명제가 참인지 거짓인지 알 수 없는 상황이다. 즉 명제가 참인지 거짓인지 알 수 없는 상황에서도 명제는 여전히 명제이다. 그리고 어떠한 명제가 거짓이어도 명제이다. 1+1=3이라는 식이 있다면 이는 명제이다. 다만 '거짓'인 명제일 뿐이다.

## 4 │ 진리값

어떤 명제가 참인지 거짓인지 나타내는 값을 진리값(truth value)이라 한다. 논리값이라고도 한다. 명제가 참인지 거짓인지를 판별하고 나면 진리값을 참(T, True) 또는 거짓(F, False)으로 나타내며 참이면서 동시에 거짓이라든가 다른 제3의 진리값은 없다.

진리값을 항상 T, F로 나타내야 하는 것은 아니고 O, X로 나타내거나 참을 1, 거짓을 0으로 나타내기도 한다.[3] 이 책에서는 필요에 따라 여러 가지 방법으로 표현하겠지만, 실제 문제 풀이에서는 보통 O, X로 나타내는 경우가 많다.

명제를 기호화하고 나면 명제의 연산 법칙에 따라 기호화된 명제를 다른 표현 방식으로 변환할 수 있다. 정확한 연산 법칙을 적용하여 명제를 변환했다면 원래의 명제와 진리값은 같고 표현 방식만 달라질 뿐이다. 앞으로 논리 퀴즈를 연습하면서 기호화된 명제를 변환하거나 다른 명제와의 관계를 살펴보게 될 텐데 너무 익숙해진 나머지 다른 명제와의 관계에서 단순히 진리값이 같음을 확인한 명제를 마치 같은 명제처럼 취급하는 경우가 많다. 원래의 명제를 변환한 명제는 원래의 명제와 같은 명제이지만 진리값이 같다고 해서 같은 명제라고 오해해서는 안 된다. 같은 명제로 취급하려면 모든 경우에 진리값이 같아야 한다.

---

2) 이후 우리는 조건문(조건명제)에 대해서 배우게 될 것이고, 여러 논리 퀴즈 문제에서는 문제 내에서 명제를 '다음과 같은 조건이 주어졌을 때'처럼 조건이라고 부르기도 한다. 용어로 인한 혼동을 방지하기 위해서 ① 미지수를 포함하는 문장 또는 기호는 '조건'이라고 표기하고 보통 명제에 포함시켜 명제라고 부른다. ② 조건문(조건명제)은 조건이라고 부르지 않고 반드시 조건문 또는 조건명제라고 부르며, ③ 문제에서 조건이라고 하면 명제를 의미하는 것으로 이해한다.

3) 진리값까지 기호화한다면 P라는 명제가 참일 때, 'v(P)=1'과 같이 기호화하기도 한다. 'v( )'는 괄호 안에 들어갈 명제의 진리값이라는 의미이고, 숫자 1은 참이라는 의미이다. 다른 기호화 방법도 많이 있고, 진리값까지 기호화할 필요는 거의 없으므로 참고만 하도록 한다.

이제부터는 명제의 종류에 대해서 정리해보고 순서대로 명제의 개념을 알아본다. 수 또는 양을 지시하는 표현을 '양화사(quantifier)'라고 하는데, 주어의 종류와 주어의 양화사에 따라 명제를 단칭명제, 전칭명제, 특칭명제로 구분하여 이해하도록 한다.

## 1. 단칭명제

단칭명제란 주어가 고유명사 또는 한정지시어인 명제를 말한다. 여기서 한정지시어란 지시하는 대상이 특정 대상에 국한되는 지시어를 말한다. '숭례문은 국보이다.'라는 명제를 예로 들어보자. 여기서 '숭례문'은 고유명사이다. 그런데 '위도 37.5597, 경도 126.9753에 위치한 건축물은 국보이다.'라는 명제는 '숭례문은 국보이다.'라는 명제와 의미상 같은 명제이다. 이는 '숭례문'이라는 고유명사가 지시하는 대상을 한정지시어로 바꿔 표현한 것일 뿐이기 때문이다. 즉 일반적으로 고유명사는 한정지시어 또는 여러 개의 한정지시어로 풀어서 서술할 수 있다.[4]

논리퀴즈 문제에서 단칭명제의 주어는 주로 사람 또는 물건의 이름과 같은 고유명사, 또는 특정한 대상만을 지시하도록 주어진다. 주로 사람의 이름을 한글로 갑, 을, 병, 정, …과 같이 나타내기도 하고, 한자로 甲, 乙, 丙, 丁, …과 같이 나타내기도 한다. 또는 가영, 나영, 다영 등과 같이 임의의 이름을 부여하기도 한다. 그리고 사람의 이름에 국한되지 않고 예를 들어 프로젝트 A, B, C와 같이 구체적인 명칭이 부여되어 있는 경우가 많다.

## 2. 전칭명제

전칭명제는 주어에 '모든'이라는 양화사가 붙은 명제이다. 주어가 지시하는 대상이 주어의 개념에 해당하는 모든 것이라는 의미에서 보편양화[5]라고 부르기도 하며, 양화사를 수 관형사라고 하기도 한다. 예를 들어 주어가 '모든 행성은'이라고 하면 '행성'의 개념에 해당하는 모든 것을 지시하고 있는 것이며, '모든 호랑이는 육식동물이다'라고 하면 '호랑이'의 개념에 해당하는 모든 것을 지칭하고 있는 것이다.

일반적으로 주어에 '모든', '전부', '하나도 빠짐없이' 등과 같은 표현이 있는 경우 전칭명제이다. 그런데 표현에 따라 양화사인 '모든'이 생략되는 경우가 많다. 예를 들어 '호랑이는 육식동물이다.'라고 하면 위에서 예로 들었던 '모든 호랑이는 육식동물이다.'와 같은 의미로 받아들일 수 있다. 양화사를 포함하지 않은 명제가 주어졌을 경우 문장의 맥락에 따라 의미가 결정된다. 주어가 단수가 아닌 복수로 생각할 수 있는 경우[6] '모든'이 생략되는 경우가 많다.

## 3. 특칭명제

특칭명제는 주어에 '어떤'이라는 양화사가 붙은 명제이다. 주어가 지시하는 대상이 주어의 개념에 해당하는 것 중 일부이다. 예를 들어 주어가 '어떤 행성은'이라고 하면 '행성'의 개념에 해당하는 모든 것을 지시하고 있는 것이 아니라 일부만을 지시하고 있는 것이며, '어떤 고양이는 검정색이다'라고 하면 '고양이'의 개념에 해당하는 모든 것을 지시하고 있는 것이 아니므로 모든 고양이 중 일부는 검정색인 것이 확실하고 다른 색의 고양이가 있을 가능성은 열어두어야 한다. 검정색 고양이가 존재한다는 의미에서 존재양화[7]라고 부르기도 한다. 해당 명제만으로는 다른 색 고양이에 대해서는 언급한 적이 없으므로 다른 색 고양이가 있다거나 없다는 것으로 성급히 결론내려서는 안 되고, 그런 의미에서 가능성을 열어두어야 한다고 표현하였다.

---

4) 고유명사의 의미는 분석철학에서 중요한 쟁점 중 하나이다. 여기서는 고유명사의 의미에 관해 깊게 들어가지 않을 것이므로 '일반적으로'라는 표현으로 설명을 마무리하고자 한다.
5) '보편'이라는 개념에 대해서는 별도로 정리할 것이다.
6) 단수 표현, 복수 표현에 엄밀하지 않은 한국어 표현상 집합명사, 군집명사와 같은 개념으로 이해해도 좋다. 이 책에서는 단순히 단수, 복수로 구분하도록 한다.
7) '존재'의 의미에 대해서는 본격적으로 정언명제에서 문제된다.

'약간의', '어느 정도의', '몇몇의'와 같은 표현은 '일부'의 개념을 표현하고, '다수의', '거의 모든', '주로'와 같은 표현은 '대부분'의 개념을 표현한다. 그러나 우리는 이들 모두를 '어떤'이라는 양화사로 취급[8]하여 이러한 표현이 주어에 있는 경우 모두 특칭명제이다. 그러나 전칭명제처럼 특칭명제에서도 양화사인 '어떤'이 생략되는 경우가 있다. 이런 경우 전칭명제와 마찬가지로 문장의 의미와 맥락에 따라 양화사를 파악해야 한다. 예를 들어 '신입사원 중 A자격증을 가진 신입사원이 있다'는 명제는 '어떤 신입사원은 A자격증을 가지고 있다'와 같이 이해할 수 있다. 전칭명제의 경우와 함께 많은 예문과 문제를 통해 해당 표현들을 확인해 볼 것이다.

---

### 더 알아보기

전칭명제와 관련하여 주어가 지시하는 대상과 그 대상들을 모두 포함하는 논의영역(universe of discourse, 논의세계, 담화영역)에 대한 이해가 필요하다. 예를 들어 '호랑이는 육식동물이다.'라는 명제는 전칭명제이고 이때 주어가 지시하는 대상은 '모든 호랑이'이다. 논의영역은 주어가 지시하는 대상들을 모두 포함하여야 하므로 논의영역은 '모든 호랑이'를 포함하는 '모든 포유류'나 '모든 동물'과 같이 '모든 호랑이'를 포함하는 것은 모두 논의영역이 될 수 있다.

그러나 일반적으로는 경우마다 논의영역을 별도로 생각하지 않고 '우주의 모든 것'(과장이 아니라 문자 그대로 이렇게 표현한다)이라고 생각하기도 한다. 왜냐하면 '호랑이는 육식동물이다.'라는 명제만 놓고 논의영역을 '모든 포유류'와 같이 생각했다가 '독수리는 육식동물이다.'라는 명제와 같이 생각해야 한다면 다시 논의영역을 넓혀 '모든 동물'과 같이 생각해야 하기 때문이다.

그러므로 일반적인 논리 퀴즈 문제에서는 논의영역을 가능한 넓게 생각한다면 논의영역에 대해 고민할 필요가 없다. 그리고 일부 문제에서는 다음과 같이 논의영역을 정해주는 경우가 있다.

> 서류심사 접수자 중 세 명만을 면접 대상자로 결정하고 나머지 접수자들은 탈락시킨다. ⋯ 서류심사 접수자는 갑, 을, 병, 정, 무 총 5명이다.
>
> 21년 5급 가책형 36번

이 경우 논의영역은 갑, 을, 병, 정, 무 5명으로 한정되며 다른 서류심사 접수자에 대해서 고려할 필요가 없다. 집합 기호로는 $U$ = {갑, 을, 병, 정, 무}와 같이 나타낼 수 있다. 다음 표현들도 확인해보자.

> A부서에는 갑, 을, 병, 정 4명의 직원만이 근무하고 있는데, ⋯
>
> 21년 입법 가책형 13번

> 출석을 요구할 증인은 A, B, C, D, E, F 모두 6명이며, 그 외에 다른 증인들을 출석시킬 예정은 없다.
>
> 17년 입법 가책형 31번

이상의 표현처럼 다른 대상에 대해 고려할 필요가 없다는 것을 명백히 해주는 문제에서는 주어진 논의영역에 대해 한정해서 생각한다.

---

8) 이를 '일부(some)'와 '대부분(most)'이라는 양화사로 구분하여 기호화하는 논리 체계도 있으나 이 책에서는 다루지 않는다. 이러한 특수한 양화적 정보를 포함하는 명제는 복잡한 분석이 필요하다.

# Ⅱ. 명제논리

이 장에서는 기본적인 기호화와 논리연산자에 대해서 다루게 된다. 우선 단칭명제부터 기호화 방법을 알아보고 논리 퀴즈에 활용되는 연산자들을 확인해보자.

## 1 명제논리의 기호화

### 1. 단칭명제의 기호화

's는 P이다'와 같은 기본적인 단칭문장이 있다고 하자. 여기서 's'는 주어이고 'P'는 술어이다. 일반적으로 주어는 소문자로, 술어는 대문자로 다음과 같이 기호화한다.[9]

$$Ps$$

대문자로 나타낸 술어를 먼저 표기하고 소문자로 나타낸 술어를 바로 붙여서 표현하는 것이다.[10]

그러나 항상 주어 또는 술어를 모두 표시하지 않고 생략하는 경우가 많다. 다음과 같이 하나의 주어가 반복되는 경우를 살펴보자.

> ○ 갑은 햄버거를 먹는다.
> ○ 갑은 감자튀김을 먹는다.

위와 같이 하나의 문제(일련의 사고 과정)에서 여러 단칭명제가 주어졌고, '갑'은 그대로 '갑', 술어 부분인 '햄버거를 먹는다', '감자튀김을 먹는다'는 각각 P, Q라고 하자. 그렇다면 다음과 같이 기호화할 수 있다.

> ○ $P_갑$
> ○ $Q_갑$

이 경우 '갑'이라는 주어는 계속 반복적으로 등장하므로 계속 표기할 필요없이 생략한다. 즉, 다음과 같이 기호화한다.

> ○ P
> ○ Q

'햄버거를 먹는다', '감자튀김을 먹는다'를 반드시 P, Q라고 할 필요는 없고 다음과 같이 기호화할 수도 있다.

> ○ 햄버거
> ○ 감자튀김

또는

> ○ 햄
> ○ 감

---

9) 이 책에서는 주어를 술어와 함께 표기할 때는 단순히 주어를 작게 표기하기로 한다.
10) 엄밀하게는 자동사, 타동사도 구분해야 한다. 타동사를 별도로 기호화할 필요성이 있는 경우는 뒤에서 별도로 정리하도록 한다.

제한된 시간 내에 논리 퀴즈 문제를 해결해야 하는 시험의 특성상 간단히 알파벳으로 표현하는 것일 뿐이고 본인이 헷갈리지 않는 편한 방법으로 기호화하도록 한다.

다음과 같이 하나의 술어 부분이 반복되는 경우도 확인해보자.

---

○ 갑은 햄버거를 먹는다.
○ 을은 햄버거를 먹는다.

---

'갑', '을'은 그대로 '갑', '을', 술어 부분인 '햄버거를 먹는다'는 P라고 하자. 그렇다면 다음과 같이 기호화할 수 있다.

---

○ $P_갑$
○ $P_을$

---

이 경우 'P'라는 술어 부분은 계속 반복적으로 등장하므로 계속 표기할 필요없이 생략한다. 즉, 다음과 같이 기호화한다.

---

○ 갑
○ 을

---

이 경우 주어만 남기고 표기한 것이며 주어와 술어를 구분할 필요성이 없어졌으므로 주어를 작게 표기하지 않고 크게 표기하였다.

## 2. 진리값의 표현

논리 퀴즈 문제에서는 보통 '지문의 내용이 참이라고 할 때', '주어진 조건이 참이라고 가정할 때'와 같은 표현으로 시작해서 명제가 주어진다. 이 경우 주어진 명제는 참이라고 받아들이는데, 주어진 명제를 'P'와 같이 기호화하였다면 별도로 참이라는 표시를 하지 않는다. 즉 'P(참)', 'P(T)'와 같이 별도로 표시하지 않고 'P'라고만 표시한다. 이를 PSAT 지문에서는 아래와 같이 언급하고 있다.

---

"1 더하기 1은 2이다."와 "대한민국의 수도는 서울이다."는 둘 다 참인 명제이다. … 그리고 위 두 명제 모두 진리 표현 '~는 참이다'를 부가하여, "1 더하기 1은 2라는 것은 참이다.", "대한민국의 수도는 서울이라는 것은 참이다."와 같이 바꿔 말할 수 있다.

19년 5급 가책형 32번

---

> **길쌤's Check**
>
> 논리 퀴즈 문제를 풀다보면 문제에서 주어진 명제가 아니라 직접 도출한 명제의 참 또는 거짓을 분명히 해야 할 경우가 있다. 예를 들어 문제에서 P, Q와 같은 명제가 주어져 있고 R이라는 명제가 참 또는 거짓이라는 것을 직접 도출해 내었다고 하자. R의 진리값에 대해 정확히 표시해놓지 않았다면 다시 확인하거나 헷갈리는 경우가 발생한다. 시험장에서는 R이라는 명제가 참인 것을 도출해 내었다면 네모로 R̄ , 거짓이라는 것을 도출해 내었다면 X̄과 같은 방법으로 표시해주도록 하자.
>
> 다만 이 책에서는 설명을 위해 다른 기호를 많이 사용하기 때문에 다른 기호와 혼동을 피하기 위해 참이라는 것을 도출해 내었다면 R과 같이 음영으로 나타내기로 한다. 앞으로 어떤 A라는 명제에 대해서 설명할 때는 그냥 A라고 표시하고, A라는 명제가 참이라고 주어졌거나 참이라고 가정하면 작은 따옴표를 써서 'A'라고 표시하고, A라는 명제가 참이라고 도출한 경우에는 'A'라고 표시한다.

이 장에서는 부정, 선언, 연언 등의 논리연산자(logical operator)에 대해서 살펴본다. 명제들을 결합시키는 'and'와 같은 접속사 등을 논리적 결합어(logical connective)라고 한다. 이제는 숫자와 사칙연산 기호로 구성된 식을 만드는 것처럼 명제와 논리연산자로 구성된 논리식을 만들고 수학식을 계산하듯이 논리식의 참·거짓을 판별하거나 새로운 명제를 도출하게 된다. 이러한 논리연산자가 붙은 명제를 부정명제, 선언명제, 연언명제 등이라고도 하며 둘 이상의 명제가 이러한 논리연산자를 통해 결합되어 있다면 복합명제라고 하기도 한다.

## 1. 부정명제(not, negation)

### (1) 부정명제의 기호화

앞서 's는 P이다'와 같은 명제를 'Ps'와 같이 기호화한다는 것을 확인하였다. 이제 부정명제의 기호화에 대해서 알아보자. 's는 P이다.'와 같은 문장의 부정형은 's는 P가 아니다.'이고 이러한 문장은 '∼' 기호를 사용하여 다음과 같이 기호화할 수 있다.

$$\sim Ps$$

위와 같이 원래의 명제를 부정하는 명제는 앞에 '∼'과 같은 기호[11]를 붙이게 되는데 이를 'not'이라고 읽는다.

단칭명제의 기호화에서 예로 들었던 문장과 비슷한 문장을 예로 들어보자. 왼쪽은 하나의 주어가 반복되는 경우이고, 오른쪽은 하나의 술어가 반복되는 경우이다.

| |
|---|
| ○ 갑은 햄버거를 먹는다. |
| ○ 갑은 감자튀김을 먹지 않는다. |

| |
|---|
| ○ 갑은 햄버거를 먹는다. |
| ○ 을은 햄버거를 먹지 않는다. |

'갑', '을'은 그대로 '갑', '을', 술어 부분인 '햄버거를 먹는다.', '감자튀김을 먹는다.'는 각각 P, Q라고 하자. 각각 다음과 같이 기호화할 수 있다.

| |
|---|
| ○ $P_{갑}$ |
| ○ $\sim Q_{갑}$ |

| |
|---|
| ○ $P_{갑}$ |
| ○ $\sim P_{을}$ |

왼쪽의 경우 '갑'이라는 주어가 문제의 모든 명제에 반복적으로 등장하므로 '갑'이라는 주어를 생략하고, 오른쪽의 경우 'P'라는 술어 부분이 문제의 모든 명제에 반복적으로 등장하므로 술어 부분을 생략하면 다음과 같이 기호화할 수 있다.

| |
|---|
| ○ P |
| ○ ∼Q |

| |
|---|
| ○ 갑 |
| ○ ∼을 |

비슷한 문장의 내용이라도 문제에서 어떻게 주어지느냐에 따라 기호화가 달라질 수 있으므로 왼쪽과 오른쪽을 잘 비교해보기 바란다.

### (2) 명제와 부정명제의 관계: 모순관계

명제(P)와 그 명제의 부정명제(∼P)를 비교해보자. P가 참이라면 ∼P는 반드시 거짓이고, P가 거짓이라면 ∼P는 반드시 참이다. P와 '∼P'가 동시에 참이 되거나 동시에 거짓이 되는 경우는 없다. 이러한 관계를 모순관계라고 한다(이 내용이 앞서 언급했던 모순율의 내용이다). PSAT 지문에서는 모순에 대해 다음과 같이 설명하고 있다.

---

11) '∼'를 'ㄱ'와 같이 기호화하는 책도 있다. 이 책에서는 '∼'로만 나타낸다.

"서로 모순되는 주장들"은 하나의 주장이 참이라면 다른 하나의 주장은 거짓이고, 또한 하나의 주장이 거짓이라면 다른 하나의 주장은 참이 된다.

08년 5급 꿈책형 32번

어떠한 명제들 사이의 진리값을 표로 정리한 것을 진리표(truth table)라고 하는데 어떤 명제 P와 그 명제의 부정명제 ~P의 진리표는 아래의 표와 같다. 진리표의 위쪽에는 Ⓐ, Ⓑ가, 가장 왼쪽에는 ⅰ), ⅱ)가 표시되어 있는데 진리표의 해석을 위해 표시해 놓은 것이다.

|  | Ⓐ P | Ⓑ ~P |
|---|---|---|
| ⅰ) | T | F |
| ⅱ) | F | T |

〈부정명제의 진리표〉

P가 참이라고 주어졌다면, Ⓐ에서 P가 거짓인 ⅱ)의 상황은 고려할 필요가 없고 ⅰ)의 상황만 고려한다. P가 참인 ⅰ)의 상황에서 ~P는 거짓임을 알 수 있다. ~P가 거짓이라고 주어진 경우는 Ⓑ에서 ~P가 참인 ⅱ)의 상황은 고려할 필요가 없고 ⅰ)의 상황만 고려한다. ~P가 거짓인 ⅰ)의 상황에서 P는 참임을 알 수 있다.

|  | Ⓐ P | Ⓑ ~P |
|---|---|---|
| ⅰ) | T | F |

P가 거짓이라고 주어졌다면 Ⓐ에서 P가 거짓인 ⅱ)의 상황만 고려한다. P가 거짓이라면 ~P는 참이라는 것을 알 수 있다. 그리고 ~P가 참이라고 주어졌다면 Ⓑ에서 ~P가 참인 ⅱ)의 상황만 고려하며 Ⓐ P가 거짓이라는 것을 알 수 있다. 앞으로 보다 복잡한 진리표가 나오더라도 이처럼 문제에서 주어지는 가정에 따라 진리표를 해석할 수 있어야 한다.

|  | Ⓐ P | Ⓑ ~P |
|---|---|---|
| ⅱ) | F | T |

모순관계에 있는 두 명제가 주어졌을 때 한 명제의 진리값을 알게 되면 다른 한 명제의 진리값을 추론할 수 있게 되므로 논리퀴즈에서 모순관계는 중요한 역할을 한다. 정언명제에서도 모순관계에 있는 명제가 있기 때문에 모순관계의 개념을 정확히 확인해 두도록 하자. 그리고 이상의 모순관계를 설명할 때 일상적으로 사용할 수도 있는 어휘인 '반대'라는 어휘를 사용하지 않고 설명하였다. 왜냐하면 명제들 사이에서 반대관계에 있는 명제들이 있는데, 반대관계는 모순관계와 다르기 때문이다. 반대관계에 있는 명제는 정언명제에서 확인한다.

## (3) 모순관계의 기호화

'우리집 고양이 톰은 수컷이다', '우리집 고양이 제리는 암컷이다'와 같은 두 명제가 있다고 하자. '톰(m)은 수컷(P)이다', '제리(n)는 암컷(Q)이다'라고 하면 다음과 같이 기호화할 수 있다.

O Pm
O Qn

이때 술어에 해당하는 P와 Q 자체가 모순관계라면, 즉 수컷이 아닌 경우 반드시 암컷이라면(그리고 암컷이 아닌 경우 반드시 수컷이라면) 다음과 같이 기호화할 수 있다.

○ Pm
○ ~Pn

○ m
○ ~n

즉 여러 기호를 사용하지 않고, 간단히 기호화할 수 있게 되는 장점이 있다. 문제에서 '수컷과 암컷 이외에 다른 경우는 없다.'와 같이 모순관계가 명백하게 주어진다면 위와 같이 기호화하도록 한다. 그러나 모순관계가 명백하게 주어지지 않은 경우 이러한 기호화는 유의해야 한다.

모순관계가 명백하게 주어지지 않은 두 명제 P, Q가 있을 때, 두 명제가 모순관계라고 하려면 우선 P와 Q가 주어의 서술의 대상이 되는 모든 대상을 포괄해야 한다(이를 포괄적(exhaustive)이라고 한다). 위의 명제를 예로 들면 서술의 대상이 되는 모든 대상(모든 고양이[12])은 암컷 또는 수컷 중 어느 하나에 해당하여야 한다. 그리고 P와 Q의 관계에서 P이면서 동시에 Q인 대상이 없어야 한다(이를 배타적(exclusive)이라고 한다). 위의 명제를 예로 들면 수컷이면서 동시에 암컷인 고양이는 없어야 한다는 의미이다. 이 두 가지가 동시에 성립할 때 P와 Q는 확실하게 모순관계라고 할 수 있으므로 위와 같이 간단히 기호화를 할 수 있게 된다. P와 Q가 상호 배타적이면 모든 대상에 대해 포괄적인 관계를 MECE(Mutually Exclusive Collectively Exhaustive)라고 한다. 그러나 다시 강조하지만 모순관계가 명백하게 주어지는 경우에는 복잡하게 생각할 필요없이 모순관계를 이용한다.

다음과 같이 예를 통해 정리해보도록 하자.

○ 갑은 미성년자이다.
○ 을은 성인이다.

○ 갑은 경찰이다.
○ 을은 소방관이다.

위의 명제들은 다음과 같이 기호화할 수 있다.

↓

○ ~성인$_갑$
○ 성인$_을$

위의 명제들은 다음과 같이 기호화해서는 안 된다.

↓

○ 경찰$_갑$
○ ~경찰$_을$

누구나 미성년자 또는 성인이고, 미성년자임과 동시에 성인인 사람은 없기 때문이다.

모든 사람이 경찰관 또는 소방관인 것은 아니기 때문이다. 다만 문제에서 논의영역을 경찰관, 소방관만으로 제한해줬을 경우에는 위와 같은 기호화가 가능하다.

## (4) 부정의 부정

일상에서 '부정의 부정은 긍정'이라는 말을 사용하곤 한다. 그리고 일반적인 문장에서 부정의 부정문은 좋은 문장이 아니라고들 한다. 그래서 일반적으로 부정의 부정 형태의 문장을 긍정문으로 바꿔서 기술하기도 한다. 예를 들어 '나는 그 사람을 모르는 것이 아니다.'와 같은 문장은 '나는 그 사람을 안다.'와 같은 문장으로 바꿔서 기술한다. 그러나 판결문 같은 것을 읽어본 경험이 있다면 판결문에서 부정의 부정 형태의 문장이 자주 나오는 것을 확인할 수 있었을 것이다.

예를 들어 원고가 '나는 A를 모른다.'고 주장했다고 하자. 법원에서 원고의 이러한 주장을 받아들이지 않는 경우 '원고는 A를 안다.'고 표현하면 원고 주장의 의미가 왜곡될 수도 있다. 따라서 일반적으로 판결문에서는 원고의 주장을 기각할 때 가능한 원고의 주장을 그대로 표현하여 '원고가 A를 모른다고 볼 수 없다.'와 같이 부정의 부정과 같은 문장으로 표현한다. 그러나 논리퀴즈의 세계에서 기호화를 하고 난 경우에는 이런 걱정을 할 필요가 없다. 'Ps'라는 명제의 부정의 부정 '~~Ps'는 'Ps'와 같은 의미이기 때문이다.

---

12) 논의영역을 의미한다. 설명의 편의를 위해 논의영역에 포함되는 모든 대상들이 '암컷', '수컷' 중 어느 하나에 해당할 수 있는 '모든 고양이'라고 설정한 것이다.

※ 다음 명제를 기호화해보자.

**01**

○ A도시가 관광특구로 지정된다.
○ B도시는 관광특구로 지정되지 않는다.
○ C도시는 관광특구로 지정되지 않는다.

**02**

○ 가영은 '경제학'을 공부하지 않는다.
○ 가영은 '영어'를 공부한다.

**해설**

**01** 1) 주어인 A, B, C도시는 고유명사이므로 단칭명제임을 확인한다. A도시, B도시, C도시를 각각 'a', 'b', 'c'로 나타낸다.

2) 문제 전체에서 술어는 '관광특구로 지정된다.'밖에 없음을 확인한다. 도시와 헷갈리지 않게 'P'라고 나타낸다.

3) 첫 번째 동그라미부터 순서대로 각각 다음과 같이 기호화할 수 있다.

○ Pa
○ ~Pb
○ ~Pc

4) 술어가 한 가지밖에 없으므로 다음과 같이 간단히 기호화할 수 있다.

○ A
○ ~B
○ ~C

**02** 1) 주어인 가영은 고유명사이므로 단칭명제임을 확인한다. 가영을 '가'로 나타낸다.

2) 술어인 "경제학'을 공부한다.', "영어'를 공부한다.'를 각각 'P', 'Q'로 나타낸다.

3) 첫 번째 동그라미부터 순서대로 각각 다음과 같이 기호화할 수 있다.

○ ~P$_가$
○ Q$_가$

4) 주어가 한 가지밖에 없으므로 다음과 같이 간단히 기호화할 수 있다.

○ ~P
○ Q

## 2. 연언(and), 논리곱(conjunction)

### (1) 연언명제의 기호화

명제가 '그리고(and)'로 연결된 명제를 연언 또는 연언문이라고 한다. '갑은 햄버거를 먹었다', '갑은 콜라를 먹었다'와 같은 두 개의 단칭명제가 '그리고(and)'로 결합된 명제는 '갑은 햄버거와 콜라를 먹었다'와 같은 문장으로 표현할 수 있다.[13] 물론 위와 같은 방법으로만 표현할 수 있는 것은 아니고 다음과 같이 여러 형태의 문장으로 표현할 수 있다.

갑은 햄버거와 콜라를 먹었다.

= 갑은 햄버거를 먹고 콜라를 먹었다.

= 갑은 햄버거와 함께 콜라도 먹었다.

= 갑은 햄버거, 콜라를 먹었다.

'갑(m)은 햄버거(P)를 먹었다'는 'Pm', '갑(m)은 콜라(Q)를 먹었다'는 'Qm'과 같이 기호화할 수 있는데, 이 두 명제가 'and'로 결합된 문장 '갑은 햄버거와 콜라를 먹었다'는 다음과 같이 기호화한다.

$$Pm \wedge Qm$$

'∧'기호는 'and'를 의미하며 알파벳 대문자 A 또는 교집합 기호 '∩'와 비슷한 모양의 기호로 기억하도록 한다. 직접적으로 and를 의미하는 기호 '&'를 사용하는 책도 있다. 문제에서 하나의 문장이 아니라 '갑은 햄버거를 먹었다. 그리고 콜라를 먹었다.'와 같이 두 개의 문장으로 주어져 있고 접속사 'and'로 연결되어 있는 경우도 마찬가지로 'Pm∧Qm'과 같이 기호화할 수 있다. 정리하면 다음과 같다.

| ○ 갑은 햄버거와 콜라를 먹었다. | ○ 갑은 햄버거를 먹었다. |
| --- | --- |
| | ○ 그리고 갑은 콜라를 먹었다. |

| ↓ | ↓ |
| --- | --- |
| ○ Pm∧Qm | ○ Pm∧Qm |

'갑은 햄버거를 먹고 콜라를 먹었다'와 같은 문장은 일반적으로 해석할 때 햄버거를 먼저 먹고 콜라를 먹은 것처럼 이해할 수도 있다. 그러나 해당 문장을 'Pm∧Qm'과 같이 기호화했다면 햄버거를 먹은 것과 콜라를 먹은 것의 시간적 선후관계가 있다는 것을 의미하지 않는다. 즉, 'Pm∧Qm'과 'Qm∧Pm'은 같은 의미이다. 즉, '∧'는 교환법칙(commutative law)이 성립한다. '∧'가 명제를 연결하고 있을 때 앞의 명제와 뒤의 명제의 순서를 바꾸어도 의미가 같다.

다음과 같은 문장이 주어졌다고 하자.

| ○ 갑은 햄버거와 콜라를 먹었다. |
| --- |
| ○ 을은 햄버거는 먹었으나 콜라는 먹지 않았다. |

갑을 'm', 을을 'n', 햄버거는 'P', 콜라는 'Q'라고 하면, 다음과 같이 기호화할 수 있다.

| ○ Pm∧Qm |
| --- |
| ○ Pn∧~Qn |

두 단칭명제 중 하나가 부정형인 경우 문장에서 '~하였으나(이나)', '하였지만(이지만)'과 같이 표현될 수 있다. 이를 기호화하는 경우 문장의 뉘앙스같은 것은 사라지고 단순히 갑은 P, Q 둘 다 먹고, 을은 P를 먹고 Q를 먹지 않았다는 의미만 남게 된다.

위 예에서는, 주어가 지칭하는 대상으로 갑, 을과 같이 두 명이 등장한다. 그러나 만약 어떤 문제에서 주어가 지시하는 대상으로 갑만 등장하고 다른 대상이 등장하지 않는다면(정확히는 하나의 논리적 사고 과정에서 단칭명제의 주어가 동일한 대상만을 지시하고 있다면) 간단히 기호화한다. 예를 들어 다음과 같은 명제가 주어졌다고 하자.

---

13) '먹었다'와 '마시다'라는 동사를 구분하지 않고 사용하는 점에 대해서는 신경쓰지 않도록 한다. '섭취하다'와 같은 표현을 편하게 사용한 것이라고 생각하자.

○ 甲은 A국을 방문한 적이 있고, B국은 방문한 적이 없다.
○ 甲은 C국도 방문한 적이 없다.

이를 기호화하면 다음과 같이 기호화할 수 있다.

○ $A_甲 \land \sim B_甲$
○ $\sim C_甲$

그리고 다음과 같이 간단히 기호화할 수 있다.

○ $A \land \sim B$
○ $\sim C$

이하에서는 이처럼 간단히 기호화가 가능한 경우, 간단히 기호화해서 내용을 검토하는 것으로 한다.[14]


## (2) 연언명제의 진리표

연언 'P∧Q'의 진리표는 다음과 같다.

| | Ⓐ | Ⓑ | Ⓒ |
|---|---|---|---|
| | P | Q | P∧Q |
| ⅰ) | T | T | T |
| ⅱ) | T | F | F |
| ⅲ) | F | T | F |
| ⅳ) | F | F | F |

〈연언명제의 진리표〉

연언 명제의 진리표는 'Ⓐ, Ⓑ, Ⓒ 중에서 한(두) 가지를 알고 있을 때 나머지 두(한) 가지를 알 수 있는가'라는 관점에서 접근한다.

우선 Ⓐ, Ⓑ, Ⓒ 중 Ⓐ, Ⓑ를 알고 있는 경우를 알아보자. Ⓐ P, Ⓑ Q가 각각 참이라고 주어져 있다면 ⅰ)의 경우이고 Ⓒ P∧Q도 참이다. 즉, P, Q가 각각 참이라면 '∧'를 사용해 P∧Q와 같이 나타낼 수 있다. 이를 연언 도입(conjunction introduction)이라고 한다. 용어 자체가 중요한 것은 아니고 개별 명제가 각각 참인 경우 그 연언도 참이라는 것을 도출해 내는 것이 중요하다.

그리고 Ⓐ P가 참, Ⓑ Q가 거짓이라고 주어져 있으면 ⅱ)의 경우이고 Ⓒ P∧Q는 거짓이라고 결론내릴 수 있다. Ⓐ P가 거짓, Ⓑ Q가 참이라고 주어져 있으면 ⅲ)의 경우이고 Ⓒ P∧Q는 거짓이라고 결론내릴 수 있다. Ⓐ P가 거짓, Ⓑ Q가 거짓이라고 주어져 있으면 ⅳ)의 경우이고 Ⓒ P∧Q는 거짓이라고 결론내릴 수 있다. 정리하면 P와 Q가 모두 참일 때 P∧Q는 참이고, P와 Q 중 어느 하나라도 참이 아니라면 P∧Q는 거짓이다.

이제 Ⓐ, Ⓑ, Ⓒ 중 Ⓐ, Ⓒ를 알고 있는 경우를 생각해보자. 만약 Ⓐ P가 거짓, Ⓒ P∧Q가 거짓임을 알고 있다면 Ⓑ Q의 참·거짓은 알 수 없다. 〈연언명제의 진리표〉에서 Ⓐ P가 거짓, Ⓒ P∧Q가 거짓인 경우는 ⅲ), ⅳ)의 경우이다. 이때 Ⓐ P가 거짓, Ⓒ P∧Q가 거짓이라는 것이 주어진 것만으로는 정확히 ⅲ)의 상황인지, ⅳ)의 상황인지 알 수 없다. 즉, Ⓑ Q가 참인 경우와 거짓인 경우를 모두 포함하고 있으므로 Q의 진리값을 추론할 수 없다. Ⓐ, Ⓑ, Ⓒ 중 Ⓑ, Ⓒ를 알고 있는 경우도 마찬가지이다.

| | Ⓐ | Ⓑ | Ⓒ |
|---|---|---|---|
| | P | Q | P∧Q |
| ⅲ) | F | T | F |
| ⅳ) | F | F | F |

---

14) 이상의 설명에서 가능하면 주어는 여러 가지로 표현하였다. 주어진 문제에 따라 주어는 다양하게 표현할 수 있어야 한다. 그리고 사람 이름이 한자로 주어지는 경우도 있다. 십간(十干) 중 甲(갑), 乙(을), 丙(병), 丁(정)까지는 자주 나오고, 戊(무), 己(기) 정도까지도 간간이 나온다. 나머지는 庚(경), 辛(신), 壬(임), 癸(계)이다.

지금부터는 'Ⓐ, Ⓑ, Ⓒ 중에서 한 가지를 알고 있을 때 나머지 두 가지를 알 수 있는가'의 관점에서 접근해보자. 우선 Ⓐ P가 참임을 알고 있다면 다음과 같이 진리표의 ⅰ), ⅱ)의 경우만 생각해보면 된다. 이런 경우에는 Ⓑ Q가 참인 경우와 거짓인 경우를 포함하고 있으므로 Q가 참인지 거짓인지 알 수 없다. Ⓒ P∧Q도 참인 경우와 거짓인 경우를 모두 포함하고 있으므로 P∧Q가 참인지 거짓인지 알 수 없다.

| | Ⓐ | Ⓑ | Ⓒ |
|---|---|---|---|
| | P | Q | P∧Q |
| ⅰ) | T | T | T |
| ⅱ) | T | F | F |

Ⓒ P∧Q가 참임을 알고 있는 경우는 간단하다. P∧Q가 참인 경우는 ⅰ)밖에 없으므로 ⅰ)의 상황에 처한 것임을 확실히 할 수 있다. 이때는 개별 명제 Ⓐ P, Ⓑ Q가 각각 참이라고 추론할 수 있다. 이를 연언 소거(conjunction elimination)라고 한다. 연언 기호로 표현된 명제 P∧Q를 연언 기호를 제거하고 각각의 명제 P, Q가 참이라고 나타낼 수 있다는 의미로 이해하면 된다.

| | Ⓐ | Ⓑ | Ⓒ |
|---|---|---|---|
| | P | Q | P∧Q |
| ⅰ) | T | T | T |
| ⅱ) | T | F | F |

연언 전체의 부정은 이후 드모르간의 법칙에서 선언명제와 함께 따로 정리할 것이다.

## 3. 선언(or), 논리합(disjunction)

### (1) 선언명제의 기호화

명제가 '또는(or)'으로 연결된 명제를 선언 또는 선언문이라고 한다. '갑은 햄버거를 먹었다', '갑은 콜라를 먹었다'와 같은 두 개의 단칭명제가 '또는(or)'으로 결합된 명제는 '갑은 햄버거 또는 콜라를 먹었다'와 같은 문장으로 표현할 수 있다. 위와 같은 방법으로만 표현할 수 있는 것은 아니고 다음과 같이 여러 형태의 문장으로 표현할 수 있다.

> 갑은 햄버거 또는 콜라를 먹었다.
> = 갑은 햄버거나 콜라를 먹었다.
> = 갑은 햄버거나 콜라 중 적어도 하나를 먹었다.
> = 갑은 햄버거, 콜라 중 하나 이상을 먹었다.

적어도 하나, 최소한 하나 이상을 먹었다는 의미이므로 둘 다 먹은 경우도 해당[15]한다는 것을 항상 염두에 두어야 한다.

'갑(m)은 햄버거(P)를 먹었다'는 'Pm', '갑(m)은 콜라(Q)를 먹었다'는 'Qm'과 같이 기호화한다면, 이 두 명제가 'or'로 결합된 문장 '갑은 햄버거나 콜라를 먹었다'는 다음과 같이 기호화한다.

$$Pm \lor Qm$$

'∨' 기호는 'or'를 의미하며 연언 기호 '∧'를 거꾸로 한 모양 또는 합집합 기호 '∪'와 비슷한 모양의 기호로 기억하도록 한다. 선언은 연언과 마찬가지로 'Pm∨Qm'과 'Qm∨Pm'이 같은 의미이다. 즉, '∨'도 교환법칙(commutative law)이 성립한다. '∨'가 명제를 연결하고 있을 때 앞의 명제와 뒤의 명제의 순서를 바꾸어도 의미가 같다고 이해하면 된다.

---

15) 영어 표현으로는 이를 명확히 해야할 때 'or/and', 'or/both'와 같이 둘 중 하나만이 아니라 둘 다 해당하는 경우도 포함된다는 것을 언급해주는 경우도 있다. 그러나 논리 퀴즈에서는 이렇게 구체적으로 표현해주지 않는다.

선언명제의 경우처럼 간단한 기호화도 확인해보자. 예를 들어 다음과 같은 명제가 주어졌다고 하자.

○ 甲은 A국 또는 B국을 방문한 적이 있다.
○ 甲은 C국을 방문한 적이 있거나 D국을 방문한 적이 없다.

이를 기호화하면 다음과 같다.

○ $A_甲 \lor B_甲$
○ $C_甲 \lor \sim D_甲$

간단히 기호화해보면 다음과 같다.

○ $A \lor B$
○ $C \lor \sim D$

## (2) 선언명제의 진리표

선언 'P∨Q'의 진리표는 다음과 같다.

| | Ⓐ | Ⓑ | Ⓒ |
|---|---|---|---|
| | P | Q | P∨Q |
| ⅰ) | T | T | T |
| ⅱ) | T | F | T |
| ⅲ) | F | T | T |
| ⅳ) | F | F | F |

〈선언명제의 진리표〉

P와 Q 중 어느 하나라도 참이면 P∨Q는 참이고 P와 Q가 모두 거짓인 경우에만 P∨Q가 거짓이다. 보다 구체적으로 확인해보면 Ⓐ P, Ⓑ Q가 각각 참이라고 주어져 있다면 ⅰ)의 경우이고 Ⓒ P∨Q도 참이다. 그리고 Ⓐ P가 참, Ⓑ Q가 거짓이라고 주어져 있다면 ⅱ)의 경우이고 Ⓒ도 참이다. Ⓐ P가 거짓, Ⓑ Q가 참이라고 주어져 있다면 ⅲ)의 경우이고 Ⓒ도 참이다. 즉 ⅰ) P와 Q가 모두 참인 경우, ⅱ), ⅲ)과 같이 P나 Q 중 하나만 참인 경우 모두 P∨Q가 참이 된다. 이처럼 P, Q 중 하나 이상이 참일 때 P∨Q가 참이 되는 것을 선언 도입(disjunction introduction)이라고 한다. 개별 명제 P, Q 가운데 어느 하나가 참이라면 다른 하나의 진리값을 모르더라도 P∨Q가 참이라는 것이다. 예를 들어 Ⓑ Q가 참이라는 것만 알고 있는 상황이라고 하자. 그렇다면 다음과 같이 진리표에서 ⅰ), ⅲ)의 경우인데 Ⓐ P의 참·거짓 여부는 알 수 없더라도 Ⓒ P∨Q는 참이라는 것을 알 수 있다. 문장으로 예를 들어보면 갑(m)은 햄버거(P)를 먹은 것은 확실하지만 콜라(Q)를 먹은 것은 모르는 상황에서도 '갑이 햄버거 또는 콜라를 먹었다'라는 선언 P∨Q는 참이 된다.

| | Ⓐ | Ⓑ | Ⓒ |
|---|---|---|---|
| | P | Q | P∨Q |
| ⅰ) | T | T | T |
| ⅲ) | F | T | T |

## (3) 선언 소거(disjunction elimination)

선언 소거는 논리 퀴즈에서 정답을 도출하는 데 중요하게 사용되는 장치이다. Ⓒ P∨Q가 참, Ⓑ Q가 거짓이라고 주어졌다면 ⅱ)의 경우이고, 이때 Ⓐ P는 참이라는 것을 추론할 수 있다. 그리고 만약 Ⓒ P∨Q가 참, Ⓐ P가 거짓이라고 주어졌다면 ⅲ)의 경우이고, 이때 Ⓑ Q가 참이라는 것을 추론할 수 있다. 예를 들어 다음과 같은 명제가 주어졌다고 하자.

> ○ 갑은 햄버거 또는 콜라를 먹었다.
> ○ 갑은 콜라를 먹지 않았다.

갑이 햄버거(P)와 콜라(Q) 중 최소 하나를 먹은 것은 확실한데 콜라를 먹지 않았다고 하였으므로 햄버거를 먹었다는 것이 확실해지는 것이다. 이를 기호화해보면 다음과 같다.

> ○ P∨Q
> ○ ~Q
> ───────────
> ∴ P

첫 번째, 두 번째 동그라미는 주어진 명제를 기호화한 것이다. 이때 ~Q가 참이라면 Q는 거짓이다(부정명제에서 언급했던 모순관계이다). 따라서 'P'라고 결론내릴 수 있는 것이다. 여기서 '∴'는 '그러므로(so)'를 의미하는 기호이다. 앞서 언급한 대로 직접 참이라고 도출해 낸 명제 'P'는 음영처리하였다.

그러나 ⓒ P∨Q가 참, Ⓐ P가 참이라고 주어졌을 때 Ⓑ Q가 거짓이 되는 것은 아니다. P∨Q가 참, P가 참이라고 주어졌다면 다음의 진리표 상에서 ⅰ)의 경우인지, ⅱ)의 경우인지 모르는 상황이다. 즉, Ⓑ Q의 참·거짓을 추론할 수 없다.

|  | Ⓐ | Ⓑ | ⓒ |
|---|---|---|---|
|  | P | Q | P∨Q |
| ⅰ) | T | T | T |
| ⅱ) | T | F | T |

선언명제 전체의 부정은 문장의 의미가 바뀐다. 드모르간의 법칙에서 연언 명제와 함께 따로 정리할 것이다.

계속 같은 소재의 문장을 예로 들고 있어서 지겨울 수도 있다. 문장의 뉘앙스에 따라서 설명하고자 하는 개념이 어떻게 달라지는지 확실히 비교하기 위해서이다.


## 4. 배타적 선언, 배타적 논리합(exclusive or)

배타적 선언은 두 개의 단칭명제 중 하나는 참이고 다른 하나는 거짓인 경우이다. 배타적 논리합이라고도 한다. 기호로는 '∨'라고 나타내며 'xor'라고도 표기하여 알파벳 x를 띄어서 '엑스 or'라고 읽는다. '⊕'와 같은 기호를 사용하는 경우도 있으나 이 책에서는 '∨'만 사용하기로 한다.

문장으로는 '갑은 햄버거와 콜라 중 하나만 먹었다'와 같이 표현할 수도 있다. 그러나 문장에 따라서는 선언과 헷갈릴 수도 있기 때문에 보통 논리 퀴즈에서는 '갑은 햄버거와 콜라 중 하나를 먹었고, 둘 다 먹은 것은 아니다'와 같이 부가적으로 배타적 선언임을 명확히 해주는 편이다. PSAT 지문에서는 다음과 같이 표현하고 있다.

> ○ 대한민국은 A국 또는 B국과 상호방위조약을 갱신하여야 하지만, 그 두 국가 모두와 갱신할 수는 없다.
>
> 14년 5급 A책형 12번

대한민국을 'm', 'A국과 상호방위 조약을 갱신'을 'A', 'B국과 상호방위 조약을 갱신'을 'B'라고 하면 다음과 같이 기호화할 수 있다.

$$Am \veebar Bm$$

간단히 'A∨B'라고도 나타낼 수 있다.


### (1) 배타적 선언의 진리표

배타적 선언 'P∨Q'의 진리표는 다음과 같다.

| | Ⓐ | Ⓑ | Ⓒ |
|---|---|---|---|
| | P | Q | P⊻Q |
| ⅰ) | T | T | F |
| ⅱ) | T | F | T |
| ⅲ) | F | T | T |
| ⅳ) | F | F | F |

〈배타적 선언의 진리표〉

간단히 Ⓐ P와 Ⓑ Q의 진리값이 같으면 Ⓒ P⊻Q가 거짓, 진리값이 다르면 Ⓒ P⊻Q가 참이라고 정리할 수 있다.

앞의 선언 소거와 마찬가지로 Ⓒ P⊻Q가 참, Ⓑ Q가 거짓이라고 주어져 있다면, ⅱ)의 경우이고 Ⓒ P가 참임을 도출해 낼 수 있다. 선언명제와 다른 점은 Ⓒ P⊻Q가 참, Ⓐ P가 참이라고 주어져 있다면, Ⓑ Q가 거짓임을 도출해 낼 수 있다는 점이다. 예를 들어 다음과 같은 명제가 주어졌다고 하자.

○ 갑은 햄버거 또는 콜라 중 하나만 먹었다.
○ 갑은 콜라를 먹었다.

갑이 햄버거(P)와 콜라(Q) 중 하나만 먹은 것이 확실한데 콜라를 먹었다고 하였으므로 햄버거를 먹지 않았다는 것이 확실해지는 것이다. 이를 기호화해보면 다음과 같다.

○ P⊻Q
○ Q
∴ ~P

## (2) '배타적'의 의미

'배타적'의 의미와 모순관계에 대해 다시 정리해보도록 하자. 진리표에서 Ⓒ P⊻Q가 참일 때, 즉 ⅱ), ⅲ) 중 하나인 경우 P와 Q는 모순관계이다. Ⓒ P⊻Q가 참이라고 주어졌다면 아래의 진리표와 같이 생각할 수 있는데 명제 Ⓐ P, Ⓑ Q 부분은 〈부정명제의 진리표〉와 정확히 일치함을 확인할 수 있다. P⊻Q가 참이라면 'P'와 'Q'가 동시에 참이 되거나 동시에 거짓이 되는 경우는 없이 상호 배타적이며 모순관계가 명백하게 주어졌다고 생각할 수 있다.

| | Ⓐ | Ⓑ | Ⓒ |
|---|---|---|---|
| | P | Q | P⊻Q |
| ⅱ) | T | F | T |
| ⅲ) | F | T | T |

다음과 같은 상황을 생각해보자.

○ 갑은 햄버거와 콜라 중 하나만 먹었고, 둘 다 먹은 것은 아니다.
○ 을은 햄버거와 콜라를 모두 먹었다.

갑, 을을 각각 m, n, 햄버거와 콜라를 각각 P, Q라고 하면 다음과 같이 기호화할 수 있다(주어가 두 개, 술어도 두 개 등장하므로 간단히 기호화할 수 없다).

○ Pm⊻Qm
○ Pn∧Qn

이 경우 갑에 한정해서 P와 Q는 배타적이지만 문제 전체에서 모순관계는 아니다. 즉, 갑에 한정해서 'P와 Q가 동시에 참인 경우는 없다'와 같은 의미로 이해하면 된다. 이 책에서는 'P'와 'Q'가 동시에 참이 될 수 없는 경우 'P와 Q는 배타적이다'라고 표현한다.

※ 다음 명제를 기호화해보자.

**01 연언**

- 갑은 A책을 읽었다. 갑은 B책은 읽지 않았다.
- 갑은 C책과 D책을 모두 읽었다.
- 갑은 E책과 F책을 각각 읽었다.

**02 선언**

- A, B, C, D는 회의에 참석하거나 불참한다.
- A, B 중 최소 한 명은 회의에 참석한다.
- C가 참석하거나 D가 불참한다.
- C가 불참한다.

**해설**

**01**  1) 주어인 갑은 고유명사이므로 단칭명제임을 확인한다.

2) 술어인 책들을 각각 A ~ F로 나타낸다.

3) 첫 번째 동그라미는 다음과 같이 기호화할 수 있다.

$A_{갑}, \sim B_{갑}$

그리고 다음과 같이 기호화할 수도 있다(연언 도입).

$A_{갑} \wedge \sim B_{갑}$

간단히 기호화하면 다음과 같다.

$A \wedge \sim B$

4) 두 번째 동그라미는 다음과 같이 기호화할 수 있다.

$C \wedge D$

그리고 다음과 같이 기호화할 수도 있다(연언 소거).

$C, D$

5) 세 번째 동그라미는 다음과 같이 기호화할 수 있다.

$E \wedge F$

**02**  1) 간단하게 기호화한다. A, B, C, D 모두 참석하거나 불참하는 경우밖에 없으므로 불참은 참석의 부정으로 생각한다.

2) 두 번째 동그라미는 다음과 같이 기호화한다.

$A \vee B$

3) 세 번째 동그라미는 다음과 같이 기호화한다.

$C \vee \sim D$

4) 네 번째 동그라미는 다음과 같이 기호화한다.

$\sim C$

세 번째 동그라미는 C 또는 ~D 중 최소한 하나는 참이지만 어느 것이 참인지 모르는 상황이다. 그러나 네 번째 동그라미를 세 번째 동그라미와 함께 생각하면 C가 참이 아니므로 ~D가 참이라고 결론내릴 수 있다(선언 소거). 간단하게 '~D'라고 표시할 수 있다.

## 1. 조건명제 기초

'갑이 출장을 가면 을도 출장을 간다.'라는 조건문을 생각해보자. '출장을 간다'는 부분을 생략하면 간단하게 '갑 → 을'과 같이 기호화할 수 있다. 보다 일반적으로 P, Q를 이용하여 다음과 같이 기호화한다.

$$P \to Q$$

이때 오른쪽으로 향하는 화살표를 기준으로 화살표의 왼쪽(화살표의 시작점)을 조건의 가정(hypothesis) 또는 전건(antecedent)[16]이라고 하고, 화살표의 오른쪽(화살표의 끝점)을 조건의 결론(conclusion) 또는 후건(consequent)이라고 한다. 그리고 기본적으로 'P는 Q'라고 읽는다. 다만 이렇게 읽음으로써 수학에서 '='과 같은 의미로 이해할 오해의 소지가 있으므로 곧 살펴볼 조건명제의 의미를 정확히 이해하여 수학에서의 등호 '='과 다르다는 것을 정확히 알아야 한다.

우선 조건명제로 기호화할 수 있는 문장의 표현부터 살펴보자. 전건을 'P', 후건을 'Q'라고 할 때 다음과 같이 기본적인 문장의 형태로 나타낼 수 있다.

P이면 Q이다.

=P의 경우 Q이다.

=P일 때 Q이다.

그러나 조건문과 관련해서는 주의해야 할 표현이 많다. 문장 자체가 위와 같은 기본적인 조건문 형식의 요소가 들어 있지만, 기본적인 형식으로 배열되어 있지 않은 경우도 많다. 이런 경우는 문장의 요소들을 기호화하면서 다시 배열해야 한다. 중요한 표현들은 앞으로 하나씩 정리해보도록 하자.

---

**표현 1. '…만'**

다음과 같은 문장들을 확인해보자.

> ○ A일 때에만 B가 성립한다.
> ○ A인 경우에만 B가 성립한다.

이러한 문장들은 'B → A'와 같이 기호화한다. '…만'이 붙은 부분을 후건으로 기호화하는 것이다. 문장의 의미를 잘 이해해보자. 예를 들어 '1차 시험을 응시해야만 2차 시험을 응시할 수 있다'와 같은 문장에서 1차 시험 응시자는 2차 시험 응시자를 포함한다. 즉, 2차 시험을 응시하려면 1차 시험도 응시해야 하고, 2차 시험을 응시했다는 것은 1차 시험도 응시했다는 것을 함축한다. 또는 2차 시험을 응시한 사람 중에서 1차 시험을 응시하지 않은 사람은 없다고 이해하는 것이 좋다.

'…만'이 포함된 문장은 문장의 배열순서가 다르게 주어져 있는 경우가 많다.

> ○ B는 A인 경우에만 성립한다.

위와 같은 문장이 주어져 있는 경우에도 문장의 의미는 변하지 않으며 'A일 때에만 B가 성립한다'와 같은 의미의 문장이다. 즉 'B → A'와 같이 기호화한다.

'…에 한해서'도 같은 의미로 이해할 수 있다. 다음과 같이 비교해 보자.

> ○ A일 때에만 B가 성립한다.
>   = A일 때에 한해서 B가 성립한다.
> ○ A인 경우에만 B가 성립한다.
>   = A에 경우에 한해서 B가 성립한다.

---

16) 용어에 주의해야 한다. 별도로 정리할 것이다.

다시 한 번 강조하지만 명제가 문장의 형태로 주어졌을 때 문장의 맥락과 의미에 따라 기호화를 하는 것이 중요하다. 다만 논리 퀴즈에서 사용되는 몇몇 고유한 표현은 암기하는 것이 좋다. 예를 들어 일상생활에서 사용하는 '선의'라는 단어의 의미와 민법에서 사용하는 '선의'라는 법률용어는 그 의미가 다르다. 우리가 민법을 공부한다면 '선의'라는 법률용어가 왜 일상생활에서 사용하는 의미와 다르냐고 생각하지 않고 그 의미 차이에 대해서 공부하고 이해해야 한다. 이처럼 논리 퀴즈에서 사용하는 몇몇 고유한 표현은 잘 암기해서 기호화할 때 헷갈리지 않도록 하자. 앞으로도 공부한 내용에 맞춰 논리 퀴즈의 고유한 표현들을 확인할 것이다.

## 2. 필요조건과 충분조건

앞서 'P → Q'와 같은 조건명제에서 화살표의 왼쪽을 가정, 화살표의 오른쪽을 결론이라고 언급한 바 있다. 그리고 가정을 전건, 결론을 후건이라고 표현하기도 한다. 그러나 이러한 조건명제가 P와 Q의 인과관계나 선후관계를 의미하는 것이 아니다. 예를 들어 '까마귀는 검다'라는 명제가 있다면 까마귀이기 때문에 검은 것도, 검기 때문에 까마귀인 것도 아니다. 까마귀가 먼저이고 검은 것이 나중인 것도, 검은 것이 먼저이고 까마귀인 것이 나중인 것도 아니다. 위에서 예를 들었던 '1차 시험을 응시해야만 2차 시험을 응시할 수 있다'와 같은 문장을 기호화한 다음에 다시 문장으로 바꾼다면 '2차 시험을 응시하면 1차 시험을 응시한다'와 같은 문장으로 바꿀 수 있는데 이렇게 바꾼다면 문장의 표현상 선후관계가 어색해진다. 따라서 조건문이 주어졌을 때는 전건이 참이면(2차 시험을 쳤다가 참이라면) 후건이 참이다(1차 시험을 쳤다가 참이다)라고만 생각하고 더 확대해서 해석하지 않는다. 전건 P가 참이면 후건 Q가 참인 조건문을 'P는 Q를 함축한다'고 표현하기도 한다.

조건명제 'P → Q'가 주어졌을 때 전건을 충분조건(Sufficient Condition), 후건을 필요조건(Necessary Condition)이라고도 한다.[17] 이러한 용어는 일반적으로도 사용되지만, 명제 P와 Q 사이의 인과관계의 분석을 위해서 사용되기도 한다. 'P → Q'가 주어졌을 때 'P'를 충분조건으로서의 원인이라고도 하며 'Q'를 필요조건으로서의 원인이라고도 한다. PSAT 지문에서는 다음과 같이 언급하고 있다.

필요조건으로서 원인은 "어떤 결과의 원인이 없었다면 그 결과도 없다"는 말로 표현할 수 있다. … 만일 원치 않는 결과를 제거하고자 할 때 그 결과의 원인이 필요조건으로서 원인이라면, 우리는 그 원인을 제거하여 결과가 일어나지 않게 할 수 있다.
충분조건으로서 원인은 "어떤 결과의 원인이 있었다면 그 결과도 있다"는 말로 표현할 수 있다. … 만일 특정한 결과를 원할 때 그것의 원인이 충분조건으로서 원인이라면, 우리는 그 원인을 발생시켜 그것의 결과가 일어나게 할 수 있다.

12년 민경채 인책형 5번

이렇게 용어를 소개하는 차원을 넘어서 인과관계를 정확히 이해하기 위해서는 다른 부가적인 내용들이 필요하다. 인과관계를 추론하는 문제에서도 마찬가지이다. 그러나 논리 퀴즈 문제에서는 주어진 내용으로부터 인과 관계를 파악해야 하는 일은 없으므로 명제의 참·거짓을 판단하는 데 집중하도록 하자.

다만 다음과 같이 문제에서 필요조건, 충분조건과 같은 용어가 사용되는 경우가 있다.

교육현장에서 청소년의 일에 대한 부정적인 인식을 제거하는 것은 청소년 노동시장 육성을 위해 무엇보다 선행되어야 할 필요조건이다.

21년 입법 가책형 11번

---

17) 화살표를 맞는 쪽이 필요조건이라고 암기하도록 하자.

'교육현장에서 청소년의 일에 대한 부정적인 인식을 제거하는 것'을 'A'라고 하고 '청소년 노동시장 육성'을 'B'라고 하자. 문장을 간단히 바꿔보면 'A는 B를 위한 필요조건이다'라고 할 수 있다. A가 필요조건이라고 하고 있으므로 'B → A'과 같이 기호화할 수 있다. '…위해'라는 표현도 이러한 문장의 의미를 이해하여 기호화하는 데 도움을 줄 것이다.

두 명제 A, B가 있을 때 'A → B'가 참이면서 동시에 'B → A'도 참일 때, A와 B는 서로가 서로의 필요충분조건이라고 한다. 기호로는 'A ↔ B', 'A≡B'와 같이 나타낸다. PSAT 지문에서는 필요충분조건으로서의 원인에 대해 다음과 같이 언급하고 있다.

> 필요충분조건으로서 원인은 "어떤 결과의 원인이 없다면 그 결과는 없고, 동시에 그 원인이 있다면 그 결과도 있다"는 말로 표현할 수 있다. … 필요충분조건으로서 원인의 경우, 원인을 일으켜서 그 결과를 일으키고 원인을 제거해서 그 결과를 제거할 수 있다.
>
> 12년 민경채 인책형 5번

수학에서 두 도형이 모양과 크기까지 완전히 같을 때를 합동이라고 하는데 '≡'는 수학에서 도형의 합동을 나타낼 때 사용했던 기호이기도 하다. 문장으로는 다음과 같이 나타낼 수 있다.

A이면서 오직 A일 때만 B이다.

= A일 때, 그리고 오직 그때만 B이다.

= A이면 B이고 동시에 B이면 A이다.

'A≡B'를 'A와 B는 동치이다'라고 읽는다. 동치(equivalence)는 논리적 동치(logical equivalence)라고도 하며 동치인 두 명제의 진리값은 항상 같다. 진리표로 나타내면 다음과 같다.

| | Ⓐ | Ⓑ | Ⓒ |
| --- | --- | --- | --- |
| | P | Q | P≡Q |
| ⅰ) | T | T | T |
| ⅱ) | T | F | F |
| ⅲ) | F | T | F |
| ⅳ) | F | F | T |

〈동치의 진리표〉

P, Q 두 명제의 진리값이 같으면 'P≡Q'는 참, 두 명제의 진리값이 다르면 'P ≡ Q'는 거짓이라고 이해할 수 있다.

그리고 동치를 쌍방조건, 쌍방함축이라고 부르기도 한다. 동치를 의미하는 용어가 많긴 하지만 동치, 필요충분조건 정도만 기억하고 있으면 된다. 함축이라는 용어의 의미는 바로 다음부터 이어서 확인해보도록 하자.

## 3. 조건명제의 이해

### (1) 조건명제의 진리표, 함축

우선 조건명제의 진리표는 다음과 같다.

| | Ⓐ | Ⓑ | Ⓒ |
| --- | --- | --- | --- |
| | P | Q | P → Q |
| ⅰ) | T | T | T |
| ⅱ) | T | F | F |
| ⅲ) | F | T | T |
| ⅳ) | F | F | T |

〈조건명제의 진리표〉

이제 함축(implication)의 의미를 알아보자. 'P → Q'가 참일 때, 'P는 Q를 함축한다'라고도 한다. 이때 기본적인 함축의 의미는 PSAT 지문에서 다음과 같이 서술하고 있다.

> 진술 A가 진술 B를 논리적으로 함축한다는 것은 A가 참일 경우에 B도 반드시 참이라는 뜻이다.
>
> 08년 5급 꿈책형 31번

여기서의 진술은 명제라는 의미로 받아들여도 된다.[18] 이 내용을 진리표의 해석에 적용한다면 'ⓒ 'P → Q'가 참이라는 것은 Ⓐ P가 참일 경우에 Ⓑ Q도 반드시 참이라는 뜻이다.'와 같이 문장을 바꿀 수 있다. 즉, 위의 진리표 ⅰ)의 상황에 대해서 설명하고 있다. 그리고 다음과 같은 예문도 확인해보자.

> 명제 P가 어떤 명제 Q를 논리적으로 함축한다는 것은 무슨 뜻인가? 그것은 바로 P가 참인 경우에 Q가 거짓일 수 없다는 것이다.
>
> 12년 5급 인책형 19~20번 일부 변형

위의 문장을 진리표의 해석에 적용한다면 'ⓒ 'P → Q'는 Ⓐ P가 참일 경우에 Ⓑ Q가 거짓일 수 없다는 것이다.'와 같이 문장을 바꿀 수 있다. 마찬가지로 진리표 ⅰ)의 상황으로도 이해할 수 있다.


## (2) 공허한 참

그러나 ⅲ), ⅳ)의 경우 조건문을 이해하는 데 많이 어려움을 겪는 부분이다. 즉 진리표 ⅲ), ⅳ)를 함께 생각해보면 가정인 P가 거짓인 경우에도 결론인 Q의 참·거짓 여부와 상관없이 P → Q가 참이 된다고 한다. 우선 의미론(sementics)적으로 이해해보자. '쓰레기를 무단투기하면 과태료 10만 원을 낸다.'와 같은 법률이 있는 상황이라고 하자. 이를 조건명제 'P → Q'처럼 생각할 수 있다. 즉 '쓰레기를 무단투기'가 P이고 '과태료 10만 원을 낸다'가 Q일 때, 아무도 쓰레기를 무단투기하지 않으면 어떻게 될지 생각해보는 것이다. 아무도 쓰레기를 무단투기 하지 않는다면 P가 거짓이지만 'P → Q'라는 법률은 여전히 효력이 있으므로 참이라고 할 수 있다. 이 상황은 P, Q, P → Q의 관계가 일상생활에서 받아들일 만큼 어느 정도 의미가 있다.

좀 더 억지스러운 상황을 만들어보자. '키가 5미터인 사람(P)은 농구 골대를 손으로 잡을 수 있다(Q).'와 같은 문장이 참인 경우를 생각해보면 애초에 전건인 P에 해당하는 키가 5미터인 사람은 존재하지 않는다. 만약 키가 5미터인 사람이 존재한다면 자신의 키보다 작은 농구 골대를 손으로 잡을 수 있겠지만 전건 자체가 성립이 불가능하다. 이보다 더 억지스러운 문장[19]도 얼마든지 생각해볼 수 있는데 문장의 의미는 형식논리학에서 고려의 대상이 아니다. 우리가 문장을 기호화할 때에는 어느 정도 문장의 의미를 고려해야 하지만 형식논리학의 핵심은 논리식 사이의 정합성이라고 할 수 있다. 의미론적으로 말이 안되는 문장이라도 형식논리학에서 사용하는 표현에 따라 기호화할 수만 있다면 문장으로서 또는 명제로서 아무런 문제가 없다.

따라서 위와 같이 의미를 생각하면서 이해를 하는 것에는 한계가 있기 때문에 우리는 기호화를 연습하는 것이다. 결과만 정리해보자면 전건이 거짓인 경우에도 조건문은 참이다. 이러한 진리표 ⅲ), ⅳ)의 경우를 공허한 참(vacuously true, vacuous truth)이라고 한다. 정확한 비유는 아니지만, 우리가 나눗셈을 처음 배울 때 숫자를 0으로 나누면 안 된다고 배웠을 것이다. 그래야 다른 사칙연산이 정합적으로 잘 맞아 떨어진다. 수학을 깊이 있게 공부하지 않았다면 왜 0으로 나누면 안 되는지 이유에 대해서 모르고 있을 수도 있지만 다른 사칙연산을 하는 데에는 아무런 문제가 없다. 이러한 상황처럼 형식논리학에서 논리 연산자들의 정합성을 맞추기 위한 약속이라고 생각하고 암기하도록 한다. ⅱ)의 경우, 즉 Ⓐ P가 참이면서 Ⓑ Q가 거짓인 경우 ⓒ P → Q는 거짓이 되고 나머지 경우는 P → Q가 모두 참이다. ⓒ를 위에서부터 아래로 T, F, T, T라고 암기하자.

공허한 참과 관련된 내용을 암기하더라도 이상의 논의에서 확인해야 할 내용이 있다. 귀납 추론의 내용 중 반례에 관한 내용이다. ⓒ '까마귀는 검다(P → Q).'라는 명제가 있다고 하자. 이러한 명제를 거짓으로 만드는 것은 '흰색(Ⓑ Q가 거짓) 까마귀(Ⓐ P가 참)'라는 반례가 있는 경우이다. 이 상황이 바로 위에서 설명한 ⅱ)의 경우이다. P∧~Q인 경우, 즉 까마귀이면서 흰색인 반례가 있다면 P → Q는 거짓이 된다. 즉, 'P → Q'는 'P∧~Q'와 모순관계이다.

---

18) 명제를 정의할 때 주장이라는 표현도 사용한다. 진술도 마찬가지 의미이다.

19) 성취될 수 없는 전건으로부터 후건을 함축하는 조건문을 반사실적 조건문이라고 한다. 진리표에서 ⅰ), ⅱ의 경우를 애초에 생각할 수도 없는 경우이다. 용어는 중요한 것이 아니므로 참고만 하도록 한다.

지금까지의 논의를 정리한 내용이라고 할 수 있는 PSAT 지문의 내용을 소개하고자 한다.

> 'A → B'는 'A이면서 B가 아닌 대상은 하나도 없다.'는 주장으로 이해해야 한다. 만약 A인 대상이 존재하지 않는다면, A이면서 B가 아닌 대상은 당연히 존재하지 않는다. 따라서 A인 대상이 존재하지 않는 경우, 'A → B'는 참이다.
>
> 20년 7급모의 19번 일부 변형

첫 번째 문장의 진하게 표시한 부분은 암기하도록 한다. 두 번째 문장의 'A이면서 B가 아닌 대상'은 위에서 언급한 'A → B'의 반례이며, A인 대상이 존재하지 않는다면 반례(A∧~B)도 당연히 존재하지 않는다는 의미이다. 그러므로 세 번째 문장에서는 반례가 존재하지 않는다면 'A → B'는 참이라고 결론 내리고 있다. 그리고 이 내용은 조건문의 전건이 존재하지 않을 수도 있다는 것에 대한 논의 내용이기도 하다. 아래와 같은 지문도 참고하기 바란다.

> 'P이면 Q이다'라는 진술을 기호로는 P → Q와 같이 나타내고, "P는 Q를 함축한다"라고 읽기도 한다. 위 진술이 의미하는 바는 오직 P가 참이며 동시에 Q가 거짓이 아니라는 것이다. 따라서 우리는 다음의 사실을 알 수 있다.
> 사실 1: P가 거짓이면, P → Q는 자동적으로 참이다.
> 사실 2: Q가 참이면, P → Q는 자동적으로 참이다.
> 사실 3: P → Q가 거짓일 수 있는 것은 P가 참이며 동시에 Q가 거짓인 경우 그리고 오직 그 경우에 한한다.
>
> 17년 입법 가책형 30번 일부 변형

사실 1~3은 각각 'P', 'Q', 'P → Q'를 기준으로 설명하고 있는 것이며, 두 번째 문장은 '사실 3'에 대해서 설명하고 있는 것이다.

## (3) 함축법칙

조건명제를 선언의 형식으로 이해할 수도 있다. 다음과 같은 두 진리표를 비교해보자.

| | Ⓐ | Ⓑ | Ⓒ |
|---|---|---|---|
| | P | Q | P → Q |
| ⅰ) | T | T | T |
| ⅱ) | T | F | F |
| ⅲ) | F | T | T |
| ⅳ) | F | F | T |

| | Ⓓ | Ⓔ | Ⓕ |
|---|---|---|---|
| | ~P | Q | ~P∨Q |
| ⅰ) | F | T | T |
| ⅱ) | F | F | F |
| ⅲ) | T | T | T |
| ⅳ) | T | F | T |

왼쪽은 조건명제의 진리표이고 오른쪽은 '~P∨Q'의 진리표이다. Ⓒ와 Ⓕ를 비교해보면 정확히 일치한다는 것을 확인할 수 있다. 하나씩 살펴보면 Ⓐ와 Ⓓ는 원래 명제와 부정명제의 관계로 모순관계이고 Ⓑ와 Ⓔ는 같다. 그리고 Ⓒ 'P → Q'는 ⅱ) P∧~Q와 같은 반례만 없으면 참이므로 ⅰ) P∧Q, ⅲ) ~P∧Q, ⅳ) ~P∧~Q인 경우 Ⓒ 'P → Q'는 참이다. 그리고 오른쪽 진리표에서 '~P∨Q'라는 명제는 '~P'와 'Q' 중에서 하나라도 참이면 참이 된다. 어떠한 경우에도 'P → Q'와 '~P∨Q'의 진리값이 같으므로 '~P∨Q'는 'P → Q'와 동치이다. 이를 함축법칙(implication law)이라고 하며 다음과 같이 나타낼 수 있다.

$$P → Q ≡ ~P∨Q$$

그리고 조건문 'P → Q'가 참일 때, ~P∨Q는 모든 논의영역에서 참이므로 이러한 경우를 포괄적 선언이라고 하기도 한다. 중요하지는 않은 용어이므로 그냥 넘어가도 좋다. 조건명제 'P → Q'에서 '전건에 부정을 취하고 '→'는 선언으로 바꾼다.'라고 기억하도록 하자.

## (4) 역·이·대우

조건명제 'P → Q'가 있을 때 이와 관련된 세 가지 명제를 알아보고자 한다. 우선 ① 원래 명제 'P → Q'의 전건이 후건이 되고, 후건이 전건이 된 명제 'Q → P'는 원래 명제의 '역(converse)'명제라고 한다. 그리고 ② 원래 명제 'P → Q'의 전건과 후건에 각각 부정 '~'을 취한 명제 '~P → ~Q'는 원래 명제의 '이(inverse)'명제라고 한다. 마지막으로 ③ 원래 명제 'P → Q'에서 역명제의 경우와 같이 전건과 후건을 바꿔주고 이명제의 경우와 같이 각각 부정을 취해준 명제 '~Q → ~P'는 원래 명제의 '대우(contrapositive)' 명제라고 한다. 각 명제들의 관계를 그림으로 나타내보면 다음과 같다.

$$P \to Q \quad \overset{역}{\to} \quad Q \to P$$
$$\downarrow 이 \qquad \searrow 대우$$
$$\sim P \to \sim Q \qquad \sim Q \to \sim P$$

일상생활에서는 원래 명제가 있을 때 역명제나 이명제로 해석하는 경우가 많다. 예를 들어 친구가 '약속이 있으면 외출을 한다'라고 했다면 역명제와 같이 '외출을 하면 약속이 있는 것이구나'라든지, 이명제와 같이 '약속이 없으면 외출을 하지 않겠구나'처럼 이해하는 것이다. 그러나 논리 퀴즈의 세계에서는 이러한 식으로 해석해서는 안 된다. 즉, 원래 명제의 진리값과 역명제, 이명제의 진리값은 관련이 없다.[20] 그러나 원래의 명제가 참일 때 대우명제는 항상 참이다. 그리고 원래의 명제가 거짓일 때 대우명제는 항상 거짓이다. 즉 원래의 명제와 대우명제는 동치이다. 이를 진리표로 비교해보면 다음과 같다.

| | Ⓐ P | Ⓑ Q | Ⓒ P → Q |
|---|---|---|---|
| ⅰ) | T | T | T |
| ⅱ) | T | F | F |
| ⅲ) | F | T | T |
| ⅳ) | F | F | T |

| | Ⓓ ~Q | Ⓔ ~P | Ⓕ ~Q → ~P |
|---|---|---|---|
| ⅰ) | F | F | T |
| ⅱ) | T | F | F |
| ⅲ) | F | T | T |
| ⅳ) | T | T | T |

Ⓐ와 Ⓔ, Ⓑ와 Ⓓ는 모순관계이다. 참·거짓이 서로 정확히 다른 것을 확인할 수 있다. 조건문인 '~Q → ~P'도 전건인 '~Q'가 참인데 후건인 '~P'가 거짓일 때만 '~Q → ~P'가 거짓이 되므로 Ⓒ와 Ⓕ가 정확히 일치하는 것을 확인할 수 있다. 대우명제는 논리 퀴즈의 해결 과정에서 결정적인 역할을 하는 경우도 많으므로 조건명제가 있을 때 습관적으로 대우명제까지 표기해두는 방법으로 문제 풀이를 연습하는 경우도 많다. 개념들을 다시 정리하면 다음과 같다.

> · 역: 전건과 후건을 서로 바꾼 명제
> · 이: 전건과 후건에 각각 부정을 취한 명제
> · 대우: 전건과 후건을 서로 바꾸고 각각 부정을 취한 명제

다음과 같은 문장의 예를 들어보자. '2는 짝수이다'와 같은 명제가 있다면 역, 이, 대우는 다음과 같다.

$$2는 짝수이다. \quad \overset{역}{\to} \quad 짝수는 2이다.$$
$$\downarrow 이 \qquad \searrow 대우$$
$$2가 아니면 짝수가 아니다. \qquad 짝수가 아니면 2가 아니다.$$

'2는 짝수이다.'라는 명제는 참이다. 논의의 편의를 위해 논의영역은 자연수로 한정하자. 즉, 앞으로의 논의는 자연수만을 고려의 대상으로 한다. 원래 명제의 역명제 '짝수는 2이다.'의 참·거짓을 판단해보자. 조건문은 'A이면서 B가 아닌 대상은 하나도 없다.'와 같은 의미라는 것을 기억한다면 '짝수는 2이다.'는 '짝수이면서 2가 아닌 대상은 하나도 없다.'와 같은 의미로 바꿔 생각할 수 있다. 그런데 짝수이면서 2가 아닌 대상은 4, 6, 8…과 같이 얼마든지 있을 수 있다. 이러한 반례를 들 수 있으므로 역명제 '짝수는 2이다.'는 거짓이다.

---

20) 제한된 상황에 한해서 관련이 있을 수도 있지만 원래 명제의 참·거짓으로부터 역명제와 이명제의 참·거짓을 추론할 수 없다는 의미이다.

이명제 '2가 아니면 짝수가 아니다.'는 '2가 아니면서 '짝수가 아니다.'가 아닌 대상은 하나도 없다.' = '2가 아니면서 짝수인 대상은 하나도 없다.'와 같이 바꿔 생각할 수 있다. 부정의 부정 표현을 긍정 표현으로 바꾸는 것까지 서술한 것이다. 이때 2가 아니면서 짝수인 대상으로 4, 6, 8…과 같이 얼마든지 반례를 들 수 있다. 따라서 역명제와 마찬가지로 이명제 '2가 아니면 짝수가 아니다'는 거짓이다. 대우명제 '짝수가 아니면 2가 아니다'는 '짝수가 아니면서 2인 대상은 하나도 없다'와 같은 의미로 바꿔 생각할 수 있다. 짝수가 아니면 2일 수도 없으므로 대우명제는 참이라는 것을 알 수 있다.

이처럼 대우명제는 원래 명제와 항상 진리값이 같다. 그리고 역·이는 위에서 든 예에서는 거짓이지만 참일 수도 있다. 원래 명제의 진리값과 관련이 없다고만 기억해야 한다. 그리고 원래의 명제와 대우명제의 관계와 마찬가지로 역명제와 이명제의 진리값은 항상 같다. 즉, 동치이다. 역명제 'Q → P'를 가정과 결론을 서로 바꾸고 각각 부정을 취하면 이명제 '~P → ~Q'가 되는 것을 확인할 수 있을 것이다. 앞으로는 원래의 명제와 대우명제, 역명제와 이명제를 대우관계에 있다고 서술할 것이다.

---

**표현 3. '…아니면'**

함축법칙과 대우관계까지 포함하여 정리해볼 표현이 있다. 일상생활에서 'A 아니면 B'라는 표현을 쓰기도 한다. 이를 문장으로 표현하면 'A가 아니면 B이다'와 같고 논리 퀴즈에서는 이를 'A∨B'와 같이 기호화한다.

| A가 아니 | 면 | B이다. |
|---|---|---|
| ~A | → | B |

즉 'A가 아니면 B이다'를 '~A → B'와 같이 기호화한다. 그리고 함축법칙에 따라 전건에 부정을 취하고 선언으로 바꿔주면 ~A → B ≡ A∨B이다. 이렇게 표현을 정리하는 이유는 일상생활에서 '모 아니면 도'와 같은 표현의 의미를 배타적 선언과 같이 '모'와 '도' 둘 다 성립할 수는 없고 둘 중 하나만 성립하는 것과 같이 사용하는 경우가 많기 때문이다. 문제의 맥락에 따라 A와 B가 명백히 배타적인 경우가 아니라면 'A 아니면 B'와 같은 표현은 선언으로 기호화한다.

다만 언제나 위의 기호화의 예처럼 문장의 각 부분이 명제의 각 부분에 대응되는 것으로 기호화할 수는 없다. 위의 예가 예외적인 것으로 생각하고, 문장의 기호화는 논리 퀴즈에서 사용되는 여러 표현에 익숙해지는 수밖에 없으므로 많은 표현들을 정리하도록 하자.

---

대우명제를 다음과 같이 유도할 수 있다.

P → Q
≡ ~P∨Q     (함축법칙)
≡ Q∨~P     (교환법칙)
≡ ~Q → ~P     (함축법칙)

이처럼 함축법칙과 관련하여 조건을 선언으로 바꾸는 것만 아니라 선언을 조건으로 바꾸는 것도 익숙해져야 한다.

## (5) 조건문의 추론

조건문과 관련된 기본적인 세 가지 추론을 확인해보자.

### ① 전건 긍정

전건 긍정(affirming the antecedent)은 조건문의 의의로부터 성립한다. 조건문은 'P → Q'가 참이라고 주어졌을 때 P가 참일 경우에 Q도 반드시 참이라는 것을 의미하므로 'P → Q', 'P'가 각각 참이라고 주어졌을 때 다음과 같이 추론할 수 있다.[21]

P → Q
P
∴ Q

---

함축법칙에 따라 'P → Q≡~P∨Q'이므로 '~P∨Q'가 참일 때 'P'라면 'Q'라고 선언소거의 방법으로 결론 내리는 것도 같은 내용이다. 그리고 이제 위와 같은 상황을 '[P → Q, P]⊢Q'라고도 나타내기도 한다. '⊢'는 왼쪽의 '[  ]' 안에 쉼표로 구분된 명제들로부터 오른쪽의 명제를 추론할 수 있다는 논리 기호이다.[22] 다른 상황을 생각해보자. [P∨Q → R, P]라고 주어졌다면, 즉 'P∨Q → R', 'P'가 참이라고 주어졌다면 다음과 같이 추론할 수 있다.

> P∨Q → R
> P
> ─────────
> ∴ R

'P'가 참이면 조건문의 전건인 'P∨Q'가 참이므로 조건문의 후건인 'R'이 참이 된다.

### ② 후건 부정

후건 부정(denying the consequent) 조건문을 대우로 바꿔 생각하면 전건 긍정과 같은 내용이다. 'P → Q', '~Q'가 각각 참이라고 주어졌을 때 다음과 같이 추론할 수 있다.[23]

> P → Q≡~Q → ~P
> ~Q
> ─────────────
> ∴ ~P

이처럼 조건문은 항상 대우명제를 함께 생각할 수 있어야 한다.

### ③ 조건 연쇄

조건 연쇄는 'P → Q'와 'Q → R'이 각각 참으로 주어진 경우 'P → R'이 참이라는 것을 추론할 수 있다는 것이다. 다음과 같은 진리표를 확인해보자.

|  | ⒜ P | ⒝ Q | ⒞ R | ⒟ P → Q | ⒠ Q → R | ⒡ P → R |
|---|---|---|---|---|---|---|
| ⅰ) | T | T | T | T | T | T |
| ⅱ) | T | T | F | T | F | F |
| ⅲ) | T | F | T | F | T | T |
| ⅳ) | T | F | F | F | T | F |
| ⅴ) | F | T | T | T | T | T |
| ⅵ) | F | T | F | T | F | T |
| ⅶ) | F | F | T | T | T | T |
| ⅷ) | F | F | F | T | T | T |

⒜, ⒝, ⒞는 명제 P, Q, R을 참·거짓에 따라 $2 \times 2 \times 2 = 8$가지 경우로 나타내었고 T를 먼저, F를 나중에 표시한 것이다. 그리고 ⒟, ⒠, ⒡는 ⒜, ⒝, ⒞에 따라 각 조건명제의 진리값을 표시하였다. 다른 부분이 없다고 생각하고 ⒜, ⒝와 ⒟만 보면 이전에 다루었던 〈조건명제의 진리표〉와 같다. 구체적으로 ⒜, ⒝, ⒟만 놓고 보면 ⅰ), ⅱ)가 같으므로 하나를 삭제하고 마찬가지로 ⅲ), ⅳ)가 같으므로 하나를 삭제하고, ⅴ), ⅵ)도, ⅶ), ⅷ)도 하나를 삭제하면 〈조건명제의 진리표〉와 같아지는 것이다. ⒠도 ⒝, ⒞로부터, ⒡도 ⒜, ⒞로부터 도출된 것으로 확인할 수 있다. 이처럼 진리표의 ⒟, ⒠, ⒡가 도출되는 것을 이해하였다면 이제 ⒟, ⒠, ⒡만 살펴보자. ⒟ 'P → Q'가 참, ⒠ 'Q → R'가 참이라고 주어졌다면, 즉 ⅰ), ⅴ), ⅶ), ⅷ)의 경우라면 ⒡ 'P → R'가 모두 참임을 확인할 수 있다. 이처럼 복잡한 진리표의 해석도 가능해야 한다. 결론만 정리하면 'P → Q'가 참, 'Q → R'가 참일 때, 'P → R'는 항상 참이다.

---

22) 책에 따라서는 '[  ]'를 표기하지 않거나 소괄호 '(  )'로 표현하기도 한다. 그러나 논리 연산에서 '(  )'가 많이 나오기 때문에 이 책에서는 '⊢'과 함께 사용하는 경우에는 '[  ]'로 표기하기로 한다.
23) 조건문의 진리표에서 ⅳ)의 경우이다.

**표현 4. '전제'**

앞서 조건명제의 화살표 왼쪽을 전건, 오른쪽을 후건이라고 소개한 바 있다. 그러나 전건을 전제라고 부르는 경우도 있고, 논리 퀴즈 지문에서 '전제'라는 표현이 나오는 경우도 있다. 이와 관련해서 정리해보자.

1) 우선 조건문 'P → Q'에서 'P'는 전건(antecedent)이라고 부른다. 전제라고 부르는 책들도 있지만, 이 책에서는 전건이라고만 부른다. 왜냐하면 문장에서는 다음과 같이 '전제'라는 표현을 사용하기 때문이다.

2) 다음과 같은 표현을 확인해보자.

    A는 B의 전제조건이다.

    = A라는 전제 하에 B이다.

    = B는 A를 전제로 한다.

    = A의 성립을 전제로 B가 성립한다.

    = B의 성립은 A의 성립을 전제로 한다.

    이때의 '전제조건'은 '필요조건'으로 생각하면 된다. 즉, '전제'가 수식하는 내용은 후건이 되어야 하며 이는 필요조건과 같다. 즉 B → A와 같이 기호화할 수 있는 문장들이다.

    이전에 정리했던 '위해서'라는 표현과 함께 문장들을 확인해보자. 모두 'A → B'로 기호화할 수 있는 문장들이다.

    A를 위해서는 B이어야 한다.

    = A를 위해서는 B이어야만 한다.

    = A를 위해서는 B를 필요로 한다. A를 위해서는 B를 요구한다.

    = A는 B를 필요로 한다. A는 B를 요구한다.

    = A는 B를 전제로 한다.

    여기까지는 한 문장에서 '전제'라는 표현이 있는 경우의 기호화와 관련된 내용이이다.

3) 다음은 여러 명제들 사이의 관계에서 전제라는 표현이 사용된 경우이다. 앞서 예를 들던 전건 긍정 '[P → Q, P]⊢Q'의 상황을 생각해보자. 이때 '[P → Q, P]'는 'Q'라는 결론을 추론하기 위하여 기본이 되는 명제라는 의미에서 전제(premise)라고 한다. 즉, 결론과 대비되는 의미에서 전제라는 표현을 사용하기도 한다.

이상을 정리하면 다음과 같다.

1) 조건문에서 전건을 전제라고 하는 책들도 있지만, 이 책에서는 전건으로만 부르기로 한다. 다음과 같은 이유 때문이다.

2) 하나의 조건문에서 '전제'라는 표현이 있다면 전제가 수식하는 내용은 후건이다.

3) 여러 명제들 사이의 관계에서 다른 명제를 추론하기 위한 명제들도 전제라고 표현한다.

---

## 4 │ 논리 연산 법칙

지금까지의 과정은 수학과 비교하면 식을 세우는 과정이었다. 하지만 지금부터는 본격적으로 식을 계산하는 과정이라고 생각하면 된다. 논리 연산은 직접 연습해보는 것이 중요하므로 여기부터 내용은 간단하게 확인하고 문제를 통해 본격적으로 연습하도록 한다.

### 1. 논리연산자의 우선순위

수학식에서 괄호를 먼저 처리하고 덧셈보다 곱셈을 먼저 계산하듯 논리연산자 사이에서도 우선순위가 있다. 논리식에서도 괄호를 사용하고 괄호는 최우선으로 처리한다. 다른 연산자의 연산 우선순위는 다음과 같다. 왼쪽이 먼저이고 오른쪽으로 갈수록 나중에 처리한다.

| 부정 | 연언 | 선언/배타적 선언 |
|------|------|------------------|
|      |      |                  |

부정 '~'은 수학에서의 부호처럼, 연언은 곱셈, 선언과 배타적 선언은 덧셈처럼 생각하면 된다. 조건명제는 함축법칙에 따라 선언으로 변환할 수 있으므로 선언과 같은 우선순위이다.

## 2. 괄호

논리식에서 먼저 처리해야 할 연산은 괄호로 묶어서 표기한다. 수학에서의 괄호 사용법과 같다. 소괄호 '( )'뿐만 아니라 중괄호 '{ }', 대괄호 '[ ]'를 사용하기도 한다.

> **더 알아보기**
>
> 어색한 문장이지만 'A이면, B이면 C이다'와 같은 문장이 있다고 하자. 이전에 정리했던 표현에 따라 조금 자연스러운 문장으로 바꾸면 'A인 경우, C는 B의 전제조건이다'와 같은 문장도 의미는 같다. 이러한 문장이 주어졌을 때는 일반적으로 쉼표를 기준으로 괄호를 묶어서 생각한다. 즉 'A이면, B이면 C이다'와 같은 문장은 쉼표를 기준으로 뒷부분인 'B이면 C이다'를 괄호로 묶어 '(B → C)'로 기호화하고 앞부분까지 함께 'A → (B → C)'와 같이 기호화한다.

괄호를 사용하여 하나의 논리연산자를 다른 방식으로 표현할 수 있다. 예를 들어 배타적 선언은 부정, 연언, 선언과 괄호를 사용하여 다음과 같이 나타낼 수 있다.

$$P \veebar Q \equiv (P \wedge \sim Q) \vee (\sim P \wedge Q)$$
$$\equiv (P \vee Q) \wedge (\sim P \vee \sim Q)$$

위와 같이 표현하면서 배타적 선언 기호인 '$\veebar$'를 사용하지 않는 경우도 많다.

> **더 알아보기**
>
> 명제 'P'와 'Q'가 동치인 'P≡Q'를 (P → Q)∧(Q → P)로 나타낼 수 있다. 다음과 같은 진리표를 확인해보자.
>
> | | Ⓐ | Ⓑ | Ⓒ | Ⓓ | Ⓔ | Ⓕ |
> | --- | --- | --- | --- | --- | --- | --- |
> | | P | Q | P → Q | Q → P | (P → Q)∧(Q → P) | P≡Q |
> | i ) | T | T | T | T | T | T |
> | ii ) | T | F | F | T | F | F |
> | iii ) | F | T | T | F | F | F |
> | iv ) | F | F | T | T | T | T |
>
> Ⓐ, Ⓑ로부터 Ⓒ를(일반적인 조건명제의 진리표이다), Ⓐ, Ⓑ로부터 Ⓓ를 도출하고, Ⓒ, Ⓓ로부터 Ⓔ를, Ⓒ, Ⓓ로부터 Ⓕ를 도출한다. 그러고 나면 Ⓔ와 Ⓕ가 모든 경우에서 진리값이 같다는 것을 확인할 수 있다.

이하부터는 괄호와 관련된 논리연산자의 연산을 부정의 부정부터 하나씩 살펴보도록 한다.

## (1) 부정의 부정

부정의 부정은 앞서 한 번 언급한 만큼 간단하게 확인한다. 원래의 명제가 P라면 부정의 부정은 괄호를 포함하여 ~(~P)와 같이 나타낸다. 문제에서 다음과 같이 주어졌다고 하자.

> ○ 甲, 乙, 丙은 여행계획에 대해 다수결로 결정하기로 하였다. 찬성 또는 반대 둘 중 하나로 의견을 나타내어야 하며 기권할 수는 없다.
> ○ 甲은 찬성하였고, 乙은 반대하였다.
> ○ 丙은 반대하지 않았다.

두 번째 동그라미는 간단히 '甲∧~乙'과 같이 기호화하고, 세 번째 동그라미를 '~(~丙)'과 같이 기호화할 수 있다. 그리고 '~(~丙)'은 '丙'과 같이 기호화할 수 있다.

## (2) 결합법칙(Associative Law)

앞서 연언과 선언에서 교환법칙에 대해 언급한 바 있다. 명제가 연언 또는 선언으로만 구성되어 있는 경우 다음과 같이 결합법칙이 성립한다.

$$(A \wedge B) \wedge C \equiv A \wedge (B \wedge C)$$
$$(A \vee B) \vee C \equiv A \vee (B \vee C)$$

예를 들어 $(2 \times 3) \times 4$를 $2 \times (3 \times 4)$와 같이, $(2+3)+4$를 $2+(3+4)$와 같이 나타낼 수 있는 것과 같다. 그리고 $(2 \times 3) \times 4$를 $2 \times 3 \times 4$로, $(2+3)+4$를 $2+3+4$로 나타낼 수 있듯이 다음과 같이 나타낼 수 있다.

$$(A \wedge B) \wedge C \equiv A \wedge (B \wedge C) \equiv A \wedge B \wedge C$$
$$(A \vee B) \vee C \equiv A \vee (B \vee C) \equiv A \vee B \vee C$$

이때 주의할 점은 조건 연쇄 'P → Q, Q → R가 참이면 P → Q도 참이다'를 1) 'P → (Q → R)' 또는 2) '(P → Q) → R'와 같이 기호화해서는 안 된다. 조건 연쇄 상황과 1), 2)는 엄연히 다른 명제이며 1), 2)도 서로 전혀 다른 명제이다.

## (3) 연언과 부정

연언으로 기호화할 수 있는 문장과 연언의 부정으로 기호화할 수 있는 문장을 비교해 보면 다음과 같다.

| ⅰ) | m은 P이고, n은 Q이다. | $Pm \wedge Qn$ |
|---|---|---|
| ⅱ) | m과 n은 모두 P이다.<br>m과 n은 각각 P이다. | $m \wedge n$ |
| ⅲ) | m은 P이고 Q이다.<br>m은 P이면서 Q이다. | $P \wedge Q$ |
| ⅳ) | m과 n은 모두 P가 아니다.<br>m과 n은 각각 P가 아니다. | $\sim m \wedge \sim n$ |
| ⅴ) | m은 P가 아니고, Q도 아니다.<br>m은 P가 아니면서 Q도 아니다. | $\sim P \wedge \sim Q$ |
| ⅵ) | m과 n이 모두 P인 것은 아니다.<br>m과 n이 모두 P인 것은 사실이 아니다.<br>'m과 n이 모두 P이다'는 사실이 아니다.<br>'m과 n이 모두 P이다'는 거짓이다. | $\sim(m \wedge n)$ |
| ⅶ) | m은 P이면서 Q인 것은 아니다.<br>'m은 P이고 Q이다'는 사실이 아니다.<br>'m은 P이면서 Q이다'는 사실이 아니다.<br>'m은 P이고 Q이다'는 거짓이다. | $\sim(P \wedge Q)$ |

문장을 잘 기호화하려면 다양한 표현들에 익숙해져야 한다. 문장에서 '…이면'이라는 표현은 주로 조건명제로 기호화하는 표현이며 위의 표에서 '…이면서'라는 표현과 다르다는 점에 주의하여야 한다. 그리고 연언 전체의 부정 ⅵ) '$\sim(m \wedge n)$'과 ⅶ) '$\sim(P \wedge Q)$'는 곧 살펴볼 드모르간의 법칙에 따라 다른 형태로 표현할 수 있다.

### (4) 선언과 부정

선언으로 기호화할 수 있는 문장과 선언의 부정으로 기호화할 수 있는 문장을 비교해 보면 다음과 같다.

| | | | |
|---|---|---|---|
| ⅰ) | m이 P이거나, n이 Q이다. | | Pm∨Qn |
| ⅱ) | m 또는 n이 P이다. <br> m과 n 중 하나는 P이다. | | m∨n |
| ⅲ) | m은 P 또는 Q이다. <br> m은 P, Q 중 하나이다. | | P∨Q |
| ⅳ) | m과 n 중 하나는 P가 아니다. | | ~m∨~n |
| ⅴ) | m은 P 또는 Q가 아니다. <br> m은 P가 아니거나 Q가 아니다. | | ~P∨~Q |
| ⅵ) | m 또는 n이 P인 것은 아니다. <br> m 또는 n이 P라는 것은 사실이 아니다. <br> 'm 또는 n이 P이다'는 사실이 아니다. <br> 'm 또는 n이 P이다'는 거짓이다. | | ~(m∨n) |
| ⅶ) | m은 P나 Q가 아니다. <br> 'm은 P나 Q이다'는 사실이 아니다. <br> 'm은 P 또는 Q이다'는 사실이 아니다. <br> 'm은 P 또는 Q이다'는 거짓이다. | | ~(P∨Q) |

선언 전체의 부정 ⅵ) '~(m∨n)'과 ⅶ) '~(P∨Q)'는 곧 살펴볼 드모르간의 법칙에 따라 다른 형태로 표현할 수 있다.

## 3. 분배법칙(Distributive Law)

분배법칙도 수학에서의 분배법칙과 비슷하게 이해할 수 있다. 연언과 선언이 결합된 논리식의 분배법칙을 적용하면 다음과 같다.

$$A \wedge (B \vee C) \equiv (A \wedge B) \vee (A \wedge C)$$
$$A \vee (B \wedge C) \equiv (A \vee B) \wedge (A \vee C)$$

수학식 $x \times (y+z)$가 $(x \times y) + (x \times z)$와 같이 변환할 수 있는 것으로 생각한다.

## 4. 드모르간의 법칙

드모르간의 법칙(De Morgan's Law)은 논리식을 다음과 같이 변환하는 것이다.

$$\sim(P \wedge Q) \equiv \sim P \vee \sim Q$$
$$\sim(P \vee Q) \equiv \sim P \wedge \sim Q$$

괄호 전체에 부정 '~'이 붙어 있다면 분배법칙처럼 괄호 안의 각 명제에 '~'을 붙여주고 연언은 선언으로, 선언은 연언으로 바꿔주면서 괄호를 제거해 준다. 이는 집합에서의 드모르간의 법칙 '$(P \cap Q)^c = P^c \cup Q^c$', '$(P \cup Q)^c = P^c \cap Q^c$와 같다.

'~(P∧~Q)'와 같이 괄호 안에 '~'이 있어도 드모르간의 법칙을 통해 변환할 수 있다. 일단 '~P∨~(~Q)'와 같이 괄호 안의 각 명제에 '~'을 붙여주고 부정의 부정 '~(~Q)'는 'Q'이므로 '~P∨Q'와 같이 변환할 수 있다. 마찬가지로 '~(~P∧Q)'는 'P∨~Q'로, '~(~P∨Q)'는 'P∧~Q'로, '~(P∨~Q)'는 '~P∧Q'로 변환할 수 있다.

조건명제에서 나왔던 'A이면서[24] B가 아닌 대상은 하나도 없다'[25]라는 표현에 대해서 생각해보자. 해당 표현은 다음과 같이 기호화할 수 있다.

| A | 이면서 | B가 아닌 대상은 | 하나도 없다. |
|---|---|---|---|
| A | ∧ | ~B | 전체 부정 |

≡~(A∧~B)

그리고 다음과 같이 변환할 수 있다.

~(A∧~B)

≡~A∨B　　(드모르간의 법칙)

≡A → B　　(함축법칙)

의미를 생각해보면 'A이면서 B가 아닌 대상(A∧~B)'은 'A → B'의 반례이고, 'A이면서 B가 아닌 대상은 하나도 없다'는 'A → B'의 반례가 하나도 없다는 의미이다. 즉 'A → B'가 참이라는 것이다. 정리하면 조건명제 'A → B'의 전체 부정은 'A∧~B'와 같이 나타낼 수 있고 이는 반례를 의미한다. 다만 여기에는 확인해야 할 의미가 더 있는데 이러한 내용은 이후 자세히 언급하도록 한다.

'연언과 부정', '선언과 부정'에서 문장 전체의 부정에 해당하는 ~(P∧Q)나 ~(P∨Q)는 드모르간의 법칙을 통해 괄호를 풀어줄 수 있다. 앞서 연언의 부정과 선언의 부정 표현을 정리했던 표로 돌아가보면 드모르간의 법칙을 통해 연언 전체의 부정 표현 vi) '~(m∧n)'은 선언 부정 표현 iv) '~m∨~n'으로, 선언 전체의 부정 표현 vi) '~(m∨n)'은 연언의 부정 표현 iv) '~m∧~n'와 같이 변환할 수 있다. 연언 전체의 부정 표현 vii)은 선언 부정 표현 v)로, 선언 전체의 부정 표현 vii)은 연언 부정 표현 v)와 같이 변환할 수 있다.

괄호를 풀어주는 것만이 아니라 다시 괄호로 묶어주는 것도 연습이 되어야 한다. 예를 들어 괄호에서 언급했던 'A → (B → C)'과 같은 명제가 있다고 하자. 다음과 같이 변환할 수 있다.

A → (B → C)

≡A → (~B∨C)　　(함축법칙)

≡~A∨(~B∨C)　　(함축법칙)

≡(~A∨~B)∨C　　(결합법칙)

≡~(A∧B)∨C　　(드모르간의 법칙)

≡(A∧B) → C　　(함축법칙)

'(A∧B) → C'를 문장으로 'A와 B가 모두 충족되면 C이다'라고 표현할 수 있고, 'A → (B → C)'를 문장으로 'A가 충족되면, B가 충족되면 C이다'라고 표현할 수 있다.[26] 그리고 다음과 같이 생각할 수 있다.

| (A∧B) → C | (A와 B가 모두 충족되면 C이다.) |
|---|---|
| A | (A가 충족되었다.) |
| ∴ B → C | ((A는 이미 충족되었으므로) B가 충족되면 C이다.) |

즉, 'A가 충족되면, B가 충족되면 C이다'라는 문장은 '(A∧B) → C'와 같은 명제가 주어졌을 때 발생할 수 있는 위와 같은 추론상황을 조건문으로 나타낸 것이다. 그리고 교환법칙에 따라 '(A∧B) → C≡(B∧A) → C'이므로 'A → (B → C)'는 'B → (A → C)'와 동치이다.

---

24) '이면서'라는 표현은 '이면'과 다르다는 것은 앞서 언급한 바 있다.

25) 중요하므로 암기가 필요하다고 언급했던 표현이다.

26) 앞에서도 언급한 적이 있지만 논리 퀴즈를 연습할 때는 기호화한 논리식을 다시 문장으로 표현해보는 연습은 하지 않기를 바란다. 기호화된 식은 기호화된 식 자체로 받아들여야 하며 문장으로 표현하기에는 어색한 논리식도 많다.

## 5. 귀류법

귀류법(proof by contradiction)이란 어떠한 가정에 따라 추론을 이어가다 보면 최초의 가정이 옳지 않다는 모순된 결론에 이르게 됨으로써 최초의 가정이 옳지 않다는 것을 증명하는 방법이다.[27] 즉, 어떠한 명제가 참이라고 가정했더니 그 명제가 거짓이라는 결론이 나온다든가 어떠한 명제가 거짓이라고 가정했더니 그 명제가 참이 나오는 것을 보임으로써 최초의 가정이 옳지 않다는 것을 확인할 수 있다. 앞에서 명제를 참 또는 거짓 중 하나로만 판단하는 것을 이진 논리(binary logic), 명제는 참 또는 거짓 중 하나로만 판단하게 되면서 참·거짓이 아닌 다른 판단은 있을 수 없다는 것을 배중률이라고 설명한 바 있다. 어떠한 명제가 참이라고 가정했는데 그 명제가 거짓이라는 결론이 나온다면 이는 배중률에 위배되는 모순된 결과라는 것이다.

위는 기본적인 정의에 관한 설명이고 구체적인 내용으로 이해해야 한다. 간단하게 다음과 같은 상황이 주어져 있다고 하자.

| |
|---|
| A → B |
| B → ~A |
| ∴ A → ~A |

두 명제 'A → B', 'B → ~A'가 주어져 있다면 조건 연쇄에 따라 'A → ~A'가 참이어야 한다. 그런데 진리표를 만들어보면 'A'와 '~A'는 모순관계이므로 아래와 같은 간단한 진리표를 만들 수 있고, ⓒ 'A → ~A'가 참이므로 ⅱ)의 경우만 고려하면 된다.

| | ⓐ<br>A | ⓑ<br>~A | ⓒ<br>A → ~A |
|---|---|---|---|
| ⅰ) | T | F | F |
| ⅱ) | F | T | T |

즉, ⓒ 'A → ~A'가 참이라면 ⓐ 'A'는 항상 거짓이 된다. 이 상황을 말로 설명해보면 'A가 참이라고 가정하면 B는 참이다(A → B)'. 그리고 'B가 참이라면 A는 거짓이다(B → ~A)'. 이때 최초의 가정, 'A가 참'이라는 가정에 따라 추론을 이어갔더니 'A는 거짓'이라는 결론에 이르게 되는 것이다. 그런데 이 결론은 최초의 가정과 모순되는 결론이다. 따라서 최초의 가정 'A가 참'은 옳지 않다는 것을 확인할 수 있는 것이다.

그러나 실제 문제에서는 상황이 더 복잡하게 주어진다. 조건문이 여러 개 주어진 다음과 같은 상황을 생각해보자.

| | |
|---|---|
| ⅰ) ~A → B | ⅱ) C → A |
| ⅲ) ~C → ~B | ⅳ) B → D |

귀류법을 통한 추론 과정의 순서대로 주어져 있지 않고, 추론 과정에서 사용되지 않는 명제도 있다. 이러한 경우는 귀류법을 사용하는 난이도가 상승한다. 주어진 상황을 다음과 같이 정리해보자.

| | |
|---|---|
| ⅰ) ~A → B | ~B → A |
| ⅱ) C → A | ~A → ~C |
| ⅲ) ~C → ~B | B → C |
| ⅳ) B → D | ~D → ~B |

주어진 모든 명제의 대우명제를 오른쪽에 모두 표시하였다. 이 중 조건 연쇄를 사용할 수 있는 명제들을 찾는다. ⅰ) '~A → B'와 ⅲ)의 대우명제 'B → C'를 통해 '~A → C'를 추론할 수 있다(문제 풀이의 편의상 '~A→ B → C'와 같이 표기한다). 그리고 ⅲ)의 대우명제 'B → C'와 ⅱ) 'C → A'를 통해 'B → A'를 추론할 수 있다. 실제 문제 풀이에서는 편의상 다음과 같이 간단히 표기할 수 있다.

| |
|---|
| ~A→ B → C → A |

---

27) 귀류법은 고등학교 수학 교과과정에서 나온적이 있다. 귀류법뿐만 아니라 수열 단원에서는 수학적 귀납법이라는 내용도 있다.

그렇다면 '~A'일 때 A인 모순적인 결과가 발생하므로 ~A가 거짓임을 추론할 수 있다. 즉 'A'이다. 실제 논리 퀴즈는 위의 문제보다 조금 더 복잡한 상황이 주어진다.

---

**귀류법의 이해와 관련해 주의해야 할 사항**

1) 조건문 ⅰ) 'A → B', ⅱ) 'B → ~A'가 주어졌고 이를 통해 '~A'를 도출하고 나서 조건문 'A → B' 등이 거짓이라고 잘못 판단하는 경우가 있다. 이는 조건문에 대한 잘못된 이해에서 비롯된 것이다. 전건이 거짓이면 조건문은 참이다.

2) 주어진 명제가 조금 복잡하다면 잘못된 가정을 하는 경우가 있다. 예를 들어 '(P → Q) → R'이라는 명제의 전건을 거짓이라고 가정하려면 '~P'라고 가정하는 것이 아니라 'P → Q'가 거짓이라고 가정해야 하므로 'P → Q'가 거짓인 경우 즉 반례인 'P∧~Q'라고 가정해야 한다.[28]

3) 주어진 명제가 조금 복잡해지면 잘못된 결론을 도출하기 쉽다. 예를 들어 '(P∧Q) → R'이라는 명제의 전건 '(P∧Q)'가 참이라고 가정하여 귀류법을 통해 모순을 찾아 '(P∧Q)'가 거짓이라는 결론을 내렸다고 하자. 이때 성급하게 '~P'가 참이라고 결론 내리는 실수를 하는 경우도 있다.

---

## 6. 종합

이상의 내용을 정리해보자. 여러 책에서 하나의 명제[29]를 다른 명제로 변환하는 것을 동치법칙, 연산법칙이라고 하는 경우가 많고, 여러 명제로부터 다른 명제를 이끌어내는 것('[　]'안의 명제들로부터 '⊢'의 오른쪽에 올 명제를 이끌어내는 경우를 말한다)을 추론이라고 하는 경우가 많으므로 '동치법칙'과 '추론규칙'이라는 명칭으로 묶어서 정리해보고자 한다.

그리고 정리를 위해 필요한 개념으로 항진명제와 모순명제가 있다. 어떠한 경우에도 항상 참인 명제를 항진명제(tautology)라고 하고 기호로는 'T'라고 표시한다. 그리고 어떠한 경우에도 항상 거짓인 명제를 모순명제(contradictory)라고 하며 기호로는 'F'라고 표시한다.

---

**동치법칙**

| | | |
|---|---|---|
| $P \wedge T \equiv P$ | $P \vee F \equiv P$ | 항등법칙(Identity Law) |
| $P \wedge F \equiv F$ | $P \vee T \equiv T$ | 지배법칙(Domination Law) |
| $P \wedge \sim P \equiv F$ | $P \vee \sim P \equiv T$ | 부정법칙(Negation Law) |
| $\sim(\sim P) \equiv P$ | | 이중 부정법칙(Double Negation Law) |
| $P \wedge P \equiv P$ | $P \vee P \equiv P$ | 멱등법칙(Idempotent Law) |
| $P \wedge Q \equiv Q \wedge P$ | $P \vee Q \equiv Q \vee P$ | 교환법칙(Commutative Law) |
| $(P \wedge Q) \wedge R \equiv P \wedge (Q \wedge R)$ | | 결합법칙(Associative Law) |
| $(P \vee Q) \vee R \equiv P \vee (Q \vee R)$ | | |
| $P \wedge (Q \vee R) \equiv (P \wedge Q) \vee (P \wedge R)$ | | 분배법칙(Distributive Law) |
| $P \vee (Q \wedge R) \equiv (P \vee Q) \wedge (P \vee R)$ | | |
| $P \wedge (P \vee Q) \equiv P$ | $P \vee (P \wedge Q) \equiv P$ | 흡수법칙(Absorption Law) |
| $\sim(P \wedge Q) \equiv \sim P \vee \sim Q$ | | 드모르간의 법칙(De Morgan's Law) |
| $\sim(P \vee Q) \equiv \sim P \wedge \sim Q$ | | |
| $P \rightarrow Q \equiv \sim P \vee Q$ | | 함축법칙(Implication Law) |

---

위의 내용 중 항등법칙, 지배법칙, 부정법칙, 멱등법칙, 흡수법칙에 대해서는 언급한 적이 없지만, 지금껏 공부한 내용들로 확인이 가능하다. 예를 들어 항등법칙의 경우 다음과 같은 진리표를 통해 확인할 수 있다.

| | Ⓐ | Ⓑ | Ⓒ |
|---|---|---|---|
| | P | T | P∧T |
| ⅰ) | T | T | T |
| ⅱ) | F | T | F |

---

28) 조건명제에서 나왔던 'A이면서 B가 아닌 대상은 하나도 없다'라는 표현과 관련해 드모르간의 법칙에서 확인했던 내용이다. 조건명제 'P→Q' 전체의 부정은 반례인 'P∧~Q'이다.

29) 하나의 명제를 여러 개의 명제로 나눠서 생각할 수도 있으므로 이 구분도 정확한 것은 아니다.

진리표에서 항진명제 T는 항상 참이므로 ⑱는 모두 T로 표시되어 있는 것을 확인할 수 있고 'P'와 'P∧T'는 모든 경우에 진리값이 같다는 것을 알 수 있다.

흡수법칙도 진리표를 통해 확인할 수 있지만 문장으로 확인해 보자. 'P∧(P∨Q)'는 분배법칙에 따라 '(P∧P)∨(P∧Q)'와 같이 변환할 수 있다. 그리고 '(P∧P)'는 'P'이므로(어떻게 보면 당연한 내용이지만 위의 동치법칙에서 '멱등법칙'이라고 소개하였다) 'P∨(P∧Q)'와 같이 변환할 수 있다. 즉, 흡수법칙에 나온 두 명제는 같은 명제이다. 그리고 'P∧Q'는 'P가 참이고 Q도 참'이므로 'P∨(P∧Q)'는 ⅰ) P가 참이거나, ⅱ) P가 참이고 Q도 참'이라고 생각할 수 있다. 즉 ⅰ)의 경우, ⅱ)의 경우 모두 'P'가 참이므로 'P∧(P∨Q)≡P'라고 결론 내릴 수 있는 것이다.

| 추론규칙 | | |
|---|---|---|
| [P, Q]⊢P∧Q | | 연언도입 |
| [P∧Q]⊢(P, Q) | | 연언소거 |
| [P]⊢P∨Q | | 선언도입 |
| [P∨Q, ~P]⊢Q | [P∨Q, ~Q]⊢P | 선언소거 |
| [P⊻Q, ~P]⊢Q | [P⊻Q, ~Q]⊢P | (배타적 선언의 경우) |
| [P → Q, Q → P]⊢P≡Q | | 동치 |
| [P≡Q]⊢(P → Q) | [P≡Q]⊢(Q → P) | |
| [P → Q, P]⊢Q | | 전건긍정 |
| [P → Q, ~Q]⊢~P | | 후건부정 |
| [P → Q, Q → R]⊢(P → R) | | 조건연쇄 |
| [P → F]⊢~P | [~P → F]⊢P | 귀류법 |

# Ⅲ. 정언명제

이제까지 명제논리에서는 단칭명제를 중심으로 논리연산자와 논리 연산 법칙을 알아보았다. 정언명제에서는 전칭명제 · 특칭명제와 관련된 내용을 알아본다.

## 1 정언명제

### 1. 정언명제 기초

정언명제(categorical statement)의 사전적 의미는 주어와 술어의 일치, 불일치를 내세우는 명제라고 할 수 있다. 이러한 사전적 의미보다는 문제에서 '모든', '어떤'이라는 양화사가 나온다면(양화사가 숨어있는 경우도 있지만 앞으로 알아보게 된다) 정언명제의 형식으로 기호화해야 한다는 것을 알아야 한다. 우선 정언명제의 종류부터 살펴보자.

### (1) 정언명제의 종류

정언명제는 주어가 지시하는 대상(일부 또는 전체)의 양(quantity)과 술어와의 일치 여부(quality)에 따라 다음과 같이 네 종류로 구분할 수 있다.

| 술어, 일치여부<br><br>주어, 양 | 긍정<br>(affirmative) | 부정<br>(negative) |
|---|---|---|
| 전칭(universal)(모든 s) | 전칭 긍정(모든 s는 P이다) | 전칭 부정(모든 s는 P가 아니다) |
| 특칭(particular)(어떤 s) | 특칭 긍정(어떤 s는 P이다) | 특칭 부정(모든 s는 P가 아니다) |

문장으로 이해해보자. '호랑이는 육식동물이다.'와 같은 명제가 있다면 해당 명제에는 '모든'이라는 의미가 숨어있는 것으로 해석해야 한다. 따라서 '모든 호랑이는 육식동물이다.'와 같이 해석해야 하고 이는 전칭 긍정명제이다. 그리고 '모든 호랑이는 육식동물이 아니다.'는 전칭 부정명제이다.[30] 처음 전칭 부정명제를 접했을 때 의미에 대해 오해하는 경우가 종종 있는데 '호랑이 중 일부가 육식동물이 아니다.', '모든 호랑이가 육식동물인 것은 아니다.'라는 의미로 해석해서는 안 된다. 전칭명제는 '모든 호랑이'에 대해서 서술하고 있는 것이므로, 전칭 부정명제는 '모든 호랑이'가 '육식동물'이 아니라는 것을 정확히 알고 넘어가도록 하자.

'어떤 호랑이는 육식동물이다.'와 같은 명제는 특칭 긍정명제이고, 주어가 지시하는 대상의 일부에 대해서 서술하는 명제이다. 그리고 '어떤 호랑이는 육식동물이 아니다.'는 특칭 부정명제이다. 전칭명제가 없이 특칭명제만 주어진 경우 확대해서 해석하지 않는 것이 중요하다. 예를 들어 '어떤 학생은 축구를 했다.'와 같은 특칭 긍정명제만 있다면 축구를 한 학생이 더 있다거나(한 명인지, 일부인지, 대부분인지), 다른 운동(농구나 달리기 등)을 한 학생도 있을 것이라고 생각하지 않는다는 것이다. '어떤 학생은 축구를 하지 않았다.'와 같은 특칭 부정명제만 있는 경우도 마찬가지로 '다른 학생은 축구를 했다는 것이구나.'와 같이 이해해서는 안 된다.

---

30) 이 명제가 참인지 거짓인지는 고려하지 않는다. 다른 명제들과의 관계에서 주어와 술어의 차이점에 중점을 두고 보아야 한다.

그리고 전칭 긍정명제를 'A', 특칭 긍정명제를 'I', 전칭 부정명제를 'E', 특칭 부정명제를 'O'라고 하기도 한다. 알파벳 A, I는 라틴어로 긍정을 뜻하는 단어에서, E, O는 알파벳 부정을 뜻하는 단어에서 유래된 것이다. 책에 따라서는 정언명제들을 이처럼 간단히 알파벳으로 표기하는 경우가 많다. 알파벳 명칭은 긍정과 부정에서 유래되었지만, 유래와는 상관없이 위의 표에서 왼쪽 위부터 순서대로 아(A), 에(E), 이(I), 오(O)로 기억해두자.

그리고 '모든', '어떤'과 같이 양을 지시하는 표현을 양화사라고 하는데, '전칭', 즉 주어가 지시하는 대상이 모든 대상인 경우를 '보편양화'라고 하기도 하고, '특칭', 즉 주어가 지시하는 대상이 일부인 경우를 '존재양화'라고 하기도 한다. 이러한 명칭이 붙은 이유는 곧 확인할 것이다.

---

표현 1. '…든'

다음과 같은 두 문장을 비교해보자.

> ○ 어떤 호랑이는 육식동물이다.
> ○ 어떤 호랑이든 육식동물이다.

두 문장의 차이는 '는'과 '든'밖에 없다. 그러나 첫 번째 동그라미는 명백히 특칭명제이고 두 번째 동그라미는 전칭명제이다. 두 번째 문장의 표현을 다음과 같이 생각해보자.

수학에서는 '임의의'라는 표현을 통해 설명하는 경우가 많다. 예를 들어 '임의의 유리수 $x$는 분수로 나타낼 수 있다'와 같은 경우이다. 이 문장은 '어떤 유리수 $x$라고 하더라도 분수로 나타낼 수 있다', '어떤 유리수든지 분수로 나타낼 수 있다'와 같이 해석할 수 있다. 임의로 아무 유리수를 고르더라도 분수로 나타낼 수 있다는 의미이므로 모든 유리수를 분수로 나타낼 수 있다는 의미와 같은 의미이다. 즉 전칭명제이다.

---

## (2) 정언명제의 이해

전칭명제에 대해서 이해해야 할 핵심적인 두 가지만 짚고 넘어가 보자.

1) 전칭명제는 논의영역의 모든 것에 대해 서술하는 명제이다.
2) 전칭명제의 주어가 지시하는 대상이 존재한다는 보장이 없다.

1)에 관한 내용을 예를 들어 생각해보자. 조건문 'A → B'가 있다면 함축법칙에 따라 '~A∨B'와 같이 변환할 수 있다. 위에서 예를 들었던 전칭 긍정명제를 함축법칙으로 변환한 명제처럼 문장으로 생각해보면 '호랑이가 아니거나 육식동물이다'와 같다. 그리고 논의영역인 '모든 동물은'을 붙여서 생각해보자. '모든 동물은 호랑이가 아니거나 육식동물이다'라는 문장은 논의영역의 모든 동물에 대해서 서술하고 있는데, 예를 들어 코끼리가 있다면 코끼리는 호랑이가 아니므로 위 명제가 참인 사례에 해당한다. 어떠한 동물을 생각해봐도 마찬가지이다. 논의영역에서 언급한 대로 논의영역을 모든 동물에 한정해서 생각할 필요도 없다. '모든 것은'이라고 생각해보자. 예를 들어 자동차가 있다면 자동차는 호랑이가 아니므로 여전히 위 명제가 참인 사례에 해당한다. 이처럼 전칭명제는 전칭명제의 주어가 지시하는 대상에 관한 서술이라기보다는 논의영역 전체에 대한 서술이다. 이처럼 논의영역 전체에 대한 서술이라는 의미에서 보편적(universal)인 서술이라 하고, 전칭을 보편양화라고도 하는 것이다. 조건문을 포괄적 선언이라고 언급했을 때 '포괄적'과 같은 의미이다.

2)에 관한 내용은 조건문을 떠올려보자. 앞으로 기호화를 하면서 알게 되겠지만 전칭명제는 일반적으로 조건문으로 기호화된다(함축법칙을 알고 있는 입장에서 조건문은 선언의 형식으로도 변환된다). 그리고 앞서 조건문 내용에서 조건문이 참이라고 해도 조건문의 전제가 참이라는 보장은 없다는 것을 확인하였다. 전제가 거짓일 때도 조건문은 참이다. 그래서 조건문 'A → B'가 주어져 있는 경우 A가 참이라면 B도 참이겠지만 A가 참이라는 보장은 없고 'A이면서 B가 아닌 대상은 하나도 없다'는 주장으로 이해해야 한다는 것을 강조하였다. 전칭명제 또한 조건문으로 기호화되므로 전칭명제의 주어가 지시하는 대상이 존재하지 않을 수도 있다는 것에 유의하여 해석한다. '호랑이는 육식동물이다.'라는 명제가 참이라면 전건인 '모든 호랑이'에 해당하는 동물이 없더라도(만약 호랑이가 멸종해버린 그런 상황이라도) 해당 명제는 참이고 호랑이가 존재한다는 보장은 없다.

특칭명제는 다음 두 가지를 정확히 알아 둔다.

1) 특칭명제는 주어가 지시하는 대상이 존재한다.
2) 특칭명제는 조건문으로 기호화하지 않는다.

1)에 대해서 받아들이기 어려워하는 경우가 많다. 일상생활에서 특칭명제와 같은 문장을 사용할 때 주어가 지시하는 대상이 존재한다는 의미로 받아들이라는 것은 아니고, 논리학에서는 특칭명제를 사용할 때 주어가 지시하는 대상이 존재한다는 의미이다.[31] 논리학에서는 특칭명제를 이렇게 사용한다고 받아들이자. 즉, '어떤 호랑이는 육식동물이다.'와 같은 명제가 주어진다면 육식동물인 호랑이가 최소한 한 마리는 존재한다는 의미까지 있는 것으로 이해하여야 한다. 즉, 주어가 지시하는 대상이 최소 하나 이상 존재한다는 것을 보장한다.

2)는 1)과 이어지는 내용이다. 특칭명제는 주어가 지시하는 대상이 존재한다는 의미를 가지고 있다. 그리고 위에서 조건문은 주어가 지시하는 대상이 존재한다는 보장이 없다고 하였다. 즉, 특칭명제를 조건문으로 기호화한다면 특칭명제가 가지고 있던 주어가 지시하는 대상의 존재를 보장하는 의미가 사라지게 된다. 따라서 특칭명제는 조건문으로 기호화하지 않고 일반적으로 연언으로 기호화한다. 본격적인 기호화에서 자세히 확인할 내용이다. 이처럼 특칭명제는 주어가 지시하는 대상이 존재한다는 의미가 중요하므로 이를 존재양화라고도 한다.

다음과 같이 의미를 비교해보자.

> · 전칭 긍정명제
>   모든 호랑이는 육식동물이다.
>   = 모든 동물은 호랑이가 아니거나 육식동물이다.
>   = 모든 동물 중에서 호랑이이면서 육식동물이 아닌 동물은 한 마리도 없다.
> · 단칭 긍정명제
>   어떤 호랑이는 육식동물이다.
>   = 어떤 동물이 있는데, 그 동물은 호랑이이면서 육식동물이다.
>   = 육식동물인 호랑이가 최소 한 마리는 존재한다.

단칭명제는 문제에서 단칭명제들만 주어졌을 때는 전칭명제처럼 취급하는 것이 문제되지 않는다. 그러나 전칭명제, 특칭명제와 함께 주어진 경우에는 특칭명제와 같이 취급한다. 즉, 단칭명제도 주어가 지시하는 대상이 존재하고, 일반적으로 연언으로 기호화한다.[32]

---

**길쌤's Check**

이상의 내용들을 잘 이해한다면 위의 내용만으로 일부 선지가 해결되는 경우가 있다. 전칭명제가 아무리 많이 주어져 있다고 해도 주어가 지시하는 대상이 존재한다는 보장이 없으므로 전칭명제로부터 특칭명제를 이끌어낼 수 없다. 다음과 같은 예를 들어보자.

> ○ △△학과 신입생은 A과목과 B과목을 수강해야 한다.
> ○ A과목을 수강한 신입생은 C과목도 수강한다.

모두 전칭명제이고 'A∧B', 'A → C'와 같이 기호화할 수 있다. 그러나 △△학과에 신입생이 아무도 안 들어올 수도 있는 것이므로 신입생이 존재한다는 의미를 가지고 있는 '어떤 신입생은 C과목을 들었다'와 같은 특칭명제를 이끌어 낼 수는 없다. 이런 내용이 직접 활용되는 문제도 있으므로 잘 이해하기를 바란다.

또 특칭명제가 아무리 많이 있어도 전칭명제를 이끌어낼 수 없다. A과목을 수강한 갑이라는 신입생이 있다. 을이라는 신입생은 A과목을 수강하였다. 병이라는 신입생도 A과목을 수강하였다. …와 같이 특칭명제(정확히는 단칭명제이지만)가 아무리 있다고 해도 모든 신입생은 A과목을 수강하였다는 전칭명제를 이끌어낼 수 없다.[33]

---

31) 이를 존재 함축이라고 한다. 특칭명제 '어떤 s는 P이다'가 있는 경우 's is not empty'라는 것이 기본 전제로 깔려 있다는 것이다.

32) 특칭명제를 조건문의 형식으로 기호화하는 것에 대해서는 학문적으로 논의가 있다. 그러나 이러한 학문적 논의 내용을 이해하기에는 수험적으로 적합하지 않으므로 더 언급하지는 않는다.

33) 극단적으로 모든 논의영역에 대한 같은 특칭명제가 존재한다면 예외가 될 수 있다. 신입생이 정확히 100명 있는데 100명 모두에 대해 A과목을 수강하였다는 특칭명제가 주어져 있다면 전칭명제를 이끌어 낼 수 있다. 그러나 일반적으로 논의영역이 제한되어 있지 않다면 특칭명제로부터 전칭명제를 이끌어낼 수는 없다.

## 2. 대당사각형

정언명제들 사이의 관계를 그림으로 나타낸 것을 대당사각형이라고 한다. 다음 그림과 같다.

| 전칭 긍정<br>A | ↔<br>반대 | 전칭 부정<br>E |
|---|---|---|
| 함축 ↓ | 모순 | ↓ 함축 |
| 특칭 긍정<br>I | ↔<br>소반대 | 특칭 부정<br>O |

### (1) 모순관계

모순관계는 전칭 긍정명제와 특칭 부정명제, 전칭 부정명제와 특칭 긍정명제 사이의 관계이다. 모순관계라는 이름에서 알 수 있듯이 다음과 같은 관계가 성립한다.

> 전칭 긍정명제(A)가 참이면 특칭 부정명제(O)는 거짓
> 전칭 긍정명제(A)가 거짓이면 특칭 부정명제(O)는 참

> 전칭 부정명제(E)가 참이면 특칭 긍정명제(I)는 거짓
> 전칭 부정명제(E)가 거짓이면 특칭 긍정명제(I)는 참

다음과 같은 두 명제를 비교해보자.

> ○ 우리 반의 모든 학생은 A아파트에 산다.
> ○ 우리 반의 어떤 학생은 A아파트에 살지 않는다.

전칭 긍정명제를 조건문으로 바꿔서 생각할 수 있다. 즉, '우리 반 학생이면서 A아파트에 살지 않는 학생은 하나도 없다.'와 같이 생각한다. 그리고 특칭 부정명제는 조건문이 아닌 연언으로 생각할 수 있다. 즉, '어떤 학생이 있는데, 그 학생은 우리 반이면서 A아파트에 살지 않는다.'와 같이 생각한다. 전칭 긍정명제는 그 반례인 우리 반 학생이면서 A아파트에 살지 않는 학생이 없으면 참인 것으로 해석할 수 있는데 특칭 부정명제가 정확히 그 반례가 존재한다는 의미인 것이다. 그러므로 전칭 긍정명제가 참이면 특칭 부정명제가 거짓이고 전칭 긍정명제가 거짓이면 특칭명제가 참이 되는 모순관계이다.

원래의 명제와 그 명제의 전체 부정 명제는 모순관계이다. 대당사각형에서 전칭 긍정명제(A)와 특칭 부정명제(O), 전칭 부정명제(E)와 특칭 긍정명제(I) 사이에서도 정확히 이 관계가 성립한다. $P \rightarrow Q$와 같은 조건문을 전체 부정하면 $\sim(P \rightarrow Q) \equiv \sim(\sim P \vee Q) \equiv P \wedge \sim Q$가 되는 것은 기억할 것이다. 이때 '$P \rightarrow Q$'는 전칭 긍정명제이고 '$P \wedge \sim Q$'는 특칭 긍정명제이다. 이전까지는 양화사를 고려하지 않았기 때문에 별다른 언급이 없었던 것일 뿐이다. 조건문을 'P이면서 Q가 아닌 대상은 하나도 없다.'와 같이 이해하고 이 조건문이 거짓이 되려면 반례가 존재해야 하는데 특칭 긍정명제는 바로 그 반례가 존재함을 나타내는 것이다.

문제에서는 이 모순관계가 숨어있는 경우가 많다. 예를 들어 '우리 반의 모든 학생이 A아파트에 산다는 것은 사실이 아니다.'와 같은 문장은 조건문의 전체 부정으로 기호화할 수 있다. 대충 보면 전칭명제처럼 보이지만 조건문 전체의 부정이므로 모순관계에 있는 특칭명제가 되는 것이다. 이 표현은 정언명제가 나오는 문제에서 매우 자주 나오는 표현이다. 모순관계의 의미를 무시하고 풀리는 문제가 있긴 하지만 모순관계는 정확히 알고 있어야 한다.

## (2) 함축관계

함축관계는 전칭명제와 특칭명제 사이의 관계이다. 전칭명제와 특칭명제가 함께 주어졌을 때 다음과 같은 관계가 성립한다.

> 전칭명제가 참이면 특칭명제도 참
> 특칭명제가 거짓이면 전칭명제도 거짓

다음과 같은 두 명제가 함께 주어져 있는 경우를 생각해보자.

> ○ 우리 반의 모든 학생은 A아파트에 산다.
> ○ 우리 반의 어떤 학생은 A아파트에 산다.

위의 전칭명제가 참이라면, 즉 우리 반의 모든 학생이 A아파트에 산다면 우리 반 학생에 포함되는 어떤 학생은 A아파트에 산다는 것도 참이라는 것을 알 수 있다. 그리고 특칭명제가 거짓인 경우는 곧 반대관계, 소반대관계와 함께 정리해보자.

함축관계에서 좀 더 확장된 내용이지만 다음과 같은 경우를 생각해보자.

> ○ △△학과 신입생은 A과목과 B과목을 수강한다.
> ○ 어떤 △△학과 신입생은 A과목을 수강했다.

첫 번째 명제는 전칭 긍정명제인데 모든 △△학과 신입생은 A과목과 B과목 둘 다 수강한다고 한다. 두 번째 명제는 특칭 긍정명제인데 어떤 △△학과 신입생이 A과목을 수강했다고 한다. 이 '어떤 △△학과 신입생'을 'a'라고 이름붙이자. 두 번째 명제에서 a가 B과목을 수강했는지에 대한 언급이 없지만 첫 번째 명제에서 모든 △△학과 신입생이 B과목을 수강한다고 하므로 △△학과 신입생인 a도 B과목을 수강한다. 이 책에서는 이러한 과정을 특칭명제에 전칭명제를 적용한다고 부르도록 하겠다.[34]

함축관계에서 조심해야 할 것은 전칭명제와 특칭명제가 함께 주어져 있는 경우라는 것이다. 예를 들어 다음과 같이 전칭명제만 주어져 있는 경우에는 마음대로 특칭명제 '어떤 △△학과 신입생은 A과목과 B과목을 수강했다.'를 참이라고 생각해서는 안 된다.

> ○ △△학과 신입생은 A과목과 B과목을 수강한다.

특칭명제는 전칭명제에는 없는 '신입생이 존재한다.'는 의미를 포함하고 있으므로 함부로 특칭명제를 도입해서는 안 된다.

## (3) 반대관계

반대관계는 전칭 긍정명제와 전칭 부정명제 사이의 관계이다. 다음과 같은 관계가 성립한다.

> 전칭 긍정명제와 전칭 부정명제는 동시에 참이 될 수 없다.
> 동시에 거짓이 될 수는 있다.

반대관계는 대당사각형을 중심으로 모순관계와 함께 이해할 수 있다. 다음과 같은 명제가 주어진 경우를 생각해보자.

> ○ 기획부의 모든 사원은 A프로젝트에 참여한다.
> ○ 기획부의 모든 사원은 A프로젝트에 참여하지 않는다.
>  ≡모든 기획부의 사원은 A프로젝트에 참여하지 않는다.
>  ≡기획부의 어떤 사원도 A프로젝트에 참여하지 않는다.
>  ≡기획부의 사원은 아무도 A프로젝트에 참여하지 않는다.

---

34) 정확히는 보편 양화사를 제거하는 의미에서 보편 예화(universal specification)라고 하지만 이 책에서는 이 용어를 사용하지 않는다.

첫 번째 문장은 전칭 긍정명제이고 두 번째 문장은 전칭 부정명제이다. 전칭 부정명제는 다양한 문장으로 표현하였다. 이때 전칭 긍정명제가 참인 경우, 함축관계에 있는 특칭 긍정명제는 참이 된다. 만약 '기획부에는 A프로젝트에 참여한 어떤 사원이 있다.'와 같은 특칭 긍정명제가 있다면 참이 되는 것이다. 그런데 특칭 긍정명제가 참이라면 그와 모순관계에 있는 전칭 부정명제는 반드시 거짓이어야 한다.

| 전칭 긍정<br>기획부의 모든 사원은 A프로젝트 참여 | ↔<br>반대 | 전칭 부정<br>기획부의 어떤 사원도 A프로젝트에 참여하지 않음 |
|---|---|---|
| 함축 ↓ | 모순 | |
| 특칭 긍정<br>기획부의 어떤 사원이 A프로젝트 참여 | | |

따라서 전칭 긍정명제가 참이면 전칭 부정명제는 참이 될 수 없고 거짓이어야 한다. 그러나 전칭 긍정명제와 전칭 부정명제가 동시에 거짓이 될 수는 있다. 예를 들어 기획부의 사원이 10명인데 5명은 A프로젝트에 참여하고, 5명은 참여하지 않았다면 전칭 긍정명제와 전칭 부정명제가 모두 거짓이 되는 상황이다.

전칭 부정명제가 참인 경우도 같은 방법으로 생각하면 된다. 전칭 부정명제가 참이라면 특칭 부정명제가 참이므로 모순관계에 있는 전칭 긍정명제가 거짓이다.

## (4) 소반대관계

소반대관계는 특칭 긍정명제와 특칭 부정명제 사이의 관계이다. 다음과 같은 관계가 성립한다.

> 특칭 긍정명제와 특칭 부정명제는 동시에 거짓이 될 수 없다.
> 동시에 참이 될 수는 있다.

소반대관계의 경우도 대당사각형을 중심으로 모순관계와 함께 이해할 수 있다. 다음과 같은 명제가 주어진 경우를 생각해보자.

> ○ 기획부의 어떤 사원은 A프로젝트에 참여한다.
> ○ 기획부의 어떤 사원은 A프로젝트에 참여하지 않는다.

이때 특칭 긍정명제가 거짓이라면 모순관계에 있는 전칭 부정명제가 참이 되고 함축관계에 있는 특칭 부정명제는 참이 되는 것이다. 즉 '기획부의 어떤 사원은 A프로젝트에 참여한다.'가 거짓이라면 기획부에는 A프로젝트에 참여하는 사원이 아무도 없는 것이 되고 이는 바로 전칭 부정명제가 참이라는 것이다. 따라서 함축관계에 있는 '기획부에는 A프로젝트에 참여하지 않는 사원이 있다'와 같은 특칭 부정명제가 참이 된다.

그리고 동시에 참이 되는 경우는, 반대관계에서 예를 들어 언급한 적이 있는 기획부의 사원이 10명인데 5명은 A프로젝트에 참여하고, 5명은 참여하지 않은 경우가 특칭 긍정명제와 특칭 부정명제를 동시에 참이 되게 만드는 상황이다.

이상에서 정언명제들 사이의 관계를 정리해보았다. 문제에서는 모순관계가 가장 많이 활용되므로 가장 중요하다고 할 수 있다. 함축관계는 자연스럽게 받아들여질 것이고, 소반대관계가 문제에서 중요하게 언급되는 경우보다 반대관계가 더 자주 언급되는데 반대관계를 모순관계처럼 생각해서 실수하기 쉽다. 문제에서 '동시에 참일 수 없는 경우는?'과 같이 묻는 경우는 모순관계와 반대관계를 구분할 필요성이 낮지만 그래도 모순관계와 반대관계의 차이점은 정확히 알고 있어야 한다.

※ 다음 정언명제들 사이에서 관계를 파악해보자. (01.~04.)

**01** ⅰ) 정치가 중 정직한 사람은 거의 없다.

ⅱ) 정직한 사람들 중 대부분은 정치가이다.

**02** ⅰ) 루비듐이란 광물은 알콜램프로 가열할 경우 진한 붉은 색을 띠는 성질을 지녔다.

ⅱ) 루비듐 중에는 알콜램프로 가열할 때 진한 붉은 색을 띠지 않는 것도 있다.

**03** ⅰ) 소풍 가는 유치원생들은 모두 노란 모자를 썼다.

ⅱ) 소풍 가는 유치원생들은 아무도 노란 모자를 쓰고 있지 않다.

**04** ⅰ) 요즘 모든 대학생들은 공부를 열심히 한다.

ⅱ) 어떤 대학생이 열심히 공부한다.

**05** 다음의 세 문장 중 첫 번째 문장이 거짓이라고 가정한다면, 두 번째 문장과 세 번째 문장은 각각 참인가 거짓인가?

> 국회의 어느 공무원도 소설가가 아니다.
> 모든 소설가는 국회 공무원이다.
> 어떠한 소설가도 국회 공무원이 아니다.

**해설**

**01** ⅰ) 특칭 부정, ⅱ) 특칭 긍정명제이다. 소반대관계이다. 동시에 참이 될 수 있다. '거의', '대부분'과 같은 표현은 모두 '어떤'이라는 양화사로 생각한다.

**02** ⅰ) 전칭 긍정, ⅱ) 특칭 부정명제이다. 모순관계이다.

**03** ⅰ) 전칭 긍정, ⅱ) 전칭 부정명제이다. 반대관계이다.

**04** ⅰ) 전칭 긍정, ⅱ) 특칭 긍정명제이다. 함축관계이다.

**05** 첫 번째 문장부터 각각 전칭 부정, 전칭 긍정, 전칭 부정명제이다. 첫 번째 문장과 두 번째 문장은 반대관계로 동시에 참이 될 수 없다. 그러나 동시에 거짓이 될 수는 있으므로 두 번째 문장의 참·거짓은 알 수 없다. 세 번째 문장에 관한 설명은 아래를 참조한다.

> 모든 소설가는 국회 공무원이다. … ①
>
> 위 전칭 긍정명제에 대해서 생각해보자. 소설가를 S, 국회 공무원을 P라고 했을 때 전칭 긍정명제는 조건문의 형식으로 기호화한다고 하였다. 즉 'S는 P이다.'와 같이 생각해서 'S → P'와 같이 기호화할 수 있다. 그리고 전칭 부정명제로 기호화할 수 있는 다음과 같은 문장이 있다고 하자.
>
> 모든 소설가는 국회 공무원이 아니다. …②
>
> 이 역시 'S → ~P'와 같은 문장으로 기호화할 수 있다. 그렇다면 문장에서 주어와 술어의 자리를 바꾼 문장을 생각해보자.
>
> 모든 국회 공무원은 소설가다. … ③ (전칭 긍정명제)
> 모든 국회 공무원은 소설가가 아니다. … ④ (전칭 부정명제)
>
> ③을 기호화하면 'P → S'인데 이는 ①을 기호화한 'S → P'와 역명제 관계이다. ①과 ③의 진리값에는 일정한 관계가 성립하지 않는다. 그러나 ④를 기호화해보면 'P → ~S'이다. 이는 ②를 기호화한 'S → ~P'와 대우명제 관계이다. 이를 잘못 이해하는 경우가 많은데 전칭 부정명제가 특정 문장으로 표현될 때는 주어와 술어의 위치를 바꿔도 원래의 문장과 같은 의미라는 것만 이해하자. 정리하면
> – 'S는 P이다.'라고 표현된 전칭 긍정명제는 문장에서 주어와 술어의 위치를 바꿔서는 안 된다.
> – 'S는 P가 아니다.'라고 표현된 전칭 부정명제는 문장에서 주어와 술어의 위치를 바꿔도 된다. 문장에서 위치를 바꿔도 되는 것이지 기호화된 상태에서 바꿔서는 안 된다.

## 1. 특칭명제의 표현

전칭명제의 표현은 조건문의 표현과 같으므로 특칭명제의 표현을 확인하도록 하자. 특칭명제의 표현을 다음과 같이 정리해보았다.

| | |
|---|---|
| 어떤 호랑이는 육식동물이다. | 어떤 s는 P이다. |
| 호랑이 중 육식동물이 있다. | S 중 P가 있다. |
| 호랑이 중 육식동물이 적어도 한 마리는 있다. | S 중 P가 적어도 하나는 있다. |
| 호랑이 중에서 육식동물이 한 마리는 존재한다. | S 중 P가 하나는 존재한다. |
| 육식동물인 호랑이가 있다. | P인 s가 있다. |
| 호랑이이면서 육식동물인 어떤 동물이 있다. | S이면서 P인 어떤 $x$가 있다. |
| 어떤 동물이 있는데 호랑이이고 육식동물이다. | 어떤 $x$가 있는데 S이고 P이다. |

왼쪽은 문장으로 주어진 특칭명제이고 오른쪽은 왼쪽 문장의 주어와 술어 부분을 s, S와 P로 바꿔서 다시 문장으로 나타낸 것이다.[35] 위에서 $x$로 나타낸 것은 논의영역에 포함되는 대상을 나타내는 기호이다. 주어가 지시하는 대상 $x$라는 표현은 전칭명제의 기호화에도 사용되는데 전칭명제와 특칭명제의 기호화에서 어떻게 다르게 기호화되는지 아래에서 확인해보자.

문장에서 양화사로 '어떤'이 아니라 '일부', '최소한 하나', '약간의', '어느 정도의', '몇몇의', '부분의', '대부분의'과 같은 표현이 주어져 있다고 해도 이를 구분하지 않고 모두 '어떤'으로 해석할 수 있다. 즉 특칭명제는 주어가 지시하는 양이 전칭명제와 대비하여 얼마만큼 많은지에 대해서는 관심이 없다. 특칭명제는 항상 주어가 지시하는 대상이 최소한 하나가 존재한다는 의미에 집중하도록 한다.

## 2. 정언명제의 기호화

우선 전칭명제를 기호화하는 방법은 다음과 같다. 다음과 같은 예를 들어보자.

○ 갑 대학교 △△학과 신입생은 A과목 또는 B과목을 수강해야 한다.

이와 같은 전칭명제가 주어져 있을 때 논의영역을 갑 대학교의 모든 신입생이라고 생각해보자. 그렇다면 갑 대학교의 모든 신입생을 $x$, △△학과 신입생을 S, A과목과 B과목을 각각 A, B라고 할 때, 다음과 같이 기호화할 수 있다.

$$(\forall x)(Sx \rightarrow Ax \lor Bx) \quad \cdots \text{①}$$

다시 기호를 하나하나 뜯어서 살펴보면, '∀'는 '모든'을 뜻하는 All의 알파벳 A를 거꾸로 뒤집어서 표현한 기호로 해당 명제가 전칭명제임을 의미한다. 그리고 앞서 이야기했듯이 $x$는 논의영역의 모든 대상인 갑 대학교의 모든 신입생이다. 그리고 두 번째 괄호 안의 표현은 우리가 이제까지 기호화했던 것과 같이 술어를 대문자로 주어를 작게 소문자로 표현한 것이다. 그리고 이전의 조건문과 마찬가지로 문제에서 모두 전칭명제만 주어져 있는 경우 앞의 '$(\forall x)$'를 생략하고, '$Sx \rightarrow Ax \lor Bx$'에서도 '$x$'가 반복되므로 간단히 '$S \rightarrow A \lor B$'와 같이 기호화할 수 있다.

특칭명제로 다음과 같은 문장이 주어졌다면 기호화하는 방법을 알아보자.

○ 갑 대학교 △△학과의 어떤 신입생은 A과목을 수강했다.

여전히 갑 대학교의 모든 신입생을 $x$, △△학과 신입생을 S, A과목을 A라고 할 때, 다음과 같이 기호화할 수 있다.

$$(\exists x)(Sx \land Ax)$$

---

35) 주어를 소문자로 표현할 때는 주어가 지시하는 대상의 일부, 대문자로 표현할 때는 주어가 지시하는 대상의 전체에 대한 표현이다. 두 번째 표현 'S 중 P가 있다'와 같은 문장에서는 주어 자체만으로는 전칭 표현처럼 '모든 S 중에서'처럼 해석할 수 있지만 'P가 있다'는 표현 때문에 특칭명제이다.

앞에서부터 해석해보자면 'ㅌ'기호는 '존재함'을 뜻하는 existence의 알파벳 E를 거꾸로 뒤집어서 표현한 기호로 해당 명제가 특칭명제임을 의미한다. 그러므로 $(\exists x)$는 '갑 대학교의 어떤 신입생이 존재하는데'라고 해석할 수 있고 $(Sx \wedge Ax)$는 '그 신입생은 △△학과이고 A과목을 수강했다'라고 해석할 수 있다.

다음과 같은 경우를 생각해보자.

---

○ 갑 대학교 △△학과의 어떤 신입생은 A과목을 수강하지 않았다.
○ 갑 대학교 △△학과의 신입생 가영은 B과목을 수강했다.

---

이상을 기호화해보면 다음과 같다.

$$(\exists x)(Sx \wedge \sim Ax)$$

$$(\exists 가영)(S_{가영} \wedge B_{가영})$$

이때 첫 번째 특칭명제가 가리키는 어떤 신입생을 $x$라고 표현했는데 이 신입생이 두 번째 단칭명제가 가리키는 가영이라는 보장은 없다. 문제에 따라서 가영일 수도 있지만 가영이 아닐 수도 있다. 따라서 가영과 구분할 필요성이 있는데 이를 위해 특칭명제마다 가리키는 대상에 대해 별도의 이름을 붙여주도록 한다. 즉, 첫 번째 특칭명제가 가리키는 어떤 신입생을 'a'라고 해보자. 그렇다면 다음과 같이 기호화할 수 있다.

$$(\exists a)(Sa \wedge \sim Aa)$$

이상의 내용은 정식 기호화인데 우리는 문제 풀이를 위해 보다 간단히 기호화할 것이다. 우선 이상의 내용을 정리하면 다음과 같다.

---

· 전칭명제: 양화사를 $(\forall x)$과 같이 표현한다. $x$는 논의영역의 모든 대상이다. 조건문으로 기호화한다.
· 특칭명제: 양화사를 $(\exists a)$와 같이 표현한다. a, b, c와 같이 이름을 붙인다. 연언으로 기호화한다.
· 단칭명제: 양화사를 $(\exists 고유명사)$같이 표현한다. 고유명사를 간단히 표현해도 좋다. 특칭명제와 같이 연언으로 기호화한다.

---

전칭명제와 특칭명제의 차이를 정확히 이해했다면 기호 자체는 중요하지는 않지만, 양화사 사이의 변환에 대해 확인해 보자. 양화사에는 부정 연산기호인 '$\sim$'이 붙을 수 있는데 연산 규칙은 다음과 같다.

$$(\forall x)(\cdots) \equiv \sim (\exists x) \sim (\cdots)$$

$$\sim (\forall x)(\cdots) \equiv (\exists x) \sim (\cdots)$$

$$(\forall x) \sim (\cdots) \equiv \sim (\exists x)(\cdots)$$

$$\sim (\forall x) \sim (\cdots) \equiv (\exists x)(\cdots)$$

여기서 $(\cdots)$라고 표현한 것은 괄호 안에 명제가 있다는 것을 의미한다. 다음과 같은 예를 들어 생각해보자. 조건문 전체의 부정을 앞에서도 강조했었는데, 이전에는 조건문 전체의 부정을 다음과 같이 생각했다.

---

$$\sim (P \rightarrow Q) \equiv \sim (\sim P \vee Q) \equiv P \wedge \sim Q$$
함축법칙　　　분배법칙

---

이제 정언명제를 공부하고 나면 다음과 같이 생각한다.

---

$$\sim \{(\forall x)(Px \rightarrow Qx)\}$$
$$\equiv \sim (\forall x) \sim (Px \rightarrow Qx)$$
$$\equiv (\exists x)(Px \wedge \sim Qx)$$

---

첫 번째 줄에서 { } 밖의 부정 기호가 분배법칙처럼 양화사와 명제에 붙게 되고 $\sim (\forall x) \equiv (\exists x)$이다. 다시 강조하지만 기호 자체가 중요한 것은 아니고 명제논리에서는 어떤 $x$가 존재한다는 것에 대해서 고려하지 않았지만 특칭명제는 어떤 $x$가 존재한다는 것을 파악하는 것이 중요하다.

# IV. 실전 문제풀이 Step 1

## 1 Step 1의 판별

이 장에서 다루게 될 문제는 하나의 문제에서 1) 모두 단칭명제로 기호화할 수 있는 경우, 2) 모두 전칭명제로 기호화할 수 있는 경우이다. 즉, 특칭명제가 문제에 포함되어 있다면 Step 2에서 다루게 된다.

이렇게 구분하는 이유는 Step 2, 3으로 구분한 문제가 Step 1보다 항상 어려운 것은 아니지만 일부 문제의 난이도가 상대적으로 높기 때문이다. 시험장에서 Step 2, 3으로 분류되는 문제를 풀려고 시도했다가 많은 시간을 소모하는 경우가 많기 때문에, 안정적인 시간 관리 전략으로 특칭명제가 포함되면 우선은 어렵다고 간주하고 문제 풀이 우선순위에서 후순위로 놓는 것이다. 다만 특칭명제가 숨겨져 있는 경우도 있으므로 특칭명제 여부를 판단하는 정언명제의 내용까지는 반드시 알아야 한다. 아직 논리 퀴즈에 익숙하지 않다면 문제를 풀다가 특칭명제가 나오는 경우 다른 문제를 먼저 풀어도 좋다. 이러한 분류기준은 시간 관리를 위해서이다.

Step 1이 상대적으로 쉬운 문제라고 하였지만, Step 1로 구분되는 문제들도 PSAT을 기준으로 정답률이 60~70% 이하이다. 시험까지 시간 여유가 조금이라도 있는 경우 논리 퀴즈에 2~3일 정도 집중적으로 투자해 변별력을 갖추도록 하자.

## 2 문제풀이 접근법

문제에서는 보통 발문에서 '반드시 참인 것은?'과 같이 묻는다. 이렇게 묻지 않더라도 논리 퀴즈 문제에서는 반드시 참인 명제, 반드시 거짓인 명제를 찾는 것이 중요하다. 이때 어떠한 명제가 반드시 참인 것을 확인하려면 모든 경우에 해당 명제가 참인 것을 확인하거나, 해당 명제가 거짓임을 가정했을 때 모순이 발생한다면 반드시 참이다. 또는 주어진 명제로부터 해당 명제를 추론해낼 수 있다면 반드시 참이다. 실제 문제 풀이에서는 어떠한 명제가 모든 경우에 참이라는 것을 다 확인하기는 힘들고 두 번째 경우처럼 귀류법적으로 증명해내거나 세 번째 경우처럼 해당 명제를 추론해내어야 한다. 그리고 필요에 따라서는 선지를 활용해야 하는 경우도 있다. 여러 가지 문제 풀이 전략이 있을 수 있지만, 우선은 다음과 같은 접근방법으로 풀이를 시도해보자.

문제에는 연언, 선언 조건문 등이 여러 개가 주어져 있을 것이다. 다음과 같은 경우를 생각해보자.

> ○ A∨B
> ○ C
> ○ B → ~C

여기서 두 번째 동그라미는 명제 C가 참이라고 주어져 있는 것이다. 참인 명제는 작은 따옴표를 사용해 'C'라고 표현한다. 이렇게 어떠한 명제가 참이라고 직접적으로 주어져 있다면 주어진 명제로부터 많은 내용을 추론할 수 있다. 'C'이면 세 번째 동그라미에 따라 '~B'임을 추론할 수 있다(후건부정). '~B'이면 첫 번째 동그라미에 따라 'A'임을 추론할 수 있다(선언소거). 다음과 같은 경우도 생각해보자.

> ○ A∧B

위처럼 연언이 주어졌다면 연언을 소거할 수 있으므로 'A', 'B'가 주어진 것이다. 'A'로부터 여러 가지를 추론할 수 있고, 'B'로부터도 여러 가지를 추론할 수 있을 것이다. 이처럼 어떠한 명제가 참이라고 주어져 있는 경우에는 주어진 명제로부터 추론을 시작하게 된다.

어떠한 명제가 참이라고 명확하게 주어져 있지 않은 경우도 많다. 또는 참이라고 주어진 명제로부터 일부 명제의 참·거짓을 판단했지만 여전히 참·거짓을 판단하지 못한 명제들이 남아있는 경우가 있다. 이럴때에는 우선 귀류법을 떠올려보고 그래도 참·거짓을 판단할 수 없다면 경우의 수를 따져보아야 한다. 문제에서 처음부터 선언 또는 조건문으로만 명제가 주어지는 경우가 있다.

다음과 같은 경우를 생각해 보자.

○ A∨B
○ B → C

이 경우 첫 번째 동그라미는 A와 B 둘 중 최소 하나는 반드시 참이지만 어느 것이 반드시 참이라는 것은 알 수 없다. 두 번째 동그라미의 조건문도 마찬가지로 B가 참이라면 C도 참이겠지만 B가 반드시 참이라는 것은 알 수 없다. 이처럼 문제가 선언 또는 조건문으로만 구성되어 있다면 조건 연쇄를 제외하고는 직접적으로 어떤 명제의 참·거짓이 바로 판단되지 않는다. 이 경우는 귀류법을 떠올려 본다.

앞에서 귀류법은 기본적으로 [P → F]⊢~P과 같은 형식임을 확인하였다. 문제에서 다음과 같이 간단하게 주어진 경우를 생각해보자.

○ A → B
○ B → ~A

이 경우 문제풀이의 편의상 조건 연쇄를 다음과 같이 표기할 수 있다.

A → B → ~A

'A'라고 가정할 경우 '~A'이므로 모순이 발생한다. 따라서 '~A'라고 결론 내릴 수 있다. 그러나 귀류법을 활용하기 어려운 점은 1) 문제에서 명제가 여러 개 주어지고, 2) 순서대로 주어지지 않으며, 3) 후건 부정을 통한 조건 연쇄를 고려해야 하기 때문이다. 문제에서 명제가 여러 개 주어진다면 최소한 다음과 같이 정리될 것이다.

A → B → C → ⋯ → ~A

실제 문제에서는 한 줄로 정리되지 않는 경우도 많다. 그래도 간단하게 정리되는 예제를 통해 귀류법을 연습해보아야 한다.

---

**귀류법의 또 다른 표현**

일상생활에서 다음과 같은 표현을 생각해보자.

일을 해도 욕먹고, 안해도 욕을 먹는다.

'일을 한다.'를 A, '욕을 먹는다.'를 B라고 하면 다음과 같이 기호화할 수 있다.

○ A → B
○ ~A → B

이 경우 일을 하거나 하지 않거나 둘 중 하나이므로(배중률, A∨~A≡T) B는 반드시 참이 된다. 즉, [A → B, ~A → B]⊢B와 같이 B가 참임을 추론할 수 있는 것이다. 그런데 주어진 내용을 모두 대우명제로 바꿔서 생각해보자.

○ ~B → ~A
○ ~B → A

이 경우는 ~B라고 가정하면 ~A이고 A라고 해석할 수 있다. 그런데 ~A이고 A인 경우는 있을 수 없으므로 ~B라는 가정은 거짓이다. 즉, [~B → ~A, ~B → A]⊢B과 같이 B는 참임을 추론할 수 있는 것이다. 즉, 위의 내용처럼 문제에서 귀류법이 다음과 같이 표현될 수도 있다.

A → B → C → ⋯ → F
A → ~F

이와 같은 경우 A가 거짓임을 추론할 수 있는 것이다. 문제에서 이러한 상황도 자주 주어진다. 그리고 [A → B, ~A → B]⊢B보다 조금 복잡한 다음과 같은 상황도 있다.

[A∨B, A → C, B → C]⊢C
[A∨C, A → B, C → D]⊢B∨D

차근차근 전제로부터 결론을 추론할 수 있는지 확인해보도록 하자.

---

이상의 내용들을 바탕으로 다음 예제를 풀어보자.

**01** 다음 글의 내용이 참일 때, 반드시 참인 것만을 <보기>에서 모두 고르면?

17년 민경채 나책형 6번

> 교수 갑~정 중에서 적어도 한 명을 국가공무원 5급 및 7급 민간경력자 일괄채용 면접위원으로 위촉한다. 위촉 조건은 아래와 같다.
> ○ 갑과 을 모두 위촉되면, 병도 위촉된다.
> ○ 병이 위촉되면, 정도 위촉된다.
> ○ 정은 위촉되지 않는다.

─────〈보 기〉─────
ㄱ. 갑과 병 모두 위촉된다.
ㄴ. 정과 을 누구도 위촉되지 않는다.
ㄷ. 갑이 위촉되지 않으면, 을이 위촉된다.

① ㄱ
② ㄷ
③ ㄱ, ㄴ
④ ㄴ, ㄷ
⑤ ㄱ, ㄴ, ㄷ

### 📝 해설

첫 번째 동그라미부터 ⅰ)~ⅲ)이라고 한다.

> 갑∨을∨병∨정
> ⅰ) 갑∧을 → 병
> ⅱ) 병 → 정
> ⅲ) ~정

ⅲ)에서 '~정'이라고 주어져 있다.

ⅲ) '~정'이면 ⅱ)에 따라 '~병'이다(후건부정).

'~병'이면 ⅰ)에 따라 '~갑∨~을'이다(후건부정).

'갑∨을∨병∨정', '~정', '~병'이므로 '갑∨을'임을 추론할 수 있다.

'~갑∨~을'이고 '갑∨을'이므로 '갑⊻을'과 같이 정리해두자.

각 보기를 기호화하면 다음과 같다.

ㄱ. 갑∧병

ㄴ. ~정∧~을

ㄷ. ~갑 → 을

ㄱ. (X) '~병'이면 갑∧병은 거짓이다.

ㄴ. (X) '~정'이지만 '을'일 수도 '~을'일 수도 있다. 반드시 참이라고 할 수 없다.

ㄷ. (O) '갑⊻을'이므로 '~갑'이라면 '을'이다.

'~병'과 ⅰ)의 대우명제 '~병 → ~갑∨~을'의 전건긍정에 따라 '~갑∨~을'을 추론해도 좋다. 대우명제를 생각하는 과정이나 후건부정을 판단하는 과정에서 드모르간의 법칙이 사용된다.

[정답] ②

첫 번째 동그라미부터 ⅰ)~ⅲ)이라고 한다.

**02** 사무관 A, B, C, D, E는 다음 조건에 따라 회의에 참석할 예정이다. 반드시 참이라고는 할 수 없는 것은? 12년 민경채 인책형 18번

> ○ A가 회의에 참석하면, B도 참석한다.
> ○ A가 참석하면 E도 참석하고, C가 참석하면 E도 참석한다.
> ○ D가 참석하면, B도 참석한다.
> ○ C가 참석하지 않으면, B도 참석하지 않는다.

① A가 참석하면, C도 참석한다.

② A가 참석하면, D도 참석한다.

③ C가 참석하지 않으면, D도 참석하지 않는다.

④ D가 참석하면, C도 참석한다.

⑤ E가 참석하지 않으면, B도 참석하지 않는다.

## 📝 해설

첫 번째 동그라미부터 각각 ⅰ) ～ ⅳ)라고 한다.

| | |
|---|---|
| ⅰ) A → B | ～B → ～A |
| ⅱ) A → E | ～E → ～A |
| C → E | ～E → ～C |
| ⅲ) D → B | ～B → ～D |
| ⅳ) ～C → ～B | B → C |

오른쪽은 주어진 명제의 대우명제를 나란히 표시한 것이다. 우선 주어진 명제만으로 문제를 해결할 수 있다.

① (O) 'A'라고 가정하면 ⅰ)에 따라 'B'이다(전건긍정). 'B'이면 ⅳ)에 따라 'C'이다(후건부정).

② (X) 'A'라고 가정하면 ⅰ)에 따라 'B'이다(전건긍정). D가 포함된 명제는 ⅲ)밖에 없는데 후건 B가 참이라고 해도 D가 참이라는 것은 알 수 없다.

③ (O) '～C'라고 가정하면 ⅳ)에 따라 '～B'이다(전건긍정). '～B'이면 ⅲ)에 따라 '～D'이다(후건부정).

④ (O) 'D'라고 가정하면 ⅲ)에 따라 'B'이다(전건긍정). 'B'이면 ⅳ)에 따라 'C'이다(후건부정).

⑤ (O) '～E'라고 가정하면 ⅱ)의 두 번째 명제에 따라 '～C'이다(후건부정). '～C'이면 ⅳ)에 따라 '～B'이다(전건긍정).

그러나 대우명제를 이용해서 문제를 해결할 수도 있다.

① (O) 'A'라고 가정하면 ⅰ)에 따라 'B'이다(전건긍정). 'B'이면 ⅳ)의 대우명제에 따라 'C'이다(전건긍정). 즉, 'A'이면 'C'이다(조건연쇄).

② (X) 'A'라고 가정하면 ⅰ)에 따라 'B'이다(전건긍정). D가 포함된 명제는 ⅲ)밖에 없는데 후건 B가 참이라고 해도 D가 참이라는 것은 알 수 없다.

③ (O) '～C'라고 가정하면 ⅳ)에 따라 '～B'이다(전건긍정). '～B'이면 ⅲ)의 대우명제에 따라 '～D'이다(전건긍정). 즉, '～C'이면 '～D'이다(조건연쇄).

④ (O) 'D'라고 가정하면 ⅲ)에 따라 'B'이다(전건긍정). 'B'이면 ⅳ)의 대우명제에 따라 'C'이다(전건긍정). 즉, 'D'이면 'C'이다(조건연쇄).

⑤ (O) '～E'라고 가정하면 ⅱ) 두 번째 명제의 대우명제에 따라 '～C'이다(전건긍정). '～C'이면 ⅳ)에 따라 '～B'이다(전건긍정). 즉, '～E'이면 '～B'이다(조건연쇄).

이처럼 모든 명제의 대우명제도 함께 고려한다면 후건부정을 모두 전건긍정으로 바꿔서 조건연쇄처럼 생각할 수 있다.

[정답] ②

## 03 다음 글의 내용이 참일 때, 갑이 반드시 수강해야 할 과목은?

22년 7급 가책형 17번

> 갑은 A~E 과목에 대해 수강신청을 준비하고 있다. 갑이 수강하기 위해 충족해야 하는 조건은 다음과 같다.
> ○ A를 수강하면 B를 수강하지 않고, B를 수강하지 않으면 C를 수강하지 않는다.
> ○ D를 수강하지 않으면 C를 수강하고, A를 수강하지 않으면 E를 수강하지 않는다.
> ○ E를 수강하지 않으면 C를 수강하지 않는다.

① A
② B
③ C
④ D
⑤ E

## 해설

첫 번째 동그라미부터 각각 ⅰ) ~ ⅲ)이라고 한다. 다음과 같이 간단히 기호화할 수 있다. 각 명제의 대우명제도 함께 표시하였다.

| ⅰ)-1 A → ~B | B → ~A |
| ⅰ)-2 ~B → ~C | C → B |
| ⅱ)-1 ~D → C | ~C → D |
| ⅱ)-2 ~A → ~E | E → A |
| ⅲ) ~E → ~C | C → E |

명제에 C가 가장 많이 나오므로 C를 기준으로 생각해본다. C를 참이라고 가정하면(반드시 참이라고 가정하면서 시작해야 하는 것은 아니지만, 거짓이라고 가정하면 ⅱ)의 대우명제를 제외하고 더 이상 조건연쇄를 활용할 수 없다) 문제 풀이의 편의상 다음과 같이 조건연쇄를 표시할 수 있다.

$$C \xrightarrow[\text{ⅰ)-2 대우}]{} B \xrightarrow[\text{ⅰ)-1 대우}]{} \sim A \xrightarrow[\text{ⅱ)-2}]{} \sim E$$

$$C \xrightarrow[\text{ⅲ) 대우}]{} E$$

C가 참이라고 가정하면 'E', '~E'와 같은 모순된 결론에 도달하게 된다. 따라서 '~C'이다. '~C'이면 ⅱ)-1의 대우명제에 따라 'D'이다(전건긍정).

### ⏱ 빠른 문제 풀이 Tip

모든 명제가 조건문으로 주어지고 다른 제약조건이 없는 경우 귀류법이 가장 많이 활용된다.
대우명제를 활용하지 않는다면 '~C'이면 ⅱ)에 따라 'D'이다(후건긍정).

[정답] ④

이상의 예제들은 명제 자체가 간단하게 주어진 경우였다. 추론규칙 중 기본적인 내용들은 잘 적용할 수 있겠지만 문제에서는 좀 더 복잡한 상황이 주어진다. 예를 들어 문제에서 다음과 같이 주어졌다고 하자.

○ A → B∨C
○ ~B
○ ~C

즉, [A → B∨C, ~B, ~C]라고 주어진 것이다. 그렇다면 'A → B∨C'는 대우명제 '~B∧~C → ~A'로 바꾸고, '~B, ~C'는 연언도입에 의해 '~B∧~C'로 바꿀 수 있다. 즉 [A → B∨C, ~B, ~C]를 [~B∧~C → ~A, ~B∧~C]로 바꾸고 전건긍정에 따라 '~A'라고 도출할 수 있다. 기호로는 '[A → B∨C, ~B, ~C]⊢ ~A'라고 나타낼 수 있다. 이러한 상황은 문제에서 빈번하게 출제되는 상황이지만 이런 상황을 모두 찾아 암기하기는 어렵다. 동치법칙과 추론규칙을 차근차근 잘 적용해야 한다.

그리고 귀류법이 익숙하지 않을 때는 주어진 명제의 대우명제를 모두 직접 써놓고 조건연쇄를 정리한다. 그런데 보다 복잡한 명제가 주어져 있다면 조건연쇄를 정리하기가 어렵다. 그러므로 다음과 같은 내용을 확인해보자.

우선 전건에 선언이 포함되어 있는 조건문 '(A∨B) → C'가 있다고 하자. 다음과 같이 변환해볼 수 있다.

$$(A∨B) → C$$
$$≡ \sim(A∨B)∨C \qquad \text{(함축법칙)}$$
$$≡ (\sim A∧\sim B)∨C \qquad \text{(드모르간의 법칙)}$$
$$≡ (\sim A∨C)∧(\sim B∨C) \qquad \text{(분배법칙)}$$
$$≡ (A → C)∧(B → C) \qquad \text{(함축법칙)}$$

즉, (A∨B) → C가 참인 경우, A → C가 참이고 B → C도 참이다. 정리하면 다음과 같다.

○ (A∨B) → C

○ A → C
○ B → C

만약 왼쪽과 같이 (A∨B) → C가 참이라고 주어진 경우, 오른쪽과 같이 A → C, B → C 두 조건문이 참이다. 그리고 만약 오른쪽과 같이 A → C, B → C 두 조건문이 참이라고 주어진 경우 왼쪽과 같이 (A∨B) → C는 참이다. 이를 진리표로 나타내보면 다음과 같다.

| | Ⓐ A | Ⓑ B | Ⓒ C | Ⓓ A∨B | Ⓔ (A∨B) → C | Ⓕ A → C | Ⓖ B → C | Ⓗ (A → C)∧(B → C) |
|---|---|---|---|---|---|---|---|---|
| ⅰ) | T | T | T | T | T | T | T | T |
| ⅱ) | T | T | F | T | F | F | F | F |
| ⅲ) | T | F | T | T | T | T | T | T |
| ⅳ) | T | F | F | T | F | F | T | F |
| ⅴ) | F | T | T | T | T | T | T | T |
| ⅵ) | F | T | F | T | F | T | F | F |
| ⅶ) | F | F | T | F | T | T | T | T |
| ⅷ) | F | F | F | F | T | T | T | T |

(A∨B) → C가 참이라고 주어진 경우라면 진리표에서 ⅰ), ⅲ), ⅴ), ⅶ), ⅷ)의 경우이고 이때 A → C와 B → C가 각각 참임을 확인할 수 있다. A → C와 B → C가 각각 참이라고 주어진 경우에도 마찬가지로 (A∨B) → C가 참임을 확인할 수 있다.

이상의 내용을 '전건의 선언은 분리할 수 있다.'라고 정리할 수 있다. 조건문에서 전건에 선언이 주어진다면 여러 개의 조건문으로 분리할 수 있다는 것이다.

그러나 (A∧B) → C이 참이라고 주어졌다면 (A → C)∨(B → C)과 같이 변환할 수 있는데 A → C와 B → C 중 최소한 어느 하나는 참이지만 둘 중 어느 것이 참인지 단정할 수 없다. 전건에 연언이 포함되어 있는 경우에는 활용도가 많이 떨어진다.

그리고 후건에 연언이 포함되어 있는 조건문 'A → (B∧C)'가 있다고 하자. 다음과 같이 변환해볼 수 있다.

$$A → (B∧C)$$
$$≡∼A∨(B∧C) \qquad (함축법칙)$$
$$≡(∼A∨B)∧(∼A∨C) \qquad (분배법칙)$$
$$≡(A → B)∧(A → C) \qquad (함축법칙)$$

이상의 내용도 진리표를 통해 확인해볼 수 있지만 생략하도록 한다. 간단하게 '후건의 연언은 분리할 수 있다.'라고 정리할 수 있다.

이상의 내용을 바탕으로 '(A∨B) → (C∧D)'라는 명제가 주어졌다면 '(A∨B) → C', '(A∨B) →D'를 거쳐 'A → C', 'A → D', 'B → C', 'B → D'와 같이 여러 명제로 나눠서 생각할 수 있다. 더 복잡한 명제가 주어진 경우에도 주어진 명제로부터 어떠한 내용을 추론하기 어렵다면 위와 같은 방법으로 간단한 명제들로 변환해서 정리하도록 한다.

지금까지는 단칭명제만으로 주어진 문제나 전칭명제만으로 주어진 문제에 대해 생각해보고 있다. 그러나 문제에서 단칭명제와 전칭명제가 같이 주어지는 문제가 있는데 단칭명제의 특칭명제로서의 특성을 고려할 필요가 없는 문제가 있다. 다음과 같은 예를 들어보자.

> ○ 갑이 출장을 가지 않으면 모든 사원이 출장을 가지 않는다.
> ○ 모든 사원이 출장을 가지 않으면 프로젝트는 실패한다.

위의 경우 단칭명제의 표현과 전칭명제의 표현이 한 문제에서 주어져 있지만 단칭명제의 특칭명제로서의 특성이 문제되지 않는 경우이다. 위와 같은 경우 '갑이 출장을 가지 않는다'를 A, '모든 사원이 출장을 가지 않는다'를 B, '프로젝트는 실패한다'를 C라고 하고 다음과 같이 간단하게 기호화할 수 있다.

> ○ A → B
> ○ B → C

이 책에서는 이처럼 기호화하는 것을 덩어리로 취급한다고 부르도록 하겠다. 이와 같은 기호화에서 부정 표현까지 기호에 포함시켜 버렸는데 문제 풀이과정에서는 부정 표현 때문에 헷갈리는 경우가 많다. 그러나 프로젝트 실패와 성공이 정확히 모순관계가 아니라면 '프로젝트는 성공한다'를 C라고 하고 주어진 명제를 '∼C'라고 기호화하는 것은 잘못된 기호화이므로 문제에 따라서 유연하게 적용할 수 있어야 한다. 다음과 같은 상황을 생각해보자.

> ○ A, B, C 중 2명만 출장을 간다.

위의 상황을 다음과 같이 기호화할 수는 있다.

> ○ (A∧B)∨(B∧C)∨(A∧C)

그러나 이러한 기호화는 오히려 더 번거롭다. [36] 만약 A, B, C, D, E 중 2명만 출장을 가는 상황이라면 얼마나 번거로울지 생각해보면 더 체감될 것이다. 따라서 기호화가 번거로운 명제의 경우에는 간단히 문장으로 처리하도록 한다. 문제에 간단히 밑줄 등으로 표시해 놓거나 'A∼C 중 2'와 같이 간단히 처리해놓도록 한다.

### 타동사의 기호화
본격적인 문제 풀이 전에 한 가지 더 확인해 보도록 한다. 원래라면 단칭명제의 기호화에서 함께 다루어야 할 내용이지만, 명제 자체의 이해에 집중하기 위해 우선은 건너뛴 내용이다.
단칭명제의 기호화에 대해서 다시 떠올려보자. '갑은 찬성한다.'라는 문장이 주어져 있다면 '찬성_갑'과 같이 기호화하고 주어·술어가 반복되면서 다른 주어·술어가 등장하지 않는다면 생략할 수 있다고 하였다. 그렇다면 다음과 같은 문장이 주어진 경우를 생각해보자.

---

36) 숫자를 이용한 기호화 방법도 있지만 마찬가지로 번거롭다.

○ A는 B를 사랑한다.

이때 '사랑한다'라는 동사는 타동사로 목적어를 필요로 한다. 술어가 이처럼 타동사일 경우 다음과 같이 기호화한다.

○ 사랑$_{AB}$

이전의 단칭명제 기호화와 마찬가지로 술어를 크게, 주어를 작게 표시하였고, 주어 바로 뒤에 목적어도 이어서 작게 표시한 것이다. 이렇게 기호화해야 하는 이유는 1) 한 명제의 목적어가 다른 명제의 주어로 사용될 수도 있고, 2) 주어와 목적어의 위치가 중요한 의미가 있기 때문이다. 다음과 같은 예를 들어보자.

○ A는 B를 사랑한다.
○ B는 A를 사랑하지 않는다.

위의 내용을 다음과 같이 기호화할 수 있다.

○ 사랑$_{AB}$
○ ~사랑$_{BA}$

첫 번째 명제의 주어인 A가 두 번째 명제의 목적어이고, 첫 번째 명제의 목적어였던 B가 두 번째 명제의 주어가 되었다. 그리고 A가 B를 사랑한다고 해서 B도 A를 반드시 사랑하는 것은 아니므로 주어와 목적어를 위와 같이 구분해서 기호화한다. 그리고 '사랑한다'라는 술어는 반복적으로 등장하므로 다음과 같이 간단히 기호화할 수 있다.

○ AB
○ ~BA

다음과 같은 상황을 다시 확인해 보자.

○ A는 햄버거를 먹는다.
○ B는 햄버거를 먹지 않는다.

이를 다음과 같이 기호화할 수 있다.

○ 먹는다$_{A햄버거}$
○ ~먹는다$_{B햄버거}$

그런데 '먹는다'의 목적어인 '햄버거'가 '먹는다'의 주어로 사용될 일은 없다. 즉, 앞서 설명한 1)과 같은 경우를 생각할 필요가 없는 상황이다. 따라서 우리는 지금까지 '햄버거를 먹는다'를 덩어리로 취급하여 술어 부분으로 생각해 왔던 것이다. 그리고 이러한 술어 부분이 반복적으로 등장하면 간단히 기호화하면 'A', '~B'와 같이 기호화할 수 있다. 다음과 같은 상황도 확인해보자.

A, B, C, D, E, F 여섯 명 이 두 명씩 짝을 이룬다.
○ A는 B와 짝이 되었다.
○ C는 D와 짝이 되지 않았다.

이를 다음과 같이 기호화할 수 있다.

○ 짝$_{AB}$
○ ~짝$_{CD}$

그런데 이 경우 A가 B와 짝이 되면 B도 A와 짝이 된다. 즉 앞서 설명한 2)와 같은 경우를 생각할 필요가 없는 상황이므로 '짝AB'는 '짝BA'이다. 따라서 다음과 같이 간단히 기호화한다.

| ○ AB | ≡BA |
|------|-----|
| ○ ~CD | ≡~DC |

그리고 'A는 누군가와 짝이 되었다'와 같은 문장은 미지수를 의미하는 X와 같은 알파벳을 사용하여 'AX'와 같이 기호화할 수 있다. 문장에서 'A는 B와 짝이 되었다'는 문장과 'A, B는 각각 짝이 되었다'와 같은 문장을 구분할 필요성이 있는데 두 번째 문장은 'AX', 'BX'와 같이 기호화한다.

이상의 내용들을 바탕으로 다음 예제를 풀어보자.

**04** 다음 글의 내용이 참일 때, 반드시 참인 것만을 <보기>에서 모두 고르면?

19년 5급 가책형 34번

> 2016년 1월 출범한 특별업무지원팀 〈미래〉가 업무적격성 재평가 대상에서 제외된 것은 다행한 일이다. 꼬박 일 년의 토론과 준비 끝에 출범한 〈미래〉의 업무가 재평가로 인해 불필요하게 흔들리는 것은 바람직하지 않다는 인식이 부처 내에 널리 퍼진 덕분이다. 물론 가용이나 나윤 둘 중 한 사람이라도 개인 평가에서 부적격 판정을 받을 경우, 〈미래〉도 업무적격성 재평가를 피할 수 없는 상황이었다. 만일 〈미래〉가 첫 과제로 수행한 드론 법규 정비 작업이 성공적이지 않았다면, 나윤과 다석 둘 중 적어도 한 사람은 개인 평가에서 부적격 판정을 받았을 것이다. 아울러 〈미래〉의 또 다른 과제였던 나노 기술 지원 사업이 성공적이지 않았다면, 라율과 가용 두 사람 중 누구도 개인 평가에서 부적격 판정을 피할 수 없었을 것이다.

〈보 기〉

ㄱ. 〈미래〉의 또 다른 과제였던 나노 기술 지원 사업이 성공적이었다.
ㄴ. 다석이 개인 평가에서 부적격 판정을 받지 않았다면, 그 것은 첫 과제로 수행한 〈미래〉의 드론 법규 정비 작업이 성공적이었음을 의미한다.
ㄷ. 〈미래〉가 첫 과제로 수행한 드론 법규 정비 작업이 성공적이지 않았다면, 라율은 개인 평가에서 부적격 판정을 받았다.

① ㄱ
② ㄷ
③ ㄱ, ㄴ
④ ㄴ, ㄷ
⑤ ㄱ, ㄴ, ㄷ

---

## 해설

첫 번째 문장부터 각각 ⅰ)~ⅴ)라고 한다.

| | |
|---|---|
| ⅰ) ~A | 특별업무지원팀 〈미래〉가 업무적격성 재평가: A |
| ⅲ) B∨C → A | 가용 부적격 판정: B |
| ⅳ) ~D → C∨E | 나윤 부적격 판정: C |
| ⅴ) ~F → B∧G | 드론 법규 정비 작업이 성공적: D |
| | 다석 부적격 판정: E |
| | 나노 기술 지원 사업이 성공적: F |
| | 라율 부적격 판정: G |

ⅰ) '~A'이므로 ⅲ)에 따라 '~B ∧ ~C'임을 추론할 수 있다(후건부정).
'~B'이므로 ⅴ)에 따라 'F'임을 추론할 수 있다.

ㄱ. (O) 'F'이다.
ㄴ. (O) '~E'라면 '~C'와 함께 ⅴ)에 따라 'D'임을 추론할 수 있다.
ㄷ. (X) '~D'라면 G임을 추론할 수는 없다.

### 🕐 빠른 문제 풀이 Tip

지문에서 전칭명제와 단칭명제가 함께 주어져 있는 경우이다. 단칭명제들을 가용 부적격 판정을 '부적격_가용', 나윤 부적격 판정을 '부적격_나윤'과 같이 기호화할 수도 있다. 그러나 덩어리로 취급해서 각자 다른 알파벳으로 기호화하였다. 일반적인 간단한 기호화와 다를바가 없다. 가, 나, 다, 라와 같이 기호화해도 좋다.

[정답] ③

## 05 다음 글의 내용이 참일 때, 대책회의에 참석하는 전문가의 최대 인원 수는?

20년 민경채 가책형 12번

8명의 전문가 A~H를 대상으로 코로나19 대책회의 참석 여부에 관해 조사한 결과 다음과 같은 정보를 얻었다.

○ A, B, C 세 사람이 모두 참석하면, D나 E 가운데 적어도 한 사람은 참석한다.
○ C와 D 두 사람이 모두 참석하면, F도 참석한다.
○ E는 참석하지 않는다.
○ F나 G 가운데 적어도 한 사람이 참석하면, C와 E 두 사람도 참석한다.
○ H가 참석하면, F나 G 가운데 적어도 한 사람은 참석하지 않는다.

① 3명
② 4명
③ 5명
④ 6명
⑤ 7명

## 📝 해설

첫 번째 동그라미부터 ⅰ) ~ ⅴ)라고 한다.

| | |
|---|---|
| ⅰ) (A∧B∧C) → (D∨E) | ~D∧~E → ~A∨~B∨~C |
| ⅱ) (C∧D) → F | ~F → ~C∨~D |
| ⅲ) ~E | ~C∨~E → ~F∧~G |
| ⅳ) (F∨G) → (C∧E) | F∧G → ~H |
| ⅴ) H → (~F∨~G) | |

오른쪽에는 대우명제도 함께 표시하였다.

ⅲ) '~E'이므로 ⅳ)의 대우명제에 따라 '~F', '~G'이다(전건긍정). '~F'이면 ⅱ)의 대우명제에 따라 '~C∨~D'이다.

즉, E, F, G는 확실히 참석하지 않고, C와 D 중 최소 1명은 참석하지 않는다. 다른 전문가의 참석여부는 확실하게 추론할 수 없다. 따라서 대책회의에 참석하는 전문가의 최대 인원수는 4명이다.

### ⏱ 빠른 문제 풀이 Tip

모든 전문가의 참석여부가 확정되지 않는 미확정 문제이다. 다음과 같이 표로 정리해본다.

| A | B | C | D | E | F | G | H |
|---|---|---|---|---|---|---|---|
| ? | ? | | | X | X | X | ? |

C와 D 중 최소 1명은 참석하지 않으므로 최대 인원수는 4명이다.

[정답] ②

**06** 다음 대화의 내용이 참일 때, 거짓인 것은?

17년 5급 가책형 31번

> 상학: 위기관리체계 점검 회의를 위해 외부 전문가를 위촉해야 하는데, 위촉 후보자는 A, B, C, D, E, F 여섯 사람이야.
>
> 일웅: 그건 나도 알고 있어. 그런데 A와 B 중 적어도 한 명은 위촉해야 해. 지진 재해와 관련된 전문가들은 이들뿐이거든.
>
> 상학: 나도 동의해. 그런데 A는 C와 같이 참여하기를 바라고 있어. 그러니까 C를 위촉할 경우에만 A를 위촉해야 해.
>
> 희아: 별 문제 없겠는데? C는 반드시 위촉해야 하거든. 회의 진행을 맡을 사람이 필요한데, C가 적격이야. 그런데 C를 위촉하기 위해서는 D, E, F 세 사람 중 적어도 한 명은 위촉해야 해. C가 회의를 진행할 때 도움이 될 사람이 필요하거든.
>
> 일웅: E를 위촉할 경우에는 F도 반드시 위촉해야 해. E는 F가 참여하지 않으면 참여하지 않겠다고 했거든.
>
> 희아: 주의할 점이 있어. B와 D를 함께 위촉할 수는 없어. B와 D는 같은 학술 단체 소속이거든.

① 총 3명만 위촉하는 방법은 모두 3가지이다.

② A는 위촉되지 않을 수 있다.

③ B를 위촉하기 위해서는 F도 위촉해야 한다.

④ D와 E 중 적어도 한 사람은 위촉해야 한다.

⑤ D를 포함하여 최소인원을 위촉하려면 총 3명을 위촉해야 한다.

---

## 해설

첫 번째 대화 내용부터 기호화해보면 다음과 같다.

> ⅰ) A, B, C, D, E, F 여섯 명
> ⅱ) A∨B
> ⅲ) A → C
> ⅳ) C, C → D∨E∨F
> ⅴ) E → F
> ⅵ) ~B∨~D

ⅱ) 'A∨B'이므로 1) A∧~B, 2) ~A∧B, 3) A∧B와 같이 경우를 나눠서 생각해본다. ⅳ)에 따르면 'C'이므로 어느 경우든 'D∨E∨F'이다.

1)의 경우

| A | B | C | D | E | F |
|---|---|---|---|---|---|
| O | X | O | | | |

2)의 경우

| A | B | C | D | E | F |
|---|---|---|---|---|---|
| X | O | O | X | | |

'B'인 경우인데 ⅵ)에 따르면 '~D'이다. 'D∨E∨F'이므로 'E∨F'이어야 한다.

3)의 경우

| A | B | C | D | E | F |
|---|---|---|---|---|---|
| O | O | O | X | | |

'B'인 경우인데 ⅵ)에 따르면 '~D'이다. 'D∨E∨F'이므로 'E∨F'이어야 한다.

① (O) 총 3명만 위촉하는 경우는 1)에서 ACD, ACF, 2)에서 BCF 3가지이다.

② (O) 2)에서 BCEF, BCF 같은 경우가 가능하다.

③ (O) B가 위촉되는 2), 3)의 경우 ⅵ)에 따라 '~D'이다(선언소거). 그렇다면 ⅳ)에 따라 'E∨F'인데 ⅴ)에 따라 E∧~F인 경우는 없으므로 'E∧F' 또는 'F'이다. 따라서 'B'이면 항상 'F'이다.

④ (X) 2)의 경우 B, C, F, 3)의 경우 A, B, C, F와 같은 반례를 찾을 수 있다.

⑤ (O) D를 포함하여 위촉하려면 1)의 경우이다. D를 포함하여 최소인원을 위촉하려면 A, C, D 총 3명을 위촉하여야 한다.

선지의 구성을 보면 모든 전문가의 위촉 여부가 확정되지 않을 것을 짐작할 수 있다. 경우의 수를 따져야 하는 문제들부터는 난이도가 올라가고 시간이 많이 소요된다. 처음 어떻게 경우의 수를 나눠야 하는지 어려울 수도 있는데 ⅱ), ⅲ), ⅴ), ⅵ)과 같은 조건문이나 선언에서 진리표를 떠올리도록 한다. 해설은 ⅱ) A∨B의 진리표에서 A∨B가 참인 3가지 경우를 모두 검토해준 것이다. Step3의 참·거짓 문제는 모순관계를 적극적으로 활용해주게 된다.

[정답] ④

**07** 다음 글의 내용이 참일 때, 반드시 참인 것만을 <보기>에서 모두 고르면?

15년 5급 인책형 13번

'디부'는 두 마법사 사이에서 맺는 신비스런 관계이다. $x$와 $y$가 디부라는 것은, $y$와 $x$가 디부라는 것도 의미한다.

어둠의 마법사들인 A, B, C, D는 외부와의 접촉을 완전히 차단한 채, 험준한 산악 마을인 나투랄에 살고 있다. 나투랄에 있는 마법사는 이 네 명 외에는 없다. 이들 사이에 다음과 같은 관계가 성립한다.

○ A와 D가 디부라면, A와 B가 디부일 뿐 아니라 A와 C도 디부이다.
○ C와 D가 디부라면, C와 B도 디부이다.
○ D와 A가 디부가 아니고 D와 C도 디부가 아니라면, 나투랄의 그 누구도 D와 디부가 아니다.
○ B와 D가 디부이거나, C와 D가 디부이다.
○ A와 디부가 아닌 마법사가 B, C, D 중에 적어도 한 명은 있다.

─────〈 보  기 〉─────
ㄱ. B와 C는 디부이다.
ㄴ. A와 C는 디부가 아니다.
ㄷ. 나투랄에는 D와 디부가 아닌 마법사가 있다.

① ㄴ
② ㄷ
③ ㄱ, ㄴ
④ ㄱ, ㄷ
⑤ ㄱ, ㄴ, ㄷ

## 해설

타동사와 관련해 설명한 내용을 활용할 문제이다. 지문의 '$x$와 $y$가 디부'라는 것을 우선 디부$xy$라고 표현할 수 있는데, 디부$xy$는 디부$yx$와 같다고 한다. 그리고 지문의 내용을 보면 디부가 아닌 다른 술어가 없는 것을 확인할 수 있으므로 $xy \equiv yx$라고 생각하면 된다. 이상의 내용을 염두에 두고 첫 번째 동그라미부터 각각 ⅰ)~ⅴ)라고 하여, 다음과 같이 기호화할 수 있다.

| |
|---|
| ⅰ) AD → AB∧AC |
| ⅱ) CD → BC |
| ⅲ) ~AD∧~CD → ~AD∧~BD∧~CD |
| ⅳ) BD∨CD |
| ⅴ) ~AB∨~AC∨~AD |

A, B, C, D 네 명 외에 다른 마법사는 없다고 논의영역도 제한해주고 있으므로 ⅲ)의 '나투랄의 그 누구도 D와 디부가 아니다.'를 ~AD∧~BD∧~CD와 같이 기호화하였다(문장으로 처리해도 좋다). 그리고 ⅲ)의 대우명제는 AD∨BD∨CD → AD∨CD이다.

우선 ⅳ) 'BD∨CD'이면 ⅲ)의 대우명제의 전건 AD∨BD∨CD가 참이다. ⅲ)의 대우명제에 따라서 'AD∨CD'임을 추론할 수 있다(전건긍정). 이제부터는 조건문과 선언명제밖에 남지 않았으므로 확정적인 것이 없다. 귀류법을 고려해본다. ⅰ), ⅴ)를 함께 고려해보면 AD가 참이라고 가정하면 'AB∧AC'이다. 즉, 'AB∧AC∧AD'이다(연언도입). 그러나 이는 ⅴ)와 모순이다. 따라서 '~AD'임을 추론할 수 있다.

'~AD'이므로 'AD∨CD'와 함께 고려하면 'CD'임을 추론할 수 있다(선언소거). 'CD'이면 ⅱ)에 따라 'BC'임을 추론할 수 있다(전건긍정).

ㄱ. (O) 'BC'이다.
ㄴ. 알 수 없다.
ㄷ. (O) '~AD'이다. 최소한 A는 D와 디부가 아니다.

명제 자체도 복잡하고 타동사도 고려해야 한다. 심지어 귀류법도 활용된다. 여러 풀이 방법이 있을 수 있으나 기호화를 통해 명백하게 풀어내야 한다.

[정답] ④

학습한 내용을 바탕으로 실전처럼 문제를 풀어보자.

**01** 다음을 참이라고 가정할 때, 회의를 반드시 개최해야 하는 날의 수는?

16년 민경채 5책형 6번

○ 회의는 다음 주에 개최한다.
○ 월요일에는 회의를 개최하지 않는다.
○ 화요일과 목요일에 회의를 개최하거나 월요일에 회의를 개최한다.
○ 금요일에 회의를 개최하지 않으면, 화요일에도 회의를 개최하지 않고 수요일에도 개최하지 않는다.

① 0
② 1
③ 2
④ 3
⑤ 4

**02** 다음 대화의 ㉠과 ㉡에 들어갈 말을 가장 적절하게 나열한 것은?

16년 민경채 5책형 16번

갑: A와 B 모두 회의에 참석한다면, C도 참석해.
을: C는 회의 기간 중 해외 출장이라 참석하지 못해.
갑: 그럼 A와 B 중 적어도 한 사람은 참석하지 못하겠네.
을: 그래도 A와 D 중 적어도 한 사람은 참석해.
갑: 그럼 A는 회의에 반드시 참석하겠군.
을: 너는 ____㉠____고 생각하고 있구나?
갑: 맞아. 그리고 우리 생각이 모두 참이면, E와 F 모두 참석해.
을: 그래. 그 까닭은 ____㉡____ 때문이지.

① ㉠: B와 D가 모두 불참한다
  ㉡: E와 F 모두 회의에 참석하면 B는 불참하기
② ㉠: B와 D가 모두 불참한다
  ㉡: E와 F 모두 회의에 참석하면 B도 참석하기
③ ㉠: B가 회의에 불참한다
  ㉡: B가 회의에 참석하면 E와 F 모두 참석하기
④ ㉠: D가 회의에 불참한다
  ㉡: B가 회의에 불참하면 E와 F 모두 참석하기
⑤ ㉠: D가 회의에 불참한다
  ㉡: E와 F 모두 회의에 참석하면 B도 참석하기

**03** 다음 세 진술이 모두 거짓일 때, 유물 A~D 중에서 전시되는 유물의 총 개수는? 17년 민경채 나책형 24번

> ○ A와 B 가운데 어느 하나만 전시되거나, 둘 중 어느 것도 전시되지 않는다.
> ○ B와 C 중 적어도 하나가 전시되면, D도 전시된다.
> ○ C와 D 어느 것도 전시되지 않는다.

① 0개
② 1개
③ 2개
④ 3개
⑤ 4개

**04** 다음 글의 내용이 참일 때, 반드시 참인 것만을 <보기>에서 모두 고르면? 19년 민경채 나책형 10번

> 전통문화 활성화 정책의 일환으로 일부 도시를 선정하여 문화관광특구로 지정할 예정이다. 특구 지정 신청을 받아본 결과, A, B, C, D, 네 개의 도시가 신청하였다. 선정과 관련하여 다음 사실이 밝혀졌다.
> ○ A가 선정되면 B도 선정된다.
> ○ B와 C가 모두 선정되는 것은 아니다.
> ○ B와 D 중 적어도 한 도시는 선정된다.
> ○ C가 선정되지 않으면 B도 선정되지 않는다.

〈보 기〉

> ㄱ. A와 B 가운데 적어도 한 도시는 선정되지 않는다.
> ㄴ. B도 선정되지 않고 C도 선정되지 않는다.
> ㄷ. D는 선정된다.

① ㄱ
② ㄴ
③ ㄱ, ㄷ
④ ㄴ, ㄷ
⑤ ㄱ, ㄴ, ㄷ

**05** 다음 글의 내용이 참일 때, 반드시 참인 것만을 <보기>에서 모두 고르면?

20년 7급(모의) 16번

인접한 지방자치단체인 ○○군을 △△시에 통합하는 안건은 △△시의 5개 구인 A, B, C, D, E 중 3개 구 이상의 찬성으로 승인된다. 안건에 관한 입장은 찬성하거나 찬성하지 않거나 둘 중 하나이다. 각 구의 입장은 다음과 같다.
○ A가 찬성한다면 B와 C도 찬성한다.
○ C는 찬성하지 않는다.
○ D가 찬성한다면 A와 E 중 한 개 이상의 구는 찬성한다.

─────〈보 기〉─────
ㄱ. B가 찬성하지 않는다면, 안건은 승인되지 않는다.
ㄴ. B가 찬성하는 경우 E도 찬성한다면, 안건은 승인된다.
ㄷ. E가 찬성하지 않는다면, D도 찬성하지 않는다.

① ㄱ
② ㄴ
③ ㄱ, ㄷ
④ ㄴ, ㄷ
⑤ ㄱ, ㄴ, ㄷ

**06** 먼 은하계에 X, 알파, 베타, 감마, 델타 다섯 행성이 있다. X 행성은 매우 호전적이어서 기회만 있으면 다른 행성을 식민지화하고자 한다. 다음 진술이 참이라고 할 때, X 행성이 침공할 행성을 모두 고르면?

05년 5급 2책형 16번

○ X 행성은 델타 행성을 침공하지 않는다.
○ X 행성은 베타 행성을 침공하거나 델타 행성을 침공한다.
○ X 행성이 감마 행성을 침공하지 않는다면 알파 행성을 침공한다.
○ X 행성이 베타 행성을 침공한다면 감마 행성을 침공하지 않는다.

① 베타 행성
② 감마 행성
③ 알파와 베타 행성
④ 알파와 감마 행성
⑤ 알파와 베타와 감마 행성

**07** 의료보험 가입이 의무화될 때 <보기>의 조건에 맞는 선택은?

06년 5급(견습) 지책형 8번

─〈보 기〉─

○ 정기적금에 가입하면 변액보험에 가입한다.
○ 주식형 펀드와 해외 펀드 중 하나만 가입한다.
○ 의료보험에 가입하면 변액보험에 가입하지 않는다.
○ 해외펀드에 가입하면 주택마련저축에 가입하지 않는다.
○ 연금저축, 주택마련저축, 정기적금 중에 최소한 두 가지는 반드시 가입한다.

① 변액보험에 가입한다.
② 정기적금에 가입한다.
③ 주식형 펀드에 가입한다.
④ 연금저축에 가입하지 않는다.
⑤ 주택마련저축에 가입하지 않는다.

**08** 마을에는 A, B, C, D, E 약국이 있다. <보기>의 조건에 따를 때 문을 연 약국은?

06년 5급(견습) 지책형 28번

─〈보 기〉─

○ A와 B 모두 문을 열지는 않았다.
○ A가 문을 열었다면, C도 문을 열었다.
○ A가 문을 열지 않았다면, B가 문을 열었거나 C가 문을 열었다.
○ C는 문을 열지 않았다.
○ D가 문을 열었다면, B가 문을 열지 않았다.
○ D가 문을 열지 않았다면, E도 문을 열지 않았다.

① A
② B
③ A, E
④ D, E
⑤ B, D, E

**09** 다음 글을 토대로 판단할 때, <보기>의 진술 중 반드시 참인 것을 모두 고르면?
09년 5급 경책형 15번

> 장애 아동을 위한 특수 교육 학교가 있다. 그 학교에는 키 성장이 멈추거나 더디어서 110cm 미만인 아동이 10명, 심한 약시로 구준한 치료와 관리가 필요한 아동이 10명 있다. 키가 110cm 미만인 아동은 모두 특수 스트레칭 교육을 받는다. 그리고 특수 스트레칭 교육을 받는 아동 중에는 약시인 아동은 없다. 어떤 아동이 약시인 경우에만 특수 영상장치가 설치된 학급에서 교육을 받는다. 숙이, 철이, 석이는 모두 이 학교에 다니는 아동이다.

---〈보　기〉---

> ㄱ. 특수 스트레칭 교육을 받으면서 특수 영상장치가 설치된 반에서 교육을 받는 아동은 없다.
> ㄴ. 숙이가 약시가 아니라면, 그의 키는 110cm 미만이다.
> ㄷ. 석이가 특수 영상장치가 설치된 반에서 교육을 받는다면, 그는 키가 110cm 이상이다.
> ㄹ. 철이 키가 120cm이고 약시는 아니라면, 그는 특수 스트레칭 교육을 받지 않는다.

① ㄱ, ㄴ
② ㄱ, ㄷ
③ ㄴ, ㄷ
④ ㄴ, ㄹ
⑤ ㄷ, ㄹ

**10** 환경부의 인사실무 담당자는 환경정책과 관련된 특별위원회를 구성하면서 외부 환경 전문가를 위촉하려 한다. 현재 거론되고 있는 외부 전문가는 A, B, C, D, E, F이다. 이 여섯 명의 외부 인사에 대해서 담당자는 다음의 조건을 충족시키는 선택을 해야 한다. 만약 B가 위촉되지 않는다면, 몇 명이 위촉되는가?
09년 5급 경책형 36번

> ○ 만약 A가 위촉되면, B와 C도 위촉되어야 한다.
> ○ 만약 A가 위촉되지 않는다면, D가 위촉되어야 한다.
> ○ 만약 B가 위촉되지 않는다면, C나 E가 위촉되어야 한다.
> ○ 만약 C와 E가 위촉되면, D는 위촉되어서는 안 된다.
> ○ 만약 D나 E가 위촉되면, F도 위촉되어야 한다.

① 1명
② 2명
③ 3명
④ 4명
⑤ 5명

**11** A, B, C, D, E, F 여섯 사람으로 구성된 부서에서 주말 당직을 정하는데 다음의 조건을 모두 지켜야 한다. 당직을 맡을 수 있는 사람을 바르게 짝지은 것은? 10년 5급 우책형 34번

---

○ A와 B가 당직을 하면 C도 당직을 한다.
○ C와 D 중 한 명이라도 당직을 하면 E도 당직을 한다.
○ E가 당직을 하면 A와 F도 당직을 한다.
○ F가 당직을 하면 E는 당직을 하지 않는다.
○ A가 당직을 하면 E도 당직을 한다.

---

① A, B
② A, E
③ B, F
④ C, E
⑤ D, F

**12** 다음 진술들이 참일 때, 반드시 참인 것은? 11년 5급 우책형 18번

---

○ 범인의 머리카락이 갈색이거나 키가 크다.
○ 만약 범인의 머리카락이 갈색이라면, 그는 안경을 쓴다.
○ 범인은 안경을 쓰거나 왼손잡이다.
○ 만약 범인의 머리카락이 갈색이라면, 그는 안경을 쓰지 않는다.
○ 만약 범인이 안경을 쓰지 않는다면, 그는 키가 크지 않다.

---

① 범인은 왼손잡이고 키가 크다.
② 범인은 키가 크고 안경을 쓴다.
③ 범인은 안경을 쓰고 왼손잡이다.
④ 범인의 머리카락이 갈색인지는 확실히 알 수 없지만 키는 크다.
⑤ 범인이 왼손잡이인지도 확실히 알 수 없고 키가 큰지도 확실히 알 수 없다.

**13** 사무관 A~E는 각기 다른 행정구역을 담당하고 있다. 이들이 담당하는 구역의 민원과 관련된 정책안이 제시되었다. 이에 대하여 A~E는 찬성과 반대 둘 중 하나의 의견을 제시했다고 알려졌다. 다음 정보가 모두 참일 때, 옳은 것은? <sub></sub>13년 5급 인책형 31번

> ○ A 또는 D 둘 중 적어도 하나가 반대하면, C는 찬성하고 E는 반대한다.
> ○ B가 반대하면, A는 찬성하고 D는 반대한다.
> ○ D가 반대하면 C도 반대한다.
> ○ E가 반대하면 B도 반대한다.
> ○ 적어도 한 사람이 반대한다.

① A는 찬성하고 B는 반대한다.
② A는 찬성하고 E는 반대한다.
③ B와 D는 반대한다.
④ C는 반대하고 D는 찬성한다.
⑤ C와 E는 찬성한다.

**14** 다음 정보가 모두 참일 때, 대한민국이 반드시 선택해야 하는 정책은? <sub></sub>14년 5급 A책형 12번

> ○ 대한민국은 국무회의에서 주변국들과 합동 군사훈련을 실시하기로 확정 의결하였다.
> ○ 대한민국은 A국 또는 B국과 상호방위조약을 갱신하여야 하지만, 그 두 국가 모두와 갱신할 수는 없다.
> ○ 대한민국이 A국과 상호방위조약을 갱신하지 않는 한, 주변국과 합동 군사훈련을 실시할 수 없거나 또는 유엔에 동북아 안보 관련 안건을 상정할 수 없다.
> ○ 대한민국은 어떠한 경우에도 B국과 상호방위조약을 갱신해야 한다.
> ○ 대한민국이 유엔에 동북아 안보 관련 안건을 상정할 수 없다면, 6자 회담을 올해 내로 성사시켜야 한다.

① A국과 상호방위조약을 갱신한다.
② 6자 회담을 올해 내로 성사시킨다.
③ 유엔에 동북아 안보 관련 안건을 상정한다.
④ 유엔에 동북아 안보 관련 안건을 상정하지 않는다면, 6자 회담을 내년 이후로 연기한다.
⑤ A국과 상호방위조약을 갱신하지 않는다면, 유엔에 동북아 안보 관련 안건을 상정한다.

**15** 입사 지원자들에 대한 다음 정보를 토대로 지원자 W에 관하여 바르게 추론한 것만을 <보기>에서 모두 고르면?

14년 5급 A책형 32번

---

○ 실무영어 불합격자 가운데 경제학 전공자는 없다.
○ 실무영어 합격자 가운데 해외연수 경력이 없거나 25세 미만인 지원자는 없다.
○ 경제학 전공이거나 러시아어 특기자인 지원자 가운데 해외연수 경력이 있는 사람은 없다.
○ 25세 이상의 지원자로서 러시아어 특기자인 사람은 모두 해외연수 경력이 있다.

---

〈보 기〉

ㄱ. W는 경제학 전공자가 아니다.
ㄴ. W가 해외연수 경력이 없다면, 25세 미만이다.
ㄷ. W가 러시아어 특기자라면, 해외연수 경력은 없다.
ㄹ. W가 실무영어 합격자라면, 러시아어 특기자가 아니다.

---

① ㄱ, ㄴ
② ㄴ, ㄷ
③ ㄷ, ㄹ
④ ㄱ, ㄴ, ㄹ
⑤ ㄱ, ㄷ, ㄹ

**16** 다음 글의 내용이 참일 때, 반드시 채택되는 업체의 수는?

15년 5급 인책형 32번

---

농림축산식품부는 구제역 백신을 조달할 업체를 채택할 것이다. 예비 후보로 A, B, C, D, E 다섯 개 업체가 선정되었으며, 그 외 다른 업체가 채택될 가능성은 없다. 각각의 업체에 대해 농림축산식품부는 채택하거나 채택하지 않거나 어느 하나의 결정만을 내린다.

정부의 중소기업 육성 원칙에 따라, 일정 규모 이상의 대기업인 A가 채택되면 소기업인 B도 채택된다. A가 채택되지 않으면 D와 E 역시 채택되지 않는다. 그리고 수의학산업 중점육성 단지에 속한 업체인 B가 채택된다면, 같은 단지의 업체인 C가 채택되거나 혹은 타지역 업체인 A는 채택되지 않는다. 마지막으로 지역 안배를 위해, D가 채택되지 않는다면, A는 채택되지만 C는 채택되지 않는다.

---

① 1개
② 2개
③ 3개
④ 4개
⑤ 5개

**17** 다음 글의 내용이 참일 때, 반드시 참인 것은?

16년 5급 4책형 8번

만일 A 정책이 효과적이라면, 부동산 수요가 조절되거나 공급이 조절된다. 만일 부동산 가격이 적정 수준에서 조절된다면, A 정책이 효과적이라고 할 수 있다. 그리고 만일 부동산 가격이 적정 수준에서 조절된다면, 물가 상승이 없다는 전제 하에서 서민들의 삶이 개선된다. 부동산 가격은 적정 수준에서 조절된다. 그러나 물가가 상승한다면, 부동산 수요가 조절되지 않고 서민들의 삶도 개선되지 않는다. 물론 물가가 상승한다는 것은 분명하다.

① 서민들의 삶이 개선된다.
② 부동산 공급이 조절된다.
③ A 정책이 효과적이라면, 물가가 상승하지 않는다.
④ A 정책이 효과적이라면, 부동산 수요가 조절된다.
⑤ A 정책이 효과적이라도, 부동산 가격은 적정 수준에서 조절되지 않는다.

**18** 다음 글의 빈칸에 들어갈 내용으로 적절하지 않은 것은?

23년 5급 가책형 15번

△△부에서는 국가 간 정책 교류를 위해 사무관 A~E 중 UN에 파견할 사무관을 선정하기로 했다. 파견 여부를 정하기 위해 다음의 기준을 세웠다.
○ A를 파견하면 B를 파견한다.
○ B를 파견하면 D를 파견하지 않는다.
○ C를 파견하면 E를 파견하지 않는다.
○ D를 파견하지 않으면 C를 파견한다.
○ E를 파견하지 않으면 D를 파견한다.
위의 기준으로는 사무관 세 명의 파견 여부가 확정되지만 두 명의 파견 여부는 확정되지 않는다. 하지만 "_____"를 기준으로 추가하면, 모든 사무관의 파견 여부를 확정할 수 있다.

① A를 파견하지 않으면 C를 파견한다.
② B를 파견하지 않으면 C를 파견한다.
③ C를 파견하지 않으면 D를 파견하지 않는다.
④ C를 파견하지 않으면 E를 파견하지 않는다.
⑤ D나 E를 파견하면 C를 파견한다.

**19** 다음의 진술들이 모두 참이라고 할 때 항상 참이라고 볼 수 없는 것은?

08년 입법 가책형 39번

> ○ 시험기간이 되면 민아는 도서관에 간다.
> ○ 시험기간이 아니면 경호는 커피를 마시지 않는다.
> ○ 경호가 커피를 마시든가 혹은 성환이가 수정과를 마신다.
> ○ 민아는 도서관에 가고, 성환이는 수정과를 마신다.

① 경호가 커피를 마시면 민아는 도서관에 간다.
② 시험기간이다.
③ 경호가 커피를 마시면 시험기간이다.
④ 시험기간이거나 경호가 커피를 마시지 않는다.
⑤ 성환이가 수정과를 마신다.

**20** 지문의 진술이 모두 참이라고 할 때 항상 참이라고 볼 수 없는 것은?

09년 입법 가책형 15번

> ○ 수학 선생님이 재미있으면 성진이는 수학을 좋아한다.
> ○ 국어 선생님이 숙제를 많이 내지 않거나 수학 선생님이 재미있다.
> ○ 수학 선생님이 재미있지 않거나 철수는 수업시간에 딴 생각을 한다.
> ○ 국어 선생님이 숙제를 많이 내지 않으면 수학 선생님이 재미있다.

① 수학 선생님이 재미있으면 철수가 수업시간에 딴 생각을 한다.
② 철수가 수업시간에 딴 생각을 하면 국어 선생님이 숙제를 많이 낸다.
③ 국어 선생님이 숙제를 많이 내거나 수학 선생님이 재미있다.
④ 성진이가 수학을 좋아하거나 철수가 수업시간에 딴 생각을 한다.
⑤ 국어 선생님이 숙제를 많이 내면 수학 선생님이 재미있다.

**21** 다음 <보기>를 읽고 옳은 것을 고르면? 15년 입법 가책형 29번

─────〈보 기〉─────

A회사에서 문건 유출 사건이 발생하여 관련자 다섯 명을 소환하였다. 다섯 명의 이름을 편의상 갑, 을, 병, 정, 무라 부르기로 한다. 다음은 관련자들을 소환하여 조사한 결과 참으로 밝혀진 내용들이다.

○ 소환된 다섯 명이 모두 가담한 것은 아니다.
○ 갑과 을은 문건유출에 함께 가담하였거나 함께 가담하지 않았다.
○ 을이 가담했다면 병이 가담했거나 갑이 가담하지 않았다.
○ 갑이 가담하지 않았다면 정도 가담하지 않았다.
○ 정이 가담하지 않았다면 갑이 가담했고 병은 가담하지 않았다.
○ 갑이 가담하지 않았다면 무도 가담하지 않았다.
○ 무가 가담했다면 병은 가담하지 않았다.

① 가담한 사람은 '갑', '을', '병' 세 사람뿐이다.
② 가담하지 않은 사람은 '무' 한 사람뿐이다.
③ 가담한 사람은 '을'과 '병' 두 사람뿐이다.
④ 가담한 사람은 '병'과 '정' 두 사람뿐이다.
⑤ 가담한 사람은 '갑', '을', '병', '무' 이렇게 네 사람이다.

**22** 다음 <보기>를 읽고 빈 칸에 들어갈 내용으로 반드시 옳은 것은? 17년 입법 가책형 11번

─────〈보 기〉─────

중소기업 A회사는 인사팀, 총무팀, 기획팀, 관리팀, 금융팀, 영업팀, 디자인팀, 홍보팀 등 8개의 팀을 가지고 있는데, 해외시장 진출을 앞두고 해외홍보에 더 많이 투자하는 대신 5개 팀의 예산을 줄이기로 하였다. A회사는 다음의 〈조건〉에 따라 예산을 감축하기로 하였다.

〈조건〉

○ 만약 금융팀 예산을 감축하면, 총무팀의 예산은 감축되지 않는다.
○ 만약 관리팀 예산을 감축하면, 영업팀과 디자인팀은 모두 예산을 감축하지 않는다.
○ 만약 인사팀과 디자인팀이 모두 예산을 감축하면, 기획팀의 예산도 감축해야 한다.
○ 총무팀, 기획팀, 영업팀 가운데 두 팀만 예산을 감축한다. 만약 기획팀과 영업팀의 예산이 감축된다면,

┌─────────────────────────┐
│                                     │
└─────────────────────────┘

① 총무팀과 관리팀의 예산은 감축되지 않는다.
② 인사팀과 관리팀의 예산은 감축된다.
③ 금융팀과 디자인팀의 예산은 감축되지 않는다.
④ 인사팀과 총무팀의 예산은 감축된다.
⑤ 총무팀과 금융팀의 예산은 감축되지 않는다.

**23** 다음 <조건>이 모두 참이라고 할 때, 논리적으로 항상 참으로 볼 수 없는 것은?

18년 입법 가책형 6번

─────〈조 건〉─────
○ 운영위원회가 열리면 보건복지위원회가 열린다.
○ 운영위원회가 열리면 법제사법위원회가 열리지 않는다.
○ 본회의가 열리면 법제사법위원회가 열린다.
○ 본회의가 열리지 않으면 인사청문회가 열린다.
○ 운영위원회가 열리면 국회 인사규칙 개정안을 상정한다.
○ 인사청문회는 운영위원회에서만 열린다.
○ 보건복지위원회가 열리면 법제사법위원회가 열리지 않는다.

① 인사청문회가 열리거나 본회의가 열린다.
② 운영위원회와 보건복지위원회가 동시에 열리면 인사청문회가 열린다.
③ 본회의가 열리면 운영위원회와 보건복지위원회는 모두 열리지 않는다.
④ 인사청문회가 열리지 않으면 국회 인사규칙 개정안이 상정되지 않는다.
⑤ 본회의와 법제사법위원회가 열리면 운영위원회가 열리지 않는다.

**24** 다음 <조건>이 모두 참이라고 할 때, 논리적으로 항상 참이라고 볼 수 없는 것은?

18년 입법 가책형 9번

─────〈조 건〉─────
○ 눈이 오면 교실이 조용하다.
○ 교실이 조용하거나 복도가 깨끗하다.
○ 복도가 깨끗한데 눈이 오지 않으면, 운동장이 넓고 눈이 오지 않는다.
○ 교실이 조용하지 않다.

① 교실이 조용하지 않으면 복도가 깨끗하다.
② 운동장이 넓지만 눈이 오지 않는다.
③ 복도가 깨끗하지 않다.
④ 눈이 오지 않는다.
⑤ 눈이 오지 않으면, 교실이 조용하지 않고 운동장이 넓다.

**25** 다음의 <조건> 중 ㄱ~ㄷ이 모두 참이고 ㄹ이 거짓이라고 할 때, 논리적으로 항상 거짓인 것은? 18년 5급 나책형 11번

─〈조 건〉─

ㄱ. 공연장 소리가 울리지 않으면, 악단의 연주가 훌륭하고 주차장이 만원이 아니다.
ㄴ. 피아니스트가 어리면 공연장의 소리가 울린다는 것은 사실이 아니다.
ㄷ. 암표상이 많으면, 악단의 연주가 훌륭한 경우 주차장이 만원이다.
ㄹ. 주차장이 만원이다.

① 공연장의 소리가 울리지 않는다.
② 악단의 연주가 훌륭하고 피아니스트는 어리다.
③ 암표상이 많지 않다.
④ 암표상이 많고 악단의 연주가 훌륭하다.
⑤ 공연장의 소리가 울리거나 주차장이 만원이 아니다.

**26** 다음 <조건>에 따를 때, 논리적으로 항상 참이라고 볼 수 없는 것은? 18년 입법 가책형 31번

─〈조 건〉─

당신은 실연해 본 적이 있는가? 실연한 사람의 마음속에는 사랑, 증오, 행복, 후회의 네 가지 감정 중 하나 이상의 감정이 존재할 수 있다고 하자. 이하의 사실은 모두 참이다.
○ 실연한 사람의 마음속에 사랑과 증오가 동시에 있는 것이 아니라면, 그 사람의 마음속에 행복이 있다.
○ 실연한 사람의 마음속에 사랑 또는 증오가 있다면, 그 사람의 마음속에 후회가 있다.
○ 실연한 사람의 마음속에 사랑이 있다면, 그 사람의 마음속에는 행복이 없거나 후회가 없다.
○ 실연한 사람의 마음속에 행복과 후회가 동시에 있는 것이 아니라면, 그 사람의 마음속에 사랑과 증오 둘 중 하나의 감정만이 있는 것이다.

① 실연한 사람의 마음속에는 행복과 후회가 있다.
② 실연한 사람의 마음속에는 사랑이 없다.
③ 실연한 사람의 마음속에 증오가 있다면 후회가 있다.
④ 실연한 사람의 마음속에 증오가 있을지 알 수 없다.
⑤ 실연한 사람의 마음속에 후회가 있다면 증오가 있다.

**27** 국회사무처 갑 사무관이 서기관으로의 승진을 위해 국회의 정연수원에서 제공하는 A~G의 총 7개 교육과정 중 3개 이상의 과정을 다음 <조건>에 따라 수강하고자 할 때, 옳지 않은 것은?

19년 입법 가책형 27번

〈조 건〉

○ A 과정을 수강하는 경우, B 과정은 수강해야 하고 E 과정은 수강해서는 안 된다.
○ E 과정은 수강해야 한다.
○ C 과정과 G 과정을 수강하면, A 또는 B 과정을 수강해야 한다.
○ B 과정을 수강하면, A 과정을 수강해야 한다.
○ C 또는 G 과정을 수강해야 한다.

① C 과정과 G 과정을 동시에 수강하는 경우가 있다.
② A 과정은 수강하지 않는다.
③ B 과정의 수강 여부는 C 과정의 수강 여부와 관계없이 결정된다.
④ D 과정 또는 F 과정을 반드시 수강한다.
⑤ 수강 가능한 최대 과정 수는 4개이다.

**28** 甲은 수업 준비물인 가위, 칼, 색연필, 크레파스, 볼펜 5종류 중 일부만을 가지고 있다. 甲이 가지고 있는 수업 준비물에 대한 아래 <조건>이 모두 참일 때, <보기>에서 반드시 참인 것만을 모두 고르면?

20년 입법 가책형 35번

〈조 건〉

○ 甲은 가위 또는 칼 둘 중에 하나를 가지고 있지만, 둘 모두를 가지고 있지는 않다.
○ 甲은 색연필 또는 크레파스 둘 중에 하나를 가지고 있지만, 둘 모두를 가지고 있지는 않다.
○ 甲이 칼을 가지고 있지 않다면, 甲은 볼펜을 가지고 있을 것이다.
○ 甲이 색연필을 가지고 있지 않다면, 甲은 가위도 칼도 가지고 있지 않을 것이다.

〈보 기〉

ㄱ. 甲이 2종류의 준비물만을 가지고 있다면, 甲은 반드시 칼을 가지고 있을 것이다.
ㄴ. 甲이 볼펜을 가지고 있지 않다면, 甲은 가위를 가지고 있지 않을 것이다.
ㄷ. 甲이 3종류의 준비물만을 가지고 있다면, 甲은 반드시 볼펜을 가지고 있을 것이다.

① ㄱ
② ㄷ
③ ㄱ, ㄴ
④ ㄴ, ㄷ
⑤ ㄱ, ㄴ, ㄷ

**29** 다음 <조건>이 모두 참이라고 할 때, 반드시 참인 것만을 <보기>에서 모두 고르면? 23년 입법 가책형 11번

─────〈조 건〉─────
○ 눈이 오면 스키장에 사람이 많다.
○ 스키장에 사람이 많거나 수영장에 사람이 많으면 차가 막힌다.
○ TV에 특선영화가 상영되면 스키장에 사람이 많지 않다.
○ 눈이 오는 경우에만 수영장에 사람이 많지 않다.

─────〈보 기〉─────
ㄱ. TV에 특선영화가 상영되면 수영장에 사람이 많다.
ㄴ. 눈이 오면 차가 막힌다.
ㄷ. 차가 막히지 않으면 TV에 특선영화가 상영된다.

① ㄱ
② ㄴ
③ ㄱ, ㄴ
④ ㄱ, ㄷ
⑤ ㄱ, ㄴ, ㄷ

**30** 다음 <조건>에 따를 때, A~F 중 시험 합격 가능성이 있는 학생만을 모두 고르면? 23년 입법 가책형 32번

─────〈조 건〉─────
○ A가 합격하면 B 또는 E 또는 F가 합격한다.
○ C가 불합격하면 B가 불합격하거나 A가 합격한다.
○ D가 합격하면 C가 합격한다.
○ F나 D가 합격하면 A가 불합격한다.
○ E가 합격하면 C가 불합격한다.
○ A가 불합격하거나 B가 불합격한다.
○ E가 불합격하면 F가 합격하고, F가 합격하면 E가 불합격한다.
○ C와 F가 동시에 합격하는 경우는 없다.

① A, B, E
② A, E, F
③ B, C, D
④ B, D, F
⑤ C, D, E

**31** 다음 <조건>에 따를 때, <보기>에서 반드시 참인 것만을 모두 고르면?

23년 입법 가책형 35번

─── 〈조 건〉───

○ 갑, 을, 병은 A동호회 회원이다.
○ A동호회 회원들은 강아지 또는 고양이 중 하나를 키우며, 강아지와 고양이를 둘 다 키우는 사람은 없다.
○ A동호회 회원 중 고양이를 키우면서 아이가 있는 사람은 주식 투자를 한다.
○ A동호회 회원 중 고양이를 키우면서 아이가 없는 사람은 회사에 다닌다.
○ A동호회 회원 중 아이가 없는 사람은 여성이다.
○ A동호회 회원 중 강아지를 키우면서 아이가 있는 사람은 회사에 다니지 않는다.

─── 〈보 기〉───

ㄱ. 갑이 회사에 다니면서 아이가 있다면, 그는 고양이를 키운다.
ㄴ. 을이 여성이 아니고 회사에 다닌다면, 그는 주식 투자를 한다.
ㄷ. 병이 주식 투자를 하는 여성이라면, 그는 아이가 없다.

① ㄱ
② ㄷ
③ ㄱ, ㄴ
④ ㄴ, ㄷ
⑤ ㄱ, ㄴ, ㄷ

**32** 다음 논증이 타당하기 위해서 괄호 안에 들어갈 진술로 가장 적절한 것은?

12년 민경채 인책형 23번

실천적 지혜가 있는 사람은 덕이 있는 성품을 가진 사람이다. 그런데 덕을 아는 것만으로 실천적 지혜가 있는 사람이 될 수는 없다. 실천적 지혜가 있는 사람은 덕을 알 뿐만 아니라 그것을 실행에 옮기는 사람이다. 그리고 그런 사람이 실천적 지혜가 있다고 할 수 있다. 그런데 (          ) 따라서 실천적 지혜가 있는 사람은 자제력도 있다.

① 자제력이 없는 사람은 성품이 나약한 사람이다.
② 덕이 있는 성품을 가진 사람도 자제력이 없을 수 있다.
③ 덕이 있는 성품을 가진 사람은 실천적 지혜가 있는 사람이다.
④ 자제력이 없는 사람은 올바른 선택을 따르지 않는 사람이다.
⑤ 자제력이 없는 사람은 아는 덕을 실행에 옮기는 사람이 아니다.

**33** 다음 정보를 따를 때 추론할 수 없는 것은?

16년 민경채 5책형 18번

○ 혈당이 낮아지면 혈중 L의 양이 줄어들고, 혈당이 높아지면 그 양이 늘어난다.
○ 혈중 L의 양이 늘어나면 시상하부 알파 부분에서 호르몬 A가 분비되고, 혈중 L의 양이 줄어들면 시상하부 알파 부분에서 호르몬 B가 분비된다.
○ 시상하부 알파 부분에서 호르몬 A가 분비되면, 시상하부 베타 부분에서 호르몬 C가 분비되고 시상하부 감마 부분의 호르몬 D의 분비가 억제된다.
○ 시상하부 알파 부분에서 호르몬 B가 분비되면, 시상하부 감마 부분에서 호르몬 D가 분비되고 시상하부 베타 부분의 호르몬 C의 분비가 억제된다.
○ 시상하부 베타 부분에서 분비되는 호르몬 C는 물질대사를 증가시키고, 이 호르몬의 분비가 억제될 경우 물질대사가 감소한다.
○ 시상하부 감마 부분에서 분비되는 호르몬 D는 식욕을 증가시키고, 이 호르몬의 분비가 억제될 경우 식욕이 감소한다.

① 혈당이 낮아지면, 식욕이 증가한다.
② 혈당이 높아지면, 식욕이 감소한다.
③ 혈당이 높아지면, 물질대사가 증가한다.
④ 혈당이 낮아지면, 시상하부 감마 부분에서 호르몬의 분비가 억제된다.
⑤ 혈당이 높아지면, 시상하부 알파 부분과 베타 부분에서 각각 분비되는 호르몬이 있다.

**34** A, B, C, D 네 개의 국책 사업 추진 여부를 두고, 정부가 다음과 같은 기본 방침을 정했다고 하자. 이를 따를 때 반드시 참이라고는 할 수 없는 것은?

11년 민경채 민책형 19번

○ A를 추진한다면, B도 추진한다.
○ C를 추진한다면, D도 추진한다.
○ A나 C 가운데 적어도 한 사업은 추진한다.

① 적어도 두 사업은 추진한다.
② A를 추진하지 않기로 결정한다면, 추진하는 사업은 정확히 두 개이다.
③ B를 추진하지 않기로 결정한다면, C는 추진한다.
④ C를 추진하지 않기로 결정한다면, B는 추진한다.
⑤ D를 추진하지 않기로 결정한다면, 다른 세 사업의 추진 여부도 모두 정해진다.

**35** 다음 글의 내용이 참일 때, 반드시 참인 것만을 <보기>에서 모두 고르면?

15년 민경채 인책형 16번

> 지혜로운 사람은 정열을 갖지 않는다. 정열을 가진 사람은 고통을 피할 수 없다. 정열은 고통을 수반하기 때문이다. 그런데 사랑을 원하는 사람은 정열을 가진 사람이다. 정열을 가진 사람은 행복하지 않다. 지혜롭지 않은 사람은 사랑을 원하면서 동시에 고통을 피하고자 한다. 그러나 지혜로운 사람만이 고통을 피할 수 있다.

─────〈보 기〉─────
ㄱ. 지혜로운 사람은 행복하다.
ㄴ. 사랑을 원하는 사람은 행복하지 않다.
ㄷ. 지혜로운 사람은 사랑을 원하지 않는다.

① ㄱ
② ㄴ
③ ㄱ, ㄷ
④ ㄴ, ㄷ
⑤ ㄱ, ㄴ, ㄷ

**36** 다음 글의 내용이 참일 때, 반드시 참인 것은?

20년 민경채 가책형 20번

> 도시발전계획의 하나로 관할 지역 안에 문화특화지역과 경제특화지역을 지정하여 활성화하는 정책을 추진하고 있는 A시와 관련하여 다음 사항이 알려졌다.
> ○ A시의 관할 지역은 동구와 서구로 나뉘어 있고 갑, 을, 병, 정, 무는 이 시에 거주하는 주민이다.
> ○ A시는 문화특화지역과 경제특화지역을 곳곳에 지정하였으나, 두 지역이 서로 겹치는 경우는 없다.
> ○ 문화특화지역으로 지정된 곳에서는 모두 유물이 발견되었다.
> ○ 동구에서 경제특화지역으로 지정된 곳의 주민은 모두 부유하다.
> ○ 서구에 거주하는 주민은 모두 아파트에 산다.

① 갑이 유물이 발견된 지역에 거주한다면, 그는 부유하지 않다.
② 을이 부유하다면, 그는 경제특화지역에 거주하고 있다.
③ 병이 아파트에 살지는 않지만 경제특화지역에 거주한다면, 그는 부유하다.
④ 정이 아파트에 살지 않는다면, 그는 유물이 발견되지 않은 지역에 거주한다.
⑤ 무가 문화특화지역에 거주한다면, 그는 아파트에 살지 않는다.

**37** 다음 글의 내용이 참일 때, 반드시 참인 것만을 <보기>에서 모두 고르면?

21년 7급 나책형 8번

최근 두 주 동안 직원들은 다음 주에 있을 연례 정책 브리핑을 준비해 왔다. 브리핑의 내용과 진행에 관해 알려진 바는 다음과 같다. 개인건강정보 관리 방식 변경에 관한 가안이 정책제안에 포함된다면, 보건정보의 공적 관리에 관한 가안도 정책제안에 포함될 것이다. 그리고 정책제안을 위해 구성되었던 국민건강 2025팀이 재편된다면, 앞에서 언급한 두 개의 가안이 모두 정책제안에 포함될 것이다. 개인건강정보 관리 방식 변경에 관한 가안이 정책제안에 포함되고 국민건강 2025팀 리더인 최팀장이 다음 주 정책 브리핑을 총괄한다면, 프레젠테이션은 국민건강 2025팀의 팀원인 손공정씨가 맡게 될 것이다. 그런데 보건정보의 공적 관리에 관한 가안이 정책제안에 포함될 경우, 국민건강 2025팀이 재편되거나 다음 주 정책 브리핑을 위해 준비한 보도자료가 대폭 수정될 것이다. 한편, 직원들 사이에서는, 최팀장이 다음 주 정책 브리핑을 총괄하면 팀원 손공정씨가 프레젠테이션을 담당한다는 말이 돌았는데 그 말은 틀린 것으로 밝혀졌다.

〈보 기〉

ㄱ. 개인건강정보 관리 방식 변경에 관한 가안과 보건정보의 공적 관리에 관한 가안 중 어느 것도 정책제안에 포함되지 않는다.
ㄴ. 국민건강 2025팀은 재편되지 않고, 이 팀의 최팀장이 다음 주 정책 브리핑을 총괄한다.
ㄷ. 보건정보의 공적 관리에 관한 가안이 정책제안에 포함된다면, 다음 주 정책 브리핑을 위해 준비한 보도자료가 대폭 수정될 것이다.

① ㄱ
② ㄴ
③ ㄱ, ㄷ
④ ㄴ, ㄷ
⑤ ㄱ, ㄴ, ㄷ

**38** 다음 포유동물에 대한 진술이 모두 참이라고 가정하자. 꼬리가 없는 포유동물 A에 관한 설명 중 반드시 참인 것은?

06년 5급 14번

○ 모든 포유동물은 물과 육지 중 한 곳에서만 산다.
○ 물에 살면서 육식을 하지 않는 포유동물은 다리가 없다.
○ 육지에 살면서 육식을 하는 포유동물은 모두 다리가 있다.
○ 육지에 살면서 육식을 하지 않는 포유동물은 모두 털이 없다.
○ 육식동물은 모두 꼬리가 있다.

① A는 털이 있다.
② A는 다리가 없다.
③ 만약 A가 물에 산다면, A는 다리가 있다.
④ 만약 A가 털이 있다면, A는 다리가 없다.
⑤ 만약 A가 육지에 산다면, A는 다리가 있다.

**39** 여섯 개의 모듈 A, B, C, D, E, F로 다음 <규칙>에 따라 전자시스템을 구축한다고 하자. 전자시스템 구축에 사용할 수 있는 모듈의 최대 개수와 최소 개수는? 11년 5급 우책형 16번

―〈규 칙〉―

○ 각 모듈은 중복해서 사용하지 않는다.
○ E는 반드시 사용한다.
○ 만약 A와 B를 함께 사용하는 경우가 아니라면, C와 F를 함께 사용한다.
○ 만약 C와 D를 함께 사용한다면, E는 사용하지 않는다.
○ 만약 B나 C를 사용한다면, F는 사용한다.
○ 만약 C와 E를 함께 사용하는 경우가 아니라면, A나 B 둘 중에 하나를 반드시 사용해야 하고 A와 B를 함께 사용할 수는 없다.

① 최대 4개, 최소 1개
② 최대 4개, 최소 2개
③ 최대 4개, 최소 3개
④ 최대 5개, 최소 2개
⑤ 최대 5개, 최소 3개

**40** 다음 글을 읽고 반드시 참인 것을 <보기>에서 모두 고르면? 12년 5급 인책형 10번

시험관 X에 어떤 물질이 들어 있는지 검사하기 위해 아래와 같은 네 가지 검사방법을 사용하고자 한다. 이 시험관에 물질 D가 들어 있지 않다는 것은 이미 알려져 있다. 검사 방법의 사용 순서에 따라 양성과 음성이 뒤바뀔 가능성도 있다.
○ 알파 방법: 시험관에 물질 A와 C가 둘 다 들어 있을 때 양성이 나온다. 그렇지 않을 때 음성이 나온다.
○ 베타 방법: 시험관에 물질 C는 들어 있지만 B는 들어 있지 않을 때 양성이 나온다. 그렇지 않을 때 음성이 나온다.
○ 감마 방법: 베타 방법을 아직 쓰지 않았으며 시험관에 물질 B도 D도 들어 있지 않을 때 음성이 나온다. 그렇지 않을 때 양성이 나온다.
○ 델타 방법: 감마 방법을 이미 썼으며 시험관에 물질 D와 E 둘 가운데 적어도 하나가 들어 있을 때 양성이 나온다. 그렇지 않을 때 음성이 나온다.

이 시험관 X에 알파, 베타, 감마, 델타 방법을 한 번씩 사용한 결과 모두 양성이 나왔다. 하지만 어떤 순서로 이 방법들을 사용했는지는 기록해두지 않았다.

―〈보 기〉―

ㄱ. 시험관 X에 물질 E가 들어 있다.
ㄴ. 시험관 X에 적어도 3가지 물질이 들어 있다.
ㄷ. 시험관 X에 가장 마지막으로 사용한 방법은 베타 방법이 아니다.

① ㄱ
② ㄷ
③ ㄱ, ㄴ
④ ㄴ, ㄷ
⑤ ㄱ, ㄴ, ㄷ

**41** 기술평가회의를 개최하기 위해 A, B, C, D, E 중에서 평가위원을 위촉하려고 한다. 다음 제약조건에서 위촉할 수 있는 위원의 최소 인원과 최대 인원은?

12년 5급 인책형 32번

○ A, B 중 최소 한 명은 회의에 참석해야 한다.
○ A가 참석하면, C도 참석해야 한다.
○ B가 불참하면, D도 불참해야 한다.
○ C가 참석하면, D, E 중 최소 한 명은 참석해야 한다.
○ E가 불참하면, C는 참석해야 한다.
○ D, E가 모두 참석하면, B는 불참해야 한다.

① 최소 1명, 최대 3명
② 최소 2명, 최대 3명
③ 최소 2명, 최대 4명
④ 최소 3명, 최대 4명
⑤ 최소 3명, 최대 5명

**42** 정책 갑에 대하여 A~G는 찬성이나 반대 중 한 의견을 제시하였다. 이들의 찬반 의견이 다음과 같다고 할 때, 반대 의견을 제시한 사람의 최소 인원은?

16년 5급 4책형 9번

○ A나 B가 찬성하면, C와 D도 찬성한다.
○ B나 C가 찬성하면, E도 찬성한다.
○ D는 반대한다.
○ E와 F가 찬성하면, B나 D 중 적어도 하나는 찬성한다.
○ G가 반대하면, F는 찬성한다.

① 2명
② 3명
③ 4명
④ 5명
⑤ 6명

**43** 다음 글의 내용이 모두 참일 때 반드시 참인 것만을 <보기>에서 모두 고르면?

18년 5급 나책형 33번

신생벤처기업 지원투자 사업이나 벤처기업 입주지원 사업이 10월에 진행된다면 벤처기업 대표자 간담회도 10월에 열려야 한다. 그런데 창업지원센터가 10월에 간담회 장소로 대관되지 않을 경우 벤처기업 입주지원 사업이 10월에 진행된다. 만일 대관된다면 벤처기업 입주지원 사업은 11월로 연기된다. 또한 기존 중소기업 지원 사업이 10월에 진행된다면 벤처기업 대표자 간담회는 11월로 연기된다. 벤처기업 대표자 간담회가 10월에 열릴 경우 창업지원센터는 간담회 장소로 대관된다. 벤처기업 대표자 간담회 외의 일로 창업지원센터가 대관되는 일은 없다. 이러한 상황에서 신생벤처기업 지원투자 사업과 기존 중소기업 지원 사업 중 한 개의 사업만이 10월에 진행된다는 것이 밝혀졌다.

─────〈보 기〉─────

ㄱ. 벤처기업 입주지원 사업은 10월에 진행되지 않는다.
ㄴ. 벤처기업 대표자 간담회는 10월에 진행되지 않는다.
ㄷ. 신생벤처기업 지원투자 사업은 10월에 진행되지 않는다.

① ㄱ
② ㄷ
③ ㄱ, ㄴ
④ ㄴ, ㄷ
⑤ ㄱ, ㄴ, ㄷ

**44** 다음 글의 내용이 참일 때, 반드시 참인 것만을 <보기>에서 모두 고르면?

21년 5급 가책형 13번

도청에서는 올해 새로 온 수습사무관 7명 중 신청자를 대상으로 요가 교실을 운영할 계획이다. 규정상 신청자가 3명 이상일 때에만 요가 교실을 운영한다. 새로 온 수습사무관 A, B, C, D, E, F, G와 관련해 다음과 같은 사실이 알려져 있다.
○ F는 신청한다.
○ C가 신청하면 G가 신청한다.
○ D가 신청하면 F는 신청하지 않는다.
○ A나 C가 신청하면 E는 신청하지 않는다.
○ G나 B가 신청하면 A나 D 중 적어도 한 명이 신청한다.

─────〈보 기〉─────

ㄱ. 요가 교실 신청자는 최대 5명이다.
ㄴ. G와 B 중 적어도 한 명이 신청하는 경우에만 요가 교실이 운영된다.
ㄷ. A가 신청하지 않으면 F를 제외한 어떤 수습사무관도 신청하지 않는다.

① ㄱ
② ㄷ
③ ㄱ, ㄴ
④ ㄴ, ㄷ
⑤ ㄱ, ㄴ, ㄷ

**45** 다음 글의 내용이 참일 때, 반드시 참인 것만을 <보기>에서 모두 고르면?

21년 5급 가책형 34번

A아파트에는 이번 인구총조사 대상자들이 거주한다. A아파트 관리소장은 거주민 수지, 우진, 미영, 양미, 가은이 그 대상이 되었는지 궁금했다. 수지에게 수지를 포함한 다른 친구들의 상황을 물어보았는데 수지는 다음과 같이 답변하였다.

○ 나와 양미 그리고 가은 중 적어도 한 명은 대상이다.
○ 나와 양미가 모두 대상인 것은 아니다.
○ 미영이 대상이 아니거나 내가 대상이다.
○ 우진이 대상인 경우에만 양미 또한 대상이다.
○ 가은이 대상이면, 미영도 대상이다.

───────〈보 기〉───────

ㄱ. 수지가 대상이 아니라면, 우진은 대상이다.
ㄴ. 가은이 대상이면, 수지와 우진 그리고 미영이 대상이다.
ㄷ. 양미가 대상인 경우, 5명 중 2명만이 대상이다.

① ㄱ
② ㄴ
③ ㄱ, ㄷ
④ ㄴ, ㄷ
⑤ ㄱ, ㄴ, ㄷ

**46** 지문의 내용이 참일 때, 반드시 참이라고는 할 수 없는 것은?

13년 외교관 인책형 19번

철이가 영이를 좋아하거나 돌이가 영이를 좋아하거나 석이가 영이를 좋아한다. 물론 철이, 돌이, 석이가 동시에 영이를 좋아할 수도 있고, 그들 중 어느 두 사람이 영이를 좋아할 수도 있다. 다시 말해서 철이, 돌이, 석이 중 적어도 한 사람은 영이를 좋아한다. 그런데 철이가 영이를 좋아한다면 영이는 건강한 여성임에 분명하다. 그리고 돌이가 좋아하는 사람은 모두 능력이 있는 사람이다. 영이가 원만한 성격의 소유자인 경우에만 석이는 영이를 좋아한다.

① 영이는 건강한 여성이거나 능력이 있거나 또는 원만한 성격의 소유자이다.
② 철이와 석이 둘 다 영이를 좋아하지 않는다면, 영이는 능력이 있는 사람이다.
③ 영이가 건강한 여성이 아니라면, 돌이가 영이를 좋아하거나 석이가 영이를 좋아한다.
④ 영이가 원만한 성격의 소유자라면, 철이와 돌이 둘 모두 영이를 좋아하지 않는다.
⑤ 돌이가 영이를 좋아하지 않는다면, 영이는 건강한 여성이거나 원만한 성격의 소유자이다.

**47** 국제회의 참가를 고려하고 있는 나라는 A, B, C, D, E, F, G이다. 다음 <조건>과 <보기>를 토대로 할 때, 참가 가능한 최소 국가 수는? (단, <보기>의 진술 중 ㄱ, ㄴ, ㄷ은 참이고 ㄹ, ㅁ은 거짓이다)

17년 입법 가책형 30번

―〈조 건〉―

임의의 두 진술 P, Q를 사용하여 만든 다음 진술을 고찰해 보기로 하자.

P이면 Q이다.

이 진술을 기호로는 P → Q와 같이 나타내고, "P는 Q를 함축한다"라고 읽기도 한다. 위 진술이 의미하는 바는 오직 P가 참이며 동시에 Q가 거짓이 아니라는 것이다. 따라서 우리는 다음의 사실을 알 수 있다.

사실 1: P가 거짓이면, P → Q는 자동적으로 참이다.

사실 2: Q가 참이면, P → Q는 자동적으로 참이다.

사실 3: P → Q가 거짓일 수 있는 것은 P가 참이며 동시에 Q가 거짓인 경우 그리고 오직 그 경우에 한한다.

―〈보 기〉―

ㄱ. C국이 참가하지 않으면 E국이 참가한다.

ㄴ. D국이 참가하면 C국과 F국 모두 참가한다.

ㄷ. D국과 F국이 모두 참가하면 B국은 참가하지 않는다.

ㄹ. B국이 참가하면 C국은 참가하고 D국은 참가하지 않는다.

ㅁ. F국이나 G국이 참가하면 A국도 참가한다.

① 2

② 3

③ 4

④ 5

⑤ 6

**48** 다음 글에 따라 청문회에 출석 가능한 최대 증인 수는?

17년 입법 가책형 31번

국회 국정조사 특별위원회는 이번 사건과 관련하여 청문회에 증인들을 출석시킬 예정이다. 출석을 요구할 증인은 A, B, C, D, E, F 모두 6명이며, 그 외에 다른 증인들을 출석시킬 예정은 없다. 국회 국정조사 특별위원회로부터 출석을 요구받은 증인은 출석을 하거나 하지 않거나 어느 하나의 결정만을 내린다.

6명의 증인들은 서로가 증인으로 요구된다는 사실을 알고 있으며 다음과 같은 원칙을 정하였다.

○ A가 청문회에 출석하면 C와 F도 출석한다.

○ E는 D가 출석하는 경우에만 청문회에 출석하고, C는 B가 출석하는 경우에만 청문회에 출석할 예정이다.

○ A와 B는 엇갈리는 진술을 하고 있어 B가 출석하면 A는 청문회에 출석하지 않을 예정이다.

○ D나 F가 출석하면 A는 청문회에 출석한다.

① 1명

② 2명

③ 3명

④ 4명

⑤ 5명

**49** 다음 중 가영이가 좋아할 가능성이 있는 사람을 모두 고르면?

17년 입법 가책형 37번

'어셈블리' 회사에는 한 사람이 다른 사람을 일방적으로 좋아하는 경우는 없다. 즉 A가 B를 좋아한다는 것은 B도 A를 좋아한다는 것을 뜻한다. 그리고 어셈블리 회사에 다니는 사람들은 애매한 관계 맺는 것을 꺼리기 때문에 이들의 관계는 좋아하거나 좋아하지 않는 것 두 가지뿐이다. 어셈블리 회사에는 가영, 나영, 다영, 라영, 마영, 바영이가 다니고 있으며 이들의 관계는 다음과 같다.

○ 가영이가 마영이를 좋아하면 라영이는 가영이를 좋아하지 않는다.
○ 나영이는 가영이를 좋아하거나 가영이는 다영이를 좋아한다.
○ 바영이가 가영이를 좋아하면 라영이는 다영이를 좋아하거나 가영이는 라영이를 좋아한다.
○ 마영이가 가영이를 좋아하지 않으면 가영이를 좋아하는 사람은 아무도 없다.
○ 다영이는 가영이를 좋아하지 않는 사람들은 좋아하지 않는다.
○ 가영이와 나영이가 서로 좋아하지 않고 가영이가 다영이를 좋아하지 않으면 가영이는 아무도 좋아하지 않는다.

① 나영, 마영
② 다영, 바영
③ 나영, 다영, 마영
④ 나영, 다영, 바영
⑤ 다영, 마영, 바영

**50** 다음 <조건>에 따를 때, 국제학술대회에 참석 가능한 최소 국가의 수와 최대 국가의 수는?

18년 입법 가책형 12번

─〈조 건〉─

국회사무처는 2018년 제헌 70주년을 기념하여 국제학술대회를 개최하고자 한다. A, B, C, D, E, F 6개 국가에 국제학술대회 초대장을 보내려고 한다.
○ D국가가 참석하는 경우에만 A국가가 참석한다.
○ B국가가 참석한다면 D국가는 참석하지 않고, F국가가 참석하지 않는다면 D국가는 참석한다.
○ C국가가 참석한다면 E국가는 참석하지 않고, F국가가 참석하는 경우에만 E국가가 참석한다.
○ A국가는 반드시 참석한다.

① 최소 1국, 최대 5국
② 최소 2국, 최대 3국
③ 최소 2국, 최대 4국
④ 최소 3국, 최대 4국
⑤ 최소 3국, 최대 5국

**51** 법안 X에 대하여 사무관 A~H 8명은 찬성이나 반대 중 한 의견을 제시하였다. 이들의 찬반 의견이 다음 <조건>과 같다고 할 때, 반대 의견을 제시한 최소 인원 수는? 19년 입법 가책형 6번

─〈조 건〉─

○ A나 B가 반대하면, C와 D는 찬성하고 E는 반대한다.
○ B나 C가 찬성하면, F 또는 G 중 적어도 한 명이 찬성한다.
○ D와 H 중 한 명만이 찬성한다.
○ B나 D 중 적어도 한 명이 반대하면, E가 반대하거나 H가 찬성한다.
○ E가 반대하면, H는 찬성한다.
○ D는 찬성한다.

① 1명
② 2명
③ 3명
④ 4명
⑤ 5명

**52** 다음 <조건>에 따를 때, 봉사활동에 참여 가능한 최소 학생 수와 최대 학생 수는? 19년 입법 가책형 34번

─〈조 건〉─

K 고등학교에서는 봄 학기를 맞아 조별 자율 봉사 활동을 갈 예정이다. 1학년 1반 1조에는 가영, 누리, 다혜, 라익, 마로, 바람, 사율 총 7명의 학생이 있으며, 그 외에 다른 학생들은 1조 봉사 활동에 참여할 수 없다. 1조에 속한 각 학생들은 자유롭게 봉사 활동에 참여하거나 하지 않거나 어느 하나의 결정만을 내린다.

각 학생들은 서로 간 친밀도에 따라 다음과 같은 봉사활동 참여 원칙을 정하였다.

○ 가영이가 봉사활동에 참여하면 다혜와 라익, 마로도 참여한다.
○ 누리는 마로가 참여하는 경우에만 봉사활동에 참여하고, 라익이는 가영이와 누리가 봉사활동에 함께 참여하는 경우에만 봉사활동에 참여한다.
○ 바람이나 사율이가 봉사 활동에 참여하면, 다혜는 봉사활동에 참여하지 않는다.
○ 누리가 봉사활동에 참여하면 가영이는 봉사활동에 참여하지 않는다.
○ 바람이와 사율이가 모두 봉사 활동에 참여하지 않으면, 다혜는 반드시 봉사활동에 참여한다.
○ 마로는 반드시 봉사활동에 참여한다.

| | 최소 | 최대 |
|---|---|---|
| ① | 1 | 4 |
| ② | 1 | 5 |
| ③ | 2 | 4 |
| ④ | 2 | 5 |
| ⑤ | 3 | 5 |

**53** 법안 X에 대하여 갑, 을, 병, 정, 무, 기, 경, 신 총 8명은 찬성이나 반대 중 한 의견을 제시하였다. 이들의 찬반 의견이 다음 <조건>과 같다고 할 때, 찬성 의견을 제시한 사람들의 최소 인원 수는?

20년 입법 가책형 27번

─────〈조 건〉─────

○ 병이 찬성하는 경우, 신이 반대한다면 을도 찬성한다.
○ 을이 찬성하거나 병이 반대하는 경우, 무와 경도 찬성한다.
○ 기와 경이 찬성하는 경우, 병이 반대하거나 무가 찬성한다.
○ 신이 찬성하거나 갑이 반대하는 경우, 정은 반대한다.
○ 무는 반대한다.

① 1명
② 2명
③ 3명
④ 4명
⑤ 5명

---

**54** 다음 <조건>과 <대화>가 모두 참이라고 할 때, 반드시 옳은 것은?

23년 입법 가책형 14번

─────〈조 건〉─────

○ 각 위원장은 다음 9개국(미국, 중국, 일본, 러시아, 베트남, 영국, 프랑스, 독일, 스위스) 중 1개국 또는 2개국을 방문한다.
○ 미국, 중국, 일본, 러시아는 다른 국가와 함께 방문할 수 없다.
○ 프랑스나 독일을 방문하는 경우에만 스위스를 방문할 수 있다.
○ 각 위원장은 다른 위원장이 방문하는 국가를 방문할 수 없다.
○ 어떤 위원장도 방문하지 않는 국가가 있을 수 있다.

─────〈대 화〉─────

○ 행정안전위원장: 저는 이번에 2개국을 방문할 계획입니다.
○ 보건복지위원장: 저는 영국만큼은 꼭 방문할 계획입니다.
○ 환경노동위원장: 다른 위원장님께서 미국을 방문하시면, 저는 일본을 방문할 계획입니다.
○ 외교통일위원장: 일정상 1개국만 방문해야 한다면, 미국을 방문할 계획입니다.
○ 법제사법위원장: 저는 스위스만큼은 꼭 방문할 계획입니다.

① 외교통일위원장은 2개국을 방문한다.
② 법제사법위원장이 독일을 방문한다면, 보건복지위원장은 프랑스를 방문한다.
③ 중국이나 러시아를 방문하는 위원장이 있다.
④ 베트남을 방문하는 위원장은 독일이나 프랑스를 방문한다.
⑤ 환경노동위원장은 일본을 방문하지 않는다.

**55** 네 명의 여성 사무관 A, B, C, D와 세 명의 남성 사무관 E, F, G는 어떤 정책을 도입할 것인지를 두고 토론하고 있다. 그들 가운데 네 명은 정책 도입에 찬성하고, 세 명은 반대한다. 이들의 찬반 성향이 다음과 같다고 할 때 반드시 참이라고는 할 수 없는 것은?

10년 5급 가책형 13번

○ 남성 사무관 가운데 적어도 한 사람은 반대하지만 그들 모두 반대하는 것은 아니다.
○ A와 B 가운데 적어도 한 사람은 반대한다.
○ B가 찬성하면 A와 E는 반대한다.
○ B가 찬성하면 C와 D도 찬성하고, C와 D가 찬성하면 B도 찬성한다.
○ F가 찬성하면 G도 찬성하고, F가 반대하면 A도 반대한다.

① A와 F는 같은 입장을 취한다.
② B와 F는 서로 다른 입장을 취한다.
③ C와 D는 같은 입장을 취한다.
④ E는 반대한다.
⑤ G는 찬성한다.

**56** 다음 글의 내용이 참일 때, 반드시 참인 것만을 <보기>에서 모두 고르면?

19년 5급 가책형 12번

A 부서에서는 새로운 프로젝트인 〈하늘〉을 진행할 예정이다. 이 부서에는 남자 사무관 가훈, 나훈, 다훈, 라훈 4명과 여자 사무관 모연, 보연, 소연 3명이 소속되어 있다. 아래의 조건을 지키면서 이들 가운데 4명을 뽑아 〈하늘〉 전담팀을 꾸리고자 한다.

○ 남자 사무관 가운데 적어도 한 사람은 뽑아야 한다.
○ 여자 사무관 가운데 적어도 한 사람은 뽑지 말아야 한다.
○ 가훈, 나훈 중 적어도 한 사람을 뽑으면, 라훈과 소연도 뽑아야 한다.
○ 다훈을 뽑으면, 모연과 보연은 뽑지 말아야 한다.
○ 소연을 뽑으면, 모연도 뽑아야 한다.

─────〈보 기〉─────
ㄱ. 남녀 동수로 팀이 구성된다.
ㄴ. 다훈과 보연 둘 다 팀에 포함되지 않는다.
ㄷ. 라훈과 모연 둘 다 팀에 포함된다.

① ㄱ
② ㄷ
③ ㄱ, ㄴ
④ ㄴ, ㄷ
⑤ ㄱ, ㄴ, ㄷ

**57** 국제회의의 참석 대상국은 A~F국이다. 각국은 회의에 참석하는 국가들과의 정치적 관계에 따라 참석여부를 결정한다. 다음 글을 토대로 반드시 참인 것은? 16년 입법 가책형 15번

> – A, B, C국은 서로 경제동맹국이다.
> – E, F국은 최근에 영토분쟁을 겪고 있다.
> – A, D, F국은 동일한 종교를 국교로 하고 있다.
> ○ 경제동맹국 중 적어도 한 국가는 반드시 회의에 참석한다.
> ○ 영토분쟁을 겪은 국가 중 한 국가만이 참석한다.
> ○ A, D, F국은 자신 외에 동일한 종교를 국교로 하는 국가가 한 국가 이상 참석해야 회의에 참석한다.
> ○ C국이 참석하면 F국이 참석한다.
> ○ B국이 참석하면 E국이 참석한다.
> ○ 언급되지 않은 내용은 고려하지 않는다.

① A국이 참석하지 않을 경우 최대 세 국가가 회의에 참석할 수 있다.

② E국이 참석하고 B국이 참석하지 않는다면, D국은 참석하지 않을 수 있다.

③ F국이 참석하지 않을 경우 적어도 세 국가가 회의에 참석한다.

④ E국이 참석하지 않으면 C국이 참석하지 않는다.

⑤ C국이 참석하지 않을 경우 A국은 참석한다.

**58** 다음 <조건>에 따를 때, 반드시 참인 것만을 <보기>에서 모두 고르면? 19년 입법 가책형 13번

> ─── 〈조 건〉───
> ○ A가 범인이 아니라면 B가 범인이다.
> ○ A가 범인이라면 D나 E가 범인이다.
> ○ A가 범인이고 F가 범인이라면 C도 범인이다.
> ○ B가 범인이라면 C도 범인이다.
> ○ C는 범인이 아니다.
> ○ E가 범인이고 F가 범인이 아니라면 G는 범인이 아니다.
> ○ 범인은 A~G 중에 있다.

> ─── 〈보 기〉───
> ㄱ. 범인은 최소 2명, 최대 4명이 될 수 있다.
> ㄴ. 범인의 수가 최대가 되려면, D는 반드시 범인이어야 한다.
> ㄷ. 범인의 수가 최소가 되려면, E나 G 중 적어도 한 명은 반드시 범인이어야 한다.

① ㄱ
② ㄴ
③ ㄷ
④ ㄱ, ㄴ
⑤ ㄴ, ㄷ

**59** 다음 <조건>의 대화 내용이 모두 참이라고 할 때, 옳지 않은 것만을 <보기>에서 모두 고르면?

20년 입법 가책형 37번

─────────────〈조 건〉─────────────

甲: 우리 기관에서 올해 정책연구용역을 추진해야 하는데, 지금까지 신청된 과제는 A, B, C, D, E 다섯 개야. 이 중에 어떤 과제를 선정하면 좋을까?

乙: 모두 다 추진하는 것은 예산상 어려워. 그리고 만약 C를 선정한다면 내용이 유사한 D는 추진하지 않는 것이 옳아.

丙: B와 E 중에 하나는 꼭 진행해야 해. 올해 우리 기관의 기획 보고서 주제와 연관이 있거든.

丁: 그러면 E는 반드시 추진하도록 하자. E는 올해 제21대 국회 개원 대비로도 의미가 있는 주제라서 필요성이 높아. 그런데 E를 추진하기 위해서는 A, C, D 중 적어도 하나는 함께 선정해야 해. 서로 관련 있는 주제이기 때문에 함께 진행하면 분석 수준이 훨씬 높아질 거야.

甲: 아, 깜박했는데 D를 추진할 경우에만 B를 추진할 수 있어.

─────────────〈보 기〉─────────────

ㄱ. C가 추진되는 경우 B는 추진되지 않는다.

ㄴ. A와 D 중 적어도 하나는 추진해야 한다.

ㄷ. 3개의 과제만을 추진하는 방법은 모두 3가지이다.

① ㄱ

② ㄴ

③ ㄷ

④ ㄱ, ㄴ

⑤ ㄴ, ㄷ

| 01 | 02 | 03 | 04 | 05 |
|----|----|----|----|----|
| ④ | ④ | ④ | ③ | ③ |
| 06 | 07 | 08 | 09 | 10 |
| ③ | ③ | ② | ② | ③ |
| 11 | 12 | 13 | 14 | 15 |
| ③ | ② | ④ | ② | ⑤ |
| 16 | 17 | 18 | 19 | 20 |
| ④ | ② | ④ | ② | ② |
| 21 | 22 | 23 | 24 | 25 |
| ② | ① | ④ | ③ | ④ |
| 26 | 27 | 28 | 29 | 30 |
| ⑤ | ① | ⑤ | ⑤ | ② |
| 31 | 32 | 33 | 34 | 35 |
| ③ | ⑤ | ④ | ② | ④ |
| 36 | 37 | 38 | 39 | 40 |
| ③ | ④ | ④ | ⑤ | ⑤ |
| 41 | 42 | 43 | 44 | 45 |
| ③ | ③ | ① | ③ | ③ |
| 46 | 47 | 48 | 49 | 50 |
| ④ | ② | ② | ③ | ③ |
| 51 | 52 | 53 | 54 | 55 |
| ① | ③ | ② | ④ | ③ |
| 56 | 57 | 58 | 59 | |
| ⑤ | ① | ② | ② | |

## 01
정답 ④

첫 번째 동그라미부터 각각 ⅰ)~ⅳ)라고 한다. 대우명제도 함께 표시하였다.

| ⅱ) ~월 |
| ⅲ) (화∧목)∨월 |
| ⅳ) ~금 → ~화∧~수      화∨수 → 금 |

ⅱ) '~월'이므로 ⅲ)에 따라 '화∧목'임을 추론할 수 있다(선언소거). '화'이므로 ⅳ)의 대우명제에 따라 '금'임을 추론할 수 있다(전건긍정). 다음과 같이 정리할 수 있다. 회의를 반드시 개최해야 하는 날의 수는 화, 목, 금 3일이다.

| 월 | 화 | 수 | 목 | 금 |
|----|----|----|----|----|
| X | O |  | O | O |

## 02
정답 ④

첫 번째 대화부터 각각 ⅰ)~ⅷ)이라고 한다.

| ⅰ) A∧B → C | ⅴ) ∴ A |
| ⅱ) ~C | ⅵ) ㉠ |
| ⅲ) ∴ ~A∨~B | ⅶ) E∧F |
| ⅳ) A∨D | ⅷ) ㉡ |

ⅴ)와 같이 'A'임을 추론하려면 ⅳ)와 ㉠으로부터 선언소거, 즉 '~D'이어야 한다. 선지의 ㉠ 중 ①, ②, ④, ⑤가 '~D'이다(선지 ①, ②는 '~B∧~D'이므로 '~D'이다). 그리고 ⅴ) 'A'와 ⅲ) '~A∨~B'로부터 '~B'임을 알 수 있다.
ⅶ)과 같이 'E∧F'임을 추론하려면 주어진 명제나 '~B'로부터 'E∧F'임을 추론할 수 있는 명제이어야 한다. 선지 ③, ④의 '~B → E∧F'와 '~B'로부터 'E∧F'임을 추론할 수 있다.

## 03
정답 ④

첫 번째 동그라미부터 각각 ⅰ)~ⅲ)이라고 한다. 발문에서 세 진술이 모두 거짓이라고 하는데, 우선 주어진 지문의 내용을 다음과 같이 기호화할 수 있다.

| ⅰ) ~A∨~B |
| ⅱ) (B∨C) → D |
| ⅲ) ~C∧~D |

ⅰ) '~A∨~B'의 전체 부정은 ~(~A∨~B)≡A∧B이다(드모르간의 법칙).
ⅱ)의 전체 부정은 다음과 같이 변환한다.
~{(B∨C) → D}≡~{~(B∨C)∨D}      (함축법칙)
~{~(B∨C)∨D}≡(B∨C)∧~D      (드모르간의 법칙)
ⅲ) '~C∧~D'의 전체 부정은 ~(~C∧~D)≡C∨D이다(드모르간의 법칙).
정리하면 다음과 같다.

| ⅰ) A∧B | A, B(연언소거) |
| ⅱ) (B∨C)∧~D | ~D(연언소거) |
| ⅲ) C∨D | |

'~D'와 ⅲ) 'C∨D'로부터 'C'임을 알 수 있다(선언소거).
A, B, C는 전시되고 D는 전시되지 않는다.

**문제풀이 핵심 포인트**
대우명제와 함축법칙, 드모르간의 법칙은 많은 문제에서 중요하게 활용된다. 어떤 명제가 주어지든 적극적으로 활용하도록 하자.

## 04
정답 ③

지문의 내용을 다음과 같이 기호화한다. 첫 번째 동그라미부터 ⅰ)~ⅳ)라고 한다.

| ⅰ) A → B |
| ⅱ) ~(B∧C)      ≡~B∨~C(드모르간의 법칙) |
| ⅲ) B∨D |
| ⅳ) ~C → ~B |

ii)에서 'B'라고 가정하면 '~C'이다(선언소거). '~C'라면 iv)에 따라 '~B'이다(전건긍정). 'B'라고 가정하였더니 '~B'라는 결론이 나왔고 이는 최초의 가정과 모순이다. 따라서 '~B'이다(귀류법).
'~B'이면 i)에 따라 '~A'이다(후건부정).
'~B'이면 iii)에 따라 'D'이다(선언소거).
ㄱ. (O) ~A∨~B와 같이 기호화할 수 있다. '~A', '~B'이므로 '~A∧~B'이다(연언도입).
ㄴ. (X) ~B∧~C와 같이 기호화할 수 있다. '~B'이지만 '~C'인지는 알 수 없다.
ㄷ. (O) 'D'이다.

## 05
정답 ③

첫 번째 동그라미부터 각각 i)~iii)이라고 한다. 다음과 같이 기호화할 수 있다.

| i) A → B∧C | ~C∨~B → ~A |
|---|---|
| ii) ~C | |
| iii) D → A∨E | ~E∧~A → ~D |

오른쪽에는 주어진 모든 명제의 대우명제를 표시하였다. ii)와 i)의 대우명제로부터 '~A'임을 알 수 있다(전건긍정).
ㄱ. (O) '~A', '~C'임은 이미 알고 있다. '~B'라면 A, B, C 3개 구가 찬성하지 않는 것이고 안건은 승인되지 않는다.
ㄴ. (X) '~A', '~C'인 상황에서 'B', 'E'라고 해도 D구의 찬성 여부는 알 수 없다.
ㄷ. (O) '~E'이면 '~E∧~A'가 참이므로 iii)의 대우명제로부터 '~D'임을 알 수 있다.

## 06
정답 ③

첫 번째 동그라미부터 각각 i)~iv)라고 한다. 우선 주어진 지문의 내용을 다음과 같이 기호화할 수 있다.

| i) ~침공X델타 |
|---|
| ii) 침공X베타 ∨ 침공X델타 |
| iii) ~침공X감마 → 침공X알파 |
| iv) 침공X베타 → ~침공X감마 |

그러나 'X행성이 … 행성을 침공한다'만 고려하고 다른 행성이 X행성을 침공하는 경우는 고려하지 않으므로 덩어리로 취급하여 다음과 같이 간단히 기호화할 수 있다.

| i) ~델타 |
|---|
| ii) 베타∨델타 |
| iii) ~감마 → 알파 |
| iv) 베타 → ~감마 |

i), ii)에 따라 '베타'임을 추론할 수 있다(선언소거). '베타'와 iv)에 따르면 '~감마'임을 추론할 수 있다(전건긍정). '~감마'와 iii)에 따르면 '알파'임을 추론할 수 있다(전건긍정). 즉, 알파, 베타 행성은 침공하고 감마, 델타 행성은 침공하지 않는다.

## 07
정답 ③

첫 번째 동그라미부터 각각 i)~v)라고 한다. 다음과 같이 기호화할 수 있다.

| i) A → B | 정기적금: A, 변액보험: B |
|---|---|
| ii) C∨D | 주식형 펀드: C, 해외펀드: D |
| iii) E → ~B | 의료보험: E |
| iv) D → ~F | 주택마련저축: F |
| v) (A∧F)∨(A∧G)∧(F∧G) | 연금저축: G |

v)는 기호화의 예를 든 것일 뿐이고 각자 편한 방식으로 기호화한다. 기호화해서 잘 알아보기 힘들다면 예외적으로 문장으로 처리한다. 그리고 발문에 의료보험 가입이 의무화된다고 한다. 즉, 'E'이다.
'E'이므로 iii)에 따라 '~B'임을 추론할 수 있다(전건긍정).
'~B'이면 i)에 따라 '~A'임을 추론할 수 있다(후건부정).
'~A'이면 v)에 따라 'F∧G'임을 추론할 수 있다. 'F', 'G'이다(연언소거).
'F'이면 iv)에 따라 '~D'임을 추론할 수 있다(후건부정).
'~D'이면 ii)에 따라 'C'임을 추론할 수 있다(포괄적 선언, 선언소거).
① (X) '~B'이다.
② (X) '~A'이다.
③ (O) 'C'이다.
④ (X) '~G'이다.
⑤ (X) 'F'이다.

## 08
정답 ②

첫 번째 동그라미부터 각각 i)~vi)이라고 한다. 다음과 같이 기호화할 수 있다.

| i) ~A∨~B |
|---|
| ii) A → C |
| iii) ~A → B∨C |
| iv) ~C |
| v) D → ~B |
| vi) ~D → ~E |

확정적으로 주어진 iv) '~C'로부터 추론을 시작해본다.
'~C'이므로 ii)에 따라 '~A'임을 추론할 수 있다(후건부정).
'~A'이면 iii)에 따라 'B∨C'임을 추론할 수 있다(전건긍정).
'B∨C'와 '~C'로부터 'B'임을 추론할 수 있다(선언소거).
'B'이면 v)에 따라 '~D'임을 추론할 수 있다(후건부정).
'~D'이면 vi)에 따라 '~E'임을 추론할 수 있다(전건긍정).

## 09
정답 ②

키 성장이 멈추거나 더디어서 110 cm 미만인 아동이 10명, 심한 약시로 꾸준한 치료와 관리가 필요한 아동이 10명이라는 내용은 문제 풀이에 사용되지 않는다.

| i) A → B | 키가 110 cm 미만인 아동: A |
|---|---|
| ii) B → ~C | 특수 스트레칭 교육: B |
| iii) D → C | 약시: C |
| | 특수 영상장치가 설치된 학급에서 교육: D |

ㄱ. (O) ii)와 iii) 대우명제의 조건연쇄에 따라 'B → ~D'이다. 'B → ~D'가 참이므로 'B → ~D'의 반례인 'B∧D'인 아동은 없다. 특칭명제에 대한 이해가 없더라도 해결할 수 있는 선지이다.

ㄴ. (X) 주어진 명제로 추론할 수 없다.

ㄷ. (O) 석이가 'D'라면 ⅲ)에 따라 'C'임을 추론할 수 있다(전건긍정). 'C'이면 ⅱ)에 따라 '~B'임을 추론할 수 있다(후건부정). '~B'이면 ⅰ)에 따라 '~A' 임을 추론할 수 있다.

ㄹ. (X) 주어진 명제로 추론할 수 없다.

**문제풀이 핵심 포인트**

전칭명제와 단칭명제가 섞인 문제이다.

## 10
정답 ③

첫 번째 동그라미부터 각각 ⅰ)~ⅴ)라고 한다. 다음과 같이 기호화할 수 있다. 대우명제도 함께 표시하였다.

| | |
|---|---|
| ⅰ) A → B∧C | ~B∨~C → ~A |
| ⅱ) ~A → D | ~D → A |
| ⅲ) ~B → C∨E | ~C∧~E → B |
| ⅳ) C∧E → ~D | D → ~C∨~E |
| ⅴ) D∨E → F | ~F → ~D∧~E |

발문에 주어진 ⅳ) '~B'로부터 추론을 시작해본다.

'~B'이면 ⅰ)의 대우명제에 따라 '~A'임을 추론할 수 있다(전건긍정).

또, '~B'이면 ⅲ)에 따라 'C∨E'임을 추론할 수 있다(전건긍정).

'~A'이면 ⅱ)에 따라 'D'임을 추론할 수 있다(전건긍정).

'D'이면 ⅴ)에 따라 'F'임을 추론할 수 있다(전건긍정).

그리고 'D'이면 ⅳ)의 대우명제에 따라 '~C∨~E'임을 추론할 수 있다(전건긍정).

'C∨E'와 '~C∨~E'이므로 '(C∨E)∧(~C∨~E)'이고 이는 'C∨̇E'이다.

즉, D, F는 위촉되고 C, E 중 한 명만 위촉된다. 총 3명이 위촉된다.

## 11
정답 ③

첫 번째 동그라미부터 각각 ⅰ)~ⅴ)라고 한다. 다음과 같이 기호화할 수 있다. 대우명제도 함께 표시하였다.

| | |
|---|---|
| ⅰ) A∧B → C | ~C → ~A∨~B |
| ⅱ) C∨D → E | ~E → ~C∧~D |
| ⅲ) E → A∧F | ~A∨~F → ~E |
| ⅳ) F → ~E | E → ~F |
| ⅴ) A → E | ~E → ~A |

모두 조건문이고 확정적으로 참·거짓이 주어진 명제가 없으므로 귀류법을 고려해 본다. 여러 조건문에 포함되어 있는 A, E, F 중 하나를 참 또는 거짓이라고 가정하고 시작한다.

A가 참이라고 가정하면, 즉 'A'이면 ⅴ)에 따라 'E'이다. 'E'이면 ⅳ)의 대우명제에 따라 '~F'이다. '~F'이면 ⅲ)의 대우명제에 따라 '~E'이다. A가 참이라고 가정하면 'E'이면서 '~E'이므로 모순이 발생한다. 즉, '~A'이다.

'~A'이면 ⅲ)의 대우명제에 따라 '~E'임을 추론할 수 있다.

'~E'이면 ⅱ)의 대우명제에 따라 '~C∧~D'임을 추론할 수 있다.

A, B, C, D, E, F 여섯 사람 중 당직을 맡을 수 있는 사람은 B, F밖에 남지 않는다.

**문제풀이 핵심 포인트**

해설에서는 간단히 정리하였지만, 보통 귀류법을 사용해야 하는 상황인지를 판단하는 것과 귀류법을 사용할 때 어떤 명제부터 시작할지를 가장 어려워한다. 여러 번 언급했지만 모두 조건문인 경우 귀류법을 바로 떠올려보도록 하자. 그리고 귀류법을 사용하기로 했다면 대우명제도 모두 써놓자(시각적으로 명제의 연결 관계를 찾기 편하다. 시각적으로 명제가 직접 보일 때 명제들의 연결 관계도 더 잘 보인다). 그리고 여러 조건문에 포함된 명제를 기준으로 귀류법을 시작한다.

## 12
정답 ②

첫 번째 동그라미부터 각각 ⅰ)~ⅴ)라고 한다. 범인이라는 주어를 생략하고 다음과 같이 기호화할 수 있다.

| | |
|---|---|
| ⅰ) A∨B | 머리카락이 갈색이다: A, 키가 크다: B |
| ⅱ) A → C | 안경을 쓴다: C |
| ⅲ) C∨D | 왼손잡이이다: D |
| ⅳ) A → ~C | |
| ⅴ) ~C → ~B | |

ⅱ), ⅳ)를 보며 'A'가 참이라고 가정할 경우 'C', '~C'인 모순관계임을 바로 확인할 수 있다. 따라서 '~A'임을 추론할 수 있다.

'~A'이면 ⅰ)에 따라 'B'임을 추론할 수 있다(선언소거).

'B'이면 ⅴ)에 따라 'C'임을 추론할 수 있다(후건부정).

D의 참·거짓 여부는 확실히 알 수 없다.

**문제풀이 핵심 포인트**

이 문제는 대놓고 귀류법을 활용할 수 있게 주어져 있다.

## 13
정답 ④

첫 번째 동그라미부터 각각 ⅰ)~ⅴ)라고 한다. 우선 지문의 첫 번째 동그라미를 다음과 같이 기호화할 수 있다.

ⅰ) 반대A∨반대D → 찬성C∧반대E

그러나 발문에서 'A ~ E는 찬성과 반대 둘 중 하나의 의견을 제시했다고' 한다. 즉 찬성과 반대는 모순관계이다. 따라서 '반대'를 '~찬성'이라고 표현하거나, '찬성'을 '~반대'라고 표현할 수 있다. 반대라는 표현이 더 많이 등장하므로 '찬성'을 '~반대'라고 표현해보면 다음과 같이 기호화할 수 있다.

ⅰ) 반대A∨반대D → ~반대C∧반대E

그리고 다음과 같이 간단히 기호화할 수 있다.

ⅰ) A∨D → ~C∧E

지문의 내용을 모두 기호화해보면 다음과 같다.

| | |
|---|---|
| ⅰ) A∨D → ~C∧E | ~E∨C → ~A∧~D |
| ⅱ) B → ~A∧D | ~D∨A → ~B |
| ⅲ) D → C | ~C → ~D |
| ⅳ) E → B | ~B → ~E |
| ⅴ) A∨B∨C∨D∨E | |

ⅰ)~ⅳ)는 대우명제도 함께 표시하였다.

ⅴ)를 제외하고는 모두 조건문이고, 확실하게 참·거짓이 주어진 명제가 없으므로 귀류법을 활용해본다.

'A'라고 가정하면 ⅱ)의 대우명제에 따라 '~B'이다(전건긍정). '~B'이면 ⅳ)의 대우명제에 따라 '~E'이다(전건긍정). '~E'이면 ⅰ)의 대우명제에 따라 '~A'이다(전건긍정, 연언소거). 따라서 '~A'이다.

'D'라고 가정하면 iii)에 따라 'C'이다(전건긍정). 'C'이면 i)의 대우명제에 따라 '~D'이다(전건긍정, 연언소거). 따라서 '~D'이다.

'~D'이면 ii)의 대우명제에 따라 '~B'이다(전건긍정).

'~B'이면 iv)의 대우명제에 따라 '~E'이다(전건긍정).

v)에 따르면 적어도 한 사람이 반대하므로 'C'이다.

### 문제풀이 핵심 포인트

'찬성'이 긍정표현이고 '반대'는 부정표현이라서 정신없이 문제를 풀이다보면 'C'를 C는 찬성한다로 헷갈릴 수도 있다. 언제든지 실수할 수도 있는 내용이므로 평소에는 긍정표현을 기준으로 기호화하는 습관을 들이자.

## 14      정답 ②

첫 번째 동그라미부터 각각 i)~v)라고 한다. 다음과 같이 기호화할 수 있다. A국, B국과 헷갈리지 않기 위해 가, 나, 다로 기호화한다.

| | |
|---|---|
| i ) 가 | 합동 군사훈련을 실시: 가 |
| ii ) 나∨다 | A국과 상호방위조약을 갱신: 나 |
| iii ) ~나 → ~가∨~라 | B국과 상호방위조약을 갱신: 다 |
| iv ) 다 | 동북아 안보관련 안건을 상정: 라 |
| v ) ~라 → 마 | 6자회담 올해 내로 성사시켜야: 마 |

iv) '다'이므로 ii)에 따라 '~나'임을 추론할 수 있다.

'~나'이면 iii)으로부터 '~가∨~라'임을 추론할 수 있다.

i ) '가'이므로 '~가∨~라'로부터 '~라'임을 추론할 수 있다(선언소거).

'~라'이므로 v)에 따라 '마'임을 추론할 수 있다(전건긍정).

### 문제풀이 핵심 포인트

표현 '…하지 않는 한'에 유의한다.

## 15      정답 ⑤

첫 번째 동그라미부터 각각 i)~iv)라고 한다.

| |
|---|
| i ) ~실무영어합격 → ~경제학전공 |
|     경제학전공 → 실무영어합격 |
| ii ) 실무영어합격 → ~(~해외연수 경력∨25 미만) |
|     실무영어합격 → 해외연수 경력∧25 이상 |
|     ~해외연수 경력∨25 미만 → ~실무영어합격 |
| iii ) 경제학전공∨러시아어 특기자 → ~해외연수 경력 |
| iv ) 25 이상∧러시아어 특기자 → 해외연수 경력 |

ㄱ. (○) '경제학 전공'이라고 가정하면 i)에 따라 '실무영어 합격'이다(후건부정). 그리고 '실무영어 합격'이면 ii)에 따라 '해외연수 경력∧25 이상'이다(전건긍정). 그런데 iii)에 따르면 '~해외연수 경력'이라는 모순이 발생한다. 따라서 '~경제학 전공'이다.

ㄴ. (X) 해외연수 경력이 없다는 것으로부터 25세 미만이라는 것을 추론할 수 없다.

ㄷ. (○) '러시아어 특기자'라면 iii)에 따라 '~해외연수 경력'이다(전건긍정).

ㄹ. (○) '실무영어 합격자'라면 ii)에 따라 '해외연수 경력∧25 이상'이고, '해외연수 경력'이면 iii)에 따라 '~경제학전공∧~러시아어 특기자'이다(후건부정).

## 16      정답 ④

첫 번째 문단에서는 논의영역이 A, B, C, D, E 다섯 개 업체라는 것을 확인한다. 두 번째 문단부터는 다음과 같이 기호화한다.

| |
|---|
| i ) A → B |
| ii ) ~A → ~D∧~E |
| iii ) B → C∨~A |
| iv ) ~D → A∧~C |

모두 조건문이므로 확정적인 명제의 참·거짓이 필요하다. 귀류법을 떠올려본다. 모든 명제에 A가 포함되어 있으므로 A를 기준으로 생각해본다.

'~A'라고 가정하면 '~D∧~E'이다. '~D'이면 iv)에 따라 'A∧~C'이다. 이는 최초의 '~A'라는 가정과 모순이다. 따라서 'A'이다.

'A'이면 i)에 따라 'B'이다(전건긍정). 'B'이고 'A'이면 iii)에 따라 'C'이다(전건긍정, 선언소거). 'A'이고 'C'이면 iv)에 따라 'D'이다(후건부정). A, B, C, D는 반드시 채택되고 E의 채택여부는 알 수 없다.

## 17      정답 ②

첫 번째 문장부터 각각 i)~vi)이라고 한다. 다음과 같이 기호화할 수 있다. A 정책과 헷갈릴 수도 있으므로 가, 나, 다로 기호화한다.

| | |
|---|---|
| i ) 가 → 나∨다 | A 정책이 효과적: 가 |
| | 부동산 수요 조절: 나 |
| ii ) 라 → 가 | 부동산 공급 조절: 다 |
| iii ) 라 → (바 → ~마) | 부동산 가격이 적정: 라 |
| | 물가 상승: 마 |
| iv ) 라 | 서민들의 삶이 개선: 바 |
| v ) 마 → ~나∧~바 | |
| vi ) 마 | |

iv) '라'이므로 ii)에 따라 '가'를 추론할 수 있다(전건긍정).

'가'이면 i)에 따라 '나∨다'를 추론할 수 있다(전건긍정).

vi) '마'이므로 v)에 따라 '~나', '~바'임을 추론할 수 있다(전건긍정, 연언소거).

'~나', '나∨다'로부터 '다'를 추론할 수 있다(선언소거). 부동산 공급이 조절된다.

### 문제풀이 핵심 포인트

'…전제 하에서'라는 표현이 지문에 등장하였지만 문제 풀이에 활용되지 않았다. 기호화하면 문장의 의미나 인과관계는 고려하지 않도록 한다.

## 18      정답 ④

첫 번째 문장부터 각각 i)~vi)이라고 한다. 다음과 같이 기호화할 수 있다.

| |
|---|
| i ) A → B |
| ii ) B → ~D |
| iii ) C → ~E |
| iv ) ~D → C |
| v ) ~E → D |

이상의 명제들을 편의상 다음과 같이 정리해볼 수 있다.

$$A \to B \to \sim D \begin{array}{l} \nearrow C \to \sim E \\ \searrow E \end{array}$$

빈 공간에 대우명제까지 표시해놓고 위와 같이 정리해볼 수 있는지 연습해보자. 'A'라고 가정하면 E이면서 ~E이므로 모순이다. 그리고 'B'라고 가정해도 E이면서 ~E이므로 모순이다. '~D'라고 가정해도 E이면서 ~E이므로 모순이다. 따라서 '~A', '~B', 'D'이다. 아직 C와 E의 파견 여부는 확정되지 않았다.

① (O) 'A를 파견하지 않으면 C를 파견한다.'가 추가된다면 '~A'이므로 'C'임을 추론할 수 있다(전건긍정). 'C'이면 ⅲ)에 따라 '~E'임을 추론할 수 있다(전건긍정).

② (O) 'B를 파견하지 않으면 C를 파견한다.'가 추가된다면 '~B'이므로 'C'임을 추론할 수 있다(전건긍정). 'C'이면 ⅲ)에 따라 '~E'임을 추론할 수 있다(전건긍정).

③ (O) 'C를 파견하지 않으면 D를 파견하지 않는다.'가 추가된다면 'D'이므로 'C'임을 추론할 수 있다(후건부정). 'C'이면 ⅲ)에 따라 '~E'임을 추론할 수 있다(전건긍정).

④ (X) C와 E의 파견여부를 확정할 수 없다.

⑤ (O) 'D나 E를 파견하면 C를 파견한다.'가 추가된다면 'D'이므로 'C'임을 추론할 수 있다(전건긍정).

## 19
정답 ②

첫 번째 동그라미부터 각각 ⅰ)~ⅳ)라고 한다. 다음과 같이 기호화할 수 있다.

| | |
|---|---|
| ⅰ) A → B | 시험기간: A |
| ⅱ) ~A → ~C | 민아는 도서관: B |
| ⅲ) C∨D | 경호는 커피: C |
| ⅳ) B∧D | 성환이는 수정과: D |

① (O) 'C'이면 ⅱ)의 대우명제에 따라 'A'이다. 'A'이면 ⅰ)에 따라 'B'이다.

② (X) A의 참·거짓 여부를 알 수 없다.

③ (O) ⅱ)의 대우명제

④ (O) ⅱ) ~A → ~C≡A∨~C(함축법칙)

⑤ (O) ⅳ) 'B∧D'이면 'D'이다(연언소거).

### 문제풀이 핵심 포인트

· 모두 덩어리로 취급해서 기호화하였다. 어떻게 간단하게 기호화했는지 생각해보자.

· 직접적으로 함축법칙을 물어보는 문제이다.

## 20
정답 ②

첫 번째 동그라미부터 각각 ⅰ)~ⅳ)라고 한다. 다음과 같이 기호화할 수 있다.

| | |
|---|---|
| ⅰ) A → B | 수학 선생님이 재미있다: A |
| ⅱ) ~C∨A≡C → A | 성진이는 수학을 좋아한다: B |
| ⅲ) ~A∨D | 국어 선생님이 숙제를 많이 낸다: C |
| ⅳ) ~C → A | 철수가 수업시간에 딴 생각을 한다: D |

ⅱ)에 따르면 'C → A'이다. ⅳ)에 따르면 '~C → A'이다. 즉, C가 참이어도 거짓이어도 A는 참이다. C는 참 또는 거짓인 경우밖에 없으므로 A는 항상 참인 것이다. 'A'이면 ⅲ)에 따라 'D'이다(선언소거).

① (O) 'A'이면 ⅲ)에 따라 'D'이다.

② (X) D → C의 참·거짓 여부를 알 수 없다.

③ (O) 'A'이면 'C∨A'이다.

④ (O) 'D'이면 'B∨D'이다.

⑤ (O) ⅱ)에 따르면 'C → A'이다.

## 21
정답 ②

첫 번째 동그라미부터 각각 ⅰ)~ⅶ)이라고 한다. 다음과 같이 기호화할 수 있다.

| |
|---|
| ⅰ) ~(갑∧을∧병∧정∧무) |
| ⅱ) (갑∧을)∨(~갑∧~을) |
| ⅲ) 을 → 병∨갑 |
| ⅳ) ~갑 → ~정 |
| ⅴ) ~정 → 갑∧~병 |
| ⅵ) ~갑 → ~무 |
| ⅶ) 무 → ~병 |

ⅳ)에 따르면 '~갑'이면 '정'이고, ⅴ)에 따르면 '~정'이면 '갑'이다. 즉, '~갑'이라고 가정하면 모순이 발생한다. 따라서 '갑'임을 추론할 수 있다. '갑'이면 ⅱ)에 따라 '을'임을 추론할 수 있다. '갑', '을'이면 ⅲ)에 따라 '병'임을 추론할 수 있다(전건긍정, 선언소거). '병'이면 ⅶ)에 따라 '~무'임을 추론할 수 있다. '갑', '병'이므로 ⅴ)에 따라 '정'임을 추론할 수 있다(후건부정).

## 22
정답 ①

첫 번째 동그라미부터 각각 ⅰ)~ⅳ)라고 한다. 보기의 내용을 다음과 같이 기호화할 수 있다.

| |
|---|
| 5개 팀의 예산을 줄이기로 하였다. |
| ⅰ) 금융팀 → ~총무팀 |
| ⅱ) 관리팀 → ~영업팀∧~디자인팀 |
| ⅲ) 인사팀∧디자인팀 → 기획팀 |
| ⅳ) (총무팀∧기획팀∧~영업팀)∨(총무팀∧~기획팀∧영업팀)∨(~총무팀∧기획팀∧영업팀) |

ⅳ)는 굳이 기호화한 것이다. '5개 팀의 예산을 줄이기로 하였다.'도 별도로 기호화하지 않았듯이 기호화가 까다롭다면 문장으로 처리하도록 한다. '기획팀∧영업팀'이라면 ⅳ)에 따라 '~총무팀'임을 추론할 수 있다. '영업팀'이므로 ⅱ)에 따라 '~관리팀'임을 추론할 수 있다.

## 23
정답 ④

첫 번째 동그라미부터 각각 ⅰ)~ⅶ)이라고 한다. 오른쪽에 대우명제도 함께 표시하였다.

| | |
|---|---|
| ⅰ) 운영 → 보건 | ~보건 → ~운영 |
| ⅱ) 운영 → ~법제 | 법제 → ~운영 |
| ⅲ) 본회의 → 법제 | ~법제 → ~본회의 |
| ⅳ) ~본회의 → 인사 | ~인사 → 본회의 |
| ⅴ) 운영 → 개정안 | ~개정안 → ~운영 |
| ⅵ) 인사 → 운영 | ~운영 → ~인사 |
| ⅶ) 보건 → ~법제 | 법제 → ~보건 |

① (O) ⅳ) ~본회의 → 인사≡본회의∨인사(함축법칙)

② (O) '운영'이라고 가정하면 ⅱ)에 따라 '~법제'이고(전건긍정), '~법제'이면 ⅲ)에 따라 '~본회의'이다(후건부정). '~본회의'이면 ⅳ)에 따라 '인사'이다.

③ (O) '본회의'이면 ⅲ)에 따라 '법제'이고(전건긍정), '법제'이면 ⅱ)에 따라 '~운영'이다(후건부정). 그리고 '법제'이면 ⅶ)에 따라 '~보건'이다(후건부정).

④ (X) '~인사'로부터 '~개정안'임을 추론할 수 없다.

⑤ (O) '법제'이면 ⅶ)에 따라 '~보건'이다(후건부정). '~보건'이면 ⅰ)에 따라 '~운영'이다.


## 24
정답 ③

첫 번째 동그라미부터 각각 ⅰ)~ⅳ)라고 한다. 다음과 같이 기호화할 수 있다.

| | |
|---|---|
| ⅰ) A → B | 눈이 온다: A |
| ⅱ) B∨C | 교실이 조용하다: B |
| ⅲ) C∧~A → ~A∧D | 복도가 깨끗하다: C |
| ⅳ) ~B | 운동장이 넓다: D |

ⅳ) '~B'이면 ⅰ)에 따라 '~A'임을 추론할 수 있다(후건부정). '~B'이면 ⅱ)에 따라 'C'임을 추론할 수 있다(선언소거). '복도가 깨끗하다'가 참이므로 정답은 ③이다. 추가적으로 '~A', 'C'이면 ⅲ)에 따라 'D'라는 것까지 추론할 수 있다(전건긍정, 연언소거).


## 25
정답 ④

<조건>의 내용을 기호화하면 다음과 같다. 발문에서 ㄹ은 거짓이라고 하였으므로 참인 부정명제로 표시하였다.

| | |
|---|---|
| ㄱ. ~A → B∧~C | 공연장 소리가 울린다: A |
| ㄴ. ~(D → A)≡D∧~A | 악단의 연주가 훌륭하다: B |
| ㄷ. E → (B → C) | 주차장이 만원이다: C |
| ㄹ. ~C | 피아니스트가 어리다: D |
| | 암표상이 많다: E |

ㄷ을 변환해보면 다음과 같다.

E → (B → C)
≡E → (~B∨C)　　　(함축법칙)
≡~E∨(~B∨C)
≡~E∨~B∨C

그리고 ㄹ과 함께 생각해보면 '~C'이므로 '~E∨~B'이다.
ㄴ이 '~A'이므로 ㄱ에 따라 'B∧~C'이다(전건긍정). 'B'이므로 '~E∨~B'에 따라 '~E'임을 추론할 수 있다(선언소거).

① (O) '~A'이다. 항상 참이다.
② (O) 'B', 'D'이므로 'B∧D'는 항상 참이다.
③ (O) '~E'이다. 항상 참이다.
④ (X) '~E'이므로 'E∧B'는 항상 거짓이다.
⑤ (O) '~C'이므로 'A∨~C'는 항상 참이다.


## 26
정답 ⑤

<조건>의 내용을 기호화해보면 다음과 같다.

| |
|---|
| 사랑∨증오∨행복∨후회 |
| ⅰ) ~(사랑∧증오) → 행복 |
| 　 ≡~사랑∨~증오 → 행복 |
| ⅱ) 사랑∨증오 → 후회 |
| ⅲ) 사랑 → ~행복∨후회 |
| ⅳ) ~행복∨후회 → 사랑∨증오 |

조건문만 주어져 있으므로 귀류법을 떠올려본다.
'~행복'이라고 가정하면 ⅳ)에 따라 '사랑∨증오'임을 추론할 수 있다. '사랑∨증오'이면 '~사랑∨~증오'이므로 ⅰ)에 따라 '행복'임을 추론할 수 있다. 이는 최초의 가정과 모순이므로 '행복'이다.
'~후회'라고 가정하면 ⅳ)에 따라 '사랑∨증오'임을 추론할 수 있다. '사랑∨증오'이면 '사랑∨증오'이므로 ⅱ)에 따라 '후회'임을 추론할 수 있다. 이는 최초의 가정과 모순이므로 '후회'이다.
'행복', '후회'이므로 ⅲ)에 따라 '~사랑'임을 추론할 수 있다.

① (O) 항상 참이다.
② (O) 항상 참이다.
③ (O) '증오'라면 ⅱ)에 따라 '후회'임을 추론할 수 있다.
④ (O) 옳다.
⑤ (X) 알 수 없다.


## 27
정답 ①

발문에서 A~G의 총 7개 교육과정 중 3개 이상의 과정을 다음 <조건>에 따라 수강한다고 한다. 첫 번째 동그라미부터 각각 ⅰ)~ⅴ)라고 하자.

| |
|---|
| ⅰ) A → B∧~E |
| ⅱ) E |
| ⅲ) C∧G → A∨B |
| ⅳ) B → A |
| ⅴ) C∨G |

ⅱ) 'E'이므로 ⅰ)에 따라 '~A'임을 추론할 수 있다. '~A'이면 ⅳ)에 따라 '~B'임을 추론할 수 있다(후건부정). '~A', '~B'이면 ⅲ)에 따라 '~C∨~G'임을 추론할 수 있다. ⅴ)와 함께 'C∨G'와 같이 생각할 수 있다.

① (X) 옳지 않다.
② (O) '~A'이다.
③ (O) '~B'이다.
④ (O) E는 수강하고 A, B는 수강하지 않는다. C와 G 중 하나만 수강한다. 3개 이상의 과정을 수강하여야 하므로 D 또는 F 과정을 수강하여야 한다.
⑤ (O) D와 F를 모두 수강하는 경우 수강 가능한 최대 과정 수는 4개이다.


## 28
정답 ⑤

수업준비물은 가위, 칼, 색연필, 크레파스, 볼펜 5종류이다. 첫 번째 동그라미부터 각각 ⅰ)~ⅳ)라고 한다.

| |
|---|
| ⅰ) 가위∨칼 |
| ⅱ) 색연필∨크레파스 |
| ⅲ) ~칼 → 볼펜 |
| ⅳ) ~색연필 → ~가위∧~칼 |

'~색연필'이라면 iv)에 따라 '~가위∧~칼'인데 이는 ⅰ)과 모순이다. 따라서 '색연필'임을 추론할 수 있다. '색연필'이면 ⅱ)에 따라 '~크레파스'임을 추론할 수 있다.

ㄱ. (O) 甲이 2종류의 준비물만을 가지고 있다면 색연필은 확실히 가지고 있고 가위, 칼, 볼펜 세 종류의 준비물 중 1종류만 가지고 있다. '~칼'이라면 ⅰ)에 따라 '가위', ⅲ)에 따라 '볼펜'이고, 3종류의 준비물을 가지게 되므로 '칼'이어야 한다.

ㄴ. (O) '볼펜'이라면 ⅲ)에 따라 '~칼'임을 추론할 수 있다. '~칼'이면 ⅰ)에 따라 '~가위'임을 추론할 수 있다.

ㄷ. (O) 甲이 3종류의 준비물만을 가지고 있다면 색연필은 확실히 가지고 있고 가위, 칼 중 1종류, 그리고 볼펜을 가지고 있는 것이다.

## 29 정답 ⑤

첫 번째 동그라미부터 각각 ⅰ)~iv)라고 한다.

| | |
|---|---|
| ⅰ) A → B | 눈이 온다: A |
| ⅱ) B∨C → D | 스키장에 사람이 많다: B |
| ⅲ) E → ~B | 수영장에 사람이 많다: C |
| iv) ~C → A | 차가 막힌다: D |
| | TV에 특선영화가 상영된다: E |

ㄱ. (O) 'E'이면 ⅲ)에 따라 '~B'임을 추론할 수 있다(전건긍정). '~B'이면 ⅰ)에 따라 '~A'임을 추론할 수 있다(후건부정). '~A'이면 iv)에 따라 'C'임을 추론할 수 있다(후건부정).

ㄴ. (O) 'A'이면 ⅰ)에 따라 'B'임을 추론할 수 있다(전건긍정). 'B'이면 ⅱ)에 따라 'D'임을 추론할 수 있다(전건긍정).

ㄷ. (O) 주어진 내용만으로 '~D → E'임을 추론할 수 없다. 귀류법을 떠올려본다. 편의상 다음과 같이 정리할 수 있다.

$$A \to B \searrow$$
$$\qquad\qquad D$$
$$\sim\!A \to C \nearrow$$

ⅰ)은 그대로 사용되었고, ⅱ)의 전건의 선언을 분리하였으며, iv)의 대우명제를 사용하였다. 이때 A이든 ~A이든 D이므로 'D'임을 추론할 수 있다. 조건문 ~D → E의 전건이 거짓이므로 해당 조건문은 참임을 알 수 있다. 공허한 참과 관련된 내용이다. 공허한 참이 와닿지 않는다면 함축법칙에 따라 ~D → E≡D∨E인데 'D'이므로 D∨E가 참이라고 생각해도 좋다.

## 30 정답 ②

첫 번째 동그라미부터 각각 ⅰ)~ⅷ)이라고 한다.

| |
|---|
| ⅰ) A → B∨E∨F |
| ⅱ) ~C → ~B∨A |
| ⅲ) D → C |
| iv) F∨D → ~A |
| ⅴ) E → ~C |
| ⅵ) ~A∨~B |
| ⅶ) ~E ↔ F |
| ⅷ) ~C∨~F |

모두 조건문이나 선언으로 주어져 있으므로 귀류법을 떠올려본다. 'C'라고 가정해보자. 'C'이면 ⅴ)에 따라 '~E'임을 추론할 수 있다(후건부정), '~E'이면 ⅶ)에 따라 'F'임을 추론할 수 있다(전건긍정), 'F'이면 ⅷ)에 따라 '~C'임을 추

론할 수 있다(선언소거). 모순이 발생하므로 '~C'임을 추론할 수 있다. '~C'이면 ⅲ)에 따라 '~D'임을 추론할 수 있다(후건부정). 그리고 '~C'이면 ⅱ)에 따라 '~B∨A'임을 추론할 수 있다(전건긍정). '~B∧A'는 함축법칙에 따라 조건문 'B → A'로 변환할 수 있다. 그리고 ⅵ)도 함축법칙에 따라 조건문 'B → ~A'로 변환할 수 있다. 두 조건문을 조합하면 B가 참일 때 A이면서 ~A인 모순이 발생하므로 '~B'임을 추론할 수 있다.

선지에서 B, D, C가 포함되지 않은 선지는 ②밖에 없으므로 정답은 ②이다.

## 31 정답 ③

첫 번째 동그라미부터 각각 ⅰ)~ⅵ)이라고 한다. A동호회의 회원은 갑, 을, 병 이외에도 더 있을 수 있지만 문제에서 고려할 필요는 없다.

| |
|---|
| ⅱ) 강아지∨고양이 |
| ⅲ) 고양이∧아이 → 주식 투자 |
| iv) 고양이∧~아이 → 회사 |
| ⅴ) ~아이 → 여성 |
| ⅵ) 강아지∧아이 → ~회사 |

ㄱ. (O) ㄱ을 기호화하면 (∃갑)(회사_갑∧아이_갑)과 같다. '회사_갑'이면 ⅵ)에 따라 '~강아지_갑∨~아이_갑'임을 추론할 수 있다(후건부정). '~강아지_갑∨~아이_갑'이고 '아이_갑'이므로 '~강아지_갑'임을 추론할 수 있다. '~강아지_갑'이면 ⅱ)에 따라 '고양이_갑'임을 추론할 수 있다(선언소거).

ㄴ. (O) ㄴ을 기호화하면 (∃을)(~여성_을∧회사_을)과 같다. '회사_을'이면 ⅵ)에 따라 '~강아지_을∨~아이_을'임을 추론할 수 있다(후건부정). '~여성_을'이면 ⅴ)에 따라 '아이_을'임을 추론할 수 있다(후건부정). '~강아지_을∨~아이_을'이고 '아이_을'이므로 '~강아지_을'임을 추론할 수 있다. '~강아지_을'이면 ⅱ)에 따라 '고양이_을'임을 추론할 수 있다(선언소거). '고양이_을', '아이_을'이면 ⅲ)에 따라 '주식 투자_을'임을 추론할 수 있다(전건긍정).

ㄷ. (X) ㄷ을 기호화하면 (∃병)(주식 투자_병∧여성_병)과 같다. ~아이_병임을 추론할 수 없다.

## 32 정답 ⑤

지문의 내용은 모두 전칭명제이다. 첫 번째 문장부터 각각 ⅰ)~ⅵ)이라고 한다.

| | |
|---|---|
| ⅰ) A → B | 실천적 지혜가 있는 사람: A |
| ⅲ) A → C∧D | 덕이 있는 성품을 가진 사람: B |
| iv) C∧D → A | 덕을 아는 사람: C |
| ⅵ) ∴A → E | 덕을 실행에 옮기는 사람: D |

ⅱ)는 해석이 중요하다. 덕을 아는 사람이라고 해서 곧바로 실천적 지혜가 있는 사람은 아니라는 것이다. 덕을 아는 사람이 실천적 지혜가 있는 사람이 되려면 다른 무언가가 더 필요하다는 것이다. 그리고 이와 관련된 내용을 ⅲ)에서 제시한다.

iii), iv) A≡C∧D(동치)

선지를 각각 기호화해보면 다음과 같다.

① ~E → F(성품이 나약한 사람: F)

② (∃a)(Ba∧~Ea)

③ B → A

④ ~E → G(올바른 선택을 따르지 않는 사람: G)

⑤ ~E → ~D

vi) 'A → E'라는 결론을 도출해야 한다. 'A'라고 가정하면 iii)에 따라 'C', 'D'임을 추론할 수 있다(전건긍정). 그리고 'D'이면 선지 ⑤의 '~E → ~D'에 따라 'E'임을 추론할 수 있다(후건부정). 'B → E' 같은 명제도 정답이 될 수 있으나 선지에 주어지지 않았다.

## 33 정답 ④

첫 번째 동그라미부터 각각 i )~vi)이라고 한다.

```
i )-1 혈당↓ → 혈중L↓
   -2 혈당↑ → 혈중L↑
ii )-1 혈중L↑ → 알파 호르몬 A↑
   -2 혈중L↓ → 알파 호르몬 B↑
iii) 알파 호르몬 A↑ → 베타 호르몬 C↑∧감마 호르몬D↓
iv) 알파 호르몬 B↑ → 베타 호르몬 C↓∧감마 호르몬D↑
v )-1 베타 호르몬 C↑ → 물질대사↑
   -2 베타 호르몬 C↓ → 물질대사↓
vi)-1 감마 호르몬D↑ → 식욕↑
   -2 감마 호르몬D↓ → 식욕↓
```

낮아진다, 줄어든다, 억제된다, 감소한다와 같은 표현은 '↓'로, 높아진다, 늘어난다, 분비된다, 증가한다와 같은 표현은 '↑'로 표시하였다. 화살표의 방향만 보면 서로 모순관계인 것 같지만 명시적인 모순관계가 아님을 명심한다. 위와 같이 정리하면 선지의 가정을 따라 가보면 된다. 모두 전건 긍정으로 판단한다.

① (O) '혈당↓'이면 i )-1에 따라 '혈중L↓'이다. '혈중L↓'이면 ii )-2에 따라 '알파 호르몬 B↑'이다. '알파 호르몬 B↑'이면 iv)에 따라 '베타 호르몬 C↓∧감마 호르몬D↑'이다. '감마 호르몬D↑'이면 vi)-1에 따라 '식욕↑'이다.

② (O) '혈당↑'이면 i )-2에 따라 '혈중L↑'이다. '혈중L↑'이면 ii )-1에 따라 '알파 호르몬 A↑'이다. '알파 호르몬 A↑'이면 iii)에 따라 '베타 호르몬 C↑∧감마 호르몬D↓'이다. '감마 호르몬D↓'이면 vi)-2에 따라 '식욕↓'이다.

③ (O) '혈당↑'이면 i )-2에 따라 '혈중L↑'이다. '혈중L↑'이면 ii )-1에 따라 '알파 호르몬 A↑'이다. '알파 호르몬 A↑'이면 iii)에 따라 '베타 호르몬 C↑∧감마 호르몬D↓'이다. '베타 호르몬 C↑'이면 v )-1에 따라 '물질대사↑'이다.

④ (X) '혈당↓'이면 i )-1에 따라 '혈중L↓'이다. '혈중L↓'이면 ii )-2에 따라 '알파 호르몬 B↑'이다. '알파 호르몬 B↑'이면 iv)에 따라 '베타 호르몬 C↓∧감마 호르몬D↑'이다. '감마 호르몬D↑'이므로 감마 부분에서 호르몬의 분비가 억제되지 않는다.

⑤ (O) '혈당↑'이면 i )-2에 따라 '혈중L↑'이다. '혈중L↑'이면 ii )-1에 따라 '알파 호르몬 A↑'이다. 시상하부 알파 부분에서 분비되는 호르몬이 있다. '알파 호르몬 A↑'이면 iii)에 따라 '베타 호르몬 C↑∧감마 호르몬D↓'이다. 시상하부 베타 부분에서 분비되는 호르몬이 있다.

## 34 정답 ②

첫 번째 동그라미부터 각각 i )~iii)이라고 한다.

```
i ) A → B
ii ) C → D
iii) A∨C
```

① (O) iii) 'A∨C'이므로 1) 'A만 참인 경우', 2) 'C만 참인 경우', 3) 'A와 C가 모두 참인 경우'로 나누어 생각한다. 1) 'A만 참인 경우' i )에 따라 B도 추진한다(전건긍정). C가 추진되지 않더라도 두 사업은 추진한다. 2) 'C만 참인 경우' ii )에 따라 D도 추진한다(전건긍정). A가 추진되지 않더라도 두 사업은 추진한다. 3) 'A와 C가 모두 참인 경우' i )에 따라 B도, ii )에 따라 D도 추진한다. 네 개의 사업을 추진한다. 따라서 1)~3)의 경우를 모두 함께 생각하면 적어도 두 사업은 추진한다.

② (X) 'A를 추진하지 않기로 결정한다면', 즉 '~A'라고 가정한다. iii)에 따라서 C가 참이라는 것을 추론할 수 있다(선언소거). 그렇다면 ii )에 따라서 D가 참이라는 것을 추론할 수 있다(전건긍정). 그러나 i )에 따르면 전건인 A가 거짓이라도 B가 참인지 거짓인지 알 수 없다. 즉 A를 추진하지 않기로 결정한다면 추진하는 사업은 정확히 두 개가 아니라, 두 개 또는 세 개이다.

③ (O) '~B'라고 가정하면 i )에 따라 '~A'이다(후건부정). '~A'라면 iii)에 따라 'C'이다(선언소거).

④ (O) '~C'라고 가정하면 iii)에 따라 'A'이다(선언소거). 'A'이면 i )에 따라 'B'이다(전건긍정).

⑤ (O) '~D'라고 가정하면 ii )에 따라 '~C'이다(후건부정). '~C'이면 iii)에 따라 'A'이다(선언소거). 'A'이면 i )에 따라 'B'이다(전건긍정). A, B, C 세 사업의 추진 여부도 모두 추론할 수 있다.

## 35 정답 ④

첫 번째 문장부터 각각 i )~vii)이라고 한다. 다음과 같이 기호화할 수 있다.

| i ) A → ~B | 지혜로운 사람: A |
|---|---|
| ii ) B → ~C | 정열을 가진 사람: B |
| iv) D → B | 고통을 피할 수 있다: C |
| v ) B → ~E | 사랑을 원하는 사람: D |
| vi) ~A → D∧F | 행복하다: E |
| vii) C → A | 고통을 피하고자 한다: F |
| | #표현 '…만' |

각 보기를 기호화하면 다음과 같다.

ㄱ. A → E

ㄴ. D → ~E

ㄷ. A → ~D

ㄱ. (X) E가 포함된 명제는 v )뿐이다. v )와 다른 명제를 고려하더라도 'A → E'가 참임을 추론할 수 없다.

ㄴ. (O) iv)와 v )의 조건연쇄에 따라 'D → ~E'가 참임을 추론할 수 있다(문제풀이에서 편의상 'D → B → ~E'와 같이 표현할 수 있다).

ㄷ. (O) ⅰ)과 ⅳ)의 대우명제 '~B → ~D'의 조건연쇄에 따라 'A → ~D'가 참임을 추론할 수 있다(문제풀이에서 편의상 'A → ~B → ~D'와 같이 표현할 수 있다).

**문제풀이 핵심 포인트**
'고통을 피할 수 있다'와 '고통을 피하고자 한다'를 각각 C와 F로 다르게 기호화하였다. 표현이 비슷해 보이더라도 엄연히 의미가 다르므로 다르게 기호화한다.

## 36 정답 ③

첫 번째 동그라미부터 ⅰ)~ⅴ)라고 한다. 논의영역은 A시의 관할지역에 거주하는 주민이다.

ⅰ) 동구∨서구

상식적으로는 관할 지역이 겹치는 경우가 없고 A시의 관할구역은 어느 한 구에는 포함될 것이므로 포괄적이다. 따라서 배타적 선언으로 기호화해도 된다.

ⅱ) 문화특화지역과 경제특화지역은 상호 배타적이다. 그러나 포괄적이 아니므로 둘은 모순관계라고 할 수 없다. 문화특화지역, 경제특화지역과 같은 술어만 확인하고 넘어간다.

ⅲ) 문화특화지역 → 유물 발견

ⅳ) 동구∧경제특화지역 → 주민 부유

ⅴ) 서구 → 아파트

③ (O) 병이 '~아파트'라면 ⅴ)에 따라 '~서구'이다(후건부정). '~서구'이면 ⅰ)에 따라 '동구'이다. 그리고 병이 '동구', '경제특화지역'이라면 ⅳ)에 따라 '주민 부유'이다.

①, ②, ④, ⑤ (X) 반드시 참이라고 추론할 수 없다.

**문제풀이 핵심 포인트**
전칭명제와 단칭명제가 함께 등장하는 문제이다.

## 37 정답 ④

지문의 문장들을 다음과 같이 기호화할 수 있다.
개인건강정보 관리 방식 변경에 관한 가안이 정책제안에 포함: A
보건정보의 공적 관리에 관한 가안이 정책제안에 포함: B
국민건강 2025팀이 재편: C
국민건강 2025팀 리더인 최팀장이 다음 주 정책 브리핑을 총괄: D
프레젠테이션은 손공정: E
정책 브리핑을 위해 준비한 보도자료가 대폭 수정: F

| | |
|---|---|
| ⅰ) A → B | ~B → ~A |
| ⅱ) C → A∧B | ~A∨~B → ~C |
| ⅲ) A∧D → E | ~E → ~A∨~D |
| ⅳ) B → C∨F | ~C∧~F → ~B |
| ⅴ) ~(D → E) | ≡ D∧~E |

ⅰ)~ⅳ)는 대우명제도 함께 표기하였다. ⅴ) 조건문 전체의 부정 표현임에 유의한다.

ⅴ) '~E'이므로 ⅲ)의 대우명제에 따라 '~A∨~D'이고(전건긍정), ⅴ) 'D'이므로 '~A'이다(선언소거). '~A'이면 ⅱ)의 대우명제에 따라 '~C'이다(전건긍정).

ㄱ. (X) 기호화하면 ~A∧~B이다. '~A'임은 알 수 있으나, ~B임은 알 수 없다.

ㄴ. (O) 기호화하면 ~C∧D이다. 반드시 참이다.

ㄷ. (O) 기호화하면 B → F이다. ⅳ) 'B → C∨F'인데 '~C'임을 알고 있으므로 'B → F'임을 추론할 수 있다.

**문제풀이 핵심 포인트**
ⅴ)의 전체 부정을 특칭명제로 표현하지는 않았다. 특칭명제의 특성이 필요한 경우는 아니다. 조금 긴 문장형의 문제에 해당한다.

## 38 정답 ④

첫 번째 동그라미부터 각각 ⅰ)~ⅴ)라 한다. 주어진 지문의 내용을 기호화하면 다음과 같다. 우선 알파벳으로 표기하지 않았다.

| |
|---|
| ⅰ) 포유동물 → 물∨육지 |
| ⅱ) 물∧~육식∧포유동물 → ~다리 |
| ⅲ) 육지∧육식∧포유동물 → 다리 |
| ⅳ) 육지∧~육식∧포유동물 → ~털 |
| ⅴ) 육식동물 → 꼬리 |

그러나 발문에 '다음 포유동물에 대한 진술'이라고 주어져 있다. 즉 논의영역이 포유동물에 한정된다. ⅰ)~ⅳ)는 모두 주어에서 포유동물임을 분명히 하고 있고, ⅴ)는 직접적으로 포유동물이라고 하지는 않았지만 발문에 따라 포유동물에 대한 내용으로 파악한다. 따라서 모든 주어에서 포유동물을 생략하고 다음과 같이 기호화할 수 있다.

| | |
|---|---|
| ⅰ) A∨B | 물: A, 육지: B |
| ⅱ) A∧~C → ~D | 육식: C, 다리: D |
| ⅲ) B∧C → D | |
| ⅳ) B∧~C → ~E | 털: E |
| ⅴ) C → F | 꼬리: F |

발문에서 꼬리가 없는 포유동물에 대해서 묻고 있으므로 주어진 명제로와 '~F'라는 가정하에 추론할 수 있는 선지를 찾는다. '~F'와 ⅴ)로부터 '~C'임을 도출할 수 있다(후건부정).

① (X) 주어진 명제와 '~F'라는 가정하에 'E'를 추론할 수 없다.

② (X) 주어진 명제와 '~F'라는 가정하에 '~D'를 추론할 수 없다.

③ (X) '물에 산다면'이라는 가정이 추가된다. 즉, 'A'라고 가정하면 'A', '~C'와 ⅱ)에 따라 '~D'임을 추론할 수 있다. 옳지 않다.

④ (O) 'E'라고 가정하면 ⅳ)에 따라 '~B∨C'이다(후건부정). '~B∨C', '~C'이므로 '~B'이다(선언소거). '~B'이면 ⅰ)에 따라 'A'이다. 'A', '~C'와 ⅱ)에 따라 '~D'임을 추론할 수 있다.

⑤ (X) 주어진 명제와 'B', '~F'라는 가정하에 'D'를 추론할 수 없다. '~E'임을 추론할 수는 있다.

**문제풀이 핵심 포인트**
④를 추론하는 과정에 있어서 ⅳ)의 대우명제를 생각하면 더 편하다.

## 39 정답 ⑤

발문에서 최대 개수, 최소 개수를 묻고 있다. 모든 명제의 참·거짓이 확정되지는 않을 것으로 예상하고 문제를 접근하여야 한다. 즉, 경우의 수가 나뉠 것이라고 생각해야 한다.

첫 번째 문장부터 각각 ⅰ)~ⅵ)이라고 한다. 다음과 같이 기호화할 수 있다.

ⅱ) E
ⅲ) ~(A∧B) → C∧F                ~C∨~F → A∧B
ⅳ) C∧D → ~E                    E → ~C∨~D
ⅴ) B∨C → F                     ~F → ~B∧~C
ⅵ) ~(C∧E) → A∨B
    ≡~C∨~E → A∨B

ⅱ) 'E'이고 ⅳ)의 대우명제에 따르면 '~C∨~D'이다. '~C∨~D'만으로는 다른 명제의 참·거짓을 도출할 것이 없으므로 경우의 수를 나누어 생각한다. 첫 번째로 '~C'라고 가정하면 ⅲ)의 대우명제에 따라 'A∧B'이다. 그런데 ⅵ)에 따르면 '~C'일 때 'A∨B'이다. 'A∧B'이면서 'A∨B'일 수는 없으므로 모순이다. 따라서 'C'임을 도출할 수 있다. '~C∨~D'와 'C'를 통해서 '~D'임을 추론할 수 있다. 그리고 'C'이므로 ⅴ)에 따라 'F'임을 추론할 수 있다.

여기까지 정리하면 C, E, F는 확실히 사용하고, D는 사용하지 않는다. A, B는 불분명하다.

**문제풀이 핵심 포인트**
이 문제에서는 E가 참이라고 주어짐으로써 '~C'와 '~D'로부터 경우의 수를 파악해 나갈 수 있다.

## 40                                                          정답 ⑤

지문에서 '~D'는 주어져 있다. 각 검사방법을 기호화해보면 다음과 같다.

ⅰ) A∧C ↔ 양성
ⅱ) C∧~B ↔ 양성
ⅲ) ~베타∧~B∧~D ↔ 음성
ⅳ) 감마∧(D∨E) ↔ 양성

네 가지 검사방법 모두 양성이 나왔다고 하였으므로 ⅰ)로부터 'A∧C'임을 알 수 있다. 그리고 ⅱ)로부터 'C∧~B'임을 알 수 있고, '~D'이므로 ⅳ)에 따라 'E'임을 추론할 수 있다. 시험관 X에 들어 있는 물질은 다음과 같다.

'A∧~B∧C∧~D∧E'

ㄱ. (O) 'E'이다.

ㄴ. (O) 적어도 A, C, E 3가지 물질이 들어있다.

ㄷ. (O) 'A∧~B∧C∧~D∧E'이면 ⅲ)으로부터 베타방법을 먼저 했을 것이라는 것을 알 수 있다.

## 41                                                          정답 ③

첫 번째 동그라미부터 각각 ⅰ)~ⅵ)라고 한다.

ⅰ) A∨B
ⅱ) A → C
ⅲ) ~B → ~D
ⅳ) C → D∨E
ⅴ) ~E → C
ⅵ) D∧E → ~B

ⅰ) 'A∨B'이므로 1) 'A∧~B'인 경우, 2) '~A∧B'인 경우, 3) 'A∧B'인 경우로 나눠서 생각한다. 아래와 같은 표를 떠올려보자.

|     | A | B | C | D | E |
|-----|---|---|---|---|---|
| 1)  | O | X |   |   |   |
| 2)  | X | O |   |   |   |
| 3)  | O | O |   |   |   |

'A'이면 ⅱ)에 따라 C임을 추론할 수 있다. 다음과 같이 표시해준다.

|     | A | B | C | D | E |
|-----|---|---|---|---|---|
| 1)  | O | X | O |   |   |
| 2)  | X | O |   |   |   |
| 3)  | O | O | O |   |   |

그리고 '~B'이면 ⅲ)에 따라 '~D'이다. 다음과 같이 표시해준다.

|     | A | B | C | D | E |
|-----|---|---|---|---|---|
| 1)  | O | X | O | X |   |
| 2)  | X | O |   |   |   |
| 3)  | O | O | O |   |   |

1)의 경우는 'C'이므로 ⅳ)에 따라 'D∨E'인데 '~D'이므로 'E'이다. 3명이 참석한다.

2)의 경우는 'B'이면 ⅵ)에 따라 '~D∨~E'이다. E만 참석하는 경우와 같이 최소 2팀만 참석하는 경우도 가능하다.

3)의 경우는 'D∨E'이면서 '~D∨~E'이므로 D, E 둘 중 한 명만 참석한다. 최대 4명이 참석한다.

**문제풀이 핵심 포인트**
지문의 내용만으로 최대 최소를 가려내면 좋겠지만 잘 파악되지 않는 경우에는 위와 같이 표를 만들어본다.

## 42                                                          정답 ③

첫 번째 동그라미부터 ⅰ)~ⅴ)라 한다. 대우명제도 함께 표시하였다.

ⅰ) A∨B → C∧D            ~D∨~C → ~A∧~B
ⅱ) B∨C → E              ~E → ~B∧~C
ⅲ) ~D
ⅳ) E∧F → B∨D            ~D∧~B → ~E∨~F
ⅴ) ~G → F               ~F → G

ⅲ) '~D'이면 ⅰ)에 따라 '~A∧~B'임을 추론할 수 있다(후건부정). '~D', '~B'이면 ⅳ)에 따라 '~E∨~F'임을 추론할 수 있다(후건부정).

'~E∨~F'에서 '~E'라면 ⅱ)에 따라 '~B∧~C'이므로 반대 의견을 제시한 사람으로 C가 추가되고, '~F'라면 반대 의견을 제시한 사람이 추가되지 않는다. 따라서 A, B, D는 확실히 반대하고 E 또는 F 중 한 사람이 더 반대하므로 반대 의견을 제시한 최소 인원은 4명이다. 나머지 C, G의 찬반 여부는 불분명하다.

## 43                                                          정답 ①

첫 번째 문장부터 각각 ⅰ)~ⅶ)이라고 한다. 다음과 같이 기호화할 수 있다.

ⅰ) A∨B → C         신생벤처기업 지원투자 사업 10월: A
ⅱ) ~D → B          벤처기업 입주지원 사업 10월: B
ⅲ) D → ~B          벤처기업 대표자 간담회 10월: C
ⅳ) E → ~C          벤처기업 대표자 간담회 장소 10월 대관: D
ⅴ) C → D           기존 중소기업 지원 사업 10월: E
ⅵ) ~C → ~D
ⅶ) A∨E

ⅱ), ⅲ)으로부터 'B≡~D'임을 확인할 수 있다(동치). 마찬가지로 ⅴ), ⅵ)으로부터 'C≡D'임을 확인할 수 있다. ⅳ)의 표현에 유의한다.

경우의 수를 나눠보자. ⅶ)을 기준으로 1) 'A', 2) 'E'로 생각해본다.

1) 'A'이면 ⅶ)에 따라 '~E'이다(포괄적 선언, 선언소거). 'A'이면 ⅰ)에 따라 'C'이다(전건긍정). 'C'이면 ⅴ)에 따라 'D'이다(전건긍정). 'C'이면 ⅳ)에 따라 '~E'이다(후건부정). 'D'이면 ⅲ)에 따라 '~B'이다(전건긍정). 모순이 발생하지 않는다.

2) 'E'이면 ⅶ)에 따라 '~A'이다. 'E'이면 ⅳ)에 따라 '~C'이다(전건긍정). '~C'이면 ⅵ)에 따라 '~D'이다(전건긍정). '~D'이면 ⅱ)에 따라 'B'이다(전건긍정). '~C'이면 ⅰ)에 따라 '~A∧~B'이다. 그런데 'B'와 '~B'의 모순이 발생한다. 따라서 '~E'이다. 1)의 경우가 옳다.

ㄱ. (O) 1)에 따르면 '~B'이다.

ㄴ. (X) 1)에 따르면 'C'이다.

ㄷ. (X) 1)에 따르면 'A'이다.

### 문제풀이 핵심 포인트

위의 설명은 연역적으로 결과를 도출하는 과정이다. 실제 문제풀이에서는 이렇게 풀기보다는 확정된 것이 없고 귀류법으로도 바로 도출될 만한 것이 없다면 선지를 적극적으로 활용한다. 발문에서 반드시 참인 것을 고르라고 하였으므로 보기를 거짓이라고 가정하고 추론해본다. ㄱ을 예로 들면 'B'라고 가정하고 추론해보는 것이다.

## 44 정답 ③

첫 번째 동그라미부터 각각 ⅰ)~ⅴ)라고 한다.

| | |
|---|---|
| ⅰ) F | |
| ⅱ) C → G | ~G → ~C |
| ⅲ) D → ~F | F → ~D |
| ⅳ) (A∨C) → ~E | E → ~A∧~C |
| ⅴ) B∨G → A∨D | ~A∧~D → ~B∧~G |

ⅰ) 'F'이므로 ⅲ)에 따라 '~D'임을 추론할 수 있다(후건부정). 더 이상 추론할 것이 없으므로 다음과 같이 표를 그려보자.

| A | B | C | D | E | F | G |
|---|---|---|---|---|---|---|
| | | | X | | O | |

그리고 추론에 사용하지 않은 ⅱ), ⅳ), ⅴ)에서 전건과 후건에 각각 등장하는 G를 기준으로 경우의 수를 고려해 본다.

1) 'G'인 경우
'G'인 경우 ⅴ)에 따라 'A∨D'이다. '~D'이므로 'A'이다. 'A'이면 ⅳ)에 따라 '~E'이다.

| | A | B | C | D | E | F | G |
|---|---|---|---|---|---|---|---|
| 1) | O | | | X | X | O | O |

2) '~G'인 경우
'~G'인 경우 ⅱ)에 따라 '~C'이다.

| | A | B | C | D | E | F | G |
|---|---|---|---|---|---|---|---|
| 2) | | | X | X | | O | X |

ㄱ. (O) 1), 2)의 경우 요가 교실 신청자는 최대 5명이다.

ㄴ. (O) 요가 교실이 운영된다면 G와 B 중 적어도 한 명이 신청한다는 의미이다. G와 B가 모두 신청하지 않는다면 요가 교실이 운영되지 않는다는 의미이기도 하다.

| A | B | C | D | E | F | G |
|---|---|---|---|---|---|---|
| | X | | X | | O | X |

이 경우 A, C, E 세 명 중 최소 두 명이 신청해야 요가교실이 열리는데 ⅳ)에 따라 'A∨C'이면 '~E'이다. 따라서 A, 또는 C, E가 신청하는 경우에는 가능하지 않고, A, C가 신청하는 경우에도 ⅱ)에 따라 'C'이면 'G'이어야 하므로 가능하지 않다. 따라서 G와 B가 모두 신청하지 않으면 요가 교실이 운영되는 경우는 없다.

ㄷ. (X) '~D'임은 추론을 통해 알고 있고, '~A'라고 가정하면 ⅴ)에 따라 '~B∧~G'이다. 그리고 '~G'이면 ⅱ)에 따라 '~C'이다.

| A | B | C | D | E | F | G |
|---|---|---|---|---|---|---|
| X | X | X | X | | O | X |

그러나 E의 신청 여부는 알 수 없다.

## 45 정답 ③

첫 번째 동그라미부터 각각 ⅰ)~ⅶ)이라고 한다. 다음과 같이 기호화할 수 있다.

| |
|---|
| ⅰ) 수지∨양미∨가은 |
| ⅱ) ~(수지∧양미)≡~수지∨~양미 |
| ⅲ) ~미영∨수지 |
| ⅳ) 양미 → 우진 |
| ⅴ) 가은 → 미영 |

주어진 내용만으로는 명제들의 참·거짓을 추론할 수 없다. 각 보기의 가정을 받아들여 추론해본다.

ㄱ. (O) '~수지'라고 가정한다. '~수지'라고 가정하면 ⅲ)에 따라 '~미영'이다(선언소거). '~미영'이면 ⅴ)에 따라 '~가은'이다(후건부정). '~수지', '~가은'이므로 ⅰ)에 따라 '양미'이다(선언소거). '양미'이면 ⅳ)에 따라 '우진'이다.

ㄴ. (X) '가은'이라고 가정한다. '가은'이면 ⅴ)에 따라 '미영'이다(전건긍정). '미영'이면 ⅲ)에 따라 '수지'이다(선언소거). '수지'이면 ⅱ)에 따라 '~양미'이다. 우진이 대상인지 여부는 불분명하다.

ㄷ. (O) '양미'라고 가정한다. '양미'이면 ⅳ)에 따라 '우진'이다(전건긍정). '양미'이면 ⅱ)에 따라 '~수지'이다(선언소거). '~수지'이면 ⅲ)에 따라 '~미영'이다(선언소거). '~미영'이면 ⅴ)에 따라 '~가은'이다. 양미와 우진 2명만이 대상이다.

## 46 정답 ④

첫 번째 문장부터 각각 ⅰ)~ⅵ)이라고 한다. 다음과 같이 기호화할 수 있다.

| |
|---|
| ⅰ) 철이∨돌이∨석이 |
| ⅳ) 철이 → 건강 |
| ⅴ) 돌이 → 능력 |
| ⅵ) 석이 → 원만 |

① (O) ⅰ) '철이∨돌이∨석이'이므로 '철이'이면 ⅳ)에 따라 '건강', '돌이'이면 ⅴ)에 따라 '능력', '석이'이면 ⅵ)에 따라 '원만'이다(선언소거).

② (O) '~철이∧~석이'라면 ⅰ)에 따라 '돌이'이다(선언소거). '돌이'이면 ⅴ)에 따라 '능력'이다.

③ (O) '~건강'이면 ⅳ)에 따라 '~철이'이다(후건부정). '~철이'이면 ⅰ)에 따라 '돌이∨석이'이다.

④ (X) '원만'으로는 어떠한 명제의 참·거짓을 추론할 수 없다.

⑤ (O) '~돌이'이면 ⅰ)에 따라 '철이∨석이'이다. '철이'이면 ⅳ)에 따라 '건강' 이고, '석이'이면 ⅵ)에 따라 '원만'이다.

### 문제풀이 핵심 포인트
문장의 표현이 다양하다. 어떻게 간단하게 기호화되었고 어떤 부분이 생략되었 는지 생각해보자.

## 47
정답 ②

<보기>의 내용을 기호화해보면 다음과 같다. 발문에서 ㄹ, ㅁ은 거짓이라고 하 므로 전체 부정 명제도 함께 표기하였다.

ㄱ. ~C → E

ㄴ. D → (C∧F)

ㄷ. (D∧F) → ~B

ㄹ. B → C∧~D          B∧(~C∨D)

ㅁ. (F∨G) → A          (F∨G)∧~A

'~A'와 'B'임을 확인하고 다음과 같이 정리해 본다.

| A | B | C | D | E | F | G |
|---|---|---|---|---|---|---|
| X | O | | | | | |

ㄹ이 'B'이므로 ㄷ에 따라 '(~D∨~F)'이다(후건부정). 함축법칙에 따라 변환 하면 'D → ~F'이고 D가 참이라고 가정하면 ㄴ과 비교했을 때 'F'이면서 '~F' 인 모순이 발생한다. 따라서 '~D'이다.

ㄹ이 '~C∨D'이므로 '~D'이면 '~C'임을 추론할 수 있다. 그리고 '~C'이면 ㄱ에 따라 'E'임을 추론할 수 있다. 그리고 ㅁ에 따라 '(F∨G)'이므로 F, G국 중 최소 한 국가 이상 참가한다.

| A | B | C | D | E | F | G |
|---|---|---|---|---|---|---|
| X | O | X | X | O | 한 국가 이상 | |

참가 가능한 최소 국가 수는 3이다.

### 문제풀이 핵심 포인트
발문의 표현이 참·거짓과 관련된 표현이지만 참과 거짓이 확정적으로 주어져 있 으므로 참·거짓을 가리는 문제는 아니다.

## 48
정답 ②

첫 번째 동그라미부터 각각 ⅰ)~ⅳ)라고 한다.

ⅰ) A → C∧F

ⅱ) -1 E → D

   -2 C → B

ⅲ) B → ~A

ⅳ) D∨F → A

모두 조건문으로만 주어져 있으므로 귀류법을 떠올려본다.

'A'라고 가정하면 ⅰ)에 따라 'C'이고(전건긍정), 'C'이면 ⅱ)-2에 따라 'B'이다 (전건긍정). 'B'이면 ⅲ)에 따라 '~A'인데 이는 최초의 가정과 모순이다. 따라 서 '~A'이다.

'~A'이면 ⅳ)에 따라 '~D∧~F'이다(후건부정). '~D'이면 ⅱ)-1에 따라 '~ E'이다(후건부정).

출석 가능한 최대 증인 수는 A, D, E, F를 제외한 2명이다.

## 49
정답 ③

'좋아한다'는 타동사이지만 간단하게 기호화할 수 있게 지문에서 친절하게 모 두 설명해주고 있다. 즉, 좋아한다AB≡좋아한다BA이고, 좋아하는 것과 좋아 하지 않는 것은 모순관계이다. 첫 번째 동그라미부터 각각 ⅰ)~ⅵ)라고 한 다. 다음과 같이 기호화할 수 있다.

ⅰ) 가마 → ~가라

ⅱ) 가나∨가다

ⅲ) 가바 → 다라∨가라

ⅳ) ~가마 → ~가나∧~가다∧~가라∧~가마∧~가바

ⅴ) ~가X → ~다X

ⅵ) ~가나∧~가다 → ~가나∧~가다∧~가라∧~가마∧~가바

ⅴ)는 X를 도입하여 기호화한 것에 유의한다.

ⅱ) '가나∨가다'에 따르면 ⅳ)에 따라 '가마'임을 추론할 수 있다(후건부정). '가마'이면 ⅰ)에 따라 '~가라'임을 추론할 수 있다(전건긍정). '~가라'이면 ⅴ)에 따라 '~다라'임을 추론할 수 있다(전건긍정). '~가라', '~다라'이므로 ⅲ)에 따라 '~가바'임을 추론할 수 있다(후건부정). 바영이 포함된 선지 ②, ④, ⑤는 제거된다. '가다'일 가능성은 있다.

## 50
정답 ③

첫 번째 동그라미부터 각각 ⅰ)~ⅳ)라고 한다.

ⅰ) A → D

ⅱ) -1 B → ~D

   -2 ~F → D

ⅲ) -1 C → ~E

   -2 E → F

ⅳ) A

ⅳ) 'A'이므로 ⅰ)에 따라 'D'임을 추론할 수 있다(전건긍정). 'D'이면 ⅱ)-1에 따라 '~B'임을 추론할 수 있다(후건부정).

| A | B | C | D | E | F |
|---|---|---|---|---|---|
| O | X | | O | | |

E를 기준으로 다시 표를 확인해보자. 1) 'E'이면 ⅲ)-2에 따라 'F'이고, ⅲ)-1에 따라 '~C'이다. 최대 4개국까지 참석할 수 있다. 2) '~E'이면 C와 F의 참석여 부는 불분명하다. 두 국가 모두 참석하지 않는 경우도 가능하므로 최소 2개국 까지 참석할 수 있다.

| | A | B | C | D | E | F |
|---|---|---|---|---|---|---|
| 1) | O | X | X | O | O | O |
| 2) | O | X | | O | X | |

### 문제풀이 핵심 포인트
표현 '만'에 유의한다.

## 51

첫 번째 동그라미부터 각각 ⅰ)~ⅵ)이라고 한다. 다음과 같이 기호화할 수 있다. 대우명제도 함께 표시하였다.

| | |
|---|---|
| ⅰ) ~A∧~B → C∧D∧~E | ~C∨~D∨E → A∨B |
| ⅱ) B∨C → F∨G | ~F∨~G → ~B∧~C |
| ⅲ) D∨H | |
| ⅳ) ~B∨D → ~E∨H | E∧~H → B∨D |
| ⅴ) ~E → H | ~H → E |
| ⅵ) D | |

ⅵ) 'D'이므로 ⅲ)에 따라 '~H'임을 추론할 수 있다. '~H'이면 ⅴ)에 따라 'E'임을 추론할 수 있다. 'E', '~H'이면 ⅳ)에 따라 'B∨D'임을 추론할 수 있다. 'E'이면 ⅰ)에 따라 'A∨B'임을 추론할 수 있다. 반대 의견을 제시한 것이 확실한 사무관은 H 1명이다.

## 52

첫 번째 동그라미부터 각각 ⅰ)~ⅵ)이라고 한다. 학생은 총 7명이다.

| |
|---|
| ⅰ) 가 → 다∧라∧마 |
| ⅱ) -1 누 → 마 |
|    -2 라 → 가∧누 |
| ⅲ) 바∨사 → ~다 |
| ⅳ) 누 → ~가 |
| ⅴ) ~바∧~사 → 다 |
| ⅵ) 마 |

ⅲ), ⅴ)로부터 '바∨사 ≡ ~다'임을 알 수 있다. 즉, 바, 사, 다 중 최대 2명이 참가한다. 그리고 최소 1명이 참가한다.
'라'이면 ⅱ)-2에 따라 '가∧누'이다. '누'이면 ⅳ)에 따라 '~가'인데 이는 '가∧누'와 모순된다. 따라서 '~라'이다. '~라'이면 ⅰ)에 따라 '~가'임을 추론할 수 있다. ⅶ)의 내용까지 포함해서 일단 정리해보면 다음과 같다. 다, 바, 사는 오른쪽에 모아서 정리하였다.

| 가 | 누 | 라 | 마 | 다 | 바 | 사 |
|---|---|---|---|---|---|---|
| X | | X | O | 최소 1명, 최대 2명 | | |

누의 참여 여부는 결정되지 않았으므로 누가 참여하지 않을 경우 최소 2명, 누가 참여하는 경우 최대 4명까지 참여할 수 있다.

## 53

첫 번째 동그라미부터 각각 ⅰ)~ⅴ)라고 한다.

| |
|---|
| ⅰ) 병 → (~신 → 을) |
| ⅱ) 을∨~병 → 무∧경 |
| ⅲ) 기∧경 → ~병∨무 |
| ⅳ) 신∨~갑 → ~정 |
| ⅴ) ~무 |

ⅴ) '~무'이면 ⅱ)에 따라 '~을∧병'임을 추론할 수 있다(후건부정). '병'이므로 '~무'와 함께 ⅲ)에 따라 '~기∨~경'임을 추론할 수 있다(후건부정). '병'이므로 ⅰ)에 따라 '~신 → 을'이고 '~을'이므로 '신'을 추론할 수 있다(후건부정). '신'이면 ⅳ)에 따라 '~정'임을 추론할 수 있다. 갑의 찬성, 반대 여부는 불분명하다.
찬성의견을 제시한 사람들의 최소 인원 수는 병과 신 2명이다.

---

## 54

대화의 첫 번째 동그라미부터 각각 ⅰ)~ⅴ)라고 한다. 우선 ⅱ), ⅴ)를 간단히 정리해보면 다음과 같다.

ⅱ) 보건복지위원장: 영국
ⅴ) 법제사법위원장: 스위스

그렇다면 9개국 중 영국과 스위스를 지우고 남은 7개국(미국, 중국, 일본, 러시아, 베트남, 프랑스, 독일)만 고려하면 된다. <조건>에서 '스위스 → 프랑스∨독일'라고 주어져 있는 내용을 반영해서 나머지 내용을 정리해보면 다음과 같다.

| |
|---|
| ⅰ) 행정안전위원장: 2개국 |
| ⅲ) 환경노동위원장: 다른 사람이 미국 → 일본 |
| ⅳ) 외교통일위원장: 1개국이면 미국 |
| ⅴ) 법제사법위원장: 프랑스∨독일 |

1) 외교통일위원장이 미국을 방문하는 경우와 2) 외교통일위원장이 2개국을 방문하는 경우로 나눠서 생각해보자.
1) 외교통일위원장 미국을 방문하는 경우 ⅲ)에 따라 환경노동위원장은 일본을 방문한다. 남아있는 5개국 중 중국이나 러시아는 다른 국가와 함께 방문할 수 없으므로 2개국을 방문해야 하는 행정안전위원장은 '베트남∧(프랑스∨독일)'이다. 법제사법위원장은 '프랑스∨독일'이다.
2) 외교통일위원장이 2개국을 방문하는 경우에도 남은 7개국 중 2개국을 방문하는 방법은 '베트남∧(프랑스∨독일)'밖에 없다. 그렇다면 행정안전위원장은 2개국을 방문할 수 없다.
① (X) 외교통일위원장은 미국 1개국을 방문한다.
② (X) 법제사법위원장이 독일을 방문한다면, 행정안전위원장이 프랑스를 방문한다.
③ (X) 중국이나 러시아를 방문하는 위원장은 없다.
④ (O) 베트남을 방문하는 행정안전위원장은 독일이나 프랑스를 방문한다.
⑤ (X) 환경노동위원장은 일본을 방문한다.

## 55

발문에서 네 명은 찬성, 세 명은 반대한다고 한다. 첫 번째 동그라미부터 각각 ⅰ)~ⅴ)라고 한다.

| | |
|---|---|
| ⅰ) 남성 사무관(E, F, G) 가운데 적어도 한 사람은 반대하지만 그들 모두 반대하는 것은 아니다(문장으로 처리). | |
| ⅱ) ~A∨~B | |
| ⅲ) B → ~A∧~E | A∨E → ~B |
| ⅳ) B↔C∧D | ~B↔~C∨~D |
| ⅴ)-1 F → G | ~G → ~F |
|   -2 ~F → ~A | A → F |

ⅱ)를 기준으로 1) A가 찬성하고 B가 반대하는 경우, 2) A가 반대하고 B가 찬성하는 경우, 3) A와 B가 모두 반대하는 경우로 나눠서 생각해보자.
1) A가 찬성하고 B가 반대하는 경우
'A'이면 ⅴ)-2에 따라 'F'임을 추론할 수 있다(후건부정). 'F'이면 ⅴ)-1에 따라 'G'임을 추론할 수 있다(전건긍정). 'F', 'G'이면 ⅰ)에 따라 ' ~E'임을 추론할 수 있다. '~B'이면 ⅳ)에 따라 '~C∨~D'임을 추론할 수 있다. 네 명은 정책 도입에 찬성하고 세 명은 반대한다는 것을 고려하면 C와 D는 다른 입장을 취해야 한다. 정리하면 다음과 같다.

| 여성 | | | | 남성 | | |
|---|---|---|---|---|---|---|
| A | B | C | D | E | F | G |
| O | X | C∨D | | X | O | O |

2) A가 반대하고 B가 찬성하는 경우

'B'이면 ⅲ)에 따라 '~A∧~E'임을 추론할 수 있다(전건긍정). 그리고 'B'이면 ⅳ)에 따라 'C∧D'임을 추론할 수 있다. '~E'인 상황에서 '~G'이면 ⅴ)에 따라 '~F'가 되므로 ⅰ)에 위배된다. 'G'이다. 네 명은 정책 도입에 찬성하고 세 명은 반대하므로 '~F'이다. 정리하면 다음과 같다.

| 여성 | | | | 남성 | | |
|---|---|---|---|---|---|---|
| A | B | C | D | E | F | G |
| X | O | O | O | X | X | O |

3) A와 B가 모두 반대하는 경우

'~B'이면 ⅳ)에 따라 ' ~C∨~D'이다. 그렇다면 다음과 같이 정리할 수 있다.

| 여성 | | | | 남성 | | |
|---|---|---|---|---|---|---|
| A | B | C | D | E | F | G |
| X | X | X | X | | | |

그런데 네 명은 정책 도입에 찬성해야 하므로 모순이 발생한다.

① (O) 1), 2)의 경우 모두 A와 F는 같은 입장을 취한다.
② (O) 1), 2)의 경우 모두 B와 F는 서로 다른 입장을 취한다.
③ (X) 1)의 경우 C와 D는 서로 다른 입장을 취해야 한다.
④ (O) 1), 2)의 경우 모두 E는 반대한다.
⑤ (O) 1), 2)의 경우 모두 G는 찬성한다.

## 56

정답 ⑤

7명 중 4명을 뽑는다. 첫 번째 동그라미부터 각각 ⅰ)~ⅴ)라고 한다.

ⅰ) 가∨나∨다∨라
ⅱ) ~모∨~보∨~소
ⅲ) 가∨나 → 라∧소
ⅳ) 다 → ~모∧~보
ⅴ) 소 → 모

선언과 조건문만 주어져 있으므로 귀류법을 생각해보자. '가'라고 가정하는 경우나 '나'라고 가정하는 경우에는 모순이 발생하지 않는다. 그러나 '다'라고 가정하면 '~모∧~보'이고 ⅴ)에 따라 '~소'이다. 4명을 뽑아야 하므로 가, 나, 다, 라를 뽑게 되는데 ⅲ)에 따르면 '소'이므로 모순이 발생한다. 즉, '~다'이다. 그리고 '~모'라고 가정하면 ⅴ)에 따라 '~소'이고, '~소'이면 ⅲ)에 따라 '~가∧~나'이다. 그렇다면 3명만 뽑을 수 있으므로 문제의 가정과 모순이 발생한다. 즉 '모'이다.

더 이상 귀류법으로 도출해 낼 명제가 없어 보인다면 표를 그려서 여러 경우를 따져보아야 한다. ⅲ)의 전건인 가∨나를 기준으로 경우의 수를 나눠보자. 즉 1) '가∧나', 2) '가∧~나', 3) '~가∧나', 4) '~가∧~나'로 나누어본다.

| | 가 | 나 | 다 | 라 | 모 | 보 | 소 |
|---|---|---|---|---|---|---|---|
| 1) | O | O | X | O[iii)] | O | | O[iii)] |
| 2) | O | X | X | O[iii)] | O | X[4명] | O[iii)] |
| 3) | X | O | X | O[iii)] | O | X[4명] | O[iii)] |
| 4) | X | X | X | O[i)] | O | | |

1)의 경우는 5명을 뽑게 되고, 4)의 경우는 4명을 뽑으려면 ⅱ)를 위배하게 된다. 따라서 2), 3)의 경우만을 고려한다.

ㄱ. (O) 2), 3)의 경우 모두 남녀 2명으로 팀이 구성된다.
ㄴ. (O) 2), 3)의 경우 모두 다훈과 보연이 팀에 포함되지 않는다.
ㄷ. (O) 2), 3)의 경우 모두 라훈과 모연이 팀에 포함된다.

**문제풀이 핵심 포인트**

· ⅰ), ⅱ)는 문장으로 처리해도 좋다.
· 처음부터 표를 그리면서 모순이 발생하는 경우를 찾아봐도 좋다. 귀류법을 통해 반드시 참인 명제를 찾으면 문제가 빨리 해결되는 경우가 많기 때문에 귀류법을 항상 먼저 고려해 보는 것이지만 이 문제는 귀류법을 확인해보고 나서도 생각해야 할 것이 있는 문제이다.

## 57

정답 ①

첫 번째 동그라미부터 각각 ⅰ)~ⅵ)이라고 한다.

ⅰ) A∨B∨C
ⅱ) E∨F
ⅲ) A, D, F국은 자신 외에 동일한 종교를 국교로 하는 국가가 한 국가 이상 참석해야 회의에 참석
ⅳ) C → F
ⅴ) B → E

1) E가 참석하는 경우

| A | B | C | D | E | F |
|---|---|---|---|---|---|
| | | X | | O | X |

'~F'이므로 ⅳ)에 따라 '~C'이다(후건부정). ⅰ)에 따라 'A∨B'이고 ⅲ)에 따라 'A∧D' 또는 '~A∧~D'이다. 다음과 같이 경우를 나눠볼 수 있다

| A | B | C | D | E | F |
|---|---|---|---|---|---|
| O | X | X | O | O | X |
| X | O | X | X | O | X |
| O | O | X | O | O | X |

2) F가 참석하는 경우

| A | B | C | D | E | F |
|---|---|---|---|---|---|
| | X | | | X | O |

'~E'이므로 ⅴ)에 따라 '~B'이다(후건부정). ⅲ)에 따르면 'A∨D'이다. C국의 참석 여부는 불분명하다. 그러나 '~B'이므로 ⅰ)에 따라 'A∨C'이다. 다음과 같이 경우를 나눠볼 수 있다.

| A | B | C | D | E | F |
|---|---|---|---|---|---|
| O | X | X | X | X | O |
| O | X | X | O | X | O |
| X | X | O | O | X | O |
| O | X | O | X | X | O |
| O | X | O | O | X | O |

① (O) 1)의 두 번째 경우 두 국가, 2)의 세 번째 경우가 A국이 참석하지 않을 경우이고 세 국가가 회의에 참석한다.

이하부터는 반례만 확인한다.

② (X) 반례: 1)의 첫 번째

③ (X) 반례: 1)의 두 번째

④ (X) 반례: 2)의 세 번째, 네 번째, 다섯 번째

⑤ (X) 반례: 1)의 두 번째

## 58

정답 ②

첫 번째 동그라미부터 ⅰ)~ⅶ)이라고 한다.

> ⅰ) ~A → B
> ⅱ) A → D∨E
> ⅲ) A∧F → C
> ⅳ) B → C
> ⅴ) ~C
> ⅵ) E∧~F → ~G

ⅴ) '~C'로부터 ⅳ)에 따라 '~B'임을 추론할 수 있다(후건부정). '~B'이면 ⅰ)에 따라 'A'임을 추론할 수 있다(후건부정). 'A'이면 ⅱ)에 따라 'D∨E'임을 추론할 수 있다. 그리고 다시 '~C'와 ⅲ)에 따라 '~A∨~F'임을 추론할 수 있고(후건부정) 'A'이므로 '~F'임을 추론할 수 있다(선언소거). 이상을 정리해보면 다음과 같다.

| A | B | C | D | E | F | G |
|---|---|---|---|---|---|---|
| O | X | X |   |   | X |   |

위의 표를 'D∨E'에 따라 다시 경우를 나눠보면 다음과 같이 생각할 수 있다.

|    | A | B | C | D | E | F | G |
|----|---|---|---|---|---|---|---|
| 1) | O | X | X | O | X | X |   |
| 2) | O | X | X | X | O | X | X |
| 3) | O | X | X | O | O | X | X |

ㄱ. (X) 범인은 최대 3명이 될 수 있다.

ㄴ. (O) 첫 번째 경우에서 G가 범인일 때와 세 번째 경우 범인이 최대 3명인데 모두 D는 범인이다.

ㄷ. (X) 범인의 수가 최소인 경우는 두 번째 경우도 가능하지만 첫 번째 경우에서 G가 범인이 아닐 때도 가능하다. 이 경우 E와 G 모두 범인이 아니다.

## 문 59

정답 ②

갑의 첫 번째 대화부터 ⅰ)~ⅴ)라고 한다.

> ⅰ) {A, B, C, D, E}
> ⅱ)-1 모두 다 추진하는 것은 예산상 어렵다(문장으로 처리).
>   -2 C → ~D
> ⅲ) B∨E
> ⅳ)-1 E
>   -2 E → A∨C∨D
> ⅴ) B → D

ㄱ. (O) 'C'이면 ⅱ)-2에 따라 '~D'이다(전건긍정). '~D'이면 ⅴ)에 따라 '~B'이다(후건부정).

ㄴ. (X) '~A∧~D'인 경우에도 C와 E만 추진하는 것이 가능하다.

ㄷ. (O) E는 확실히 추진되므로 A, B, C, D 네 가지 과제 중 두 가지 과제를 추진하는 방법을 찾아본다. 그런데 ⅱ)-2 'C → ~D'과 ⅴ)의 대우명제 '~D → ~B'이므로 C가 추진되는 경우 B, D는 추진되지 않는다. 우선 C가 추진되면서 3개의 과제가 추진되는 경우는 {A, C, E}이다. C가 추진되지 않는다면 다시 A, B, D 세 가지 과제 중 두 가지 과제를 추진하는 방법을 찾아본다. B가 추진되는 경우 ⅴ)에 따라 D도 추진되어야하므로 {B, D, E}이고 B가 추진되지 않는 경우는 {A, D, E}이다. 모두 3가지 경우가 가능하다.

## 1 Step 2의 판별

Step 2는 특칭명제를 포함하는 문제들이다. 전칭명제 전체의 부정 표현이 있는 경우도 특칭명제라는 것을 명심해야 한다. 정언명제의 내용을 잘 이해했다면 평균적인 난이도와 문제 풀이 시간은 대부분의 Step 1 문제들보다는 어렵지만 경우의 수를 따져야 하는 문제들보다는 쉽다고 평가할 수 있다.

## 2 문제풀이 접근법

Step 1의 문제들은 풀이 과정을 간단히 생각해본다면 1) 지문의 기호화, 2) 명제의 추론과 같이 두 단계의 풀이 과정을 거친다고 할 수 있다. 정언명제부터는 문제 풀이 과정이 1) 지문의 기호화, 2) 특칭·단칭명제에 전칭명제를 적용, 3) 명제의 추론이라고 할 수 있다. 2)도 사실은 주어진 명제의 추론이지만 이 과정을 의식하지 못하는 경우가 많기 때문에 강조하기 위해 하나의 단계로 구분하였다. 2) 단계가 어떤 의미인지, 그리고 어떤 방식으로 문제를 풀어나갈지 하나씩 알아보도록 하자.

### 1. 기호화를 통한 접근

다음과 같은 상황이 주어졌다고 하자.

---

□□놀이공원에서는 모든 놀이공원 입장객을 대상으로 A, B, C, D, E 다섯 종류의 놀이기구 이용 여부를 조사하였다. 그 결과는 다음과 같다.

○ 모든 입장객은 A와 D를 이용하였다.

○ 어떤 입장객은 A와 B를 이용하였다.

○ B를 이용한 입장객은 E를 이용하였다.

○ C와 E를 둘 다 이용한 입장객은 없다.

○ 자신을 갑이라고 밝힌 한 입장객은 E를 이용하고 B는 이용하지 않았다.

○ D를 이용한 입장객은 모두 E도 이용했다는 것은 거짓으로 밝혀졌다.

---

놀이공원 입장객을 $x$라고 하자. 즉, 논의영역은 놀이공원 입장객에 한정한다. 그리고 술어는 'A를 이용', 'B를 이용', … 밖에 없으므로 'A', 'B'라고 단순하게 표현하기로 한다.

1) 지문을 기호화해보자. 첫 번째 동그라미부터 ⅰ)~ⅵ)이라고 하면, ⅰ)과 ⅱ)는 각각 기본적인 전칭명제, 특칭명제의 표현이다. 다음과 같이 기호화할 수 있다. ⅱ)의 어떤 입장객은 a라고 이름을 붙이도록 한다.

$$ⅰ) (\forall x)(Ax \land Dx)$$
$$ⅱ) (\exists a)(Aa \land Ba)$$

그리고 ⅲ)도 전칭명제이다. 다음과 같이 조건문으로 기호화한다.

$$ⅲ) (\forall x)(Bx \to Ex)$$

iv)는 전칭명제이다. '어떤 입장객도 C와 E를 둘 다 이용한 것은 아니다', '모든 입장객은 C나 E 중 최소 하나는 이용하지 않았다'와 같은 의미의 문장으로 이해해도 좋다.

$$\text{iv) } (\forall x)\{\sim(Cx \land Ex)\} \equiv (\forall x)(\sim Cx \lor \sim Ex)$$

정언명제도 논리 연산 법칙이 그대로 적용된다. 드모르간의 법칙을 이용해 변환한 결과까지 같이 표기하였다. v)는 단칭명제이다. 다음과 같이 기호화한다.

$$\text{v) } (\exists \text{갑})(\sim B_\text{갑} \land E_\text{갑})$$

'D를 이용한 입장객은 모두 E도 이용했다'는 전칭명제이고 $(\forall x)(Dx \to Ex)$라고 조건문으로 기호화할 수 있다. 그런데 vi)은 $(\forall x)(Dx \to Ex)$의 전체 부정이므로 다음과 같이 특칭명제가 된다. 특칭명제가 되었으므로 b라고 이름을 붙이도록 한다.

$$\text{vi) } \sim\{(\forall x)(Dx \to Ex)\} \equiv (\exists b)(Db \land \sim Eb)$$

이상을 정리하면 다음과 같다.

> i ) $(\forall x)(Ax \land Dx)$
> ii ) $(\exists a)(Aa \land Ba)$
> iii ) $(\forall x)(Bx \to Ex)$
> iv ) $(\forall x)(\sim Cx \lor \sim Ex)$
> v ) $(\exists \text{갑})(\sim B_\text{갑} \land E_\text{갑})$
> vi ) $(\exists b)(Db \land \sim Eb)$

v)의 단칭명제는 이름이 주어져 있으므로 주어진 이름 그대로 기호화하였다. 기호화만 한 상태에서 문제에서 요구하는 내용을 찾을 수 있다면 바로 문제를 해결한다. 그러나 문제에서 요구하는 내용을 찾을 수 없다면 2) 단계로 넘어가야 한다.

이제 2) 특칭·단칭명제에 전칭명제를 적용하여야 한다.[37] 기호화한 명제들로부터 기본적으로 적용할 수 있는 내용을 적용해본다. 예를 들어 ii)에서 a라고 이름 붙인 한 입장객은 모든 입장객 $x$에도 해당하므로 모든 입장객에 대한 전칭명제 i ), iii), iv)가 적용되어야 한다. ii)에 i )을 적용해보면, 모든 입장객은 A와 D를 이용했으므로 a도 A와 D를 이용하였다. 그렇다면 ii)의 단칭명제를 다음과 같이 고칠 수 있다.

$$\text{ii) } (\exists a)(Aa \land Ba \land Da)$$

iii)도 적용해보면 B를 이용한 입장객은 모두 E를 이용하였는데 a도 B를 이용하였으므로 E도 이용하였다(전칭긍정). 그렇다면 ii)의 단칭명제를 다시 다음과 같이 고칠 수 있다.

$$\text{ii) } (\exists a)(Aa \land Ba \land Da \land Ea)$$

iv)도 적용해보면 모든 입장객은 C나 E 둘 중 하나는 이용하지 않았다. 그런데 a는 E를 이미 이용하였으므로 C는 이용하지 않았다. 그렇다면 다음과 같이 고칠 수 있다.

$$\text{ii) } (\exists a)(Aa \land Ba \land \sim Ca \land Da \land Ea)$$

마찬가지로 갑과 b에 대해서도 이와 같은 단계를 거쳐야 한다. 정리하면 다음과 같다.

$$\text{v) } (\exists \text{갑})(A_\text{갑} \land \sim B_\text{갑} \land \sim C_\text{갑} \land D_\text{갑} \land E_\text{갑})$$
$$\text{vi) } (\exists b)(Ab \land \sim Bb \land Db \land \sim Eb)$$

b는 '$\sim Eb$'이므로 iii)에 따라 '$\sim Bb$'이다(후건부정). 그리고 b가 C를 이용했는지 여부는 알 수 없다.

---

37) 앞서 보편 예화(universal specification)라고 했던 단계이다.

1) 기호화만 한 상태에서 문제에서 요구하는 내용을 찾을 수 없는 경우 2) 단계로 특칭명제들에 대해 정리하였다. 여기서 다시 본격적으로 3) 명제들로부터 추론을 통해 문제에서 요구하는 내용을 찾아야 한다.

그러나 위와 같은 정식 기호화는 문제풀이에서 많은 시간을 요하고 번거롭다. 지금까지 잘 처리해왔던 전칭명제에 일일이 $(\forall x)$를 붙이는 것도 시간을 소모하고 특칭명제에 전칭명제를 적용할 때도 번거롭거나 실수할 수 있는 것들이 많다. 예를 들어 위의 기호화는 ii) $(\exists a)(Aa \wedge Ba \wedge Da \wedge Ea)$를 ii) $(\exists a)(Aa \wedge Ba \wedge \sim Ca \wedge Da \wedge Ea)$와 같이 고치면서 다시 A, B, C, D, E 순으로 정렬한 것이다. 정렬하지 않으면 뒤죽박죽이 되는데 빠르게 문제를 풀다가 실수하는 경우도 많다. 따라서 정언명제의 문제들을 다음과 같이 처리한다.

## 2. 정언명제 표 만들기

문제풀이를 위해 이상의 기호화를 단순하게 처리해보자. 우선 실제 문제풀이에서 전칭명제의 양화사는 표시하지 않는다. 전칭명제는 Ⅱ. 명제논리에서 해왔던 것처럼 단순하게 기호화한다. 다만 조건문 전체의 부정과 같이 전칭명제에서 특칭명제로 변환되는 경우는 정확히 이해하고 있어야 한다. 그리고 특칭명제는 이름을 붙여서 특칭명제임을 구분한다. 단칭명제는 문제에서 이름이 주어져 있을 것이므로 해당 이름을 사용해도 좋고 편한 이름을 다시 붙여도 좋다. 위에서 예를 들었던 내용을 다시 간단하게 기호화해보면 다음과 같다.

> ⅰ) A∧D
> ⅱ) a: Aa∧Ba
> ⅲ) B → E
> ⅳ) ~C∨~E
> ⅴ) 갑: ~B갑∧E갑
> ⅵ) b: Db∧~Eb

2) 단계로 넘어가보면 특칭명제에 전칭명제를 적용할 때 일일이 기호를 쓰지 않고 다음과 같이 표로 정리한다.

|   | A | B | C | D | E |
|---|---|---|---|---|---|
| a | O | O |   |   |   |
| 갑 |   | X |   |   | O |
| b |   |   |   | O | X |

a는 Aa∧Ba이므로 각각 O로 표시하였고, 갑은 ~B갑∧E갑인 것을 B에 ×로, E에 O로 표시하였다. 본인의 편의에 따라 참·거짓을 T, F로 표현하여도 상관없다. 그렇다면 앞에서 2)의 결과를 다음과 같이 다시 정리할 수 있다.

|   | A | B | C | D | E |
|---|---|---|---|---|---|
| a | O | O | X | O | O |
| 갑 | O | X | X | O | O |
| b | O | X |   | O | X |

이렇게 정리하고 3) 명제들로부터 추론단계로 넘어가는 것이다.

위에서 든 예는 명제가 6개에 단칭명제 포함 특칭명제가 3개가 있어 조금 번거로운 경우이다. b의 경우처럼 표가 완성되지 않는 경우도 확인해 봐야 해서 조금 복잡한 예를 든 것이고, 명제가 4개 정도만 주어진 문제 같은 경우 위의 과정보다 훨씬 간단하게 2) 단계가 마무리될 것이다. 이제 문제풀이로 들어가보도록 하자. 여전히 기호화로 처리하기에는 번거로운 내용은 문장으로 처리하도록 하고 해설에서는 가능하면 정식으로 기호화해서 해설할 것이다.

**※ 다음 논증의 타당성을 확인해보자.**

**01** ⅰ) 모든 인간은 언젠가 죽는다.

ⅱ) 소크라테스는 인간이다.

ⅲ) 따라서 소크라테스는 언젠가 죽는다.

**02** ⅰ) 모든 과학자는 신을 믿는다.

ⅱ) 신을 믿는 모든 사람은 유물론자가 아니다.

ⅲ) 어떤 유물론자는 진화론자이다.

ⅳ) 그러므로 어떤 진화론자는 과학자가 아니다.

**03** ⅰ) 외국어학원에 다니는 사람들은 모두 외국문화에 관심이 있다.

ⅱ) 외국문화에 관심을 가지는 사람들 중 한 번도 외국에 가본 적이 없는 사람들이 있다.

ⅲ) 그러므로 외국에 한 번도 가본 적이 없는 사람들 중 일부는 외국어학원에 다니지 않는다.

**04** ⅰ) 금고 이상의 형이 확정된 공무원은 파면된다.

ⅱ) 김사무관은 금고 이상의 형이 확정되었다.

ⅲ) 따라서 김사무관은 파면이다.

**05** ⅰ) 금고 이상의 형이 확정된 공무원은 파면된다.

ⅱ) 김사무관은 파면이다.

ⅲ) 따라서 김사무관은 금고 이상의 형이 확정되었다.

**해설**

**01** ⅰ) $(\forall x)$(인간$x$ → 죽는다$x$)

ⅱ) (∃소크라테스)(인간$_{소크라테스}$)

ⅲ) ∴ (∃소크라테스)(인간$_{소크라테스}$∧죽는다$_{소크라테스}$)

타당한 논증이다. 많은 논리책에 수록되어 있는 대표적인 예문이다. $x$는 변항이라고도 하는데 소크라테스는 $x$에 해당하므로 ⅰ)의 $x$에 소크라테스를 대입한다는 것으로 기호들을 이해해도 좋다. ⅰ)의 $x$에 소크라테스를 대입하면 (인간$_{소크라테스}$ → 죽는다$_{소크라테스}$)이고 ⅱ)(인간$_{소크라테스}$)이므로 (죽는다$_{소크라테스}$)를 추론할 수 있다(전건긍정). 그렇다면 소크라테스는 (인간$_{소크라테스}$)이면서 (죽는다$_{소크라테스}$)이므로 ⅲ)과 같이 나타낼 수 있는 것이다. 2) 단계는 이렇게 전칭명제를 특칭명제에 적용해주는 단계이다.

**02** ⅰ) $(\forall x)$(과학자$x$ → 신을 믿는다$x$)

ⅱ) $(\forall x)$(신을 믿는다$x$ → ~유물론자$x$)

ⅲ) (∃a)(유물론자a∧진화론자a)

ⅳ) (∃a)(진화론자a∧~과학자a)

'a'는 (유물론자a)이므로 ⅱ)에 따라 '(~신을 믿는다a)'이다(후건부정). 'a'가 '(~신을 믿는다)'이라면 ⅰ)에 따라 '(~과학자a)'이다(후건부정). 따라서 'a'는 '진화론자'이면서 '~과학자'이다.

**03** ⅰ) $(\forall x)$(외국어 학원$x$ → 외국문화에 관심$x$)

ⅱ) (∃a)(외국문화에 관심a∧~외국에 가본 적a)

ⅲ) (∃a)(~외국에 가본 적a∧~외국어 학원)

주어진 명제 ⅰ), ⅱ)만으로 (∃a)(~외국에 가본 적a∧~외국어 학원)을 추론할 수 없다.

**04** ⅰ) $(\forall x)$(금고 이상 형 확정$x$∧공무원$x$ → 파면$x$)

ⅱ) (∃김)(금고 이상 형 확정$_{김}$∧공무원$_{김}$)

ⅲ) ∴ (∃김)(금고 이상 형 확정$_{김}$∧공무원$_{김}$∧파면$_{김}$)

타당한 추론이다.

**05** ⅰ) $(\forall x)$(금고 이상 형 확정$x$∧공무원$x$ → 파면$x$)

ⅱ) (∃김)(공무원$_{김}$∧파면$_{김}$)

ⅲ) ∴ (∃김)(금고 이상 형 확정$_{김}$∧공무원$_{김}$)임을 추론할 수는 없다. **04**의 경우와 비교해보기 바란다.

이상의 내용을 바탕으로 다음 예제를 풀어보자.

## 01 다음 글의 내용이 참일 때, 반드시 참인 것만을 <보기>에서 모두 고르면?

21년 5급 가책형 35번

철학과에서는 학생들의 수강 실태를 파악하여 향후 학과 교과목 개편에 반영할 예정이다. 실태를 파악한 결과, 〈논리학〉, 〈인식론〉, 〈과학철학〉, 〈언어철학〉을 모두 수강한 학생은 없었다. 〈논리학〉을 수강한 학생들은 모두 〈인식론〉도 수강하였다. 일부 학생들은 〈인식론〉과 〈과학철학〉을 둘 다 수강하였다. 그리고 〈언어철학〉을 수강하지 않은 학생들은 누구도 〈과학철학〉을 수강하지 않았다.

─〈보 기〉─

ㄱ. 〈논리학〉을 수강하지 않은 학생이 있다.
ㄴ. 〈논리학〉과 〈과학철학〉을 둘 다 수강한 학생은 없다.
ㄷ. 〈인식론〉과 〈언어철학〉을 둘 다 수강한 학생이 있다.

① ㄱ
② ㄴ
③ ㄱ, ㄷ
④ ㄴ, ㄷ
⑤ ㄱ, ㄴ, ㄷ

## 📝 해설

논의영역은 철학과 학생들이다.

| i ) $(\forall x)(\sim Ax \lor \sim Bx \lor \sim Cx \lor \sim Dx)$ | 〈논리학〉: A |
| ii ) $(\forall x)(Ax \to Bx)$ | 〈인식론〉: B |
| iii ) $(\exists a)(Ba \land Ca)$ | 〈과학철학〉: C |
| iv ) $(\forall x)(\sim Dx \to \sim Cx)$ | 〈언어철학〉: D |

특칭명제 iii )에 전칭명제들을 적용한다.

|   | A | B | C | D |
|---|---|---|---|---|
| a | X | O | O | O |

'a'는 'Ca'이므로 iv )에 따라 'Da'이다(후건부정). (Ba∧Ca∧Da)이면 i )에 따라 '~Aa'이다(선언소거).

ㄱ. (O) 〈논리학〉을 수강하지 않은 'a'라는 학생이 있다.

ㄴ. (O) ii ) 'A → B'이고 iv )의 대우명제는 'C → D'이므로, 'A∧C'라면 'B' 이고 'D'이다. 즉 'A∧C'라면 'A∧B∧C∧D'가 된다. 그러나 이는 i )에 위배된다. 따라서 A∧C는 거짓이고 '~A∨~C'이다.

ㄷ. (O) 〈인식론〉과 〈언어철학〉을 둘 다 수강한 'a'라는 학생이 있다.

[정답] ⑤

**02** 다음 글의 내용이 참일 때, 참인지 거짓인지 알 수 있는 것만을 <보기>에서 모두 고르면?

19년 민경채 나책형 9번

머신러닝은 컴퓨터 공학에서 최근 주목 받고 있는 분야이다. 이 중 샤펠식 과정은 성공적인 적용 사례들로 인해 우리에게 많이 알려진 학습 방법이다. 머신러닝의 사례 가운데 샤펠식 과정에 해당하면서 의사결정트리 방식을 따르지 않는 경우는 없다.

머신러닝은 지도학습과 비지도학습이라는 두 배타적 유형으로 나눌 수 있고, 모든 머신러닝의 사례는 이 두 유형 중 어디엔가 속한다. 샤펠식 과정은 모두 전자에 속한다. 머신러닝에서 새로 떠오르는 방법은 강화학습인데, 강화학습을 활용하는 모든 경우는 후자에 속한다. 그리고 의사결정트리 방식을 적용한 사례들 가운데 강화학습을 활용하는 머신러닝의 사례도 있다.

──────〈보 기〉──────

ㄱ. 의사결정트리 방식을 적용한 모든 사례는 지도학습의 사례이다.

ㄴ. 샤펠식 과정의 적용 사례가 아니면서 의사결정트리 방식을 적용한 경우가 존재한다.

ㄷ. 강화학습을 활용하는 머신러닝 사례들 가운데 의사결정트리 방식이 적용되지 않은 경우는 없다.

① ㄴ
② ㄷ
③ ㄱ, ㄴ
④ ㄱ, ㄷ
⑤ ㄱ, ㄴ, ㄷ

**📝 해설**

첫 번째 문장부터 ⅰ) ~ ⅶ)이라고 한다.

ⅲ) '샤펠식 과정에 해당하면서 의사결정트리 방식을 따르지 않는 경우는 없다.'는 함축을 설명할 때 나왔던 중요한 표현이다. 전칭명제이다. '모든 샤펠식 과정에 해당하는 머신러닝의 사례는 의사결정트리방식을 따른다.'라고 해석할 수 있다.

ⅲ) 샤펠식 과정 → 의사결정트리 방식

ⅳ)에서 배타적(exclusive)의 의미는 '겹치는게 없다.', '교집합이 없다.'와 같은 의미이다. 그리고 '모든 머신러닝의 사례는 이 두 유형 중 어디엔가 속한다.'는 지도학습과 비지도학습이라는 두 유형이 모든 머신러닝 사례를 포괄한다는 의미이다. 따라서 모든 머신러닝 사례는 지도학습이 아니면 비지도학습이고 비지도학습이 아니라면 지도학습인 배타적 선언으로 기호화할 수 있다.

ⅳ) 지도학습∨비지도학습
ⅴ) 샤펠식 → 지도학습
ⅵ) 강화학습 → 비지도학습
ⅶ) (∃a)(의사결정트리 방식a∧강화학습a)

ⅶ)에 다른 전칭명제를 적용해보자.

모순관계

| | 샤펠식 | 의사결정 | 지도 | 비지도 | 강화 |
|---|---|---|---|---|---|
| a | X | O | X | O | O |

'강화학습a'이므로 ⅵ)에 따라 '비지도학습a'임을 추론할 수 있다(전건긍정). ⅳ) '비지도학습a'이면 ⅳ)에 따라 '~지도학습a'임을 추론할 수 있다(선언소거). '~지도학습a'이면 ⅴ)에 따라 '~샤펠식a'임을 추론할 수 있다(후건부정).

ㄱ. (X) 'a'는 '의사결정트리 방식a∧~지도학습a'이고 이는 ㄱ의 '의사결정트리방식 → 지도학습'의 반례이다. ㄱ이 거짓임을 알 수 있다.

ㄴ. (O) a가 샤펠식 과정의 적용 사례가 아니면서 의사결정트리방식을 적용한 경우이다. ㄴ이 참임을 알 수 있다.

ㄷ. (X) 주어진 명제로 '강화학습 → 의사결정트리 방식'의 참·거짓을 판단할 수 없다.

이상은 논의영역을 '머신러닝의 사례'라고 한정해서 기호화한 것이다.

[정답] ③

앞에서 학습한 내용을 바탕으로 실전처럼 문제를 풀어보자.

**01** 다음 글의 내용이 참일 때, 반드시 참인 것은?

15년 민경채 인책형 6번

도덕성에 결함이 있는 어떤 사람도 공무원으로 채용되지 않는다. 업무 능력을 검증받았고 인사추천위원회의 추천을 받았으며 공직관이 투철한, 즉 이 세 조건을 모두 만족하는 지원자는 누구나 올해 공무원으로 채용된다. 올해 공무원으로 채용되는 사람들 중에 봉사정신이 없는 사람은 아무도 없다. 공직관이 투철한 철수는 올해 공무원 채용 시험에 지원하여 업무 능력을 검증받았다.

① 만일 철수가 도덕성에 결함이 없다면, 그는 올해 공무원으로 채용된다.
② 만일 철수가 봉사정신을 갖고 있다면, 그는 올해 공무원으로 채용된다.
③ 만일 철수가 도덕성에 결함이 있다면, 그는 인사추천위원회의 추천을 받지 않았다.
④ 만일 철수가 올해 공무원으로 채용된다면, 그는 인사추천위원회의 추천을 받았다.
⑤ 만일 철수가 올해 공무원으로 채용되지 않는다면, 그는 도덕성에 결함이 있고 또한 봉사정신도 없다.

**02** 다음 글의 결론을 이끌어내기 위해 추가해야 할 전제만을 <보기>에서 모두 고르면?

17년 민경채 나책형 16번

젊고 섬세하고 유연한 자는 아름답다. 아테나는 섬세하고 유연하다. 아름다운 자가 모두 훌륭한 것은 아니다. 덕을 가진 자는 훌륭하다. 아테나는 덕을 가졌다. 아름답고 훌륭한 자는 행복하다. 따라서 아테나는 행복하다.

─〈보 기〉─

ㄱ. 아테나는 젊다.
ㄴ. 아테나는 훌륭하다.
ㄷ. 아름다운 자는 행복하다.

① ㄱ
② ㄷ
③ ㄱ, ㄴ
④ ㄴ, ㄷ
⑤ ㄱ, ㄴ, ㄷ

공군이 차기 전투기 도입에서 고려해야 하는 사항은 비행시간이 길어야 한다는 것, 정비시간이 짧아야 한다는 것, 폭탄 적재량이 많아야 한다는 것, 그리고 공대공 전투능력이 높아야 한다는 것, 이상 네 가지이다. 그리고 이 네 가지는 각각 그런 경우와 그런 경우의 반대 둘 중의 하나이며 그 중간은 없다.

전투기의 폭탄 적재량이 많거나 공대공 전투능력이 높다면, 정비시간은 길다. 반면에 비행시간이 길면 공대공 전투능력은 낮다. 공군은 네 가지 고려사항 중에서 최소한 두 가지 이상을 통과한 기종을 선정해야 한다. 그런데 공군은 위 고려사항 중에서 정비시간이 짧아야 한다는 조건만큼은 결코 포기할 수 없다는 입장이다. 따라서 정비시간이 짧아야 한다는 것은 차기 전투기로 선정되기 위한 필수적인 조건이다.

한편, 이번 전투기 도입 사업에 입찰한 업체들 중 하나인 A사는 비행시간이 길고 폭탄 적재량이 많은 기종을 제안했다. 언론에서는 A사의 기종이 선정될 것이라고 예측하였다. 이후 공군에서는 선정 조건에 맞게 네 고려사항 중 둘 이상을 통과한 기종의 전투기를 도입하였는데 그것이 A사의 기종이었는지는 아직 알려지지 않았다.

─── 〈보 기〉───

ㄱ. 언론의 예측은 옳았다.
ㄴ. 공군이 도입한 기종은 비행시간이 길다.
ㄷ. 입찰한 업체의 기종이 공대공 전투능력이 높다면, 그 기종은 비행시간이 짧다.

① ㄱ
② ㄴ
③ ㄱ, ㄷ
④ ㄴ, ㄷ
⑤ ㄱ, ㄴ, ㄷ

서희: 우리 회사 전 직원을 대상으로 A, B, C 업무 중에서 자신이 선호하는 것을 모두 고르라는 설문 조사를 실시했는데, A와 B를 둘 다 선호한 사람은 없었어.

영민: 나도 그건 알고 있어. 그뿐만 아니라 C를 선호한 사람은 A를 선호하거나 B를 선호한다는 것도 이미 알고 있지.

서희: A는 선호하지 않지만 B는 선호하는 사람이 있다는 것도 이미 확인된 사실이야.

영민: 그럼, ㉠ <u>종범이 말한 것</u>이 참이라면, B만 선호한 사람이 적어도 한 명 있겠군.

① A를 선호하는 사람은 모두 C를 선호한다.
② A를 선호하는 사람은 누구도 C를 선호하지 않는다.
③ B를 선호하는 사람은 모두 C를 선호한다.
④ B를 선호하는 사람은 누구도 C를 선호하지 않는다.
⑤ C를 선호하는 사람은 모두 B를 선호한다.

## 05 다음 대화의 ㉠과 ㉡에 들어갈 말을 적절하게 짝지은 것은?

20년 민경채 가책형 11번

> 갑: 신입직원 가운데 일부가 봉사활동에 지원했습니다. 그리고
> | ㉠ |
>
> 을: 지금 하신 말씀에 따르자면, 제 판단으로는 하계연수에 참여하지 않은 사람 중에 신입직원이 있다는 결론이 나오는군요.
>
> 갑: 그렇게 판단하신 게 정확히 맞습니다. 아니, 잠깐만요. 아차, 제가 앞에서 말씀드린 부분 중에 오류가 있었군요. 죄송합니다. 신입직원 가운데 일부가 봉사활동에 지원했다는 것은 맞는데, 그 다음이 틀렸습니다. 봉사활동 지원자는 전부 하계연수에도 참여했다고 말씀드렸어야 했습니다.
>
> 을: 알겠습니다. 그렇다면 아까와 달리 " | ㉡ |"라는 결론이 나오는 것이로군요.
>
> 갑: 바로 그렇습니다.

① ㉠: 하계연수 참여자 가운데는 봉사활동에 지원했던 사람이 없습니다.
　㉡: 신입직원 가운데 하계연수 참여자가 있다.

② ㉠: 하계연수 참여자 가운데는 봉사활동에 지원했던 사람이 없습니다.
　㉡: 신입직원 가운데 하계연수 참여자는 한 명도 없다.

③ ㉠: 하계연수 참여자는 모두 봉사활동에도 지원했던 사람입니다.
　㉡: 신입직원 가운데 하계연수 참여자는 한 명도 없다.

④ ㉠: 하계연수 참여자 가운데 봉사활동에도 지원했던 사람이 있습니다.
　㉡: 신입직원 가운데 하계연수 참여자가 있다.

⑤ ㉠: 하계연수 참여자 가운데 봉사활동에도 지원했던 사람이 있습니다.
　㉡: 신입직원은 모두 하계연수 참여자이다.

## 06 다음 글의 ㉠을 이끌어내기 위해 추가해야 할 전제로 가장 적절한 것은?

20년 7급(모의) 12번

> A국에서는 교육 제도 개선을 추진하고 있다. 이와 관련하여 현재 거론되고 있는 방안 중 다음 네 조건을 모두 충족시키는 방안이 있다면, 정부는 그 방안을 추진해야 한다. 첫째, 공정한 기회 균등과 교육의 수월성을 함께 이룩할 수 있는 방안이어야 한다. 둘째, 신뢰할 수 있는 설문 조사에서 가장 많은 국민이 선호하는 방안으로 선택한 것이어야 한다. 셋째, 정부의 기존 교육 재정만으로 실행될 수 있는 방안이어야 한다. 넷째, 가계의 교육 부담을 줄일 수 있는 방안이어야 한다.
>
> 현재 거론되고 있는 방안들 중 선호하는 것에 대하여 국민 2,000명을 대상으로 한 설문 조사 결과, 300명이 대학교 평준화 도입을 꼽았고, 400명이 고등학교 자체 평가 확대를 꼽았으며, 600명이 대입 정시 확대와 수시 축소를 꼽았고, 700명이 고교 평준화 강화를 꼽았다. 이 설문 조사는 표본을 치우치지 않게 잡아 신뢰할 수 있다.
>
> 현재 거론된 방안들 가운데 정부의 기존 교육 재정만으로 실행될 수 없는 것은 대학교 평준화 도입 방안뿐이다. 대입 정시 확대와 수시 축소 방안은 가계의 교육 부담을 감소시키지 못하지만 다른 방안들은 그렇지 않다. 고교 평준화 강화 방안은 공정한 기회 균등을 이룰 수 있는 방안임이 분명하다. 따라서 ㉠ 정부는 고교 평준화 강화 방안을 추진해야 한다.

① 고교 평준화 강화는 가장 많은 국민이 선호하는 방안이다.

② 고교 평준화 강화는 교육의 수월성을 이룩할 수 있는 방안이다.

③ 고교 평준화 강화는 가계의 교육 부담을 줄일 수 있는 방안이다.

④ 고교 평준화 강화는 정부의 기존 교육 재정만으로도 실행될 수 있는 방안이다.

⑤ 정부가 고교 평준화 강화 방안을 추진하지 않아도 된다면, 그 방안은 공정한 기회 균등과 교육의 수월성을 함께 이룩할 수 없는 방안이다.

**07** 한국대학교 생물학과 학생을 대상으로 교양 과목 수강 내역을 조사하였더니, 심리학을 수강한 학생 중 몇 명은 한국사를 수강하였고, 경제학을 수강한 학생은 모두 정치학을 수강하였다. 그리고 경제학을 수강하지 않은 학생은 아무도 한국사를 수강하지 않은 것으로 나타났다. 이 경우 반드시 참인 것은?

06년 5급(견습) 지책형 7번

① 경제학을 수강한 모든 학생은 심리학을 수강하였다.
② 한국사를 수강한 모든 학생은 심리학을 수강하였다.
③ 심리학을 수강한 학생 중 몇 명은 정치학을 수강하였다.
④ 한국사를 수강한 학생은 아무도 정치학을 수강하지 않았다.
⑤ 심리학을 수강하지 않은 학생 중 몇 명은 경제학을 수강하였다.

**08** 다음 진술들이 모두 참이라고 할 때, 반드시 참이라고 할 수 없는 것은?

07년 5급 행책형 27번

> ○ 모든 사람은 자신에 대해서 호의적인 사람에게 호의적이다.
> ○ 어느 누구도 자신을 비방한 사람에게 호의적이지 않다.
> ○ 다른 사람을 결코 비방하지 않는 사람이 있다.
> ○ 어느 누구도 자기 자신에 대해서 호의적이지도 않고 자기 자신을 비방하지도 않는다.

① 두 사람이 서로 호의적이라면, 그 두 사람은 서로 비방한 적이 없다.
② 두 사람이 서로 비방한 적이 없다면, 그 두 사람은 서로 호의적이다.
③ 누구든 다른 모든 사람을 비방한다면, 그 사람에 대해 호의적인 사람은 없다.
④ A라는 사람이 다른 모든 사람을 비방한다면, A에게 호의적이지 않지만 A를 비방하지 않는 사람이 있다.
⑤ 모든 사람이 자신을 비방하지 않는 사람에게 호의적이라면, 모든 사람에게는 각자가 호의적으로 대하는 사람이 적어도 하나는 있다.

**09** A과 학생들의 수강현황을 조사한 결과 다음과 같은 자료를 얻었다. A과 학생 민주가 경제학을 수강하고 있다는 결론을 이끌어낼 수 있는 정보는?

12년 5급 인책형 33번

○ 정치학과 사회학을 둘 다 수강하는 학생은 모두 경제학도 수강하고 있다.
○ 경영학과 회계학을 둘 다 수강하는 학생은 모두 경제학도 수강하고 있다.
○ A과 학생은 누구든 논리학이나 역사학 수업 가운데 적어도 하나는 수강하고 있다.
○ 논리학을 수강하는 학생은 모두 정치학도 수강하고 있다.
○ 역사학을 수강하는 학생은 모두 경영학도 수강하고 있다.

① 민주는 경영학과 사회학을 수강하고 있다.
② 민주는 논리학과 경영학을 수강하고 있다.
③ 민주는 사회학과 회계학을 수강하고 있다.
④ 민주는 역사학과 정치학을 수강하고 있다.
⑤ 민주는 정치학과 회계학을 수강하고 있다.

**10** 다음 글의 내용이 참일 때, 참인지 거짓인지 알 수 없는 것은?

14년 5급 A책형 11번

"누군가를 사랑하거나 누군가에게 사랑받는 존재만이 의사를 표명할 수 있다."는 주장은 쉽게 받아들이기 어렵지만 참이다. 의사를 표명할 수 없는 존재는 사유할 수 없지만, 의사를 표명할 수 있는 존재는 사유할 수 있다. 이와 연관 지어 '사유', '행위', 그리고 '자유의지' 사이의 관계는 다음과 같다.
첫째, 어떤 존재든지 그것이 사유할 수 있을 때, 그리고 오직 그 때만 행위를 할 수 있다.
둘째, 행위를 할 수 없는 존재는 자유의지를 갖지 않는다.
자유의지를 갖지 않는 사람은 없다. 하지만 그 누구에게도 사랑받지 않는 존재들이 있다. 그런 존재들 중 하나를 '레이'라고 해 보자.

① 레이는 자유의지를 갖지 않거나 행위를 할 수 있다.
② 만일 레이가 사람이라면, 레이는 누군가를 사랑한다.
③ 레이는 누군가를 사랑하거나 자유의지를 갖지 않는다.
④ 만일 레이가 사유할 수 없다면, 레이는 행위를 할 수 없다.
⑤ 만일 레이가 의사를 표명할 수 있다면, 레이는 자유의지를 갖는다.

**11** 다음 글의 내용이 참일 때, 우수공무원으로 반드시 표창 받는 사람의 수는?
17년 5급 가책형 32번

지난 1년간의 평가에 의거하여, 우수공무원 표창을 하고자 한다. 세 개의 부서에서 갑, 을, 병, 정, 무 다섯 명을 표창 대상자로 추천했는데, 각 부서는 근무평점이 높은 순서로 추천하였다. 이들 중 갑, 을, 병은 같은 부서 소속이고 갑의 근무평점이 가장 높다. 추천된 사람 중에서 아래 네 가지 조건 중 적어도 두 가지를 충족하는 사람만 우수공무원으로 표창을 받는다.

○ 소속 부서에서 가장 높은 근무평점을 받아야 한다.
○ 근무한 날짜가 250일 이상이어야 한다.
○ 공무원 교육자료 집필에 참여한 적이 있으면서, 공무원 연수교육에 3회 이상 참석하여야 한다.
○ 정부출연연구소에서 활동한 사람은 그 활동 보고서가 인사혁신처 공식 자료로 등록되어야 한다.

지난 1년 동안 이들의 활동 내역은 다음과 같다. 250일 이상을 근무한 사람은 을, 병, 정이다. 갑, 병, 무 세 명 중에서 250일 이상을 근무한 사람은 모두 자신의 정부출연연구소 활동 보고서가 인사혁신처 공식 자료로 등록되었다. 만약 갑이 공무원 교육자료 집필에 참여하지 않았거나 무가 공무원 교육자료 집필에 참여하지 않았다면, 다섯 명의 후보 중에서 근무한 날짜의 수가 250일 이상인 사람은 한 명도 없다. 정부출연연구소에서 활동한 적이 없는 사람은 모두 공무원 연수교육에 1회 또는 2회만 참석했다. 그리고 다섯 명의 후보 모두 공무원 연수교육에 3회 이상 참석했다.

① 1명
② 2명
③ 3명
④ 4명
⑤ 5명

**12** 다음 대화의 ㉠에 들어갈 말로 가장 적절한 것은?
20년 5급 나책형 32번

서의: 이번에 사내 연수원에 개설된 과목인 경제, 법률, 철학, 행정에 대한 수강신청결과가 나왔는데, 경제를 신청한 사람은 모두 법률도 신청했다고 해.

승민: 그래? 나도 그 결과를 보았는데, 행정을 신청한 사람 중에 법률을 신청한 사람은 아무도 없었어. 그리고 경제와 법률은 신청하지 않고 철학은 신청한 사람도 있었다더군.

승범: 나도 그 결과에 대해 몇 가지 얘기를 들었는데, 법률을 신청한 사람 중에 철학을 신청한 사람도 있었대. 그리고 철학은 신청했으나 행정과 경제는 신청하지 않은 사람도 있었다는 거야.

승민: 그런데 [ ㉠ ]

서의: 정말? 그러면 철학 한 과목만 신청한 사람이 적어도 한 명은 있겠구나.

승범: 맞아. 그리고 적어도 한 명은 행정만 빼고 나머지 세 과목 전부 신청했다는 것도 알 수 있어.

① 경제와 법률 두 과목만을 신청한 사람은 한 명도 없어.
② 행정과 철학 두 과목만을 신청한 사람은 한 명도 없어.
③ 법률과 철학 두 과목만을 신청한 사람은 한 명도 없어.
④ 경제와 법률을 둘 다 신청한 사람은 모두 철학을 신청했어.
⑤ 법률과 철학을 둘 다 신청한 사람 중에 행정을 신청한 사람은 없어.

**13** 다음 대화의 ㉠과 ㉡에 들어갈 내용을 적절하게 짝지은 것은?

21년 5급 가책형 15번

> 갑: 현재 개발 중인 백신 후보 물질 모두를 A~D그룹을 대상으로 임상실험을 한 결과, A그룹에서 항체를 생성한 후보 물질은 모두 B그룹에서도 항체를 생성했습니다. 후보 물질 모두를 대상으로 한 또 다른 실험에서는, D그룹에서 항체를 생성하지 않은 후보 물질은 모두 C그룹에서 항체를 생성했습니다.
>
> 을: 흥미롭네요. 제가 다른 실험의 결과도 들었는데, C그룹에서 항체를 생성했지만 B그룹에서는 항체를 생성하지 않은 후보 물질도 있다고 합니다.
>
> 갑: 그렇군요. 아, 그리고 추가로 임상실험이 진행 중입니다. 실험 결과는 다음의 둘 중 하나로 나올 예정입니다. 한 가지 경우는 "___㉠___"는 결과입니다.
>
> 을: 지금까지 우리가 언급한 실험 결과가 모두 사실이라면, 그 경우에는 C그룹에서만 항체를 생성하는 후보 물질이 있다는 결론이 나오는군요.
>
> 갑: 그리고 다른 한 경우는 "___㉡___"는 결과입니다.
>
> 을: 그 경우에는, D그룹에서 항체를 생성하는 후보 물질이 있다는 결론이 나오는군요.

① ㉠: B그룹에서 항체를 생성한 후보 물질은 없다.
  ㉡: C그룹에서 항체를 생성한 후보 물질은 모두 A그룹에서 항체를 생성했다.

② ㉠: B그룹에서 항체를 생성한 후보 물질은 없다.
  ㉡: D그룹에서 항체를 생성한 후보 물질은 모두 C그룹에서 항체를 생성했다.

③ ㉠: D그룹에서 항체를 생성한 후보 물질은 모두 A그룹에서 항체를 생성했다.
  ㉡: B그룹과 C그룹에서 항체를 생성한 후보 물질이 있다.

④ ㉠: D그룹에서 항체를 생성한 후보 물질은 모두 A그룹에서 항체를 생성했다.
  ㉡: C그룹에서 항체를 생성하지 않은 후보 물질이 있다.

⑤ ㉠: D그룹에서 항체를 생성한 후보 물질은 모두 B그룹에서 항체를 생성했다.
  ㉡: C그룹에서 항체를 생성한 후보 물질은 모두 D그룹에서 항체를 생성하지 않았다.

**14** 다음 대화에 대한 분석으로 적절한 것만을 <보기>에서 모두 고르면?

22년 5급 나책형 29번

> A: 용기라는 덕목에 대해서 생각해 봅시다. 당신은 용기 있는 사람이라면 누구나 대담하다고 생각하나요?
>
> B: 그럼요. 그런 사람은 많은 사람이 두려워하는 일들을 대담하게 수행하지요.
>
> A: 높은 전봇대에 올라가 고압 전류를 다루는 전기 기사나 맹수를 길들이는 조련사는 모두 대담한 사람들이 맞겠죠?
>
> B: 그럼요. 당연하지요.
>
> A: 그럼 그들이 그렇게 대담할 수 있는 이유가 뭘까요?
>
> B: 그것은 전기 기사는 전기에 대해서, 조련사는 맹수에 대해서 풍부한 지식을 지닌 지혜로운 사람들이기 때문이라고 생각합니다. 지혜로운 사람들이란 누구나 자연스럽게 대담해지지요.
>
> A: 저도 동의합니다. 그런데 혹시 어떤 일에 완전히 무지해서 지혜라고는 전혀 없으면서도 대담하다는 것은 인정할 수밖에 없는 사람을 본 적이 있으십니까?
>
> B: 물론이죠. 있고 말고요.
>
> A: 그럼 그런 사람도 용기가 있다고 해야 할까요?
>
> B: 글쎄요. 그랬다간 용기가 아주 추한 것이 되겠지요. 그런 자라면 용기 있는 사람이 아니라 정신 나간 사람입니다.
>
> A: 그렇다면 ___㉠___ 라고 추론할 수 있겠군요.

―――――――〈보 기〉―――――――

ㄱ. "용기 있는 사람은 누구나 지혜롭다."라는 진술은 ㉠에 들어가기에 적절하다.

ㄴ. B의 견해에 따르면, 지혜롭기는 하지만 용기가 없는 사람은 있을 수 없다.

ㄷ. 만약 B가 마지막 진술만 번복하여 '대담한 사람은 모두 용기가 있다.'라고 인정한다면, 세종대왕이 지혜로운 사람이라는 추가 정보를 통해 그가 용기 있는 사람이라고 추론할 수 있다.

① ㄱ

② ㄴ

③ ㄱ, ㄷ

④ ㄴ, ㄷ

⑤ ㄱ, ㄴ, ㄷ

**15** 다음 〈진술〉이 모두 참이라고 할 때, 아래의 〈결론〉이 타당하게 도출되기 위해서 추가로 필요한 전제는? 22년 입법 가책형 30번

〈진 술〉

아이를 잘 다루지 못하는 소아과 전문의는 돈을 많이 벌수 없다. 아이를 잘 다루는 의사라면 누구나 공감능력이 뛰어나다. A는 공감능력이 뛰어나지는 않지만, 공부는 잘했다. A가 의사라면 소아과 전문의이거나 안과 전문의이다. A가 의사가 아니라면 A는 변호사이다. A가 변호사라면 A는 공감능력이 뛰어나다.

〈결 론〉

A는 안과 전문의야.

① 모든 변호사는 공감능력이 뛰어나거나 공부를 잘했을 거야.
② A는 아이를 잘 다루지 못해.
③ A는 돈을 많이 벌었어.
④ 돈을 많이 번 안과 전문의는 공감능력이 뛰어나지 않아.
⑤ A가 돈을 많이 벌었다면 A는 소아과 전문의일 거야.

**16** 다음 글의 내용이 모두 참일 때, 반드시 참인 것만을 〈보기〉에서 모두 고르면? 22년 입법 가책형 39번

○ 독서를 좋아하는 사람은 생각이 깊거나 호기심이 많다.
○ 스스로를 성찰하는 사람은 독서를 좋아한다.
○ 스스로를 성찰하지 않는 사람은 다른 사람을 객관적으로 평가할 수 없지만, 스스로를 성찰하는 사람이라면 다른 사람을 객관적으로 평가할 수 있다.
○ 다른 사람을 객관적으로 평가할 수 없는 사람은 스스로를 성찰하지 않고, 결국 스스로의 한계를 느끼지 못한다.
○ 고민이 있는 사람은 누구나 스스로의 한계를 느끼지만, 고민이 없는 사람은 스스로의 한계를 느끼지 못한다.
○ 도전하는 삶을 사는 사람이라면 누구나 고민이 있다.
○ 나영이는 호기심이 많지 않다.

〈보 기〉

ㄱ. 나영이는 고민이 없거나 생각이 깊을 것이다.
ㄴ. 나영이가 도전하는 삶을 사는 사람이라면 생각이 깊을 것이다.
ㄷ. 생각이 깊은 사람이라면 스스로의 한계를 느낄 것이다.
ㄹ. 나영이가 생각이 깊지 않다면 고민이 없을 것이다.
ㅁ. 고민이 있는 사람은 생각이 깊다.

① ㄱ, ㄴ
② ㄴ, ㄹ
③ ㄱ, ㄴ, ㄹ
④ ㄱ, ㄷ, ㅁ
⑤ ㄷ, ㄹ, ㅁ

**17** 다음 조건이 모두 성립할 때 반드시 참인 것은?

05년 5급 2책형 34번

> ㄱ. 드라마를 좋아하는 사람은 아무도 뉴스를 좋아하지 않는다.
> ㄴ. 스포츠를 좋아하는 사람은 아무도 드라마를 좋아하지 않는다.
> ㄷ. 드라마를 좋아하는 사람은 모두 신문 보기보다는 책 읽기를 더 좋아한다.
> ㄹ. 뉴스를 좋아하는 사람은 모두 책 읽기보다는 신문 보기를 더 좋아한다.
> ㅁ. 영미는 책 읽기보다는 신문 보기를, 철수는 신문 보기보다는 책 읽기를 더 좋아한다.

① 철수는 드라마를 좋아하지만, 뉴스는 좋아하지 않는다.
② 영미는 뉴스를 좋아하지만, 드라마는 좋아하지 않는다.
③ 영미는 스포츠를 좋아하고, 철수는 뉴스를 좋아하지 않는다.
④ 철수는 스포츠를 좋아하지 않고, 영미는 스포츠를 좋아한다.
⑤ 영미는 드라마를 좋아하지 않고, 철수는 뉴스를 좋아하지 않는다.

**18** 다음 (가)~(다)의 관계에 대한 평가로 옳은 것만을 <보기>에서 모두 고르면?

14년 5급 A책형 31번

> (가) 만일 한 용어가 유의미하다면, 그 용어가 가리키는 대상의 존재를 물리적으로 확증할 수 있다.
> (나) 어떤 종교적 용어는 그것이 가리키는 대상의 존재를 물리적으로 확증할 수 없다.
> (다) 어떤 종교적 용어는 유의미하다.

〈보 기〉

> ㄱ. (가)와 (나)로부터 어떤 종교적 용어는 무의미하다는 것이 추론된다.
> ㄴ. (가)와 (다)로부터 '신(神)'이라는 종교적 용어가 유의미하다는 것이 추론된다.
> ㄷ. (가)와 (다)로부터 어떤 종교적 용어는 그것이 가리키는 대상의 존재를 물리적으로 확증할 수 있다는 것이 추론된다.
> ㄹ. (가), (나), (다)는 동시에 참일 수 있다.

① ㄱ, ㄴ
② ㄴ, ㄷ
③ ㄷ, ㄹ
④ ㄱ, ㄴ, ㄹ
⑤ ㄱ, ㄷ, ㄹ

V. 실전 문제풀이 Step 2　255

**19** 다음 글의 내용이 참일 때, 반드시 거짓인 것은?

15년 5급 인책형 12번

착한 사람들 중에서 똑똑한 여자는 모두 인기가 많다. 똑똑한 사람들 중에서 착한 남자는 모두 인기가 많다. "인기가 많지 않지만 멋진 남자가 있다."라는 말은 거짓이다. 순이는 멋지지 않지만 똑똑한 여자이다. 철수는 인기는 많지 않지만 착한 남자이다. 여자든 남자든 당연히 사람이다.

① 철수는 똑똑하지 않다.
② 철수는 멋지거나 똑똑하다.
③ 똑똑하지만 멋지지 않은 사람이 있다.
④ 순이가 인기가 많지 않다면, 그녀는 착하지 않다.
⑤ "똑똑하지만 인기가 많지 않은 여자가 있다."라는 말이 거짓이라면, 순이는 인기가 많다.

**20** 다음 글의 (가)와 (나)에 들어갈 진술을 <보기>에서 골라 알맞게 짝지은 것은?

15년 5급 인책형 14번

자동차 회사인 ○○사는 신차를 개발할 것이다. 그 개발은 ○○사의 연구개발팀들 중 하나인 A팀이 담당한다. 그런데 ⬛ (가) ⬛ 그리고 A팀에서는 독신이거나 여성인 사원은 모두 다른 팀으로 파견을 나간 경력이 없다. 또한 다른 팀으로 파견을 나간 경력이 없거나 자동차 관련 박사학위를 지닌 A팀원은 모두 여성이다. 그러므로 A팀에는 독신이면서 여성인 사원이 한 명 이상 있다.

그런데 ○○사 내의 또 다른 경쟁 연구개발팀인 B팀에는 남성이면서 독신인 사원이 여럿 있다. 그리고 ○○사의 모든 독신 사원들은 어떤 이유에서인지는 몰라도 사내의 이성과 연인이 되기를 갈망한다. 그러므로 ⬛ (나) ⬛ 그래서 B팀의 누군가는 A팀의 신차 개발 프로젝트로 파견을 나가고 싶어할지도 모르겠다고 많은 사원들이 추측하고 있는 것도 그다지 이상한 일은 아니다.

─〈보 기〉─

ㄱ. A팀에는 독신인 사원이 한 명 이상 있다.
ㄴ. 독신인 A팀원은 누구도 다른 팀으로 파견을 나간 경력이 없다.
ㄷ. B팀에는 사내의 이성과 연인이 되기를 갈망하는 남성 사원이 한 명 이상 있다.
ㄹ. B팀에서 사내의 이성과 연인이 되기를 갈망하지 않는 남성 사원은 모두 독신이다.

| | (가) | (나) |
|---|---|---|
| ① | ㄱ | ㄷ |
| ② | ㄱ | ㄹ |
| ③ | ㄴ | ㄷ |
| ④ | ㄴ | ㄹ |
| ⑤ | ㄷ | ㄴ |

**21** 다음 글의 내용이 참일 때, 반드시 참인 것은?

19년 5급 가책형 33번

○ 김 대리, 박 대리, 이 과장, 최 과장, 정 부장은 A 회사의 직원들이다.
○ A 회사의 모든 직원은 내근과 외근 중 한 가지만 한다.
○ A 회사의 직원 중 내근을 하면서 미혼인 사람에는 직책이 과장 이상인 사람은 없다.
○ A 회사의 직원 중 외근을 하면서 미혼이 아닌 사람은 모두 그 직책이 과장 이상이다.
○ A 회사의 직원 중 외근을 하면서 미혼인 사람은 모두 연금 저축에 가입해 있다.
○ A 회사의 직원 중 미혼이 아닌 사람은 모두 남성이다.

① 김 대리가 내근을 한다면, 그는 미혼이다.
② 박 대리가 미혼이면서 연금 저축에 가입해 있지 않다면, 그는 외근을 한다.
③ 이 과장이 미혼이 아니라면, 그는 내근을 한다.
④ 최 과장이 여성이라면, 그는 연금 저축에 가입해 있다.
⑤ 정 부장이 외근을 한다면, 그는 연금 저축에 가입해 있지 않다.

**22** 다음 글의 내용이 참일 때 반드시 참인 것만을 <보기>에서 모두 고르면?

23년 5급 가책형 34번

부서에서 검토 중인 과제를 여섯 개의 범주, '중점 추진 과제', '타 부서와 협의가 필요한 과제', '많은 예산이 필요한 과제', '장기 시행 과제', '인력 재배치가 필요한 과제', '즉각적인 효과가 나타나는 과제'로 나누어 검토해 본 결과는 다음과 같다.
○ 중점 추진 과제 가운데 인력 재배치가 필요한 과제는 없지만 장기 시행 과제는 있다.
○ 타 부서와 협의가 필요한 과제 가운데 즉각적인 효과가 나타나는 과제는 없다.
○ 많은 예산이 필요한 과제 가운데 즉각적인 효과가 나타나는 과제가 있다.
○ 장기 시행 과제 가운데 타 부서와 협의가 필요하지 않은 과제는 모두 인력 재배치가 필요한 과제이다.
○ 인력 재배치가 필요한 과제 가운데 많은 예산이 필요한 과제는 없다.

〈보  기〉

ㄱ. 장기 시행 과제이면서 즉각적인 효과가 나타나는 과제 가운데는 많은 예산이 필요한 과제가 없다.
ㄴ. 인력 재배치가 필요하지 않은 과제 가운데 즉각적인 효과가 나타나지 않는 과제가 있다.
ㄷ. 장기 시행 과제가 아니면서 많은 예산이 필요한 과제가 있다.

① ㄱ
② ㄷ
③ ㄱ, ㄴ
④ ㄴ, ㄷ
⑤ ㄱ, ㄴ, ㄷ

**23** 다음 글의 내용이 참일 때, 반드시 참인 것만을 <보기>에서 모두 고르면?

22년 7급 가책형 18번

△△처에서는 채용 후보자들을 대상으로 A, B, C, D 네 종류의 자격증 소지 여부를 조사하였다. 그 결과 다음과 같은 사실이 밝혀졌다.

○ A와 D를 둘 다 가진 후보자가 있다.
○ B와 D를 둘 다 가진 후보자는 없다.
○ A나 B를 가진 후보자는 모두 C는 가지고 있지 않다.
○ A를 가진 후보자는 모두 B는 가지고 있지 않다는 것은 사실이 아니다.

〈보 기〉

ㄱ. 네 종류 중 세 종류의 자격증을 가지고 있는 후보자는 없다.
ㄴ. 어떤 후보자는 B를 가지고 있지 않고, 또 다른 후보자는 D를 가지고 있지 않다.
ㄷ. D를 가지고 있지 않은 후보자는 누구나 C를 가지고 있지 않다면, 네 종류 중 한 종류의 자격증만 가지고 있는 후보자가 있다.

① ㄱ
② ㄷ
③ ㄱ, ㄴ
④ ㄴ, ㄷ
⑤ ㄱ, ㄴ, ㄷ

**24** 다음 글의 내용이 참일 때, 반드시 참인 것만을 <보기>에서 모두 고르면?

22년 7급 가책형 19번

신입사원을 대상으로 민원, 홍보, 인사, 기획 업무에 대한 선호를 조사하였다. 조사 결과 민원 업무를 선호하는 신입사원은 모두 홍보 업무를 선호하였지만, 그 역은 성립하지 않았다. 모든 업무 중 인사 업무만을 선호하는 신입사원은 있었지만, 민원 업무와 인사 업무를 모두 선호하는 신입사원은 없었다. 그리고 넷 중 세 개 이상의 업무를 선호하는 신입사원도 없었다. 신입사원 갑이 선호하는 업무에는 기획 업무가 포함되어 있었으며, 신입사원 을이 선호하는 업무에는 민원 업무가 포함되어 있었다.

〈보 기〉

ㄱ. 어떤 업무는 갑도 을도 선호하지 않는다.
ㄴ. 적어도 두 명 이상의 신입사원이 홍보 업무를 선호한다.
ㄷ. 조사 대상이 된 업무 중에, 어떤 신입사원도 선호하지 않는 업무는 없다.

① ㄱ
② ㄷ
③ ㄱ, ㄴ
④ ㄴ, ㄷ
⑤ ㄱ, ㄴ, ㄷ

| 01 | 02 | 03 | 04 | 05 |
|----|----|----|----|----|
| ③ | ① | ④ | ④ | ① |
| 06 | 07 | 08 | 09 | 10 |
| ② | ③ | ② | ③ | ⑤ |
| 11 | 12 | 13 | 14 | 15 |
| ④ | ③ | ④ | ③ | ③ |
| 16 | 17 | 18 | 19 | 20 |
| ③ | ⑤ | ⑤ | ② | ① |
| 21 | 22 | 23 | 24 | |
| ④ | ⑤ | ③ | ④ | |

## 01
정답 ③

첫 번째 문장부터 각각 ⅰ)~ⅳ)라고 한다.

| | |
|---|---|
| ⅰ) A → ~B | 도덕성 결함: A |
| ⅱ) C∧D∧E → B | 공무원 채용: B |
| | 업무 능력 검증: C |
| | 인사위원회 추천: D |
| ⅲ) B → F | 공직관 투철: E |
| ⅳ) (∃철수)(E철수∧C철수) | 봉사정신: F |

다음과 같이 표를 만들어서 생각한다.

| A | B | C | D | E | F |
|---|---|---|---|---|---|
| | | O | | O | |

주어진 전칭명제만으로 더 적용할 내용은 없다.

① (X) '~A철수'로부터 'B철수'를 추론할 수 없다.

② (X) 'F철수'로부터 'B철수'를 추론할 수 없다.

③ (O) 'A철수'라면 ⅰ)에 따라 '~B철수'이다(전건긍정). '~B철수'라면 ⅱ)에 따라 '~C철수 ∨ ~D철수 ∨ ~E철수'이어야 한다(후건부정). '~C철수 ∨ ~D철수 ∨ ~E철수'이면 ⅳ) (E철수∧C철수)에 따라 '~D철수'임을 추론할 수 있다.

| A | B | C | D | E | F |
|---|---|---|---|---|---|
| O가정 | Xⅰ⁾ | O | Xⁱᵛ⁾ | O | |

④ (X) 'B철수'와 ⅰ)로부터 '~A철수'는 추론할 수 있다(후건부정). 그러나 'B철수'로부터 'D철수'를 추론할 수 없다.

⑤ (X) '~B철수'와 ⅱ)로부터 '~C철수 ∨ ~D철수 ∨ ~E철수'는 추론할 수 있다(후건부정). 그리고 선지 ③과 같이 '~C철수 ∨ ~D철수 ∨ ~E철수'이면 ⅳ) (E철수∧C철수)에 따라 '~D철수'임을 추론할 수는 있다. 그러나 'A철수∧~F철수'를 추론할 수 없다.

### 문제풀이 핵심 포인트
표현 '어떤 사람도'에 유의한다.

## 02
정답 ①

첫 번째 문장부터 ⅰ)~ⅶ)이라고 한다.

| |
|---|
| ⅰ) 젊음∧섬세∧유연 → 아름 |
| ⅱ) (∃아테나)(섬세아테나∧유연아테나) |
| ⅲ) ~{(∀x)(아름x → ~훌륭x)} |
| ≡(∃a)(아름a∧훌륭a) |
| ⅳ) 덕 → 훌륭 |
| ⅴ) (∃아테나)(덕아테나) |
| ⅵ) (아름∧훌륭) → 행복 |
| ⅶ) ∴ 행복아테나 |

단칭명제로 주어진 ⅱ), ⅴ) 아테나와 특칭명제 ⅲ)에 대해서 정리해보면 다음과 같다.

| | 젊음 | 섬세 | 유연 | 아름 | 훌륭 | 덕 | 행복 |
|---|---|---|---|---|---|---|---|
| 아테나 | | O | O | | O | O | |
| a | | | | O | O | | O |

'덕아테나'이므로 ⅳ)에 따라 '훌륭아테나'임을 알 수 있다(전건긍정).

'아름a∧훌륭a'이므로 ⅵ)에 따라 '행복a'임을 알 수 있다(전건긍정).

ㄱ. (O) '(∃아테나)(젊음아테나)'이 주어진다면 ⅰ)에 따라 '아름아테나'임을 추론할 수 있다(전건긍정). '아름아테나', '훌륭아테나'이므로 ⅵ)에 따라 '행복아테나'임을 추론할 수 있다(전건긍정).

| | 젊음 | 섬세 | 유연 | 아름 | 훌륭 | 덕 | 행복 |
|---|---|---|---|---|---|---|---|
| 아테나 | O가정 | O | O | Oⁱ⁾ | O | O | Oⁱᵛ⁾ |

ㄴ. (X) '훌륭아테나'는 지문의 내용만으로 추론할 수 있고, '행복아테나'를 이끌어낼 수 없다.

ㄷ. (X) '아름 → 행복'이 추가되어도 아테나가 아름다운지 알 수 없으므로 '행복아테나'를 이끌어낼 수 없다.

### 문제풀이 핵심 포인트
특칭명제 때문에 특별히 어려지는 않은 문제이다. 정언명제에서는 전칭명제의 전체 부정명제가 특칭명제로 바뀐다는 것을 정확하게 이해하고 있어야 하는데 ⅲ)의 내용이 문제풀이에 사용되지 않는다.

## 03
정답 ④

첫 번째 문단의 '비행시간이 길다.', '정비시간이 짧다.', '폭탄 적재량이 많다.', '공대공 전투능력이 높다.'를 각각 A, B, C, D라고 하자. 그리고 '이 네 가지는 각각 그런 경우와 그런 경우의 반대 둘 중의 하나이며 그 중간은 없다.'라는 문장에서 '비행시간이 짧다.'와 같은 내용은 '~A'로 기호화할 수 있도록 모순관계가 명백히 주어져 있다.

두 번째 문단의 첫 번째 문장부터 ⅰ)~ⅴ)라고 한다.

| |
|---|
| ⅰ) C∨D → ~B |
| ⅱ) A → ~D |
| ⅲ) 최소 두 가지 이상(문장으로 처리) |
| ⅴ) 차기 전투기로 선정 → B |

세 번째 문단의 A사 기종을 a라고 하면 (∃a)(Aa∧Ca)와 같이 특칭명제로 기호화할 수 있다.

특칭명제에 전칭명제를 적용한다.

| | A | B | C | D |
|---|---|---|---|---|
| a | O | X | O | X |

'Aa'이므로 ⅱ)에 따라 '~Da'임을 추론할 수 있다(전건긍정). 'Ca'이므로 ⅰ)에 따라 '~Ba'임을 추론할 수 있다(전건긍정). '~Ba'이므로 ⅴ)에 따라 a는 차기 전투기로 선정될 수 없다(후건부정).

ㄱ. (X) 언론은 A사의 기종이 선정될 것이라고 예측하였으나 a는 차기 전투기로 선정될 수 없다.

ㄴ. (O) 공군이 차기 전투기를 도입하였다고 하므로 ⅴ)에 따라 차기 전투기로 선정된 기종은 'B'이다. 'B'이면 ⅰ)에 따라 '~C∧~D'이다(후건부정). ⅲ)에 따르면 차기 전투기로 선정되기 위해서는 최소 두 가지 이상을 통과해야 하는데 B는 포기할 수 없으므로 '~C∧~D'인 상황이다. 따라서 'A'임을 추론할 수 있다.

ㄷ. (O) ⅱ)의 대우명제이다. ⅱ)가 참이므로 그 대우명제인 'D → ~A'도 반드시 참이다.

## 04                                      정답 ④

첫 번째 대화부터 ⅰ)~ⅳ)라고 한다.

ⅰ) ~A∨~B
ⅱ) C → A∨B
ⅲ) (∃a)(~Aa∧Ba)

ⅲ)을 다음과 같이 생각해본다.

| | A | B | C |
|---|---|---|---|
| a | X | O | |

ⅳ) 영민의 대화는 적어도 한 명이 존재한다는 특칭명제에 관한 내용이고, 전칭명제만으로는 특칭명제, 즉 어떠한 대상이 존재한다는 내용을 추론해낼 수 없다. 따라서 영민이 말한 것과 같이 (~A∧B∧~C)인 대상이 존재한다는 것을 추론하기 위해서는 1) 종범이 말한 것이 (∃b)(~Ab∧Bb∧~Cb)이거나 2) 'a'가 '~Ca'라는 것을 추론할 수 있는 전칭명제이어야 한다.

그런데 1)은 추론이라고 할 것도 없이 직접 정답을 주는 것이므로 1)은 아니고, 2)에 해당하는 전칭명제를 찾아보도록 하자. 선지 ④는 'B → ~C'가 주어져 있다면 'a'는 'Ba'이므로 '~Ca'임을 추론할 수 있다.

## 05                                      정답 ①

첫 번째 대화부터 ⅰ)~ⅴ)라고 한다.

ⅰ) (∃a)(신입a∧봉사활동 지원a)
ⅱ) ∴ ∃a(신입a∧~하계연수 참여a)

그렇다면 ㉠에는 (∀x)(봉사활동 지원x → ~하계연수 참여x)와 같은 전칭명제나 (∃a)(신입a∧봉사활동 지원a∧~하계연수 참여a)와 같은 특칭명제가 있어야 한다. 두 번째 특칭명제는 추론이라고 할 것도 없이 정답을 주는 것이므로 ㉠을 찾아보면 선지 ①, ②가 해당된다.

ⅲ) (∃a)(신입a∧봉사활동 지원a)
   (∀x)(봉사활동 지원x → 하계연수 참여x)

위의 두 명제로부터 '(∃a)(신입a∧봉사활동 지원a∧하계연수 참여a)'를 추론할 수 있다. ㉡ '(∃a)(신입a∧하계연수 참여a)'라고 결론 내린 ①이 정답이다.

## 06                                      정답 ②

첫째 방안부터 다음과 같이 기호화할 수 있다.

| ⅰ) A∧B | 공정한 기회 균등: A |
|---|---|
| ⅱ) C | 교육의 수월성: B |
| ⅲ) D | 가장 많은 국민이 선호: C |
| ⅳ) E | 기존 교육 재정만으로 실행: D |
| A∧B∧C∧D∧E → 추진 | 가계의 교육부담을 줄일 수 있는 방안: E |

그리고 방안은 대학교 평준화(a), 고등학교 자체 평가 확대(b), 대입 정시 확대(c), 수시 축소(d), 고교 평준화 강화(e)가 있다. 각각 단칭명제의 주어가 된다. 순서대로 a, b, c, d, e라고 하자. 주어진 방안 이외에는 고려하지 않는다.

두 번째 문단에서 신뢰할 수 있는 설문조사를 통해 가장 많은 국민이 선호하는 방안이 'e'라고 한다. 이를 기호화하면 (∃e)(Ce)이다.

세 번째 문단의 내용을 표로 정리해보면 다음과 같다.

| | A | B | C | D | E |
|---|---|---|---|---|---|
| a | | | | X | O |
| b | | | | O | |
| c | | | | O | X |
| d | | | | O | X |
| e | O | | O | O | O |

고교 평준화 강화 방안(e)은 (∃e)(Be)이기만 하면 'A∧B∧C∧D∧E → 추진'에 따라 ㉠을 도출해낼 수 있다. 정답은 ②이다.

### 문제풀이 핵심 포인트
표현 '만'에 유의한다.

## 07                                      정답 ③

발문에 명제가 주어져 있다. 기호화해보면 다음과 같다.
'심리학을 수강한 학생 중 몇 명은 한국사를 수강하였고'
ⅰ) (∃a)(심리학a∧한국사a)
'경제학을 수강한 학생은 모두 정치학을 수강하였다.'
ⅱ) 경제학 → 정치학
'경제학을 수강하지 않은 학생은 아무도 한국사를 수강하지 않은 것으로 나타났다.'
ⅲ) ~경제학 → ~한국사
ⅰ)에 ⅱ), ⅲ)을 적용해본다.

| | 심리학 | 한국사 | 경제학 | 정치학 |
|---|---|---|---|---|
| a | O | O | O | O |

ⅰ) '한국사a'와 ⅲ)에 따라 '경제학a'임을 추론할 수 있다(후건부정). 그리고 '경제학a'이면 ⅱ)로부터 '정치학a'임을 추론할 수 있다.

따라서 (∃x)(심리학x∧정치학x)이 반드시 참이다.

① (X) 경제학 → 심리학
② (X) 한국사 → 심리학
③ (O) (∃x)(심리학x∧정치학x)
④ (X) 한국사 → ~정치학
⑤ (X) (∃x)(~심리학x∧경제학x)

## 08
정답 ②

첫 번째 동그라미부터 ⅰ)~ⅳ)라고 한다.

> ⅰ) $(\forall x)$(호의적$yx \to$ 호의적$xy$)
> ⅱ) $(\forall x)$(비방$yx \to \sim$호의적$xy$)
> ⅲ) $(\exists a)(\sim$비방$ax$)
> ⅳ) $(\forall x)(\sim$호의적$xx \land \sim$비방$xx$)

① (O) ⅱ)의 대우명제로부터 추론할 수 있다.

② (X) 비방한 적이 없다고 해서 호의적인 것은 아니다.

③ (O) ⅱ)의 의미로부터 직접 도출된다.

④ (O) ⅲ)의 'a'는 다른 사람을 결코 비방하지 않는다.

⑤ (O) 선지 ②에서는 비방한 적이 없다고 해서 호의적인 것은 아니라고 했지만 선지 ⑤에서는 비방하지 않은 사람에게 호의적이라는 가정이 주어졌다. 이때 ⅲ)의 'a'는 다른 사람을 결코 비방하지 않으므로 모든 사람은 'a'에게 호의적일 것이다.

### 문제풀이 핵심 포인트
타동사, 특칭명제이다. 기호화하기는 까다롭다. 그러나 언어적 감각으로는 많이 어려운 문제는 아니다. 이렇게 기호화할 수 있다는 것 정도만 확인하자.

## 09
정답 ③

첫 번째 동그라미부터 각각 ⅰ)~ⅴ)라고 한다.

> ⅰ) 정치∧사회 → 경제
> ⅱ) 경영∧회계 → 경제
> ⅲ) 논리∨역사
> ⅳ) 논리 → 정치
> ⅴ) 역사 → 경영

그리고 선지와 결합하여 결론 (∃민주)(경제민주)를 이끌어 내야 한다.

③ (O) (∃민주)(사회민주∧회계민주)일 때 ⅲ)에 따르면 '논리∨역사'이므로 1) '논리'인 경우 ⅳ)에 따라 '(∃민주)(사회민주∧회계민주∧논리민주∧정치민주)'임을 추론할 수 있다. 그리고 '(사회민주∧정치민주)'이면 ⅰ)에 따라 '경제민주'이다. 그리고 2) '역사'인 경우 ⅴ)에 따라 '(∃민주)(사회민주∧회계민주∧역사민주∧경영민주)'임을 추론할 수 있다. 그리고 '(회계민주∧경영민주)'이면 ⅱ)에 따라 '경제민주'임을 추론할 수 있다.

### 문제풀이 핵심 포인트
위처럼 연역적으로 문제를 해결할 수도 있지만 선지들을 직접 활용하는 것이 실제 문제풀이에서는 더 유용하다. 선지들을 표로 정리하면 다음과 같다.

| | 정치학 | 사회학 | 경제학 | 경영학 | 회계학 | 논리학 | 역사학 | 정치학 |
|---|---|---|---|---|---|---|---|---|
| ① | | O | | O | | | | |
| ② | | | | O | | O | | |
| ③ | | O | | | O | | | |
| ④ | | | | | | | O | O |
| ⑤ | | | | | O | | | O |

각 선지들에 대해 지문의 ⅰ)~ⅴ)를 적용해서 '경제민주'를 도출해낼 수 있는 선지를 고르는 것이다.

## 10
정답 ⑤

지문의 내용을 기호화해보면 다음과 같다.

> | | |
> |---|---|
> | ⅰ) $C \to A \lor B$ | 누군가를 사랑하는 존재: A |
> | ⅱ) $\sim C \to \sim D$ | 누군가에게 사랑받는 존재: B |
> | ⅲ) $C \to D$ $C \leftrightarrow D$ | 의사를 표명할 수 있다: C |
> | ⅳ) $D \leftrightarrow E$ | 사유할 수 있다: D |
> | ⅴ) $\sim E \to \sim F$ $F \to E$ | 행위할 수 있다: E |
> | ⅵ) $G \to F$ | 자유의지를 갖는다: F |
> | ⅶ) (크레이)($\sim B$레이) | 사람: G |

문제풀이의 편의상 다음과 같이 나타낼 수 있다.

$$G \to F \to E \leftrightarrow D \to C \to A \lor B$$

① (O) ⅴ)의 대우명제 'F → E'를 함축법칙으로 변환해 '~F∨E'과 같이 표현한 것이다.

② (O) '레이'가 'G'라면, 즉 (G레이)라면 'A∨B'이고 (~B레이)이므로 'A'임을 추론할 수 있다.

③ (O) 'F → A∨B'를 함축법칙에 따라 변환해보면 '~F∨A∨B'이다. (~B레이)이므로 '~F∨A'라고 생각할 수 있다.

④ (O) 'D ↔ E'이므로 '~D → ~E'이다.

⑤ (X) '레이'가 'C'라면, 즉 (C레이)라면 (F레이)임을 추론할 수는 없다.

### 문제풀이 핵심 포인트
단칭명제에 전칭명제가 모두 적용된다는 것만 제외한다면 Step 1의 문제풀이와 크게 다를 바 없는 문제이다.

## 11
정답 ④

지문의 내용을 다음과 같이 기호화할 수 있다.

> 1) 소속 부서에서 가장 높은 근무평점: A
> 2) 근무한 날짜가 250일 이상: B
> 3) 공무원 교육자료 집필에 참여한 적이 있다: C
>   공무원 연수교육에 3회 이상 참석: D
>   'C∧D'
> 4) 정부출연연구소에서 활동: E
>   정부출연연구소 활동 보고서가 인사혁신처 공식 자료로 등록: F
>   'E → F'
> ⅰ) 'A갑', 'A정', 'A무' (세 개의 부서에서 다섯 명을 추천)
> ⅱ) '~B갑', 'B을', 'B병', 'B정', '~B무'
> ⅲ) 'B병∧F병'
> ⅳ) ~C갑∨~C무 → ~B갑∧~B을∧~B병∧~B정∧~B무
> ⅴ) ~E → ~D
> ⅵ) D갑∧D을∧D병∧D정∧D무

ⅱ) 'B을', 'B병', 'B정'이므로 ⅳ)에 따라 'C갑∧C무'임을 추론할 수 있다(후건부정).

ⅵ) 'D갑∧D을∧D병∧D정∧D무'이므로 ⅴ)에 따라 'E갑∧E을∧E병∧E정∧E무'임을 추론할 수 있다(후건부정).

다음과 같이 표로 정리할 수 있다.

| | A | B | C | D | E | F |
|---|---|---|---|---|---|---|
| 갑 | O | | O | O | O | |
| 을 | X | O | | O | O | |
| 병 | X | O | | O | O | O |
| 정 | O | O | | O | O | |
| 무 | O | | O | O | O | |

갑은 조건 1), 3)을 충족한다.

병은 조건 2), 4)를 충족한다.

정은 조건 1), 2)를 충족한다.

무는 조건 1), 3)을 충족한다.

### 문제풀이 핵심 포인트

iv)와 vi)만 잘 처리된다면 바로 표로 정리하면서 문제를 해결해도 된다. 단칭명제와 전칭명제로만 주어져 있는 문제였다.

## 12
정답 ③

서의의 첫 번째 대화부터 ⅰ)~vi)이라고 한다.

> ⅰ) $(\forall x)$(경제$x \to$ 법률$x$)
>
> ⅱ) -1 $(\forall x)$(행정$x \to \sim$법률$x$)
>
>  -2 $(\exists a)(\sim$경제$a \land \sim$법률$a \land$철학$a$)
>
> ⅲ) -1 $(\exists b)$(법률$b \land$철학$b$)
>
>  -2 $(\exists c)(\sim$경제$c \land$철학$c \land \sim$행정$c$)
>
> ⅴ) ∴ $(\exists x)(\sim$경제$x \land \sim$법률$x \land$철학$x \land \sim$행정$x$)
>
> ⅵ) ∴ $(\exists x)$(경제$x \land$법률$x \land$철학$x \land \sim$행정$x$)

특칭명제에 전칭명제를 적용해본다.

| | 경제 | 법률 | 철학 | 행정 |
|---|---|---|---|---|
| a | X | X | O | |
| b | | O | O | X |
| c | X | | O | X |

'b'는 '법률b'이므로 ⅱ)-1에 따라 ' $\sim$행정b'이다.

ⅴ)를 만족시킬 수 있는 것은 'a', 'c'이다. 'b'는 '법률b'이므로 ⅴ)를 만족시킬 수 없다. 선지 ②에 따르면 'a'가, 선지 ③에 따르면 'c'가 ⑤를 만족시킬 수 있다.

ⅵ)을 만족시킬 수 있는 것은 'b'밖에 없다. 'b'가 '경제'가 되도록 만들어주는 전칭명제가 필요하다. 선지 ③에 따르면 'b'는 '경제'여야 한다. 나머지 선지는 'b'가 '경제'가 되도록 만들어주지 못한다.

## 13
정답 ④

갑의 첫 번째 대화부터 각각 ⅰ)~vi)이라고 한다.

> ⅰ) -1 $(\forall x)(Ax \to Bx$)
>
>  -2 $(\forall x)(\sim Dx \to Cx$)
>
> ⅱ) $(\exists a)(Ca \land \sim Ba$)
>
> ⅲ) ㉠
>
> ⅳ) ∴ $(\exists x)(\sim Ax \land \sim Bx \land Cx \land \sim Dx$)
>
> ⅴ) ㉡
>
> ⅵ) ∴ $(\exists x)(Dx$)

우선 특칭명제 ⅱ)에 전칭명제를 적용한다.

| | A | B | C | D |
|---|---|---|---|---|
| a | X | X | O | |

'a'는 $(\sim Ba)$이므로 ⅰ)-1에 따라 $(\sim Aa)$이다(후건부정).

㉠에는 'a'가 $(\sim Da)$가 되게 만드는 전칭명제나 다른 특칭명제가 필요하다. D그룹에서 항체를 생성한 후보 물질은 모두 A그룹에서 항체를 생성했다.≡$(\forall x)$

$(Dx \to Ax)$가 있으면 ⅱ)는 $(\exists a)(\sim Aa \land \sim Ba \land Ca \land \sim Da)$가 된다(후건부정). ㉡에는 'a'가 $(Da)$가 되게 만드는 전칭명제나 또 다른 특칭명제가 필요하다. 또 다른 특칭명제인 C그룹에서 항체를 생성하지 않은 후보 물질이 있다.≡$(\exists b)(\sim Cb)$가 있으면 ⅱ)에 따라 $(\exists b)(\sim Cb \land Db)$이다(후건부정).

## 14
정답 ③

A의 첫 번째 대화부터 각각 ⅰ)~xi)이라고 하자.

> ⅰ) 용기 → 대담? (평서문이 아니므로 명제는 아니지만 그냥 정리하였다.)
>
> ⅱ) 용기 → 대담
>
> ⅵ) 지혜 → 대담
>
> ⅶ) $(\exists a)(\sim$지혜$a \land$대담$a$)?
>
> ⅷ) $(\exists a)(\sim$지혜$a \land$대담$a$)
>
> ⅹ) $(\exists a)(\sim$지혜$a \land$대담$a \land \sim$용기$a$)
>
> ⅺ) ㉠

정신 나간 사람이라는 술어는 기호화하지 않았다.

ㄱ. (O) ㉠에는 ⅷ)을 ⅹ으로 만들어주는 전칭명제가 필요하다. '용기 → 지혜'가 참이라면 ⅷ)은 ⅹ이다.

ㄴ. (X) 지혜 → 용기가 참임을 추론할 수 없다.

ㄷ. (O) B의 마지막 진술을 번복하여 ⅹ) '대담 → 용기'라고 하자. $(\exists$세종대왕$)$(지혜$_{세종대왕}$)이면 ⅵ)에 따라 $(\exists$세종대왕$)$(지혜$_{세종대왕} \land$대담$_{세종대왕}$), '대담 → 용기'에 따라 $(\exists$세종대왕$)$(지혜$_{세종대왕} \land$대담$_{세종대왕} \land$용기$_{세종대왕}$)라고 추론할 수 있다.

### 문제풀이 핵심 포인트

· 보기 ㄷ에서 세종대왕이라는 단칭명제가 등장한다. 그러나 문제풀이에서는 정언명제의 특성이 적극적으로 활용되지는 않는다.

· B의 세 번째 대화에서 전기 기사와 조련사에 대해 기호화하지 않았다. 전기 기사, 조련사에 대한 전칭명제이기는 하지만 기호화하지 않고 다음 문장까지 읽고 나면 다음 문장의 근거로 예를 든 것일 뿐이다. 다음 문장만 다른 대화와의 관계에서 문제될 뿐이었다.

## 15
정답 ③

논의영역은 모든 사람이다. 첫 번째 문장부터 ⅰ)~vi)이라 한다.

| | |
|---|---|
| ⅰ) $\sim$가 $\land$나 → $\sim$다 | 아이를 잘 다루는: 가, 소아과 전문의: 나 |
| ⅱ) 가 $\land$라 → 마 | 돈을 많이 번다: 다, 의사: 라 |
| ⅲ) $(\exists A)(\sim$마$_A \land$바$_A$) | 공감능력이 뛰어나다: 마 |
| ⅳ) 라$_A$ → 나$_A \lor$사$_A$ | 공부를 잘했다: 바 |
| ⅴ) $\sim$라$_A$ → 아$_A$ | 안과 전문의: 사 |
| ⅵ) 아$_A$ → 마$_A$ | 변호사: 아 |

지문에서 직접 언급하지는 않았지만, ⅶ) '나 → 라', ⅷ) '사 → 라'라는 것을 염두에 두어야 한다.

'사$_A$'임을 추론하기 위해 필요한 전제를 찾아야 한다.

ⅲ) '$\sim$마$_A$'이므로 ⅵ)에 따라 '$\sim$아$_A$'임을 추론할 수 있다(후건부정). '$\sim$아$_A$'이면 ⅴ)에 따라 '라$_A$'임을 추론할 수 있다(후건부정). '라$_A$'이면 ⅳ)에 따라 '나$_A \lor$사$_A$'임을 추론할 수 있다(전건긍정). 즉, '$\sim$나$_A$'와 같은 전제가 주어지면 '사$_A$'를 추론할 수 있다. 그러나 '$\sim$나$_A$'는 직접적으로 주어지지 않았다.

ⅲ) '$\sim$마$_A$'이므로 ⅱ)에 따라 '$\sim$가$_A \lor \sim$라$_A$'임을 추론할 수 있고(후건부정) '라$_A$'이므로 '$\sim$가$_A$'임을 추론할 수 있다(선언소거). '다$_A$'이면 ⅰ)에 따라 '가$_A \lor$

'~나$_A$'임을 추론할 수 있고, '~가$_A$'와 함께 생각하면 '~나$_A$'임을 추론할 수 있다. 즉, '다$_A$'와 같은 전제가 주어지면 '사$_A$'를 추론할 수 있다.

## 16

첫 번째 동그라미부터 각각 ⅰ)~ⅶ)이라고 한다. 논의영역은 모든 사람이다.

| | |
|---|---|
| ⅰ) A → B∨C | 독서를 좋아한다: A |
| ⅱ) D → A | 생각이 깊다: B |
| ⅲ) D ↔ E | 호기심이 많다: C |
| ⅳ) ~E → ~D∧~F | 스스로 성찰한다: D |
| ⅴ) G ↔ F | 다른 사람을 객관적으로 평가할 수 있다: E |
| ⅵ) H → G | 스스로의 한계를 느낀다: F |
| ⅶ) (∃나영)(~C$_{나영}$) | 고민이 있다: G |
| | 도전하는 삶을 산다: H |

문제 풀이의 편의상 ⅰ)~ⅵ)을 다음과 같이 나타낼 수 있다.

H → G ↔ F → E ↔ D → A → B∨C

ⅳ)는 다음과 같이 변환한 것이다.

~E → ~D∧~F
≡E∨(~D∧~F)
≡(~D∧~F)∨E
≡~(D∨F)∨E
≡(D∨F) → E

전건의 선언을 분리하면 'F → E'이다.
ㄱ. (O) 'G → B∨C'이므로 '~G∨B∨C'이다(함축법칙). 나영은 '~C'이므로 '~G∨B'이다.
ㄴ. (O) 'H → B∨C'라면 나영은 '~C'이므로 'H → B'이다.
ㄷ. (X) 추론할 수 없다.
ㄹ. (O) '~B∧~C → ~G'이고 나영은 '~C'이므로 '~B → ~G'이다.
ㅁ. (X) 추론할 수 없다. 나영이 '~C'일 뿐 모든 사람이 '~C'인 것은 아니므로 고민이 있는 사람은 'B∨C'라고는 추론할 수 있다.

### 문제풀이 핵심 포인트
정언명제의 특성이 적극적으로 활용되지는 않는 문제였다.

## 17
정답 ⑤

지문의 내용을 기호화해보면 다음과 같다.

| | |
|---|---|
| ⅰ) 드라마 → ~뉴스 | 뉴스 → ~드라마 |
| ⅱ) 스포츠 → ~드라마 | 드라마 → ~스포츠 |
| ⅲ) 드라마 → (신문 < 책 읽기) | (책 읽기 < 신문) → ~드라마 |
| ⅳ) 뉴스 → (책 읽기 < 신문) | (신문 < 책 읽기) → 뉴스 |
| ⅴ) (∃영미)(책 읽기$_{영미}$ < 신문$_{영미}$) | |
| (∃철수)(신문$_{철수}$ < 책 읽기$_{철수}$) | |

더 좋아한다는 것을 간단하게 부등호로 표시하였고, 대우명제도 함께 표시하였다.
'영미'는 '책 읽기$_{영미}$ < 신문$_{영미}$'이므로 ⅲ)의 대우명제에 따라 '~드라마'임을 알 수 있다.
'철수'는 '신문$_{철수}$ < 책 읽기$_{철수}$'이므로 ⅳ)의 대우명제에 따라 '~뉴스'임을 알 수 있다.

### 문제풀이 핵심 포인트
· (신문 < 책 읽기)와 (책 읽기 < 신문)이 동시에 성립할 수는 없다.
· 2) 단계를 적용할 필요도 없이 답을 찾을 수 있다.

## 18
정답 ⑤

논의영역을 '용어'라고 하자. (가), (나), (다)를 다음과 같이 기호화할 수 있다.

(가) (∀x)(유의미x → 존재를 물리적으로 확증x)
(나) (∃a)(종교적 용어a∧~존재를 물리적으로 확증a)
(다) (∃b)(종교적 용어b∧유의미b)

ㄱ. (O) (나) '(~존재를 물리적으로 확증a)'이므로 (가)에 따르면 '~유의미a'를 추론할 수 있다(후건부정).
ㄴ. (X) (가)와 (다)로부터 'b'라는 종교적 용어가 유의미하다는 것은 추론할 수 있지만, '신(神)'이라는 종교적 용어가 유의미하다는 것을 추론할 수는 없다.
ㄷ. (O) (다) '(유의미b)'이므로 (가)에 따르면 '존재를 물리적으로 확증b'를 추론할 수 있다(전건긍정).
ㄹ. (O) (나) 또는 (다)가 (가)의 반례가 아니므로 (가)와 (나), (다)는 동시에 참일 수 있다. 특칭명제 (나), (다)는 동시에 참일 수 있다.

## 19
정답 ②

지문의 내용을 다음과 같이 기호화한다.

| | |
|---|---|
| ⅰ) A∧B∧C → D | 착한 사람: A |
| ⅱ) A∧B∧F → D | 똑똑하다: B |
| ⅲ) ~{(∃a)(~Da∧Ea∧Fa)} | 여자: C |
| ≡(∀x)(~Dx → ~(Ex∧Fx)) | 인기가 많다: D |
| ⅳ) (∃순이)(B$_{순이}$∧C$_{순이}$∧~E$_{순이}$) | 멋지다: E |
| ⅴ) (∃철수)(A$_{철수}$∧~D$_{철수}$∧F$_{철수}$) | 남자: F |

우선 ⅳ), ⅴ)를 정리하면 다음과 같다.

| | A | B | C | D | E | F |
|---|---|---|---|---|---|---|
| 순이 | | O | O | | X | |
| 철수 | O | X | | X | X | O |

'~D$_{철수}$'이므로 ⅱ)에 따라 '~A∨~B∨~F'이다(후건부정). '철수'는 'A$_{철수}$∧F$_{철수}$'이므로 '~B$_{철수}$'임을 추론할 수 있다(선언소거). 그리고 '~D$_{철수}$'이므로 ⅲ)에 따라 '~(E$x$∧F$x$)'이다. 즉, '~E$x$∨~F$x$'이다. 그런데 '철수'는 'F$_{철수}$'이므로 '~E$_{철수}$'임을 추론할 수 있다.
① (O) '~B$_{철수}$'이다. 반드시 참이다.
② (X) '~B$_{철수}$', '~E$_{철수}$'이므로 B$_{철수}$∨E$_{철수}$는 반드시 거짓이다.
③ (O) 'B∧~E'인 사람이 있는지 묻고 있다. 순이가 'B$_{순이}$∧~E$_{순이}$'이다.
④ (O) '~D$_{순이}$'이면 ⅰ)에 따라 '~A∨~B∨~C'이어야 한다(후건부정). 'B$_{순이}$', 'C$_{순이}$'이므로 '~A$_{순이}$'임을 추론할 수 있다(선언소거). 반드시 참이다.
⑤ (O) '"똑똑하지만 인기가 많지 않은 여자가 있다."라는 말이 거짓'은 (∃x)(B$x$∧C$x$∧~D$x$)의 전체 부정이다. ~{(∃x)(B$x$∧C$x$∧~D$x$)}≡(∀x)(~B$x$∨~C$x$∨D$x$)와 같이 전칭명제로 변환된다. (∀x)(~B$x$∨~C$x$∨D$x$)를 어떻게 해석하느냐가 중요하게 작용하는데 ~B∨~C∨D를 다음과 같이 변환할 수 있다.
(~B∨~C)∨D≡~(B∧C)∨D≡(B∧C) → D
　　　　　　분배법칙　　　함축법칙
'B$_{순이}$', 'C$_{순이}$'이므로 'D$_{순이}$'임을 추론할 수 있다(전건긍정). 반드시 참이다.

V. 실전 문제풀이 Step 2　**263**

PART 3

논리　해커스 PSAT 김규범 상황판단 용어임연 1권 이해 · 해결 논리

## 20      정답 ①

첫 번째 문장부터 각각 ⅰ)~ⅴ)라고 한다. 지문의 내용을 다음과 같이 기호화
할 수 있다. 문장이 많고 중간에 설명할 내용이 있으므로 박스로 표시하지 않
았다.

ⅲ) (가)

ⅳ) $(\forall x)$(A팀$x \land$(독신$x \lor$여성$x$) → ~파견$x$)

ⅴ) $(\forall x)$((~파견$x \lor$박사학위$x$)$\land$A팀$x$ → 여성$x$)

ⅵ) ∴ $(\exists a)$(A팀a$\land$독신a$\land$여성a)

ⅳ), ⅴ)의 전칭명제만으로 ⅵ)의 특칭명제를 이끌어낼 수 없다.

보기 ㄷ, ㄹ은 B팀에 관한 내용이고 ㄴ은 전칭명제이므로 (가)는 ㄱ이다.

ⅶ) $(\exists b)$(B팀b$\land$독신b$\land$남성b)

ⅷ) $(\forall x)$(독신$x$ → 이성과 연인 갈망$x$)

ⅸ) ∴ (나)

ⅶ)과 ⅷ)로부터 $(\exists x)$(B팀$x \land$독신$x \land$남성$x \land$이성과 연인 갈망$x$)임을 추론
할 수 있다.

(가)에 대해서 정답만 찾고 넘어갔지만 다시 확인해보자.

ⅳ) 전건의 선언은 분리할 수 있다.

(A팀$x \land$(독신$x \lor$여성$x$) → ~파견$x$)

(A팀$\land$(독신$\lor$여성) → ~파견)

(A팀$\land$독신)$\lor$(A팀$\land$여성) → ~파견

1) (A팀$\land$독신) → ~파견

2) (A팀$\land$여성) → ~파견

ㄱ은 $(\exists a)$(A팀a$\land$독신a)이다. 1)의 전건 (A팀a$\land$독신a)가 참이면 '~파견a'
이고, ⅴ)에 따라 '여성a'임을 추론할 수 있다. 즉, 'a'는 (A팀a$\land$독신a$\land$여성a
$\land$~파견a)이다. 그렇다면 ⅵ)은 참이다.

## 21      정답 ④

첫 번째 동그라미부터 각각 ⅰ)~ⅴ)라고 한다. 논의영역은 A회사의 모든 직원
이다. 지문에서는 전칭명제만 주어졌으므로 간단하게 기호화한다. 대우명제도
함께 표시하였다.

ⅱ) 내근$\lor$외근

ⅲ) 내근$\land$미혼 → 과장 미만      ~과장 미만 → ~내근$\lor$미혼

ⅳ) ~내근$\land$~미혼 → ~과장 미만      과장 미만 → 내근$\lor$미혼

ⅴ) ~내근$\land$미혼 → 연금 저축      ~연금 저축 → 내근$\lor$~미혼

ⅵ) ~미혼 → 남성      ~남성 → 미혼

① (X) $(\exists$김$)$(과장 미만$_김 \land$내근$_김$)이라면, 미혼인지 여부는 알 수 없다.

② (X) $(\exists$박$)$(과장 미만$_박 \land$미혼$_박 \land$~연금 저축$_박$)이라면, ⅴ)에 따라 '~내근'
이다. 반드시 거짓이다.

---

③ (X) $(\exists$이$)$(~과장 미만$_이 \land$~미혼$_이$)이라면, 내근 여부는 알 수 없다. '남성'
임은 알 수 있다.

④ (O) $(\exists$최$)$(~과장 미만$_최 \land$~남성$_최$)이라면, ⅵ)에 따라 '미혼'임을 알 수 있
다(후건부정). 그리고 ⅲ)에 따라 '~내근'임을 알 수 있다(후건부정, 선언소
거). '~내근', '미혼'이라면 ⅴ)에 따라 '연금 저축'임을 알 수 있다.

⑤ (X) $(\exists$정$)$(~과장 미만$_정 \land$내근$_정$)이라면, 연금 저축 가입 여부는 알 수
없다.

## 22      정답 ⑤

첫 번째 동그라미부터 각각 ⅰ)~ⅶ)이라고 한다.

| ⅰ)-1 A → ~E | 중점 추진 과제: A |
| --- | --- |
|   -2 $(\exists a)$(Aa$\land$Da) | 타 부서와 협의가 필요한 과제: B |
| ⅱ) B → ~F | 많은 예산이 필요한 과제: C |
| ⅲ) $(\exists b)$(Cb$\land$Fb) | 장기 시행 과제: D |
| ⅳ) D$\land$~B → E | 인력 재배치가 필요한 과제: E |
| ⅴ) E → ~C | 즉각적인 효과가 나타나는 과제: F |

| ㄱ. D$\land$F → E |
| --- |
| ㄴ. $(\exists x)$(~E$x \land$~F$x$) |
| ㄷ. $(\exists x)$(~D$x \land$C$x$) |

'a'부터 생각해보자. 'Aa'이므로 ⅰ)-1에 따라 '~Ea'임을 추론할 수 있다(전건
긍정). '~Ea'이면 ⅳ)에 따라 '~Da$\lor$Ba'인데 'Da'이므로 'Ba'임을 추론할 수
있다(후건부정, 선언소거). 'Ba'이면 ⅱ)에 따라 '~Fa'임을 추론할 수 있다(전
건긍정).

| | A | B | C | D | E | F |
| --- | --- | --- | --- | --- | --- | --- |
| a | O | O | | O | X | X |

'b'에 대해서는 다음과 같다. 'Fb'이면 ⅱ)에 따라 '~Bb'임을 추론할 수 있다
(후건부정). 'Cb'이면 ⅴ)에 따라 '~Eb'임을 추론할 수 있다. '~Ea'이면 ⅳ)에
따라 '~Db$\lor$Bb'인데 '~Bb'이므로 '~Db'임을 추론할 수 있다(후건부정, 선
언소거).

| | A | B | C | D | E | F |
| --- | --- | --- | --- | --- | --- | --- |
| b | | X | O | X | X | O |

보기 ㄱ의 경우 ⅱ)의 대우명제는 'F → ~B'이다. ⅳ)와 함께 'D$\land$F → E'임을
추론할 수 있다.

## 23      정답 ③

논의영역은 임의의 채용후보자이다($x$: 임의의 채용 후보자). 첫 번째 동그라미
부터 ⅰ)~ⅳ)라고 한다.

i ) (∃a)(Aa∧Da)

ii ) (∀x)(~Bx∨~Dx)

iii ) (∀x)(Ax∨Bx → ~Cx)

iv ) ~{(∀x)(Ax → ~Bx)}≡(∃b)(Ab∧Bb)

특칭명제 i ), iv)에 전칭명제 ii ), iii)을 적용해보면 다음과 같다.

|   | A | B | C | D |
|---|---|---|---|---|
| a | O | X | X | O |
| b | O | O | X | X |

· 'a'는 ii )에 따르면 '~Bx∨~Dx'이어야 하는데 'Da'이므로 '~Ba'이다(선언소거). 그리고 'Aa'이므로 iii)에 따르면 '~Ca'이다(전건긍정).

· 'b'는 ii )에 따르면 '~Bx∨~Dx'이어야 하는데 'Bb'이므로 '~Db'이다(선언소거). 그리고 'Bb'이므로 iii)에 따르면 '~Cb'이다(전칭긍정).

ㄱ. (O) 네 종류 중 세 종류의 자격증을 가지는 경우는 ABC, ABD, ACD, BCD 네 가지 경우이다. 이때 ii )에 따라 B나 D 둘 중 하나는 가지고 있지 않아야 하므로 ABD, BCD 같은 경우는 있을 수 없다. 그리고 남아 있는 ABC, ACD의 경우도 iii)에 따라 A 또는 B를 가지고 있으면 C를 가지고 있지 않아야 하므로 성립할 수 없다.

ㄴ. (O) 'a'는 B를 가지고 있지 않고 'b'는 D를 가지고 있지 않다.

ㄷ. (X) 보기의 내용을 기호화하면 (∀x)(~Dx → ~Cx)이지만 간단하게 확인하여야 한다. '네 종류 중 한 종류의 자격증만 가지고 있는 후보자가 있다.'와 같은 어떠한 후보자의 존재에 대해서 서술하는 것이므로 우선 주어진 특칭명제를 확인해보자. 'a', 'b' 모두 두 종류의 자격증을 가지고 있으므로 한 종류의 자격증만 가지고 있는 후보자가 아니다. 그렇다면 보기 ㄷ의 가정과 나머지 전칭명제 ii ), iii)으로부터 어떠한 후보자가 존재하는지를 도출해야 하는 것인데 전칭명제로부터 특칭명제를 도출해낼 수 없다. 따라서 반드시 참이 아닌 것을 빠르게 확인할 수 있다.

---

## 24 정답 ④

논의영역은 임의의 신입사원이다(x: 임의의 신입사원). 첫 번째 문장부터 i )~iv)라고 한다.

ii )-1 (∀x)(민원x → 홍보x)

　-2 ~{(∀x)(홍보x → 민원x)}≡(∃a)(홍보a∧~민원a)

iii )-1 (∃b)(~민원b∧~홍보b∧인사b∧~기획b)

　-2 (∀x)(~민원x∨~인사x)

iv ) 넷 중 세 개 이상의 업무를 선호하는 신입사원도 없었다.

v )-1 (∃갑)(기획갑)

　-2 (∃을)(민원을)

'a', 'b', '갑', '을'에 전칭명제 ii )-1, iii)-2를 적용한다.

|   | 민원 | 홍보 | 인사 | 기획 |
|---|---|---|---|---|
| a | X | O |   |   |
| b | X | X | O | X |
| 갑 | X |   |   | O |
| 을 | O | O | X | X |

'a', ''b', '갑'은 ii )-1, iii)-2를 적용해 추론할 내용이 없다.

'을'은 '민원을'이므로 ii )-1에 따라 '홍보을'임을 추론할 수 있다(전건긍정). 그리고 iii)-2에 따라 '~인사을'임을 추론할 수 있다(선언소거).

ㄱ. (X) 갑과 을이 모두 선호하지 않는 업무가 될 수 있는 것은 인사업무인데 갑이 인사업무를 선호하는지 선호하지 않는지 알 수 없다.

ㄴ. (O) 홍보 업무를 선호하는 신입사원은 'a', '을'이다.

ㄷ. (O) 민원은 '을'이, 홍보는 최소한 'a'와 '을'이, 인사는 최소한 'b'가, 기획은 최소한 '갑'이 선호한다. 조사 대상이 된 4가지 업무 어떤 신입사원도 선호하지 않는 업무는 없다.

# VI. 실전 문제풀이 Step 3

## 1 Step 3의 판별

Step 3는 참·거짓 유형과 표만들기 유형으로 분류한다. 참·거짓 유형은 발문이나 지문에서 일부 명제는 참이고 일부 명제는 거짓인데 어떤 명제가 참인지 어떤 명제가 거짓인지 모르는 문제이다. 경우의 수를 나눠야 하기 때문에 일반적으로 많은 시간이 소요된다. 표만들기 유형은 어느 하나의 명제가 참인 것이 확인되면 여러 다른 명제의 참·거짓 여부가 확정되는 유형이다. 표만들기 유형은 기호화를 하지 않고 문제를 해결하는 경우가 많다.

## 2 문제풀이 접근법

### 1. 참·거짓

참·거짓 문제는 주어진 명제들이 참인지 거짓인지 모르는 상황에 처해있기 때문에 경우의 수를 나눠서 생각해야 한다. 다음과 같은 상황을 생각해보자.

> 다음 두 명제 중 하나는 참이고 하나는 거짓이다.
> ○ A → B
> ○ C → D

문제에서 이와 같이 주어졌다면 1) 첫 번째 명제가 참인 경우, 2) 두 번째 명제가 참인 경우로 경우의 수를 나눠서 생각한다. 이 내용은 참·거짓 문제가 어떠한 상황인지 예를 들기 위한 것이었으며 보다 구체적인 문제 상황을 알아보아야 한다. 다음과 같은 상황을 생각해보자.

> 다음 두 명제 중 세 개는 참이고 하나는 거짓이다.
> ○ …
> ○ A∧B
> ○ …
> ○ ~A

두 번째 동그라미를 ⅱ), 네 번째 동그라미를 ⅳ)라고 하자. 두 명제만 놓고 보면 동시에 참이 될 수는 없다. ⅱ) 'A∧B'이면 'A'이므로 ~A는 거짓이 되고, ⅳ) '~A'이면 A∧B가 거짓이 된다. 그리고 두 명제 모두 거짓이 될 수 있는 반대 관계이다. 그러나 문제에서 하나의 명제만 거짓이라고 주어졌으므로 두 명제 모두 거짓이 될 수 없다. 따라서 이런 경우는 1) ⅱ)가 참인 경우, 2) ⅳ)가 참인 경우로 나눠서 생각한다.

그러나 다음과 같은 상황을 생각해보자.

> 다음 두 명제 중 두 개는 참이고 두 개는 거짓이다.
> ○ …
> ○ A∧B
> ○ …
> ○ ~A

이 경우는 ⅱ)와 ⅳ) 둘 거짓인 경우도 가능하다. 따라서 1) ⅱ)가 참인 경우, 2) ⅳ)가 참인 경우, 3) ⅱ), ⅳ)가 거짓인 경우로 나눠서 생각할 수 있다. 그런데 경우의 수가 늘어나면 아무래도 복잡해지고 문제 풀이에 많은 시간이 소요된다. 그렇기 때문에 다른 방식으로 경우의 수를 나눠서 생각할 수 있을지 고민해보아야 한다. 예를 들어 1) A인 경우, 2) ~A인 경우와 같이 모순관계를 기준으로 경우의 수를 나눌 수도 있다. 1)의 경우에는 ⅳ)는 확실히 거짓이지만 ⅱ)는 확실히 참이라고 말할 수 없고 다른 명제들과의 관계를 생각해 다른 거짓인 명제를 하나 더 찾아야 한다. ⅱ)의 경우 ⅳ)는 확실히 참이고 ⅱ)는 확실히 거짓이지만 다른 명제들 중에서 거짓인 명제를 하나 더 찾아야 한다. 이 과정에서 다시 경우의 수가 나뉠 수도 있다.

이처럼 다양한 상황이 주어질 수 있기 때문에 경우의 수를 나누는 방법을 일률적으로 정리할 수는 없다. 다만 핵심은 모순관계에 있는 명제들이 있다면 대부분의 문제는 모순관계에 있는 명제들을 기준으로 경우의 수를 나누게 된다. 모순관계에 있는 명제가 없고 반대관계에 있는 명제가 있다면 반대관계에 있는 명제들을 기준으로 경우의 수를 나눠서 생각해보도록 하자. 경우의 수를 나눈 와중에 다시 경우의 수를 나눠야 하는 경우도 있을 수도 있지만, 일반적으로 문제에서는 지나치게 많은 경우의 수를 나눠서 생각하도록 주어지는 경우는 없다. 가장 복잡한 경우에도 두 가지, 세 가지 정도의 경우의 수를 나눠서 생각하고 그 안에서 다시 두 가지 정도로 경우의 수를 나눠서 생각한다. 따라서 지나치게 복잡하게 경우의 수가 나뉜다면 처음부터 경우의 수를 잘못 생각한 것이므로 연습과정에서는 명제들 사이의 관계, 특히 모순관계, 반대관계를 잘 파악하는 연습을 하도록 한다. 그리고 빼먹는 경우의 수가 있거나 중첩되는 경우의 수가 없도록 잘 확인하여야 한다.

## 2. 표 만들기

표 만들기 유형은 어느 하나의 명제가 참이라고 확정되면 다른 명제의 참·거짓이 연쇄적으로 확정되는 상황이다. 다음과 같은 예를 들어보자.

> 갑, 을, 병 세 명이 A, B, C 지역에 각각 1명씩 출장을 간다.

이러한 상황을 굳이 기호화하자면 다음과 같이 기호화할 수도 있다.

$$A_갑 \rightarrow \sim A_을 \wedge \sim A_병$$
$$A_을 \rightarrow \sim A_갑 \wedge \sim A_병$$
$$A_병 \rightarrow \sim A_갑 \wedge \sim A_을$$

하나의 문장을 이렇게 기호화하는 것은 비효율적이고 알아보기도 불편하다. 따라서 이러한 문장이 주어졌을 때에는 일반적으로 문장으로 처리한다. 지금까지 문장으로 처리해왔던 '갑, 을, 병 세 명 중 1명만 출장을 간다.'와 같은 명제도 많이 주어진다. 표만들기 유형은 이러한 명제들 위주로 문제가 구성이 되어 있기 때문에 주어진 내용을 기호화하기보다는 바로 표를 만들면서 주어진 내용을 반영하여 문제를 해결한다.

표 만들기 유형과 관련해 명제의 표현과 관련된 내용을 확인해보자. 지금까지 단칭명제의 부정이라고 하면 부정 표현이 술어에 적용되었다. 예를 들어 '갑이 출장을 간다.'의 부정은 '갑이 출장을 가지 않는다.'인 것이다. 그리고 '출장갑', '~출장갑'과 같이 기호화하였다. 그런데 표 만들기 유형에서는 주어에 부정 표현이 적용되는 경우가 있다. 예를 들면 갑, 을, 병 세 명이 있는데 '갑이 아닌 사람이 출장을 간다'와 같이 주어져 있는 경우이다. 이렇게 논의영역이 주어져 있는 경우라면 '갑이 아닌 사람이 출장을 간다.'라는 명제는 그 의미를 생각해서 '출장을∨출장병'과 같이 기호화할 수 있다.

그리고 조건문에서 '만'이라는 표현이 있는 경우 후건이 된다는 것을 기억할 것이다. 이러한 '만'과 같은 표현도 주어에 적용되는 경우가 있다. 예를 들면 갑, 을, 병 세 명이 있는데 '갑만 출장을 간다'와 같이 주어져 있는 경우이다. 이렇게 논의영역이 주어져 있는 경우라면 '갑만 출장을 간다.'라는 명제는 그 의미를 생각해서 '출장$_갑$∧~출장$_을$∧~출장$_병$'과 같이 기호화할 수 있다. 표 만들기 유형에서는 이러한 표현들도 많이 활용되므로 연습문제를 연습하는 과정에서 잘 익혀두도록 하자.

표 만들기 유형은 난이도의 편차가 크다. 한 명제의 참·거짓으로부터 다른 명제의 참·거짓이 어렵지 않게 연쇄적으로 확정되는 문제가 있는 반면에, 표를 만드는 와중에 경우의 수가 갈리면서 표를 여러 번 확인하게 되어 시간을 많이 소모하게 되는 경우도 있다. 연습 과정에서는 여러 가지 방법으로 표를 정리해보면서 해당 유형에 익숙해져야 한다.

이상의 내용을 바탕으로 다음 예제를 풀어보자.

**01** 다음 글의 내용이 참일 때, 반드시 참인 것만을 <보기>에서 모두 고르면?

20년 7급(모의) 17번

일반행정 직렬 주무관으로 새로 채용된 갑진, 을현, 병천은 행정안전부, 고용노동부, 보건복지부에 한 명씩 배치되는 것으로 정해졌다. 가인, 나운, 다은, 라연은 배치 결과를 궁금해 하며 다음과 같이 예측했는데, 이 중 한 명의 예측만 틀렸음이 밝혀졌다.

가인: 을현은 행정안전부에, 병천은 보건복지부에 배치될 거야.
나운: 을현이 행정안전부에 배치되면, 갑진은 고용노동부에 배치될 거야.
다은: 을현이 행정안전부에 배치되지 않으면, 병천이 행정안전부에 배치될 거야.
라연: 갑진은 고용노동부에, 병천은 행정안전부에 배치될 거야.

─────────〈보 기〉─────────
ㄱ. 갑진은 고용노동부에 배치된다.
ㄴ. 을현은 행정안전부에 배치된다.
ㄷ. 라연의 예측은 틀렸다.

① ㄱ
② ㄴ
③ ㄱ, ㄷ
④ ㄴ, ㄷ
⑤ ㄱ, ㄴ, ㄷ

## 해설

한 명의 예측만 틀렸다고 하므로 서로 모순되는 주장이 있다면 문제가 쉽게 해결될 수 있다. 가인, 라연의 서술이 확정적이고 병천에 대한 서술은 반대관계이다. 즉, 동시에 참이 될 수 없다. 그런데 문제에서 한 명의 예측만 틀렸다고 하였으므로 한 명의 예측이 옳다면 다른 한 명의 예측이 틀린 것이고 둘 다 거짓일 수는 없다. 문제의 상황에서는 모순관계인 것이다. 따라서 1) 가인의 예측이 참인 경우, 2) 다은의 예측이 참인 경우로 나눠서 생각해보자.

1) 가인의 예측이 참인 경우

|  | 갑진 | 을현 | 병천 |
|---|---|---|---|
| 행정안전부 |  | O |  |
| 고용노동부 | O |  |  |
| 보건복지부 |  |  | O |

모순이 발생하지 않는다.

2) 라연의 예측이 참인 경우

|  | 갑진 | 을현 | 병천 |
|---|---|---|---|
| 행정안전부 |  |  | O |
| 고용노동부 | O |  |  |
| 보건복지부 |  | O |  |

모순이 발생하지 않는다.

ㄱ. (O) 1), 2) 두 경우 모두 갑진은 고용노동부에 배치된다.

ㄴ. (X) 2)의 경우 을현은 보건복지부에 배치된다.

ㄷ. (X) 2)의 경우도 가능하다.

[정답] ①

**02** 콩쥐, 팥쥐, 향단, 춘향 네 사람은 함께 마을 잔치에 참석하기로 했다. 족두리, 치마, 고무신을 빨간색, 파란색, 노란색, 검은색 색깔별로 총 12개의 물품을 공동으로 구입하여, 각 사람은 각각 다른 색의 족두리, 치마, 고무신을 하나씩 빠짐없이 착용하기로 했다. 예를 들어 어떤 사람이 빨간 족두리, 파란 치마를 착용한다면, 고무신은 노란색 또는 검은색으로 착용해야 한다. <보기>에 따른다면, 반드시 참이 되는 것은?　08년 5급 책형 30번

<보 기>

ㄱ. 선호하는 것을 배정받고, 싫어하는 것은 배정받지 않는다.
ㄴ. 콩쥐는 빨간색 치마를 선호하고, 파란색 고무신을 싫어한다.
ㄷ. 팥쥐는 노란색 치마를 싫어하고, 검은색 고무신을 선호한다.
ㄹ. 향단은 검은색 치마를 싫어한다.
ㅁ. 춘향은 빨간색을 싫어한다.

① 콩쥐는 검은 족두리를 배정받는다.
② 팥쥐는 노란 족두리를 배정받는다.
③ 향단이는 파란 고무신을 배정받는다.
④ 춘향이는 검은 치마를 배정받는다.
⑤ 빨간 고무신을 배정받은 사람은 파란 족두리를 배정받는다.

📝 **해설**

<보기>의 내용을 다음과 같이 정리할 수 있다.

|  | 콩쥐 | 팥쥐 | 향단 | 춘향 |
|---|---|---|---|---|
| 족두리 |  |  |  |  |
| 치마 | 빨간 | ~노란 | ~검은 |  |
| 고무신 | ~파란 | 검은 |  |  |
|  |  |  |  | ~빨간 |

1) 콩쥐가 빨간색 치마를 착용하였고, 팥쥐는 검은색 고무신을 착용하였다. 팥쥐는 노란 치마를 싫어하므로 팥쥐가 착용할 수 있는 치마는 파란색밖에 남지 않는다. 팥쥐는 파란 치마를 착용한다.
2) 콩쥐가 빨간색 치마를 착용하였고, 팥쥐가 파란색 치마를 착용하였다. 향단은 검은색 치마를 싫어하므로 착용할 수 있는 치마는 노란색밖에 남지 않는다. 향단은 노란 치마를 착용한다.
3) 춘향이 착용할 수 있는 치마는 검은색밖에 남지 않는다. 춘향은 검은색 치마를 착용한다. 정리하면 다음과 같다.

|  | 콩쥐 | 팥쥐 | 향단 | 춘향 |
|---|---|---|---|---|
| 족두리 |  |  |  |  |
| 치마 | 빨간 | 파란 | 노란 | 검은 |
| 고무신 | ~파란 | 검은 |  |  |
|  |  |  |  | ~빨간 |

4) 콩쥐는 빨간색 치마를 착용하였고 팥쥐가 검은색 고무신을 착용하였다. 콩쥐는 파란색 고무신을 싫어하므로 콩쥐가 착용할 수 있는 고무신은 노란색밖에 남지 않는다. 콩쥐는 노란색 고무신을 착용한다.
5) 콩쥐가 노란색 고무신을 팥쥐가 검은색 고무신을 착용하였고, 춘향은 빨간색 고무신을 싫어한다. 춘향은 파란색 고무신을 착용한다.
6) 향단은 빨간색 고무신을 착용한다.

|  | 콩쥐 | 팥쥐 | 향단 | 춘향 |
|---|---|---|---|---|
| 족두리 |  |  |  |  |
| 치마 | 빨간 | 파란 | 노란 | 검은 |
| 고무신 | 노란 | 검은 | 빨간 | 파란 |
|  |  |  |  | ~빨간 |

7) 춘향은 노란색 족두리를 착용하고, 팥쥐는 빨간색 족두리를 착용한다.

|  | 콩쥐 | 팥쥐 | 향단 | 춘향 |
|---|---|---|---|---|
| 족두리 |  | 빨간 |  | 노란 |
| 치마 | 빨간 | 파란 | 노란 | 검은 |
| 고무신 | 노란 | 검은 | 빨간 | 파란 |
|  |  |  |  | ~빨간 |

① (X) 알 수 없다. 콩쥐는 검은 족두리 또는 파란 족두리를 배정받는다.
② (X) 팥쥐는 빨간 족두리를 배정받는다.
③ (X) 향단이는 빨간 고무신을 배정받는다.
④ (O) 춘향이는 검은 치마를 배정받는다.
⑤ (X) 빨간 고무신을 배정받은 향단이는 검은 족두리 또는 파란 족두리를 배정받는다.

**빠른 문제풀이 Tip**

실제 문제 풀이에서는 색깔은 간단하게 알파벳으로 표기한다. 보통 빨강은 R, 노랑은 Y, 파랑은 B, 녹색은 G라고 표기하는데 파랑과 검정이 같이 나오는 경우 둘 다 B로 표기할 수는 없으므로 하나를 다른 알파벳으로 표기한다. 미리 어떤 알파벳으로 표기할지 정해 놓는 것이 좋다.

[정답] ④

앞에서 학습한 내용을 바탕으로 실전처럼 문제를 풀어보자.

**01** 다음 조건에 따라 A, B, C, D, E, F, G 일곱 도시를 인구 순위대로 빠짐없이 배열하려고 한다. 추가로 필요한 정보는?

11년 민경채 민책형 9번

> ○ 인구가 같은 도시는 없다.
> ○ C시의 인구는 D시의 인구보다 적다.
> ○ F시의 인구는 G시의 인구보다 적다.
> ○ C시와 F시는 인구 순위에서 바로 인접해 있다.
> ○ B시의 인구가 가장 많고, E시의 인구가 가장 적다.
> ○ C시의 인구는 A시의 인구와 F시의 인구를 합친 것보다 많다.

① A시의 인구가 F시의 인구보다 많다.

② C시와 D시는 인구 순위에서 바로 인접해 있다.

③ C시의 인구는 G시의 인구보다 적다.

④ D시의 인구는 F시의 인구보다 많고 B시의 인구보다 적다.

⑤ G시의 인구가 A시의 인구보다 많다.

**02** 다음을 참이라고 가정할 때, 반드시 참인 것만을 <보기>에서 모두 고르면?

14년 민경채 A책형 8번

> ○ A, B, C, D 중 한 명의 근무지는 서울이다.
> ○ A, B, C, D는 각기 다른 한 도시에서 근무한다.
> ○ 갑, 을, 병 각각의 두 진술 중 하나는 참이고 다른 하나는 거짓이다.
> ○ 갑은 "A의 근무지는 광주이다."와 "D의 근무지는 서울이다."라고 진술했다.
> ○ 을은 "B의 근무지는 광주이다."와 "C의 근무지는 세종이다."라고 진술했다.
> ○ 병은 "C의 근무지는 광주이다."와 "D의 근무지는 부산이다."라고 진술했다.

〈보 기〉

> ㄱ. A의 근무지는 광주이다.
> ㄴ. B의 근무지는 서울이다.
> ㄷ. C의 근무지는 세종이다.

① ㄱ

② ㄷ

③ ㄱ, ㄴ

④ ㄴ, ㄷ

⑤ ㄱ, ㄴ, ㄷ

**03** 다음 글의 내용이 참일 때, A부처의 공무원으로 채용될 수 있는 지원자들의 최대 인원은?

15년 민경채 인책형 22번

금년도 공무원 채용시 A부처에서 요구되는 자질은 자유민주주의 가치확립, 건전한 국가관, 헌법가치 인식, 나라 사랑이다. A부처는 이 네 가지 자질 중 적어도 세 가지 자질을 지닌 사람을 채용할 것이다. 지원자는 갑, 을, 병, 정이다. 이 네 사람이 지닌 자질을 평가했고 다음과 같은 정보가 주어졌다.
○ 갑이 지닌 자질과 정이 지닌 자질 중 적어도 두 개는 일치한다.
○ 헌법가치 인식은 병만 가진 자질이다.
○ 만약 지원자가 건전한 국가관의 자질을 지녔다면, 그는 헌법가치 인식의 자질도 지닌다.
○ 건전한 국가관의 자질을 지닌 지원자는 한 명이다.
○ 갑, 병, 정은 자유민주주의 가치확립이라는 자질을 지니고 있다.

① 0명
② 1명
③ 2명
④ 3명
⑤ 4명

**04** 경찰서에서 목격자 세 사람이 범인에 관하여 다음과 같이 진술하였다.

A: 영희가 범인이거나 순이가 범인입니다.
B: 순이가 범인이거나 보미가 범인입니다.
C: 영희가 범인이 아니거나 또는 보미가 범인이 아닙니다.

경찰에서는 이미 이 사건이 한 사람의 단독 범행인 것을 알고 있었다. 그리고 한 진술은 거짓이고 나머지 두 진술은 참이라는 것이 나중에 밝혀졌다. 안타깝게도 어느 진술이 거짓인지는 밝혀지지 않았다. 다음 중 반드시 거짓인 것은?

06년 5급 13번

① 영희가 범인이다.
② 순이가 범인이다.
③ 보미가 범인이다.
④ 보미는 범인이 아니다.
⑤ 영희가 범인이 아니면 순이도 범인이 아니다.

**05** 다음 다섯 사람 중 오직 한 사람만이 거짓말을 하고 있다. 거짓말을 하고 있는 사람은? 06년 5급 15번

> A: B는 거짓말을 하고 있지 않다.
> B: C의 말이 참이면 D의 말도 참이다.
> C: E는 거짓말을 하고 있다.
> D: B의 말이 거짓이면 C의 말은 참이다.
> E: A의 말이 참이면 D의 말은 거짓이다.

① A
② B
③ C
④ D
⑤ E

**06** 정희, 철수, 순이, 영희는 다음 조건에 따라 영어, 불어, 독어, 일어를 배운다. 반드시 참인 것은? 12년 5급 인책형 11번

> ○ 네 사람은 각각 최소한 한 가지 언어를 그리고 많아야 세 가지 언어를 배운다.
> ○ 한 사람만 영어를 배운다.
> ○ 두 사람만 불어를 배운다.
> ○ 독어를 배우는 사람은 최소 두 명이다.
> ○ 일어를 배우는 사람은 모두 세 명이다.
> ○ 정희나 철수가 배우는 어떤 언어도 순이는 배우지 않는다.
> ○ 순이가 배우는 어떤 언어도 영희는 배우지 않는다.
> ○ 정희가 배우는 언어는 모두 영희도 배운다.
> ○ 영희가 배우는 언어 중에 정희가 배우지만 철수는 배우지 않는 언어가 있다.

① 순이는 일어를 배운다.
② 순이는 영어, 불어를 배운다.
③ 철수는 독어, 일어를 배운다.
④ 영희는 불어, 독어, 일어를 배운다.
⑤ 정희는 영어, 불어, 독어를 배운다.

**07** 공금횡령사건과 관련해 갑, 을, 병, 정이 참고인으로 소환되었다. 이들 중 갑, 을, 병은 소환에 응하였으나 정은 응하지 않았다. 다음 정보가 모두 참일 때, 귀가 조치된 사람을 모두 고르면?

13년 5급 인책형 11번

○ 참고인 네 명 가운데 한 명이 단독으로 공금을 횡령했다.
○ 소환된 갑, 을, 병 가운데 한 명만 진실을 말했다.
○ 갑은 '을이 공금을 횡령했다', 을은 '내가 공금을 횡령했다', 병은 '정이 공금을 횡령했다'라고 진술했다.
○ 위의 세 정보로부터 공금을 횡령하지 않았음이 명백히 파악된 사람은 모두 귀가 조치되었다.

① 병
② 갑, 을
③ 갑, 병
④ 을, 병
⑤ 갑, 을, 병

**08** 다음 글에서 추론할 수 있는 것은?

13년 5급 인책형 12번

다문화 자녀들이 한국생활에 잘 적응하도록 돕기 위해서는 이들과 문화적으로 교류할 수 있는 인재가 필요하다. 이에 정부는 다문화 자녀들과 문화적으로 소통할 수 있는 대학인재를 양성하기로 하였다. 이를 위해 장학제도가 마련되었는데, 올해 다문화 모집분야는 이해, 수용, 확산, 융합, 총 4분야이고, 각 분야마다 한 명씩 선정되었다.

최종심사에 오른 갑, 을, 병, 정, 무는 심사결과에 대해 다음과 같이 추측하였는데, 이 중 넷은 옳았지만 하나는 틀렸다.
갑: "을이 이해분야에 선정되었거나, 정이 확산분야에 선정되었다."
을: "무가 수용분야에 선정되었거나, 정이 확산분야에 선정되지 않았다."
병: "을은 이해분야에 선정되지 않았고, 무는 수용분야에 선정되지 않았다."
정: "갑은 융합분야에 선정되었고, 무는 수용분야에 선정되었다."
무: "병을 제외한 나머지 학생들이 선정되었고, 정이 확산분야에 선정되었다."

① 갑은 선정되지 않았다.
② 을이 이해분야에 선정되었다.
③ 병이 확산분야에 선정되었다.
④ 정이 수용분야에 선정되었다.
⑤ 무가 융합분야에 선정되었다.

**09** 다음 글의 내용이 참일 때, 외부 인사의 성명이 될 수 있는 것은?

15년 5급 인책형 33번

사무관들은 지난 회의에서 만났던 외부 인사 세 사람에 대해 얘기하고 있다. 사무관들은 외부 인사들의 이름은 모두 정확하게 기억하고 있다. 하지만 그들의 성(姓)에 대해서는 그렇지 않다.

혜민: 김지후와 최준수와는 많은 대화를 나눴는데, 이진서와는 거의 함께 할 시간이 없었어.

민준: 나도 이진서와 최준수와는 시간을 함께 보낼 수 없었어. 그런데 지후는 최씨였어.

서현: 진서가 최씨였고, 다른 두 사람은 김준수와 이지후였지.

세 명의 사무관들은 외부 인사에 대하여 각각 단 한 명씩의 성명만을 올바르게 기억하고 있으며, 외부 인사들의 가능한 성씨는 김씨, 이씨, 최씨 외에는 없다.

① 김진서, 이준수, 최지후
② 최진서, 김준수, 이지후
③ 이진서, 김준수, 최지후
④ 최진서, 이준수, 김지후
⑤ 김진서, 최준수, 이지후

**10** 사무관 A는 국가공무원인재개발원에서 수강할 과목을 선택하려 한다. A가 선택할 과목에 대해 갑 ~ 무가 다음과 같이 진술하였는데 이 중 한 사람의 진술은 거짓이고 나머지 사람들의 진술은 모두 참인 것으로 밝혀졌다. A가 반드시 수강할 과목만을 모두 고르면?

16년 5급 4책형 29번

갑: 법학을 수강할 경우, 정치학도 수강한다.
을: 법학을 수강하지 않을 경우, 윤리학도 수강하지 않는다.
병: 법학과 정치학 중 적어도 하나를 수강한다.
정: 윤리학을 수강할 경우에만 정치학을 수강한다.
무: 윤리학을 수강하지만 법학은 수강하지 않는다.

① 윤리학
② 법학
③ 윤리학, 정치학
④ 윤리학, 법학
⑤ 윤리학, 법학, 정치학

**11** 다음 글의 내용이 모두 참일 때 반드시 참인 것만을 <보기>에서 모두 고르면?

　　A 부서에서는 올해부터 직원을 선정하여 국외 연수를 보내기로 하였다. 선정 결과 가영, 나준, 다석이 미국, 중국, 프랑스에 한 명씩 가기로 하였다. A 부서에 근무하는 갑~정은 다음과 같이 예측하였다.

갑: 가영이는 미국에 가고 나준이는 프랑스에 갈 거야.

을: 나준이가 프랑스에 가지 않으면, 가영이는 미국에 가지 않을 거야.

병: 나준이가 프랑스에 가고 다석이가 중국에 가는 그런 경우는 없을 거야.

정: 다석이는 중국에 가지 않고 가영이는 미국에 가지 않을 거야.

　　하지만 을의 예측과 병의 예측 중 적어도 한 예측은 그르다는 것과 네 예측 중 두 예측은 옳고 나머지 두 예측은 그르다는 것이 밝혀졌다.

―――――――〈보　기〉―――――――

ㄱ. 가영이는 미국에 간다.

ㄴ. 나준이는 프랑스에 가지 않는다.

ㄷ. 다석이는 중국에 가지 않는다.

① ㄱ

② ㄴ

③ ㄱ, ㄷ

④ ㄴ, ㄷ

⑤ ㄱ, ㄴ, ㄷ

**12** 다음 글의 내용이 모두 참일 때 반드시 참인 것만을 <보기>에서 모두 고르면?

　　대한민국의 모든 사무관은 세종, 과천, 서울 청사 중 하나의 청사에서만 근무하며, 세 청사의 사무관 수는 다르다. 단, 세종 청사의 사무관 수가 서울 청사의 사무관 수보다 많다. 세 청사 중 사무관 수가 두 번째로 많은 청사의 사무관은 모두 일자리 창출 업무를 겸임한다. 세 청사의 사무관들 중 갑~정에 관하여 다음과 같은 사실이 알려져 있다.

○ 갑과 병 중 적어도 한 명은 세종 청사에서 근무하고, 정은 서울 청사에서 근무한다.

○ 일자리 창출 업무를 겸임하지 않는 사람은 이들 중 을뿐이다.

○ 과천 청사에서 근무하는 사무관은 이들 중 2명이다.

○ 을이 근무하는 청사는 사무관 수가 가장 적은 청사가 아니다.

―――――――〈보　기〉―――――――

ㄱ. 갑, 을, 병, 정 중 사무관 수가 가장 적은 청사에서 일하는 사무관은 일자리 창출 업무를 겸임하지 않는다.

ㄴ. 을이 세종 청사에서 근무하거나 병이 서울 청사에서 근무한다.

ㄷ. 정이 근무하는 청사의 사무관 수가 가장 적다.

① ㄱ

② ㄷ

③ ㄱ, ㄴ

④ ㄴ, ㄷ

⑤ ㄱ, ㄴ, ㄷ

**13** 다음 글의 내용이 참일 때, 반드시 참인 것만을 <보기>에서 모두 고르면?

19년 5급 가책형 13번

> 세 사람, 가영, 나영, 다영은 지난 회의가 열린 날짜와 요일에 대해 다음과 같이 기억을 달리 하고 있다.
> ○ 가영은 회의가 5월 8일 목요일에 열렸다고 기억한다.
> ○ 나영은 회의가 5월 10일 화요일에 열렸다고 기억한다.
> ○ 다영은 회의가 6월 8일 금요일에 열렸다고 기억한다.
> 추가로 다음 사실이 알려졌다.
> ○ 회의는 가영, 나영, 다영이 언급한 월, 일, 요일 중에 열렸다.
> ○ 세 사람의 기억 내용 가운데, 한 사람은 월, 일, 요일의 세 가지 사항 중 하나만 맞혔고, 한 사람은 하나만 틀렸으며, 한 사람은 어느 것도 맞히지 못했다.

> ──────〈보 기〉──────
> ㄱ. 회의는 6월 10일에 열렸다.
> ㄴ. 가영은 어느 것도 맞히지 못한 사람이다.
> ㄷ. 다영이 하나만 맞힌 사람이라면 회의는 화요일에 열렸다.

① ㄱ
② ㄷ
③ ㄱ, ㄴ
④ ㄴ, ㄷ
⑤ ㄱ, ㄴ, ㄷ

**14** 다음 글의 내용이 참일 때 반드시 참인 것은?

23년 5급 가책형 16번

> 영어 회화가 가능한 갑순과 을돌, 중국어 회화가 가능한 병수와 정희를 다음 〈배치 원칙〉에 따라 총무부, 인사부, 영업부, 자재부에 각 한 명씩 모두 배치하기로 하였다. 네 명 중 병수를 제외한 나머지는 신입사원이고, 갑순만 공인노무사 자격증을 갖고 있다.

> 〈배치 원칙〉
> ○ 총무부와 인사부 중 한 곳에는 공인노무사 자격증을 갖고 있는 사원을 배치한다.
> ○ 영업부와 자재부 중 한 곳에만 중국어 회화 가능자를 배치한다.
> ○ 정희를 인사부에도 자재부에도 배치하지 않는다면, 영업부에 배치한다.
> ○ 영업부와 자재부 중 한 곳에만 신입사원을 배치한다.

> 이 원칙에 따라 부서를 배치한 결과 일부 사원의 부서만 결정되었다. 이에 다음의 원칙을 추가하였다.

> 〈추가 원칙〉
> ○ 인사부와 영업부에 같은 외국어 회화를 할 수 있는 사원들을 배치한다.

> 그 결과 〈배치 원칙〉을 어기지 않으면서 위 네 명의 배치를 다 결정할 수 있었다.

① 〈배치 원칙〉만으로 배치된 갑순의 부서는 영업부이다.
② 〈배치 원칙〉만으로 배치된 을돌의 부서는 자재부이다.
③ 〈배치 원칙〉과 〈추가 원칙〉에 따라 최종적으로 배치된 병수의 부서는 자재부이다.
④ 〈배치 원칙〉과 〈추가 원칙〉에 따라 최종적으로 배치된 정희의 부서는 인사부이다.
⑤ 〈배치 원칙〉과 〈추가 원칙〉에 따라 최종적으로 배치된 갑순의 부서도 을돌의 부서도 총무부가 아니다.

**15** 다음 글의 내용이 참일 때 반드시 참이라고는 할 수 없는 것은?

23년 5급 가책형 33번

> 사무관 갑, 을, 병, 정, 무는 각 부처에 배치될 예정이다. 하나의 부처에 여러 명의 사무관이 배치될 수는 있지만, 한 명의 사무관이 여러 부처에 배치되는 일은 없다. 이들은 다음과 같이 예측하였다.
> 갑: 내가 환경부에 배치되면, 을 또한 환경부에 배치된다.
> 을: 내가 환경부에 배치되면, 병은 통일부에 배치된다.
> 병: 갑이 환경부에 배치되지 않으면, 무와 내가 통일부에 배치된다.
> 정: 병이 통일부에 배치되지 않고 갑은 환경부에 배치된다.
> 무: 갑이 통일부에 배치되고 정은 교육부에 배치된다.
>
> 발표 결과 이들 중 네 명의 예측은 옳고 나머지 한 명의 예측은 그른 것으로 드러났다.

① 갑은 통일부에 배치된다.
② 을은 환경부에 배치된다.
③ 병은 통일부에 배치된다.
④ 정은 교육부에 배치된다.
⑤ 무는 통일부에 배치된다.

**16** 신입 직원 갑, 을, 병, 정, 무가 기획과, 인력과, 총무과 가운데 어느 한 부서에 배치될 예정이다. 다음 진술들이 참일 때, 반드시 참인 것은?

13년 외교관 인책형 11번

> ○ 갑이 총무과에 배치되면, 을은 기획과에 배치된다.
> ○ 을이 기획과에 배치되면, 정은 인력과에 배치되지 않는다.
> ○ 병이 총무과에 배치되면, 무는 기획과에 배치되지 않는다.
> ○ 병이 총무과에 배치되지 않으면, 정은 인력과에 배치된다.
> ○ 정이 인력과에 배치되지 않으면, 무는 기획과에 배치된다.

① 갑은 총무과에 배치되지 않는다.
② 을은 총무과에 배치된다.
③ 병은 기획과에 배치된다.
④ 정은 인력과에 배치되지 않는다.
⑤ 무는 총무과에 배치된다.

**17** A, B, C 세 사람이 어떤 표결에 참여해 찬성했거나 반대했거나 기권했다. 그리고 표결이 끝난 후 세 사람이 아래와 같이 두 가지 진술을 각각 했는데, 그 두 진술 가운데 하나는 참이고 다른 하나는 거짓이다. 반드시 참인 것은?

13년 외교관 인책형 31번

---

A: ○ 나는 찬성했다.
　 ○ B와 C 중 적어도 하나는 찬성했다.
B: ○ A는 찬성했고, C는 기권하지 않았다.
　 ○ 나는 기권했다.
C: ○ A는 기권했고, B는 찬성했다.
　 ○ 나는 기권했다.

---

① A와 B는 모두 찬성했다.
② A와 B는 모두 기권했다.
③ A와 C는 모두 찬성했다.
④ B와 C는 모두 반대했다.
⑤ B와 C는 모두 기권했다.

**18** 어느 학교의 학생회에서 다섯 명의 3학년생 (가), (나), (다), (라), (마) 및 네 명의 4학년생 (바), (사), (아), (자)를 운영부, 기획부, 오락부 등 세 개의 부서에 배치하려고 한다. 이때, 다음의 조건들이 반드시 지켜져야 한다. 다음 중 기획부에 반드시 배치되어야 할 사람은?

11년 입법 가책형 26번

---

○ 각 부서에는 반드시 세 명의 학생이 있어야 한다.
○ 한 학생은 반드시 한 부서에만 배치되어야 한다.
○ 각 부서에는 적어도 한 명의 4학년생이 반드시 배치되어야 한다.
○ (가)와 (바)는 반드시 운영부에 배치되어야 한다.
○ (나)가 오락부에 배치되기 위해서는 (자)도 오락부에 반드시 배치되어야 한다.
○ (라)는 (마) 또는 (바)와 함께 배치될 수 없다.
○ (다)와 (사)는 반드시 오락부에 배치되어야 한다.
○ (아)는 (자)와 같은 부서에 배치될 수 없다.

---

① (나)
② (라)
③ (마)
④ (아)
⑤ (자)

**19** 다음 <조건>에 따를 때 옳은 것을 <보기>에서 모두 고르면?

15년 입법 가책형 11번

―〈조 건〉―

○ 남은 빵은 열 개이며, 아몬드빵, 초코빵, 땅콩빵, 딸기빵, 생크림빵이 각각 두 개씩 남아 있다.

○ 동준, 민혁, 영섭, 창호 네 사람이 남은 열 개의 빵을 모두 구매하였으며, 이들이 구매한 빵의 수는 모두 다르다.

○ 빵을 전혀 구매하지 않은 사람은 없으며, 같은 종류의 빵을 두 개 구매한 사람도 없다.

○ 동준이와 영섭이가 구매한 빵 중에 같은 종류가 하나 있으며, 영섭이와 민혁이가 구매한 빵 중에도 같은 종류가 하나 있다.

○ 동준이와 민혁이가 동시에 구매한 빵의 종류는 두 가지이다.

○ 동준이는 딸기빵과 땅콩빵은 구매하지 않았다.

○ 영섭이는 아몬드빵과 생크림빵은 구매하지 않았다.

○ 창호는 딸기빵을 구매했다.

○ 민혁이는 총 네 종류의 빵을 구매했다.

―〈보 기〉―

ㄱ. 아몬드빵은 동준이와 민혁이가 구매했다.

ㄴ. 딸기빵은 창호와 영섭이가 구매했다.

ㄷ. 땅콩빵은 영섭이와 민혁이가 구매했다.

ㄹ. 초코빵은 민혁이와 창호가 구매했다.

ㅁ. 생크림빵은 동준이와 창호가 구매했다.

① ㄱ, ㄷ

② ㄱ, ㅁ

③ ㄴ, ㄷ

④ ㄴ, ㄹ

⑤ ㄹ, ㅁ

**20** 다음 글에서 의열단 내의 변절자는 모두 몇 명인가?

17년 입법 가책형 16번

일본 경찰의 지속적인 추적으로 인해 다수의 의열단원이 체포되는 상황이 벌어졌다. 의열단의 단장인 약산 김원봉 선생은 의열단 내 변절자가 몇 명이나 되는지 알아보고자 세 명의 간부에게 물었다.

"서른 명 이상입니다." 첫 번째 간부가 말했다.

"제 생각은 다릅니다. 서른 명보다는 적습니다." 두 번째 간부가 말했다.

그러자 세 번째 간부가 고개를 저으며 말했다.

"적어도 한 명 이상입니다."

다만, 약산 선생은 세 명의 간부는 모두 변절자가 아니지만, 오직 한 명만 상황을 정확히 파악하고 있다는 것을 알고 있다.

① 0명

② 1명

③ 2명

④ 3명

⑤ 30명 이상

**21** A~D 네 명의 사람이 네 곳의 회사에 지원하였다. 다음 <조건>이 모두 참이라고 할 때, A~D의 <진술>에 대한 설명으로 옳지 않은 것은?

18년 입법 가책형 25번

─────〈조 건〉─────

○ 모든 사람은 한 곳 이상의 회사에 지원하였다.
○ A~D의 지원 횟수의 총합은 10번이다.
○ A~D 중 한 명은 거짓말을 하고 있다.

─────〈진 술〉─────

○ A ~ D의 진술은 다음과 같다.
　A: 나는 세 군데 이상의 회사에 지원했어.
　B: 나는 두 군데 이상의 회사에 지원했어.
　C: 나는 모두 다 지원했어.
　D: 나는 두 군데 이상의 회사에 지원했어.

① A의 진술이 거짓이라면, B와 D는 반드시 중복되는 회사가 있다.
② B의 진술이 거짓이라면, A와 D는 반드시 중복되는 회사가 있다.
③ C의 진술이 거짓이라면, A와 B는 반드시 중복되는 회사가 있다.
④ C의 진술이 거짓이라면, A와 D는 반드시 중복되는 회사가 있다.
⑤ D의 진술이 거짓이라면, A와 B는 반드시 중복되는 회사가 있다.

**22** 다음 <조건>에 따를 때, 팀장의 조합으로 옳은 것은?

20년 입법 가책형 17번

─────〈조 건〉─────

　A팀과 B팀은 갑, 을, 병, 정, 무로만 구성되어 있다. 갑, 을, 병, 정, 무는 A팀과 B팀 중 하나의 팀에만 소속되어 있다. A팀은 팀장 1명과 팀원 2명으로, B팀은 팀장 1명과 팀원 1명으로 구성되어 있다. 다음의 대화에서 팀장의 말은 모두 거짓이고, 팀원의 말은 모두 참이다.
갑: 무는 B팀이야.
을: 무는 팀장이야.
병: 갑과 정은 모두 B팀이야.
정: 갑과 무는 모두 팀원이야.
무: 우리 중에 참을 말하고 있는 사람은 3명뿐이야.

① 갑, 을
② 갑, 정
③ 을, 병
④ 을, 정
⑤ 정, 무

**23** 다음 <조건>에 따를 때, 반드시 참인 것만을 <보기>에서 모두 고르면?

20년 입법 가책형 31번

―〈조 건〉―

　A, B, C, D, E 총 5명은 발표 순서를 정하려고 한다. 단, 다음의 A, B, C, D, E의 선호를 모두 반영하여야 한다.
A: 난 첫 번째만 아니면 돼.
B: 난 A보다는 먼저 발표하고 싶어. 근데 홀수 번째 순서는 싫어.
C: 나는 D랑은 순서가 붙어있지 않았으면 좋겠어.
D: 나는 마지막 순서는 싫어.
E: 나는 C보다는 나중에 발표하고 싶어.

―〈보 기〉―

ㄱ. E가 마지막으로 발표한다면, B는 두 번째로 발표하여야 한다.
ㄴ. B가 네 번째로 발표한다면, D는 첫 번째로 발표할 수 없다.
ㄷ. <조건>을 충족하는 발표 순서는 모두 7가지이다.

① ㄱ
② ㄷ
③ ㄱ, ㄴ
④ ㄴ, ㄷ
⑤ ㄱ, ㄴ, ㄷ

---

**24** 다음 글에서 ㄱ~ㅁ에 들어갈 내용으로 옳은 것은?

22년 입법 가책형 14번

　논리학자 레이먼드 스멀리언을 통해 유명해진 퍼즐이 있다. 거짓말쟁이와 참말쟁이가 등장하는 퍼즐이다. 세상에 두 유형의 사람만 있다고 치자. 늘 거짓말을 말하는 사람과 늘 진실을 말하는 사람이다. 어떤 두 사람이 다음과 같이 말한다면, 누가 거짓말쟁이고 누가 참말쟁이인지 알 수 있을까?
몰리: 레오폴드는 거짓말쟁이다.
레오폴드: 우리 둘 다 거짓말쟁이다.
　추론은 이런 식으로 전개된다. 레오폴드가 ( ㄱ )라면, 그의 말은 거짓이 되므로 모순이 된다. 따라서 그는 ( ㄴ )임이 분명하다. 레오폴드와 몰리 둘 다 ( ㄷ )일 리는 없다. 레오폴드가 ( ㄹ )이므로, 몰리는 ( ㅁ )임이 틀림없다

| | 참말쟁이 | 거짓말쟁이 |
|---|---|---|
| ① | ㄱ, ㄴ | ㄷ, ㄹ, ㅁ |
| ② | ㄱ, ㄷ | ㄴ, ㄹ, ㅁ |
| ③ | ㄱ, ㅁ | ㄴ, ㄷ, ㄹ |
| ④ | ㄴ, ㄹ | ㄱ, ㄷ, ㅁ |
| ⑤ | ㄷ, ㅁ | ㄱ, ㄴ, ㄹ |

**25** 다음 글로부터 추론할 때 참말을 하는 사람만을 모두 고르면?

22년 입법 가책형 18번

> 갑돌, 을순, 병식, 정희, 무호는 각각 항상 참말을 하거나 항상 거짓말을 한다.
> 갑돌: 병식이는 참말을 하고 있어.
> 을순: 갑돌이와 병식이는 둘 다 거짓말만 하고 있어.
> 병식: 갑돌이는 참말을 하고 있어.
> 정희: 우리 중 적어도 2명은 참말을 하고 있어.
> 무호: 정희의 말이 거짓이면 나의 말은 참말이고, 정희의 말 이 참말이면 나의 말은 거짓말이야.

① 갑돌
② 을순
③ 갑돌, 병식
④ 갑돌, 을순, 정희
⑤ 을순, 정희, 무호

**26** 국회 경내에 새로 생긴 식당 '어셈블리'는 가오픈 상태로, 국회 직원들의 예약을 받아 시식평을 들으려 한다. '어셈블리'는 총 다섯팀(가, 나, 다, 라, 마)에 대해 월요일부터 금요일까지 5일간 하루에 한 팀씩만 예약을 받으려 한다. 모든 팀은 한 번씩 예약을 해야 하며 예약을 하지 않는 팀은 없다. 예약은 각 팀의 모든 희망 사항을 반영하여 이루어진다. 다음 대화에 따라 월요일에 예약될 팀을 고르면?(단, 각 팀은 자신의 회의날에는 예약하지 않는다.)

22년 입법 가책형 22번

> 가: 저희 팀은 금요일에 예약을 원치 않습니다.
> 나: 제가 대신 전달드리면 가 팀은 화요일 예약을 원치 않는 다고 했습니다.
> 다: 저희 팀은 월요일, 수요일, 금요일 중에 예약을 하고 싶 습니다. 그리고 저희 팀은 라 팀의 예약일로부터 이틀 후 에 예약을 하고 싶습니다.
> 라: 나 팀과 저희 팀은 화요일에 회의가 있습니다. 그리고 저 희 팀은 목요일에는 예약을 원치 않습니다.
> 마: 저희 팀은 수요일, 금요일 예약은 원치 않습니다. 그리고 가팀과 저희 팀은 목요일에 회의가 있습니다.

① 가
② 나
③ 다
④ 라
⑤ 마

**27** 다음 <조건>에 따를 때, 반드시 참인 것만을 <보기>에서 모두 고르면?

23년 입법 가책형 28번

─〈조 건〉─

국회는 신임 사무관 A, B, C, D, E, F를 3개 위원회에 각각 배치하고자 한다. 위원회별로 배치된 인원의 수는 다르며, 각 위원회에 한 명 이상의 신임 사무관을 배치한다.

○ F를 배치하는 위원회에는 E를 함께 배치해야 한다.

○ C를 배치하는 위원회에는 A를 배치할 수 없다.

○ D를 가장 많은 인원이 배치되는 위원회에 배치할 경우, C와 E는 같은 위원회에 배치된다.

○ A가 배치되는 위원회보다 B가 배치되는 위원회의 신임 사무관 수가 더 많다.

○ 각 위원회에는 A~F 이외의 신임 사무관은 없다.

─〈보 기〉─

ㄱ. A가 배치되는 위원회의 신임 사무관 수가 가장 적다.

ㄴ. C가 배치되는 위원회의 신임 사무관 수가 가장 많다.

ㄷ. E가 배치되는 위원회의 신임 사무관 수가 가장 많다.

① ㄱ

② ㄷ

③ ㄱ, ㄴ

④ ㄴ, ㄷ

⑤ ㄱ, ㄴ, ㄷ

**28** 다음 내용이 참일 때, 반드시 참이라고는 할 수 없는 것은?

12년 민경채 인책형 24번

어떤 국가에 7개 행정구역 A, B, C, D, E, F, G가 있다.

○ A는 C 이외의 모든 구역들과 인접해 있다.

○ B는 A, C, E, G와만 인접해 있다.

○ C는 B, E와만 인접해 있다.

○ D는 A, G와만 인접해 있다.

○ E는 A, B, C와만 인접해 있다.

○ F는 A와만 인접해 있다.

○ G는 A, B, D와만 인접해 있다.

각 구역은 4개 정책 a, b, c, d 중 하나만 추진할 수 있고, 각 정책은 적어도 한 번씩은 추진된다. 또한 다음 조건을 만족해야 한다.

○ 인접한 구역끼리는 같은 정책을 추진해서는 안 된다.

○ A, B, C는 각각 a, b, c 정책을 추진한다.

① E는 d 정책을 추진할 수 있다.

② F는 b나 c나 d 중 하나의 정책만 추진할 수 있다.

③ D가 d 정책을 추진하면, G는 c 정책만 추진할 수 있다.

④ E가 d 정책을 추진하면, G는 c 정책만 추진할 수 있다.

⑤ G가 d 정책을 추진하면, D는 b 혹은 c 정책만 추진할 수 있다.

**29** 다음 글의 내용이 참일 때, 가해자인 것이 확실한 사람(들)과 가해자가 아닌 것이 확실한 사람(들)의 쌍으로 적절한 것은?

18년 민경채 가책형 25번

폭력 사건의 용의자로 A, B, C가 지목되었다. 조사 과정에서 A, B, C가 각각 〈아래〉와 같이 진술하였는데, 이들 가운데 가해자는 거짓만을 진술하고 가해자가 아닌 사람은 참만을 진술한 것으로 드러났다.

──────〈아 래〉──────

A: 우리 셋 중 정확히 한 명이 거짓말을 하고 있다.
B: 우리 셋 중 정확히 두 명이 거짓말을 하고 있다.
C: A, B 중 정확히 한 명이 거짓말을 하고 있다.

| | 가해자인 것이 확실 | 가해자가 아닌 것이 확실 |
|---|---|---|
| ① | A | C |
| ② | B | 없음 |
| ③ | B | A, C |
| ④ | A, C | B |
| ⑤ | A, B, C | 없음 |

**30** 다음 글의 내용이 참일 때, 반드시 참인 것만을 <보기>에서 모두 고르면?

20년 민경채 가책형 19번

A, B, C, D, E는 스키, 봅슬레이, 컬링, 쇼트트랙, 아이스하키 등 총 다섯 종목 중 각자 한 종목을 관람하고자 한다. 스키와 봅슬레이는 산악지역에서 열리며, 나머지 종목은 해안지역에서 열린다. 다섯 명의 관람 종목에 대한 조건은 다음과 같다.

○ A, B, C, D, E는 서로 다른 종목을 관람한다.
○ A와 B는 서로 다른 지역에서 열리는 종목을 관람한다.
○ C는 스키를 관람한다.
○ B가 쇼트트랙을 관람하면, D가 봅슬레이를 관람한다.
○ E가 쇼트트랙이나 아이스하키를 관람하면, A는 봅슬레이를 관람한다.

──────〈보 기〉──────

ㄱ. A가 봅슬레이를 관람하면, D는 아이스하키를 관람한다.
ㄴ. B는 쇼트트랙을 관람하지 않는다.
ㄷ. E가 쇼트트랙을 관람하면, B는 컬링이나 아이스하키를 관람한다.

① ㄱ
② ㄴ
③ ㄱ, ㄷ
④ ㄴ, ㄷ
⑤ ㄱ, ㄴ, ㄷ

**31** 다음 글의 내용이 참일 때, 반드시 참인 것은?

21년 7급 나책형 9번

> A, B, C, D를 포함해 총 8명이 학회에 참석했다. 이들에 관해서 알려진 정보는 다음과 같다.
>
> ○ 아인슈타인 해석, 많은 세계 해석, 코펜하겐 해석, 보른 해석 말고도 다른 해석들이 있고, 학회에 참석한 이들은 각각 하나의 해석만을 받아들인다.
> ○ 상태 오그라듦 가설을 받아들이는 이들은 모두 5명이고, 나머지는 이 가설을 받아들이지 않는다.
> ○ 상태 오그라듦 가설을 받아들이는 이들은 코펜하겐 해석이나 보른 해석을 받아들인다.
> ○ 코펜하겐 해석이나 보른 해석을 받아들이는 이들은 상태 오그라듦 가설을 받아들인다.
> ○ B는 코펜하겐 해석을 받아들이고, C는 보른 해석을 받아들인다.
> ○ A와 D는 상태 오그라듦 가설을 받아들인다.
> ○ 아인슈타인 해석을 받아들이는 이가 있다.

① 적어도 한 명은 많은 세계 해석을 받아들인다.
② 만일 보른 해석을 받아들이는 이가 두 명이면, A와 D가 받아들이는 해석은 다르다.
③ 만일 A와 D가 받아들이는 해석이 다르다면, 적어도 두 명은 코펜하겐 해석을 받아들인다.
④ 만일 오직 한 명만이 많은 세계 해석을 받아들인다면, 아인슈타인 해석을 받아들이는 이는 두 명이다.
⑤ 만일 코펜하겐 해석을 받아들이는 이가 세 명이면, A와 D 가운데 적어도 한 명은 보른 해석을 받아들인다.

**32** 수덕, 원태, 광수는 임의의 순서로 빨간색·파란색·노란색 지붕을 가진 집에 나란히 이웃하여 살고, 개·고양이·원숭이라는 서로 다른 애완동물을 기르며, 광부·농부·의사라는 서로 다른 직업을 갖는다. 알려진 정보가 아래와 같을 때 반드시 참이라고 할 수 없는 것을 <보기>에서 모두 고른 것은?

07년 5급 행책형 9번

> 가. 광수는 광부이다.
> 나. 가운데 집에 사는 사람은 개를 키우지 않는다.
> 다. 농부와 의사의 집은 서로 이웃해 있지 않다.
> 라. 노란 지붕 집은 의사의 집과 이웃해 있다.
> 마. 파란 지붕 집에 사는 사람은 고양이를 키운다.
> 바. 원태는 빨간 지붕 집에 산다.

〈보 기〉

> ㄱ. 수덕은 빨간 지붕 집에 살지 않고, 원태는 개를 키우지 않는다.
> ㄴ. 노란 지붕 집에 사는 사람은 원숭이를 키우지 않는다.
> ㄷ. 수덕은 파란 지붕 집에 살거나, 원태는 고양이를 키운다.
> ㄹ. 수덕은 개를 키우지 않는다.
> ㅁ. 원태는 농부다.

① ㄱ, ㄴ
② ㄴ, ㄷ
③ ㄷ, ㄹ
④ ㄱ, ㄴ, ㅁ
⑤ ㄱ, ㄷ, ㅁ

**33** 네 개의 상자 A, B, C, D 중의 어느 하나에 두 개의 진짜 열쇠가 들어 있고, 다른 어느 한 상자에 두 개의 가짜 열쇠가 들어 있다. 또한 각 상자에는 다음과 같이 두 개의 안내문이 쓰여 있는데, 각 상자의 안내문 중 적어도 하나는 참이다. 다음 중 진위를 알 수 없는 것은? 08년 5급 꿈책형 14번

○ A 상자: 1) 어떤 진짜 열쇠도 순금으로 되어 있지 않다.
　　　　　2) C 상자에 진짜 열쇠가 들어 있다.
○ B 상자: 1) 가짜 열쇠는 이 상자에 들어 있지 않다.
　　　　　2) A 상자에는 진짜 열쇠가 들어 있다.
○ C 상자: 1) 이 상자에 진짜 열쇠가 들어 있다.
　　　　　2) 어떤 가짜 열쇠도 구리로 되어 있지 않다.
○ D 상자: 1) 이 상자에 진짜 열쇠가 들어 있고, 모든 진짜 열쇠는 순금으로 되어 있다.
　　　　　2) 가짜 열쇠 중 어떤 것은 구리로 되어 있다.

① B 상자에 가짜 열쇠가 들어 있지 않다.
② C 상자에 진짜 열쇠가 들어 있지 않다.
③ D 상자의 안내문 1)은 거짓이다.
④ 가짜 열쇠 중 어떤 것은 구리로 되어 있다.
⑤ 어떤 진짜 열쇠도 순금으로 되어 있지 않다.

**34** 쓰레기를 무단투기하는 사람을 찾기 위해 고심하던 주민센터 직원은 다섯 명의 주민 A, B, C, D, E를 면담했다. 이들은 각자 아래와 같이 이야기했다. 이 가운데 두 명의 이야기는 모두 거짓인 반면, 세 명의 이야기는 모두 참이라 하자. 다섯 명 가운데 한 명이 범인이라고 할 때, 쓰레기를 무단투기한 사람은 누구인가? 10년 5급 우책형 35번

A: 쓰레기를 무단투기하는 것을 나와 E만 보았다. B의 말은 모두 참이다.
B: 쓰레기를 무단투기한 것은 D이다. D가 쓰레기를 무단투기하는 것을 E가 보았다.
C: D는 쓰레기를 무단투기하지 않았다. E의 말은 참이다.
D: 쓰레기를 무단투기하는 것을 세 명의 주민이 보았다. B는 쓰레기를 무단투기하지 않았다.
E: 나와 A는 쓰레기를 무단투기하지 않았다. 나는 쓰레기를 무단투기하는 사람을 아무도 보지 못했다.

① A
② B
③ C
④ D
⑤ E

**35** A, B, C, D 네 사람만 참여한 달리기 시합에서 동순위 없이 순위가 완전히 결정되었다. A, B, C는 각자 아래와 같이 진술하였다. 이들의 진술이 자신보다 낮은 순위의 사람에 대한 진술이라면 참이고, 높은 순위의 사람에 대한 진술이라면 거짓이라고 하자. 반드시 참인 것은? 11년 5급 우책형 32번

> A: C는 1위이거나 2위이다.
> B: D는 3위이거나 4위이다.
> C: D는 2위이다.

① A는 1위이다.
② B는 2위이다.
③ D는 4위이다.
④ A가 B보다 순위가 높다.
⑤ C가 D보다 순위가 높다.

**36** 뇌물수수 혐의자 A~D에 관한 다음 진술들 중 하나만 참일 때, 이들 가운데 뇌물을 받은 사람의 수는? 18년 5급 나책형 32번

> ○ A가 뇌물을 받았다면, B는 뇌물을 받지 않았다.
> ○ A와 C와 D 중 적어도 한 명은 뇌물을 받았다.
> ○ B와 C 중 적어도 한 명은 뇌물을 받지 않았다.
> ○ B와 C 중 한 명이라도 뇌물을 받았다면, D도 뇌물을 받았다.

① 0명
② 1명
③ 2명
④ 3명
⑤ 4명

**37** 윗마을에 사는 남자는 참말만 하고 여자는 거짓말만 한다. 아랫마을에 사는 남자는 거짓말만 하고 여자는 참말만 한다. 이 마을들에 사는 이는 남자거나 여자다. 윗마을 사람 두 명과 아랫마을 사람 두 명이 다음과 같이 대화하고 있을 때, 반드시 참인 것은?

18년 5급 나책형 34번

> 갑: 나는 아랫마을에 살아.
> 을: 나는 아랫마을에 살아. 갑은 남자야.
> 병: 을은 아랫마을에 살아. 을은 남자야.
> 정: 을은 윗마을에 살아. 병은 윗마을에 살아.

① 갑은 윗마을에 산다.
② 갑과 을은 같은 마을에 산다.
③ 을과 병은 다른 마을에 산다.
④ 을, 병, 정 가운데 둘은 아랫마을에 산다.
⑤ 이 대화에 참여하고 있는 이들은 모두 여자다.

**38** 다음 글의 내용이 참일 때, 반드시 참인 것은?

20년 5급 나책형 11번

> 외교부에서는 남자 6명, 여자 4명으로 이루어진 10명의 신임 외교관을 A, B, C 세 부서에 배치하고자 한다. 이때 따라야 할 기준은 다음과 같다.
> ○ 각 부서에 적어도 한 명의 신임 외교관을 배치한다.
> ○ 각 부서에 배치되는 신임 외교관의 수는 각기 다르다.
> ○ 새로 배치되는 신임 외교관의 수는 A가 가장 적고, C가 가장 많다.
> ○ 여자 신임 외교관만 배치되는 부서는 없다.
> ○ B에는 새로 배치되는 여자 신임 외교관의 수가 새로 배치되는 남자 신임 외교관의 수보다 많다.

① A에는 1명의 신임 외교관이 배치된다.
② B에는 3명의 신임 외교관이 배치된다.
③ C에는 5명의 신임 외교관이 배치된다.
④ B에는 1명의 남자 신임 외교관이 배치된다.
⑤ C에는 2명의 여자 신임 외교관이 배치된다.

**39** 다음 글의 내용이 참일 때, 반드시 참이라고는 할 수 없는 것은?

20년 5급 나책형 31번

직원 갑, 을, 병, 정, 무를 대상으로 A, B, C, D 네 개 영역에 대해 최우수, 우수, 보통 가운데 하나로 분류하는 업무 평가를 실시하였다. 그리고 그 결과는 다음과 같았다.
○ 모든 영역에서 보통 평가를 받은 직원이 있다.
○ 모든 직원이 보통 평가를 받은 영역이 있다.
○ D 영역에서 우수 평가를 받은 직원은 모두 A 영역에서도 우수 평가를 받았다.
○ 갑은 C 영역에서만 보통 평가를 받았다.
○ 을만 D 영역에서 보통 평가를 받았다.
○ 병, 정은 A, B 두 영역에서 최우수 평가를 받았고 다른 직원들은 A, B 어디서도 최우수 평가를 받지 않았다.
○ 무는 1개 영역에서만 최우수 평가를 받았다.

① 갑은 A 영역에서 우수 평가를 받았다.
② 을은 B 영역에서 보통 평가를 받았다.
③ 병은 C 영역에서 보통 평가를 받았다.
④ 정은 D 영역에서 최우수 평가를 받았다.
⑤ 무는 A 영역에서 우수 평가를 받았다.

**40** 다음 글의 내용이 참일 때 반드시 참인 것은?

21년 5급 가책형 14번

A, B, C, D는 출산을 위해 산부인과에 입원하였다. 그리고 이 네 명은 이번 주 월, 화, 수, 목요일에 각각 한 명의 아이를 낳았다. 이 아이들의 이름은 각각 갑, 을, 병, 정이다. 이 아이들과 그 어머니, 출생일에 관한 정보는 다음과 같다.
○ 정은 C의 아이다.
○ 정은 갑보다 나중에 태어났다.
○ 목요일에 태어난 아이는 을이거나 C의 아이다.
○ B의 아이는 을보다 하루 먼저 태어났다.
○ 월요일에 태어난 아이는 A의 아이다.

① 을, 병 중 적어도 한 아이는 수요일에 태어났다.
② 병은 을보다 하루 일찍 태어났다.
③ 정은 을보다 먼저 태어났다.
④ A는 갑의 어머니이다.
⑤ B의 아이는 화요일에 태어났다.

**41** 다음 글의 내용이 참일 때 반드시 참인 것은?

21년 5급 가책형 36번

K 부처는 관리자 연수과정에 있는 연수생 중에 서류심사와 부처 면접을 통해 새로운 관리자를 선발하기로 하였다. 먼저 서류심사를 진행하여 서류심사 접수자 중 세 명만을 면접 대상자로 결정하고 나머지 접수자들은 탈락시킨다. 그리고 면접 대상자들을 상대로 면접을 진행하여, 두 명만 새로운 관리자로 선발한다. 서류심사 접수자는 갑, 을, 병, 정, 무 총 5명이다. 다음은 이들이 나눈 대화이다.

갑: 나는 면접 대상자로 결정되었고 병은 서류심사에서 탈락했어.
을: 나는 서류심사에서 탈락했지만 병은 면접 대상자로 결정되었어.
병: 무는 새로운 관리자로 선발되었어.
정: 나는 새로운 관리자로 선발되었고 면접에서 병과 무와 함께 있었어.
무: 나는 갑과 정이랑 함께 면접 대상자로 결정되었어.

대화 이후 서류심사 결과와 부처 면접 결과가 모두 공개되자, 이들 중 세 명의 진술은 참이고 나머지 두 명의 진술은 거짓인 것으로 밝혀졌다.

① 갑은 면접 대상자로 결정되었다.
② 을은 서류심사에서 탈락하였다.
③ 병은 면접 대상자로 결정되었다.
④ 정은 새로운 관리자로 선발되었다.
⑤ 무는 새로운 관리자로 선발되지 않았다.

---

**42** 다음 글의 내용이 참일 때 반드시 참인 것만을 <보기>에서 모두 고르면?

22년 5급 나책형 11번

행복대학교 학생은 매 학기 성적, 봉사, 외국어, 윤리, 체험이라는 다섯 영역에 관해 평가 받는다. 이 중 두 영역은 동창회 장학금과 재단 장학금 수혜자를 선정할 때 고려하는 영역이기도 하다. 그 두 영역 중에서 어느 쪽이든 한 영역의 기준만 충족하면 동창회 장학금을 받고, 두 영역의 기준을 모두 충족하면 재단 장학금을 받는다. 그 외의 경우에는 둘 중 어느 것도 받지 못한다. 단, 두 장학금을 동시에 받을 수는 없다.

이 학교 학생 갑, 을, 병에 관하여 다음과 같은 사실이 알려져 있다.

○ 갑은 봉사 영역과 외국어 영역 기준을 충족하지 못하고 성적 영역 기준은 충족했는데, 동창회 장학금 수혜자가 아니다.
○ 을은 성적 영역 기준을 충족하지 못하고 나머지 네 영역 기준은 충족했는데, 재단 장학금 수혜자가 아니다.
○ 병은 성적 영역과 윤리 영역 기준을 충족했는데, 동창회 장학금 수혜자이다.

〈 보 기 〉

ㄱ. 성적 영역 기준만 충족한 행복대학교 학생은 동창회 장학금 수혜자가 된다.
ㄴ. 체험 영역 기준을 충족하지 못한 행복대학교 학생은 재단 장학금 수혜자가 되지 못한다.
ㄷ. 봉사 영역과 외국어 영역 기준만 충족한 행복대학교 학생은 동창회 장학금과 재단 장학금 중 어느 쪽 수혜자도 되지 못한다.

① ㄱ
② ㄴ
③ ㄱ, ㄷ
④ ㄴ, ㄷ
⑤ ㄱ, ㄴ, ㄷ

**43** 다음 글의 내용이 참일 때 반드시 거짓인 것은?

22년 5급 나책형 30번

갑, 을, 병 세 사람이 A, B, C, D, E, F, G, H의 총 8권의 고서를 나누어 소장하고 있다. 이와 관련해 다음과 같은 사실이 알려져 있다.

○ 갑이 가장 많은 고서를 소장하고 있으며, 그 다음은 을이며, 병은 가장 적은 수의 고서를 소장하고 있다.
○ A, B, C, D, E는 서양서이며, F, G, H는 동양서이다.
○ B를 소장한 이는 D도 소장하고 있으나 C는 소장하고 있지 않다.
○ E를 소장한 이는 F도 소장하고 있으나 그 외 다른 동양서를 소장하고 있지는 않다.
○ G를 소장한 이는 서양서를 소장하고 있지 않다.
○ H는 갑이 소장하고 있다.

① 갑은 A와 D를 소장하고 있다.
② 을은 3권의 책을 소장하고 있다.
③ 병은 G를 소장하고 있다.
④ C를 소장한 이는 E도 소장하고 있다.
⑤ D를 소장한 이는 F도 소장하고 있다.

**44** 여동생이 1명씩 있는 A, B, C, D, E 5명의 청년이 있다. 이 5명의 청년과 각각의 여동생을 합한 10명 모두가 아래의 <전제조건>하에 단체미팅을 하여 5쌍의 커플이 탄생했다. <미팅결과>로 볼 때, C의 여동생의 상대가 된 청년은 누구인가?

05년 입법 가책형 23번

─────〈전제조건〉─────
1. 미팅에 참가한 청년은 자신의 여동생과 커플이 될 수 없다.
2. 두 사람이 서로의 여동생과 커플이 될 수 없다.
   (예 갑이 을의 여동생과 커플이 되었다면, 을은 갑의 여동생과 커플이 될 수 없다.)

─────〈미팅결과〉─────
1. A의 상대는 B의 여동생도 D의 여동생도 아니었다.
2. B의 상대는 C의 여동생도 D의 여동생도 아니었다.
3. C의 상대는 B의 여동생도 E의 여동생도 아니었다.
4. D의 상대는 E의 여동생이 아니었다.
5. E의 상대는 A의 여동생도 D의 여동생도 아니었다.

① A
② B
③ C
④ D
⑤ E

**45** 다음 글을 읽고 착한 사람들을 모두 고르면?(단, 5명은 착한 사람이 아니면 나쁜 사람이며, 중간적인 성향은 없다.)

12년 입법 가책형 16번

주현: 나는 착한 사람이다.
영숙: 주현이가 착한 사람이면, 창엽이도 착한 사람이다.
혜정: 창엽이가 나쁜 사람이면, 주현이도 나쁜 사람이다.
창엽: 명진이가 착한 사람이면, 주현이도 착한 사람이다.
명진: 주현이는 나쁜 사람이다.

A: 위 사람들 중 3명은 항상 진실만을 말하는 착한 사람이고, 2명은 항상 거짓말만 하는 나쁜 사람이야. 위의 얘기만 봐도 누가 착한 사람이고, 누가 나쁜 사람인지 알 수 있지.
B: 위 얘기만 봐서는 알 수 없는 거 아냐? 아 잠시만. 알았다. 위 얘기만 봤을 때, 모순되지 않으면서 착한 사람이 3명일 수 있는 경우는 하나밖에 없구나.
A: 그걸 바로 알아차리다니 대단한데?

① 영숙, 혜정, 명진
② 영숙, 혜정, 창엽
③ 주현, 영숙, 혜정
④ 영숙, 창엽, 명진
⑤ 주현, 창엽, 명진

**46** 가희, 나희, 다희, 라희는 2017년도 상반기에 개설된 5개의 강의 중 일부를 수강하려고 한다. 다음 <조건>에 따를 때 반드시 옳은 것을 <보기>에서 모두 고르면?

17년 입법 가책형 29번

─〈조 건〉─

o 2017년도 상반기에 개설된 강의는 플라잉요가, 필라테스, 풍물놀이, 수화, 방송댄스 등 총 5개이다.
o 모든 학생은 적어도 2개 이상의 강의를 수강하며, 4개 이상의 강의를 수강하는 학생은 없다.
o 개설된 모든 강의는 적어도 1명 이상의 학생이 수강한다.
o 다희를 제외한 모든 학생이 수강하는 강의가 있다.
o 다희와 라희가 동시에 수강하는 강의는 한 개이며, 다희와 나희가 동시에 수강하는 강의도 한 개이다.
o 가희는 플라잉요가와 수화는 수강하지 않는다.
o 나희는 필라테스와 수화는 수강하지 않는다.
o 라희는 플라잉요가를 수강한다.
o 네 명 중 라희가 수강하는 강의의 수가 가장 적으며, 라희와 같은 개수의 강의를 수강하는 학생은 없다.

─〈보 기〉─

ㄱ. 풍물놀이는 세 명의 학생이 수강한다.
ㄴ. 가장 적은 수의 학생이 수강하는 강의는 수화이다.
ㄷ. 방송댄스를 수강하는 학생의 수와 플라잉요가를 수강하는 학생의 수는 같다.
ㄹ. 가희와 다희가 동시에 수강하는 강의는 한 개이다.
ㅁ. 가희를 제외한 모든 학생이 수강하는 강의가 있다.

① ㄱ, ㄴ, ㄷ
② ㄱ, ㄷ, ㅁ
③ ㄴ, ㄷ, ㄹ
④ ㄴ, ㄹ, ㅁ
⑤ ㄷ, ㄹ, ㅁ

**47** 다음 <조건>을 바탕으로 반드시 범인이 아닌 사람을 고르면?

18년 입법 가책형 14번

<조 건>

○ A, B, C, D, E 5명 중 2명의 범인이 있다.
○ 범인은 목격자가 될 수 없으며, 범인이 아닌 3명 중 1명의 목격자가 있다.
○ 5명 중 3명의 진술은 진실이고 2명의 진술은 거짓이다.
 A: E가 범인임을 목격했다.
 B: C가 범인임을 목격했다.
 C: 나는 범인이다.
 D: A의 진술은 진실이다.
 E: 나는 범인이 아니다.

① A
② B
③ C
④ D
⑤ E

**48** 다음 <조건>에 따를 때, 반드시 참인 것만을 <보기>에서 모두 고르면?

19년 입법 가책형 11번

<조 건>

○ 나희는 크리스마스 선물로 신발을 원하지 않는다.
○ 가희, 나희, 다희, 라희 중 크리스마스 선물로 장갑을 원하는 사람은 3명이다.
○ 가희, 나희, 다희, 라희 중 크리스마스 선물로 신발을 원하는 사람은 2명이다.
○ 가희가 원하는 크리스마스 선물은 나희도 원한다.
○ 크리스마스 선물로 신발을 원하는 사람은 크리스마스 선물로 장갑도 원한다.
○ 가희, 나희, 다희, 라희 중 2명은 두 종류의 크리스마스 선물을 원하고, 다른 2명은 세 종류의 크리스마스 선물을 원한다.
○ 가희, 나희, 다희, 라희는 크리스마스 선물로 목도리, 장갑, 모자, 신발 외에는 원하지 않는다.

<보 기>

ㄱ. 나희는 크리스마스 선물로 모자를 원한다.
ㄴ. 다희가 크리스마스 선물로 목도리와 모자를 원하지 않는다면, 라희는 세 종류의 크리스마스 선물을 원한다.
ㄷ. 라희는 크리스마스 선물로 모자를 원한다.

① ㄱ
② ㄴ
③ ㄱ, ㄴ
④ ㄴ, ㄷ
⑤ ㄱ, ㄴ, ㄷ

**294** 해커스공무원 gosi.Hackers.com

**49** 갑, 을, 병, 정은 모두 P아파트 1층에 산다. P아파트에 방화 사건이 발생하였는데, 범인은 갑, 을, 병, 정 중 한 명이라고 한다. 이들은 경찰 조사에서 〈조건〉과 같이 진술하였다. 정의 두 진술은 모두 참이거나 모두 거짓이며, 병의 두 진술은 모두 참이라고 할 때, 방화 사건의 범인을 고르면?

19년 입법 가책형 15번

─────〈조 건〉─────

○ 갑: 1. 을의 진술은 모두 참이야.
　　　2. 나는 범인을 알고 있어.
○ 을: 1. 나랑 같은 층에 사는 애들은 모두 범인을 알고 있어.
　　　2. 나랑 같은 범인이 아니야.
○ 병: 1. 갑이 범인을 안다면 나랑 같은 층에 사는 애들은 모두 범인을 알고 있어.
　　　2. 을이 범인이 아니라면 갑도 범인이 아니야.
○ 정: 1. 갑의 진술은 모두 거짓이야.
　　　2. 을의 진술은 모두 참이야.

① 갑
② 을
③ 병
④ 정
⑤ 위 진술들만으로는 알 수 없음

**50** 다음 〈조건〉을 바탕으로 옳지 않은 것만을 〈보기〉에서 모두 고르면?

21년 입법 가책형 5번

─────〈조 건〉─────

○ 甲~戊는 A~E 사이의 통화 내역에 대하여 아래와 같이 진술하였다. 甲~戊 5명 중 4명의 진술은 참이고, 1명의 진술은 거짓이다.
○ 통화는 일대일로 이루어진다.

甲: A가 B와 통화하지 않았다면, B와 C가 통화하지 않았습니다.
乙: B가 D와 통화하지 않았다면, E가 D와 통화하였거나 A가 D와 통화하였습니다.
丙: C가 B와 통화하였거나, D와 E가 통화하였습니다.
丁: A와 B가 통화하지 않았고, A와 C가 통화하지 않았습니다.
戊: 집에 손님이 잠시 방문하는 바람에 E는 D의 전화를 받지 못했습니다.

─────〈보 기〉─────

ㄱ. 乙의 진술은 반드시 참이다.
ㄴ. B가 D와 통화하였을 경우, D는 E와 통화하지 않았을 것이다.
ㄷ. 丁의 진술이 거짓인 경우, 가능한 통화 조합은 96가지이다.

① ㄱ
② ㄴ
③ ㄱ, ㄷ
④ ㄴ, ㄷ
⑤ ㄱ, ㄴ, ㄷ

**51** 다음 <조건>에 따를 때, 옳은 것만을 <보기>에서 모두 고르면?

21년 입법 가책형 17번

───〈조 건〉───

가수 '정'은 자신의 새 앨범의 트랙리스트를 정하려고 한다. 앨범에 들어갈 곡은 A, B, C, D, E 총 5곡이며, 다음과 같은 '정'의 선호를 모두 반영하여야 한다.
○ A랑 E는 둘 다 신나는 곡이니까 붙어 있으면 좋겠어.
○ C는 타이틀곡이니까 첫 번째나 두 번째 곡이었으면 좋겠어.
○ D는 B보다 뒤에 나왔으면 좋겠어.

───〈보 기〉───

ㄱ. A가 세 번째 곡이라면, D는 마지막 곡이다.
ㄴ. B가 홀수 번째 곡이라면, A는 네 번째 곡이다.
ㄷ. C가 첫 번째 곡인 경우의 수가 두 번째 곡인 경우의 수보다 많다.
ㄹ. E는 세 번째 이후에 나온다.

① ㄱ, ㄴ
② ㄱ, ㄷ
③ ㄴ, ㄷ
④ ㄴ, ㄹ
⑤ ㄷ, ㄹ

**52** 다음 글의 내용이 참일 때, 반드시 거짓인 것은?

18년 민경채 가책형 20번

사무관 갑, 을, 병, 정, 무는 정책조정부서에 근무하고 있다. 이 부서에서는 지방자치단체와의 업무 협조를 위해 지방의 네 지역으로 사무관들을 출장 보낼 계획을 수립하였다. 원활한 업무 수행을 위해서, 모든 출장은 위 사무관들 중 두 명 또는 세 명으로 구성된 팀 단위로 이루어진다. 네 팀이 구성되어 네 지역에 각각 한 팀씩 출장이 배정된다. 네 지역 출장 날짜는 모두 다르며, 모든 사무관은 최소한 한 번 출장에 참가한다. 이번 출장 업무를 총괄하는 사무관은 단 한 명밖에 없으며, 그는 네 지역 모두의 출장에 참가한다. 더불어 업무 경력을 고려하여, 단 한 지역의 출장에만 참가하는 것은 신임 사무관으로 제한한다. 정책조정부서에 근무하는 신임 사무관은 한 명밖에 없다. 이런 기준 아래에서 출장 계획을 수립한 결과, 을은 갑과 단둘이 가는 한 번의 출장 이외에 다른 어떤 출장도 가지 않으며, 병과 정이 함께 출장을 가는 경우는 단 한 번밖에 없다. 그리고 네 지역 가운데 광역시가 두 곳인데, 단 두 명의 사무관만이 두 광역시 모두에 출장을 간다.

① 갑은 이번 출장 업무를 총괄하는 사무관이다.
② 을은 광역시에 출장을 가지 않는다.
③ 병이 갑, 무와 함께 출장을 가는 지역이 있다.
④ 정은 총 세 곳에 출장을 간다.
⑤ 무가 출장을 가는 지역은 두 곳이고 그 중 한 곳은 정과 함께 간다.

**53** 다음 글의 내용이 참일 때, 반드시 참인 것은?

20년 5급 나책형 12번

> 호텔 A에서 살인 사건이 발생했고, 손님 중에 범인(들)이 있다. 이 사건에 대하여 갑, 을, 병 세 사람이 각각 다음과 같이 두 개씩 진술을 했다. 이 세 사람 중 한 사람의 진술은 모두 참이고 다른 한 사람의 진술은 모두 거짓이며, 또 다른 한 사람의 진술은 하나는 참이고 다른 하나는 거짓이다.
> 갑: ○ 이 사건의 범인은 단독범이고, 그는 이 호텔의 2층에 묵고 있다.
> ○ 이 호텔 2층의 방은 모두 손님이 투숙하고 있어 2층에는 빈방이 없다.
> 을: ○ 이 사건이 단독범의 소행이라면, 그 범인은 이 호텔의 5층에 투숙하고 있다.
> ○ 이 사건의 범인은 단독범이 아니고 그들은 같은 방에 투숙하고 있지도 않다.
> 병: ○ 이 사건이 단독범의 소행이 아니라면, 범인들은 같은 방에 투숙하고 있다.
> ○ 이 호텔의 모든 방은 손님이 투숙하고 있어 빈방이 없다.

① 갑의 진술 둘 다 거짓일 수 있다.

② 2층에는 빈방이 없지만, 다른 층에는 빈방이 있다.

③ 병의 진술이 둘 다 거짓이라면, 갑의 진술 중 하나는 거짓이다.

④ 을의 진술이 둘 다 거짓이라면, 이 사건은 단독범의 소행이 아니다.

⑤ 갑의 진술 중 하나만 참이라면, 이 사건의 범인은 단독범이 아니다.

---

**54** 섬나라 여의국에는 참말만 하는 잉어족과 거짓말만 하는 붕어족 두 종족만 산다. 다음 중 반드시 잉어족인 사람을 모두 고르면?

13년 입법 가책형 33번

> ㄱ. 여의국을 지나는 나그네가 주민 영원에게 "당신은 잉어족입니까 붕어족입니까?"라고 물었다. 영원의 발음이 분명하지 않아 나그네가 알아듣지 못하자 주민 은설이 "영원은 자신이 잉어족이라고 말했어요."라고 말했다. 순간 예희가 끼어들어 "은설은 지금 거짓말을 하고 있으니 그의 말을 믿지 마세요."라고 말했다.
> ㄴ. 여의국 샛강마을 앞에 주민 정화와 준엽이 있다. 이때 주민 정화가 "우리 둘 중 적어도 한 사람은 붕어족이다."라고 말했다.
> ㄷ. 여의국 공원 앞에 주민 동윤, 정민, 성경이 모여 있다. 이때 주민 동윤이 "우리 셋은 모두 붕어족이다."라고 말하자 주민 정민이 "아니다. 우리들 중 한 사람은 잉어족이고 두 사람은 붕어족이다."라고 말했다.
> ㄹ. 여의국 방송국 앞에 주민 민연과 태영이 모여 있다. 이때 민연이 "나는 붕어족이지만 태영은 붕어족이 아니다."라고 말했다.

① 영원, 준엽, 정민

② 영원, 준엽, 태영

③ 은설, 정화, 정민

④ 영원, 정화, 준엽, 정민

⑤ 은설, 정화, 정민, 태영

**55** 국회사무처에 근무하는 A, B, C, D, E는 출장을 가게 되었다. 출장에 가는 사람은 반드시 참을 말하고 출장에 가지 않는 사람은 반드시 거짓을 말한다. 다음 중 반드시 참인 것은?

14년 입법 가책형 4번

> A: E가 출장을 가지 않는다면 D는 출장을 간다.
> B: D가 출장을 가지 않는다면 A는 출장을 간다.
> C: A는 출장을 가지 않는다.
> D: 2명 이상이 출장을 간다.
> E: C가 출장을 간다면 A도 출장을 간다.

① 최소 1명 최대 3명이 출장을 간다.
② C는 출장을 간다.
③ E는 출장을 가지 않는다.
④ A와 C는 같이 출장을 가거나, 둘 다 출장을 가지 않는다.
⑤ A가 출장을 가면 B도 출장을 간다.

| 01 | 02 | 03 | 04 | 05 |
|----|----|----|----|----|
| ② | ⑤ | ② | ② | ⑤ |

| 06 | 07 | 08 | 09 | 10 |
|----|----|----|----|----|
| ④ | ⑤ | ② | ⑤ | ③ |

| 11 | 12 | 13 | 14 | 15 |
|----|----|----|----|----|
| ① | ② | ⑤ | ④ | ② |

| 16 | 17 | 18 | 19 | 20 |
|----|----|----|----|----|
| ① | ⑤ | ① | ① | ① |

| 21 | 22 | 23 | 24 | 25 |
|----|----|----|----|----|
| ① | ② | ③ | ③ | ② |

| 26 | 27 | 28 | 29 | 30 |
|----|----|----|----|----|
| ① | ② | ④ | ② | ④ |

| 31 | 32 | 33 | 34 | 35 |
|----|----|----|----|----|
| ③ | ④ | ⑤ | ③ | ② |

| 36 | 37 | 38 | 39 | 40 |
|----|----|----|----|----|
| ④ | ⑤ | ④ | ⑤ | ① |

| 41 | 42 | 43 | 44 | 45 |
|----|----|----|----|----|
| ② | ⑤ | ⑤ | ⑤ | ① |

| 46 | 47 | 48 | 49 | 50 |
|----|----|----|----|----|
| ④ | ② | ③ | ② | ② |

| 51 | 52 | 53 | 54 | 55 |
|----|----|----|----|----|
| ② | ④ | ③ | ③ | ⑤ |

## 01

정답 ②

'많다', '적다'를 부등호를 이용해 표시한다. 확정적인 내용은 표로 정리한다. 첫 번째 동그라미부터 각각 ⅰ)~ⅵ)이라고 한다. ⅱ) C < D, ⅲ) F < G임은 간단히 부등호로 시험지에 표시하고 확정적인 정보인 ⅴ)는 다음과 같이 정리한다. 오른쪽으로 갈수록 인구가 많은 도시이다.

| E | | | | | | B |
|---|---|---|---|---|---|---|
| | | | | | | |

그리고 ⅵ)에 따르면 C는 A시의 인구와 F시의 인구를 합친 것보다 많다고 하는데, ⅳ)에 따르면 C와 F시는 인구 순위에서 바로 인접해있다고 한다. 즉, 위의 표 어딘가에 | F | C | 가 들어가야 한다(블록으로 처리). 그리고 A시는 이 블록 왼쪽에 위치해야 한다.

그리고 ⅱ), ⅲ)에 따르면 D시와 G시는 이 블록의 오른쪽에 위치하여야 한다. 위의 표에서 가운데 다섯 칸이 비어있는데 블록의 왼쪽에 A시, 오른쪽에 D, G시가 들어가야 하므로 다음과 같이 배치할 수 있다.

| E | A | F | C | D, G | B |
|---|---|---|---|------|---|

D, G시 중에서는 어느 시가 인구가 더 많은지는 지문에서 알려주지 않았고 해당 내용을 묻고 있다.

① (X) 추가로 필요한 정보가 아니며 틀린 정보이다.

② (O) C시와 D시의 인구 순위는 바로 인접해 있다면 다음과 같이 확정할 수 있다.

| E | A | F | C | D | G | B |
|---|---|---|---|---|---|---|

③ (X) 이미 알고 있는 정보이다.

④ (X) 이미 알고 있는 정보이다.

⑤ (X) 이미 알고 있는 정보이다.

> **문제풀이 핵심 포인트**
>
> 순위를 낮은 순위부터 정리하거나 높은 순위부터 정리하거나 어떤 방향으로 정리하는 것은 상관없지만 한 가지 방식으로 일관되게 정리하자. 급히 문제를 풀다보면 실수할 수도 있다.

## 02

정답 ⑤

첫 번째 동그라미부터 각각 ⅰ)~ⅵ)이라고 한다. C, D가 진술에서 두 번씩 등장하므로 C 또는 D 중 한 명에 관한 진술이 참이라고 가정해보고 거짓이라고 가정해본다. 병은 C, D에 대해서 진술하고 있으므로 병을 기준으로 1) C의 근무지가 광주인 경우, 2) D의 근무지가 부산인 경우로 나눠서 생각한다.

1) C의 근무지가 광주인 경우

병의 두 번째 진술은 거짓이므로 D의 근무지는 부산이 아니다.

ⅱ)에 따르면 각기 다른 한 도시에서 근무하므로 을의 첫 번째 진술은 거짓이다. 그렇다면 을의 두 번째 진술은 참이어야 하는데 이는 C의 근무지가 광주라고 한 최초의 가정과 모순된다. 따라서 C의 근무지는 광주가 아니다.

2) D의 근무지가 부산인 경우

갑의 두 번째 진술은 거짓이다. 갑의 첫 번째 진술은 참이다. A의 근무지는 광주이다. 그렇다면 을의 첫 번째 진술은 거짓이 된다. 을의 두 번째 진술이 참이어야 하므로 C의 근무지는 세종이다. 남아있는 B의 근무지는 서울이다.

## 03

정답 ②

민주주의 가치확립, 건전한 국가관, 헌법가치 인식, 나라 사랑이라는 네 가지 자질 중 적어도 세 가지 자질을 지닌 사람을 채용한다는 것은 문장으로 처리한다. 첫 번째 동그라미부터 ⅰ)~ⅴ)라고 하면 ⅲ)만 전칭명제이다.

ⅲ) 건전한 국가관 → 헌법가치 인식

ⅱ), ⅴ)의 내용을 표로 정리해보면 다음과 같다.

| | 자유민주주의 | 국가관 | 헌법가치 | 나라 사랑 |
|---|---|---|---|---|
| 갑 | O | | X | |
| 을 | | | X | |
| 병 | O | | O | |
| 정 | O | | X | |

ⅲ)은 ~헌법가치 인식 → ~건전한 국가관이다. '~국가관_갑', '~국가관_을', '~국가관_정'이다. 그렇다면 ⅳ)에 따라 건전한 국가관의 자질을 지닌 지원자가 병이라는 것을 알 수 있다. 정리하면 다음과 같다.

| | 자유민주주의 | 국가관 | 헌법가치 | 나라 사랑 |
|---|---|---|---|---|
| 갑 | O | X | X | |
| 을 | | X | X | |
| 병 | O | O | O | |
| 정 | O | X | X | |

갑, 을, 정 모두 세 가지 자질을 지니지 못하고 병은 세 가지 자질을 지닌다. 병만 채용된다. 정답은 ②이다.

추가적으로 다음과 같은 내용은 추론할 수 있다.
ⅰ)에 따라 갑이 지닌 자질과 정이 지닌 자질 중 적어도 두 개는 일치하려면 갑과 정 모두 나라 사랑이라는 자질을 지녀야 한다.

| | 자유민주의 | 국가관 | 헌법가치 | 나라 사랑 |
|---|---|---|---|---|
| 갑 | O | X | X | O |
| 을 | | X | X | |
| 병 | O | O | O | |
| 정 | O | X | X | O |

**문제풀이 핵심 포인트**
ⅳ)와 같은 내용이 표 만들기의 기본장치이다.

## 04
정답 ②

각 진술을 기호화해보면 다음과 같다.

A: 영희∨순이
B: 순이∨보미
C: ~영희∨~보미

한 사람의 단독 범행이라고 하였으므로 예를 들어 '영희'이면 '~순이', '~보미'가 성립한다. 1) 영희가 범인인 경우, 2) 영희가 범인이 아닌 경우로 나눠서 생각해보자.
1) 영희가 범인인 경우
A의 진술은 참이고 B의 진술은 거짓이다. 보미가 범인이 아니므로 C의 진술도 참이다.
2) 영희가 범인이 아닌 경우
영희가 범인이 아닌 경우 순이 또는 보미가 범인이다. B의 진술은 참이다. 영희가 범인이 아니므로 C의 진술도 참이다. A의 진술이 거짓이어야 하므로 보미가 범인이다.
① (X) 1)의 경우 영희가 범인이므로 반드시 거짓은 아니다.
② (O) 1), 2)의 경우 모두 순이가 범인이 아니다. 반드시 거짓이다.
③ (X) 2)의 경우 보미가 범인이므로 반드시 거짓은 아니다.
④ (X) 1)의 경우 보미가 범인이 아니므로 반드시 거짓은 아니다.
⑤ (X) 영희가 범인이 아닌 2)와 같은 경우 순이도 범인이 아니다. 참이다.

## 05
정답 ⑤

지문의 내용을 기호화하면 다음과 같다.

A: B
B: C → D
C: ~E
D: ~B → C
E: A → ~D

오직 한 사람만이 거짓말을 한다고 한다. C는 E가 거짓말을 한다고 하므로 1) C의 말이 참이면 E가 거짓말, 2) C의 말이 거짓말 두 가지 경우만 고려하면 된다.
1) C의 말이 참인 경우 모순이 발생하지 않는다.
2) C의 말이 거짓인 경우 E의 말이 참이어야 한다. 즉, 'A → ~D'이어야 한다. 그런데 A와 D의 말 모두 참이므로 모순이 발생한다.
즉, C의 말은 참이고 거짓말을 하고 있는 사람은 E이다.

## 06
정답 ④

첫 번째 동그라미부터 각각 ⅰ)~ⅸ)라고 한다. ⅱ), ⅲ), ⅳ), ⅴ)의 내용을 반영해 표를 만들어 본다.

| | 정희 | 철수 | 순이 | 영희 |
|---|---|---|---|---|
| 영어(1명) | | | | |
| 불어(2명) | | | | |
| 독어(2명 이상) | | | | |
| 일어(3명) | | | | |

ⅵ) 정희나 철수가 배우는 어떤 언어도 순이는 배우지 않는데 일어는 3명이 배워야 한다. 즉 일어는 순이를 제외하고 3명이 배운다.

| | 정희 | 철수 | 순이 | 영희 |
|---|---|---|---|---|
| 영어(1명) | | | | |
| 불어(2명) | | | | |
| 독어(2명 이상) | | | | |
| 일어(3명) | O | O | X | O |

선지 ①, ⑤는 제거된다. ⅵ), ⅶ)을 함께 고려해보면 순이는 다른 사람이 배우는 어떤 언어도 배우지 않고 다른 사람은 순이가 배우는 어떤 언어도 배우지 않는다. 이러한 상황이 가능한 언어는 영어뿐이다. 다음과 같이 정리할 수 있다.

| | 정희 | 철수 | 순이 | 영희 |
|---|---|---|---|---|
| 영어(1명) | X | X | O | X |
| 불어(2명) | | | X | |
| 독어(2명 이상) | | | X | |
| 일어(3명) | O | O | X | O |

ⅸ)를 고려해보면 철수는 배우지 않는 언어는 2명이 배우는 불어여야 한다.

| | 정희 | 철수 | 순이 | 영희 |
|---|---|---|---|---|
| 영어(1명) | X | X | O | X |
| 불어(2명) | O | X | X | O |
| 독어(2명 이상) | | | X | |
| 일어(3명) | O | O | X | O |

ⅷ) 정희가 배우는 언어는 모두 영희도 배우면서 독어를 2명 이상이 배우는 경우는 (정희, 철수, 영희), (정희, 영희), (철수, 영희) 3가지 경우이다.
② (X) 순이는 영어만 배운다.
③ (X) 철수가 독어를 배우는지는 불분명하다.
④ (O) 위에서 고려한 3가지 경우 모두 영희는 독어를 배우므로 영희는 불어, 독어 일어를 배운다.

## 07
정답 ⑤

네 명 중 한 명이 단독으로 공금을 횡령했고, 갑, 을, 병 가운데 한 명만 진실을 말한다.
1) 갑의 진술이 참이라고 가정하면 을의 진술도 참이 된다. 따라서 갑의 진술은 참이 아니다.
2) 을의 진술이 참이라고 가정하면 갑의 진술도 참이 된다. 따라서 을의 진술은 참이 아니다.
3) 갑, 을, 병 가운데 한 명만 진실을 말했으므로 병이 진실을 말하였다. 병의 진술이 참이므로 정이 공금을 횡령하였고, 공금을 횡령하지 않은 갑, 을, 병과 기가 조치되었다.

## 08

각 추측은 연언 또는 선언으로 구성되어 있고, 연언 또는 선언을 구성하는 부분이 모순관계인 명제가 있다. 예를 들어 갑의 '을이 이해분야에 선정'과 병의 '을은 이해분야에 선정되지 않았'다는 것은 모순관계이다. 또 다른 예로 갑의 '정이 확산분야에 선정'과 을의 '정이 확산분야에 선정되지 않았'다는 것도 모순관계이다. 이러한 모순 관계에도 불구하고 연언과 선언은 모순관계가 아닐 수 있음에 유의해야 한다.

갑의 추측과 병의 추측은 동시에 거짓일 수는 있지만 동시에 참일 수는 없다. 그런데 문제에서 넷의 추측은 옳았지만 한 명의 추측이 틀렸다고 하였으므로 갑, 병의 추측 중 하나가 반드시 거짓이다. 경우의 수로 판단해본다.

1) '을이 이해분야에 선정되었다'가 참이라면 병의 추측은 거짓이다. 갑, 을, 정, 무의 추측을 정리해보면 다음과 같다.

| 이해 | 수용 | 확산 | 융합 |
| --- | --- | --- | --- |
| 을 | 무(정의 추측) | 정(무의 추측) | 갑(정의 추측) |

2) '을이 이해분야에 선정되지 않았다'가 참이라면 갑의 진술은 거짓이다. 을, 병, 정, 무의 추측을 정리해보면 다음과 같다.

| 이해 | 수용 | 확산 | 융합 |
| --- | --- | --- | --- |
| | 무(정의 추측) | 정(무의 추측) | 갑(정의 추측) |

이때 무의 추측에 의하면 병을 제외한 나머지 학생들이 선정되었으므로 이해분야에는 을이 선정되어야 하는데 이는 최초의 가정과 모순이다. 따라서 1)의 경우가 참이다.

① (X) 병이 선정되지 않았다.
② (O) 을이 이해분야에 선정되었다.
③ (X) 병은 선정되지 않았다.
④ (X) 정이 아니라 무가 수용분야에 선정되었다.
⑤ (X) 무가 아니라 갑이 융합분야에 선정되었다.

## 09

발문에서 반드시 참인 것을 찾는 것이 아니다. 선지를 적극 활용하자. 우선 지문의 대화를 정리해보면 다음과 같다.

| | 진서 | 준수 | 지후 |
| --- | --- | --- | --- |
| 혜민 | 이 | 최 | 김 |
| 민준 | 이 | 최 | 최 |
| 서현 | 최 | 김 | 이 |

그리고 각각 단 한 명씩의 성명만을 올바르게 기억하고 있다고 한다. 외부 인사 세 사람의 성이 모두 다르다는 언급은 없다.

1) 이진서가 참인 경우

| | 지후 | 준수 | 진서 |
| --- | --- | --- | --- |
| 혜민 | 이O | 최X | 김X |
| 민준 | 이O | 최X | 최X |
| 서현 | 최X | 김X | 이O |

(이지후, 이준수, 이진서)의 경우도 가능하지만 선지에 없다. 선지 ③이 옳지 않다는 것은 확인할 수 있다.

2) 최준수가 참인 경우

| | 진서 | 준수 | 지후 |
| --- | --- | --- | --- |
| 혜민 | 이X | 최O | 김X |
| 민준 | 이X | 최O | 최X |
| 서현 | 최X | 김X | 이O |

(김진서, 최준수, 이지후)의 경우가 가능하다.

### 문제풀이 핵심 포인트
1), 2)의 경우를 먼저 생각해본 것은 혜민과 민준의 대화에서 이진서와 최순수가 겹쳤기 때문이다. 선지를 기준으로 먼저 판단해볼 경우를 생각해봐도 좋다.

## 10

지문의 내용을 기호화하면 다음과 같다.

> 갑: 법학 → 정치학
> 을: ~법학 → ~윤리학
> 병: 법학∨정치학
> 정: 정치학 → 윤리학
> 무: 윤리학∧~법학

을의 진술과 무의 진술은 동시에 참일 수 없는 모순관계이다. 따라서 한 명씩 경우를 나눠서 생각해본다.

1) 을이 참, 무가 거짓

갑, 을, 병, 정 네 명의 진술만 고려한다. 이때 모두 조건문 또는 선언이므로 귀류법을 고려해 본다. '~정치학'이라고 가정하면 병에 따라 '법학'인데(선언소거), '법학'이면 갑에 따라 '정치학'인 모순이 발생한다. 따라서 '정치학'이다. '정치학'이면 정에 따라 '윤리학'임을 추론할 수 있다(전건긍정). '윤리학'이면 을에 따라 '법학'임을 추론할 수 있다.
즉, 을이 참인 경우 A는 윤리학, 법학, 정치학을 모두 수강한다.

2) 을이 거짓, 무가 참

무가 참이라면 '윤리학∧~법학'이다. '~법학'이면 병에 따라 '정치학'임을 추론할 수 있다(선언소거).
즉, 무가 참인 경우 A는 윤리학, 정치학을 수강한다.

따라서 1), 2) 어떤 경우라 하더라도 A는 윤리학, 정치학은 반드시 수강한다.

### 문제풀이 핵심 포인트
을의 진술과 무의 진술의 모순관계가 바로 눈에 들어오지 않을 수도 있다. 진술한 사람을 중심으로 경우를 나누어서 생각해보거나 과목을 중심으로 경우를 나눠서 생각해보다가도 위와 같은 모순관계를 찾는다면 해당 모순관계를 중심으로 문제를 풀어내도록 한다. 모순관계가 주어지지 않는 문제도 있지만, 모순관계가 주어진 경우에는 일반적으로 모순관계를 중심으로 생각하는 것이 생각해야 할 경우의 수가 가장 적다.

## 11

지문에 주어진대로 1) 을의 예측이 거짓, 병의 예측이 참인 경우, 2) 을의 예측이 참, 병의 예측이 거짓인 경우, 3) 을, 병의 예측이 모두 거짓인 경우로 나눠서 생각해본다. 갑 ~ 정의 예측을 다음과 같이 기호화할 수 있다.

| 갑: 미국$_{가영}$∧프랑스$_{나준}$ | ~미국$_{가영}$∨~프랑스$_{나준}$ |
| --- | --- |
| 을: ~프랑스$_{나준}$ → ~미국$_{가영}$ | ~프랑스$_{나준}$∧미국$_{가영}$ |
| 병: ~(프랑스$_{나준}$∧중국$_{다석}$) | 프랑스$_{나준}$∧중국$_{다석}$ |
| 정: ~중국$_{다석}$∧~미국$_{가영}$ | 중국$_{다석}$∨미국$_{가영}$ |

거짓인 경우도 판단해야하므로 전체 부정 명제도 함께 표시하였다.

1) 을의 예측이 거짓, 병의 예측이 참인 경우

을의 예측이 거짓이므로 '~프랑스$_{나준}$∧미국$_{가영}$'이다. 가영이가 미국에 가고 나준이가 프랑스에 가지 않는다면 나준이는 중국에 간다. 다석이 프랑스에 간다.

| 가영 | 나준 | 다석 |
|---|---|---|
| 미국 | 중국 | 프랑스 |

2) 을의 예측이 참, 병의 예측이 거짓인 경우

병의 예측이 거짓이므로 '프랑스<sub>나준</sub>∧중국<sub>다석</sub>'이다. 남은 미국은 나영이가 간다.

| 가영 | 나준 | 다석 |
|---|---|---|
| 미국 | 프랑스 | 중국 |

3) 을, 병의 예측이 모두 거짓인 경우

을에 따르면 '~프랑스<sub>나준</sub>'인데 병에 따르면 '프랑스<sub>나준</sub>'이다. 모순이 발생한다.

ㄱ. (O) 1), 2)의 경우 모두 가영이는 미국에 간다.

ㄴ. (X) 2)의 경우 나준이는 프랑스에 간다.

ㄷ. (X) 2)의 경우 다석이는 중국에 간다.

## 12 정답 ②

첫 번째 동그라미부터 각각 ⅰ)~ⅳ)라고 한다. ⅰ), ⅲ)을 함께 고려해보면 을은 과천 청사에서 근무한다. 갑과 병 중 한 명은 세종 청사, 한 명은 과천 청사에서 근무한다. 그리고 ⅳ)와 함께 고려하면 과천 청사는 사무관 수가 가장 적은 청사가 아니다. 그리고 지문에서 사무관 수가 두 번째로 많은 청사의 사무관은 모두 일자리 창출 업무를 겸임하는데 을은 일자리 창출업무를 겸임하지 않으므로 사무관 수가 두 번째로 많은 청사에 근무하지도 않는다. 즉, 과천 청사가 사무관의 수가 가장 많다. 세종 청사의 사무관 수가 서울 청사의 사무관 수보다 많다고 하므로 다음과 같이 정리할 수 있다. 사무관수가 가장 많은 과천 청사를 왼쪽에 표시하였다.

| 1 | 2 | 3 |
|---|---|---|
| 과천 | 세종 | 서울 |
| 을 | | 정 |

ㄱ. (X) ⅱ) 일자리 창출 업무를 겸임하지 않는 사람은 이들 중 을뿐이고, 사무관 수가 가장 적은 청사에서 일하는 정은 일자리 창출 업무를 겸임한다.

ㄴ. (X) 을은 과천 청사에서 근무하고 병이 서울 청사에서 근무하는지는 불분명하다.

ㄷ. (O) 정이 근무하는 서울 청사의 사무관 수가 가장 적다.

## 13 정답 ⑤

첫 번째 동그라미부터 각각 ⅰ)~ⅴ)라고 한다. ⅰ), ⅱ), ⅲ)의 내용을 다음과 같이 표를 만들어보자.

| | 월 | 일 | 요일 |
|---|---|---|---|
| 가영 | 5월 | 8일 | 목 |
| 나영 | 5월 | 10일 | 화 |
| 다영 | 6월 | 8일 | 금 |

요일은 겹치는 경우가 없지만, 월, 일은 겹치는 경우가 있다. 그런데 만약 회의가 5월 8일에 열렸다면 어느 것도 맞히지 못한 사람이 없게 된다. 따라서 5월 8일에는 회의가 열리지 않았다. 그러므로 1) 5월 10일, 2) 6월 8일, 3) 6월 10일에 회의가 열린 경우를 나눠서 생각해보자.

1) 회의가 5월 10일에 열린 경우

| 1) | 월 | 일 | 요일 |
|---|---|---|---|
| 가영 | 5월O | 8일X | 목 |
| 나영 | 5월O | 10일O | 화 |
| 다영 | 6월X | 8일X | 금 |

그런데 회의가 화, 목, 금 어느 날에 열렸다고 하더라도 ⅴ)에 위배된다. 예를 들어 회의가 화요일에 열렸다면 나영은 회의날짜를 정확하게 기억한 것이 되고, 회의가 목요일에 열렸다면 하나만 틀린 사람이 2명이다. 회의가 금요일에 열렸다면 어느 것도 맞히지 못한 사람이 없다. 따라서 모순이 발생한다.

2) 회의가 6월 8일에 열린 경우

| 2) | 월 | 일 | 요일 |
|---|---|---|---|
| 가영 | 5월X | 8일O | 목 |
| 나영 | 5월X | 10일X | 화 |
| 다영 | 6월O | 8일O | 금 |

이 경우도 1)의 경우와 마찬가지로 ⅴ)에 위배된다.

3) 회의가 6월 10일에 열린 경우

| 3) | 월 | 일 | 요일 |
|---|---|---|---|
| 가영 | 5월X | 8일X | 목 |
| 나영 | 5월X | 10일O | 화 |
| 다영 | 6월O | 8일X | 금 |

어느 것도 맞히지 못한 한 사람이 가영이 되어야 한다. 회의는 목요일에 열리지 않았다. 보기 ㄱ은 참이고, ㄴ도 참이다. 보기 ㄷ에 따라 다영이 하나만 맞힌 사람이라고 가정해보면 회의는 금요일에 열리지 않았다. 따라서 회의는 화요일에 열렸다. 보기 ㄷ은 참이다.

## 14 정답 ④

우선 지문의 첫 번째 문단을 정리하면 다음과 같다.

| 갑순 | 을돌 | 병수 | 정희 |
|---|---|---|---|
| 영어<br>신입사원<br>공인노무사 | 영어<br>신입사원 | 중국어 | 중국어<br>신입사원 |

그리고 다음과 같은 표를 채워나가보자.

| | 총무부 | 인사부 | 영업부 | 자재부 |
|---|---|---|---|---|
| 갑순 | | | | |
| 을돌 | | | | |
| 병수 | | | | |
| 정희 | | | | |

ⅰ) 갑순은 총무부∨인사부이다.

| | 총무부 | 인사부 | 영업부 | 자재부 |
|---|---|---|---|---|
| 갑순 | | | X | X |
| 을돌 | | | | |
| 병수 | | | | |
| 정희 | | | | |

ⅱ) 영업부와 자재부 중 한 곳에만 중국어 회화 가능자를 배치한다.

ⅳ) 영업부와 자재부 중 한 곳에만 신입사원을 배치한다.

따라서 병수가 영업부∨자재부, 정희는 총무부∨인사부이다.

| | 총무부 | 인사부 | 영업부 | 자재부 |
|---|---|---|---|---|
| 갑순 | | | X | X |
| 을돌 | | | | |
| 병수 | X | X | | |
| 정희 | | | X | X |

ⅲ) 정희를 영업부에 배치하지 않으면 인사부 또는 자재부에 배치한다. 정희는 인사부에 배치된다.

|       | 총무부 | 인사부 | 영업부 | 자재부 |
|-------|--------|--------|--------|--------|
| 갑순  | O      | X      | X      | X      |
| 을돌  | X      | X      |        |        |
| 병수  | X      | X      |        |        |
| 정희  | X      | O      | X      | X      |

추가 원칙까지 정리해보면 다음과 같다.

|       | 총무부 | 인사부 | 영업부 | 자재부 |
|-------|--------|--------|--------|--------|
| 갑순  | O      | X      | X      | X      |
| 을돌  | X      | X      |        | O      |
| 병수  | X      | X      | O      |        |
| 정희  | X      | O      | X      | X      |

## 15  정답 ②

지문의 내용을 다음과 같이 정리할 수 있다.

> ⅰ) 갑: 환경부<sub>갑</sub> → 환경부<sub>을</sub>
> ⅱ) 을: 환경부<sub>을</sub> → 통일부<sub>병</sub>
> ⅲ) 병: ~환경부<sub>갑</sub> → 통일부<sub>병</sub>∧통일부<sub>무</sub>
> ⅳ) 정: ~통일부<sub>병</sub>∧환경부<sub>갑</sub>
> ⅴ) 무: 통일부<sub>갑</sub>∧교육부<sub>정</sub>

정과 무의 예측은 동시에 참이 될 수 없다. 그리고 한 명의 예측이 그르다고 하였으므로 1) 정이 참인 경우, 2) 무가 참인 경우로 나눠서 생각한다.

### 1) 정의 예측이 참인 경우

| 갑     | 을 | 병       | 정 | 무 |
|--------|----|----------|----|----|
| 환경부 |    | ~통일부  |    |    |

'환경부<sub>갑</sub>'이라면 ⅰ)에 따라 '환경부<sub>을</sub>'이다. 그런데 '환경부<sub>을</sub>'이면 ⅱ)에 따라 '통일부<sub>병</sub>'이 되는 모순이 발생한다.

### 2) 무의 예측이 참인 경우

| 갑     | 을 | 병     | 정     | 무     |
|--------|----|--------|--------|--------|
| 통일부 |    | 통일부 | 교육부 | 통일부 |

'~환경부<sub>갑</sub>'이므로 ⅲ)에 따라 무, 병이 통일부에 배치됨을 알 수 있다.

## 16  정답 ①

첫 번째 동그라미부터 각각 ⅰ)~ⅴ)라고 한다.

> ⅰ) 총무<sub>갑</sub> → 기획<sub>을</sub>  ~기획<sub>을</sub> → ~총무<sub>갑</sub>
> ⅱ) 기획<sub>을</sub> → ~인력<sub>정</sub>  인력<sub>정</sub> → ~기획<sub>을</sub>
> ⅲ) 총무<sub>병</sub> → ~기획<sub>무</sub>  기획<sub>무</sub> → ~총무<sub>병</sub>
> ⅳ) ~총무<sub>병</sub> → 인력<sub>정</sub>  ~인력<sub>정</sub> → 총무<sub>병</sub>
> ⅴ) ~인력<sub>정</sub> → 기획<sub>무</sub>  ~기획<sub>무</sub> → 인력<sub>정</sub>

문제풀이의 편의상 다음과 같이 정리할 수 있다.

총무<sub>병</sub> → ~기획<sub>무</sub> → 인력<sub>정</sub> → ~기획<sub>을</sub> → ~총무<sub>갑</sub>

~총무<sub>병</sub> → 인력<sub>정</sub> → ~기획<sub>을</sub> → ~총무<sub>갑</sub>

병이 전제에 2번 등장하므로 병을 중심으로 1) 병이 총무과에 배치되는 경우와 2) 병이 총무과에 배치되지 않는 경우로 나누어서 생각해본다.

### 1) 병이 총무과에 배치되는 경우

|      | 갑 | 을 | 병 | 정 | 무 |
|------|----|----|----|----|----|
| 기획 |    | X  |    |    | X  |
| 인력 |    |    |    | O  |    |
| 총무 | X  |    | O  |    |    |

### 2) 병이 총무과에 배치되지 않는 경우

|      | 갑 | 을 | 병 | 정 | 무 |
|------|----|----|----|----|----|
| 기획 |    | X  |    |    |    |
| 인력 |    |    |    | O  |    |
| 총무 | X  |    | X  |    |    |

① (O) 갑은 총무과에 배치되지 않는다.
② (X) 을은 총무과에 배치되지 않는다.
③ (X) 병은 기획과에 배치되지 않는다.
④ (X) 정은 인력과에 배치된다.
⑤ (X) 알 수 없다.

## 17  정답 ⑤

표결은 찬성, 반대, 기권 3가지가 있음에 유의한다. A를 중심으로 경우의 수를 나눠서 생각해본다.

### 1) A가 찬성했다고 가정해보자. 즉 다음 표와 같이 정리한다. A, B, C 각자의 첫 번째 진술을 ⅰ), 두 번째 진술을 ⅱ)라고 한다.

| 표결 | A    | B | C |
|------|------|---|---|
|      | 찬성 |   |   |
| ⅰ)  | 참   |   |   |
| ⅱ)  |      |   |   |

A ⅱ)는 거짓이어야 한다. 그렇다면 '~찬성B∧~찬성C'이다.
C ⅰ)은 거짓이다. 그렇다면 C ⅱ)는 참이다. '기권C'이다.
'기권C'이므로 B ⅰ)은 거짓이다. B ⅱ)가 참이므로 '기권B'이다.
이상을 정리하면 다음과 같다.

| 표결 | A    | B    | C    |
|------|------|------|------|
|      | 찬성 | 기권 | 기권 |
| ⅰ)  | 참   | 거짓 | 거짓 |
| ⅱ)  | 거짓 | 참   | 참   |

### 2) A가 기권했다고 가정해 보자.
A ⅰ)은 거짓이므로 A ⅱ)가 참이다. '찬성B∨찬성C'이다.
B ⅰ)이 거짓이므로 B ⅱ)가 참이다. '기권B'이다.
C ⅰ)이 거짓이므로 B ⅱ)가 참이다. '기권C'이다.
'찬성B∨찬성C'여야 하는데 '기권B', '기권C'이므로 모순이 발생한다.

### 3) A가 반대했다고 가정해보자.
A ⅰ)은 거짓이므로 A ⅱ)가 참이다. '찬성B∨찬성C'이다.
B ⅰ)이 거짓이므로 B ⅱ)가 참이다. '기권B'이다.
C ⅰ)이 거짓이므로 B ⅱ)가 참이다. '기권C'이다.
2)와 마찬가지로 모순이 발생한다.

① (X) A는 찬성하고, B는 기권했다.
② (X) A는 찬성하고, B는 기권했다.
③ (X) A는 찬성하고, C는 기권했다.
④ (X) B와 C는 모두 기권했다.
⑤ (O) B와 C는 모두 기권했다.

ㅁ. (X) 생크림빵은 동준이와 민혁이 구매했다.

## 18

정답 ①

다섯 명의 3학년생 (가), (나), (다), (라), (마)와 네 명의 4학년생 (바), (사), (아), (자)를 운영부, 기획부, 오락부 세 개의 부서에 배치한다.
첫 번째 동그라미부터 각각 ⅰ)~ⅷ)이라 한다. 다음과 같은 표로 정리해본다.
ⅰ), ⅱ), ⅲ), ⅳ)의 내용을 반영하였다.

| 운영부 | 기획부 | 오락부 |
|---|---|---|
| (가) 3학년 | | |
| (바) 4학년 | | |
| | 4학년 | 4학년 |

그리고 확정적인 ⅶ)을 반영한다.

| 운영부 | 기획부 | 오락부 |
|---|---|---|
| (가) 3학년 | | (다) 3학년 |
| (바) 4학년 | | (사) 4학년 |
| | 4학년 | |

세 명의 3학년생 (나), (라), (마), 네 명의 4학년생 (아), (자)가 남았다.
(나)가 오락부에 배치된다면 ⅴ)에 따라 (자)도 오락부에 배치되어야 한다. 그렇다면 오락부에 배치되는 학생이 4명이 되므로 (나)는 오락부에 배치될 수 없다.
ⅵ) (라)는 (마) 또는 (바)와 함께 배치될 수 없으므로 (라)는 운영부에 배치될 수 없다. 1) (나)가 운영부에 배치되는 경우와 2) 기획부에 배치되는 경우를 나눠서 생각해보자.

1) (나)가 운영부에 배치되는 경우 ⅷ)에 따라 (아), (자)는 기획부와 오락부에 한 명씩 배치된다. 그렇다면 남은 (라), (마)는 기획부에 배치되어야 한다. 그러나 ⅵ)에 따라 (라), (마)는 함께 배치될 수 없다.
따라서 2)의 경우만 가능하다. (나)는 기획부에 배치된다.

## 19

정답 ①

첫 번째 동그라미부터 각각 ⅰ)~ⅸ)라고 한다.
ⅰ) 남은 빵은 열 개
    아몬드빵, 초코빵, 땅콩빵, 딸기빵, 생크림빵이 각각 두 개씩
ⅱ) 동준, 민혁, 영섭, 창호 네 사람이 남은 열 개의 빵을 모두 구매
    구매한 빵의 수는 모두 다르다. (1, 2, 3, 4)
ⅳ) 동준은 영섭과 하나 겹치고
ⅴ) 민혁과 두 개 겹친다.
    빵은 두 개씩이므로 동준, 영섭, 민혁이 같은 빵으로 겹칠 수는 없다. 따라서 동준은 3개를 구매했다. 그리고 ⅵ)에 따라 동준이는 아몬드, 초코, 생크림빵을 구매했다.
ⅶ) 영섭이는 아몬드빵과 생크림빵을 구매하지 않았으므로 동준과 겹칠 수 있는 빵은 초코이다.
동준과 민혁은 아몬드와 생크림이 겹친다. 민혁은 초코빵을 구매할 수 없으므로 나머지 땅콩빵, 딸기빵을 구매하였다. 다음과 같이 정리할 수 있다.

| 창호 | 영섭 | 동준 | 민혁 |
|---|---|---|---|
| 딸기빵 | 초코빵 | 아몬드빵 | 아몬드빵 |
| | 땅콩빵 | 초코빵 | 땅콩빵 |
| | | 생크림빵 | 딸기빵 |
| | | | 생크림빵 |

ㄱ. (O) 아몬드빵은 동준이와 민혁이가 구매했다.
ㄴ. (X) 딸기빵은 창호와 민혁이가 구매했다.
ㄷ. (O) 땅콩빵은 영섭이와 민혁이가 구매했다.
ㄹ. (X) 초코빵은 영섭이와 동준이가 구매했다.

## 20

정답 ①

각 간부의 대화를 정리해보면 다음과 같다.

| 첫 번째 간부: 변절자≥30 | 변절자<30 |
|---|---|
| 두 번째 간부: 변절자<30 | 변절자≥30 |
| 세 번째 간부: 변절자≥1 | 변절자<1 |

오직 한 명만 상황을 정확히 파악하고 있다고 한다.
1) 첫 번째 간부가 참이라면 세 번째 간부도 참, 첫 번째 간부는 상황을 정확히 파악하고 있지 않다.
2) 두 번째 간부가 참이라면 첫 번째 간부는 거짓, 세 번째 간부는 참·거짓이 불분명하다.
3) 세 번째 간부가 참이라면 첫 번째, 두 번째 간부 모두 참·거짓이 불분명하다.
① (O) 0명인 경우 오직 두 번째 간부만 상황을 정확히 파악하고 있다.
② (X) 1명인 경우 첫 번째, 두 번째 간부가 상황을 정확히 파악하고 있다.
③ (X) 2명인 경우 첫 번째, 두 번째 간부가 상황을 정확히 파악하고 있다.
④ (X) 3명인 경우 첫 번째, 두 번째 간부가 상황을 정확히 파악하고 있다.
⑤ (X) 30명 이상인 경우 첫 번째, 세 번째 간부가 상황을 정확히 파악하고 있다.

## 21

정답 ①

선지의 가정을 따라가보면 된다.
① (X) A의 진술이 거짓이라면, B는 두 군데 이상, D는 두 군데 이상의 회사에 지원했다. B, D가 각각 두 군데의 서로 다른 회사에 지원한 경우 중복되는 회사가 없을 수 있다.
② (O) B의 진술이 거짓이라면, A는 세 군데 이상, D는 두 군데 이상의 회사에 지원했다. 최소 하나의 중복되는 회사가 있다.
③ (O) C의 진술이 거짓이라면, A는 세 군데 이상, B는 두 군데 이상의 회사에 지원했다. 최소 하나의 중복되는 회사가 있다.
④ (O) C의 진술이 거짓이라면, A는 세 군데 이상, D는 두 군데 이상의 회사에 지원했다. 최소 하나의 중복되는 회사가 있다.
⑤ (O) D의 진술이 거짓이라면, A는 세 군데 이상, B는 두 군데 이상의 회사에 지원했다. 최소 하나의 중복되는 회사가 있다.

### 문제풀이 핵심 포인트
참·거짓 문제 중에서는 난이도가 상당히 낮은 문제이다.

## 22

정답 ③

팀장의 말은 모두 거짓이고, 팀원의 말은 모두 참이다. 팀장이 A, B팀에 1명씩 2명이므로 무의 말은 참이다. 무는 팀원이다. 그렇다면 을의 말은 거짓이다. 을은 팀장이다. B팀은 2명이므로 갑과 병의 말이 동시에 참일 수 없다. 경우의 수를 나눠서 생각해본다.
1) 갑의 말이 참인 경우

| 갑 | 을 | 병 | 정 | 무 |
|---|---|---|---|---|
| | | | A | B |
| 팀원 | 팀장 | 팀장 | 팀원 | 팀원 |

2) 병의 말이 참인 경우

| 갑 | 을 | 병 | 정 | 무 |
|---|---|---|---|---|
| B | A |  | B |  |
| 팀장 | 팀장 |  | 팀원 | 팀원 |

정의 말이 거짓이 되므로 모순이 발생한다.

1)의 경우에 팀장의 조합은 을과 병이다.

## 23
정답 ③

<조건>을 다음과 같이 표로 정리해본다.

|  | 첫 번째 | 두 번째 | 세 번째 | 네 번째 | 마지막 |  |
|---|---|---|---|---|---|---|
| A | X |  |  |  |  |  |
| B |  |  |  |  | X | B<A |
| C |  |  |  |  | X | ~CD |
| D |  |  |  |  | X |  |
| E | X |  |  |  |  | C<E |

'B<A'는 B가 A보다 앞 순서에 발표한다는 의미이고 '~CD'는 C와 D가 연달아 발표하지 않는다는 의미이다. 'B<A'라면 A는 첫 번째에 발표하지 않고, B는 마지막에 발표하지 않는다. 'C<E'도 마찬가지이다.

경우의 수를 나눠서 생각해보아야 하는데 B는 짝수 번째 순서, 그러니까 두 번째와 네 번째만 가능하므로 B를 기준으로 해서 1) B가 두 번째, 2) B가 네 번째인 경우로 나눠서 생각해본다.

1) B가 두 번째인 경우

|  | 첫 번째 | 두 번째 | 세 번째 | 네 번째 | 마지막 |  |
|---|---|---|---|---|---|---|
| A | X | X |  |  |  |  |
| B | X | ○ | X | X | X | B<A |
| C |  | X |  |  | X | ~CD |
| D |  | X |  |  | X |  |
| E | X | X |  |  |  | C<E |

여기서 다시 C와 D가 함께 세 번째와 네 번째 순서에 발표할 수 없으므로 C가 첫 번째 순서에 발표하는 경우와 D가 첫 번째 순서에 발표하는 경우로 나눠서 생각해보자.

C가 첫 번째 순서에 발표하는 경우에는 세 번째, 네 번째, 마지막 발표 순서가 (D, A, E), (D, E, A), (A, D, E), (E, D, A)인 경우가 가능하다. 즉 (C, B, D, A, E), (C, B, D, E, A), (C, B, A, D, E), (C, B, E, D, A) 네 가지 경우이다.

D가 첫 번째 순서에 발표하는 경우에는 세 번째, 네 번째, 마지막 발표 순서가 (C, E, A), (C, A, E), (A, C, E)인 경우가 가능하다. 즉 (D, B, C, E, A), (D, B, C, A, E), (D, B, A, C, E) 세 가지 경우이다.

2) B가 네 번째인 경우

B는 A보다 먼저 발표하고 싶어하므로 A는 마지막 순서에 발표한다. 그렇다면 첫 번째, 두 번째, 세 번째 발표 순서밖에 남지 않는데 C와 D는 연달아 발표하지 않으므로 두 번째에 E가 발표한다. 그리고 E는 C보다 나중에 발표하고 싶어 하므로 C가 첫 번째로 발표한다. 다음과 같이 정리할 수 있다.

|  | 첫 번째 | 두 번째 | 세 번째 | 네 번째 | 마지막 |  |
|---|---|---|---|---|---|---|
| A | X | X | X | X | ○ |  |
| B | X | X | X | ○ | X | B<A |
| C | ○ | X | X | X | X | ~CD |
| D | X | X | ○ | X | X |  |
| E | X | ○ | X | X | X | C<E |

ㄱ. (O) E가 마지막으로 발표하는 경우는 (C, B, D, A, E), (C, B, A, D, E), (D,

B, C, A, E), (D, B, A, C, E)이고 모두 B가 두 번째로 발표한다.

ㄴ. (O) B가 네 번째로 발표한다면 D는 세 번째로 발표하여야 한다.

ㄷ. (X) <조건>을 충족하는 발표 순서는 모두 8가지이다.

**문제풀이 핵심 포인트**

입법고시 문제에서는 ㄷ과 같이 직접 경우의 수를 세는 문제가 출제된 적이 있다.

## 24
정답 ③

ㄱ: 참말쟁이가 들어간다면 둘 다 거짓말쟁이라는 본인의 말과 모순된다.

ㄴ: 거짓말쟁이

ㄷ: 거짓말쟁이

ㄹ: 거짓말쟁이

ㅁ: 참말쟁이이다. 몰리의 대화가 참인 것으로부터도 알 수 있다.

**문제풀이 핵심 포인트**

참말쟁이 거짓말쟁이를 직접 넣어서 모순이 발생하지 않는 경우를 찾아야 한다. 지문의 내용상 ㄱ과 ㄴ이, 그리고 ㄹ과 ㅁ이 다르다는 것도 확인한다면 쉽게 정답을 찾을 수 있다.

## 25
정답 ②

갑돌의 말이 참이라면 병식의 말도 참이고, 갑돌의 말이 거짓이라면 병식의 말도 거짓이다. 그리고 갑돌, 병식의 말이 참이라면 을순의 말은 거짓이고, 갑돌, 병식의 말이 거짓이라면 을순의 말은 참이다. 다음과 같이 정리해보자.

| 갑돌 | 을순 | 병식 | 정희 | 무호 |
|---|---|---|---|---|
| 참 | 거짓 | 참 |  |  |
| 거짓 | 참 | 거짓 |  |  |

윗줄의 경우 정희의 말은 참이다. 그리고 정희의 말이 참일 때, 무호의 말이 참이라면 '정희의 말이 참말이면 나의 말은 거짓말이야.'와 모순이 발생한다. 따라서 정희의 말이 참일 때는 무호의 말은 거짓이다. 그런데 무호의 말이 거짓이라고 하면 '정희의 말이 참말이면 나의 말은 거짓말이야.'가 다시 참이 된다. 즉, 정희의 말은 참일 수 없다는 것이고 아랫줄의 경우만 고려하면 된다.

| 갑돌 | 을순 | 병식 | 정희 | 무호 |
|---|---|---|---|---|
| 거짓 | 참 | 거짓 | 거짓 |  |

무호의 말이 참이 되면 정희의 말이 참이 되므로 무호의 말도 거짓이다. 참말을 하는 사람은 을순이다.

## 26
정답 ①

다른 발언과의 관계를 고려하지 않고 주어진 내용만 표로 정리하면 다음과 같다.

|  | 월 | 화 | 수 | 목 | 금 |  |
|---|---|---|---|---|---|---|
| 가 |  | X |  | X | X |  |
| 나 |  | X |  |  |  |  |
| 다 |  | X |  | X |  | 라<<다 |
| 라 |  | X |  | X |  |  |
| 마 |  |  | X | X | X |  |

마 팀은 화요일에 예약한다. 목요일은 나 팀이 예약한다. 그리고 다 팀은 라 팀의 예약일로부터 이틀 후에 예약하므로 월요일에 예약하지 않는다. 이상을 정리하면 다음과 같다.

| | 월 | 화 | 수 | 목 | 금 |
|---|---|---|---|---|---|
| 가 | | X | | X | X |
| 나 | X | X | X | O | X |
| 다 | X | X | | X | 라<<다 |
| 라 | | X | | X | |
| 마 | X | O | X | X | X |

라 팀이 월요일에 예약하면 다 팀은 수요일에 예약한다. 그렇다면 가 팀이 예약할 수 있는 요일이 남지 않는다. 따라서 라 팀은 월요일에 예약하지 않는다. 월요일에 가 팀, 수요일에 라 팀, 금요일에 다 팀이 예약하게 된다.

## 27

정답 ②

신임 사무관은 A, B, C, D, E, F 6명, 위원회는 3개임을 확인한다. 6명의 신임 사무관을 위원회별로 인원수가 다르게 배치하려면 각각 1명, 2명, 3명을 배치해야 한다. 첫 번째 동그라미부터 각각 ⅰ)~ⅴ)라고 하고 ⅳ)에 따라 A, B 순으로 1) 1명 위원회, 2명 위원회, 2) 1명 위원회, 3명 위원회, 3) 2명 위원회, 3명 위원회에 배치되는 경우로 나눠서 생각한다.

1) A, B가 각각 1명 위원회, 2명 위원회에 배치되는 경우(아래부터는 편의상 위원회를 숫자로 부르도록 한다.)

D를 2, 3 중 어디에 배치하든 C, E는 3에 배치되어야 한다. ⅰ)에 따라 F는 E와 같이 배치되어야 하므로 다음과 같이 정리할 수 있다.

| 1 | 2 | 3 |
|---|---|---|
| A | B | C |
| | D | E |
| | | F |

2) A, B가 각각 1명 위원회, 3명 위원회에 배치되는 경우

D를 2에 배치하고 ⅰ)에 따라 F, E를 3에 배치할 수 있다. D를 3에 배치하면 C, E, F가 같은 위원회에 배치되어야 하는데 불가능하다. 다음과 같이 정리할 수 있다.

| 1 | 2 | 3 |
|---|---|---|
| A | C | B |
| | D | E |
| | | F |

3) A, B가 각각 2명 위원회, 3명 위원회에 배치되는 경우

ⅰ)에 따라 F, E를 3에 배치한다. ⅱ)에 따라 D를 1에 배치할 수 없으므로 2에 배치한다. 정리하면 다음과 같다.

| 1 | 2 | 3 |
|---|---|---|
| C | A | B |
| | D | E |
| | | F |

## 28

정답 ④

첫 번째 동그라미부터 각각 ⅰ)~ⅸ)라고 한다. ⅰ)~ⅶ)에 따라 인접해있는 행정구역을 그림으로 그려보면 다음과 같다.

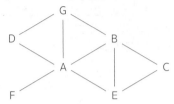

ⅸ)에 따라 각 행정구역에서 추진하는 정책을 각각 행정구역명 옆에 표시할 수 있다. 표시해보면 다음과 같다.

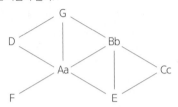

그렇다면 E는 a, b, c 정책을 모두 추진할 수 없으므로 d 정책을 추진해야만 한다는 것을 추론할 수 있다(∴ Ed). 이제 각 선지를 판단해보자.

① (O) 반드시 d정책을 추진해야 한다.
② (O) a 정책을 제외한 나머지 b나 c나 d 중 하나의 정책만 추진할 수 있다.
③ (O) G는 인접한 A, B가 각각 a, b 정책을 추진하므로, c 또는 d 정책밖에 추진할 수 없는 상황에서 D가 d 정책을 추진하면, G는 c 정책만 추진할 수 있다.
④ (X) G와 E가 d 정책을 추진한다고 해도 G가 추진할 수 있는 정책에 영향을 주지 않는다.
⑤ (O) D는 인접한 A가 a 정책을 추진하므로 b, c, d 정책 중 하나의 정책을 추진할 수 있는 상황에서 G가 d 정책을 추진하면, D는 b 혹은 c 정책만 추진할 수 있다.

### 문제풀이 핵심 포인트

이런 문제도 타동사를 기호화해서 푸는 것이 가능하지만 그림을 그려서 처리한다. 만약 ⅷ)을 기호화한다면 인접하는 행정구역을 XY라고 술어를 생략하여 기호화하고, 정책을 소문자로 표시해 'XY → X$x$∧Y$y$($x≠y$)'와 같이 기호화할 수 있다. 그러나 기호화로 문제를 해결하지 말자.

## 29

정답 ②

가해자가 몇 명인지 정확히 주어져 있지 않다. A의 진술과 B의 진술을 비교해보면 둘이 동시에 참이 될 수 없으므로 1) A는 참, B는 거짓, 2) A는 거짓, B는 참, 3) A, B 둘 다 거짓이라고 경우를 나눠서 생각해본다.

1) A가 참, B가 거짓이라고 가정하는 경우
C의 진술은 참이 된다. 모순이 발생하지 않는다.
2) A가 거짓, B가 참이라고 가정하는 경우
B의 진술에 따라 C의 진술은 거짓이어야 한다. 그러나 C의 진술이 참이 되므로 모순이 발생한다.
3) A가 거짓, B도 거짓이라고 가정하는 경우
C의 진술도 거짓이라면 모순이 발생하지 않는다.

2)의 경우 모순이 발생하므로 B는 가해자인 것이 확실하다. 1), 3)의 경우를 비교해보면 1)의 경우 A, C는 가해자가 아니지만 3)의 경우에는 가해자이므로 A, C가 가해자인지 가해자가 아닌지 불분명하다.

## 30　　　　　　　　　　　　　　　　정답 ④

첫 번째 동그라미부터 각각 ⅰ)~ⅴ)라고 한다. ⅲ)의 내용만 반영하여 표로 정리하면 다음과 같다.

|  |  | A | B | C | D | E |
|---|---|---|---|---|---|---|
| 산악 | 스키 | X | X | O | X | X |
|  | 봅슬레이 |  |  | X |  |  |
| 해안 | 컬링 |  |  | X |  |  |
|  | 쇼트트랙 |  |  | X |  |  |
|  | 아이스하키 |  |  | X |  |  |

위의 표로 정리된 내용은 확정적이므로 더 고려할 필요가 없다. 즉, 다음과 같이 생각해보자.

|  |  | A | B | D | E |
|---|---|---|---|---|---|
| 산악 | 봅슬레이 |  |  |  |  |
| 해안 | 컬링 |  |  |  |  |
|  | 쇼트트랙 |  |  |  |  |
|  | 아이스하키 |  |  |  |  |

그렇다면 산악지역에서 열리는 종목은 봅슬레이밖에 없는 상황이다. ⅱ)에 따르면 A와 B는 서로 다른 지역에서 열리는 종목을 관람하므로, 즉 A나 B 중 한 명이 봅슬레이를 관람해야 하고 D, E는 봅슬레이를 관람하지 않는다. 그렇다면 ⅳ)의 후건부정에 따라 B는 쇼트트랙을 관람하지 않는다. 이상을 정리하면 다음과 같다.

|  |  | A | B | D | E |
|---|---|---|---|---|---|
| 산악 | 봅슬레이 |  |  | X | X |
| 해안 | 컬링 |  |  |  |  |
|  | 쇼트트랙 |  | X |  |  |
|  | 아이스하키 |  |  |  |  |

여기서부터는 A는 여전히 4가지 경우의 수, B, D, E는 각각 3가지 경우의 수가 있다. B, D, E를 기준으로 경우의 수를 나눠보는 것이 편하고 E를 기준으로 나누면 ⅴ)를 활용할 수도 있으므로 E를 기준으로 1) E가 컬링을 관람하는 경우, 2) E가 쇼트트랙을 관람하는 경우, 3) E가 아이스하키를 관람하는 경우로 나눠서 생각해본다.

1) E가 컬링을 관람하는 경우

|  |  | A | B | D | E |
|---|---|---|---|---|---|
| 산악 | 봅슬레이 |  |  | X | X |
| 해안 | 컬링 | X | X | X | O |
|  | 쇼트트랙 |  | X |  | X |
|  | 아이스하키 |  |  |  | X |

2) E가 쇼트트랙을 관람하는 경우

|  |  | A | B | D | E |
|---|---|---|---|---|---|
| 산악 | 봅슬레이 | O | X | X | X |
| 해안 | 컬링 | X |  |  | X |
|  | 쇼트트랙 | X | X | X | O |
|  | 아이스하키 | X |  |  | X |

E가 쇼트트랙을 관람하면 ⅴ)에 따라 A는 봅슬레이를 관람한다.

3) E가 아이스하키를 관람하는 경우

|  |  | A | B | D | E |
|---|---|---|---|---|---|
| 산악 | 봅슬레이 | O | X | X | X |
| 해안 | 컬링 | X | O | X | X |
|  | 쇼트트랙 | X | X | O | X |
|  | 아이스하키 | X | X | X | O |

E가 아이스하키를 관람하면 ⅴ)에 따라 A는 봅슬레이를 관람한다. B는 컬링을 관람할 수밖에 없고 D는 남아있는 쇼트트랙을 관람한다.

ㄱ. (X) A가 봅슬레이를 관람하는 2)의 경우 D가 아이스하키를 관람하는 것이 불분명하고 3)의 경우에는 D가 아이스하키를 관람하지 않는다.

ㄴ. (O) B는 쇼트트랙을 관람하지 않는다는 것은 반드시 참이다.

ㄷ. (O) E가 쇼트트랙을 관람하는 2)의 경우 B는 컬링이나 아이스하키를 관람한다.

## 31　　　　　　　　　　　　　　　　정답 ③

8명이 학회에 참석하였다. 첫 번째 동그라미부터 각각 ⅰ)~ⅴ)라고 한다. ⅱ), ⅲ), ⅳ), ⅴ)의 내용을 표로 정리해보면 다음과 같다.

| 상태 오그라듦 가설(≡코펜하겐∨보른) |  |  |  | ~상태 오그라듦 가설 |  |
|---|---|---|---|---|---|
|  |  |  |  |  |  |

그리고 ⅵ), ⅶ), ⅷ)의 내용을 마저 정리해보면 다음과 같다.

| 상태 오그라듦 가설(≡코펜하겐∨보른) |  |  |  | ~상태 오그라듦 가설 |  |
|---|---|---|---|---|---|
| A | B | C | D |  |  |
|  | 코펜하겐 | 보른 |  | 아인슈타인 |  |

① (X) 많은 세계 해석을 받아들이는 사람이 있는지 알 수 없다.

② (X) 다음과 같은 반례가 가능하다.

| 상태 오그라듦 가설(≡코펜하겐∨보른) |  |  |  | ~상태 오그라듦 가설 |  |
|---|---|---|---|---|---|
| A | B | C | D |  |  |
| 코펜하겐 | 코펜하겐 | 보른 | 코펜하겐 | 보른 | 아인슈타인 |

③ (O) A와 D가 받아들이는 해석이 다르다면, 한 명은 코펜하겐 해석, 한명은 보른 해석이다. C를 포함해 적어도 두 명은 코펜하겐 해석을 받아들인다.

④ (X) ⅰ)에서 지문에 주어진 해석 말고도 다른 해석이 있다고 한다.

⑤ (X) 다음과 같은 반례가 가능하다.

| 상태 오그라듦 가설(≡코펜하겐∨보른) |  |  |  | ~상태 오그라듦 가설 |  |
|---|---|---|---|---|---|
| A | B | C | D |  |  |
| 코펜하겐 | 코펜하겐 | 보른 | 코펜하겐 | 보른 | 아인슈타인 |

## 32　　　　　　　　　　　　　　　　정답 ④

지문의 내용을 다음과 같이 정리할 수 있다. 가운데 세로줄이 가운데 집을 의미한다. 다. 농부와 의사의 집은 서로 이웃하고 있지 않으므로 양쪽에 떨어뜨려 표시하였고 가. 광수는 광부이므로 가운데 집이라고 표시한 것이다. 라.에서 광수의 지붕이 노란 지붕이라는 것을 확인할 수 있다.

| 이름 |  | 광수 |  |
|---|---|---|---|
| 지붕 |  | 노란 |  |
| 애완동물 |  | 원숭이(~개) |  |
| 직업 | 농부 | 광부 | 의사 |

마. 파란 지붕에 사는 사람은 고양이를 키우는데 바. 원태는 빨간 지붕 집에 살고 있으므로 수덕이 파란 지붕에 살고 고양이를 키운다. 나. 광수는 개를 키우지 않으므로 원숭이를 키우고 원태가 개를 키운다. 다음과 같이 블록으로 생각한다.

| 수덕 | 원태 |
|---|---|
| 파란 | 빨강 |
| 고양이 | 개 |

수덕과 원태의 직업을 알 수 없으므로 표를 확정할 수는 없고 보기를 판단한다.

ㄱ.(X) 원태는 개를 키운다.

ㄴ.(X) 노란 지붕 집에 사는 광수는 원숭이를 키운다.

ㄷ.(O) 수덕은 파란 지붕 집에 산다.

ㄹ.(O) 수덕은 개를 키우지 않고 고양이를 키운다.

ㅁ.(X) 원태의 직업은 농부 또는 의사이지만 둘 중 어느 것인지는 알 수 없다.

① (참) B 1)은 참이다.

② (거짓) C 상자에 진짜 열쇠가 들어있다.

③ (참) D 1)은 거짓이다.

④ (참) C 2)가 거짓인 것으로부터 도출할 수 있다.

⑤ (알 수 없음) A 1)이 참인지 추론할 수 없다.

## 33　　　　　　　　　　　　　　　　정답 ⑤

발문에서 어느 하나에 두 개의 진짜 열쇠, 다른 어느 하나에 두 개의 가짜 열쇠가 있다고 한다. 그리고 각 상자의 안내문 중 적어도 하나는 참이다. 즉 둘 다 거짓인 경우는 없다. 진짜 열쇠에 대한 진술이 많고 C 상자에 진짜 열쇠가 들어있다는 진술이 2개이므로 C 상자를 중심으로 각 진술의 참·거짓 여부를 경우의 수로 나눠서 생각해본다. 1) C 상자: 1)이 참, 2)가 거짓인 경우, 2) C 상자: 1)이 거짓, 2)가 참인 경우, 3) C 상자: 1), 2) 모두 참인 경우로 나눠보자.

1) C 상자: 1)이 참, 2)가 거짓인 경우

> A　1) 알 수 없음
> 　　2) 참(① C 상자에 진짜 열쇠가 들어있으므로)
> B　1) 참(2)가 거짓이므로)
> 　　2) 거짓(① C 상자에 진짜 열쇠가 들어있으므로)
> C　1) 참(이라고 가정)　…①
> 　　2) 거짓(이라고 가정)　…② ∴ 어떤 가짜 열쇠는 구리로 되어 있다.
> D　1) 거짓(① C 상자에 진짜 열쇠가 들어있으므로)
> 　　2) 참(1)이 거짓이므로)

C 2)와 D 2)가 모순이 발생하지 않는다.

2) C 상자: 1)이 거짓, 2)가 참인 경우

> A　1) 참(2)가 거짓이므로)
> 　　2) 거짓(①)
> B　1) 알 수 없음
> 　　2) 알 수 없음
> C　1) 거짓(이라고 가정)　…①
> 　　2) 참(이라고 가정)　　…②
> D　1) 참(2)가 거짓이므로)
> 　　2) 거짓(②)　∴ 어떤 가짜 열쇠도 구리로 되어 있지 않다.

A 1)은 어떤 진짜 열쇠도 순금으로 되어 있지 않다고 하는데, D 1)은 모든 진짜 열쇠는 순금으로 되어 있다고 한다. 모순이 발생한다.

3) C 상자: 1), 2) 모두 참인 경우

> A　1) 알 수 없음
> 　　2) 참(① C 상자에 진짜 열쇠가 들어있으므로)
> B　1) 참(2)가 거짓이므로)
> 　　2) 거짓(① C 상자에 진짜 열쇠가 들어있으므로)
> C　1) 참(이라고 가정)　…①
> 　　2) 참(이라고 가정)　…②
> D　1) 거짓(① C 상자에 진짜 열쇠가 들어있으므로)
> 　　2) 거짓(②)　∴ 어떤 가짜 열쇠도 구리로 되어 있지 않다.

D 1)은 C 상자에 진짜 열쇠가 들어있으므로 거짓이 되고, D 2)는 어떤 가짜 열쇠도 구리로 되어 있지 않으므로 거짓이 된다. 이는 발문에서 각 상자의 안내문 중 적어도 하나는 참이라는 내용과 모순이다.

1)의 경우만 고려하면서 선지를 판단해 본다. '진위를 알 수 없는 것'이라고 묻고 있는 것에 유의한다.

## 34　　　　　　　　　　　　　　　　정답 ③

우선 발문을 정리해보면 두 명의 이야기는 모두 거짓, 세 명의 이야기는 모두 참이고 범인은 한 명이다.

모두의 진술이 두 개의 문장으로 되어 있으므로 A의 첫 번째 문장을 A-1, 두 번째 문장을 A-2와 같이 표기한다. A-1과 D-1은 동시에 참이 될 수 없으므로 1) A-1이 참, D-1이 거짓인 경우, 2) A-1이 거짓, D-1이 참인 경우, 3) A-1, D-1이 모두 거짓인 경우로 나누어서 생각해보자.

1) A-1이 참, D-1이 거짓인 경우

> A-1 참이라고 가정
> 　-2 참이라고 가정
> B-1
> 　-2
> C-1
> 　-2
> D-1 거짓
> 　-2 거짓(∵ B가 범인)
> E-1 E-2가 거짓이므로 거짓(∵ A 또는 E가 범인)
> 　-2 A-1에 따라 거짓

D-2와 E-1은 모순이다.

2) A-1이 거짓, D-1이 참인 경우

> A-1 거짓
> 　-2 거짓(∵ B의 말은 거짓)
> B-1 A-2에 따라 거짓(∵ D는 범인이 아니다.)
> 　-2 A-2에 따라 거짓
> C-1 B-1에 따라 참
> 　-2 B-1에 따라 참
> D-1 참이라고 가정
> 　-2 참이라고 가정(∵ B는 범인이 아니다.)
> E-1 C-2에 따라 참(∵ A와 E는 범인이 아니다.)
> 　-2 C-2에 따라 참

C가 범인이다.

3) A-1, D-1이 모두 거짓인 경우: B, C, E 세 명은 모두 참이 된다.

> A-1 거짓
> 　-2 거짓(∵ B의 말은 거짓)
> B-1 참
> 　-2 참
> C-1 참
> 　-2 참
> D-1 거짓
> 　-2 거짓(∵ B가 범인)
> E-1 참
> 　-2 참

A-2와 B-1은 모순이다.

## 35 정답 ②

발문이 자신보다 낮은 순위의 사람에 대한 진술이라면 참이고, 높은 순위의 사람에 대한 진술이라면 거짓이라는 것을 확인한다. A를 기준으로 1) A의 진술이 참인 경우, 2) A의 진술이 거짓인 경우로 나눠서 생각해보자.

1) A의 진술이 참인 경우

'C는 1위이거나 2위이다.'라는 진술이 참인 경우이므로 A는 C보다 순위가 높아야 한다. 'C는 1위이거나 2위이다.'라는 진술이 참이면서 A가 C보다 순위가 높으려면 A가 1위, C가 2위여야 한다. 그렇다면 C의 진술 'D는 2위이다.'는 거짓이 되는데 'D는 2위이다.'가 거짓이려면 D가 C보다 높은 순위여야 한다. A가 1위, C가 2위인 상황이므로 모순이 발생한다.

2) A의 진술이 거짓인 경우

'C는 1위이거나 2위이다.'라는 진술이 거짓인 경우이므로 A는 C보다 순위가 낮아야 하고 'C는 1위이거나 2위이다.'가 거짓이면 'C는 1위가 아니고 2위도 아니다.'가 참이 된다. 즉, C는 3위 또는 4위이고 A는 C보다 순위가 낮아야 하므로 C가 3위, A가 4위이다. C의 D에 관한 진술은 거짓이어야 하므로 D는 1위이다. 남은 B가 2위이다.

정리하면 1위부터 4위까지 D, B, C, A 순이다.

① (X) A는 4위이다.
② (O) 참이다.
③ (X) D는 1위이다.
④ (X) A는 B보다 순위가 낮다.
⑤ (X) C는 D보다 순위가 낮다.

## 36 정답 ④

첫 번째 동그라미부터 각각 ⅰ)~ⅳ)라고 한다. 지문의 내용을 다음과 같이 기호화할 수 있다.

| | |
|---|---|
| ⅰ) A → ~B | 거짓: A∧B |
| ⅱ) A∨C∨D | 거짓: ~A∧~C∧~D |
| ⅲ) ~B∨~C | 거짓: B∧C |
| ⅳ) B∨C → D | 거짓: (B∨C)∧~D |

일반적으로는 하나만 거짓, 일부만 거짓이라고 발문에서 주어지는데 이 문제는 하나만 참이라고 했으므로 거짓인 경우(전체 부정명제)를 보기 편하게 오른쪽에 모두 표시하였다. 하나씩 참이라고 가정해 보자.

ⅰ)이 참이라면 ⅱ), ⅲ), ⅳ)의 거짓인 명제들 사이에서 모순이 발생하는지 찾아본다. ⅱ) '~C'와 ⅲ) 'C'는 모순이다. 즉, ⅰ)은 거짓이다. 실제 시험에서는 'A∧B'와 같이 음영처리 해놓는다.

| | |
|---|---|
| ⅰ) A → ~B | 거짓: A∧B |
| ⅱ) A∨C∨D | 거짓: ~A∧~C∧~D |
| ⅲ) ~B∨~C | 거짓: B∧C |
| ⅳ) B∨C → D | 거짓: (B∨C)∧~D |

그렇다면 'A'이므로 ⅱ)의 부정명제는 참이 될 수 없다. 즉, ⅱ)가 참이고. ⅲ), ⅳ)도 거짓이다. 다음과 같이 표시한다.

| | |
|---|---|
| ⅰ) A → ~B | 거짓: A∧B |
| ⅱ) A∨C∨D | 거짓: ~A∧~C∧~D |

| | |
|---|---|
| ⅲ) ~B∨~C | 거짓: B∧C |
| ⅳ) B∨C → D | 거짓: (B∨C)∧~D |

뇌물을 받은 사람은 A, B, C임을 알 수 있다.

## 37 정답 ⑤

발문에 윗마을 사람 두 명과 아랫마을 사람 두 명이라고 주어져 있다. 남자와 여자의 수는 알려주지 않았다. 한 명씩 가정을 통해 모순을 찾아야 한다.

· 갑의 경우

1) 갑이 윗마을 남자라면 거짓말을 한 것이므로 갑의 대화와 모순이다.
2) 갑이 윗마을 여자라면 모순이 발생하지 않는다.
3) 갑이 아랫마을 남자라면 참말을 한 것이므로 갑의 대화와 모순이다.
4) 갑이 아랫마을 여자라면 모순이 발생하지 않는다.

즉 갑의 마을은 알 수 없지만, 갑이 여자라는 것은 확실히 알 수 있다.

· 을의 경우

갑의 경우에서 갑이 여자라는 것을 추론해내었으므로 '갑은 남자야'라는 것이 거짓임을 알 수 있다. 따라서 을은 거짓말을 하고 있다. 1) 을은 윗마을 여자, 2) 아랫마을 남자 두 가지 경우 중 하나이다. 그런데 을이 '나는 아랫마을에 살아.'라고 하였으므로 2)의 경우라면 참말을 한 것이므로 모순이 발생한다. 즉 을은 윗마을 여자이다.

· 병의 경우

'을은 아랫마을에 살아.', '을은 남자야.'가 거짓이므로 병은 거짓말을 하고 있다. 1) 을은 윗마을 여자, 2) 아랫마을 남자 두 가지 경우 중 하나이다.

· 정의 경우

'을은 윗마을에 살아.'라는 대화로부터 참말을 하고 있는 것을 알 수 있다. 그렇다면 '병은 윗마을에 살아.'도 참이므로 병은 1) 윗마을 여자이다. 정은 1) 윗마을 남자, 2) 아랫마을 여자 두 경우 중 하나이다.

을과 병이 윗마을 사람이므로 갑과 정은 아랫마을 사람이다. 갑은 아랫마을 여자이다. 정은 아랫마을 여자이다.

① (X) 갑은 아랫마을 여자이다.
② (X) 갑은 아랫마을, 을은 윗마을에 산다.
③ (X) 을과 병은 모두 윗마을에 산다.
④ (X) 을, 병, 정 가운데 정만 아랫마을에 산다.
⑤ (O) 갑, 을, 병, 정 모두 여자이다.

## 38 정답 ④

첫 번째 동그라미부터 각각 ⅰ)~ⅴ)라고 한다.

ⅰ), ⅱ), ⅲ)을 함께 고려해 보면 A, B, C 부서에 각각 (1, 2, 7), (1, 3, 6), (1, 4, 5), (2, 3, 5)와 같이 신임 외교관이 배치될 수 있다. 그리고 ⅳ)에 따르면 남자 신임 외교관은 1명씩 배치되어야 하므로 남자 신임 외교관을 1명씩 배치하고 남은 남자 3명, 여자 4명을 (0, 1, 6), (0, 2, 5), (0, 3, 4), (1, 2, 4)와 같이 배치한다고 생각하면 된다. 각각 경우를 나눠서 생각해보자.

1) (0, 1, 6)인 경우

ⅴ)에 따르면 B에는 새로 배치되는 여자 신임 외교관의 수가 남자 신임 외교관의 수보다 많아야 하는데 B에 여자 신임 외교관을 1명 배치한다고 해도 여자 신임 외교관의 수와 남자 신임 외교관의 수와 같아진다. 따라서 (0, 1, 6)인 경우는 제외된다.

2) (0, 2, 5)인 경우

B에는 여자 신임 외교관을 2명 배치한다.

3) (0, 3, 4)인 경우

　　B에는 여자 신임 외교관을 3명 배치한다.

4) (1, 2, 4)인 경우

　　B에는 여자 신임 외교관을 2명 배치한다.

① (X) 4)의 경우 A에 2명의 신임 외교관이 배치될 수 있다.

② (X) 3)의 경우 B에 4명의 신임 외교관이 배치될 수 있다.

③ (X) 2)의 경우 C에 6명의 신임 외교관이 배치될 수 있다.

④ (O) 2), 3), 4) 모두 B에는 1명의 남자 신임 외교관이 배치된다.

⑤ (X) 3)의 경우 B에 3명의 여자 신임 외교관이 배치될 수 있다.

## 39

정답 ⑤

표를 만들어서 해결한다. 첫 번째 동그라미부터 각각 ⅰ)~ⅶ)이라고 한다. 우선 가장 정보가 많은 ⅵ)부터 정리하면 다음과 같다.

|  | A | B | C | D |
|---|---|---|---|---|
| 갑 | (X, , ) | (X, , ) |  |  |
| 을 | (X, , ) | (X, , ) |  |  |
| 병 | 최우수 | 최우수 |  |  |
| 정 | 최우수 | 최우수 |  |  |
| 무 | (X, , ) | (X, , ) |  |  |

(X, , )은 최우수, 우수, 보통 순서로 최우수가 아니라는 의미에서 'X'를 표시해놓은 것이다. '우수∨보통'이라고 생각해도 좋다. 그리고 ⅳ), ⅴ)를 정리하면 다음과 같다.

|  | A | B | C | D |
|---|---|---|---|---|
| 갑 | 우수 | 우수 | 보통 | ( , ,X) |
| 을 | (X, , ) | (X, , ) |  | 보통 |
| 병 | 최우수 | 최우수 |  | ( , ,X) |
| 정 | 최우수 | 최우수 |  | ( , ,X) |
| 무 | (X, , ) | (X, , ) |  | ( , ,X) |

그리고 ⅲ)에 따라 병과 정은 D 영역에서 우수평가를 받지 않았다. 따라서 최우수 평가를 받았다.

|  | A | B | C | D |
|---|---|---|---|---|
| 갑 | 우수 | 우수 | 보통 | ( , ,X) |
| 을 | (X, , ) | (X, , ) |  | 보통 |
| 병 | 최우수 | 최우수 |  | 최우수 |
| 정 | 최우수 | 최우수 |  | 최우수 |
| 무 | (X, , ) | (X, , ) |  | ( , ,X) |

그렇다면 ⅱ) 모든 직원이 보통 평가를 받은 영역은 C이다.

|  | A | B | C | D |
|---|---|---|---|---|
| 갑 | 우수 | 우수 | 보통 | ( , ,X) |
| 을 | (X, , ) | (X, , ) | 보통 | 보통 |
| 병 | 최우수 | 최우수 | 보통 | 최우수 |
| 정 | 최우수 | 최우수 | 보통 | 최우수 |
| 무 | (X, , ) | (X, , ) | 보통 | ( , ,X) |

ⅶ)에 따라서 무는 D 영역에서 최우수 평가를 받았다.

|  | A | B | C | D |
|---|---|---|---|---|
| 갑 | 우수 | 우수 | 보통 | ( , ,X) |
| 을 | (X, , ) | (X, , ) | 보통 | 보통 |
| 병 | 최우수 | 최우수 | 보통 | 최우수 |

| 정 | 최우수 | 최우수 | 보통 | 최우수 |
|---|---|---|---|---|
| 무 | (X, , ) | (X, , ) | 보통 | 최우수 |

그렇다면 ⅰ) 모든 영역에서 보통 평가를 받은 직원은 을이다.

|  | A | B | C | D |
|---|---|---|---|---|
| 갑 | 우수 | 우수 | 보통 | ( , ,X) |
| 을 | 보통 | 보통 | 보통 | 보통 |
| 병 | 최우수 | 최우수 | 보통 | 최우수 |
| 정 | 최우수 | 최우수 | 보통 | 최우수 |
| 무 | (X, , ) | (X, , ) | 보통 | 최우수 |

⑤ (X) 무는 A영역에서 우수 또는 보통 평가를 받았다.

## 40

정답 ①

ⅰ), ⅱ)를 다음과 같이 표시해보자.

ⅰ)
| 갑 |
|---|
|  |

, ⅱ)
| C |
|---|
| 정 |

그리고 ⅲ)~ⅴ)를 다음과 같이 표시할 수 있다.

ⅲ)
| C∨을 |
|---|
| 목 |

, ⅳ)
| B |  |
|---|---|
|  | 을 |

, ⅴ)
| A |
|---|
| 월 |

이때 A의 아이는 가장 먼저 월요일에 태어났으므로 을일 수 없고 정은 C의 아이이므로 정도 아니다. B의 아이도 을보다 먼저 태어났고 정은 C의 아이이므로 정도 아니다. 따라서 A, B의 아이는 갑 또는 병이다. 그리고 C, D의 아이는 을 또는 정이다. C의 아이가 정이므로 D의 아이는 을이다. 그렇다면 다음과 같이 표시할 수 있다.

| B | D |
|---|---|
|  | 을 |

ⅴ)를 가장 먼저 배치하면 다음 두가지로 배치할 수 있다.

1)
| A | B | D | C |
|---|---|---|---|
| 월 | 화 | 수 | 목 |
| | | 을 | 정 |

, 2)
| A | C | B | D |
|---|---|---|---|
| 월 | 화 | 수 | 목 |
| 갑 | 정 | 병 | 을 |

2)의 경우 ⅱ)에 따라 A의 아이는 갑, B의 아이는 병으로 확정된다.

① (O) 1)의 경우는 을이 수요일에 태어났고, 2)의 경우에는 병이 수요일에 태어났다.

② (X) 1)의 경우 A의 아이가 병이라면 병은 을보다 이틀 일찍 태어났다.

③ (X) 1)의 경우는 을이 정보다 먼저 태어났다.

④ (X) 1)의 경우는 A가 병의 어머니일 수도 있다.

⑤ (X) 2)의 경우 B의 아이는 수요일에 태어났다.

## 41

정답 ②

지문의 내용을 기호화하면 다음과 같다.

| 면접대상자: A(세 명만 면접대상자) |
|---|
| 관리자: B(두 명만 관리자) |
| B → A |
| 갑: A갑∧(~A병∧~B병) |

> 을: (~A을∧~B을)∧A병
> 병: (A무∧B무)
> 정: A병∧(A정∧B정)∧A무
> 무: A갑∧A정∧A무

지문 내용의 관계를 파악해보면 다음과 같다.
· 갑과 을의 진술은 동시에 참이 될 수 없다.
· 갑과 정의 진술은 동시에 참이 될 수 없다.
· 을과 무의 진술은 동시에 참이 될 수 없다.
· 정과 무의 진술은 동시에 참이 될 수 없다.

여기서 파악한 관계만으로
1) 갑의 진술이 참이면 을, 정의 진술이 거짓, 갑, 병, 무의 진술이 참
2) 을의 진술이 참이면 갑, 무의 진술이 거짓, 을, 병, 정의 진술이 참
3) 정의 진술이 참이면 갑, 무의 진술이 거짓, 을, 병, 정의 진술이 참
4) 무의 진술이 참이면 을, 정의 진술이 거짓, 갑, 병, 무의 진술이 참
임을 알 수 있다.

갑의 진술과 을의 진술만 보면 동시에 거짓일 수 있다. 그러나 이 경우 병, 정, 무의 진술이 동시에 참이어야 하는데 정과 무의 진술은 동시에 참이 될 수 없다.

1)~4) 어떤 경우에도 병의 진술은 참이다.

1) 갑, 병, 무의 진술이 참인 경우

|   | 갑 | 을 | 병 | 정 | 무 |
|---|---|---|---|---|---|
| A | O | X | X | O | O |
| B |   | X | X |   | O |

2) 을, 병, 정의 진술이 참인 경우

|   | 갑 | 을 | 병 | 정 | 무 |
|---|---|---|---|---|---|
| A | X | X | O | O | O |
| B |   |   | O | O | O |

① (X) 2)의 경우 갑은 면접 대상자로 결정되지 않았다.
② (O) 1), 2) 어느 경우에도 을은 서류심사에서 탈락하였다.
③ (X) 1)의 경우 병은 면접대상자로 결정되지 않았다.
④ (X) 1)의 경우 정이 새로운 관리자로 선발되었는지 알 수 없다.
⑤ (X) 1), 2) 어느 경우에도 무는 새로운 관리자로 선발되었다.

## 42

정답 ⑤

지문의 내용을 정리하면 다음과 같다.
ⅰ) 성적, 봉사, 외국어, 윤리, 체험
ⅱ) 두 영역 중 어느 한 영역만 → 동창회 장학금
ⅲ) 두 영역 모두 → 재단 장학금

그리고 갑, 을, 병에 관하여 다음과 같이 정리할 수 있다.

|   | 성적 | 봉사 | 외국어 | 윤리 | 체험 |   |
|---|---|---|---|---|---|---|
| 갑 | O | X | X |   |   | ~동 |
| 을 | X | O | O | O | O | ~재 |
| 병 | O |   |   | O |   | 동 |

을로부터 성적 영역이 두 영역 중 하나라는 것을 알 수 있다. 갑은 성적 영역을 충족했음에도 동창회 장학금 수혜자가 아니라고 하였으므로 재단 장학금 수혜자이다. 병이 동창회 장학금 수혜자라는 것으로부터 체험이 두 영역 중 하나라는 것을 알 수 있다.
정리하면 다음과 같다.

|   | 성적 | 봉사 | 외국어 | 윤리 | 체험 |   |
|---|---|---|---|---|---|---|
| 갑 | O | X | X |   | O | 재 |
| 을 | X | O | O | O | O | 동 |
| 병 | O |   |   | O |   | 동 |

ㄱ. (O) 성적 영역이 동창회 장학금을 받을 수 있는 두 영역 중 하나이다.
ㄴ. (O) 체험 영역이 동창회 장학금을 받을 수 있는 두 영역 중 하나이고 해당 영역을 충족하지 못하면 재단 장학금 수혜자가 되지 못한다.
ㄷ. (O) 봉사 영역과 외국어 영역 기준은 동창회 장학금과 재단 장학금 수혜자를 선정할 때 고려하는 영역이 아니다.

## 43

정답 ⑤

갑, 을, 병 세 사람이 A, B, C, D, E, F, G, H의 총 8권의 고서를 소장하고 있다. 첫 번째 동그라미부터 각각 ⅰ)~ⅵ)이라고 한다.
ⅰ) (5, 2, 1), (4, 3, 1)과 같은 경우가 가능하다.
나머지 내용은 표로 정리해본다. 확정적인 ⅵ)은 표시하였다. 그리고 ⅳ)에 따라 갑은 '~E'이다.

|   | 서양서 |   |   |   | 동양서 |   |   |   |
|---|---|---|---|---|---|---|---|---|
|   | A | B | C | D | E | F | G | H |
| 갑 |   |   |   |   | X |   |   | O |
| 을 |   |   |   |   |   |   |   | X |
| 병 |   |   |   |   |   |   |   | X |

ⅲ)

| A | B | C | D | E | F | G | H |
|---|---|---|---|---|---|---|---|
|   | O | X | O |   |   |   |   |

ⅳ)

| A | B | C | D | E | F | G | H |
|---|---|---|---|---|---|---|---|
|   |   |   |   | O | O | X | X |

ⅴ)

| A | B | C | D | E | F | G | H |
|---|---|---|---|---|---|---|---|
| X | X | X | X | X |   | O |   |

1) (5, 2, 1)인 경우
병이 ⅴ)에 해당한다. 을이 ⅳ)에 해당한다. 갑은 나머지 ⅲ)이다.

|   | 서양서 |   |   |   | 동양서 |   |   |   |   |
|---|---|---|---|---|---|---|---|---|---|
|   | A | B | C | D | E | F | G | H |   |
| 갑 |   | O | X | O |   |   |   | O | 5 |
| 을 |   |   |   |   | O | O | X | X | 2 |
| 병 | X | X | X | X | X |   | O | X | 1 |

그런데 C를 을이 소장하려면 을이 소장하는 고서가 2권이 넘는다. 모순이 발생한다.

2) (4, 3, 1)인 경우

|   | 서양서 |   |   |   | 동양서 |   |   |   |   |
|---|---|---|---|---|---|---|---|---|---|
|   | A | B | C | D | E | F | G | H |   |
| 갑 | O | O | X | O | X | X | X | O | 4 |
| 을 | X | X | O | X | O | O | X | X | 3 |
| 병 | X | X | X | X | X | X | O | X | 1 |

① (O) 갑이 A와 D를 소장하고 있다.
② (O) 을은 C, E, F 3권의 책을 소장하고 있다.
③ (O) 병은 G를 소장하고 있다.
④ (O) C를 소장한 을은 E도 소장하고 있다.
⑤ (X) D를 소장한 갑은 F를 소장하고 있지 않다.

지문의 <전제조건>과 <미팅결과>를 다음과 같이 정리할 수 있다.

| 청년 \ 여동생 | a | b | c | d | e |
|---|---|---|---|---|---|
| A | | X¹ | | X¹ | |
| B | | | X² | X² | |
| C | | X³ | | | X³ |
| D | | | | | X⁴ |
| E | X⁵ | | | X⁵ | |

A, B, C, D, E의 여동생은 소문자로 표시하였다.

우선 d는 C와 커플이 된다. 그렇다면 c는 D와 커플이 될 수 없다. C는 a와 커플이 될 수 없다는 것까지 표에 정리한다.

| 청년 \ 여동생 | a | b | c | d | e |
|---|---|---|---|---|---|
| A | | X¹ | | X¹ | |
| B | | | X² | X² | |
| C | X | X³ | | O | X³ |
| D | | | X | | X⁴ |
| E | X⁵ | | | X⁵ | |

선지 ②, ③, ④는 제거된다. 확정되는 것이 없으므로 경우의 수를 나누어본다.

1) c가 A와 커플이 되는 경우

| 청년 \ 여동생 | a | b | c | d | e |
|---|---|---|---|---|---|
| A | | X¹ | O | X¹ | |
| B | | | X² | X² | X |
| C | X | X³ | | | X³ |
| D | | | X | | X⁴ |
| E | X⁵ | O | X | X⁵ | |

c가 A와 커플이 되면 c는 E와 커플이 되지 않는다. E는 b와 커플이 된다. 그렇다면 e는 B와 커플이 될 수 없다. e가 커플이 될 수 있는 상대가 A밖에 남지 않는데 A는 이미 c와 커플이다. 1)의 경우는 성립하지 않는다.

2) c가 E와 커플이 되는 경우

정답은 이미 ⑤이지만 다음과 같이 확인해본다.

| 청년 \ 여동생 | a | b | c | d | e |
|---|---|---|---|---|---|
| A | | X¹ | O | X¹ | O |
| B | O | | X² | X² | X |
| C | X | X³ | | O | X³ |
| D | X | O | X | | X⁴ |
| E | X⁵ | X | O | X⁵ | |

주현의 진술과 명진의 진술은 모순관계이다.

1) 주현이 착한 사람인 경우

주현이 착한 사람이면 명진이는 나쁜 사람이다. 명진이가 나쁜 사람이라면 창엽의 진술은 전건이 거짓이므로 참이다. 창엽은 착한 사람이다. 창엽이 착한 사람이라면 혜정의 진술은 전건이 거짓이므로 참이다. 혜정은 착한 사람이다. 주현이 착한 사람이고 창엽도 착한 사랑이므로 영숙의 진술은 참이다. 영숙은 착한 사람이다.

착한 사람이 4명일 수는 없다.

2) 주현이 나쁜 사람인 경우

주현이 나쁜 사람이면 명진이는 착한 사람이다. 명진이는 착한 사람인데 주현이 나쁜 사람이면 창엽의 진술은 거짓이 된다. 창엽은 나쁜 사람이다. 창엽이 나쁜 사람이고 주현이도 나쁜 사람이라면 혜정의 진술은 참이 된다. 혜정은 착한 사람이다. 주현이 나쁜 사람이면 영숙의 진술은 전건이 거짓이므로 참이다. 영숙은 착한 사람이다.

착한 사람은 영숙, 혜정, 명진이다.

첫 번째 동그라미부터 각각 ⅰ)~ⅸ)라고 한다. 확정적인 ⅵ)~ⅷ)부터 다음과 같이 정리해 본다.

| | 플라잉요가 | 필라테스 | 풍물놀이 | 수화 | 방송댄스 |
|---|---|---|---|---|---|
| 가희 | X | | | X | |
| 나희 | | X | | X | |
| 다희 | | | | | |
| 라희 | O | | | | |

ⅱ) 2개 이상, 4개 미만의 강의를 수강한다.

ⅸ) 라희가 수강하는 강의의 수는 2개이고, 나머지 학생은 3개이다. 그러므로 가희는 필라테스, 풍물놀이, 방송댄스를 수강한다. 그리고 나희는 플라잉요가, 풍물놀이, 방송댄스를 수강한다.

ⅳ) 다희를 제외한 모든 학생이 수강하는 강의가 있다고 하는데, 플라잉요가, 필라테스, 수화는 될 수 없고 풍물놀이 또는 방송댄스여야 한다.

ⅴ) 다희와 라희가 동시에 수강하는 강의는 한 개인데, 라희는 2개의 강의를 수강하고 한 강의는 가희, 나희와 함께 수강하므로 플라잉요가를 다희와 동시에 수강한다. 여기까지 정리하면 다음과 같다.

| | 플라잉요가 | 필라테스 | 풍물놀이 | 수화 | 방송댄스 |
|---|---|---|---|---|---|
| 가희 | X | O | O | X | O |
| 나희 | O | X | O | X | O |
| 다희 | O | | | | |
| 라희 | O | X | | X | |

ⅲ) 개설된 모든 강의는 적어도 한 명 이상의 학생이 수강하므로 다희는 수화를 수강한다.

ⅴ) 다희와 나희가 동시에 수강하는 강의는 한 개인데 플라잉요가를 동시에 수강하고 있으므로 풍물놀이와 방송댄스는 동시에 수강하지 않는다. 다희가 3개의 강의를 수강하려면 필라테스를 수강하여야 한다. 정리하면 다음과 같다.

| | 플라잉요가 | 필라테스 | 풍물놀이 | 수화 | 방송댄스 |
|---|---|---|---|---|---|
| 가희 | X | O | O | X | O |
| 나희 | O | X | O | X | O |
| 다희 | O | O | X | O | X |
| 라희 | O | X | | X | |

ㄱ. (X) 라희의 풍물놀이 수강 여부를 알 수 없다.

ㄴ. (O) 수화는 다희 1명의 학생이 수강한다.

ㄷ. (X) 라희의 방송댄스 수강 여부를 알 수 없다.

ㄹ. (O) 가희와 다희가 동시에 수강하는 강의는 필라테스 한 개이다.

ㅁ. (O) 플라잉요가는 가희를 제외한 모든 학생이 수강한다.

## 47 정답 ②

<조건>을 정리해보면 다음과 같다.
· A, B, C, D, E 5명 중 2명의 범인
· 범인은 목격자가 될 수 없다.
· 범인이 아닌 3명 중 1명의 목격자가 있다.
· 범인은 목격자가 될 수 없으므로 A의 진술과 같이 범인임을 목격했다는 진술에는 자신이 범인이 아니라는 것까지 포함한다.
각 진술들 사이의 관계는 다음과 같다.
· A와 B의 진술은 동시에 참이 될 수 없다(목격자는 1명이므로).
· A와 C의 진술은 동시에 참이 될 수 있다(동시에 참이라면 범인은 C, E).
· A와 D의 진술은 동시에 참이 될 수 있다.
· A와 E의 진술은 동시에 참이 될 수 없다.
A의 진술이 참이라고 가정하면 다음과 같이 정리할 수 있다.

|  | A | B | C | D | E |
|---|---|---|---|---|---|
|  | 참 | 거짓 | 참 | 참 | 거짓 |
| 범인 | X | X | O | X | O |
| 목격자 | O | X | X | X | X |

A의 진술이 거짓이라면 D의 진술도 거짓이다. 다음과 같이 정리할 수 있다.

|  | A | B | C | D | E |
|---|---|---|---|---|---|
|  | 거짓 | 참 | 참 | 거짓 | 참 |
| 범인 |  | X | O |  | X |
| 목격자 | X | O | X | X | X |

반드시 범인이 아닌 사람은 B이다.

### 문제풀이 핵심 포인트
'범인이다.'와 '목격했다.'의 차이에 유의한다.

## 48 정답 ③

<조건>의 내용을 표로 만들어 본다. 첫 번째 동그라미부터 ⅰ)~ⅶ)이라고 할 때, ⅰ), ⅱ), ⅲ)의 내용을 반영하였다.

|  | 목도리 | 장갑 | 모자 | 신발 |
|---|---|---|---|---|
| 가희 |  |  |  |  |
| 나희 |  |  |  | X |
| 다희 |  |  |  |  |
| 라희 |  |  |  |  |
|  |  | 3명 |  | 2명 |

ⅳ) 나희가 원하지 않는 선물은 가희도 원하지 않으므로 가희도 신발을 원하지 않는다. 그렇다면 신발을 원하는 사람은 2명이므로 다희와 라희는 신발을 원한다.
ⅴ) 신발을 원하는 사람은 장갑도 원하므로 다희와 라희는 장갑도 원한다. 이상을 정리해보면 다음과 같다.

|  | 목도리 | 장갑 | 모자 | 신발 |
|---|---|---|---|---|
| 가희 |  |  |  | X |
| 나희 |  |  |  | X |
| 다희 |  | O |  | O |
| 라희 |  | O |  | O |
|  |  | 3명 |  | 2명 |

ⅳ) 가희가 원하는 선물은 나희도 원하므로 가희가 장갑을 원한다면 장갑을 원하는 사람이 4명이 된다. 따라서 가희는 장갑을 원하지 않고 나희는 장갑을 원한다.
ⅵ) 가희는 두 종류의 선물을 원하는 사람이다. 목도리와 장갑을 원한다.
ⅳ) 가희가 원하는 선물은 나희도 원하므로 나희도 목도리와 장갑을 원한다. 나희는 세종류의 선물을 원하는 사람이다. 이상을 정리해보면 다음과 같다.

|  | 목도리 | 장갑 | 모자 | 신발 |  |
|---|---|---|---|---|---|
| 가희 | O | X | O | X | 2 |
| 나희 | O | O | O | X | 3 |
| 다희 |  | O |  | O |  |
| 라희 |  | O |  | O |  |
|  |  | 3명 |  | 2명 |  |

ㄱ. (O) 나희는 크리스마스 선물로 모자를 원한다.
ㄴ. (O) 다희가 크리스마스 선물로 목도리와 모자를 원하지 않는다면, 다희는 두 종류의 크리스마스 선물을 원한다. 따라서 나머지 라희는 세 종류의 크리스마스 선물을 원한다.
ㄷ. (X) 알 수 없다.

## 49 정답 ②

발문의 내용을 정리하면 다음과 같다.
· 갑, 을, 병, 정은 모두 P아파트 1층에 산다.
· 범인은 갑, 을, 병, 정 중 한 명이다.
· 정의 두 진술은 모두 참이거나 모두 거짓이며
· 병의 두 진술은 모두 참이다.
정의 두 진술이 모두 참이라면 정 1. '갑의 진술은 모두 거짓'이므로 갑 1. '을의 진술은 모두 참이야.'도 거짓이어야 한다. 그런데 이 진술은 정 2.의 진술과 같다. 따라서 모순이 발생한다. 즉, 정의 두 진술은 모두 거짓이다.
그렇다면 정의 진술이 참이 되게 다시 생각해볼 수 있다.
정: 1. 갑의 진술은 하나 이상 참이야.
   2. 을의 진술은 하나 이상 거짓이야.
그렇다면 새로 쓴 정 2.에 따라 갑 1.은 거짓이고 새로 쓴 정 1.에 따라 갑 2.는 참이다. 즉, 갑은 범인을 알고 있다.
갑이 범인을 알고 있다면 병 1.에 따라 '나랑 같은 층에 사는 애들은 모두 범인을 알고 있어.'가 참이다. 을 1.은 참이다. 새로 쓴 정 2.에 따라 을 2.는 거짓이다. 즉, 갑 또는 을이 범인이다.
병 2.에 따라 갑이 범인이라면 을도 범인인데 범인은 1명이므로 갑은 범인이 아니고 을만 범인이다.

## 50 정답 ②

甲의 진술부터 각각 ⅰ)~ⅴ)라고 한다.

ⅰ) ~AB → ~BC
ⅱ) ~BD → DE∨AD
ⅲ) BC∨DE
ⅳ) ~AB∧~AC
ⅴ) ~DE

모두 참이라면 모순이 발생하는 부분을 찾아야 한다. ⅳ)가 가장 확정적이므로 ⅳ)로부터 판단해본다. ⅳ)에 따라 '~AB'이면 ⅰ)에 따라 '~BC'이고, '~BC'이면 ⅲ)에 따라 'DE'이다. 그러나 이는 ⅴ)와 모순이다. 즉, ⅳ)가 참이라고 가정하면 ⅴ)와 모순이 발생한다. 반대로 ⅴ)가 참이라고 가정해도 ⅳ)와 모순이 발생한다. 따라서 丁, 戊 둘 중 한 명이 거짓 진술이다.

ㄱ. (O)

ㄴ. (X) 알 수 없다.

ㄷ. (O) 丁의 진술이 거짓인 경우 'AB∨AC'이다. '~DE'이므로 ⅲ)에 따라 'BC'이다. 'BC'이면 ⅰ)에 따라 'AB'이다.

| AB | AC | AD | AE | BC | BD | BE | CD | CE | DE |
|---|---|---|---|---|---|---|---|---|---|
| O |  |  |  |  | O |  |  |  | X |

나머지 경우를 모두 고려해 보아야 한다. ⅱ) '~BD → DE∨AD'이므로 ~BD → DE∨AD가 참인 경우는 진리표 상에서 전건과 후건이 각각 TT, FT, FF인 경우를 생각해야 한다. 즉 (~BD, (DE∨AD)), (BD, (DE∨AD)), (BD, (~DE∧~AD))인 경우이다. 그런데 '~DE'이므로 (~BD, AD), (BD, AD), (BD, ~AD)인 3가지 경우를 생각하면 된다. 지금까지 고려한 명제를 확인해보면 다음과 같다.

| AB | AC | AD | AE | BC | BD | BE | CD | CE | DE |
|---|---|---|---|---|---|---|---|---|---|
| O |  | ✓ | O | ✓ |  |  |  |  | X |

고려하지 않은 명제들은 각각 참·거짓 2가지 경우의 수가 있으므로 경우의 수는 $2^5$이고, 위에서 고려한 3가지 경우를 곱하면 $2^5 × 3 = 96$이다.

## 51

첫 번째 동그라미부터 각각 ⅰ)~ⅲ)이라고 한다.

ⅰ)은 | A | E | ∨ | E | A | 와 같이 블록으로 생각한다.

⟨보기⟩를 활용한다.

ㄱ. (O) A가 세 번째 곡이라고 가정하고 곡들을 배치해본다. 두 가지 경우로 나눠서 1) A가 E보다 먼저 나오는 경우와 2) E가 A보다 먼저 나오는 경우로 나눠서 생각해본다. 1)의 경우 D는 B보다 뒤에 나와야 하므로 다섯 번째이고 2)의 경우도 D가 다섯 번째로 나와야 한다.

|  | 첫 번째 | 두 번째 | 세 번째 | 네 번째 | 다섯 번째 |
|---|---|---|---|---|---|
| 1) | B∨C |  | A | E | D |
| 2) | C | E | A | B | D |

ㄴ. (X) B가 홀수 번째 곡이라면 ⅲ)에 따라 1) 첫 번째, 2) 세 번째 곡 중 하나이다.

1) B가 첫 번째 곡이라면 ⅱ)에 따라 C가 두 번째 곡이다. D는 세 번째 곡일 수도 있고 다섯 번째 곡일 수도 있다. 2) B가 세 번째 곡이라면 A, E가 붙어있지 못하거나, D가 B보다 먼저 나와야한다. 1)의 경우만 가능하다. 1)의 경우에도 아래처럼 A는 세 번째 곡일 수도 있고, 네 번째 곡일 수도 있고, 다섯 번째 곡일 수도 있다.

|  | 첫 번째 | 두 번째 | 세 번째 | 네 번째 | 다섯 번째 |
|---|---|---|---|---|---|
| 1) | B | C | A∨E |  | D |
| 1) | B | C | D | A∨E |  |

ㄷ. (O) C가 첫 번째 곡인 경우 | A∨E | 블록을 두 번째와 세 번째, 세 번째와 네 번째, 네 번째와 다섯 번째에 배치할 수 있는 세 가지 경우가 있다. 남은 자리에 D를 B보다 뒤에 배치한다. C가 두 번째 곡인 경우에는 | A∨E | 블록을 세 번째와 네 번째, 네 번째와 다섯 번째에 배치할 수 있는 두 가지 경우가 있다. 남은 자리에 D를 B보다 뒤에 배치한다.

ㄹ. (X) ㄴ에서 검토한 것과 같이 E는 세 번째 곡일 수도 있고, 네 번째 곡일 수도 있고, 다섯 번째 곡일 수도 있다.

## 52

많은 정보를 문장으로 처리해야 하는 문제이다. '을은 갑과 단둘이 가는 한 번의 출장 이외에 다른 어떤 출장도 가지 않으며'에서 을이 신임 사무관이라는 것을 알 수 있다. 그리고 '단 두 명의 사무관만이 두 광역시 모두에 출장을 간다.'는 내용에서 을이 광역시에 출장가지 않는 것도 알 수 있다. 선지 ②는 참이다. '이번 출장 업무를 총괄하는 사무관은 단 한 명밖에 없으며, 그는 네 지역 모두의 출장에 참가한다.'와 조합해봤을 때 갑은 을과 단둘이 출장가는 경우가 있으므로 갑이 총괄이어야 함을 알 수 있다. 선지 ①은 참이다. 우선 여기까지를 표로 정리하면 다음과 같다. 네 지역에 임의로 이름을 A, B, C, D라고 이름붙이고 A, B는 광역시라고 표시하였다. 갑과 을만 출장가는 지역을 D지역이라고 하자.

|  | 갑 | 을 | 병 | 정 | 무 |
|---|---|---|---|---|---|
| A광역시 | O | X |  |  |  |
| B광역시 | O | X |  |  |  |
| C | O | X |  |  |  |
| D | O | O | X | X | X |
|  | 4번 | 1번 |  |  |  |

'신임 사무관은 한 명밖에 없'고 '업무 경력을 고려하여, 단 한 지역의 출장에만 참가하는 것은 신임 사무관으로 제한한다.'고 하므로 병, 정, 무는 최소 2번의 출장을 가야 한다. 선지 ①, ②는 위에서 판단했으므로 선지 ③부터 순서대로 판단해보자.

③ (O) 병과 무는 A, B, C 중 최소 두 지역에 출장을 간다. 즉, A, B, C 지역 중 최소 어느 한 지역은 함께 출장을 간다.

④ (X) 병은 A, B, C 중 최소 두 지역에 출장을 가는데, 정이 총 세 곳에 출장을 간다면 '병과 정이 함께 출장을 가는 경우는 단 한 번밖에 없다.'는 지문의 내용에 위배된다. 반드시 거짓이다.

⑤ (O) 선지 ③과 마찬가지 논리로 정과 무는 A, B, C 중 최소 두 지역에 출장을 간다. 즉, A, B, C 지역 중 최소 어느 한 지역은 함께 출장을 간다.

## 53

우선 한 사람의 진술 안에서 모순되는 진술이 있다면 나머지 모두 참인 진술을 한 사람과 모두 거짓인 진술을 한 사람을 찾기 쉽겠지만 한 사람의 진술 안에서는 모순되는 진술이 없다. 따라서 각 진술 간의 관계를 고려해보자. 첫 번째 동그라미부터 각각 ⅰ)~ⅵ)이라고 한다.

> ⅰ) 단독범∧범인 2층
> ⅱ) ~2층 빈방
> ⅲ) 단독범 → 범인 5층
> ⅳ) ~단독범∧~범인 같은 방
> ⅴ) ~단독범 → 범인 같은 방
> ⅵ) ~모든 층 빈방

ⅳ)와 ⅴ)가 모순관계이다. ⅰ)과 ⅲ), ⅰ)과 ⅳ)는 반대관계이고, ⅵ)과 ⅱ)는 대소관계이다. 선지를 활용해보자.

① (X) 갑의 진술이 둘 다 거짓이라고 가정하면 ⅱ) '2층 빈방'이므로 ⅵ)은 거짓이 된다. 그렇다면 병의 진술은 하나는 참, 다른 하나는 거짓이어야 한다.

| 갑 |  | 을 |  | 병 |  |
|---|---|---|---|---|---|
| ⅰ) | ⅱ) | ⅲ) | ⅳ) | ⅴ) | ⅵ) |
| 거짓 | 거짓 | 참 | 참 | 참 | 거짓 |

그런데 ⅳ)와 ⅴ)는 모순관계이므로 동시에 참이 될 수 없다.

② (X) 2층에는 빈방이 없지만, 다른 층에는 빈방이 있다고 가정하면 ⅱ)는 참이고 ⅵ)은 거짓이 된다. 모순이 발생하지는 않지만 반드시 참이라고 확신할 수는 없다.

| 갑 | | 을 | | 병 | |
|---|---|---|---|---|---|
| ⅰ) | ⅱ) | ⅲ) | ⅳ) | ⅴ) | ⅵ) |
| | 참 | | | | 거짓 |

③ (O) 병의 진술이 둘 다 거짓이라고 가정하면 모순관계에 따라 ⅳ)는 참이다. ⅳ)가 참이면 반대관계에 따라 ⅰ)은 거짓이다.

| 갑 | | 을 | | 병 | |
|---|---|---|---|---|---|
| ⅰ) | ⅱ) | ⅲ) | ⅳ) | ⅴ) | ⅵ) |
| 거짓 | | | 참 | 거짓 | 거짓 |

갑의 진술 중 하나는 거짓이다.

④ (X) 을의 진술이 둘 다 거짓이라고 가정하면 모순관계에 따라 ⅴ)는 참이다. 모순이 발생하지는 않지만 반드시 참이라고 확신할 수는 없다.

| 갑 | | 을 | | 병 | |
|---|---|---|---|---|---|
| ⅰ) | ⅱ) | ⅲ) | ⅳ) | ⅴ) | ⅵ) |
| | | 거짓 | 거짓 | 참 | |

⑤ (X) ⅰ)이 참인 경우 ⅱ)가 거짓이고, ⅱ)가 거짓이면 ⅵ)은 거짓이다.

| 갑 | | 을 | | 병 | |
|---|---|---|---|---|---|
| ⅰ) | ⅱ) | ⅲ) | ⅳ) | ⅴ) | ⅵ) |
| 참 | 거짓 | | | | 거짓 |

그렇다면 을의 진술은 모두 참이어야 하는데 ⅰ)과 ⅲ), ⅰ)과 ⅳ)는 반대관계이므로 모순이 발생한다.

---

## 54            정답 ③

ㄱ. 주민 은설 "영원은 자신이 잉어족이라고 말했어요."
    주민 예희 "은설은 지금 거짓말을 하고 있으니 그의 말을 믿지 마세요."
    – 영원이 잉어족인 경우 "잉어족"
    – 영원이 붕어족인 경우 "잉어족"
    – 은설이 잉어족인 경우 모순 없음
    – 은설이 붕어족인 경우 모순
    은설이 붕어족인 경우 모순이 발생하므로 은설은 잉어족이다.
ㄴ. 주민 정화 "우리 둘 중 적어도 한 사람은 붕어족이다."
    – 정화가 잉어족인 경우 준엽이 붕어족이면 참
    – 정화가 붕어족인 경우 참말을 하게 되어서 모순
    정화가 붕어족인 경우 모순이 발생하므로 정화는 반드시 잉어족이다.
ㄷ. 동윤은 "우리 셋은 모두 붕어족이다."라고 말했는데 잉어족이든 붕어족이든 자신을 잉어족이라고 말한다.
    동윤은 붕어족이다.
    정민이 잉어족인 경우 성경이 붕어족이다. 정민이 붕어족인 경우 성경도 붕어족이어야 한다. 그러면 동윤의 발언과 모순이 발생한다.
    정민은 잉어족이다.
ㄹ. 민연이 붕어족인 경우 태영이 붕어족이어야 한다. 민연이 잉어족인 경우 모순이 발생한다.
    민연은 붕어족, 태영이는 붕어족이다.
반드시 잉어족인 사람은 은설, 정화, 정민이다.

---

## 55            정답 ⑤

지문의 내용을 다음과 같이 정리할 수 있다.

| A: ~E → D | E∨D | 모순: ~E∧~D |
|---|---|---|
| B: ~D → A | D∨A | 모순: ~D∧~A |
| C: ~A | | 모순: A |
| D: 2명 이상 | | 모순: 1명 이하 |
| E: C → A | ~C∨A | 모순: C∧~A |

1) C가 출장을 간다고 가정

| A: ~E → D | E∨D | 모순: ~E∧~D …ⅱ |
|---|---|---|
| B: ~D → A | D∨A | 모순: ~D∧~A |
| C: ~A …ⅰ | | 모순: A |
| D: 2명 이상 | | 모순: 1명 이하 |
| E: C → A | ~C∨A | 모순: C∧~A |

C가 출장을 간다고 가정하면 '~A'이다(ⅰ). '~A'이므로 '~E∧~D'이다(ⅱ). '~A', '~D'이므로 B도 출장을 가지 않는다.

| A | B | C | D | E |
|---|---|---|---|---|
| X | X | O | X | X |

2) C가 출장을 가지 않는다고 가정

| A: ~E → D | E∨D | 모순: ~E∧~D |
|---|---|---|
| B: ~D → A | D∨A …ⅱ | 모순: ~D∧~A |
| C: ~A | | 모순: A …ⅰ |
| D: 2명 이상 | | 모순: 1명 이하 |
| E: C → A | ~C∨A …ⅱ | 모순: C∧~A |

C가 출장을 가지 않는다고 가정하면 C는 거짓을 말한 것이다. 'A'이다(ⅰ). 'D∨A'(ⅱ), '~C∨A'(ⅱ)이다. B와 E는 출장을 간다. A, B, E가 출장을 간다면 D의 말은 참이다. D도 출장을 간다.

| A | B | C | D | E |
|---|---|---|---|---|
| O | O | X | O | O |

해커스 PSAT

# 길규범
# 상황판단
올인원

1권 | 이해·해결·논리

**초판 1쇄 발행 2023년 7월 12일**

| | |
|---|---|
| **지은이** | 길규범 |
| **펴낸곳** | 해커스패스 |
| **펴낸이** | 해커스공무원 출판팀 |

| | |
|---|---|
| **주소** | 서울특별시 강남구 강남대로 428 해커스공무원 |
| **고객센터** | 1588-4055 |
| **교재 관련 문의** | gosi@hackerspass.com |
| | 해커스공무원 사이트(gosi.Hackers.com) 교재 Q&A 게시판 |
| | 카카오톡 플러스 친구 [해커스공무원 노량진캠퍼스] |
| **학원 강의 및 동영상강의** | gosi.Hackers.com |

| | |
|---|---|
| **ISBN** | 979-11-6999-333-3 (13320) |
| **Serial Number** | 01-01-01 |

**공무원교육 1위,**
해커스공무원 gosi.Hackers.com

**해커스공무원**

· 공무원특강, 1:1 맞춤 컨설팅, 합격수기 등 공무원 시험 합격을 위한 다양한 무료 콘텐츠

· 해커스공무원 학원 및 인강(교재 내 인강 할인쿠폰 수록)

# 목표 점수 단번에 달성,
# 지텔프도 역시 해커스!

**| 해커스 지텔프 교재 시리즈**

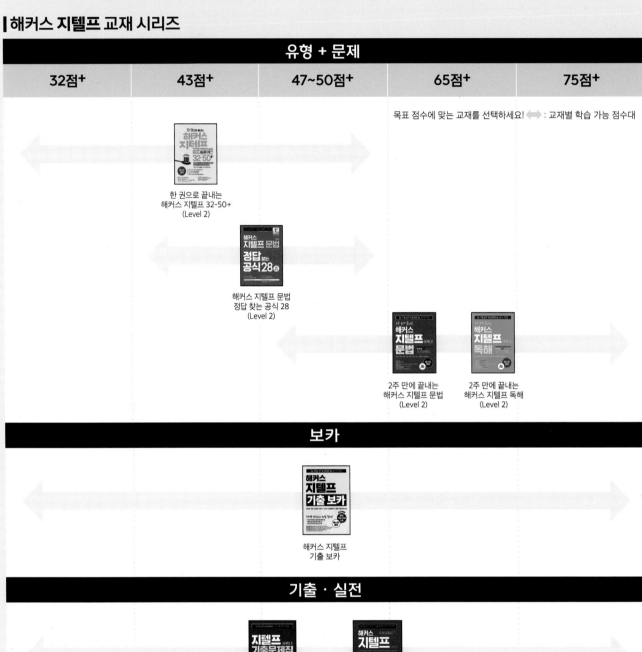

| 유형 + 문제 | | | | |
|---|---|---|---|---|
| 32점+ | 43점+ | 47~50점+ | 65점+ | 75점+ |

목표 점수에 맞는 교재를 선택하세요! ◀▶ : 교재별 학습 가능 점수대

한 권으로 끝내는
해커스 지텔프 32-50+
(Level 2)

해커스 지텔프 문법
정답 찾는 공식 28
(Level 2)

2주 만에 끝내는
해커스 지텔프 문법
(Level 2)

2주 만에 끝내는
해커스 지텔프 독해
(Level 2)

**보카**

해커스 지텔프
기출 보카

**기출 · 실전**

지텔프 기출문제집
(Level 2)

해커스 지텔프
최신기출유형
실전문제집 7회
(Level 2)

해커스 지텔프
실전모의고사
문법 10회
(Level 2)

해커스 지텔프
실전모의고사
독해 10회
(Level 2)

해커스 지텔프
실전모의고사
청취 5회
(Level 2)